林天蔚教授紀念文集

曾一民主編

文史哲出版社印行

國家圖書館出版品預行編目資料

> 林天蔚教授紀念文集 / 曾一民主編. -- 初
> 版. -- 臺北市：文史哲，民 98
> 　頁　　公分
> 　ISBN 978-957-549-875-7 (精裝)；ISBN 978-
> 957-549-876-4 (平裝)
>
>
> 1.林天蔚　2.中國史　3.方志學　4.族譜學
> 5.臺灣傳　6.文集
> 617　　　　　　　　　　　　　　　　98022331

林天蔚教授紀念文集

主　編　者：曾　　　　一　　　　民
出　版　者：文　史　哲　出　版　社
　　　　　　http://www.lapen.com.tw
　　　　　　e-mail:lapen@ms74.hinet.net
登記證字號：行政院新聞局版臺業字五三三七號
發　行　人：彭　　　　正　　　　雄
發　行　所：文　史　哲　出　版　社
印　刷　者：文　史　哲　出　版　社
　　　　　　臺北市羅斯福路一段七十二巷四號
　　　　　　郵政劃撥帳號：一六一八○一七五
　　　　　　電話 886-2-23511028・傳真 886-2-23965656

精裝實價新臺幣一二○○元
平裝實價新臺幣　九○○元

中華民國九十八年（2009）十二月初版

林天蔚教授紀念文集

目　　次

三、紀念論文（以姓氏筆劃為序）

四、生平大事紀要（曾一民、譚松壽）

五、時人評論

六、序、跋

（一）宋代香藥貿易史稿

（二）隋唐史新編

（三）隋唐史新論

（四）宋代香藥貿易史

（五）方志學與地方史研究

王爾敏序

　　當代史學名家林天蔚先生自 2005 年 11 月 25 日逝世於溫哥華，迄今已有三年，學界好友及門生故舊，懷仰典型，悼惜至深，乃由其至友曾一民教授領銜發起，邀學界朋友，為之纂輯紀念集。自是紀念林先生一種有意義之構想，吾承相告，極願追隨賢哲，盡一分微勞。以天蔚向日馳譽士林，聲被大陸港台學界，自將有不少好友，各有誠悃各抒高見。吾則可附於驥尾，而幸贊盛舉，自願擁篲先驅，為群賢開道。未料承林夫人親電囑命，相告為紀念集撰序。基於與天蔚多年交好，義不容辭。然自分才疏學淺，不能周顧飽學多方之一代史家天蔚先生。尚祈林夫人及學界同道，多予鼓勵與寬諒。

　　學界同道普遍相信林天蔚先生是一位有多方面專長的史家。我們可以說他是繼承其業師羅香林（元一）教授的衣鉢。我們自然也以他二人俱當被看待為二十世紀中有貢獻的重要學人。不過要肯定這一時代的治學風派，首先應知道羅元一先生乃是同代中漢學家（sinologist）格局。我等習稱港大中文系，其實決不同於如台大、師大之中文系，在西方的學術名義這是港大漢學系。決不只重視我們習慣上的只重中國文學的中文系，而是照西方一向規格的漢學系，羅香林先生一直是港大漢學系教授，是無可質疑的。我們若採用西方體制，自當亦要看待林天蔚先生為漢學家（sinologist）。我這樣冒昧述說，希望學界同道莫要說我信口雌黃。

　　再向上追溯，羅香林先生是繼承大史家朱希祖先生，朱先生既是《清史稿》的供稿編者之一（共 65 位編者），也是北京大學歷史系最初開新的先驅，是朱先生聘請何炳松講授歷史研究法，也是他第一位令北大歷史系參照西方漢學架構而網羅各樣專業學者。換言之，北京大學重視漢學（sinology）並非偶然，傅斯年、羅香林，俱是以西方漢學而開出治學門路。林天蔚先生則是羅氏陶鑄而成的一位重要繼承人。

　　須知林天蔚先生實也是港大漢學系資深教授，自漢學角度看，林先生在各個領域的研究發展，就會覺得門類有不同，歸宿則一致。在此點上，就可以看到林先生所服膺羅香林的師承淵源。

　　我何以作如此提示羅香林先生與林天蔚先生有其西方漢學治學背景？主要世人徒看見林先生一身兼具隋唐史、宋史、方志學、歷史地理、族譜學、金石碑帖學以至敦煌學等不同門類多樣專長。看來是雜駁紛如，難作統一解釋。但若落實到漢學領域，自較

可了悟林先生治學特點，及其學問歸宿的統一性。

林氏生前同道師生好友若馮爾康、來新夏、韋慶遠、王德毅、宋晞、王韶生、邱樹森、黃秀政、劉詠聰、曾一民等，對於林先生生平學問，多有重點介紹，於林先生學問之多樣表現，俱有共識，似無須再重複申敘。惟鄙人不揣冒昧，把林先生治學取向統歸於同一時代之漢學格局。正乃配合其多年身在漢學系之傳習感染。其理其勢，實極自然。

我們從旁比較，大部海外之漢學家，若楊聯陞前輩、柳存仁先生、周策縱先生、陳祚龍先生、羅香林先生、饒宗頤先生，無不與林天蔚先生有類似特色。至於林先生生平學問細節，各家抒論已有深入探討，在此則可省略不論了。

今要具體指出林天蔚先生的學術成就與貢獻，在其多項著述言，前由學界同道不煩反復舉證，我們所獲一致共識，林先生前後發布之大著，其一，為《隋唐史新論》，此書在台北出版，由東華書局，列入史學叢書。當世隋唐史名家大陸有陳寅恪、岑仲勉，台灣有藍文徵、李樹桐、嚴耕望、王壽南，香港則有林天蔚。各家重點大有異趣，亦各擅專長。吾原承藍文徵師授教隋唐五代史，尚具一定基礎。尚深知所舉各家，俱可推尊為當代隋唐史學者表率，各具專業權威地位。

其二，《宋代香藥貿易史》，代表林天蔚先生在宋史研究上的貢獻。在宋史一門學問，大陸有名家鄧廣銘，台灣有姚從吾、宋晞、程光裕、王德毅、梁庚堯、趙雅書。香港方面首以林天蔚先生具宋史名家地位，其書承同道學者宋晞加以推重，應以為識者定評。

其三，《方志學與地方史研究》，關於方志學，鄙人雖在香港台灣講授此課，而學識造詣，遠遜於天蔚，未嘗著書，只是參閱各種版本之方志學。豈敢於同道前修爭驂此靳？個人在教學中得一些閱歷，乃將此門學問分三個層次，其最具參考典型者，乃是撰著方志書，清代碩學大家如孫星衍、顧棟高、戴震、章學誠，以至王闓運，均有地方府縣志之著作，不掩其鴻儒高名。此其一也。至於二十世紀當代，有不少學者雖非撰著方志者，而卻積歷代之經驗，集名儒著作開講方志學。余則忝列同道，冒昧與宋晞、王德毅、沙其敏各名家並列撰序，實則鄙人淺學膚受，不足躋身於方志學名家之列，承天蔚提携，命為撰序，實感寵遇之甚。以方志學門類而言，大陸上人才鼎盛，名家輩出，吾在大學講授方志學參考大陸之著作不下二十種，滙研治之義注，闢類別之章目，從而完成方志學之大著，所見以大陸人才最為鼎盛，名家輩出，無慮有十餘種成書之數，吾得吸取引用，可舉來新夏及黃葦之著作以為代表，此其二也。最後則我輩既不修纂地方志，亦不著作方志學，但卻引據成書，在學校開講方志學者，自不免濫竽充數，吾亦自愧不敢附驥群賢，此其三也。本來在五〇年代，台灣地方諸多名賢大家，會合編纂台灣省通志，此書成稿，將成一巨著，內容豐富，門類齊全，足資世人參考。未料卻為一位著名學界

領袖鄙薄輕視，評價甚低，遂使此一通志稿，即不能由稿晉級爲定本。此一名人並非方志專家，且學問平平，惟其聲望顯赫。而台灣地方名儒碩彥，不免受其嚴重打擊，從此有三十年不再有通志縣志產生，而至八〇年代以後，方見有後起學者從事，今日學界之尹章義、黃秀政、吳文星、鄭喜夫等，皆爲從事方志書、縣、市、鄉、鎮之志之名家。至於方志學專家，則有宋晞一人具一定聲望，與香港一地之林天蔚，俱爲一方之方志學大家，有書有文可資參證。

其四，《地方文獻研究與分論》，此書爲林天蔚先生晚年最後完成之書，林先生治學勤奮，其書完成，自序撰就，未及印出即於 2005 年 11 月 25 日辭世，所請同道名家來新夏、邱樹森兩先生之序，前者在其生前完成（來氏之序），後者則邱先生述及林先生之病逝。此書於 2006 年正式問世，承林夫人寄贈。

天蔚此書自是其一生最後之作，實亦爲最有貢獻之書。各家之好評，可參看來新夏與邱樹森兩先生之序，他們一致肯定林氏在地方文獻上之特識，能把方志、族譜、金石碑刻，以致敦煌文獻融會爲一種地方史志之資源，且亦建立此中之義理原則以及目標方法之道途。可謂是目營八表，胸有成竹。足表現大史家之風範，無怪黃秀政教授兩度撰文推崇備至。

其五，《地方文獻論叢》，此書乃天蔚於其《方志學與地方史研究》成書後數年間，一個中間補充之過渡。於此後則進而完成其大著《地方文獻研究與分論》一書。方志學家邱樹森先生有專序推荐，在此不須再作評敘。

鄙人忝爲林天蔚先生知交，由於學養不逮，無法充分暴表天蔚之多樣專長，多方成就。深愧無以報老友。惟以天蔚在唐史、宋史、方志學、敦煌學、金石碑刻、表譜學、族譜學、地方文獻學等方面之開拓與著作言，自足光照士林，蜚聲學界。鄙人此序之所見，不啻海邊拾貝，豈能量海洋之浩瀚。惟祈天蔚在天之靈能曲諒之。

今時我們學界同道，共約匯刊紀念專集，首先對於林天蔚先生在史學與漢學領域之開拓與貢獻，表達推尊崇敬與追念之忱。同時向林夫人敬致慰問與感佩之意。

2008 年 6 月 8 日端午佳節
河南王爾敏序於多倫多市

林天蔚先生傳

譚松壽撰稿
黃秀政刪訂

　　林天蔚教授原籍廣東省茂名縣。1924 年 11 月 22 日出生，2005 年 11 月 25 日逝世於加拿大溫哥華，享壽八十有二。

　　林教授於 1946 年畢業於廣東省立文理學院（今廣州華南師範大學）史地系，獲學士學位。畢生從事教育事業，先後執教於香港培正中學、香港珠海學院、香港中文大學及香港大學，任教師、講師、高級講師。1966 年，在美國哈佛燕京學社作訪問學者，1983 年在法國巴黎第七大學作訪問研究。1987 年，林教授離開香港大學，轉任臺灣政治大學歷史研究所教授。1988 年應美國楊伯翰大學之聘，擔任客座教授，同時應聘為加拿大卑詩大學亞洲研究中心研究員。2003 年，接受母校華南師範大學邀請擔任客座教授。

　　林教授一生多彩而豐盛，他的成就是多方面的，簡括可分為三部分：就是教學、著述與學術研究。在教學方面，自 1950 年到香港任教於培正中學開始，直至 2003 年返回母校華南師範大學出任客座教授，親自授課並指導研究生為止，擔任教學超過五十年，橫跨兩個世紀，真的可說桃李滿天下。林教授一生誨人不倦，講學深入淺出，生動活潑，風趣動人，令學生在課堂中如沐春風。他的門下出色學生眾多，其中不少是時下成名學者、科學家、企業家，像現今國際知名數學大師、美國哈佛大學丘成桐教授就是其中之一。

　　林教授著作等身，成績斐然，享譽史學界。1960 年出版《宋代香藥貿易史稿》就是他早期成名的代表作，該書深受中外學者，尤其是日本學術界重視。目前任教於廣州暨南大學的邱樹森教授就為書中徵引史料的豐富，論證的嚴密而傾倒，因此為研究生開設中西交通史，列為必讀參考書。1968 年有《隋唐史新編》、1878（1978）《宋史試析》和 1988 年《宋史史事質疑》，而 1985 年的《香港前代史論集》（與蕭國健合撰），可說是繼其師羅香林教授之後，另一著名的香港史研究學者。同時，他還主編、合編了不少學術論著、論文集，像 1985 年《地方史資料研究論文集》、1987 年《中古史研討會論文集》、1991 年《亞太地方文獻研究論文集》和 1996 年《嶺南文化新探究論文集》等。1995 年

夏，臺灣教育部出版一本大學用書《方志學與地方史研究》，在學術界引起熱烈反響，這是林教授三十年研究成果的一部鉅著。當時不少學者紛紛發表書評，評價甚高，像王爾敏教授稱讚本書：「海嶠一隅，海外五洲，尚有方志著作與大陸二三十種方志學著作爭一日之短長者，則只有天蔚一人。」2002 年，他以上書爲基礎，修正許多校對或其它的錯誤，增添不少新文章、新資料，撰成《地方文獻論集》，由於內容豐富，字數超過六十萬，分上下兩冊於中國海南出版，這是他最後的一本著作，亦是他一生重要文章的總集。此外，自上世紀 50 年代起，他先後發表論文一百餘篇，均立論新穎，見解獨到。他的著述有一典型的特點，就是旁徵博引，差不多文章中每一句都有出處，像《宋代廣州對外貿易的轉運港》一文，全文只有二千字，言簡意賅，而註釋卻有 46 條，共二萬二千字，超過正文十倍。他這種以史料說話，以證據服人的態度，實在難得。

　　林教授在學術上鍥而不捨，一生從無間斷，始終抱著不倦不懈的精神。他學而教、教而學，這樣教學相長，鑽研不輟，因而不斷開拓學術新境界。他治學層面廣泛而深入，早期以唐宋史爲主，其後涉獵的有香港史、方志學、地方史、族譜學、民族學、宗教學、民俗學、敦煌學等等，各方面均有傑出貢獻，他出版的專書與論文，就是最好的證明。爲了推動兩岸三地的學術研究，自 1987 年起，林教授不辭勞苦，經常來往海峽兩岸、港粵台澳之間，參加或組織學術會議、訪問學術機構，傳播學術信息，並且肩負溝通聯繫的責任，像 1994 年由香港大學、廣州中山大學、廣東省地方史志辦公室聯合舉辦的「嶺南文化新探究」學術研討會，由始至終都由林教授全力策劃，一年中不下五六次穿梭於港粵台之間，終於積勞成疾，當會議圓滿結束，所有任務完成後，他立即進醫院作一次心臟大手術，因而健康頗受影響。這種爲學術研究而奉獻的忘我精神，令人敬佩。

　　林夫人戴燕桃女士一生從事教育工作，退休後移居溫哥華，業餘潛心繪畫、陶藝，頗有心得。子女均學有專長，事業有成：長子嘉榆，獲美國大學工程管理碩士，現職爲挪威船級社評審員；長女嘉玉，畢業於英國伯明翰大學，獲運籌學博士，現職香港城市大學助理教授。林教授自小以孝行享譽閭里，畢生熱愛家庭，對妻兒無微不至，可說是標準慈父賢夫。在朋友間，他待人接物，仁厚可風，樂於助人。其性格樂觀風趣，爲典型的學者。

（本傳刊載於國史館主編，《國史館現藏民國人物傳記史料彙編》，

第 32 輯，2008 年 8 月，頁 184-186。）

　　【有關林天蔚教授出生年份有多說，由於史料晚出，今定爲 1924 年。（詳見本文集「生平大事紀要」）今查原文，有多處錯誤，稍作修改。未能一一通知，敬祈各方見諒。編者謹誌。】

永遠的懷念

我們敬愛的林天蔚老師因跌折頸骨，手術後各種宿患併發，幾經搶救終於 2005 年 11 月 25 日黃昏不治息勞於 Vancouver General Hospital，遺體經於 12 月 2 日下午一時火化。

追思會定於 12 月 10 日（星期六）下午二時於 Chinese Baptist Church（7474 Culloden St, 近 E 59th Ave. 及 Knight St,）舉行。

林老師於五、六〇年代任教香港母校，教學認真而詼諧風趣深爲同學所敬愛，及後晉任香港大學，香港中文大學，臺灣政治大學，廣州華南師範大學教授，深爲羅香林教授所賞識，專攻隋唐史、宋史、方志學及族譜學，載譽學林。

老師近年遷居溫哥華，乃組織促進各項文化交流與學術研討，於文化與教育可謂不遺餘力，亦經常出席，指導同學會各項活動，他原訂於 11 月底前往香港參加培正忠社金禧慶典爲該社同學加冕，忽聞噩訊，同學們尤其忠社同學深覺痛惜。

請各位同學屆時出席追思會，聊表敬悼之意，參加者請先致電鍾清輝同學 604-290-6326

溫哥華培正同學會敬告

2005-11-29

（原刊：2005 年 11 月 29 日 Google 網頁，其後收入 165 期

《培正同學通訊‧追思錄》，頁 58，2006 年 6 月）

一、歲月留痕

（圖　片）

（一）個人與家庭

圖1　1962年與母親遊沙田　　　　　圖2　1964年與嘉榆攝於家中

圖3　1969年合家歡 —— 假日郊遊

圖4　1970年租梅窩梅林別墅專心寫作假日與兒女同遊

圖5　1970年與嘉榆嘉玉兄妹遊梅窩梅林別墅

圖6　1979年攝於羅便臣道家中

圖7　1980年於香港大學辦公室中
　　　接受虎報記者採訪

圖8　1982年攝於往瑞士旅遊途中

圖9　1983年攝於羅便臣道家中

圖10　1986年在美北卡羅來納州
　　　預祝兒女生辰

圖11　1987年由台灣返港歡聚

圖12　1987年在美北卡羅來納
　　　州預祝兒女生辰

圖13　1990年往約旦旅行

圖14　1990年往約旦旅遊

圖15　1993年往澳洲旅行

圖16　1997年嘉榆來加攝於
　　　溫哥華寓所門前

圖17　1998年往香港長洲郊遊

圖18　2001年往土耳其旅行

圖19　2002年由溫哥華返港歡聚

圖20　2002年往吳哥窟旅遊

圖21　2002年嘉玉來溫哥華往班芙旅遊

圖22　2002年遊海南島東坡書室

圖23　2002年楊伯翰大學講學

圖24　2003年在廣州華南師範大學校園留影

圖25　2003年在溫哥華父親節兒女越洋送來鮮花慶祝

圖27　2004年攝於杭州西湖

圖26　2004年在新加坡晚晴園留影

圖28　2004年冬嘉玉來
　　　溫哥華在班芙留影

圖29　2005年夏訪問哈佛燕京學社

（二）師生與戚友

圖1　1975年為珠海文史研究
　　　所碩士生口試

圖2　1977年羅香林所長壽辰
　　　林教授與珠海書院弟
　　　子梁天錫孔東向羅所
　　　長敬酒祝壽

圖3　1978年冬林教授伉儷帶
　　　領珠海書院文史所研究
　　　生到長洲作野外考察

圖4　1985年港大中文
　　　系謝師宴

圖5　1985年與港大中文系同
學在家中(富林園)歡聚

圖6　1987年與政治大學
同學攝於校園

圖7　1992年4月與蘇瑩輝
教授伉儷遊台北陽
明山

圖8　1994年林教授參觀台北致
　　　理商專與該校陳寬強校長
　　　合照（右一；左二李德超教
　　　授）

圖9　1995與來新夏教授
　　　攝於溫哥華家門

圖10　1998年5月19日丘成桐
　　　教授（左三）應邀來溫
　　　市演講

圖11　1998年12月11日，
林天蔚教授在香港
宴請天津學者

圖12　1999年與王家儉教授
伉儷在鹽湖城學術
研討會合照

圖13　2003年於廣州與中學
大學同學歡聚合照

圖14　2003年與堂兄弟夫
　　　婦於廣州華南理工
　　　大學校園合影

圖15　2003年與華南師範大學
　　　學生攝於佛山

圖16　2004.7.21攝於冒懷慶家

圖17　2004.7.23與冒懷慶
　　　攝於澳洲基隆海邊

圖18　2004年與廣州華南
　　　師範大學同學合影

圖19　2005年五月與王德毅
　　　教授同遊西湖

二、紀念文

（以姓氏筆劃為序）

往事銘心

孔　東

懷天蔚師

亦友亦師五十年　悠悠歲月似雲煙
萬言不盡懷思意　獨撫遺篇一愴然

四代同堂

　　1976 年珠海文史研究所舉辦春節團拜，席間天蔚師對林子昇教授說，孔東校長修過你的課，梁天錫教授和孔東校長修過我的課，藉此新春佳節，讓我們四人一同向老師羅（香林）所長、李（璜）教授、吳（俊升）教授、王（韶生）教授敬酒拜年，恭賀新禧。當王韶生教授知悉我們的心意後，即站起來說，李璜教授曾任北京大學教授，依傳統李教授是我的老師，吳俊升教授曾任教育部次長，為教育界祭酒，羅所長是我從前任教席的校長，我也和你們一同向羅所長、李璜教授、吳俊升教授敬酒拜年，王教授剛說完，羅所長即時站起來說，李璜教授和吳俊升教授都曾任中央大學教授，二位教授也是我的老師，我也和你們一同向李教授和吳教授敬酒拜年。敬酒後，天蔚師即示意拍照留念，並提高聲音說，這事和相片都彌足珍貴，可稱「四代同堂」，登時掌聲雷動，引為佳話。

四代同堂照片：左坐吳俊升教授，右坐李璜教授，後站左起梁天錫教授、王韶生教授、羅香林所長、林天蔚教授、林子昇教授、孔東校長。

風雨故人情

—— 緬懷老友林天蔚教授

王　家　儉

　　憶及我與林天蔚兄的相識，倒有一段特殊的插曲。約當 1976（民國六十五年）之時，天蔚兄曾致函與台灣師範大學歷史系，表示擬利用香港大學休假期間前來任教一年。適以那時我剛接掌系務，正擬開展一些新的課程計畫。雖未曾與之謀面，却對他的學問與人品早有所聞。如能來系授課，甚覺高興。隨即復函表示歡迎。並依各項程序辦理延聘手續。不意，因港台兩地大學體制與職稱的不同，教育部對於以高級講師（Senior Lecturer）聘之爲教授（professor）不表同意，以致一度受挫。俟以輾轉磋商、極力爭取，幾經周折，方獲過關。惟他却因另有計劃，未能應聘，殊爲遺憾。

　　或許是緣分吧！想不到十年之後（1986），我們却於香江不期而遇。那年，我因師大休假而受聘爲香港珠海書院之客座教授。天蔚兄則尙執教於香港大學。他獲悉我到香港後特來探訪。我們一見如故，相談甚歡。恰於此時我正爲小兒俊元的轉學問題所困擾，特別是離珠海較近的培正小學，因受名額所限不易轉入。天蔚兄隨即自告奮勇協助解決，經由他熱心奔走，方使小兒順利地進入培正就讀，使我與內人既高興，又感謝。其後他又常以地主之誼迭次邀宴，並驅車帶領我們暢遊香江的名勝古蹟，有時其夫人戴燕桃女士也出而相伴，熱情款待。使我們夫婦迄今猶感這份友誼的珍貴與溫馨。

　　我與天蔚兄再次的相聚，是在我返台後的次年（1987），那時天蔚兄已自港大退休轉任台灣政大。爲了借重於他的長才，我亦乘機推薦給我們的系主任鄧元忠先生，邀他來系裡兼課。因而彼此見面的機會更多了，互相亦有更深的瞭解。由於他的學問既好又富有幽默感，深獲學生的好評，惜以他的工作繁忙而無法兼顧，只教了一學期就辭掉了，殊爲可惜。

　　民國八十三年（1994）八月，我自師大歷史研究所退休，前來加拿大溫哥華定居，料不到天蔚兄亦於次年自政大退休來此，他鄉遇故知，倍感親切與歡樂。不過，他雖然流寓海外，却仍然活躍於港、台及大陸、美國等地。或講學、或參與學術會議，精力充

沛，令人爲之佩服。

　　我們住處相距不遠，除定期邀約餐敘外，每有學術活動總常結伴參加。記得有一次，我們一同參加此間的英屬哥倫比亞大學（The University of British Columbia）的學術研討會。散會時天色已暗，又値陰雨，我們共用一傘向公車站急行。不料天雨路滑，一個不小心，竟然双双摔倒於地。連他的眼鏡都摔破了，弄得兩個人一身泥土，尷尬之至。站起來後，不禁相視大笑，因而也爲我們留下一段有趣的回憶。

　　1999 年，美國猶他州立大谷學院（Utah Valley States College）舉辦「中國族譜及方志學術研討會」（1999,Chinese Genealogy and Local History Conference），承蒙天蔚兄的雅意邀我一同參加。我因對這門學問未曾作過專門的研究，一時又來不及撰寫論文，頗感猶豫。俟以他的熱情鼓勵，並慨然代購往返機票，始與內人偕同前往。到了猶他，方知此次會議乃由該院「國際研究中心」（The Center for International Studies）雅克遜博士（Dr. Malan R. Jackson）及「猶他族譜學會」（Genealogical Society of Utah）主席沙其敏博士（Dr. Melvin P. Thatcher）共同主持。而天蔚兄則於幕後大力贊助。出錢出力，共同籌劃。似此之類專門研究中國方志及族譜的會議在美國舉辦，尚不多見，天蔚兄之功殊不可沒。

　　出席此次會議者，計有來自中國之廣東、四川、上海等地，以及美國、紐西蘭、加拿大等大學及研究機構的專家學者約有五十餘人，提出的論文則有二十五篇，涉及的範圍相當廣泛。諸凡中國地方檔案，中國族譜研究，美國猶他州所藏中國華僑的族譜，上海圖書館藏之全國族譜檔案等，均有人提出報告，並加以熱烈的討論。會議共有三天（9月 6 日～9 日,1999），開會首日，猶他大谷學院校長羅梅斯（Kerry Romesburg）及猶他族譜學會主席杜爾卓（Richard E. Turley）等先後致辭，對於與會學者表示歡迎。當地報紙也以頭版新聞報導此一盛事，其受到當地人重視可以概見。

　　美國是世界移民最多的國家，而猶他州的族譜檔案館所搜集與整理的移民資料，數量之多可謂世界第一，成績也最爲可觀。其中還有不少中文資料，包括家譜、族譜、支譜、方志、清代東北戶口、清代科舉資料，以及各地華僑家譜史料等，他們均將之製成微粒子膠卷，供人查閱參考。足示尋根敬祖乃人類共同之天性，與中國傳統之慎終追遠的觀念不謀而合。我之參與此次會議實亦不虛此行而收穫頗多。

　　此次會後，天蔚兄並未停下腳步，仍然忙碌不已。一方面埋首於著述；另一方面還爲促進兩岸三地的學術交流而四處奔走。承蒙他的厚愛，其後他又曾推薦我參加另外二次學術研討會，一次是上海圖書館所主辦的「中國族譜及資料國際學術研討會」（2000.5.11-17），另一次是海南大學所主辦的「瓊粵地方文獻國際學術研討會」（2002.3.23-28）。遺憾的是我因事均未克參加。不過，對於海南大學所舉辦的會議，我

却曾提出了一篇論文：「從諮議局到省議會 —— 清末民初廣東民主政治的實踐」（1909-1913），並被編入周偉民主編《瓊粵地方文獻國際學術研討會論文集》（2002.3），海南出版社刊。藉以答謝天蔚兄的雅意。而天蔚兄則於其主題演講〈嶺南文化之剖析與展望〉之外，（發表於該論文集之首頁）且還有一篇論文〈論少數族群中的母權問題〉（頁169-182）。該文根據社會發展史與文化人類學剖析母系原始社會。「母系」（Matronymy）與「權力」（Leadership）之不同，以及瓊粵地區母系社會之歷史演變。資料詳實，見解新穎，爲該論文集增色不少。

可惜自 2003 年之後，我們見面的機會即爲日稀。僅於其偶而返回溫哥華時，使得餐聚言歡。2005 年，他返回溫哥華之時，適以我與內人前往加國東部旅遊，接著，又要趕赴大陸參加安徽合肥所舉辦的「紀念劉銘傳出任台灣首任巡撫 120 周年學術研討會」，臨行匆匆，未及見面，原已約好返溫後再爲把握。不料，他却於十一月初因不慎摔倒而住院。我們於聞悉之後立即與林大嫂聯絡，希望前往醫院探視，又以他正在醫療之中，諸多不便而未能如願。不久他即於十一月廿五日溘然長逝，使我失去了一位良友，殊感哀痛。

天蔚兄非僅是我所敬愛的好友，也是我所敬佩的一位學者。他自大學時代即勤於搜集致力研究。其後復得追隨嶺南著名學者羅香林先生，向之問學，受其啓沃甚多。淬勵奮發，諸凡唐宋史、中西交通史、嶺南史、香港史、族譜學、方志學、民族學、金石學等方面均有著述，成就斐然。師從雖然有自，而深廣方面則容或過之。其第一部成名之作即爲《宋代香藥貿易史稿》，出版之後，深獲中外學者好評，尤爲日本學者所推崇，認爲難得之作。中國與南洋各地的貿易自漢唐以來即已開始，及至宋代，特別是南宋時代則更爲發達。「東南之利，舶商居其一」（《宋史》，〈食貨志〉下八）；其中則以象犀、乳香及香藥爲大宗，而中國則以錢帛絲棉易之（同上）。似此之類的問題，一般人或者認爲是冷門而不加以注意。甚至在一些有關南洋交通史或中西交通史內，亦很少記載。而天蔚兄則於學者忽略之處獨具慧眼，搜集中外史料撰成此一大著，於學術方面實爲一大貢獻。該書出版於 1960 年，多年後，我則於台北一舊肆內偶然見之，當即購置而藏於篋中，殆亦可謂一段奇緣也。天蔚兄的《隋唐史新論》及《宋史試析》二大巨著之引起我的興趣，並加以重視，乃是由於我在師大歷史系三年級所開的一門「中國中古史」有關。爲了避免一般通論性的老生常談，我特爲採取專題研究的方式教學，天蔚兄這二本書恰巧符合這項要求，可以作爲學生最佳的參考資料。有時我還就書中之專題命學生寫成讀書報告，於課堂上公開地討論。因而引起學生的很大興趣。

由於天蔚兄籍隸廣東，故對於嶺南文化與香港歷史均曾下過一番研究功夫，諸如《香

港前代史論集》、〈浪白滘再考〉，以及〈十六世紀葡萄牙人在香港的史蹟〉等，皆為其代表之作。我對香港的史事談不上有什麼研究，1998 年，由於一時地興趣，曾經寫了一篇〈近百餘年來香港與中國大陸的學術文化關係〉，發表於台北《歷史月刊》120 期，天蔚兄以上之大作，正可為我提供一個背景資料，作為參考。

　　天蔚兄晚年對於方志學與族譜學之研究用力甚勤，成績也最為輝煌。每有新作出爐，輒以抽印本相贈，使我獲益良多。1995 年，其「積三十年興趣」的皇皇巨著《方志學與地方史研究》告成，由台灣教育部出版，並列為大學用書，深獲學術界之佳評。惟以該書於出版時疏於校勘，頗多舛誤，乃有重新再花一番功夫加以整理之舉，且易其書名為《地方文獻研究與分論》。集地方史、譜學史、民族史與金石學等文獻於一爐而共冶之。綱舉目張，條分縷析，令人耳目為之一新，歎為觀止。惜該書於 2006 年出版之時，天蔚兄已不幸於前一年十一月謝世，而未及親睹。承蒙燕桃嫂惠贈乙冊作為紀念，彌足珍貴，也深值感謝。

懷念林天蔚先生

王　壽　南

　　認識林天蔚先生已經三十多年了，2005 年 5 月天蔚兄嫂從加拿大來台北，邀約幾位老友在喜相逢酒樓餐敍，當時我的眼睛白內障極爲嚴重，視力幾乎完全喪失，所以那天只聞天蔚兄的聲音，卻看不見天蔚兄的容貌。同年 12 月的一天，陳寬強兄來電話告知天蔚兄已在加拿大逝世，令我大感震驚，天蔚兄身體素健，怎麼突然逝去？這只好歸因於上帝的旨意吧！

　　1968 年天蔚兄在香港出版了《隋唐史新編》，1972 年我在政治大學講授「隋唐史」課程，有一個雜誌要我寫一篇有關隋唐史專書的簡介，由於恰好可以配合「隋唐史」課程的教學，我便應允了。當時台灣不准進口大陸的出版品，連香港的出版品都很難見到，所以我的簡介文章是以台灣和 1949 年以前大陸出版的隋唐史專書爲主，但恰巧手邊有天蔚兄的《隋唐史新編》，所以也就加以介紹。我介紹了《隋唐史新編》的優點，卻也指出其若干缺點。當時，我並不認識天蔚兄，所以只是單純對著作作了評論。文章刊出後，有朋友對我說，我這樣直率的批評恐怕林天蔚先生會不高興，我回答說，我並不認識林先生，得罪就得罪吧！

　　過了幾個月，我忽然接到天蔚兄自香港的來信，邀請我到香港參加他主辦的一個學術研討會，當時我心裡的確有些訝異，這個人不計較我對他著作的批評，還來邀我去參加他主辦的研討會，其心胸之寬大令我敬佩。

　　和天蔚兄相識以後，發現他是一個極有活力的人，會做事、善待人，不自恃身分，樂於協助別人。天蔚兄任教於香港大學，經常在香港推動史學研討會，當時台灣和大陸尚不能直接交流，天蔚兄主辦的研討會常邀兩岸學者與會，成爲兩岸歷史學者交流和相互認識的最佳機會，天蔚兄爲兩岸歷史學者搭起一座橋，真是功德無量，至今兩岸許多歷史學者還在感念他。

　　天蔚兄爲人慷慨好客，台灣的學術界朋友到香港一定會受到天蔚兄接待，我個人每次到香港，總是成爲天蔚兄的座上客，有一次還在天蔚兄家中住了三天，受到天蔚兄嫂

的熱情照顧，至今難忘。

　　天蔚兄研究的領域不僅在隋唐史，對於宋史和方志學著力尤深，著作甚多。1987 年，天蔚兄從香港大學退休，當時我正擔任政治大學文理學院院長兼歷史研究所所長，正憂愁歷史系、所缺少宋史和方志學方面的師資，遂力邀天蔚兄來政大任教，天蔚兄欣然同意。政大聘天蔚兄爲歷史系教授，公文送到教育部，教育部高教司認爲天蔚兄在香港大學爲高級講師，只能聘爲副教授，我到高教司力爭，說明香港大學爲英國制度，高級講師即類同美制的教授，高教司堅持要聘爲副教授，使我不得不去找我的老友當時教育部部長林清江，因爲林部長留學英國，瞭解英國的制度，經林部長的證實，高教司終於接受我的意見，同意天蔚兄的教授資格。

　　天蔚兄在政大任教八年，於 1995 年 2 月屆齡退休。退休後，天蔚兄留台的時間很少，經常住在香港和加拿大，於是，我們見面的機會也少了。2007 年 10 月我左眼白內障開刀成功，使我重見光明，視力雖恢復，卻再也看不到天蔚兄的容貌，仰首東望，天空浮雲朵朵，天蔚兄啊，你在何處！

　　天蔚兄在事業上有成就，對學術、對教育、對社會都有貢獻，在人生的旅程中，天蔚兄綻放出彩色的光芒，人是必朽的動物，肉體雖朽，天蔚兄的神采卻永遠留在人間。

懷念林天蔚教授

王　德　毅

　　我與林天蔚教授開始通信互道仰慕是在民國五十四年前後，至今已四十三年了，可說是半生知交。林教授非常好客，有香港小孟嘗之稱。凡朋友前往香港出席史學研究會，林教授一定請客，他來台北，應該大家宴請他，他卻棋先一著，寄來請帖，大家正商定次日請他，他答以明早就要回香港了。真是太客氣。

　　林教授早年研究宋代海外貿易，著有《宋代香藥貿易史稿》，於 1960 年由香港中國學社出版。原先任中學教師，至此蒙恩師羅香林教授推薦，獲香港大學中文系聘爲講師，於教學之餘，專心研究宋代政治、經濟、社會和文化。特別對於地方志的研究用力最勤，且有獨到的見解，又留心族譜學，廣義地來看，族譜也是一種地方文獻。積三十年之努力，完成《方志學與地方史研究》一書，於民國八十四年由國立編譯館中華叢書委員會出版，列入大學叢書。林教授一再囑託撰一序文，我深深覺得愧不敢當，乃敬撰〈書後〉一篇以應命。特別推介本書的內容：

> 林教授這部新著《方志學與地方史研究》共分三編，第一編縱論方志的源流與發展，首述方志的功用，除補史缺、証史誤外，特提出科技、地方吏治、藝文、宗教以及中外交通、文化交流等項，並各舉實例以証明之，皆言之鑿鑿。讀之可以啟迪新知。在述及方志的發展一節中也有以宋代為關鍵，指出南方志書大量出現，與社會進步、經濟繁榮有其密切的關係。第二編為方志學的理論與方志學家，推崇清代學者章學誠特識的貢獻。第三編為廣東方志之研究，為本書的一大特點，介紹了明清人所修的六部《廣東通志》，為其他專著所沒有的。書末附錄徵引書目，計古籍六十九種，方志三十種，族譜五種，近人專著七十六種，期刊論文三十二篇，可謂浩博，足以占林教授功力之深厚了。

　　近半世紀以來，國內學者已留意地方志的研究，我在民國七十三年秋受國立中央圖書館漢學研究中心之邀，與劉靜貞博士合作編輯《中華民國臺灣地區公藏方志目錄》，於次年 3 月出版，該館即於是年 4 月 1 日至 3 日舉辦「方志學國際研討會」，邀請國內外學

者 65 位來參加，計發表論文三十一篇，林教授亦被邀，特撰〈廣東方志學者郭棐及其著作考〉一文在大會發表，大會正好安排由我講評。會後半年，漢學研究中心便將會議論文彙集出版，講評文字亦附印於後，分裝兩冊，列爲《漢學研究》第三卷第二期。

　　民國七十五年（1986）爲宋代名臣司馬光、王安石逝世九百週年，由行政院文化建設委員會與國立政治大學文學院聯合籌辦國際學術研討會，於 6 月 7-8 日舉行，分爲史學與文學兩組，共有 16 位學者提報論文，林教授受邀自香港前來參加，宣讀論文爲〈考「三不足說」之僞、析楊升庵（慎）之偏〉，意在爲王安石辨誣。講評人爲遲景德教授，曾建議加一副標題，「爲王安石辨誣二事」，稍後出版的會議論文集雖未如遲教授所建議的附加於後，但在次年 10 月，林教授集近年所發表的論文七篇，彙集爲《宋代史事質疑》一專書，交由臺灣商務印書館出版，皆爲對宋史中所述可疑、謬誤、曲說者，加以考証，略爲辨釋，以求中允，乃將上述論文收入其中，題目已改爲〈爲王安石辨誣二事〉，第一、考三不足說之僞，第二、析楊升庵之偏，可以說是從善如流。

　　民國七十八年（1989）爲宋代名臣范仲淹一千年誕辰，文建會又與臺大文學院於 9 月 1 日至 3 日聯合主辦國際學術研討會，邀請國內外學者 137 人參加。這時林教授已從香港大學退休，來政大歷史系任教，我們見面的機會多了，常同時出席學術會議，林教授提交大會的論文爲〈范仲淹與余靖〉，二人皆喜上諫言，有名於時，對事對人的看法雖偶有不同，但忠君重氣節則二人是共同的。這次會議論文較多，稍後出版論文集兩厚冊。並未收錄講評文字。迨至八十二年四月，臺大歷史系獲教育部顧問室的補助，舉辦了一次宋史教學研討會，邀請各大學教授宋史的學者來參加，林教授提出〈宋史上幾個關鍵問題〉與大家共同討論，其一是建國的關鍵，其二是真仁之世盛衰轉變的關鍵，其三是北宋滅亡的關鍵，其四是南宋建國的關鍵，其五是南宋滅亡與權相的關鍵。皆是大問題，是必須在課堂上講授的。講評人遲景德教授並未加以批評，僅作了一些補充，並認爲講授關鍵問題對學生確實有啓發性，只是能不能引起討論，端看學生課前的有沒有閱讀基本史料。

　　林教授在民國七十六年八月提前從香港大學退休，應政大歷史系之聘，在台北的時間長，居香港的時間短，但與港大亞洲研究中心關係良好，乃敦請該中心於 1989 年召開亞太地方文獻國際學術研討會，除邀請兩岸三地的學者外，亦請日韓美澳及馬來西亞、泰國之學者，全由林教授籌劃和主持，宋晞、王壽南、陳捷先等教授和我共十餘人被邀請，計有 53 位學者發表論文，林教授致詞時強調：一、本次國際會議旨在揭示及討論地方文獻如族譜、地方志、金石碑刻等的重要性，二、希望藉此機會探討海外華人對近代中國及其寄居地的貢獻，三、請海外學者現身說法，談談身處異國的感受，俾知華僑的

現狀與未來。可以說意義非常重大。會議三天，成果豐碩，一年後編印論文集一大冊。又到 1994 年 12 月，也是在林教授的籌劃下，又由港大亞洲研究中心舉辦嶺南文化新探究國際學術研討會，多為兩岸三地學者，僅有數位為來自南洋各國的大學教授。前兩天在港大開會，後兩天到廣州中山大學開會，並抽出半日參觀廣東省地方志辦公室。一年後，出版了論文集。

　　林教授自政大退休後，移民至加拿大，住在溫哥華，我常在暑假期間到美國西雅圖探望子孫，就與林教授相約見面。有一次還遇到李德超教授也來溫哥華訪問，我們就一同到溫哥華島旅遊一天。民國八十八年八月，我也退休了，次年五月，上海圖書館舉辦「譜牒研究及其資源的開發國際學術研討會」，林教授和我都被邀請，我們有三天的相聚。該館藏了一萬一千七百多種家族譜，特一一編寫提要，於會前出版，16 開本，厚達 1400 多頁，蒙大會賜贈。

　　九十四年十一月底的一個晚上，突接王壽南教授電話，告以林教授在溫哥華逝世的消息，聞之十分悲傷，回憶與林教授相交長達 40 年，感情深厚，志道相同，往事不能盡記，僅述在學術上一同參與研討會之經過，以留永念。

大 愛 無 垠

── 紀念恩師林天蔚先生

四川成都航天中學教師
朱 成 文

我是朱成文，是林先生教過的一名學生，也是得到了先生厚愛的一名學生。我永遠懷念我們的恩師林天蔚先生。終身難忘。

先生的音容笑貌，我至今記憶猶新。一切彷彿就在昨天。我多麼希望林先生還健在，能給我們上課，和我們一起聊天，談學問，一起吃飯，喝咖啡，……帶我們去佛山玩……

每當回憶到此，我的淚就潸潸下。可惜呀，時光不能倒流。多好的一位先生，在西元 2005 年 11 月 25 日就離我們而去了！當我們分別的時候，先生是 79 周歲。本來，我們這些弟子們還想一起為他慶祝八十歲生日。結果，從此永別了，留給我們這些弟子一些遺憾。

西元 2007 年 7 月，我順利從華南師範大學畢業，取得了中國古代史專業碩士學位。這一切，除了感謝我的導師陳長琦先生外，也得感謝林先生和林太太對我的厚愛，關心和支持（包括物質支持和精神支持）。林先生離我們而去了，我希望林太太多保重身體，注意休息，只要林太太還健在，我們就感覺林先生還健在，還活在我們身邊，時刻在關心我們，激勵我們前進。有空的話，我一定會去看林太太，以表對先生的思念之情。

直到今日，華南師範大學還有林天蔚助學金。這些助學金幫助了不少求學的孩子。這是林先生的一片愛心，我們銘記在心，深深的感激他，願他在另一個世界過得舒心，健康。

先生是在 2003 年來到華南師範大學教書的，而且只教了一個學期。我恰恰有機會聆聽先生的課，此生深感榮幸。在我的記憶中，先生和藹可親，學問扎實，品德高尚，不愧是為師的最高境界。我們一致認為林先生是個有愛心，有廣博知識的人，而且術業有專攻，為人謙虛，學而不厭，誨人不倦。

現在，華南師範大學有許多學生知道林先生的大名，也知道林先生的一些經歷和學

術成果，他們都很尊敬林先生。但是，他們都沒有機會親自聆聽林先生的課，真是遺憾呀！而我們十個人（華南師範大學歷史系 2002 級中國古代史研究生共十人）就有幸聆聽林先生的課，真是幸運呀！如今我們這十個人中，大部分出來工作了，有一些同學還在繼續攻讀博士學位。但我們無論走到哪里，我們都深深懷念著林先生，並且向先生學習，包括爲人處事、治學等等，我們要努力成爲一個品德高尚的人，一個知識淵博的人，這些，也是林先生經常教育我們的。

我，屬於比較特殊的一位學生，也是林先生關照比較多的一位學生。因爲我家境貧寒，所以林先生對我關照比較多。我學問一般，但林先生沒有遺棄我，反而對我恩愛有加，諄諄教誨，回憶往事，我至今深深感激林先生，林師母。

林先生經常打電話給我導師（陳長琦先生）詢問我的情況，並盡力幫助我。而且，還經常直接打電話給我，給我莫大的鼓勵。記得有一次，林先生還單獨約我出去，一起喝咖啡，一起聊天，叫我要奮發圖強，好好學習。每句話都潤入心田，至今記憶猶新。我們談了半小時，臨走時，林先生送我一套書，即先生自己的著作 ──《地方文獻論集》，叫我收下，並題了字，勉勵我。勉勵詞是這樣寫的，「努力面前，忘記背後，向著標竿直跑」。書中還夾了 500 元錢叫我收下。我不收。先生說：「如果你尊重我，你就收下。如果你不尊重我，你可以不收。」於是，我只好收下，我深深知道，這是先生對我的摯愛。大愛無垠呀！

後來，在我讀書期間，林先生又陸續資助了我 6000 元，我深深的感激他，因爲這 6000 元，使我順利完成了學業。而且，林先生還經常打電話鼓勵我，從國外回來看我們，請我們吃飯，請我們出去玩。

一句話，能遇到林先生，是我一生的榮幸，願先生在天之靈祥和幸福，一切順心！弟子我每年都會紀念他！願逝者安息！

最後，祝師母健康長壽！祝您全家幸福安康！

你們永遠的弟子：朱成文

2008 年 5 月 21 日

憶天蔚前輩

李 立 信

憶天蔚前輩

謙謙君子筆生花
史議時論最足誇
嘗習精研通漢宋
真知卓識貫中華
西風渭水增三歎
舊學沈潛自一家
著作等身誠可仰
待人治學玉無瑕

悼林天蔚教授

李　惠　蘭

驚悉駕鶴歸天門，再難親聆教誨音，

昔日容顏依稀在，唯有遺作伴吾身；

青松勁節經風雨，品德高尚不染塵，

文章真切在史冊，留在後世懷君魂。

天津師範大學歷史文化學院

李惠蘭敬輓　10 月 26 日

我與林天蔚教授的認識

李 德 超

民國六十四年，我在珠海研究所，從遊於羅香林教授門下。羅老師曾任教於廣東省立文理學院，林天蔚教授，也就是羅師當時的弟子，後來羅老師主持港大中文系，就引薦林教授到港大任教。其後羅老師自港大退休，主持珠海研究所，而林教授也經常到所與羅師親炙，因此我得與之相識，而漸相熟稔，時有往還。林教授為人平易，樂於助人，好提挈後進。論資歷，他是我的老師輩；論關係，則是我的先後同門，所以亦師亦友。

初、羅老師曾主持香港大學與猶他州族譜學會在香港的族譜蒐集與研究工作，羅老師作古後，由林教授繼續主持，我則充當研究助理，因此我能持有港大馮平山圖書館的教職員借書証。馮館是閉架的，但持有該証，就可以走進書庫，慢慢看準需要，才拿到櫃台辦理借閱手續。而且一借六本，借期六個月，很是方便。

在香港的一段時間，我與林教授就時相過從，聊天論學，有甚麼學術會議，也常由他引介參加，也因此與廣東省方志辦聯絡上，至今二十餘年，仍維持着密切的聯繫。後來我應韓國國立全北大學之聘，任該校中語中文系客座，林教授也曾到韓國找我，我也陪他到釜山等地遊覽。韓國任滿後，我受聘來台，不久，他也應政大之聘，來到台灣。由於林教授未攜家眷，所以我們就更多見面機會。我從在港時開始，慣例每到週日，都與家人一早外出飲茶吃飯，帶孩子到處遊玩，晚上又到超市採購一週的日用品，林教授幾乎都跟我們一起，就像自家人一樣，所以彼此之間，毫無隔閡，無話不談。

十多年前，林教授因心臟血管堵塞，住進台北榮總，接受心臟血管繞道手術。之前他已做過血管支架等手術，進出醫院多次，但他一無所懼，處之泰然。在繞道手術的前一個晚上，他和我通過電話，談笑自如。第二天早上，我到榮總手術室前，和林師母與陳寬強校長伉儷一起等候。經過約五小時，主治大夫出來，說是手術成功，林教授已到觀察室，但需有親人在外守候。香港的醫院，都不會讓家屬二十四小時在觀察室外守候的，所以林師母一聽主治大夫的話，以為事態嚴重，頓時連方向都弄錯，可見鶼鰈情深。那天一直到翌日清晨，我仍在觀察室外守候。過了一段時日，林教授復元了，又一如往

日，談笑風生。我曾經問他，多次從醫院手術室進出，內心有恐懼否？他說：「一點都沒有。因爲如果手術成功，當然沒有問題。萬一失敗，則麻醉後離去，是最舒服的解脫，又何懼之有？」由這番話，就可見林教授的豁達開朗，多少也影響我的人生觀。

跟着，林教授就從政大退休，而常往返於台、港、溫哥華之間，繼續從事學術活動。他介紹我到溫哥華中華文化中心作過一場「書法藝術與中華文化」的演講，又在美國楊伯翰大學辦過一場方志學會議，我也與會，因便與粵省方志辦等友人暢遊美國各地。數年前，林教授體力漸弱，動作遲緩，但依然談笑清朗，卒以跌折頸骨，幾經搶救失敗，在加拿大醫院辭世。老成凋謝，壽享遐齡。

林教授在學術上一生努力，著作甚豐，主要在於地方志研究。平素交遊甚廣，頗獲友聲。而自奉則甚爲儉約。家庭方面，我曾見他的書房，掛有母氏的遺照，與先人手蹟，足見他孝思不匱。與師母的感情，則如膠似漆。對兒女的栽培，亦不遺餘力。可以說是內外兼修，表裏一致的。我和他往來近三十年，謹就所知，述之如上，聊表思念。至於他的成就大處，有海內外諸賢的鴻文大作在，我就不煩贅說了。

懷念林天蔚教授

以《地方文獻研究與分論・序》代

邱　樹　森

　　吾師天蔚先生不幸於 2005 年 11 月 25 日仙逝於加拿大溫哥華，噩耗傳來，余悲痛不已。為吾中華民族失去一位傑出的史學家、失去一位溝通海峽兩岸三地、溝通世界華人華僑學術交流作出過傑出貢獻的使者，不勝唏噓。

　　天蔚先生於 1927（1924）年 11 月 22 日出生於廣東茂名，1949 年（1946）畢業於廣東省立文理學院（今廣州華南師範大學）史地系，先後執教於香港諸高校，曾赴哈佛燕京學社、法國巴黎第七大學作訪問學者，後在臺灣政治大學任教。退休後僑居加拿大溫哥華，但仍在美國、加拿大諸高校中任客座教授。林先生終生獻給教學事業，孜孜不倦，培養了許多人才。

　　天蔚先生是一位著作等身的學者。他精於唐宋史、方志學、族譜學、民族學、宗教學、民俗學、敦煌學，在香港史、廣東地方史方面成績斐然。他的許多著作，如《宋代香藥貿易史稿》、《隋唐史新編》、《宋史試析》、《方志學與地方史研究》、《地方文獻論集》等享譽海內外學術界。余為研究生開課時，天蔚先生的有些著作是指定學生的必讀專著。關於天蔚先生的論著海內外史家均有公允評價，宋晞、Melvin P. Thatcher、王德毅、王爾敏、黃秀政、曾一民、侯月祥、韋慶遠、張仲熒、來新夏、馮爾康等名家均有好評，並對方志、族譜、金石碑刻在研究地方史中的重要價值作精闢的論述，余不再贅述。2004年，天蔚先生告余，《地方文獻論集》出版後，頗受學界歡迎，他還有幾篇文章想補進去，再出一本《地方文獻論集（增訂本）》，補進他的新著《地方文獻的新觀念 —— 對金石、碑刻、族譜、方志地方史料之研究及其運用與整理的建議》等數篇。後來蒙北京圖書館出版社協議出版，北圖出版社已發排完成，天蔚先生卻不幸謝世。新書尚缺一篇序言，林太太戴燕桃女士與天蔚先生之弟林浩增先生商談後，約我再寫一篇序言。南方出版社出版《地方文獻論集》，天蔚先生曾約余作序，余不揣謭陋，以學生身份勉強為之。今新

書出版在即，只能再次勉爲其難了。

　　地方文獻史料的重要性，諸位名家均有論述。余上次爲《地方文獻論集》作序時，亦有簡述。今可敘者，有兩件大事可告慰天蔚先生天堂之靈。一是目前政府對方志整理、研究給予的支持力度不斷加大，近聞廣東省政府撥資一千幾百萬元，準備選擇一批廣東省有價值的歷代方志影印出版。此項工程不謂不小，廣東方志（包括海南島）有歷代方志數百種，其中許多頗有史料價值，如能選擇其中大部分重新影印出版，對廣東地方史研究之推動極大。如果全國各省市均行動起來，可以毫不誇張地說，這是中國方志發展史上劃時代的大事，無論從保護、利用、研究等方面其效益均是不可估量的。二是目前海峽兩岸尋根認祖的風氣正盛，祭黃帝、炎帝、姜太公等活動深受海內外華人華僑歡迎，各地來賓趨之若鶩，規模空前，由此引發的編譜熱情亦異常高漲。國家檔案局、教育部、文化部均有關於協助編好《中國家譜目錄》的通知，其中文化部辦公廳 2001 年 2 月 7 日辦社圖函〔2001〕29 號《通知》中說：「家譜是記載同宗共祖的血緣集團世系人物和事迹等方面的歷史圖籍，它與方志、正史構成了中華民族歷史大廈三大支柱，是我國珍貴文化遺產的一部分，家譜蘊藏著大量有關人口學、社會學、經濟學、歷史學、民族學、教育學、人物傳記以及地方史的資料，對開展學術研究有重要價值，同時對海內外華人尋根認祖，增強民族凝聚力也有著重要意義。」以吾丘（邱）氏爲例，中國香港特別行政區政府批准註冊成立中華丘（邱）氏宗親聯誼總會，對團結海內外 500 萬丘（邱）氏宗親起了重要作用，據瞭解，在總會領導、資助下，全國各地和海外各地已成立分會數百個，已出版、正在付梓的分譜有 500 多部之多，《中華丘氏大宗譜》也在編纂之中。相信今後，新族譜的編纂將像雨後春筍一樣開展起來。

　　天蔚先生生前一直致力於研究地方史，指導海內外人士對地方文獻進行蒐集、整理，今天海內外對方志、家譜的重視豈不就是天蔚先生願意看到的嗎？天蔚先生臨終前一年，曾寫下遺言：「午夜失眠，曾思及身後事，擬發訃聞『我去了，願在天堂再見！』」我們深信他必能在天堂安享永恆的生命，享受著人間正在努力實現他的遺願帶來的寬慰。天蔚先生，「天堂再見」！

2006 年 2 月 26 日於廣州暨南大學

（原刊於《地方文獻研究與分論》，北京

圖書館出版，2006 年 12 月，頁 5-6。）

　　〔按：邱樹森教授電告；謹以《地方文獻研究與分論・序》代爲紀念文。以誌林天蔚教授在隋唐史、宋史、方志學、族譜學、地方史（香港史、廣東史）等方面之學術貢獻。「今天海內外對方志、家譜的重視，豈不就是天蔚先生願意看到的嗎？」謹以此表達深切緬懷之意〕

悼 念 天 蔚

來 新 夏

　　1993 年 11 月，我應台灣淡江大學之邀，赴台參加第一屆「21 世紀海峽兩岸高等教育學術研討會。」在這期間，我順訪政大歷史系，向學生作了「北洋軍閥史」的學術報告。正在我結束報告，步出報告廳時，有一位學生走來告訴我，林天蔚教授在教室等待和我晤面。過去，我曾經讀過林教授地方文獻方面的文章，只是未曾謀面，有此機會，我欣然隨同學去，在另一座樓的二層一間教室門口，有一位身材稍矮，卻精神十足，具有學者風度的老人在迎候，我疾步上前，與他握手擁抱。他表示歡迎我的來訪，並歉意地對我說，因為下午即將離台。沒有完整的時間安排專門講座，但他和學生們想聽我對地方志的一些見解，所以讓出他的課時，為我提供講壇。我雖講完一小時半的講演，但也很願意有機會作此交流。我講了當時方志界熱門話題「史志異同」，受到聽眾的歡迎，這是我和天蔚兄的初識。

　　天蔚兄為人誠懇熱情。我們雖為初識，但聲應氣求，時有書信往來，並贈單篇文章和著作。當時大陸正在首屆修志熱潮中，天蔚兄非常關心這一事業，多次參與有關地方志的會議，在當時志壇已聲名鵲起。我們之間的交往，也日益頻繁。我們對促進兩岸方志界的交流和合作都有共同願望。經過我和他在大陸與台灣，各自努力推動下，終於在 1997 年底在天津召開「中國海峽兩岸地方史志比較研究討論會」，1998 年 11 月，又在台灣台中中興大學召開「海峽兩岸地方史志博物館學術研討會。」這是團結兩岸學者和推動方志學研究發揮了重要作用。天蔚兄為此奔走聯繫，促成舉辦，竭盡心力，為學界同仁推動首功。

　　天蔚兄是一位勤奮好學，默默耕耘的純學者。他學兼史志，與我的研究方向正相吻合，所以我們在學術上時相切磋砥礪。他對自己的學業不斷進取，著有唐宋史和地方文獻方面的多種論著，而成書之後，他仍繼續鑽究不斷完善，如 1995 年，他總三十年來研究成果，成《方志學與地方史研究》一書，志界同仁多予好評，而天蔚兄猶以為尚未完善，增訂、修正，又以七年之功訂正補益，於 2002 年成《地方文獻論集》巨著，由大陸

海南出版，內容之富，論點之精，已爲學者所共識。而天蔚兄一本精益求精之旨，不僅續有訂正，復增入新作數篇，重加編訂，交由北圖書館出版社出版，並邀我作序。他爲讀者負責，親自校訂多次，直至臥病。其尊重學術，敬事而信的嚴謹學風，令人欽敬。他對己嚴，對友則真誠坦蕩，不對他人作曲意迎合，對學者著述都實事求是提供善意建議。拙編《中日地方史志比較研究》一書，出版後曾分贈多處，惟天蔚兄以數月之功，通讀全書，細加分析，論其得失，自抒胸臆，寫成評介，收入《地方文獻研究與分論》中，單立專章，達二十餘頁（16 開本），兩萬餘字，其勤其情，於今思之，不禁泫然！

天蔚兄還是一位極重友情，樂於助人，值得信賴的朋友。他定居加拿大溫哥華，經常歡迎友人到溫哥華作客訪問，曾面邀我數次，當時我尚在任所，難以抽出一段完整時間，以致未能成行，直到 1997 年 5 月，我假訪美之便，順訪溫哥華，應溫埠中華文化協會之邀，作〈中華傳統文化與海外文化的跨世紀展望〉的講演，並與華人華僑學者座談國內經濟發展概貌，這一切均由天蔚兄接待安排。天蔚兄不僅讓我住在他家中，還陪我參觀游覽，特別是對卑詩省哥倫比亞大學圖館的訪問，促進和南開大學圖書館的溝通和交流。2004 年 10 月間，他來北京參加「地方文獻國際學術研討會」時，又再次邀我携眷去溫哥華作長時間逗留。2005 年，他從加拿大多次越洋打電話敦促，我一直爲俗務羈絆，遲遲未能成行。我萬沒有想到這年 12 月間，收到林府訃聞，獲知天蔚兄已於 11 月 25 日辭世。哲人其萎，令人悲慟，當即函言林嫂戴夫人，敬陳哀思。天蔚兄一生獻身學術，留有遺著多種，嘉惠後學，可以無憾矣！惟大作《地方文獻研究與分論》直至 2006 年 12 月始出版問世，未獲親見。近年來生前友好曾一民君等，緬懷故人，倡議廣徵文字，編輯紀念集。我忝在友好，特述往事，以獻靈右。天蔚兄其安息！

亦師亦友林天蔚教授二三事

周　偉　民　唐　玲　玲

2005 年 11 月，收到林天蔚教授在加拿大溫哥華仙逝的噩耗。一時，真不敢相信。林先生對於我們，亦師亦友共六年，林先生的音容笑貌，不時浮現眼前。

師友憶舊　如沐春風

與林教授認識，是 2000 年 4 月 27 日上午在海口機場我們專程去接機第一次見面。時海南大學領導指示我們邀請美國楊伯翰大學韓大偉教授和客座教授林天蔚到校講學。這次講學是由廣東省史志辦公室副主任、研究員侯月祥先生介紹的。林先生堂弟林浩增先生陪同。

當天下午，韓大偉教授向學生們講授《歐洲漢學史》。林教授講學時間安排在第二天的下午。當天上午，林教授與韓教授蒞臨寒舍。落座。客廳懸掛海南大學前校長林英教授毛筆條幅《桃花源記》。林教授注視良久，未發一語。周某問：有何議論？答：非書奴字，乃文人字，筆劃間透出一種骨氣！

然後，周某介紹林英教授的學術和歷史。當說到林英教授在上世紀 40 年代初畢業于廣東省立文理學院時，林天蔚教授眼睛一亮，即授意讓停下。他反問：是省立勤勤大學演變的文理學院？當得到肯定回答時，他神氣自若地說：「太巧了，在天之涯、海之角能遇到故舊！」反問：「何來故舊？未必是宗姓的始祖相同？」他迫不及待地問：「林英教授住所離此多遠？」答：「對面的別墅樓即是！」

周某陪他敲開林英教授的門，說明來意後，兩位先後同學相見，就像久別的知己，談得十分投契。他們從教育家林礪儒任職勤勤大學教務長說到當時嶺南大學冼玉清教授作為客座教授講授古典詩詞。等等。如數家珍！臨別，他們相視一笑，才互換名片。因為剛才進門時一下子切入談話主題，初次見面卻來不及送對方名片呢！

回到寒舍，林天蔚教授意猶未盡，向周某說：「從加拿大到海南島，飛越千山萬水，不意在這裏遇到老同學，這太可貴了！」在林天蔚教授看來，青年時期是人生中重要階

段，這往往決定人的一生；大學同學是一段情緣；更爲重要的是，由後來學生們立世處事，在一定程度上繼承和體現了一所大學的學術傳統。廣東省立勷勤大學及後來演變成的省立文理學院，是解放前廣東省內規模較大的大學，工學院的建築系還是中國最早設立的系科之一，這所大學培養了許多優秀的人才。天蔚教授一生以出身省立文理學院爲榮。故他見到林英教授，交談時，如沐春風！

學術切磋　虛懷若谷

與林天蔚教授結交以後，書信和電話往來多，自不必說，我們經常也在各種學術會議上見面。相見無雜言，但話學術與文化。

一次，談到我們在完成國家社科基金項目《中國和馬來西亞文化交流史》時，關於海南島宋以後與南洋一帶的香料貿易十分旺盛，但所用資料不多。林先生十分謙虛地說他早年有專著《宋代香藥貿易史稿》一冊，是 1960 年在香港出版，內地書店不售，故學者多所忽略。云云。他淡淡地說，我們卻十分嚮往。

過不了多久，他自加拿大給我們寄來是著共 16 冊。在電話中他說，那天談起香料貿易事，觸發他的聯想，說北京、廣東等地此前聽友人說起與我們前面所說一樣的學術困擾。他說，該書廣東方面的學術朋友，由他另寄；而北京及海南方面則由我們代爲轉達，較方便些。他又說，專著是學術研究相應學科人士得到才覺得珍貴！

我們讀到這本書，喜出望外！特別是參考了書中關於香藥種類、產地、運輸、專賣、儲銷及香藥與市舶司關係諸項，豐富了拙著的內容。

我們與林天蔚教授的學術切磋，最多的還是關於地方文獻研究。因爲都是廣東同鄉，談廣東的事也最多。林先生貽我們學術專著《方志學與地方史研究》，聯繫到周某當時正在執行主編的大型叢書《海南地方文獻叢書》（97 冊，已出齊），而討論到廣東的幾種通志。明三種、清三種和民國二種中談得最多的是明代郭棐《廣東通志》。林先生專著中有《郭棐考》一篇，用力極勤，博稽廣證，探釋龐遺。我們十分欽佩！唯對郭棐《粵大記》刊行時間，林先生的結論是，刊行于萬曆二十三年（1597），時郭棐 67 歲。

我們查得資料，《粵大記》中錄廣東曆科進士名錄到萬曆二十六年爲止；區處題本有萬曆二十五年 10 月記載；郭棐爲友人萬言中作傳在萬曆二十五年以後。凡此種種，《粵大記》刊行時間在萬曆二十六年左右，時郭棐 70 歲；也在這一年，總督陳大科禮聘郭棐總纂《廣東通志》。4 年以後「通志」付梓。我們將這些看法於 2000 年 6 月 18 日傳真件向當時在加拿大溫哥華的林先生請益。過了兩天，他自寓所打來電話，意謂收到傳真後認真審讀了該項內容，認爲可以討論。又說，他的專著是 1995 年臺灣作爲「部編大學用

書」出版的，但因全書內容多，份量大，有些章節還是上世紀 60 年代的作品，出版時也未及逐一訂正，有疏漏的地方，大家討論，以求得正確結論。

　　這是他一貫的學術上虛懷若谷的大家風範！

對妻子兒女　溫情脈脈

　　多年來與林先生見面，多是在學術會議上，時間一般都十分緊迫。然而 2000 年 5 月 7 日至 12 日，在上海市由上海圖書館主辦的《譜牒研究及其資源的開發》國際學術研討會，卻是例外。會中游杭州西湖和在上海參觀時都與林先生伉儷有長時間談天。

　　會議議程在 9 日晚全部結束。10 日早上 8 時驅車直奔杭州。車上與他們坐在一起；晚上住杭州金沙港文化村時是隔壁房間；乘船遊西湖也一直相約鄰坐。11 日參觀靈隱寺、六和塔等也走在一起。談話機會極多。

　　11 日晚上，我們應林先生伉儷邀請一道遊覽上海外灘。在豪華遊船上品茗談天欣賞上海外灘的夜景直到 10 時回，十分寫意。

　　當天，相約晚 6 時在街上選一清靜去處共進晚餐。林先生夫婦是外賓，會議安排住在華山路上的靜安賓館，我們則住淮海中路的南鷹飯店，相隔著烏魯木齊路和高安路。下午正 6 點，他們夫婦準時到達。我們稱讚他們分秒不差，正點到達。林先生說：遲到跟早到一樣不好。林太太說，她向來將全家的事整齊安排！說時他們之間溫馨情意，溢於言表。

　　林先生待人接物，仁厚為懷，一派藹然長者的風範。性格樂觀，談吐富於內容而又風趣。所以我們之間這幾天相處，包括夜遊上海灘的幾個小時，都是十分愉快的。

　　談話間，知道林先生一生的藏書，全部無償捐獻給美國楊伯翰大學圖書館。順便說到的，2005 年 8 月 23 日，我們在沙其敏博士陪同下，到楊伯翰大學訪問。參觀了該校圖書館。圖書館的建築設計獨出心裁。地下三層樓、地面三層樓。林先生的贈書置於五樓亦即地面的二樓。精美的書架並排兩長行，顯得莊重而又典雅；架上，也有我們贈給林先生的幾冊專著。真沒料想到，我們的小書也堂而皇之地置於美國猶他州楊伯翰大學的知識殿堂。

　　與林先生談話時，曾經相約有機會由我們按照南宋陳振孫《直齋書錄解題》的方式，將林先生的贈書全部做著錄，並分別考訂每冊書的內容得失。可惜，我們深感遺憾，林先生生前的重托，至今未能完成。

　　因為林先生將全部藏書都捐出。唐某問：你們兒女都不再用這些書！

　　林夫人戴燕桃女士一生從事教育工作，與我們既是好朋友又是同行。她溫文爾雅地

回答唐某詢問。說他們長子在美國學的是工程管理，獲碩士學位，現職挪威船務公司；長女在英國的專業是運籌學，獲博士學位後在大學任教授。兒女都極贊成老父此舉。

唐某又問：二位兒女都很優秀，培育費心不？林太太答：林先生平時教學、研究及學術聯絡繁忙，但對兒女的教育，卻是循循善誘，從不動容，他慈愛爲懷，以自身行爲替兒女樹立榜樣。親密的朋友們，都說他是慈父！

據我們多年的觀察，林天蔚、戴燕桃夫婦，在任何場合都是互相扶持、相濡以沫。林先生對妻子兒女，時刻都是溫情脈脈。

學術演講　勢如破竹

2002 年 3 月 23 日至 28 日，由海南大學主辦、香港大學協辦的「瓊粵地方文獻國際學術研討會」在海南大學舉行。這次研討會的發起人是林天蔚先生。在整個過程中，他始終殷切地給予親切的關懷和具體指導，還將設在香港大學亞洲研究中心的林天蔚教授學術基金，撥出港幣 1 萬元，資助研討會論文集出版的部分經費。

出席研討會的許多資深地方文獻研究專家是林先生介紹來的，特別是加拿大到會的幾位教授。會議期間有個小插曲：一位加拿大華裔學者在會上發言，一口流利的英語。因爲他演講的內容是有關美國和加拿大兩國的華僑地方文獻，在場的通英語人士都沒有人上臺翻譯。我問林先生：他能講華語不？林先生答：他只通英語和廣東省內的開平土話。是時，美國猶他家譜學會亞洲太平洋地區及非洲區域主席沙其敏博士上臺當翻譯。沙博士是純粹的黃頭髮白皮膚藍眼睛的美國人。這樣，臺上典型的華裔講英語，而美國人翻譯成華語。在場專家們都說：英語演講和華語翻譯都很地道！

這次研討會，共收到 40 篇論文，林天蔚先生的論文〈嶺南文化之剖析與展望〉安排「主題演講」。

竊想，林先生論文內容極其豐富，分爲四個部分又有三個附錄的圖表，半個小時的演講，他的身體吃得消嗎？因爲與林先生交往過程中，深知他不是那種豪飲健飯的健旺男性；他中等身姿，比較瘦弱，且體內安裝有心臟起搏器。

會議主持人請林先生上臺。他神采奕奕走上講臺，然後打開手提電腦，摘下眼鏡，向滿滿一會議廳的與會者彬彬有禮地一鞠躬，台下報以熱烈的掌聲。

他的演講，首先對「嶺南文化」的範圍加以界定，指出早期蠻夷雜處而形成多元文化的局面；進而論證漢文化的南傳與嶺南文化的漢化；再次分析嶺南文化的若干特徵，即剛毅、倔強的個性，富於冒險精神，趨尚向外發展，易於與外來文化接觸，胸懷廣闊，富於改革精神，較爲開明，工商業多元化而文化方面多是「開風氣之先」而未能創立「宗

派」，故多「名師」而少「宗師」。最後是提出中西文化之融和與嶺南文化之展望。

他在演講的過程中，還以電腦在螢幕上顯示四個附錄的圖表，讓聽眾一目了然！他用生動風趣的語言配合著投影，語言與圖形互動，對嶺南文化剖析得清清楚楚，對嶺南文化發展的展望也講得十分明白。他的整個演講過程娓娓道來，絲絲入扣，鞭辟入裏，勢如破竹！台下聽眾，大家都屏息靜聽，直到他話音剛落，爆發出熱烈的掌聲！

熱心推動中外文化學術交流

林教授一貫熱心推動中外文化學術交流。2001 年下半年，林先生建議由加拿大溫哥華中華文化中心主辦一次名為「廣東僑鄉與加國華僑」鄉情交流會；林先生一直在努力穿針引線，統籌此事，並聯繫到熱心公益的由廣州移民加拿大的殷商張力先生資助，促成這次交流會於 2002 年 1 月 10 日及 11 日在加拿大溫哥華成功舉行。

林先生是一位熱心而又細心的學人。當時有件小事讓我記憶猶新。我們與廣東省及 10 市縣的學者一行共 17 人，1 月 9 日下午 2 時半自香港起飛，空中飛行了 10 個小時，到溫哥華機場是當地時間上午將近 11 時。溫哥華中華文化中心好意，照顧到時差，不安排休息睡眠。出得機場，主辦方立即派車送去參觀伊利莎白皇后公園。午飯後接著參觀斯坦利公園和卑斯省大學亞洲圖書館。緊接著晚上 7 點，中華文化中心款待的歡迎晚宴直到晚 9 時。宴會後回到下榻酒店。累了兩天未睡覺，本以為可以休息。不意，林先生到我們房間，十分客氣地對唐某說：唐教授你洗漱後先休息。然後對周某說，他安排了一次私家宴會，要發出 30 份請束，考慮再三，讓周某以毛筆逐份書寫，因為加拿大華人華僑，十分重視以毛筆書寫的請束，表示莊重。云云。周某立即應命。跟他到酒店的會客廳，這裏早已備好筆墨紙硯。周某一直寫到子夜 1 時。林先生也陪伴到寫畢。最後，林先生懷著歉疚的心情說：家宴的菜式如何，眾口難調，評論不一；那是意料中的事。但請束卻代表了一種文化，顯現出了主人的情趣和格調。今晚，如《論語》中說的：明知不可為而為之，不得已也！

他與周某相視一笑。又說：你的確太累了，請休息吧！明天 9 時準時開會。

這件小事，足證林教授是繼承中華傳統文化的典型學者！

這次鄉情交流會時間雖然不長，但內容十分豐富。由卑詩大學前歷史系魏安國教授、西門菲莎大學思齊國教授和國際交流中心主任王健教授及卑詩大學亞洲圖書館袁家瑜館長等主講的「華僑在加拿大國歷史文獻」以及廣東方面專家主講的「海外華僑研究概覽」、「廣東省僑務工作」等專題演講，所講內容都是演講者多年研究的心得，內容充實而有深度。在交流會上，廣東方面還有深圳、廣州、港、澳、台、潮洲、梅州、中山、

南海、三水、高明、肇慶、臺山、開平等 14 份地區的綜合性報告。訪問團還參觀了中華文化中心文物館的「加華社區，代代相傳」為題的華僑歷史圖片展覽，拜訪了溫哥華中華會館、洪門機構、開平總會館、恩平會館、禺山公所及鐵城崇義會與各僑社首長及理事交流意見，共訴鄉情。而溫哥華地區各僑社也派出代表參與交流會，其中，溫哥華中華會館、禺山公所、鐵城崇義會、陳穎川總堂、全加客屬聯會，潮洲同鄉會、潮洲會館、臺山會館、開平總會館及中華文化中心等。

　　這次交流會，加深了鄉誼，交流了學術文化，可以說是林先生熱心推動學術文化交流在專題學術研討會以外的又一種新的嘗試，收效極好！

　　因為周某爺爺在溫哥華一所中學當廚工近 50 年直到退休、去世。我們得到當地的兄弟出面聯絡，到這所中學尋根。當校長知道是從中國來的客人時，他驚訝地說：「只聽說是加拿大華人回祖居地尋根，從未聽說過是中國人到加拿大來尋根！」此事在當地也傳為美談。

　　林先生離開我們三年了，但作為一位學養深厚而待人謙和的學者，作為我們的師長和朋友，他永遠活在我們的心中！

海南大學圖書館工作室

2008 年 8 月 28 日

憶　慈　父

林　嘉　玉

　　父親是外向型的性格，喜歡旅遊，結交朋友，坐車喜歡有遠景的前座位置，富冒險精神，勇於探索新的領域。年幼時父母親不辭勞苦帶我們出外旅遊，留下回憶。雖然當時我們年幼，記憶模糊，往後走過重遊的地方，記起有很多第一次所見的風景及生活上的經歷是父親開路，如第一次返教會認識上帝、第一次乘地鐵是在倫敦。現在自己即使單獨出外旅遊或履行公職也不懼怕，誠然有些勇氣是不知不覺的承受了，往後理所當然，也忘了是他帶領出來的第一步。

　　父親年青時的成長背景是政治動盪的局勢，經歷第二次世界大戰、文革，逃難到香港，照顧家人、子侄外要在事業中上進，他是很有責任感、有計劃的。常言自己就讀的不是第一流的學校，所任教的卻是當地有名的中學、大學，力爭上游，時局及性格互相塑造底下，他在原來的起點跨進了一大步，比我在相對安逸的環境下努力，他是付出得更多，性格是更進取。父親在我的教育方面是無微不至的籌劃，對我的挫敗卻包容、接納。他讀的是歷史，看成敗是一個過程，並不終極，是帶出下一段故事的引言。

　　在各樣的事務及責任底下，父親是很重情義、念舊的，健康時喜歡約人茶聚、暢談，旅遊時也不忘聯誼、敘舊。移居加拿大對他來說是過寧靜、有規律的生活，可專心寫作，但也不忘遠方的親友。前幾年他特別邀請內地的同窗一起旅遊，共話當年，雖行動不便，卻是他的心願。有時我不甚了解，覺得他應安定下來，不應太舟車勞動，穿梭機場，卻忽略了對他來說是有限的機會。其後他重回母校華南師範大學作客座教授，對學生栽培，接納犯錯的，給予勉勵及助學，是對母校的回饋，也是他恩慈的一面，包容了人有意、無意的過犯，也不介意時下的道德標準，及時行善。

　　父親一生孜孜不倦，寫了五十年的日記，醉心學術，記憶中是父親伏案工作的情景，搬屋時記得有很多書籍要入箱，他無數的線裝書是童年家中的回憶。這幾年他健康是差了，仍是關心社會政治，一天要買一至兩份報紙保持對時局的認識。他面對身體的限制，卻對他喜愛的閱讀、寫作抱著龜兔賽跑的精神，信只要持之有恒，日積月累，總有所成。

　　父親是樂觀進取的人，對於近年身體功能的衰退他是抱著對上帝的信賴。他在日記中寫下：「人的壽命，不能以年歲計算，應以『責任是否完成』計算。正如聖經所言『那美好的仗我已經打過了』，可以舒舒服服的『安息主懷』，等待再生。」

　　他平安睡著的那一天，醫院問我們家人會否同意解剖，我們想他平時樂意行善，也喜愛研究，於是答允了解剖，後來也將他的心臟起搏器（pacemaker）歸還醫院，或許有他人受惠。

　　父親過去後這幾年，我的情緒及生活漸歸於平靜。間或在圖書館目錄找到他的著作，聽他朋友提到他的軼事或看到他學生文章中記念他教導時的趣事，深信「知識終必歸於無有；說方言之能，終必停止；先知講道之能，終必歸於無有，唯愛是永不止息。」

父 愛 永 存

林 嘉 榆

　　父親逝世不覺快將四年，這些日子我不但隨俗例春秋往掃墓，好些時候若因事途經薄扶林墓園，我一定前往稍停片刻，雖然肉身之軀已化飛灰，我仍感到父愛猶存。現實生活中對人處事，在工作對家庭，腦際間常浮現—怪不得爸從前這樣教訓我，怪不得爸從前這樣說。

　　緬懷既往，我在七歲時患隱性盲腸炎，需急施手術，住院一星期回家後嘔吐大作，再需入院。我最難忘二三天來由兩個護士，帶我到另一室按着我打針，看到玻璃門外的父母，我極力掙扎大叫，他們不能進來救我！回到病房後，才看到父親忍着淚水走來，沒有說什麼把手放在我身上。當時我只感到爸爸也要打針。

　　我的童年生活平淡，父母與我每天都是上下課，談的都是學校的事。星期天除了到禮拜堂外或到近郊逛逛，或帶我與妹妹到公園踏單車，他們在樹下看報。記得我在小學時，聖誕節是一個喜樂日子，放假，收禮物，親友互相邀請。有兩三年較特別，那時我們住在太子道，在外晚飯後，父親帶着我們到九龍城寨，老虎岩附近徙置區等地走走，父親還說有些人或許連正常兩餐都沒有，他們更不知道聖誕是什麼日子。我們無目的慢慢走，途經有乞丐他就把紙幣或硬幣交給我或妹妹，再由我們給乞丐。當時我只覺得是爸爸自己拿出的錢，為什麼要再由我們給乞丐？這反而是我從沒有的行為，我和妹妹都樂意去做，不問什麼了。

　　每年暑假父親早已安排好帶我們出外遠遊；記得第一次是七零年代到台灣，好吃好玩好看，最不耐煩的跟着他去拜訪朋友，吃飯等應酬，有些時候又不知他們說什麼，從吃東西登堂告辭，每事都要守規矩。曾遊歐、美、加等地，若是參加旅遊團，他每到一地必記下導遊介紹當地歷史情況等等，回來後又津津樂道告訴我們，可惜那時我實在錯過了許多歷史課。行程結束後，他必多留下幾天，難得藉此探訪親友，或與學生暢叙。有時滿懷感慨說：「可惜現還不方便帶你們回國，見見親朋，我童年的故居……學校……。」

　　那時我家老佣人最怕我們遠行；父親說：「不用怕，若有小偷來看到一屋是『輸』，

不是財路，知難而退；若是偷書，妳要倒杯茶，請他坐下。」佣人聽得呆了一陣子。

　　父親每在寒暑假期或休假也不盡是遊山玩水，有好幾年曾在郊區或離島小住，方便寫作。他告訴我曾在長洲山頂道（約十號）租一小屋，完成了第一本著作《宋代香藥貿易史稿》。我最能記憶的是租住大埔魚角（現已商店林立）及大嶼山梅林別墅（仍有殘址）。其後購入青山龍珠島一小渡假屋，更專注寫作了。

　　我讀書時學業平平，父親從沒有疾言厲色，反而在我稍有不開心失意時用激勵的說話作訓勉：「……切莫氣餒，目前失敗不算得什麼，將來你會遇到很多失敗，但沒有永遠失敗，也沒有完全失敗，成敗是互相交替。失敗可使你反思檢討，失敗別人不能與你分擔。成功也不是別人的賜予，正如你跌倒了要自己站起來，繼續前路。」當時我覺得父親還不大同情了解我，及至我年紀漸長投入社會才感到父親的話也是金句。

　　父親常以自己讀中學時數學不及格作訓勉，更恐壞因子遺傳給我們，所以在我和妹妹準備出國求學前，特地請了一位數學家教老師，加強我們在這方面的學習。我們雖是小康之家，我記得出外求學的幾年，可幸從沒有為學費而擔憂，反而比本應繳交的費用還多一點，父親總是說：「在外要多備一點，出外要交好朋友，尤是男孩子不可太慳吝，切莫亂花費。」他每有來探我時總說希望能邀請到我的同學一同吃飯談天，可多點了解我在外的生活，他也樂於忘年之交。

　　父親雖屆退休之年，仍不甘就此退下講壇，自香港大學退休後繼續在台灣政治大學任教。至 1995 年施心臟手術後無奈的退下來，繼而又受到糖尿病的困擾，期間仍可籌辦或參與國際學術會議等。至 2003 年幸蒙他母校「華南師範大學」（前為廣東省立文理學院）聘為客座教授，他非常珍惜這段日子，惜其時體力已每況愈下，雖有仍未完成的計劃已力不從心！

　　幸而每年仍可往返香港及溫哥華，每有親友關心問候他到底喜歡選擇那地方定居？他總是說：「港、加兩地我都喜歡，最後不能走動時我就定居在那地方。」據母親說他們常閒聊生死問題，父親之意如不需隨俗例，一切可從簡，不必勞煩親友，（故在溫哥華醫院時母親已婉拒了許多朋友要到院問候）。最後可聽到聖詩及友誼萬歲一曲，如有可用之處可作捐軀，作醫學研究。父親知道母親喜歡居住溫哥華，曾說並在日記寫下：「骨灰一部份放在海洋，一部份放在家園樹下。」

　　我們最終決定遵照遺願，並應當時醫院的請求，答應捐贈肺部作醫學研究之用。還是把體灰帶回香港，幸有培正同學亦是尖沙嘴浸信會會友譚美瑜小姐之助，一切順利得以放奉於香港薄扶林骨庫。

　　父親一生藏書由香港運往台灣，退休後由台灣運回溫哥華，最後是忍痛割愛把萬多

冊藏書全部捐贈與美國楊伯翰大學圖書館。

　　我知道父親還有三個願望：要撰寫林家族譜，在 1998 年 3 月 12 日的日記中載「……要請譚松壽幫忙，要他奔跑找資料整理校對等等，我欣賞他校對工作的態度。」同年五月他邀請丘成桐教授到溫哥華演講後，他搜集了很多丘教授的資料，要爲他寫一篇成功史。最後希望寫自傳。可惜晚年受到糖尿病的困擾，視力影響尤甚，已力不從心，終成遺憾！

　　「我現在被澆奠，我離世的時間到了。那美好的仗我已打過了。當跑的路我已經跑盡了。所信的道我已守住了。」（提摩太後書四章六至七節）。父親一生從事教育，喜愛鑽研歷史，在學術上僅能發揮一點螢光。他敬師愛友，樂天豁達。雖未爲典範，而在我心中實是父愛永存。

　　在溫哥華及香港兩次追思會中，我們都特意選播他喜愛的一曲「友誼萬歲」─生平良朋豈能相忘，友誼地久天長。此書得以順利完成，實有賴諸賢學者良朋摯友惠賜鴻文，以光篇幅。更衷心感謝編輯委員會各委員給與寶貴意見、尤其是曾一民教授及譚松壽先生、他們多年來任勞任怨、寢食毋忘、無分毫代價。其間曾教授曾因跌倒折斷右腿骨，需住院動手術，休養中仍不斷以電郵來往；譚先生亦因事纏身時需來往香港及溫哥華兩地，他們無機會能聚首商談、唯賴電郵往來磋商、追尋史實、解決疑難，兩位本乎愛心熱忱烙印了先父平凡的一生，讓先父的言行文字，能在塵世留傳。故此書終可順利完成，是我家之寶，永存萬代。謹代表家人摯誠感謝。

悼念林天蔚兄二三事

胡 春 惠

我知道天蔚兄的名字，是早在三十年前。那時他還正在香港大學專任教職，似乎也在香港亞皆老街的珠海書院任課。而我的誼兄好友曾一民教授和他卻過從甚密，因而一民兄常在信函或見面時談話中，提及天蔚兄的總總。但是我正式認識天蔚教授，卻是在1975年前後，是在台北許昌街基督教青年會的旅館中。記得是他從香港替人帶了一件香港的土產小禮物給我。我當時對天蔚兄印象是他的個子比常人矮小，言談中有濃厚的廣東腔，但是卻十分謙虛而有學者風範。之後我知他常常到台灣參加一些學術會議，但是因爲他的研究領域和我不同，所以彼此見面的機會並不太多。

1987年我正在台北的國立政治大學歷史系任教授，天蔚兄從香港大學申請轉到政治大學歷史所任專任教授，給學生們講授宋史、及方志學，因他也搬進了政大的新苑單身教授宿舍與我比鄰而居，所以我倆接觸開始增多。不久他替香港大學的亞洲研究中心籌辦了一個華僑華人的學術會議，要從台灣邀請近十位教授前往與會，大部份都是台灣史學界的前輩和知名學者，我當時還祗是一個四十幾歲的小教授，而且我對華僑華人問題也較少研究。但是天蔚兄卻因我在韓國曾訪問研究過一年，有意提攜我，所以勉勵我寫了一篇「從歷史上看韓國華人與華僑」，前往與會。那一次會議一共有四天，在會議中，先後聆聽了王賡武，顏清湟等教授的高論，使我知道華僑華人及東南亞史的研究竟然有如此大之領域，值得史學界研究和開發，相對地在台灣，史學界竟是如此被忽視。所以等後來我接掌國立政治大學歷史研究所之後，我便決心禮聘來自新加坡大學的李思涵教授，在政大開始講授東南亞史來作爲起步，並勸告博士研究生李盈慧（曾任台灣暨南國際大學歷史系主任），李道緝（曾任台灣東華大學歷史系主任）等青年人在華僑華人與東南亞研究中，去尋找其博士論文題目及努力的方向，最後他們都有不錯的成就表現。這是天蔚兄對我的直接影響，也是對台灣史學界的間接影響。

在這一次會議中，對我有影響的第二件事，是讓我認識了一批大陸史學界的朋友。其中包括了天津南開大學的馮爾康教授和李蕙蘭教授、廣東中山大學的張硯秋教授，及

廈門大學的楊國楨教授，這是我繼韓國仁荷大學之後二次能和大陸學者同食同住和近距離接觸。使我感覺到在政治上意識形態的魔障之外，兩岸知識份子的心靈仍然是非常接近的。此次會議對我的第三個影響，便是我和香港珠書院關係的建立。原來在那一會議後，珠海書院的梁永燊校長宴請了台北來的十位教授在利苑酒家晚宴，在長達三個小時的筵席上，梁校長大談兩岸統一應朝聯邦構想著手，也有多位教授回應此一論點。而恰巧我的一本「民初的地方主義與聯省自治」專著，也剛由台北正中書局出版。他知道後便希望我回去後能立即寄一本供他參考，這也就因此成為日後我到香港任客座教授的契機。

1984 年 9 月，北京和英國達成了香港問題的聯合聲明。但因多數香港人對一國兩制仍充滿了疑慮，所以不少精英紛紛從香港移民出走。我不知天蔚兄是否是受到此一因素，乃於 1987 年暑假，毅然到台北國立政治大學歷史所任專任教授，當時歷史所所長是王壽南兄，他與天蔚兄乃是舊識，而政大校長陳治世先生又是天蔚兄的小同鄉，加上天蔚兄著作等身，所以改任政大教授之手續十分順利，而天蔚兄在台北更有不少朋友及學生，所以他在台北生活上也十分寫意。而我因和天蔚兄在木柵政治大學的新苑比鄰而居，在言談中從他那兒得益也就日益增多。

政大的歷史所和歷史系原是並行的兩個單位，因傳統的關係，歷史所的教授因要講授研究生的課程，所以多是年高德劭的資深學者為主。而歷史系的教授則多是較年輕的後進。但是在 1987 年暑假，我卻以歷史系教授被任命為歷史所所長，雖然我以謙卑自勉，但卻仍遭到一些同事間背後的冷言冷語，此時天蔚兄等幾位，卻對我最為友善及支持。似乎是 1990 年 6 月，天蔚兄獲美國楊伯翰大學邀請，需向政大申請留職留薪出國研究一年。他把申請書送到所裡，我立即簽請張京育校長同意照准。天蔚兄出國後，歷史所和系裡竟有三四位同事向我提出質問，說天蔚兄到政大服務不到三年，何以竟准其留職帶薪出國。指責我爛做「好人」，浪費政大公帑。我則答以所長主要的責任是替研究生聘請好的教授，公帑問題應由主計室去考量。而教授應有機會出國研究，才能變為更好的教授，所以所裡同仁任何人今後若有機會出國研究，我都願意再作爛的「好人」，玉成大家，不相信的人何妨也來試試看我的作風，看看我是不是說到做到。

1991 年我到香港珠海書院文史研究所擔任客座，因為天蔚兄家在香港，和我一樣變成空中飛人，每個月都會台北香港兩邊來往，所以不管是我回台北或他來香港，我們相聚的機會反而增多了。而他也在台北學界朋友面前，替我吹噓，介紹我在香港珠海書院的一些貢獻，這使我不得不在珠海書院做更多的努力，以便名符其實。1994 年冬天蔚兄對我說四個月以後他就要從政大退休，退休後準備移居溫哥華養老。我覺得天蔚兄身體

健朗，而且他還在孜孜矻矻地寫書，一個 60 多歲的歷史學者此時退休未免可惜。加上天蔚兄在香港史學界人脈很熟，所以能請其到珠海書院擔任文史研究所所長頗為適合，在未徵詢天蔚兄意見之前，我便在董事會中先向珠海的江可伯董事長（兼校監）提出此一建議，並當即獲得江董事長的同意。原來他們是小同鄉並早就熟稔。可是當我把此一消息轉知天蔚兄時，他卻因決心到加拿大長住，而婉拒了到珠海正式擔任教職。但是他仍慷慨地表示，來年願到珠海書院作短期的客座講學，而且於 1995 年就向我兌現了他的諾言。

此後天蔚兄即長住溫哥華，但偶而回香港探親小住，來港時總會和我相約飲茶或吃飯小聚，因而我也開始與林大嫂熟識起來。知道天蔚兄雖在溫哥華居住，但仍退而不休，仍在香港大學亞洲研究中心及加拿大卑斯省的英屬哥倫比亞大學亞洲研究中心任榮譽研究員。為此他也曾出錢出力地為該研究中心籌畫一些大中小型學術會議活動。記得他熱心地想把我所主持的珠海書院亞洲研究中心與哥大的研究中心聯繫起來，來合辦一些學術活動，但是我卻因路途太遠及經費困難，而有拂於天蔚兄的好意，為此在日後的數年中，我對天蔚兄，是有些內疚的。

2005 年春天，他又從加拿大回到香港，在淮揚餐廳吃飯時，他告訴我，他為廣州的華南師範大學籌了一筆小小的基金，準備設立一個歷史講座，用來邀請一些海外的學者去給內地學生們授課，使他們能增加一些對外地的了解。因為華南師大的前身是廣東省立文理學院，是他的母校，因此離香港很近，所以要我答應一定抽空去做一兩次演講。並說今年的 12 月份他便會從加拿大到廣州華南師大住一段時間，約我與一民及黃秀政兄屆時一起到華南師大盤桓幾天，除講演之外，並暢遊惠州和河源等嶺南風光。由於天蔚兄多次相邀，言意誠懇，我決心此次應召不能再拂他的好意。但是不出數月，約 11 月底，即接到惡耗，說天蔚兄竟在 11 月 25 日於溫哥華魂歸天國，樑摧柱折，史學界健者，又少了一人，廣州之會，也成絕響。今值天蔚兄逝世四週年前夕，接一民兄來函為紀念先賢之德業，準備籌畫出版「林天蔚教授紀念文集」一冊，在天人永隔，不勝唏噓之下，謹不揣拙陋，追憶與天蔚兄間有關來往之二三瑣事，以表我對這位史學界孜孜不輟老而不休的天蔚兄，無限的追思與懷念。

三人行，與林老師兩日聚

冒　懷　慶

2004 年 7 月份是近年來澳洲最冷的 7 月，正巧我們中學老師林天蔚夫婦來到墨爾本訪問培正同學帶來了溫暖→「暖」是師生情義的表露，「溫」是舊事的重溫。聚餐乃是培正不在話下的傳統。

當晚林老師師母為墨爾本建立的張振文助學基金剪彩，並為此基金捐了一筆，作一個好的開始。林老師－性情中人也。

大洋路

第二天大清早懷慶有機會帶兩位老師師母走上了澳洲著名的大洋路去看「十二門徒」風景區。這條路來回一千里以上，此兩天的時間有幸向林老師再次吸進萬卷書的感覺而喜出望外。談天又說地，舊夢與故人。談話閒，為已有大半離去的老師而唏噓，為少數林老師還記得的過世同學而嘆息。林老師記憶奇佳，此文只能略記一二。談到各同學中學時的頑皮事，宛然在目。他突然問我：「易君左在浸會大學是我同事，令尊與易君左，左舜生是世交，他們如何了？」我很慚愧的回答：「澳洲離世間事實在太遠，我只知道爸爸三年多前過世，另兩位只希望還沒有作古，不過記得易老對左老曾經打哈哈有笑語：君姓左而不左，我名左亦不左……哈！想起當年左與右的對立，想不到現今與歷史老師談起人世紀前的歷史與五十年來的變化，（小平你在那裡？）。想起單倫理老師以山東口音朗誦易君左的文章〈香港的印象〉時的神情歷歷如生，如同昨日……」談談笑笑就進入了風景區，當時下雨但其中有朦朧美景，另有風味。拍照之後到一個葡萄園晚宿與晚膳，飯前他看我以前拍的照片，覺得下圖更能表達我們那無限好的黃昏。（本文有兩幅照片，請閱「歲月留痕」。）

農家樂

這家夫婦管理的四星半的農居環境十分優美，當晚的菜與兩瓶紅白葡萄酒很配搭，

窗外的葡萄樹，玻瑰與菊花和廳內的烤火爐也遙遙相對。突然，林老師唱出陶淵明的三首詩：

少無適俗韻
性本愛丘山
誤落塵網中
一去三十年
羈鳥戀舊林
池魚思故淵
……復得返自然

種豆南山下
草盛豆苗稀
晨興理荒穢
帶月荷鋤歸
道狹草木長
夕露沾我衣
衣沾不足惜
但使願無違

結廬在人境
而無車馬喧
問君何能爾
心遠地自偏
採菊東籬下
悠然見南山……

窗外就有黃菊，屋前有一座山，澳洲的南山，山旁是大海，大海盡頭是南極。我見他臉上的表情看出他對此行的滿意。我記性不及他，只能借用李白詩打油幾句應付：花間一瓶酒，師生倆相親，舉杯待明月，師母成三人，月既不願來，早點見睡神 —— 我們睡意濃了……

回　程

The glorious lamp of heaven, the sun,

The higher he's a-getting,

The sooner will his race be run,

And nearer he's to setting.

Robert Herrick, 1591-1674

在早餐時林老師說昨晚睡得好，但想到昨天我所講的明年計劃。他與夫人一起禱告[他們是浸信會友]，希望有健康的身體明年能與我們同班同學同遊絲綢之路。他對絲路已有幾年的願望，苦無人能照顧以成此行。在車上再提時我答應我們夫婦與其他同學會照顧他們。

路上他回憶他北大畢業的父親，值得一提的是他父親輩有「千歲宴」。問：何為「千歲宴」？答曰：十幾個六七十歲「青少年」聚餐加起來的歲數有一千。以後歲數不減而人數減……有意思。下圖是在澳洲「基隆」的海邊小照……。（圖見「歲月留痕」）

喜樂的人生不在名利的追求，而是感情的付出，這師生的感情，竟無意間在這兩天談笑中享受到了。

後　記

五天後收到林老師的來信：「……讀到短文與在澳洲時的生活照片，再一次重溫相聚……頓入美景，如痴，如醉……不敢忘懷……」

一年多後與正社同學剛從絲綢之路回來，就得聞林天蔚老師去世的壞消息，當時想林老師能去絲綢之路就有多好。本來他想同來絲路的，他告訴我那是他一生的夢想，可惜他人亦已作古。我珍惜與他在澳洲的幾天相聚，回想他背陶淵明的「採菊東籬下，悠然見南山」那時的神態，是多麼的悠哉然哉。這不只是得意開懷，也不只是優悠自在，而是，而是，而是悠然，一層境界。

想起那時的情景，那短短的一刻，才更覺悟到什麼是「此中有真意，欲辯已忘言」。

悠然的林老，悠然安息主懷吧！

正社冒懷慶 2005-11-29　于墨爾本

懷念林天蔚老師

梁 崇 榆

在母校讀書四年的日子裡，教過我的都是叫人難以忘懷的恩師！

關存英老師只教過我一年，當我還在大學唸書的時候，關老師就已鶴駕西歸了。他離世前的那一年，剛巧母校要在校慶舉辦開放日，關老師便召了我和協社一位同學（忘記了名字）回去幫忙，做「漢書藝文志諸子略考」的上板抄錄工作，使我和關老師接觸較多。所以，關老師逝世時，負責辦事的忠社同學便接關師母由穗來港，因為師母視力有點毛病，要找人陪伴，忠社的老大哥便想到我和協社那位同學，指派我們到關老師的家，陪著師母，直至事畢，他們將師母送回廣州。另一位是劉茂華老師，也是教我國文的老師。還記得高中二那年，星期六是他規定的朗讀堂，每次劉老師都總抓著我不放，「兩桶魚你賭！」，我便只好乖乖地拿起《中國文選》一字一句地讀。他是高二望班的班主任，一次，他因胃病住進了醫院，我被同學指派為代表，到醫院探病。老師出院後竟破格召我到他家賜飯！這是生平第一次品嚐北方菜餚，記憶最深刻的是師母親弄的「魚凍」！畢業後，我們社的聚會，劉老師雖然已轉到浸會書院任教，但都一定會應邀出席，甚至後來行動不太方便時，也仍會由他的女婿扶著他蹣跚而來。

其實這短短四年，教過我國文的老師卻出奇地多，除了上述兩位老師外，還有梁逢江老師、凌漢燊老師、阮廷卓老師、張雅倫老師、麥文郁老師等。但教國史的老師，卻一直只有林天蔚老師，林老師由初中三開始直到高中三參加中學會考，包辦了我們的中史、世史科！也使我深受林師的影響。

1959 年我進入母校，受教於林師的國史，其別具一格的教學，風趣幽默，有異於尋常；又常以拿破倫自詡，在講壇上顧盼煒如！其講課趣味無窮，板書又別具一格，每一位同學都如坐春風，印象深刻。這和林師後來對香港中史科教學改革，力排眾議，提出以講歷史故事方式教學，貫徹始終，擇善固執！林老師遲婚，大約在我們高中三那年他才結婚，他的姪兒林元龍是我們真社同學和當年的社長王通利同學同班，所以便由王通利同學撰一對聯並親筆書寫以賀林師。後來林師每出席我們社聚會，必引為美談。我們

讀大學這幾年，若是在崇基讀史地系的同學，都有機會選修林師的課，因那時林師除了是培正國史老師外，還兼任崇基講師，開「隋唐五代史」和「宋代香藥貿易史」的課。林師專精隋唐五代史和宋史，是史學名宿羅香林教授的入室弟子。

　　1967年我中大畢業，四月考過了學位試，某一天林老師賜電，急召我返回母校，三言兩語簡告以要在九月赴美進修，母校之教席將要我接替，亦不容我考慮，便即時與王祖詒老師一起，帶我見李孟標校長。就如此便促成定我回母校任教五年，也是在這一刻，確定了我從事教育工作的命運！

　　林師從美國回來，轉到香港大學任教，那時我本來亦有機會再追隨林師進修學習的。那時我頗鍾情於「中國古代學運史」，可惜那時林師的研究生名額不多，故爾作罷。後來又因對教學的投入日深，便再也提不起讀書的興趣了！爾後疏於問候，只偶爾與林師港大弟子交遊，略知其生活梗概。後林師在港大致休，應聘到臺灣政治大學任教，及美國猶他州楊伯翰大學、廣州華南師範大學客座教授。林師退休後一直擔任香港大學亞洲研究中心、加拿大英屬哥倫比亞大學亞洲研究中心及海南大學東亞研究所的研究員。林師退而不休，畢生致力於學術研究及國內外學術交流活動，可謂瘁畢生之力於學術。晚年專心於地方志和族譜的研究，真社同學亦曾就其研究作過支援，捐貲予香港大學亞洲研究中心，指定為林師學術研究活動項目專用。

　　前年林師在其母校華南師範大學（華師前身為廣東省立文理學院，林師早年畢業於此）設助學金，以助貧窮學生完成學業。林師雖曾做心臟搭橋手術，但仍擔任華師博士生導師，停駐華師一年。我社朱鎮龍同學適值因公駐穗，於焉與林師在穗，遂有數面之緣。

　　林老師蜚聲學林，載譽海內外，心繫桑梓，嘉惠後學，有古學者之高風，其貞亮之節，我同學心嚮往之外，亦必將永留於世。

（原刊165期《培正中學通訊》追思錄，
頁58，2006年6月）

懷念永遠快樂的林天蔚老師

陳　力　行

　　林老師走了，說真的，我不是林老師的入室弟子，上課的時間也才不過一年，本來是應該沒有甚麼可寫的。儘管只是短短一年的時間，卻有很多難忘的回憶。

　　清清楚楚記得第一堂，林老師是這樣介紹自己的。「我姓林，叫天蔚。天是蔚藍色的天，蔚是蔚藍色的蔚」，還寫在黑板上。接著說下去：「人人都叫我做矮林，其實晏嬰和拿破侖的身材和我的都是差不多一樣。」眾生大笑之餘，一下子就把師生的距離拉近了。好些老師終其一生也無法做到這點，但林老師數秒鐘內就做到了。這給我一個做教師的啓示，如果不幸給學生安了一些「花名」，千萬不要板臉發怒，只要沒有侮辱性，揀一個好的，立刻接收下去，終生「受用」，保證師生關係融洽。

　　五零年代的香港培正，讀書壓力很大。每年兩個學期，每學期考試三次（頭二次稱段考，第三次稱期考，成績計算方法不同，全年合共六次）。不要以爲上學期很輕鬆，上學期期考後，若全學期成績不及格（低於 60 分）達六單位的（連帶科升級合計），便要出校（中、英、數每科作兩個單位計，其他科目作一單位計）。如上學期不及格科目少於六單位，可帶科進讀下學期。下學期大考後，上下學期合計不及格達九單位的，也要出校。幸運的，不及格科少於九個單位，可以參加補考。如果補考後不及格科目不足四單位，可以帶科升，否則一樣要出校。

　　除非讀書本領像王世榮、崔琦和蕭蔭堂等那樣出眾，不要以爲個個讀書毫無壓力。剛做了上一段優異生的，令人好生羨慕，下一段考即現紅字，淚灑當堂之餘，便要別人同情安慰了，真是天堂與地獄！考試壓力主要來自理科和英文。雖然高中分文理組，但只用數學科來分，其他科目程度、進度一樣。理組數學每週六堂，文組每週只四堂。以高一理組爲例，上學期學平面幾何，一學期授完，同一本教科書英文中學由中二讀到中五，他們會考的幾何考試範圍就是這麼多。培正高一另授李氏代數，再加三角，而下學期幾何轉讀摩登幾何，功課有時一晚就給數拾條習作，顧得清功課時便無法預習課本。生物每週六節，每周實驗課兩堂，授課四堂，光是查生字（理科教科書和實驗都是英文

本），便耗去大部份時間，但是考起試來，有時每班只有幾個人及格，可謂慘不忍睹。英文每週 8 至 9 節，份量不可謂不重。所以很多時，好些同學遊學去了，這是出校轉學的美稱。

說了那麼題外話，別以為離題萬丈了。聽過沙漠綠洲嗎？中史課就是了。在眾多學習壓力下，到上史課時，林老師簡直像在表演攪笑。流暢的內容，抑揚的聲調，風趣的口吻，抵死的笑話，令人樂不可支，總嫌下課得太快（45 分鐘哩）。一課輕鬆舒暢中史課回味之餘，只好引領期待下一節歡樂的到來。

林老師上課儘管歡笑聲不斷，但堂上秩序出奇的好，這才可以令人聽得入神，牢記要點，這歸功他的技巧到家，加上控制得宜，備課充足，不然悶死人啦！記得有一次上課，當講及漢武帝「金屋藏嬌」或太平天國「洪宣嬌」時（記性模糊），有位同學不知是否轉頭談話，給林老師發覺了。林老師突然大叫一聲「阿嬌」，連叫帶指，指住那位同學，全班目光突然集中在那位同學身上，他回過頭來，該生不好意思，自然全班也帶著輕輕的微笑，陪著那位同學一同愉快地繼續上課。林老師一聲輕責也沒有，便將犯規同學的壞習慣修正過來，是否有過人之處呢？

在培正從來不曾聽過有人要補考中史的（或者筆者孤陋寡聞），學生會自動將這科唸好，所以這樣的學習該算是愉快學習吧。記得年前有位教統局高官勸學生改正學習態度時說：「求學不是求分數！」大力提倡「愉快學習」。但比起林老師來，似乎晚了半個世紀。

　　　　　　　　　　　謹以這篇短文用來懷念林老師。
　　　　　　　　　　　（本文原刊載於 167 期《培正同學
　　　　　　　　　　　　通訊》，頁 78，2007-07。）

深切緬懷林天蔚先生

陳　長　琦

2005 年歲末，朋友傳來消息，林天蔚先生在加拿大溫哥華的健身房裏，不慎滑倒受傷，竟致不治。噩耗傳來，令人十分悲痛！

林先生是廣東高州人氏，是國際知名的歷史學家。先生早年畢業于華南師範大學的前身 —— 廣東省立文理學院。生前先後任教於中國的香港中文大學、香港大學、臺灣政治大學；加拿大的英屬哥倫比亞大學；美國的楊伯翰大學。晚年又受聘於母校 —— 華南師範大學，擔任歷史系的客座教授。

我與先生相識於 1996 年，在一次學術會議上，經人介紹與林先生相識。先生聽說我任教於其早年畢業的母校，異常興奮，與我講起考入母校的經歷、在母校的學習與生活，追憶其恩師，眼中閃爍著光芒，對母校的深切懷念之情，溢於言表。我們彼此一見如故，相談甚歡，遂為忘年之交。

先生非常關心母校的發展，他雖已年逾古稀，但卻有一顆同年青人一樣火熱的心。他忘卻自己年邁、體弱，甚至還帶著心臟起搏器，多次回母校講學、參加學術會議，為母校的國際學術交流，牽線搭橋。2003 年秋，受我之邀，先生從加拿大回到母校，專門給我的研究生們開了一個學期的課。先生學術造詣高深，講課深入淺出，語言詼諧幽默、妙語連珠，深受學生的愛戴，與學生們結下了深厚的感情。

先生為人寬厚仁慈、樂善好施，有一顆美好的心。在一次交談中，我給林先生介紹研究生們的情況，提起有位研究生家境貧寒。先生遂為之動容，當即表示要資助這位學生。隨後他拿出 6000 元人民幣，要我轉交給那位學生。我推辭不過，只好收下，轉交給那位學生，學生非常感動，多次給林先生寫信彙報自己的學習情況，向林先生請教，並表達自己的感恩之情。

其實，林先生對母校的資助還要更多。早在 2001 年，先生就主動與我相商，想拿出 20 萬元港幣，設立獎教獎學金，以獎助華南師範大學歷史系的教師與學生。我知先生已退休，平時積蓄，皆為薪酬所得，不忍用其養老之金。我婉言謝絕，但先生執意不肯。

往復再三。其後，遂商定先由先生拿出 10 萬元港幣，設立「林天蔚獎教獎學金」，主要資助歷史系教師的科研項目與華南師範大學人文學院品學兼優的學生。先生要求每年用 2 萬元港幣，5 年用完。之後，再捐 10 萬港幣。但我沒有按照先生的要求去做，我堅持每年用 1 萬元港幣，希望這筆錢用的時間長一些，資助的人多一些。因為先生不是企業家，也不是商人，先生是學者，他是在用自己晚年的養老金來資助母校的學術事業、資助母校的教育事業！

2004 年春天，先生又從香港打電話給我，詢問那 10 萬元港幣的使用情況，他催促我早點用完這筆錢，好將第二筆 10 萬元港幣寄來。我告訴他，錢尚未用完，並告訴他我的想法。他說他知道華南師範大學歷史文化學院還有許多貧困學生，想另外再捐 5 萬元人民幣資助他們。我說先生需留點積蓄養老，還有兒女……。先生給我談了他的兒女，先生說，兒女們都已學有所成，都有自己的事業，不需要花他的錢。因此，他要把自己的積蓄，捐給母校需要的師生們。我們之間又是一番爭執……。其後，我因公離開廣州，到外地出差。先生又與華南師範大學的老校長管林教授聯繫，執意要捐這筆錢。隨後，先生自香港回廣州，親自將 5 萬元人民幣交到了管林教授手中。2005 年 9 月，還有先生逝世後的 2006 年 9 月，我們懷著深切地敬意與感恩的心情，兩次召開華南師範大學歷史文化學院的全體師生會議，分別將先生所捐的 5 萬元人民幣發放到 50 位學生的手中。同時，也將先生的遺愛撒播在每一個教師與學生的心中。

我與先生的最後一面，是 2005 年的夏天，先生的《地方文獻研究與分論》一書，由北京圖書館出版社排出清樣之後，需要校對。先生由香港給我電話，說想讓我請幾個研究生幫一幫忙。由於先生所引的個別史料難查找，我考慮學生們對文獻不熟，怕誤事。就答應由我來幫他看一遍。先生非常高興。在回加拿大之前，他與林太特意由香港來廣州，邀我話別。我們在一起又談了很久。沒有想到，這一別，竟是永別！先生的音容笑貌還歷歷在目，先生的偉大人格仍悠悠我心。

我與先生相識 10 年，每向先生請益，總感如沐春風，心爽神朗。與先生交往愈多愈能感受他那胸襟的寬廣、博愛的厚重。先生學識淵博，在隋唐史、敦煌學、宋史、香港史、方志學等領域卓有成就，但他從不自閉，與同道交流，常虛懷若谷。道德文章，堪稱楷模。今追思先生之往事，緬懷先生之高德，禁不住潸然淚下，思緒萬千！《詩》曰：「高山仰止，景行行止。」此之謂也！

聲應氣求摯友情

陳　寬　強

永懷摯友林天蔚兄

　　人之相知，貴相知心。人生可獲知心友，樂事也。王安石曾謂：「人生樂在相知心。」即此之意。知心境界之達成，則有賴彼此聲應氣求。誠如周易所述：「同聲相應，同氣相求。水流濕，火就燥，雲從龍，風從虎……各從其類也。」林天蔚兄和我的相知友誼，似屬緣同類合所致。

　　以言「同聲相應」，我們是廣東高雷同鄉[1]。他家茂名和我家化州，相距僅九十華里，近在咫尺，且同屬廣州方言語系。中學階段，他讀廣東省立高州中學，是當地的首學，為青年所嚮往。我讀化縣縣立第一中學，則望塵莫及，早存仰慕之意。大學階段，他讀廣東省立文理學院，我讀廣東省立法商學院，兩校原屬廣東省立勷勤大學，因政治變革而被廢校分家[2]。惟校舍依舊同在廣州市郊石榴崗原址。學生仍像一家人，大家都認同是「勷大人」。

　　以言「同氣相求」，天蔚兄專攻歷史，我研讀法政，彼此雖不同行，但他精通的方志學，跨越史，地領域，我因研究政治史，將歷史上人、地、事的關連性，列為軸心主題。職是之故，我們對「地緣政治」的理論，十分認同。茶餘飯後高談濶論，十分投機而常有會心默契。

　　勷大人的向心力很強，在港、台兩地都有校友會，每月舉行餐會，聯絡感情。透過這個管道，我得與天蔚兄締莫逆之交。當初，1946 年我是法商新鮮人時，天蔚兄已是文理的應屆畢業班，尚無認識的機會。後來，他執教香港大學，在香港中華旅行社（相當於我國駐港領事館）任秘書的周道三兄，是他的文理級友，也是我的化州鄉長和化一中學長。蒙道三兄之介，我們很自然地一見如故。燕桃嫂和內子藏麗也十分投緣，我們每

1　「高雷」指廣東西南地遠的高州府和雷州府，包括雷白、吳州、海康.、遂溪、茂名、化州、徐聞、信宜、石域九個縣。
2　廣東省立勷勤大學是寧漢分裂時、南方的國民政府紀念革命元老古應芬而設，以其字命名。古應芬是胡漢民的左右手。1936 年兩廣歸順中央後，「勷勤」校名便遭撤銷。

次到港，他倆必以盛筵接待，天蔚兄還親自駕車陪伴，遍遊港九名勝。惟他倆每次來台，總是反客為主，宴請此間友好，其熱情誠懇禮貌周到，令人却之不恭。加以他倆樂於助人，有口皆碑，於是善緣廣結，普受歡迎。友人戲稱他是學術界的甘草，似非虛譽。

天蔚兄是文質彬彬的君子。他給我最深刻的印象是才華內斂，氣度恢宏，熱心公益、親愛鄉土。套用目下流行的術語，他是 IQ 與 EQ 並高的達人[3]。記得初次見面時，他竟說對我「不曾識面早相知」，因他早年看過香港時報披露拙作「珠江文化的歷史使命」一文（見 1950 年 6 月 25 日第一版「星期專論」）。此文所持「地緣政治」觀點，為他所認同。他記憶力特強而過目不忘，是其 IQ 不凡的佐証。唯賴其有最佳人緣，方能多次促成國際性大型學術交流會議。如非 EQ 特高，始克臻此？

天蔚兄在歷史學、方志學研究的卓越成就，已為海內外學術界所公認。曾一民教授與侯月祥先生（廣東省地方史志辦公室副主任）在其大文〈士林著聲－史志譜－加拿大華裔史學家林天蔚學術成就評價〉內，已縷述甚詳，毋待辭費。茲願作補強例証者，乃客歲台北地方法院法官在對馬英九先生涉及特別費貪瀆案判決時，曾援引天蔚兄在其《宋代史事質疑》一書內關於宋代公使庫、公使錢性質之見解，持為判決理由立論之基礎。天蔚兄學術見解之備受重視，由此可見一斑。

毋庸諱言，嶺南文化發展遠較中原落後。嶺南人應如何鑑往知來發奮圖強以迎頭趕上，乃現代嶺南人所念念不忘的課題。上述拙作「珠江文化的歷史使命」一文，便是基於如此意識型態而發。天蔚似有同感，致力鄉土文化之發揚不遺餘力，其先後發表下列鴻文，均與宏揚嶺南文化有關：

一、「唐宋嶺南狀元莫宣卿考」，1977 年 8 月 1 日出版《食貨復刊》7 卷 5 期

二、「高雷府縣的沿革及海外內現存的高雷方志」，一九八五年十二月，香港高雷同鄉會編印《高雷文獻專輯》

三、「隋譙國夫人事質疑及其嚮化與影響」（見同上專輯）

四、「論『粵大記』之方志價值」1995 年 12 月 31 日出版《廣東文獻》第廿五卷第四期。

最值重視者厥為經天蔚兄一手促成，由香港大學亞洲研究中心主辦的「嶺南文化新探討國際學術研討會」於 1994 年 12 月 12 日至 16 日分兩階段在港大及廣州中山大學舉行，天蔚兄擔任大會主席，參加學者 51 人，來自世界各地，人才濟濟，極盛一時。我應邀參加並在綜合討論時充任社會組引言人，甚感榮幸。會後，惜天蔚兄似因此會之籌劃

---

3 EQ 是「情緒智商」（Emotional Intelligence Quotient）大約涵蓋自我認識、情緒管理、進取心、同理心與社交技巧等五種能力在內。

透支體力甚鉅，積勞成疾，未幾便入台北榮民總醫院接受心臟冠狀動脈更換手術，雖手術成功，惟體力已因而大損，燕桃嫂在手術前後對天蔚兄照顧無微不至，子嘉榆、女嘉玉亦由港趕來，陪侍病榻，家庭和睦，十分感人。該次論文集於 1996 年出版，內容豐富，學術價值甚高。

天蔚兄獻身教育，經常資助貧寒學生。在家鄉茂名，將祖傳房地捐贈母校高州中學，為紀念其先父挺生公，成立「林挺生獎學基金」，造福桑梓青年。他熱心公益，屢次參加社會公益社團活動，如先後担任香港高雷同鄉會顧問，加拿大溫哥華雅石會理事。在台任教政大期間，多次應邀作學術演講，如 1994 年 5 月 15 日應丘海學會之邀在廣東同鄉會丘海堂演講，介紹廣東明清兩代方志，備受歡迎。我主持私立致理商專校政時，邀天蔚兄親蒞校指導。蒙他對專科教育應把握重點惠予指示，使我獲益良多。（後附照片是天蔚兄，周道三兄，李德超兄，汪乾文校長蒞臨致理商專時合影）〔按照片見「歲月留痕」〕

孔子的益者三友是友直，友諒，友多聞。天蔚兄是我的益友，也是我同聲相應、同氣相求的知友，更是我切磋學問，坐而論道的文友。誠如龔自珍雜詩所形容：「多君婞雅數論心，文字緣同骨肉深。」他的猝逝，使我含悲如折手足，追懷往事，思潮起伏，惟冀故人常入夢，慰我常相憶而已。

林君不用鐫頑石　路上行人口似碑

郭　鳳　岐

　　戊子之春，我受邀到杭州市蕭山區，參加地方文獻國際學術研討會。我想，在這次會議上，一定會見到香港、臺灣的一些老朋友。特別是林天蔚先生，已經多年沒有見面了。

　　但是，我未曾想到，林先生在 3 年之前，就離開人世了。當我從錢正民先生那裏得知這個消息時，心情久久不能平靜，抑制不住想寫一點林先生的懷念文字。恰逢此時，接到了曾一民先生約稿的大函，許多往事一下子湧到了心頭、筆端。

一、由學術籌畫而相識

　　我記得同林天蔚先生的第一次見面，是 1997 年 2 月 27 日，農曆丁丑年正月二十一日。剛過了「雨水」節氣的第九天，天下著濛濛細雨，正是「春雨貴如油，當春乃發生」的大好時節。我接到著名史志專家、南開大學教授來新夏先生的電話，說有貴客要同我見面，便驅車趕往南開大學。

1997 年 2 月 28 日林天蔚先生（中）訪問天津市地方志辦公室時，與來新夏先生（右）、郭鳳岐先生合影

　　站在我面前的就是林天蔚先生。來先生對我們倆作了介紹：林先生曾是臺灣政治大學教授、加拿大哥倫比亞大學和香港大學亞洲研究中心的研究員；來先生說，他到加拿大講學就曾住在林先生家，林先生人很好。

　　林先生個子不高，身體胖胖，面容紅潤，精神

充沛。如不經人介紹，看不出他是做過手術的人。林先生給我的第一印象，是和諧可親。當時天津的氣候，乍暖還寒，林先生身著青色夾克衫，駝色毛衣，藍色花領帶，配上度數較深的眼鏡，一看就是學者的風度。

林先生這次赴津，目的很明確，就是要搞海內外史志文化交流活動。我時任天津市地方志編修委員會秘書長兼市志辦公室主任，主持全市編修地方志工作已達 7 年時間。天津市第一屆新編志書工作，正處於豐收的金秋時節，編纂出了大量志書成果，積累了比較豐富的經驗，方志理論研究相當深入。我們也希望走出去，與臺灣地區和其他國家進行史志文化交流。

林先生的來意與我們的願望，一拍即合，在舉辦史志文化學術交流活動方面，很快達成了共識。於是，來先生、林先生和我 3 人，用了 27 日一個上午的時間，對交流的具體問題，一個一個的進行研究。包括交流的地點、內容、時間、經費、人員、論文、通知和會議名稱等。

在研究過程中，首先議定進行海峽兩岸的史志、文化交流，主要側重在 3 個方面。一是，首次研討會的地點。來先生說：「我很想與郭主任面談此事，把第一次交流放在天津。」我當即表示沒有問題，除了與會專家學者的路費自理外，會議及吃、住、遊的全部費用，由我提請天津市政府解決。二是，到臺灣的交流會的重點內容。林先生說：「主要是方志理論和方志工作。希望郭主任主講方志工作。」來先生很贊成林先生的意見。我是做這方面工作的，責無旁貸。三是，赴台交流的吃、住、旅費用問題，可能有一些困難。林先生說：「我與有關方面商量，想些辦法，盡力解決」；並表示個人捐資也要舉辦。這使我們非常感動。

1997 年 2 月 28 日，林天蔚先生夫婦在來新夏先生、
焦靜宜編審等陪同下，訪問天津市地方志辦公室

　　研究到後來，我們 3 人對學術交流的信心更強了。鑒於林先生在海外的人際等資源，商定在天津、臺灣召開學術研討會之後，再到美國猶他州開會。這樣，三個學術研討會「三位一體」地輪流召開。大陸的事情由我具體運作，臺灣和猶他州的聯繫事宜由林先生負責。

　　中午，來先生請客。下午，我向天津市地方志辦公室有關人員通報了輪流召開三地學術研究會的情況，大家都很興奮，認爲這是一件大好事。並佈置了第二天接待林先生等的來訪。當晚，我撰寫了「三位一體」學術研討會紀要，並連夜列印出文稿。

　　2 月 28 日，天氣由陰轉晴，人們的心情格外開朗。上午，林天蔚先生偕夫人，在來新夏先生、焦靜宜編審等陪同下，來到天津市地方志辦公室訪問。我和有關人員熱情接待了林先生一行，展示了我們的一些志書成果，介紹了天津市的修志現狀，並座談和交流了修志工作經驗。

　　林先生高興地說：大陸比臺灣修志搞得好，天津的修志工作很好，大陸「黨委領導、政府主持、編修委員會具體實施」的領導體制，對推動修志更爲有力，能夠保證志書品質。林先生懇切要求我到臺灣介紹修志工作經驗。我們並贈送了林先生喜愛的《天津簡志》、《天津通志·大事記》、《天津通志·附志·租界》，以及我撰著的《方志論評》、《地方志基礎知識選編》和《銀幕上的聲畫藝術 —— 電影》等書籍。

　　隨後，我們請林先生一行參觀了「張園」和「靜園」。這兩座建築，因爲 1925 年-1931 年遜帝溥儀在此寓居而蜚聲中外。

　　中午，我在食品街狗不理包子店，宴請林先生一行，品嘗天津食品「三絕」之一的特色風味。

　　下午，我們驅車四十多公里，請林先生一行到西青區地方志辦公室參觀訪問，西青區地方志辦公室領導向林先生等介紹了修志情況。過去，林先生對區志瞭解不多，所以對西青區的修志經驗很感興趣。

1997 年 2 月 28 日，林天蔚先生夫婦，在來新夏、郭鳳岐先生陪同下，訪問了天津市西青區地方志辦公室

接著，我們請林先生一行參觀了位於西青區楊柳青鎮的石家大院。這是中國北方地區很有名氣的清代建築群，林先生等為天津深厚的文化積澱所嘆服。

晚上，林先生夫婦在天津烤鴨店舉行答謝宴會。林先生夫婦特別邀請來新夏夫人和我的夫人參加。大家歡聚一堂，氣氛友好和熱烈。

飯後，來先生和林先生對我起草的會議紀要，做了一些修改。雙方高興的認為，這次商談史志文化學術交流會非常成功。

3月1日，我的夫人張承娟，贈送林先生夫婦《清明上河圖》長卷（精印版）。在南開大學誼園賓館的樓道裏進行展示，長達20多米。來新夏先生看了長卷說：「除了原來見過的《清明上河圖》外，還有歷代對此圖的序和跋，不少是我原來沒有見過的。並有『宣統御覽』的朱印，證明宣統皇帝看過，確是故宮所藏。」林先生夫婦非常高興，連說十分珍貴，特別感謝我的夫人。

1997年2月28日，林天蔚先生夫婦在來新夏、郭鳳岐先生陪同下，參觀天津市石家大院。來先生、林先生和我，對史志文化交流活動的《會議紀要》，進行了會簽，並各執一份。

我派專車歡送林先生夫婦去北京。我們依依惜別，希望海峽對岸、大洋彼岸的專家學者，在林先生的帶領下，早日來天津訪問，來天津市地方志辦公室訪問，來天津市參加海峽兩岸史志文化學術研究盛會。

短短兩三天時間的相處，林先生淵博的知識，對史志的鍾情和強烈的敬業精神，給我留下了難忘的印象。

二、由學術研究而相知

經過來新夏、林天蔚和我商定，在天津市召開的史志文化研究會，定於1997年年底。這次會議涉及面廣，籌備時間較短，有些檔需要市領導批示，有一些手續需要辦理，因為有涉台事宜，天津市台辦批准後，還要報國台辦批示。

1997年12月29日，天津市政協副主席、市地方志編修委員會副主任黃炎智（左圖）接見香港、台灣學者（從右至左：李永裕　陳迪華　阮昌銳　曾一民　黃秀政　林天蔚等）

　　林天蔚先生對會議的籌備情況非常關心，1997 年 5 月 6 日，特意從溫哥華給我打來電話，詢問召開研究會的籌備情況，並擔心地說：「如果對外的手續辦晚了，就來不及了。」我十分理解林先生的心情，當天下午，再次到市台辦聯繫辦理此事。

　　1997 年 6 月 12 日，國台辦函准在天津市召開「中國（海峽兩岸）地方史志比較研究討論會」，我們隨即發出邀請函。7 月 18 日，林先生又來電話說：「臺灣學者未收到邀請函和與參會名單。」當天，我們按林先生的要求，先後向臺灣發出名單和邀請函。

　　經過半年多的積極籌備，中國（海峽兩岸）地方史志比較研究討論會，在中國北方國際大都會天津市如期舉行。這之中，凝結著林天蔚先生的大量心血。

　　1997 年 12 月 28 日，我到天津機場迎接林先生一行。此時的天津，已是寒風雪飄的北國風光。考慮到港、臺地區和其他國家的客人穿著單薄，我們為每個客人準備了一件防寒服，一下飛機便穿在身上。林先生等十分感動地說：「感謝你們的熱情接待，這裏的天氣雖冷，但我們心裏、身上卻溫暖如春。」

　　正式開會時間是：1997 年 12 月 29 日至 1998 年元月 3 日。會議由天津市地方志辦公室和南開大學地方文獻研究室共同主辦，會議領導小組由我和來新夏、林天蔚先生組成。參加會議的有來自臺灣、香港地區和美國、加拿大、日本等國的專家學者 11 人，其中大部分專家學者都是在林天蔚教授的居間聯繫和協助下與會的；大陸與會的人員，有中國地方志協會和有關省、市、區地方志辦公室的領導、專家；天津市有關委辦、區縣局地方志辦公室領導和史志界、社科界、高等院校的專家學者等，共 60 餘人。

1997 年 12 月 29 日，與會全體人員合影。第二排從左至右：
張格、於複千、阮昌銳、王喜、林天蔚、來新夏、黃炎智、
王輝、曲耕莘、郭鳳岐、黃秀政、周鄘美筠

　　會議期間，天津市政協副主席、天津市地方志編修委員會副主任黃炎智，天津市政府秘書長、天津市地方志編修委員會副主任張慣文，天津市地方志編修委員會常務副主任、天津社會科學院院長王輝，分別接見了海外專家學者林天蔚、黃秀政、王明蓀、曾一民、阮昌銳、李永裕、陳迪華、簡雪玲和錢正民、周鄘美筠等。

1997 年 12 月 29 日，天津市地方誌辦公室贈送林天蔚
先生海內外史志學術交流紀念牌

研究會的開幕式由我主持，黃炎智先生作了重要講話，來先生、林先生等致了詞。林先生以熱情洋溢的語言，控制不住的興奮，無限歡快之情，對研究會的召開表示熱烈祝賀，預祝大會圓滿成功。

研究會共收到論文 23 篇，會上宣講了 18 篇，分爲 6 個場次進行。研討的內容，圍繞地方史志比較研究這個中心，涉及的學科和領域廣泛，包括史志、民俗、檔案、民族、譜牒、館藏等。特別是對地方史志一些熱點、難點問題的深入探討，對方志理論的研究和修志實踐有其重要意義。

林先生的發言，安排在大會發言的第一場。論文題目是〈試剖史志若干難解之謎 ── 從來新夏、齊藤博主編之《中日地方史志比較研究》說起〉。該文既圍繞地方史志這個比較研究中心，又剖析史志難點，是整個研討會最搶眼的論題之一。

林先生的文章分爲 4 個部分，第一個部分是「源流與發展的比較」，提出了由源流至發展的「二元說」的新觀點。第二部分是「歷史地理與方志的分野」，認爲歷史地理學是近代一門「新科學」，難以用近代名詞說明歷史悠久的方志。第三部分是「史與志的爭辯」，作者作出了「輕與重」、「詳與略」的 5 點區分：史重文，志重自然；史重綜述，志重橫剖；史較略，志較詳；史較遠，志較近；史較簡而撮要，志較繁而詳述。這些都是真知灼見。第四部分是「中日史志的異同及新舊史志的比較」，作者提出了 8 個不同的比較，文字雖然精簡，卻是當時比較中日史志差別的最豐富的內容之一。

林先生的這篇論文，提出了許多新資訊，新觀點，令人聽了耳目一新，是他多年來在史志領域研究的突出成果和卓著成績。

研究會期間，林先生等與會代表興致勃勃地參觀了天津市地方志書成果展覽，聽取了我的介紹。林先生高興地對說：「你們的修志成果太豐富了，值

1997 年 12 月 29 日，林天蔚先生
在大會上發言

得我們好好學習。」

12月30日下午4時，與會代表參觀了天津圖書館，其中的孤本、善本志書，是在其他地方見不到的，也是圖書館第一次對如此眾多的海內外史志專家學者展示。林先生感慨地說：「真是大開眼界。過去一直認為天一閣是藏明清志書最多的，今天才知道，天津是藏清代志書最多的。」

1997年12月29日，與會學者林天蔚、黃秀政先生等，聽取郭鳳岐先生介紹天津市地方志書成果展覽介紹

30日晚，我們請北方曲藝學校的師生，到會議表演堂。與會代表度過了一個歡快之夜。海外朋友有幸觀賞到如此多的精彩曲藝段子，更是高興。都說：討論會安排得真好，嚴肅認真，緊張活潑，學術氣氛濃，研究內容深，理論價值高，活動豐富多彩。林先生及夫人幾次對我說，要我的夫人也前來一起觀看曲藝，這樣的熱情邀情，使我深為感動。

31日晚，研究下一次交流會在臺灣召開的事宜，參加會議的有來新夏、林天蔚、郭鳳岐和黃秀政、阮昌銳、王明蓀先生等。會上確定了在臺灣交流會召開的時間、地點、名稱、與會人員等。會議紀要由來新夏先生在第二天整理後，雙方簽字。

天津的會議開得非常好，非常成功。這次研討會是在辭舊歲、迎新年之際召開的。這個辭舊迎新，不是用爆竹之聲，而是用學術的聲音。這個聲音比爆竹之聲的震撼力更廣遠、更強勁。它通過螢幕，通過報刊，傳向江河兩岸，傳向海峽對岸，傳向大海彼岸。

舉辦如此規模的中國（海峽兩岸）地方史志比較研究討論會，在我國還是第一次，會議並開創了大陸學術研究會的一種新風尚。為開展地方史志的學術交流，加強海峽兩岸學者的溝通，推動地方史志研究和修志工作，具有積極意義。

1998年1月、2日兩天，與會代表先後參觀清東陵、黃崖關長城和石家大院、霍元甲故里、天津新農村等。林天蔚先生因為另有公務，沒有參加考察活動，偕夫人又踏上新的征程。林先生執著的專業精神，深厚的史志理論造詣，使我們十分欽佩。

1998年12月1日9點30分，「海峽兩岸地方史志、地方博物館學術研究會」，如期在中興大學綜合樓召開。參加會議的專家學者共125人，除大陸專家學者外，有臺灣和香港地區24個有關單位的85名專家學者，還有美國、日本、新西蘭、和加拿大的專家

學者 8 人。中興大學歷史系教授、主任王明蓀主持了開幕式,中興大學校長李成章、臺灣省文化處處長洪孟啟、臺灣省文獻委員會主任委員謝嘉良、臺灣省立博物館館長施明發先生,先後在開幕式上致辭。

接著是學術交流,共進行了 5 場。大會共收到論文 24 篇,在會上交流的 14 篇。這次學術交流會圍繞以下主題進行。一是,地方史志及博物館的歷史與研究現狀;二是,地方史志與博物館的工作、組織與實務;三是,地方史志及博物館的內容探討;四是,地方史志及博物館的理論與文化意義,等等。

這次學術交流會的形式生動活潑,每位主講人宣講論文後,有專門評論人進行評論,之後與會專家學者再自由發言進行評論,最後由主講人根據大家的評議意見予以答覆。會議開法很有特點,既探討了問題,又活躍了氣氛。雖然大陸學者以往對這種形式很少經過,但很快便能適應,並有膽識在大會上進行評論,在學術觀點上進行交鋒。

這次學術交流會是繼天津會議之後,又一次海峽兩岸史志學術研究盛會。通過論文研討、座談發言、參觀考察,交流了學術、溝通了資訊、增進了瞭解、取得了經驗,並嚴守紀律,妥善處理了敏感問題,獲得圓滿成功。並在全國方志界首開先河,促進了海峽兩岸民間交流向深層次、專業化發展。受到國台辦的首肯,受到中國地方志指導小組領導的稱讚,受到廣大史志界同仁的好評。

這次交流會上,林天蔚先生雖然沒有主講論文,但卻多次發表評論意見,語言精煉、內容深邃、切中要害、觀點新穎。特別是中興大學歷史系教授黃秀政先生,在大會主講論文中,專門評論了林先生的大作《方志學與地方史研究》,對林先生這部著作給予了高度評價,稱之為「地方史志的巨著」。

12 月 1 日晚,海內外史志文化交流聯絡組成員及有關先生開會,林天蔚、來新夏、郭鳳岐先生和王明蓀、黃秀政、沙其敏、韓大偉、錢正民先生等參加。商定 1999 年 9月,在美國猶他州召開第三次史志學術交流會。研究了交流會的有關具體問題。並由此形成了中國大陸、臺灣和美國三地輪流召開史志、文化學術交流會的格局。

以上情況充分說明,林天蔚先生不僅具有廣博的史志學識,而且具有開創性、大難度的兩岸學術交流的膽識,並且具有海內外穿針引線促成合作的活動能力和人格魅力。

三、由學術交流而相誼

組織全國性的赴臺灣史志文化交流活動,在全國是第一次。其手續的複雜比到國外還麻煩得多。1998 年 6 月 8 日,臺灣來函,確定了學術交流活動的具體日期,定在 12月 1 日開幕;並要大陸赴台人員名單。準備工作不到半年時間,已經十分緊張了。我方

經過磋商後，把赴台人員名單傳真給臺灣中興大學歷史系主任王明蓀教授。

1998 年 8 月 3 日，臺灣將赴台邀請函和所填表格寄來，我們立即分發給各赴台人員填寫、修改後，寄往臺灣。同時，我們先後向天津市台辦和國台辦報送了申辦手續及邀請函、日程安排、人員簡況。

1998 年 9 月 25 日，中興大學黃小姐來電話，說赴台人員已基本同意，還有 3 個人需要補充材料。當天我們便把 3 人的補充材料做完，並傳真到臺灣。10 月 21 日，王明蓀教授打來電話，說赴台通行證基本都批准了，已經傳真到天津；就郭鳳岐主任一個人沒有批准，原因是有一項「任職」未填。

又等了 20 天，距開會的時間很近了，我和李家麟先生的赴台通行證仍然沒有批准。而且對我又提出了「政協委員」的問題。為了不耽誤大家赴台參加學術交流，我決定不等我和李家麟先生的赴台通行證了，馬上到國台辦去辦理手續。

赴台人員中，有天津社會科學院老院長、全國著名社會學家王輝，他聽說我可能去不了臺灣了，態度堅決地說：「我們都是隨你去的，到臺灣主要是你去交流；你要不去別人還去幹什麼？……你要不去，我也不去了。」南開大學教授、全國著名史志專家來新夏先生也說：「鳳岐要是不去臺灣，我也不去了。我到香港、澳門去講學。」

在大陸專家學者赴台學術交流遇到障礙的關鍵時刻，1998 年 11 月 11 日晚，林天蔚先生給來新夏先生打來電話。來先生提出：「說郭主任是政協委員不讓赴台，是怎麼回事？」林先生說：「不知道這個情況，王明蓀先生告訴說有一個任職項沒有填。」來先生說：「那已經補上了，已經過去了。臺灣又提出了新的問題。」林先生答應，馬上與王明蓀先生進行協調。

第二天，經與天津市台辦領導研究決定，給林先生打電話，請他與王明蓀先生商量解決兩個問題：一是，儘快化解對我方學術交流團領隊所製造的障礙，不然我們的專家學者不去臺灣交流；二是，建議交流會推遲召開，以保證大陸學者能趕上出席。林先生明確答復，推遲會議不大可能，郭主任的事與王明蓀先生商量解決。

11 月 16 日，臺灣中興大學黃小姐打電話告知，我的赴台通行證批准，很快傳真到津並寄來原件。經過林天蔚和王明蓀先生的積極努力，赴台學術交流的通行證終於全部解決。為這次學術交流會的順利召開，邁出了突破性的一步。

11 月 24 日，我們召開赴台人員臨行前座談會。天津市台辦副主任劉劍英等參加座談會，並發表了重要意見。他說：如此規模的赴台史志文化交流，在全國是首次，要交流學術、促進友誼、遵守紀律、注意身體，一定要獲得成功。

11 月 25 日，獲悉國台辦批准了我們赴台的報告，並另發有一個檔，主要內容是：

除了天津市辦理的赴台人員外，還有北京、廣東、山西、內蒙、甘肅、內江等赴台人員，共 32 人；統一組團，由郭鳳岐先生爲領隊；要求各地赴台人員與郭鳳岐先生聯繫。

11 月 27 日，天津的赴台通行證辦完了，這是天津製證最快的一次。趕緊複印了通行證去購買機票。下午 5 點，將機票發給每個人。至此，赴台人員在大陸的一切手續，緊張、有序地辦理完畢。

11 月 30 日，赴台參加史志文化交流會的大陸代表團終於成行。這天早晨，代表團從天津順利出發。天津電視臺新聞部解燕等 3 人，同車跟蹤採訪。在天津機場，電視臺採訪了我和來新夏、王輝、曹振武先生。是日下午經香港，美國猶他州駐東亞辦事處主任錢正民先生來接機，並一路陪同在港辦理赴台手續，同機轉飛桃園機場，中興大學派助教簡雪玲小姐來接機，然後乘專車直達台中市，入住企業家飯店，已是深夜時刻了。

12 月 1 日上午九時，「海峽兩兩岸地方史志地方博物館學術研討會」，終於在台中市中興大學綜合大樓召開，由王明蓀主任致開幕詞。會畢，茶聚，然後分組討論，場面氣氛熱烈。

1998 年 12 月 1 日，「海峽兩岸地方史志、地方博物館學術研討會」
在中興大學開幕，中坐者為開幕式主持人王明蓀先生

1998 年 12 月 1 日，林天蔚（左 1）、郭鳳岐先生在學術交流會上，
發言者為中國社會科學院歷史研究所研究員（右 1）

　　經過兩天的學術研討會熱烈的討論，使兩岸三地及海外學者得在此歡聚，彼此交換學術心得，促進友誼。

　　兩天的「海峽兩岸地方史志地方博物館學術研究會」結束後，大陸學者多逗留幾天作觀光考察。第一天由阮昌銳教授率領大陸學者到臺灣省立博物館考察訪問。

1998 年 12 月 3 日，大陸專家學者參觀臺灣省博物館，
施明發館長向大陸學者介紹館藏情況

12 月 4 日，往宜蘭觀光各地名勝古蹟，並參觀宜蘭縣史志館修志概況。見下圖：

1998 年 12 月 4 日，大陸學者參觀宜蘭縣史志館

　　其後由阮昌銳教授帶領我們參觀考察花蓮縣瑞穗鎮掃叭史前遺址，使我們對台灣史前歷史文化留下了深刻的印象。

　　學術交流會即將結束時，臺灣省文獻委員會通過林天蔚先生，邀請我去講中國大陸

的修志經驗。因爲我是領隊，要帶團考察，只好婉言謝絕。但是林先生的情誼、文獻委員會的心意我深領了。我與林天蔚先生等的友誼更深了一層。我當即在日記中寫下了這樣兩句話：「相見恨晚，相別恨早」。

　　12 月 11 日，在我們代表團返回大陸路過香港時，林天蔚先生特意從家裏趕來，宴請我們天津的幾個朋友，暢談友誼。

　　由於公務在身，翌年在猶他州的第三次史志學術交流會，我組織好了中國大陸前去赴會的專家學者後，自己卻未能參加。失去了與林天蔚先生再次相晤、相學的機會，並且三地輪流召開史志文化交流會的計畫，也因爲我的缺會而遺憾的中斷了。

1998 年 12 月 11 日，林天蔚先生在香港宴請天津學者

　　但是，與林先生的友誼卻長存。高山重洋，阻擋不了我們的電、信往來；萬里之遙，割斷不了我們的友誼傳遞。林先生並托人給我送來了他的幾部史志大作。當我每每讀著這些著作時，林先生的音容笑貌便浮現在眼前。我多麼渴望在蕭山與林先生久別重逢啊！可是等來的卻是噩耗⋯⋯

　　雖然，林教授天蔚沒有刻碑立傳；然而人們對其才學人品和不平凡的一生的稱頌，卻是真正的紀功碑，不脛而走，永遠流傳在海峽兩岸、大洋對岸。

2008 年 7 月 28 日

林天蔚教授逝世四周年紀念

莫　雲　漢

　　林天蔚教授，史學名家。早年畢業於廣東省立文理學院，大陸易幟，違難香江，曾任培正中學、香港大學、臺灣政治大學等校教席，及楊伯翰大學、華南師範大學等校客座教授，著作等身。先後成《宋代香藥貿易史稿》、《隋唐史新論》、《香港前代史論集》（與蕭國健合撰）、《方志學與地方史研究》、《地方文獻論集》等巨著，論述精闢，爲世推重。今多乃其逝世四周年，追念前賢，特賦一律，以致敬慕之忱。

學院三秋寂，時聞宋藥香。

避秦研郡國，憂患紀隋唐；

桃李千纍實，名山百仞岡，

亭林嗟已遠，一念一迴腸。

三年點滴念師恩

黃　敏　捷

　　我這個「七十後」的末學後進，每當看到前輩名家的著作，領略到他們的治學與做人的精神，常掩卷神往，但因早期的國學大師多已過世，國內本來應薪火相傳的學術氛圍，也因曾經的各種運動而蕩然無存，而今治學之人沽名者眾，真做學問者稀。沒想到自己在求學之路上居然真能遇上恩師林先生這樣一位潛心學問，且公而忘私的大師，而且能親聆其教誨，真是天賜之福！

　　林師的講授，洋溢著智者的求真、仁者的謙沖慈藹，他雖懷高深學問，卻常以一位國學大師的身份對我們用「請教」、「您」這樣的詞語；他常一邊探問我們，我們那些不太嚴謹的論據的出處，一邊教我們虛懷若谷地對待學術的爭鳴……回憶我受教時的點點滴滴，讓我後來常常有一個近乎幼稚的想法：是不是上帝覺得林老師的一生已經滿有美好的見證，已經通過了祂嚴格的考驗，所以才會伸手接走了我們的林老師，否則明明還精神矍鑠的林老師怎會走得這麼突然？

　　記得三年多前，我們即將碩士畢業了，恰逢先生回國，我一時興起，自告奮勇代表同窗們邀請林師與師母到佛山一游，其實也有同窗他日各奔天涯之前的紀念之意。

　　那天，我們暢遊祖廟、梁園，林老師與師母在黃飛鴻的演武場上還俏皮地與我們一起擺起「飛鴻式」的姿勢。之後我們還去逛南風古灶前的陶藝街，林師母是行家，她一邊流連品評陶器，一邊不忘照顧林老師，看著老師與師母舉手投足間相互關懷，真是驚歎世間上居然真的有這樣標準的才子佳人結成的佳偶！

　　晚飯時候，平日裏一向詼諧活潑的林老師提出一個別開生面的紀念方式：我們每人寫下一段話，形容十年後的我們會是什麼樣子，等畢業十年再聚時對比，定有一番樂趣。同窗聞之欣然提筆，各各寫下心中的憧憬。當時還在史海暢遊，奢想在學術上有所建樹的我也寫下些豪言壯語，心想林老師真是有心人，分散各地的同窗十年後要想再聚，只怕真要靠這一紙胡言做引子呢！沒想到不久後噩耗傳來，那天與老師快樂的相聚竟成永訣！十年之約，轉眼就成泡影……

　　今天，忽而已是四年後的今天，同學星散，而當年激揚文字的我也已愛兒繞膝，深造的夢想更爲曲折了。林老師桃李滿天下，我只不過是其中「敬陪末席」的一名，但林老師的出現對於我來說卻猶如清風掀起門簾，爲我的求學生涯打開了新的視界。既已初窺滿園春色，我定當繼續求索，而林師往日的循循教導，亦將成爲我日後百折不撓的鼓勵！

林天蔚教授生平及學術補識

劉　詠　聰

　　先師林天蔚教授不幸於 2005 年 11 月 25 日在溫哥華與世長辭，享年八十一歲。[1]天蔚師係唐宋史名家，兼以方志學、族譜學、香港史、民族史著稱學林。有關天蔚師的生平學術，在他生前《中國當代歷史學學者辭典》及《中國當代方志學者辭典》已有簡述，[2]曾一民、侯月祥二氏亦有專文全面評論。[3]此外，不少有名學人在評介天蔚師的著作時，也曾對其學術成就多所讚揚。[4]天蔚師謝世後，復有譚松壽撰文介紹，[5]專欄作家阿濃以及曾與天蔚師共事的陳耀南師也先後在報章上發表悼念的文章。[6]

　　2006 年 1 月 15 日，師母戴燕桃女士及其公子嘉楡先生、女公子嘉玉小姐假尖沙嘴

1　一般書面的記載均以 1927 年為天蔚師生年。惟林家在報章上所發訃聞稱天蔚師 "在世寄居八十一載"（見《明報》，2006 年 1 月 13 日，A20）；其公子在香港大學教員通訊上所發表訃聞同樣表示天蔚師 "終年八十一歲"（"aged 81"，見 Karl Lin, "Mr. Lin Tien-Wai, " *The Newsletter for Members of Senior Staff* [The University of Hong Kong], no. 67 [December 2005], p. 4）。譚松壽〈林天蔚教授生平〉一文則指天蔚師 "1927 年 11 月 22 日生於廣東茂名，2005 年 11 月 25 日卒於加拿大溫哥華，積閏八十有一"（刊於《林天蔚教授追思禮拜（手冊）》〔香港：海天書樓，2006 年 1 月 15 日〕）。案中國傳統 "積閏" 概念並非死者在世實際歲數，但上引林家官方說法則指天蔚師實際歲數係八十一，包括 "在世寄居" 的基督教表達以及 "aged 81" 的寫法。譚氏一文明確列出天蔚師 "生年" 及終年，用 "積閏" 表達其歲數，大概包含為賢者諱的美意。然而，竊以為此問題並無迴避之必要，於道德更絲毫無損。上世紀中葉，因避亂或種種理由從國內南來英治香港的人士，申領有關證件之際，每愛 "調整" 歲數，以便謀生。為個人及家庭生計而如此權變行宜的人士，恒河沙數，在香港上一代人口群中十分普遍，根本是公開的秘密。他日有治上世紀中期香港史者，咸應認識此一與民生攸關之課題。

2　周偉洲編：《中國當代歷史學學者辭典》（西安：西北大學出版社，1993 年），頁 611；林桓、李爽編：《中國當代方志學者辭典》（西安：陝西人民出版社，1994 年），頁 676-677。案後者稱天蔚師 "生於 1921 年 11 月"，係極少見的紀錄，不知係筆誤還是另有所據。

3　曾一民、侯月祥：〈士林著聲 "史志譜" —— 加拿大華裔著名歷史學家林天蔚學術成就評價〉，《廣東史志》，1997 年 4 期（1997 年 12 月），頁 1-6。

4　天蔚師只有少數著述如《宋史試析》（台北：台灣商務印書館，1978 年）及《宋代史事質疑》（台北：台灣商務印書館，1987 年）等未有邀人作序跋。同行對其史學研究之評價，可見於諸書序跋，尤其是天蔚師晚年的作品《地方文獻論集》（海口：南方出版社，2002 年），特立〈附錄〉一篇，收錄多篇時人評論。此外，尚可參考以下各項：和田久德：〈林天蔚著《宋代香藥貿易史》〉，《東洋學報》，44 卷 1 號（1961 年 6 月），頁 116-123；黃秀政：〈譜學與金石碑刻研究的創新 —— 評林著《地方文獻論集》〉，《興大人文學報》，33 期（2003 年 6 月），頁 1055-1068；馮爾康：〈以方志、族譜、金石碑刻為內涵的 "地方文獻" 新概念的提出與運用 —— 評林天蔚教授新著《地方文獻論集》〉，《中國地方志》，2005 年 4 期（2005 年 4 月），頁 42-47。案後者另有簡本刊於《漢學研究》，21 卷 1 期（2003 年 6 月），頁 453-460，但文字頗有出入，兼且詳略有異。故下文凡徵引馮爾康書評，均用《中國地方志》所刊。

5　譚松壽文，見註 1 引。

6　阿濃：〈林教授開車的故事〉，《大公報》，2005 年 12 月 5 日，C05 版；〈林天蔚教授逝世〉，《大公報》，2005 年 12 月 7 日，C09 版；陳耀南師：〈代謝往來成古今〉，《信報》，2006 年 1 月 11 日，頁 26。

浸信會爲天蔚師舉行追思禮拜。[7]席上諸賢致辭時多憶述天蔚師執教培正中學時之情景，以及培正校友與天蔚師之畢生感情。然而，天蔚師執教香港大學中文系長達二十年（1968-1988），[8]無論從研究或教學而言，都是他一生中重要的時期。天蔚師任教港大後期，筆者有幸濫廁門牆，修讀宋史等課，畢業後也時有往還，因此對天蔚師之主要學術成就在追思禮拜中未獲彰顯，其任教港大之情況未爲人道及，深感遺憾。筆者既忝爲弟子，於此實責無旁貸，特此爲其生平及學術，補識幾筆，盼其潛德幽光，得以傳世。

　　天蔚師的治學重點與學術成就，前述曾一民、侯月祥一文言之已詳，譚松壽文亦多所撮摘，不贅。然而，兩文均未有提及天蔚師學問之師承。案天蔚師係羅香林（1904或1905-1978）[9]教授嫡傳弟子，天蔚師在廣東省立文理學院時已師從香林教授，[10]而一生治學方向，亦是繼承羅氏衣鉢而來。現有記載或稱天蔚師"開香港史研究的先河"，[11]天蔚師泉下有知，相信亦不會同意。香林教授對天蔚師有啓迪、知遇之恩。據天蔚師憶述，"1950年初，先生居於沙田禾輋一陋室中，筆者侍候左右，與談及一般知識分子應持之態度，先生即勉以應肩負起'文藝復興'之重責。"[12]1968年，天蔚師受聘港大中文系，當時執掌系政者，正是香林教授。[13]另一方面，天蔚師的成名作《宋代香藥貿易史稿》，就得香林教授與錢穆（1895-1990）教授"提出於東亞學術研究計劃委員會、推薦於哈佛燕京學社，獲該年度獎金，資助出版"。[14]香林教授此舉也被同儕視爲"宏獎人才之美

7　訃聞及禮拜手冊均見註1引。
8　見 Karl Lin, *op. cit.* 文中指天蔚師在香港大學正式退休是1988年，當時職銜是高級講師（英制）。上引譚松壽文則指天蔚師在1987年"離開香港大學"。案譚文稍有不確。雖然天蔚師曾表示"本人在1987年秋應聘於台灣國立政治大學歷史研究所，在香港大學提前退休"（天蔚師：〈編後語〉，見氏編：《亞太地方文獻研究論文集》〔香港：香港大學亞洲研究中心，1991年〕，頁556），但這處所指的"提前退休"只代表他在1987-88年度最後一次休假而已，並非正式離開港大。案當時港大教員假期福利良好，平均每五、六年即可享有一年有薪假期，而休假期間到海外大學訪問、客座，亦無衝突。所以天蔚師是在這種情況下前赴政大的。不過天蔚師自港大正式退休後，也再繼續留在政大任教。筆者清楚記得，1988年夏，港大中文系仝人正式宴別三位同年退休的老師：天蔚師、杜維運師、章群（1925-2000）師。但當晚宴會天蔚師未有出席。無論如何，天蔚師正式離開港大中文系，是在1988年。根據1987至88年度港大官方的教員名錄，天蔚師仍在職，參看 *University of Hong Kong Calendar 1987-88*（Hong Kong: University of Hong Kong, 1987），p. 459. 又根據港大的官方紀錄，天蔚師是在1988年1月31日離職的，見 *University of Hong Kong Bulletin*, no. 228 (December 15, 1987), p. 7.
9　羅氏生年有數說，爲免喧賓奪主，此處不贅。詳參何冠彪、劉詠聰：〈羅香林出生日期考辨〉，《台灣師大歷史學報》，35期（2006年6月），頁177-220。
10　王韶生（1904-1998）序《宋代香藥貿易史稿》稱："抗戰後期，余與黃君徽五〔福鑾，1915-1985〕講學於桂頭廣東省立文理學院。林子負笈來遊，以劬學稱。……迨抗戰勝利，名史學家羅元一教授奉命接長文理學院。林子獲遊其門，治史方法，日漸邃密，師友咸深器之。"（見天蔚師：《宋代香藥貿易史稿》〔香港：中國學社，1960年〕，〈王序〉，頁1）。
11　見註1引譚松壽文。文中稱天蔚師"1975年的《香港前代史論集》（與蕭國健合撰），可說是開香港史研究的先河"。
12　見天蔚師：〈述恩師羅元一先生之學〉，載於余偉雄編：《羅香林教授紀念集》（香港：羅香林教授紀念集編輯委員會，1979年），頁101。
13　天蔚師入職港大中文系的日期爲1968年8月1日，香林教授退休的日期爲1968年8月31日，見 *University of Hong Kong Gazette,* vol. 15, no. 6（August 20, 1968），p. 65.
14　見註10引《宋代香藥貿易史稿》，〈自序〉，頁2。

意”。[15]此外，香林教授亦爲天蔚師的《宋代香藥貿易史稿》及《隋唐史新編》撰序。[16]

　　1970 年，《壽羅香林教授論文集》出版，天蔚師係九位編輯董事之一，集中亦有學術論文發表。[17]1978 年，香林教授辭世，天蔚師除擔任治喪委員會總幹事外，亦以“忝列先生門牆凡三十載有餘，故不得不述先生之學”，遂撰文先刊於《廣東文獻季刊》，再刊於翌年出版的《羅香林教授紀念集》內，並稱香林教授爲“恩師”。[18]1988 年，香港珠海書院舉辦“羅香林教授逝世十周年紀念學術研討會”，會議論文集在 1992 年出版，卷首也有天蔚師〈羅香林傳略〉一文。[19]1998 年，香港珠海書院爲紀念香林教授逝世二十周年，舉辦“羅香林先生與香港史學”學術討論會，天蔚師參與其會，報告〈羅香林教授逸事〉一文。[20]此外，天蔚師晚年的著作《方志學與地方史研究》一書，亦用以“紀念先父挺生公、先師香林教授”。[21]目前香港大學馮平山圖書館的“羅香林教授紀念藏書”中，還保留有天蔚師當年寫給香林教授的若干信札。[22]除見諸文字外，筆者在課堂上也多次聽到天蔚師憶述香林教授對其治史之重大影響。

　　據天蔚師在晚年另一篇討論香林教授的貢獻的文章中指出，香林教授的成就“不在‘傳承’而在‘開創’”，並引陳槃（1905-1999）教授評語，稱香林教授“在‘族譜學’、‘方志學’、‘香港史’等創一新的研究方向”。[23]天蔚師又指出“目前之治香港史、族譜學、方志學者，多是沿襲羅教授的理論發揚而已”。[24]因此，吾人總結天蔚師之史學成就，實在不能置他與香林教授的師徒情誼與學術傳承於不顧。這是筆者要補

15　同上，〈王序〉，頁 1。
16　同上，〈羅序〉，頁 1-2；又羅香林：〈《隋唐史新編》序〉，見天蔚師：《隋唐史新編》（香港：現代教育研究社有限公司，1968 年），頁 1。
17　《壽羅香林教授論文集》（香港：壽羅香林教授論文集編輯委員會，1970 年），編委會成員見集內馬蒙〈序〉。天蔚師在集內有〈宋代猺亂編年紀事〉一文（頁 135-151）。
18　治喪委員會名單見註 12 引《羅香林教授紀念集》，頁 42。天蔚師〈述恩師羅元一先生之學〉一文（原刊《廣東文獻季刊》，8 卷 3 期〔1978 年 9 月〕，頁 44-46），見同集頁 100-102。案天蔚師前後撰有多篇關於香林教授的文章，此處恕不一一列出，詳參註 9 引拙文。
19　見天蔚師：〈羅香林傳略〉，收入珠海文史研究所學會編：《羅香林教授紀念論文集》（台北：新文豐出版股份有限公司，1992 年），頁 1-7。
20　參看〈羅香林先生與香港史學學術討論會會議紀要〉，《亞洲研究》，33 期（1999 年 12 月），頁 192。案天蔚師在是次會議宣讀文章的題目，《亞洲研究》的報導與研討會手冊所錄頗有出入。後者所錄爲〈我所知所見所聞的恩師羅元一教授〉，見《羅香林先生與香港史學》（珠海書院“紀念羅香林教授逝世二十周年學術討論會”論文合訂本，現藏香港大學孔安道紀念圖書館）。現以《亞洲研究》的報導爲準。
21　天蔚師：《方志學與地方史研究》（台北：南天書局，1995 年），卷首。
22　該館藏《乙堂函牘》（裱貼本）第 37 冊收有天蔚師於 1963 至 1974 年間致香林教授信札七通，內容除問學外，多係報告自己在美、歐、日、台等地查閱資料及參與學術活動之情形。此外，據羅敬之《羅香林先生年譜》所指，天蔚師又藏有香林教授“歷年與諸友人書百數件”(台北：國立編譯館，1995 年，〈前言〉，頁 III)。
23　天蔚師：〈五十年代後錢穆、羅香林兩教授對香港歷史、文化界的貢獻〉（“香港史家與史學研討會”論文，香港浸會大學近代史研究中心及香港中國近代史學會合辦，2004 年 6 月 10-12 日），頁 4，類似的說法亦見《地方文獻論集》，頁 254。案有關陳氏對香林教授之評價，另參其〈評羅香林著《百越源流與文化》〉，《學術季刊》，4 卷 3 期（1956 年 3 月），頁 147-148；〈羅元一（香林）教授誄〉，《文藝復興》，102 期（1979 年 4 月），頁 30-32。又案香林教授多次競選中央研究院院士，陳槃均係主要提名人，詳參註 9 引拙文。
24　同上。

充的第一點。

　　天蔚師治學嚴謹，其著作有一特色，即喜愛修訂舊作。例如《宋代香藥貿易史稿》（1960 年出版）自序指出，“所由命名曰‘史稿’者，蓋期之異日得爲補充與修訂也”。[25]該書終於在 1986 年再版，正名《宋代香藥貿易史》，除補充若干內容外，“又用方志及筆記類增補市舶使若干人名及更正若干書名、地名的錯誤”。不過，天蔚師自言“筆者坦白承認空疏，此‘稿’已無法大爲修改”，謙厚可取。[26]天蔚師早年的另一部代表作是《隋唐史新編》，刊印於 1968 年。十年後有重刊及增訂前作之意，卒以“與其改編舊作，不若另著新書”，出版《隋唐史新論》。《新編》與《新論》一同而三異，自序中已有詳細交代，不贅。[27]再如天蔚師晚年最後一部力作《地方文獻論集》，內分方志、譜學、金石碑刻、專題研究等諸篇。其中方志篇係重寫 1995 年出版的《方志學與地方史研究》，“雖多舊文，然新增文字約八萬言，約佔舊文 50%”。[28]該書專題研究部分除輯錄以廣東史事爲專題之舊作外，又新增四篇，其中有〈浪白滘再考〉一文，更是延續二十多年前的考證，以新發現之史地資料與親身調查，再一次論證十六世紀葡人所據“浪白”一地，不在澳門，不在香山，而在大嶼山。[29]

　　值得注意的是，天蔚師在改寫舊作，或結集舊文出版時，每愛參考時賢評論，加以修改。對同行具建設性的提議，天蔚師如加採用，必予致謝；如未接受，亦有回應。最佳的例子是《地方文獻論集》。誠如前文指出，書中方志篇的前身爲《方志學與地方史研究》，天蔚師在《地方文獻論集》書末附錄評論、序跋多篇，這些篇章除讚揚之辭外，亦不乏善意批評及指正。天蔚師在自序裏多所回應，或承認不足之處（如未能遍讀大陸學者方志著作，“掛一漏萬，在所難免”）；有解釋未採納若干提議的理由（如未介紹朱士嘉〔1905-1989〕，因其貢獻在編纂“方志目錄”而不在提出“方志理論”）；又有堅持學術觀點仁智互見（如其強調“方志二源論”，與好友王爾敏教授之“方志三源論”不同）。對於他人指出史實及文字上的若干錯誤，天蔚師“除更正外”，更“謹此致謝及致歉”。[30]馮爾康教授在爲《地方文獻論集》撰寫的書評中，高度評價天蔚師這種以評論附書末並在自序中作回應的做法：“世俗地看，或許會誤會林氏在用他人的話語贊揚自己，但打開〔自序〕一讀，發現他的著眼點在於繼續討論存疑問題，……渴望進行學術

25　見註 10 引《宋代香藥貿易史稿》，〈自序〉，頁 2。
26　天蔚師：《宋代香藥貿易史》（台北：中國文化大學出版部，1986 年），〈再版自序〉，頁 2。
27　天蔚師：《隋唐史新論》（台北：台灣東華書局股份有限公司，1978 年），〈自序〉，頁貳。
28　天蔚師：《地方文獻論集·自序》，頁 6。
29　天蔚師：〈浪白滘再考〉，載於同上，頁 667-685。
30　同 28，頁 10。

討論的心情溢於言表。"[31]馮教授真可說是天蔚師的知音。誠如王爾敏教授所指出，天蔚師 "愛人以德，交游多碩學宏儒"，面對 "浮誇是尙"、"群醜跳樑" 的局面，天蔚師的抉擇是 "不甘同流、退而著書"。[32]他本身就是一個愛恨分明的人，絕不趨炎附勢，所交時賢決非徒識吹捧之輩，而多係與其相知相交的學人，觀諸序跋及評論，可知一二。以上是筆者要補充的第二點。

　　天蔚師的學術貢獻，除等身的著作外，尤在晚年集方志學、族譜學、金石學以建設 "地方文獻" 的新概念。[33]此外，他生前不辭勞苦、奔跑各地，組織了多次學術會議，促進學術交流。這些以文會友的活動，大多促成論文集的出版，有功於學林。例如 1982 年香港大學亞洲研究中心與美國猶他州家譜學會合辦的 "區域性研討會"、[34]1985 年香港大學亞洲研究中心主辦的 "中古史研討會"、[35]1989 年香港大學亞洲研究中心主辦的 "亞太地方文獻研討會"、[36]1994 年香港大學亞洲研究中心、廣州中山大學及廣東省地方史志辦公室聯合主辦的 "嶺南文化新探究研討會" 等[37]，除得主辦單位支持外，均由天蔚師召集、組織及籌募經費。會後，天蔚師更爲主編論文集。凡此學術會議，比那些但求聚會、不問論文質素、會後亦無出版的研討會，不知遠勝多少籌。天蔚師古道熱腸，奔跑的功勞、忘我的精神，應該得到尊重。這是筆者要補充的第三點。

　　天蔚師執教港大期間，復有數事可記。天蔚師教人治史，首重史料，然亦鼓勵議論。學子每有所見，天蔚師即以 "拿出證據來" 數字相質。天蔚師考試評分標準有三：倒背課堂筆記者合格；以課餘閱讀所得補充課堂筆記者分數稍高；博覽群書而又能以足夠證據質疑老師觀點者獲分最多。此等胸襟，又豈是時下一般執教上庠者所能及？

　　天蔚師與筆者一屆的同學關係良好。1984 年 11 月 9 日，他邀請我們全班同學到酒樓茶聚。同月 17 日，又邀請我們到家中作客。作客當日，師母準備豐富的糕點供我們享用，天蔚師一時雅興，還與我們全班同學定下十年之約。當時每人須對自己十年後的婚姻、家庭狀況作出書面估計，交由天蔚師保管，待 1994 年秋重聚時由婚姻、家庭狀況不符合 "預言" 者結賬。天蔚師一直牢記著這個約定，還在 1994 年夏將 "約書" 影印本寄

31　馮爾康，註 4 引文，頁 45。
32　〈王爾敏序〉，見天蔚師：《地方文獻論集》，頁 910-911。
33　同 31，頁 43。
34　參看天蔚師編：《地方史資料研究論文集》（香港：香港大學亞洲研究中心，1985 年）。
35　參看天蔚師及黃約瑟編：《古代中韓日關係研究 —— 中古史研討會論文集之一》（香港：香港大學亞洲研究中心，1987 年）；《唐宋史研究 —— 中古史研討會論文集之二》（香港：香港大學亞洲研究中心，1987 年）。
36　參看天蔚師編：《亞太地方文獻研究論文集》（註 8 引）。案本集以及上兩註所引文集，均係天蔚師在港大亞洲研究中心所召開學術會議之成果，亦由亞洲研究中心出版。天蔚師任職港大期間，受亞洲研究中心禮遇較周，從諸集中天蔚師與當時亞洲研究中心主任陳坤耀教授之互相道謝，可見一斑。又天蔚師在港大期間著作，固有冠用 "亞洲研究中心研究員" 職銜，退休以後亦時有採用。及天蔚師離開中文系，每次重臨港大，亦只有在亞洲研究中心見其踪影。
37　參看天蔚師編：《嶺南文化新探究論文集》（香港：現代教育研究社有限公司，1996 年）。

到我的辦公室，吩咐我組織十年前定下的約會。結果我們全班同學就在中環一家飯館履行"十年之約"。此後，儘管天蔚師經常奔跑於中、港、台、加之間，見面機會減少，不過我們全班同學也曾和他有過幾次聚會。

天蔚師和我們這一屆同學特別熟落，除了因為"十年之約"外，還有一個原因。事緣 1984 年秋，我們三年級歷史組同學有鑑於埃塞俄比亞饑民遍野，於是籌組了一次步行籌款，所得善款撥交樂施會，幫助埃國饑民。當時全系老師均慷慨解囊，贊助我們這次善舉。天蔚師不但捐款，更身體力行，是全系唯一主動表示要參與步行的老師。步行當日（時為 1984 年 11 月 24 日），天蔚師便順理成章地擔任我們的"領隊"。記得當日我們在港大黃克競平台出發，先拍了一張大合照留念，然後由該平台沿著大學道、旭龢道、克頓道一直步行至太平山頂。天蔚師當日穿上輕便服裝及運動鞋，一路上未見疲累。途中經過有人刻上"殺盡天下負心男人"幾個大字的小丘，天蔚師竟然就地取材，教誨同行的男同學，並與一眾男生蹲在小丘前拍照，吩咐各人要重情重義，切勿當"負心男人"。這張照片我一直保存下來，天蔚師之風趣，可見一斑。以上有關天蔚師的教學逸事，是筆者要補充的第四點。

天蔚師是一個很有善心、愛心的人。他謝世後，家人遵照他的遺願，捐贈所有器官，遺愛人間。[38]至於學術方面，天蔚師的藏書，多在他生前捐贈給美國楊柏翰大學（Brigham Young University）的 Harold B. Lee Library。[39]天蔚師最後一部著作《地方文獻論集》，是"獻給母校 —— 華南師大 2003 年七十華誕"的。[40]華南師大的前身就是天蔚師所就讀的廣東省立文理學院。[41]天蔚師晚年除任母校客座教授，[42]回饋母校外，更捐資設立"林天蔚助學金"，資助該校歷史文化學院清貧學生。首批獲得"林天蔚助學金"的本科生和研究生共二十八人，頒發儀式於 2005 年 11 月 10 日舉行。[43]當天距離天蔚師辭世只有十五日，世事難料如此。天蔚師念舊、行善，贈萬卷以惠後學，散千金以濟書生，是經師亦人師。雖然，在港大師從天蔚師而能繼承其衣缽者容或不多，或者真如耀南師所感嘆，

---

38 此據天蔚師公子嘉榆先生在追思禮拜上的講話（2006 年 1 月 15 日下午四時許）。
39 見天蔚師：《地方文獻論集‧自序》，頁 7。又該圖書館將捐贈人士名字公開列出，一併致謝。天蔚師被列為該館"高級捐贈者"（Senior Benefactors）之一，但英文姓名誤作"Tienwai Linn"，詳見該館網頁（http://www.lib.byu.edu/friends/donors.html）.
40 見該書首頁。
41 該校於 1933 年創校，初名勤勤大學師範學院，迄今曾九易校名。詳參華南師範大學網頁（http://www.scnu.edu.cn/2003/detail.php?page=history）。
42 筆者藏有天蔚師晚年名片，上面印有與天蔚師有關係的六個單位，其中香港大學中文系及台灣國立政治大學歷史研究所兩者註明"退休"，其餘單位包括香港大學亞洲研究中心、美國楊伯翰大學、廣東華南師範大學及海南大學東亞研究所。
43 參看〈熱心桑梓，慷慨助學 —— 歷史文化學院舉行"林天蔚助學金"頒發儀式〉，見華南師範大學網頁（http://www.scnu.edu.cn/2003/news_show.php?id=1761）。

"勤勉的學者也未必就有勤勉的學生"。[44]不過,必須強調,港大中文系出身而今日於香港各大專院校執教中國歷史者,不少曾是天蔚師的學生;其中在港大中文系任教者,更盡出其門下。[45]這是筆者要補充的第五點。

　　天蔚師一生勤劬治史,學有所成,兼且夫妻恩愛,兒女成材,[46]諒無遺憾。香林教授與天蔚師都是虔誠基督徒,相信永生。也許此時這刻,兩師徒正在天國談笑論學呢!願天蔚師安息。

2006 年 2 月 13 日敬述於

香港浸會大學歷史系

本文原刊於《香港中國近代史學報》,

3 期(題 2005 年),頁 131-140。

44　見註 6 引耀南師文章。
45　案註 1 引譚松壽文提到天蔚師 "門下出色學生眾多,其中不少就是時下成名學者、科學家、企業家。像現今國際知名數學大師美國哈佛大學丘成桐教授就是其中之一。"筆者以為,這段說話實在未能突顯天蔚師在大學歷史教學上的貢獻,所以要作出這樣的強調。
46　參註 1 引譚松壽文。

林天蔚教授生平

譚 松 壽

　　林天蔚教授籍屬廣東省茂名縣。1924 年 11 月 22 日生出於廣東茂名，卒於 2005 年 11 月 25 日加拿大溫哥華，享壽八十有二。

　　林教授在 1946 年畢業於廣東省立文理學院（今廣州華南師範大學）史地系，獲學士學位。畢生從事教育事業：先後執教於香港培正中學、中文大學及香港大學，任講師、高級講師。1966 年在美國哈佛燕京學社作訪問學者，1983 年在法國巴黎第七大學作訪問研究。1987 年，林教授離開香港大學出任台灣國立政治大學歷史研究所教授。1988 年應美國楊伯翰大學之聘，擔任客座教授，同時應聘爲卑詩大學亞洲研究中心研究員。2003 年，應母校華南師範大學邀請出任客座教授。

　　林教授一生成就是多方面的，簡括可分爲三部份：就是教學、著述與學術研究。在教學方面，自 1949 年到香港，任教於培正中學開始，直至 2003 年返回母校華南師範大學出任客座教授，親自授課並指導研究生爲止，擔任教學工作超過半個世紀，真的可說桃李滿天下。林教授誨人不倦，講學深入淺出，生動活潑，風趣動人，令學生在課堂中如沐春風，本人身爲他的學生之一，這是親身的感受，獲益良深。他門下出色學生眾多，其中不少就是現今世上成名學者、科學家、企業家。像現今國際知名數學大師美國哈佛大學丘成桐教授就是其中之一。

　　林教授著述等身，成績斐然，享譽海內外。1960 年出版《宋代香藥貿易史稿》就是他早期成名的代表作，該書深受中外學者，尤其是日本學術界重視。目前任教於廣州暨南大學的邱樹森教授，就因書中徵引史料的豐富，論證的嚴密而傾倒，因此爲研究生開設中西交通史，列爲必讀參考書。1968 年有《隋唐史新編》和 1978 年《宋史試析》，1975 年與蕭國健合撰的《香港前代史論集》，他可說是繼恩師羅香林教授之後，另一著名的香港史研究學者。同時，他還主編、合編了不少學術論著、論文集，像 1985《地方史資料研究論文集》、1987 年《中古史研討會論文集》、1991 年《亞太地方文獻研究論文集》和 1996 年《嶺南文化新探究論文集》等等。1995 年夏天，台灣教育部出版一本大學用書《方

志學與地方史研究》，在學術界引起強烈反響，這是林教授以三十年研究成果的其中一本
巨著。當時不少學者紛紛發表意見，評價甚高，像王爾敏教授稱讚本書：「海嶠一隅，海
外五洲，尚有方志著作與大陸二三十種方志學著作爭一日之短長者，則只有天蔚一人。」
2002 年，他以上書爲基礎，增添不少新文章、新資料，撰成《地方文獻論集》，於大陸
出版，頗受學術界重視。此外，自上世紀五十年代起，他先後發表的論文近百篇，不少
立論新穎，見解獨到。他的著述有一典型的特點，就是旁徵博引，差不多文章中每一句
都有出處。像《宋代廣州爲對外貿易的轉運港》一文，全文只有二千字，言簡意賅，而
註釋卻有 46 條，共二萬二千字，超過正文的十倍。他這種以史料服人，以理服人的態度，
實在難得。

　　林教授在學術研究上有一種學而不倦、攻而不懈的精神。他學而教、教而學，這樣
教學相長，鑽研不輟，因而不斷開拓學術新境界。他治學層面廣泛而深入，早期以唐宋
史爲主，其後涉獵的有香港史、經濟學、方志學、地方史、族譜學、民俗學、民族學、
宗教學、敦煌學等等。爲了推動兩岸三地的學術研究，自 1987 年起，林教授不辭勞苦，
經常來往海峽兩岸、港粵澳台之間，參加或組織學術會議、訪問學術機構，傳播學術信
息，並且肩負溝通聯繫的責任。像 1994 年由香港大學、中山大學、廣東省地方史志辦公
室聯合舉辦的「嶺南文化新探究」學術研討會，由始至終都由林教授全力策劃，一年中
不下五六次穿梭於港粵台之間，因而積勞成疾，完成所有任務後立即進醫院做了一次心
臟大手術，因而健康頗受影響。這種爲學術研究犧牲奉獻的忘我精神，令人敬佩。

　　林夫人戴燕桃女士一生從事教育工作，退休後移居溫哥華，業餘潛心繪畫、陶藝，
頗有心得。子女均學有專長，事業有成：長子嘉榆，獲美國大學工程管理碩士，現職爲
挪威船級社評審員；長女嘉玉，畢業於英國伯明翰大學，獲運籌學博士，現職爲香港城
市大學助理教授。林教授自小以孝行享譽閭里，畢生熱愛家庭，對妻兒無微不至，可說
是位標準慈父賢夫。在朋友間，他待人接物，仁厚可風，樂於助人。他的性格樂觀風趣，
令人難忘。他生平有寫日記習慣，2004 年 5 月，他寫著：「午夜失眠，曾思及身後事，
擬發訃聞『我去了，願在天堂再見！』」一個如此善良虔誠的信徒，我們深信他必會在天
堂享福，我們希望日後在天堂和他再見。

　　（註：此稿乃於林教授去世後，應林師母要求為一週後林教授溫哥華追思會倉卒草成。錯漏
難免，後蒙劉詠聰教授賜正，今稍作修改，作者謹誌。）

三、紀念論文

（以姓氏筆劃為序）

薛應旂與《宋元通鑑》

王 德 毅

一、前 言

　　歷史是記載人類各種活動的，人不是孤立的，先有家族，擴而至國家，再擴而至天下。領導天下的爲天子，統治國家的爲諸侯。其言行舉措關係至大，故當記錄下來，傳之後世，以爲鑑戒。《隋書、經籍志》有言：「古者，天子、諸侯必有國史，以紀言行，後世多務，其道彌繁。夏殷以上，左史記言，右史記事。周則太史、小史、內史、外史、御史，分掌其事，而諸侯之國，亦置史官。」[1]自周室東遷以後，舊的典章多已不復存，只有魯國，因爲是周公的故封之地，仍保留一些禮制，魯國的史官始終每日記載其國君之言動，所以孔子能因魯史而修《春秋》，爲編年體。其記事極簡，有直書，亦有婉約，其後左丘明增補史事，依照經文補述，俱得當時事實，世稱《左氏傳》，使編年史更完美。至西漢武帝時，司馬遷修《史記》，創紀傳體，以人物爲中心，記其生平事蹟善惡，自漢至唐，史家修史不外此二體。宋代目錄學家晁公武對此二體曾有說明：

> 後世述史者，其體有三：編年者，以事繫月日，而總之於年，蓋本於左丘明。紀傳者，分記君臣行事之終始，蓋本之司馬遷。實錄者，近起於唐，雜取兩者之法而為之，以備史官採擇而已，初無制作之意，不足道也。若編年、紀傳則各有所長，未易以優劣論。雖然，編年所載，於一國治亂之事為詳，紀傳所載，於一人善惡之跡為詳。用此言之，編年似優，又其來最古，而人皆以紀傳便於披閱，獨行於世，號為正史，不亦異乎？

　　自班固繼司馬遷《史記》之後，用紀傳體修《漢書》，斷自高祖創業，迄於孝平、王莽之誅，始有斷代史。自此一代興、一代亡，各自爲一書，紀傳體遂大行，編年史雖爲古史，但繼之者甚少，至東漢獻帝時，始命荀悅彷《春秋左傳》之體，修《漢紀》30卷，至東晉末，袁宏修《後漢紀》30卷，皆是斷代的，與正史並行。以後每有一部紀傳體斷代史，即有一部編年史；或稱略，或稱曆，在歐陽修、宋祁修的《新唐書》中，列

1　見唐、魏徵《隋書》（鼎文書局影印新校本）卷33〈經籍志二〉。

正史 70 家，90 部，4085 卷。列編年史 41 家，48 部，947 卷。兩者差距甚大。可是到了宋朝，編年史體振興，不僅量的增加，而且打破朝代的斷限，自神宗熙寧初年司馬光在經筵讀《通鑑》後，南宋六君皆曾進讀，使編年史昇華爲帝王必讀的書，讓帝王從前代的興亡治亂中，學得一些教訓。欲爲賢君，則當親信君子，遠離小人，否則，那就是最悲哀的亡國之君了。不僅南宋君主如此，甚至元朝帝王也多研讀，元順帝曾以《資治通鑑》分賜翰林院儒臣。宋濂曾有文專載此事。有云：

> 元順帝即位之九年，海宇宴寧，文治誕敷，乃開宣文閣設經筵，詔翰林諸臣分番進講。復出司馬光所編《資治通鑑》分賜近臣。集賢大學士浦陽吳公直方時爲大長秋官屬，實獲與茲寵榮。……方今朝廷更化，稽古右文，公卿大夫孰不知讀太史公書。上方以謂：歷代之史有資治道者，莫備於《通鑑》一書，復出以賜近臣，天光下臨，衣被萬物，聲教所及，罔間朔南，鳴呼盛哉！[2]

帝王好學就得多接近儒臣，既能收到潛移默化的效果，而且減少接近后妃、宮女及宦官的時間，避免后妃或宦官的干政。如元朝大儒吳澄於元泰定帝泰定元年（1324 年）任翰林侍讀學士，於經筵以《帝範》、《資治通鑑》及《貞觀政要》進讀，特選讀漢高祖入咸陽與秦民約法三章一段史事，以証明孟子所言的「不嗜殺人者能一之」的爲真理。讀完特加申論說：「只有漢高祖省得這道理來，漢家子孫四百年做皇帝。我世祖皇帝不愛殺人的心，與天地一般廣大，比似漢高祖。不曾收復的國土今都混一了。皇帝依著世祖皇帝行呵，萬萬年太平也者！」[3]此言足以啓沃君心，只要帝王時時以人民疾苦爲念，則天下必定大治，國祚也會永長。

在史書的編纂上，《通鑑》確實有承先啓後的偉大貢獻，誠如明儒胡應麟所言：「偉哉！司馬光之爲《通鑑》也，迄宋而無此書，則編年之史體絕，而《春秋》之跡熄矣！而評者不先其大，往往以義例精粗褒誅出入而議之，是徒知筆削者易工，而不知創締者之難合也。」[4]編年史體誠然是由《通鑑》發揚光大的，自南宋至清中葉六百多年，繼《通鑑》而修成之編年史便有十多家，薛應旂之《宋元資治通鑑》乃其一也，今特撰文加以介紹，並論述其貢獻與影響。

二、薛應旂生平

薛應旂（1500-1574 年）字仲常，號方山，常州武進人。自爲諸生，即以制義名於時。唐順之曾以告訴學者說：「吾於制義得仲常。」其見重於時賢如此。嘉靖十三年（1534

---

2 見明、宋濂《宋文憲公集》（四部備要本）卷四十五〈御賜《資治通鑑》後題〉。
3 見元、吳澄《吳文正公集》（新文豐出版公司編印元人文集珍本叢刊本）卷四十四〈經筵講義—通鑑〉。
4 見明、胡應麟《少室山房集》（四庫全書本）卷九十八〈司馬光〉。

年）舉於鄉，次年，會試中第二名，殿試中三甲第三十三名進士，授慈谿知縣，治民以安靜教化爲本，從不擾民。史載：「時郡守事苛虐，應旂銳志撫綏，爲罷守。應旂亦改教九江，掌白鹿書院事。」[5]他先天賦有不肯向權勢低頭或仰人鼻息的性格，在仕途上是不會順遂的。在出任南京吏部主事後再遷考功郎中，負責考核京官，結果是：「大學士嚴嵩以給事中王曄嘗劾之，令尙寶丞諸傑貽書應旂，令黜曄。應旂反黜傑，嵩大怒。應旂又黜常州知府符驗，嵩令御史桂容劾應旂挾私黜郡守，謫建昌通判。」[6]王曄是一位端士，身爲給事中，彈劾權奸乃是職責，實不當黜，當黜者乃是替權臣傳僞命的諸傑。應旂有此強烈的是非觀念，遂得罪了嚴嵩，受到糾劾，謫降建昌通判。應旂無怨無悔，於嘉靖二十四年（1345 年）到任，二十六年去職。在建昌二年餘，以教化爲施政之本，其爲官之道是盡己之心力，不求聞達。據明萬曆間修《建昌府志》載：

> 公文章哲匠，以南銓部左遷郡倅。人意其難親，而公下車即與諸生論文，亹亹開導，眾反樂其平易。尋聞艱報，公時乘軒在道，即易衣徒跣，不返署竟去。至今以爲美談。[7]

他的平易近人已獲得郡人的好感，又在獲知罷黜的命令後，就立刻換上便服離任，也非常瀟灑，當時即傳爲美談。後遷浙江按察司副使，兼提督學事副使，官至陝西兵備副使。後罷歸，家居 20 年，手不釋卷，著述至豐，較著者有《宋元通鑑》157 卷、《考亭淵源錄》24 卷，《大憲章錄》47 卷，又修成《浙江通志》74 卷。

應旂以帖括擅長，工場屋文字，與王鏊、唐順之、瞿景淳齊名，天下共稱王唐瞿薛。其閱文最多，凡所品題，百不失一。據過庭訓所輯之《本朝分省人物考》載：「授慈谿令，試諸生，首拔袁煒，許其大魁天下。後果如其言。……陞浙江按察副使，提督學政，試諸生於慈谿，得向程，許其可發解。後得諸大圭卷，大奇之。復召向程，語曰：爾解元爲諸大圭奪去矣！後放榜，諸果發解，向居第六。其甄別不爽多類此。」[8]袁煒於嘉靖十七年（1538 年）會試會元，遂中進士第三名，[9]果如所言「大魁天下」。

應旂在學術上，最初學於王守仁，講陸氏之學，晚年乃研治洛閩之學崇尙程朱，所以增訂宋端儀所修之《考亭淵源錄》爲二十四卷，曾謂：「朱陸兩先生實所以相成，非所以相反。」乃將陸氏三兄弟列入本錄中，以示相需相成。應旂晚年講學於鄉里，顧憲成、允成兄弟皆從之學，以氣節相砥礪，不尙言心性。黃宗羲說：「東林之學顧導源於此，豈

5 見清、陳夢雷編《古今圖書集成》（鼎文書局影印本）〈文學典〉卷一〇五「薛應旂傳」引《武進縣志》。
6 見清、王鴻緒《明史稿》（明文書局編印明代傳記叢刊本）列傳卷一一〈薛敷教傳〉附載。
7 見明、鄢鳴雷等修《建昌府志》（明萬曆四十一年刻本）卷十一〈宦蹟〉。
8 見明、過庭訓《本朝分省人物考》（明代傳記叢刊本）卷三十八。
9 見明、薛應旂修《嘉靖浙江通志》（天一閣明代方志選刊續編本）卷五十二〈選舉志〉。

可沒哉！」[10]斯言得之。

三、《宋元通鑑》的編修與貢獻

　　南宋以後史家繼司馬光《資治通鑑》之後，所修之編年史多達十餘家，其要者有李燾的《續資治通鑑長編》980 卷，記述北宋九朝事。李心傳的《建年以來繫年要錄》二百卷，專記高宗一朝。劉時舉的《續中興編年資治通鑑》15 卷，記南宋高、孝、光、寧宗四朝史事。陳均的《皇朝編年綱目備要》30 卷，述自太祖至欽宗九朝史；《中興兩朝編年綱目》18 卷，述高、孝二宗史。南宋中興四朝史記述較多，尚有不著編人的《增入名儒講義皇宋中興兩朝聖政》64 卷，《兩朝綱目備要》20 卷，至於宋末的三朝史事，則有不著編人的《宋季三朝政要》6 卷，末附二王，乃元初人所修，但其承宋人餘緒甚明。又有元人所修的《宋史全文續資治通鑑》36 卷，僅述太祖至理宗十四朝史，惟書中引錄各家的史論甚多，皆低一格以小字刊刻，甚為醒目。逮至元末，陳桱又纂《通鑑續編》24 卷，除前兩卷外，卷三以下皆記宋事，始自太祖，終於祥興帝。以上這些編年史典籍，薛應旂都可參考以修宋通鑑。至於有關元代的編年史，較早的為洪武年間張九韶的《元史節要》2 卷，敘事極簡。其次則為胡粹中的《元史續編》16 卷，起自世祖至元十三年（1276 年），迄於順帝至正二十八年（1368 年），重在述元統一南北後之史事，用綱目體，其意乃是續陳桱的書，是此書亦當為薛應旂修元通鑑所參據者。當然，宋、遼、金、元四朝正史仍是重要史源，至於宋元名人文集、筆記及野史等，也要一一抉摘幽隱，究悉始末。應旂自述其修《宋元通鑑》的動機是要繼承司馬光。有云：

> 司馬光《資治通鑑》，上起戰國，下終五代，先後貫穿，而一千三百六十二年之事蹟，燦若指掌矣！自宋以下，雖有李燾之《長編》，劉時舉、陳桱之《續編》，而紀載失次，筆削未當，仍為缺典。于時不自揆量，妄意刪述，以紹司馬之事。[11]

　　這是薛應旂在青年時代研讀二十一史，深感過於浩瀚，然而斷代的編年史，如范祖禹的《唐鑑》，只能見一代之興亡治亂，難以會通。只有司馬光的《通鑑》深得會通之旨，但僅及於五代之末，以下宋元兩代亦當合撰成一書，方可稱為續通鑑。而李燾、劉時舉、陳桱之續編則僅及於一時期或一代，甚至以為「紀載失次，筆削未當，仍為缺典。」這當然是應旂個人的看法，但有志於紹述司馬光以修續通鑑則早已決定。只因要準備應科舉，勤習場屋之文，難以分心修史。逮至中舉後，又連年奔走仕途，公務亦繁，雖常攜帶宋、遼、金、元四史以行，亦難專功。直到在嘉靖三十五年（1556 年）自陝西放歸故

---

10 見清、黃宗羲《明儒學案》（四部備要本）卷二十五〈提學薛方山先生應旂〉。
11 見明、薛應旂《宋元通鑑》（四庫存目叢書影印明嘉靖四十五年自刻本，臺灣商務印書館影印明天啓刊本）卷首自序。以下引此序文不另註。

里後，始得專力從事。以後用力達十年，《宋元通鑑》157 卷始大功告成。於 45 年 12 月自刻於家塾，乃最早板本。至萬曆中，知常州府朱衿曾加校正，再刻於府學，又到天啓年間，長洲陳仁錫詳加評閱，增加前賢及近人史論與仁錫評語，三刻之。薛應旂認為經和史是分不開的，並不是經以載道、史以記事，而是「道見於事，事寓於道。」《尚書》、《春秋》都有記事之文，而各類史書中所記一代君臣之言論行事，其是非得失之際，即隱含興亡治亂之道。故其自道修《宋元通鑑》旨在專載人性世道之變足為法戒者。有云：

> 旂於是編，凡有關於身心性命之微，禮樂刑政之大，奸良邪正之辨，治亂安危之機，災祥休咎之微，可以為法、可以為戒者，皆直書備錄，其義自見。君臣士庶咸可鑒觀，隨其所居，各求盡分，匪直可以資治而已！

他希望此書能成為人人都可讀的一部史書，小自士庶的修身齊家，大至人君朝臣的治國平天下，各取所需，受用無窮。當然，關係人民生活最大的還是國家治亂，治則全民生活安樂幸福，亂則生命財產不保。用君子則興則治，用小人則亂則亡。故特指出：「宋初立國，君子小人並用，而君子多至擯斥，小人多至顯榮。逮建中靖國間，曾（布）、蔡（京）之徒，更迭為相。而南渡以後，則汪（伯彥）、黃（潛善）、秦（檜）、湯（思退）、韓（侂胄）、史（彌遠）、賈（似道）諸人，相繼擅權。內小人，外君子，遂致善類銷亡，而士人無賴。」其結果是北宋亡於金，南宋亡於元，此天地間之大變，所以應旂於宋元之際的歷史發展感慨最深。因而又說：「回視宋元，世代不遠，人情物態，大都相類。《書》曰：『我不可不監於有夏，亦不可不監於有殷。』宋元固今之夏殷也，所宜為監者蓋莫切於此矣！」所以勉勵自己，編就此書，是要留給當世朝野人士取為鑑戒的。應旂在仕途上被奸臣嚴嵩打壓，亦是內小人、外君子，明末宦官專政，東林諸賢被禍最慘，無賴之徒干心為宦官魏忠賢的乾兒義孫，最後明朝亡於清，如同宋亡於元，亦為天地間之大變。是明末君臣並未以宋元史為鑑戒，應旂憂國憂民之心似乎罔費了！

史學所以經世，司馬光修《通鑑》，便以經世為心，後世續《通鑑》者莫不念茲在茲。應旂之《宋元通鑑》凡 157 卷，〈宋紀〉多至 128 卷，〈元紀〉僅 29 卷。宋元兩代合計 409 年，宋自建隆元年開國，至祥興二年（1279 年）亡國，共 320 年。元朝雖在宋寧宗開禧二年（金章宗泰和六年、1206 年）太祖成吉思汗即帝位創立，但不是正統，金朝亦然，直到元世祖在至元十六年（1279 年）消滅南宋，南北混一，次年始稱〈元紀〉，下至順帝至正二十八年（1368 年）僅 89 年而已！當然在〈宋紀〉中也記載遼、金、元三朝之史事，多半是屬於與宋戰爭、議和及聘使往還之事。但在〈元紀〉中，也記載到明太祖朱元璋創業開國之事，尊稱之曰「我太祖」、「我大明」，以示對國朝的崇敬。在司馬光的《通鑑、後周紀》中，述及周世宗命趙匡胤典禁軍及屢次出征之事時，皆改稱「太

祖皇帝」。據《禮》：臣不可犯君諱，理當如此。但檢《宋元通鑑》卷一百四十四載：文宗天曆元年（1328 年）九月丁丑（18 日），「是夕，紅光燭天，我大明太祖皇帝誕生於濠梁之鍾離鄉。」又在卷一百五十五載：順帝至正二十五年（1360 年）夏四月癸酉，「有雲龍之祥，我大明成祖文皇帝誕生。」天頭皆有「大聖人出」批注。此乃根據明朝官修的《太祖實錄》和《太宗實錄》載入，與元代史何干？要知明朝的聖祖，乃元朝的亂賊。明太祖以征伐得天下，得之誠不易，於歷年之紀事中述明之即可，亦不必於誕生之日過於神化。回視司馬光的《通鑑》，便沒有在〈後唐紀〉中記載宋太祖之誕生，也沒有在〈後晉紀〉中記宋太宗之誕生。五代時期朝代的更替太快了，開國之君皆乘時崛起，無所謂聖君賢相，其興也偶然，其亡也亦極速。宋太祖以禪讓得天下，與前代無以異，不需要過於頌揚。所以司馬光只在〈後周紀〉中簡述宋太祖之戰功和遷轉之官位，並沒有其他頌揚之詞。而宋太祖在後周世宗在位時期間，始終爲臣，並無貳心，這是應當肯定的。明太祖則不然，自元順帝至正十二年（1352 年）閏三月入濠州城追隨郭子興起兵抗元開始，奮戰了 16 年，始即皇帝位，建國號曰大明。薛氏在《宋元通鑑》〈元紀、順帝五〉以下紀事甚偏頗，完全以明朝爲正統，其〈義例〉云：

> 《元史》備一代始末，於其太祖、太宗、定宗、憲宗悉為帝紀，蓋紀傳之體也。若《通鑑》編年，則宋一日未亡，當為一日正統。故於世祖至元十七年混一天下，始為〈元紀〉。自茲以前，則附於宋年號之下。……但宋祚既亡，而世祖儼然帝中國，南北盡屬其疆理，此亦氣數之一大變，而天實命之。……愚於此不敢自用，惟於順帝至正十二年我太祖起兵之後，則始以元主書之，以見天命之有歸，而元主不當稱帝矣！[12]

稱元順帝爲元主，則是將正統歸之大明。細看〈元紀〉末七卷的紀事，多記載大明兵攻城掠地，所向無敵，如同明太祖創業史。用元年號至至正二十七年而止，於 10 月內載：「我太祖遣大將軍徐達、副將常遇春率甲士二十五萬北伐，以定中原。」似乎正統已歸明了。次年改以干支紀年，在正月乙亥日記事云：「我太祖祀天地於南郊，即皇帝位於建康，定有天下之號曰大明，改元洪武。」已與元朝分庭抗禮了。於八月庚午日又載：「我大明兵入元都，元亡。」凡此，皆處處顯示其尊明貶元，爲明臣子固當如此，但不合乎前所云：編年之史「宋祚一日未亡，當爲一日正統。」那末，元祚一日未亡，也當爲一日正統。似乎奪之太速了！從這一點上來看，實不夠公平客觀，也正突顯了應㫌所堅持的「內中國，外夷狄」的夷夏觀念，這正是明代後期史家撰述宋元史時所共有的，在記述元朝入主中國時，於元之上加一胡字，而稱之曰「胡元」，從史學的發展來看，《宋元

---

12 見《宋元通鑑》卷首〈義例〉。以下所引不另注。

通鑑》雖承襲《通鑑》編年之法，但義理史學則是師法朱熹的《通鑑綱目》，綜其貢獻，約分三端。茲一一述之：

甲、重視理學思想及理學家生平之敘述

歷史評述人物，不外道德、文章、政事、立德、立功、立言都是可以不朽的。《史記》為紀傳體，分載各類人物，歷代正史皆然，惟《通鑑》專述國家治亂，對於名臣碩輔之經國政事多所記載，而於儒學隱逸士則多從略。應旂認為是美中不足，因於《宋元通鑑》中對兩者同樣記載，他說：「庶窮達出處唯其道焉，皆可以為後訓也。」能兼善天下者固然值得大書特書，但傳道、授業、解惑的儒者，或獨善其身的隱士及守志不仕二姓的遺民，亦有值得後世效法之處，亦應當著之於史書中。其義例有云：

> 道德、功業相為體用，三綱五常原於天而備於人，根於心而統於性情者，其道德也，體也。舉而措之天下，能潤澤生民，歸於皇極，發揮蘊奧，協於訓典者，其功業也，用也。所謂體用一元者也，總名之曰道也。古之聖賢，達而在上，則其道行。窮而在下，則其道明。君相、師儒，其究一也。……甚至儒林、道學，《宋史》亦分為兩傳矣，不知儒非道學以何為儒？道學不謂之儒，又以何者為儒哉？宋初未有道學之名，范希文（仲淹）在仁宗時以學職屬孫明復（復），以《中庸》授張子厚（載），於是徂徠有石守道（介），蘇湖有胡翼之（瑗），各以其學教弟子。迨後周、程繼起，師友漸涵，而道學日成，實自希文倡之。論者徒以希文功業之盛，遂不得與道學並列。夫謂道學不必功業則可，謂功業非道學則不可。若謂功業非道學，則堯舜禹湯文武之為君，夷夔伊傅周召之為相，皆不得謂之道學乎？故愚於是編致詳於道學。而凡有功業文章者，雖其學有精粗純駁之不同。亦並著於篇，以為經世者之法。

應旂於道學，先宗王守仁之心學，後又轉宗朱熹，認為能博通經史，則有助於明理，有益於心性之涵養。君子之儒，皆先修己而後安人，先內聖而後外王。小人則反之，他們一旦握有權和勢，便為固權而打擊君子。此即他在序文所言的「大可鑑戒者」。《宋元通鑑》中所記儒者及隱逸之士的言行最多，於他們的卒年月日，又特別簡述其生平及卒後之哀榮。如卷 27、仁宗嘉祐四年六月載胡瑗卒，稱其提倡師道，使學者知尊師。卷 36載：熙寧十年秋七月癸丑，邵雍卒。其下述其學行、德望多達五百餘言。末云：「雍疾病，司馬光、張載、程顥、程頤晨夕候之，將終，共議喪事於外庭。……既葬，顥為銘墓，稱雍之道純一不雜。」同卷又載張載卒於臨潼，「貧無以殮，門人共買棺，奉其喪還長安。」誠然是一位安貧樂道之理學家。又卷 39 載：元豐八年六月丁丑程顥卒，所附之生平、學

術思想，長達一千餘言，稱許其「忠誠貫於金石，孝悌通於神明。視其色，其接物也如春陽之溫；聽其言，其入人也如時雨之潤。」確實是一位大賢。這些記載，對淨化人心頗有幫助，讓不願看政治人物鉤心鬥角史事的讀書人，也可以閱讀。宋人鑑於漢唐朋黨之爭甚烈，帶來亡國之禍，引以爲戒。但士大夫一旦踏入仕途，擢升朝官，遇到權臣當政，眼見朝政諸多缺失，當然要盡言責，那就得罪權臣，逐被評爲邪僞。南宋自高宗至寧宗初年之理學大宗師朱熹，就因爲在寧宗即位之初，於經筵批評韓侂胄專權，侂胄乃使御史奏劾熹倡導理學，實爲僞學，以欺天下，請禁止傳授。熹逐遭摒斥，罷去。慶元元年（1195 年）夏，始禁僞學，史稱慶元黨禁。《宋元通鑑》卷 92 及 93 記此事甚詳，至六年三月朱熹卒，又附載熹之學行及所受之黨禍，長達兩千言。至於元代儒者，於書及其卒之年月日，亦附載讚語。如卷 129 載元世祖至元十八年三月戊戌許衡卒，稱揚其學宗程朱，平生「以道爲己任」。又引虞集所稱：「南北未一，許衡先得朱子之書，伏讀而深信之，持其說以事世祖。儒者之道之不廢，衡實啓之。」此言甚爲重要。另外，吳澄、虞集、劉因、元明善、張翥等儒者之逝世，皆一一簡述其以師道自任的學術貢獻，甚至元代的隱逸黃澤，於元順帝至正六年十二月卒，亦附述其生平達五百字，褒其講學之功。能以教化爲本，使人心向善，亦有助於政治之修明。

乙、褒忠烈和守節、貶奸邪和降臣

應旂於《宋元通鑑》自序中特別強調君子、小人之辨，君子爲賢臣，小人爲權奸。在敘事中，遇到重大事件或特定人物，便引錄史臣之評論，或者名儒、史家之論斷，以加強說明，若有所不足者，亦提出自己的看法。如在卷 40 載：元祐元年四月癸巳王安石卒，接着述其生平及情操，又引朱熹對安石的評論，謂安石之病乃是：「特以不能知道，故其學不純。而設心造事逐流入於邪，又自以爲是。」這就是安石執拗的性格。應旂認爲所論不夠明確，乃又附論之：

> 論曰：朱子謂：安石以文章節行高一世，而尤以道德、經濟為己任，初亦豈遽有邪心！斯言誠不沒人善，而痛惜之意亦切矣！但謂其不能知道，而設心造事遂流入邪，則亦有說焉！吾觀种放、隱士也，一受知於君，則田宅遍於關輔。介甫、宰相也，其得君之專，又不啻如放云者，乃豐爵重祿一切謝去，室廬僅蔽風雨，貧窶以終其身，究竟無一毫自私自利之心，豈得便謂之流入於邪哉？正以其平生所學者，不知從事於此心之本體，以擴充其虛明之量，而唯以文章節行為事，曰：「道在是矣！」於是認經濟為道德，而不以道德為經濟，遂事求可、功求成，而取必於智謀之末，遂失之遠矣！

安石位至宰相，俸祿豐厚，獨能不貪圖私人享受，而唯富國強兵為念，毅然積極推行新法，希望功效立竿見影，殊不知適得其反。他卻既不知反省，又不能接受別人的意見，遂致變法失敗，掀起新舊黨爭，天下因而大亂。應旂的評論是從人心之本體著眼，一己的節行，並不足以感動天下人心，更難以擴而充之，甚至會遭到公孫布被之譏，天下事不是一個人能掌控的。

南宋高宗建炎元年至紹興十一年（1127-1141 年）間，最大的問題是對金的主和還是主戰。堅持主和的為宰相秦檜及其黨羽。堅決主戰者，武將中以岳飛、韓世忠最激烈，文臣中以李綱、趙鼎、張浚、李光諸宰執為最堅強。其中較受到批評的為張浚，竟先在建炎元年八月，彈劾宰相李綱，以配合黃潛善、汪伯彥，使綱去位，潛善遂專政。至建炎四年夏出任川陝宣撫處置使，其秋有富平之敗，次年又冤殺勇敢善戰的大將曲端。其多疑善變，令人費解。趙鼎曾保薦他，在紹興五年至六年（1135-1136 年）二人並相時，發生誤會，張浚竟然向高宗薦舉秦檜為醴泉觀使兼侍講，檜自是始漸漸用事。又在此同時，卻被秦檜利用，猜疑名將岳飛擴軍別有居心。適巧岳飛因母親病逝，上疏乞解兵權以終喪服。張浚乃累章批評岳飛想要擴充兵力，以母喪求去，意在要君。遂中下了日後高宗猜忌武將之種子。應旂對此特加批評說：

> 宋南渡諸將，所可倚以成恢復之功、建中興之業者，自岳飛之外，蓋不多得。豈直奮勇善戰而親為措置，亦自有大過人者。秦檜奸臣，主和誤國，其忌飛也，固不容誅矣！張浚負一時之望，乃亦謂其意在要君，此何說哉？愚嘗合其殺曲端之事而觀之，其心事固未可知。而休休有容之量，恐亦不能如古之所謂一大臣也。

張浚一生主戰，反對和議，一向受人稱譽。但不會用兵，富平之役失敗，曲端冤死，無人能抗金，以後失掉陝西。岳飛有戰功，又心生嫉妒，未免太沒有雅量了。是則稱秦檜為奸臣，張浚亦未免心邪，都應加以譴責，應旂的評論是極公正的。應旂又在卷 128 中更引元儒揭傒斯的評論云：

> 宋南渡不能復振者，本於張浚抑李綱、殺曲端，引秦檜、殺岳飛父子。而終於賈似道之專，劉整之叛。以主柔臣強之宋，豈能以數十萬之金幣，保區區江南之地，故宋戰亦亡，和亦亡。

可見元儒早已指出張浚心術不正，只因為浚子栻是理學家，與朱熹、呂祖謙、陸九深諸理學大師交往甚篤，士大夫多不忍批評張浚，反而稱揚他的忠節。易代以後，則較能有客觀論述。所謂《春秋》責備賢者，其義在此。

應旂褒揚忠烈，記述南宋之亡最詳，宋末三帝在位總共只有六年，卻用了 4 卷（卷125 至 128），內中詳載宋之忠臣義士抗禦元兵入侵之事跡，最感人的是張世傑的始終奮

戰，陸秀夫的負幼主蹈海而死，文天祥的被俘，囚燕三年，最後從容就義，總計多達五千餘言，詞懇情激，令人感動。宋亡後，尚有不願仕元的宋遺民散居各地。到世祖至元二十五年（1288 年），遣集賢殿直學士程鉅夫到江南訪賢，推薦宋遺士 30 人，江西信州名宦謝枋得亦在列。枋得以居母喪為由，乃致書謝絕，自稱「宋室孤臣」。《宋元通鑑》卷 131 載此書，乃是根據枋得《疊山集》。[13]次年，枋得被福建參政魏天祐強執護送至燕，終不食而死，其忠義之氣節，實能感發人心。

南宋末年，連年被元兵侵略，攻城掠地，宋守邊之大將，州縣的長官，亦有不少投降元朝者，武將中以呂文煥、劉整降元後對宋傷害最大，文臣中以狀元宰相留夢炎為最無恥者。應旄乃痛責留夢炎道：

> 宋亡，陳宜中為相，遁去占城不返，已無復天理民彝矣！顧又有留夢炎者，為宋狀元宰相，俛首降元，甘心臣僕，每為元主所鄙，而恬然竊其豢養，曾狗彘之不若，宋稱節義最多，乃復有此類焉！所謂亂臣賊子，無代無之，豈科目不足以得人哉！（卷一三四）

此處所評甚嚴峻，乃因留夢炎身份特殊，與另一狀元宰相文天祥差異太大了！文盡忠於宋，而留降於亡宋之元朝，此乃叛國大賊，當然要嚴加口誅筆伐，用此以警後世之為大臣者。這正是史家之天職。

丙、強烈的夷夏觀念

宋代史家的民族的意識非常強烈，他們精研《春秋》，強調尊王、攘夷，尊王就是忠君觀念，攘夷就是民族大義。北宋亡於金，南宋亡於元，明朝中期，也有來自北邊的外患，如在英宗正統十四年（1449 年）所發生之土木堡之變，激起明朝臣民的仇外心理，加深對元朝統治全中國的厭惡感。在編纂宋元史書時，常在元之前加一「胡」字，名曰「胡元」，王洙所著的《宋史質》尤為代表。[14]今檢《宋元通鑑》亦復如此。在卷首載有天啓六年（1626 年）陳仁錫的序文云：

> 獨恨胡元奸竊大統，併禮樂竊之。夫大聖大賢封諡戮辱，古今之奇痛也，宋臣仕元，古今之大賊也。史官有識者宜盡削其文，請黜從祀者。今大書特書，悉仍舊史，何憒憒歟？予故嚴討之。

此為天啓刻本所載陳仁錫序文，稱元曰「胡元」。每卷之首刻有「武進薛應旄編集、

13　謝枋得〈上程雪樓御史書〉載《疊山集》（四部叢刊續編本）卷四，雪樓為鉅夫的號，時已遷官為南臺侍御史。

14　參考拙撰〈由《宋史質》談到明朝人的宋史觀〉，收入《宋史研究集》第十二輯，民國六十九年國立編譯館出版。

長洲陳仁錫評閱」字樣，應旂前冠官秩，仁錫則無，據《明史》仁錫傳稱：「天啓二年以殿試第三人授翰林編修」，後以得罪魏忠賢遭削籍歸里，故在此不署官稱。[15]卷中敘事，常見兩行間以小字加注評語。凡述及忠臣義士死節事跡，即在右傍加圈號，以示醒目，其天頭並加眉批，如卷 125 載德祐元年二月丙寅文天祥勤王之事，至爲感人，重要字句皆加圈號。同卷載是年 11 月元將伯顏攻常州，遭到抵抗，攻下後竟然下令大屠殺，其下即引丘濬《世史正綱》之評論，謂：「彼夷狄如虎狼，殺人固其本性，而中國之人秉史筆者，乃亦曲爲之諱，至比之曹彬，豈其倫哉！」其傍亦加圈號，頗引人注目。案：《宋史》稱「曹彬下江南不殺一人。」而宋濂所修的《元史》，竟然也說「伯顏下江南不殺一人。」亦未免太失實了。還責怪宋濂曾仕於元，所以多爲元諱。這種看法，或亦爲陳仁錫之見，但在卷 129 載元都元帥張弘範因久在廣東督師攻宋，中了瘴氣，宋亡，自廣州回大都，未及半年，便發病死了，壽止 43。弘範是華人，其父柔已降豪古也曾攻宋，乃助夷滅華，其罪蓋上通於天。但是《元史》只敘事蹟，並未有評論，似乎不足以垂戒後世，此處特引范淶的評論以申明之。有云：

> 我太祖皇帝嘗禁泉人蒲壽庚、孫勝夫之子孫世不得齒於士，蓋治其先世導胡傾宋之罪，故終夷之也。柔、弘範之後，宜在此禁，而獲免於論，豈宋濂諸人皆嘗失身於元，而無以發斯義歟？何當時朝議之獨遺此也。

案：范淶爲萬曆二年（1574 年）進士，時《宋元通鑑》早已修成，此處徵引其評論疑爲陳錫仁所增添。所評宋濂嘗仕於元，未能本夷夏觀念修纂《元史》，似乎有美中不足之處，實則明初士大夫並不做如是觀，即太祖命修元史，也只想早日承元朝之正統。應旂在〈宋元通鑑義例〉中亦明言：「我太祖皇帝明言，天降真人於沙漠，宸衷睿旨，豈無謂哉？」是明言元世祖統一南北，乃是天數，並沒有以其爲夷而卑之。晚明學者的史觀已大大改變，是與國家的處境有關係的，想想宋朝亡於外患，是應當引爲鑑戒的，此正是《春秋》大義。[16]應旂重視道學，其受南宋史學家思想影響，是可以斷言的。

---

15 見清、張廷玉修《明史》（鼎文書局影印新較本）卷二八八〈陳仁錫傳〉。
16 請參考錢茂偉著《明代史學的歷程》（2003 年社會科學文獻出版社出版）第十章第一節〈新《春秋》精神下的宋元史改編〉。

四、《宋元通鑑》的缺失

明天啟七年由陳仁錫評閱刊刻的《宋元通鑑》，錯字甚多，所述名臣生平事蹟亦多錯誤。如卷一百一十載端平二年（1235 年）六月庚辰，《十三朝會要》書成，召李心傳赴闕，為工部侍郎。末云：「未幾，復以言去，奉祠，居潮州。」根據黃震撰〈寶章閣待制李心傳傳〉所載：「尋除著作佐郎，兼四川制置司參議官。詔無入議幕，許辟官置局，踵修十三朝會要。端平三年書成，會有狄難，召赴闕。明年冬，復以言去，奉祠雪上。」[17]李心傳是在端平元年正月始除著作佐郎，奉詔修書，至三年始修成，並非二年。其被召赴闕，任權工部郎官，至嘉熙二年（1238 年）始遷權工部侍郎。其奉祠後寓居湖州（吳興），並非潮州。《宋史》卷 438〈李心傳傳〉誤作「奉祠，居潮州。」應旐襲其誤，未加深考。此尚有可說，但在卷 128 載祥興二年二月癸未陸秀夫負帝蹈海死，末云：「秀夫字君實，鹽城人。景定元年進士。」亦襲《宋史》之誤書，竟然不查考《寶祐四年登科錄》，失考殊甚。秀夫，乃是文天祥的同年友，並列宋末三傑，實在古今罕見。元修《宋史》，成書過速，於宋末忠臣義士，多失記載，即使立傳者亦有缺誤，後代史家論述及此，不可不詳究細考，以訂其誤。然應旐晚年纂修《宋元通鑑》，功力或有所不足，不免被清代史家指責。清初名學者朱彝尊曾有言：

> 方山以帖括擅長，既負時名，遂專著述。所續《通鑑》，孤陋寡聞。如王偁（稱）、李燾、楊仲良、徐夢莘、劉時舉、彭百川、李心傳、葉紹翁、陳均、徐自明諸家之書，多未寓目，并遼、金二史亦削而不書，惟道學宗派特詳爾！[18]

此處批評似乎太過，經檢卷三十四載熙寧六年正月翰林學士元絳上議奉僖祖為太廟始祖，詔依。其下引「王偁（稱）曰」一段評語，乃見之《東都事略》卷 81〈元絳傳〉，並非未嘗寓目。其他諸家之編年史，乃治宋史者必參閱的。他如不著編人的《宋史全文》、《宋季三朝政要》，亦多參用。可見朱彝尊並未細讀《宋元通鑑》，妄加批評。到乾隆時，修四庫全書，並未收錄，列入存目，乃撰提要一篇，載入《四庫全書總目》中。多譏其失。有云：

> 今核其書，大抵以商輅等《通鑑綱目續編》為藍本，而稍摭他書附益之，於宋元二史未嘗參考其表、志，故於元豐之更官制，至元之定賦法，一切制度，語多闕略。於本紀、列傳亦未條貫。凡一人兩傳、一事互見者，異同詳略，無所考証，往往文繁而事略。……如丁謂誣謫寇準，王曾疑其太重，丁謂曰：居停主人勿復

---

17 見宋、黃震《戊辰修史傳》（四明叢書第一集）。
18 見清、朱彝尊《靜志居詩話》（明代傳記叢刊本）卷十二。

言。既載於天禧四年矣，復見於乾興元年。……甚至真德秀兼宮教，勸濟王孝敬以俟天命語，一篇之中前後兩見。……所記元事，尤為疏漏。惟所載道學諸人，頗能採據諸家文集，多出於正史之外，然雜列制誥、贈言、寄札、祭文，鋪敘連篇，有同家牒。律以史法，於例殊乖。至於引用說部以補正史之缺者，又不辨虛實，徒求新異。……[19]

這是專就該書的缺失而論之，不免有些偏見，筆說小說也有史料價值，不可輕忽，只要多作考証，便可引徵。往年司馬光修《資治通鑑》也曾採用過，他的進書表有云：「徧閱舊史，旁采小說。」南宋學者高似孫曾加以統計，指出：「《通鑑》采正史之外，其用雜史諸書，凡三百二十二家。」怎可以說「小說家無稽之語可入諸編年之史乎？」[20]四庫全書收編清初史家徐乾學纂修的《資治通鑑後編》，《提要》更評應旂所輯《宋元通鑑》「雖稍詳備，而如改《宋史》周義成軍為周義，以胡瑗為朱子門人，疏謬殊甚。」以胡瑗為朱熹門人，太不可思議了。胡瑗為北宋教育家，提倡尊師重道，其行誼已載於本書卷27中，實不應誤成朱子門人。經查本書卷114果載：淳祐六年夏四月戊寅，詔「授朱熹門人胡瑗、呂燾、蔡模並迪功郎，本州學教授。給札錄其著述，並條具所欲言者以聞。」此條乃是承襲元脫脫修《宋史》之誤，在卷417〈謝方叔傳〉云：「請錄朱熹門人胡安定、呂燾、蔡模，詔皆從之。」此處胡安定應為胡安之，而安定先生又為後學對胡瑗的尊稱，應旂竟然不加細察，直接改之，造成此一嚴重的錯誤。為了更清楚說明起見，茲再引《宋史全文》所記如下：

淳祐六年戊寅，殿中侍御史謝方叔、左司諫湯中乞旌異朱熹門人胡定之、呂燾、蔡模，以勸後學。並詔補迪功郎，添差本州教授。仍令所屬給札，錄其著述，并訪以所欲言。[21]

《宋史》卷47理宗本紀只載授朱熹門人胡安之等三人官秩的詔書，未言由那位朝臣的奏請。而在卷417〈謝方叔傳〉中卻載：「請錄朱熹門人胡安定、呂燾、蔡模，詔皆從之。」此處作胡安定，或即薛應旂致誤之所由來。但《宋史全文》所載則既正確而又詳明，可見修史需多參照各家記載，以求至當，觀此亦可知之。

五、結　論

司馬光《資治通鑑》是一部創作，後世史家承其義例而繼為之者，自宋至清，代有名家巨著。記述戰國以前者為前編，記述五代以後者為續編。元末學者陳桱纂《通鑑續

---

19 見《欽定四庫全書總目》（臺灣商務印書館影印武英殿本）卷四十八〈宋元資治通鑑〉。
20 參考拙撰〈司馬光與資治通鑑〉，收入《宋史研究論集》第二輯，民國六十一年鼎文書局出版。
21 見元、不著撰人《宋史全文續資治通鑑》（文海出版社影印元刻本）卷三十四。

編》24 卷，其卷 3 至 24 專述宋代史。明永樂中，胡粹中修成《元史續編》16 卷，起世祖至元十三年（1276 年），終順帝至正二十八年（1368 年），二書均屬斷代史。能合兩代為一者，則薛應旂之《宋元通鑑》，當為承先啟後之作。與應旂同時的學者王宗沐亦修成《宋元資治通鑑》64 卷，四庫全書亦未收，即存目亦無。惟其編修之義例，正統之論定，均與薛書相同。至清康熙中，徐乾學修成《資治通鑑後編》184 卷，起於宋太祖建隆元年（960 年），迄於元順帝至正二十七年（1367 年），以明太祖即位改元洪武，即視同元朝已亡，未免奪之太早。參與考訂的有萬斯同、閻若璩、胡渭諸名家，並仿司馬光《通鑑考異》之例，間附考異，其內容確實較薛書為詳。四庫館臣特收入全書中，認為：「視陳、王、薛三書，則過之遠矣！」再至乾隆末，畢沅得見李燾《續資治通鑑長編》及李心傳《建炎以來繫年要錄》等重要史書，為薛、王、徐諸家所未及見，乃加贈補、改正，修成《續資治通鑑》220 卷，亦起自建隆元年，自卷 1 至 182 為〈宋紀〉，僅至德祐二年（1276 年）閏三月，將景炎、祥興二幼主歸入〈元紀〉中。〈元紀〉僅 38 卷，自世祖至元十三年四月，至順帝至正二十八年七月，明師攻陷大都，順帝北走，視同元朝已亡了。畢氏生在清朝文風最盛的時代，網羅群書，考訂去取，均遠較前賢為優。但前賢之功亦不可抹殺。清代史學名家章學誠曾有言論及：

> 宋元編年諸家，陳、王、薛氏雖曰未善，然亦各有所主。陳氏草創於始，亦不可為無功。薛氏值講學盛行之時，故其書不以孤陋為嫌，而惟詳於學派。徐氏當實學競出之際，故其書不以義例為要，而惟主於多聞。[22]

這段評述至為公允，只是未評及王宗沐，或許以薛、王為同時人，都未參閱遼金二史，僅以宋人紀事之書為據，不免缺略而又有所偏。但薛、王為明朝史家，明言其編修之書為《宋元資治通鑑》，從宋興至元亡。明史為國史，見之列朝實錄，私家不易窺見。而徐、畢二人為清代史家，何以未能修至明亡？《通鑑》終於宋興之前，而《續通鑑》卻未能終於清朝開國之前，當是因為清初有文字獄，史家諱言明史，故述至元亡而止。如此，反不如稱《宋元通鑑》為得其實。

清代史家重視考據，治史較謹嚴，明代後期的學者受講學風氣之影響，探討學問不夠深入，頗為清代學者所輕視。清儒周中孚曾批評薛氏「自序、凡例極為誇張，明人之著作皆然，不獨方山為然。今則宋元編年之史，有高江村（士奇）、畢秋帆（沅）兩家本在，方山是編，直可覆瓿視之矣！」[23]此語實在太過，而且高士奇並未有類是的著作，即使畢沅之《續通鑑》亦非盡善盡美。是以薛、王二家之書，正可以留給研究明清史學者作一比較。

---

22 見清、畢沅《續資治通鑑》（世界書局影印新校本）卷首載章學誠〈為畢制軍與錢辛楣宮詹論續通鑑〉。
23 見清、周中孚《鄭堂讀書記》（叢書集成續編本）卷十六。

中國與印度數學的過去、現在與未來

丘　成　桐

這個題目是 Ravindra Kulkarni 教授要求我作的報告。這個題目很不容易，因為我不是一個受過專業訓練的歷史學家，雖然我喜歡在我的業餘時間讀讀歷史。自然地，相對於其他國家，我比較熟悉中國數學的成就。我在閱讀西方史學家撰寫的數學史時常常對其中所描述的亞洲數學成就並不讚賞感到非常驚訝。

毫無疑問地，古希臘人為數學做出了卓越的貢獻，直到今天我們仍然在大量引用這些成果。然而，由於大多數希臘手稿都已經在前幾個世紀中部分缺失了，確認原始的手稿形式需要付出大量的努力。羅馬人，拜占庭人，阿拉伯人和摩爾人都為翻譯和傳播古希臘典籍付出了大量心血。

偉大的經典著作經常凝聚了許多人的工作，有時也經過了許多人的編撰整理。西元五世紀希臘數學家普羅克魯斯（Proclus）在評價歐幾裏德的《幾何原本》時寫道：歐幾裏德創作了《幾何原本》，收集了許多歐多克索斯（Eudoxus）的定理，完善了泰阿泰德（Theaetetus）的工作，進一步嚴格證明了前先輩們沒有完整證明的定理。如今，梵蒂岡圖書館和牛津大學的博多萊安圖書館還藏有歐幾裏德的《幾何原本》複本，雖然品質上不能與我們假設的原著相比。（圖 1 為《幾何原本》手稿的部分）根據複本的內容，我們可以推出許多的假設。同樣我們也很難真正地知道中國數學古代著作《九章算術》的原稿到底是怎麼樣的？《九章算術》很可能是由好幾代人的工作累積而成的，並有許多人加以

圖 1：1896-1897 年間在埃及奧克西林庫斯出土的歐幾裏德《幾何原本》的莎草紙碎片。它大約產生於西元 75 年-125 年之間。（來源於 Bill Casselman 網頁。）

完善。最近發現的西元前 186 年的古書裏就有《九章算術》的雛形。

有一些數學領域的傑出貢獻同時出現在不同的文明中。最爲引人注目的就是畢達哥拉斯定理。一般認爲畢達哥拉斯出生於西元前 580 年到西元前 568 年之間。大約在西元前 650 年古埃及紙莎草在希臘廣泛運用。據說他曾經遊歷了埃及，古巴比倫甚至印度。因爲在幾乎所有的這些中國以外的國家也曾有過畢達哥拉斯三元組數（勾股數）的記錄，畢達哥拉斯也可能從這些國家得知了後來以他的名字命名的定理。另一方面來說，他的貢獻就在於他是第一位證明該定理的數學家。事實上，與其他國家相比，希臘數學裏基於形式邏輯的證明的概念是獨一無二的。讓人倍感神奇的是相距如此遙遠的國度竟能在不同的深度層次上發現同樣的定理。爲了構造直角三角形，自然會聯想到一些畢達哥拉斯定理的原始形式。因此，很有可能會出現這樣相互聯繫但又各有千秋的發展。

諸如日曆、天文、宗教禮儀、樂器等文化產物都需要有大量的數學工具作爲基礎。因此，數學發展就成了一個國家文化發展不可缺的一部分。譬如，中國古人爲什麼對幻方興趣盎然一直讓我困惑不已。傳說這種興趣要追溯到西元前 2000 年並一直延續到宋朝年間。另一方面，西元 1200 年到西元 1600 年間，穆斯林人對幾何圖案產生了濃厚的興趣。據說，他們在那時已懂得 Penrose 鑲嵌，一種非週期平面鋪砌。每一種文化都會根據它自身的需求來發展自己的數學領域，同時也從其他國家借鑒新的思想。進一步說，國家與國家之間的交流可能要比記載上的頻繁得多。

古埃及，希臘，古巴比倫，波斯和印度之間的交流往來並不難想像。但中西之間的絲綢之路卻要追溯到很早以前。當時經由絲綢之路去經商的商人大多由一到三百人的多個群體組成，其中工匠技師群體爲核心力量。一路上，商人需要工匠來幫助他們牽線搭橋及克服途中的種種困難。這些工匠們應該具備當時的數學知識，不同國家文化之間的交流也就自然產生了。

我想假設一下，從數學角度講，這些文化的交流發生於西元前 300 年到西元後 200 年的波斯，埃及，希臘，印度，和中國之間，那麼當時處於亞洲中心被中國人稱爲大月氏的氏族便是文化交流的中心。大月氏人遷徙數次，在西元 40 年到西元 250 年在印度西北面建立了貴霜帝國，也就是今天的阿富汗、巴基斯坦所處的位置。由於他們對文化交流的重要性，接下來我們就來談談月氏人。

古代中國與中亞之間的交流

首先我們就現有的關於古代中國與中亞的交流的一些歷史上的記載來做一些論述。要注意的是西元前 600 年的古代中國的文字記錄並不那麼的可靠。據推測，古書中

有關那段歷史的記載可能寫于漢朝（西元前 202 年到西元後 220 年之間）。許多的古代記錄都藏在古墓中和古代牆壁中，餘下的那一些就是由作者通過想像或回憶來完成。利用這些書籍就得格外地謹慎。當然，近幾年也有一些相對比較可靠的發現，它們大多是西元前二三百年的作品。另一方面，近代以來中國政府派出了許多的歷史學家來收集相關資料，他們工作敬業，並研究了過去幾代政府留下的珍貴資料。許多資深的學者都將此作爲自己畢生的事業和目標。因此，由他們提供的記錄就十分的可靠。還有一些是由孔子及其學生經手的記錄。比如，孔子對《易經》有著高度的評價，這本書應該在西元前 500 年就已經存在了。實際上，《易經》中的一些片斷近來也在出土的毛竹上被發現，這可以追溯到西元前 200 年。

相比之下，要追尋西元前 500 年印度文學的足跡那就更是難上加難了。比如，沒有人確切地知道巴赫沙利（Bakhshali）原稿創作的時間。也許有人說中國歷史的發展具有持續性，可是印度的好多地方就沒有那麼地幸運了。一些地區，特別是北方，長年飽受外族的侵略。古哈拉帕手稿直到今天因爲字跡潦草還是無法清楚地辨認。有時候，我們只能通過出土的一些藝術品來瞭解古印度的數學了。

大約西元前 1500 年，過著遊牧生活的雅利安人繼承了哈拉帕文化，並創造出了梵文。該語言在西元前 500 年左右由波尼尼（Panini）進行了系統的整理。梵文由 4000 個詞素組成。不知道這種邏輯結構是否對後來的歐幾裏德創作《幾何原理》有些影響。

現在我們就來談談由中國歷史學家書寫的相關材料。

（一）周穆王西行之旅

西元前 104 年至前 91 年司馬遷撰寫了《史記》，英文又名 Records of the Grand Scribe。司馬遷出生于一個由皇帝任命的史官家庭。他遊歷整個中國，收集和核實歷史事件。特殊的家庭背景使得他有機會接觸到許多歷代政府留下的珍貴資料。他在描述戰國趙世家的創始人時寫道西元前約 950 年周穆王騎著快馬，穿越祁連山（天山），去西邊拜見當地首領西王母。民間對此有著許多的故事傳說。據說周穆王去的這一帶可能就是中亞的大月氏。這個故事也提到了與大月氏商人交易的玉石。

（二）西方人學習孔子

《史記》中對孔子的學生有著一番廣泛的討論。在爲數不多的與《史記》相關的書籍中，裴駰的《史記集解》最爲重要。該書寫於約西元後 420 年。書中，裴駰提到了另一本由當時魏王曹丕領導時期由一群文人寫的史書評論集 —— 《皇覽》（如今這本書只有

一部分還保留完整）。根據這本書的記載，孔夫子死的時候，他的弟子從全國各地而來在他的墓邊祭三年並且每人都將從家鄉帶來的種子種在孔子的陵園。當中的有些植物是從西域移植過來的。這就意味著當時就有西來的學生在中國學習深造了。漢代的皇帝喜愛從中亞國家來的人。在一次漢武帝攻打匈奴的主要戰役勝利後，一個匈奴首領被另外一個首領殺死。他的遺孀和兒子便投靠了漢朝。他的兒子金日磾與霍光同為漢宣帝的顧命大臣。

關於古代中國的周穆王西游和孔門弟子有從西域來的事，歷史上沒有很豐富的資料，我們也應對其可靠性加以質疑。不過，我現在要向大家描述的歷史事件是可以查證的。

（三）漢朝，大月氏和貴霜王朝

中國和中亞國家第一次重大的交流大約是漢武帝在位期間。漢武帝一直致力於攻打中國西北邊界的匈奴。西元前 138 年，他命張騫出使西域（大月氏），以尋求幫助攻打匈奴人（匈奴人曾經殘殺過大量的月氏老百姓）。這些人被認為是印歐人的祖先，希臘人也把他們叫做吐火羅族。他們最終移民到了河中地區，巴克特裏亞，和印度西北部，最後建立了貴霜帝國。一本寫於西元前 645 年的書 ── 《管子》中記載：他們在經過甘肅的月氏附近的山時將玉器等供應給當地的中國人。（商朝的皇后對玉器愛不釋手，月氏又叫做邸人，意思是西方蠻夷。）

張騫出使時總共有一百來個隨從，但他卻不幸成了匈奴人俘虜。在被匈奴囚禁十年之後，他和一個助手逃脫去求見月氏國王抵抗匈奴，但月氏國王卻無心幫助漢朝攻打匈奴。另一方面，張騫在月氏花了一年時間且對其周邊地區包括大宛的西南部，媯水南岸，進行了詳細考察並記載。他見證了的「希臘 ── 巴克特裏亞」王國的最後那段時期，當時它正被月氏國征伐。張騫記載了 Shendu（梵文表示為 Sindhu），這是印度與非常先進的波斯和阿拉伯海接壤的一個地區，他說當地的居民騎著大象去打仗，王國位於印度河岸，他同樣記載了安息（Anxi）國和位於它西邊的條支國（Tiaozhi，美索不達米亞）。他訪問了 Sogdiana，Kanju 和奄蔡國，並從月氏的商人那裏得知，很多印度商人帶來了產自中國西部的四川的筷子和衣服。這樣張騫認為存在一條從中國大陸到印度的直接通道。（漢武帝曾派遣 4 個不同隊伍尋找這條貿易路線，都沒找到，但最近中國南部的墓葬資料顯示這樣的路線確實存在過。）張騫在西元前 119 年還到過烏孫國，他帶著上百人的隊伍將數千頭牛，還有大量的金子和絲綢作為禮物送給中亞國家的首領們。他和他的隨從們一共出使了 36 個國家，為了尋找良馬，漢武帝又派了李廣利帶了大量軍隊來到西

域這些地方，李廣利戰敗後有很多軍隊留在當地居住下來。

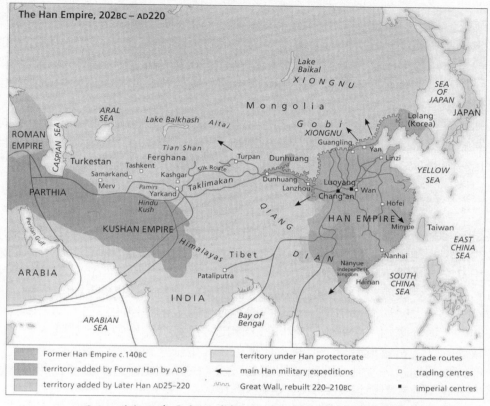

圖 2：漢朝和貴霜帝國（來源於 Kenyon 學院網站資源）

在中國紀傳體史書《後漢書》中明確記載了貴霜帝國（在漢語中被稱爲月氏）的興起。記載表明大約西元前 1 世紀就有月氏特使口頭傳授佛經給了中國京城的一個學生。實際上，月氏人把佛教和眾神廟宇結合起來，成爲大乘佛教的重要推動者，而且，他們與希臘文明的交融繁榮了犍陀羅文化和 Greco-Buddhism。月氏位於印度北部約 3000 公里處，國王自稱爲「天子」。而且他們城市中的商鋪和宮殿大都與大秦（中文成爲羅馬）相似。史書記載，西元 124 年西方的月氏對帕提亞人（Parthians）進行了入侵，在這次戰爭中帕提亞國王 Artabarus I 死于重傷。（Justin,Epitomes,XLII,2,2）。從西元前 125 年左右月氏人定居巴克特裏亞（Bactria）開始，他們在一定程度上逐漸被希臘化了。

西元一世紀，貴霜王朝開始與羅馬帝國和中國通商。他們與中國一起抵抗遊牧民族的入侵，中國將領班超和他們一道在西元 84 年抗擊了粟特人（Sugdians），在西元 85 年抗擊了位於塔里木盆地東側的圖蘭人（Turanians），在那個時候，貴霜曾請求漢朝嫁來一個公主，遭到拒絕後他們在西元 86 年向班超發起攻擊，但被班超打敗，於是他們納貢求和於漢和帝。《三國志》有記載，西元 229 年大月氏國王波調，派遣他的隨從進獻貢物，當時的皇帝曹睿冊封他爲「親魏大月氏王」。（見圖 2）

班超在大月氏期間，他就聽說大秦（羅馬皇帝），而且他於西元 89 年派遣使者甘英將軍去羅馬。甘英到了伊朗、伊拉克，甚至可能到達位於波斯灣頂部的安條克（Antiochia）或黑海東北部（諾沃西比爾斯克 Novorossiysk），準確到達地點仍然存在爭議。不管怎麼

樣，他從波斯人那裏知道海洋是很危險的，於是他就班師回國了。儘管如此，中國人曾經航行如此之遠是具有重要意義的。班超的兄長班固編撰了著名的中國第一部紀傳體斷代史《漢書》。之後，他的妹妹班昭又繼續編寫《漢書》的天文部分。班昭擅長數學並在宮廷裏教那些貴族們。她應該讀了許多中國古代的數學書籍，如果我的見解不錯的話，班昭可說是中國最早的女數學家。假如班超也精通數學的話，中土數學通過班超傳到中西就不足爲奇了。西元後 166 年，羅馬商人扮演了羅馬帝王的特使的角色來到中國，向中國皇帝敬獻禮物，並且把西方介紹給中國。

因此，早在西元前 140 年，絲綢之路已經很活躍了。根據《史記》記載，中國派出了很多使者，「這些派往外國的使團大的有數百人，小的也有百人以上……有時一年會派出五個、六個，甚至十個使團」。毫無疑問，這些使團中有很多熟悉工程和數學的學者。

（四）佛教和絲綢之路

要是沒有高山的阻隔，中國與印度的交流會更加地頻繁。然而，大約從世紀初開始，對佛教的強烈興趣驅使著許多僧人往返于兩個古國之間。這樣，他們懂得一定的數學知識以便相互交流也就不足爲奇了。

直到唐朝，中國與西方之間的交通要道仍然是陸上的絲綢之路。北部絲綢之路貫穿草原牧區，包括戈壁沙漠，山地，最後抵達被古希臘人征服過的裡海。第二條絲綢之路從西安開始，途經蘭州，敦煌，印度北部，伊朗，最後抵達地中海。見圖 3。

在敦煌的許多石窟裏發現了大量古代雕刻，其中一些包含有簡單的數學表述。這些雕刻散佈於不同地區，並且一些重要的雕刻可能遺失，因此從這些發現我們很難做出結論。另一方面，佛教對敦煌文獻有著深遠的影響。

中國與佛教的緣分最初開始于秦代。相傳西元前 2 年僧侶們從月氏來到中國。早在西元 64 年，東漢明帝就知道了佛教並且還派了官吏蔡愔往印度習教，之後蔡愔帶回了兩個高僧，用白馬馱佛經、佛像來到當時的國都洛陽城建造了一座寺廟，開創了中印兩國

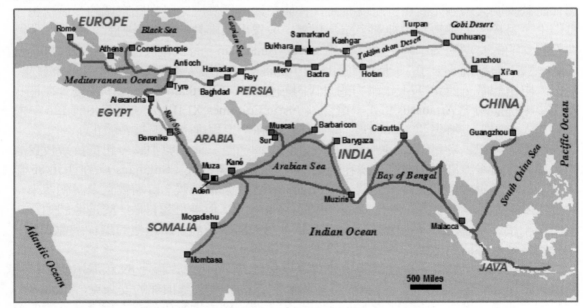

圖 3：絲綢之路（來源於絲綢之路基金會）

文化交流的先河。

西元 400 年左右，大量佛教僧侶往返于中印之間，法顯（西元 399 年），玄奘（西元 650 年）就是兩個最有名的代表。他們到訪過的納蘭達、塔克西拉等廟宇所在地都是當時印度知識的彙聚地，不僅包括宗教知識，更包括天文學，數學。僧人們通常會借道南絲綢之路到達印度，偶爾，他們也會走水上絲綢之路。十六國和唐朝時期，僧人與中國朝聖者之間的交流逐漸廣泛起來。十六國由一些遊牧部落統治，其中某些部落跟匈奴有關。

關於法顯的旅行史書上有很好的記載。法顯從中原出發，途經塔克拉瑪幹沙漠，帕米爾高原，然後穿過印度，到達塔姆魯克（Tamluk）的胡格利河河口。他還紀錄了南北絲綢之路會合處的和闐國（絲綢之路南臂）和喀什國。他越過阿富汗，並在印度的笈多時期生活了 6 年。值得一提的是，除了佛經他還提到了中國和印度曆法上的差異。而曆法正是影響兩地數學發展的最重要原動力。

由於唐朝皇室來自敦煌附近的西部地區，所以東西方的文化交流在唐朝得到迅速發展。到唐末宋初，絲綢之路附近的西夏、回鶻等蠻夷部落阻礙了中國商人通過陸上絲綢之路經商。這迫使商人們開始尋求海上交通。宋朝已經有大量商人經由印度洋－波斯灣－非洲路線與外國進行商貿交易。西元 1405 年，明朝皇帝派出了最後一個特使，正使總兵太監鄭和出使印度洋。西元 1405-1435 年，鄭和七次下西洋。從那以後，明、清兩代逐漸失去與西方的聯繫，這給數學發展帶來的直接後果是相當負面的。中國數學家失去了廣闊的視野而只局限於按自己的方式對中國古代數學進行研究，固步不前。

現在讓我們談談中國數學的歷史，我們需要把它分成三個不同的時期段：

印度與中國數學

（一）西元 500 年以前

西元 500 年以前印度的數學開始于吠陀文學，如：《本集》（西元前 1000 年），《梵書》（西元前 800），《森林書》（西元前 700 年）和《奧義書》（西元前 600-500 年）。這些是讚美詩，禱告以及祭祀和魔法的準則的彙集。在古印度，宗教儀式和祭祀都非常重要。重要的宗教文學包括《佛典》（Srautasutras），它描述了一年當中不同時間建造祭火的各種方式。它還描述了測量法和聖壇的構造，見圖 4。（這種宗教文學稱爲 Sulbasutras。）正如賽敦柏格（A. Seidenberg）所指出的，這些裏面已經有一些蘊涵畢達哥拉斯定理的幾何資訊。

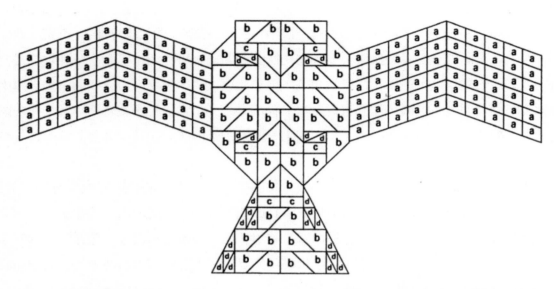

圖 4：吠陀祭壇的第一層是一隻隼；每一個翅膀是用 60 塊 a 型磚，46 塊 b 型磚，6 塊才
　　　c 型磚和 24 塊 d 型磚做成（來源於 G.G. 約瑟夫，The Crest of the Peacock）。

　　包德哈亞那（Baudhayana），阿帕斯檀跋（Apastamba）和迦旃延（Katyayana）記錄
了三個最重要的結果。其中包德哈亞那是最早的，大約在西元前 500 年。這手稿裏包含
有畢達哥拉斯定理的一般表述，精確到小數點後 5 位的 2 的平方根和圓周長的平方的逼
近演算法（顯然他得到了 π 的近似值 3.09），以及圖形間面積的和或差的直線形的構造。
接下來的幾個世紀就出現了阿帕斯檀跋和迦旃延，畢達哥拉斯三數對在阿帕斯檀跋的
Sulbasutra 中的使用見圖 5。古巴比倫數學家也曾討論過有關畢達哥拉斯定理和他們的
三數對，2 的平方根，π 的近似值 3.125（如出現在西元前 1600 年蘇薩簡片上）的問題。
但是，因爲 60 進制從未在古印度數學中出現過，所以很難斷言 Sulbasutras 的結果就是
從古巴比倫數學家那裏推導出來的。正如前面提到過的，一些主要的韋達經附錄表明古
印度人花了很大的精力在寫作形式的精簡上，並且他們採用詩歌的形式來記憶文學作
品。或許這種方式影響了後來的歐氏幾何的公理化的發展。

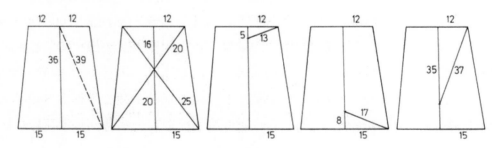

圖 5：在 Apastamba Sulbasutra 中的不規則四邊形聖壇（來源於
　　　B. vander Waerden，《古代文明中的代數和幾何》）。

　　印度的第一個數系是出現在西元前 400 年左右至西元 200 年左右的 Kharothi，那時數字"9"還沒出現。第二個數系更為先進，稱為 Brahmi 系。它出現在印度中心的洞穴中，始於大約西元前 150 年。這個數系最終發展成為巴赫沙利（Bakhshali）（西元 200-400年）和瓜里爾（Gwalior）系（西元 850 年）。他們使用了 1-9 以及 0。0 的位置原則則開始於天文學家瓦拉哈米希拉（Varahamihira）（西元 587 年）工作。這樣才完備了後來出現在阿拉伯文化並流行於現在的數位系統。

　　吠陀文化的之後，佛教和耆那教興盛起來。後者為數學本身的發展而研究數學作出了貢獻。耆那教徒意識到了無窮小的不同形式並且研究了序列的性質。（他們對包含著不可數多個中心環的宇宙結構感興趣，每個環的直徑是前一個的兩倍。）

　　正如我們前面提到的，西元前 1000 年以前的古代中國的記錄，除了甲骨和銅器上的雕刻之外，其餘都是很難令人信服的。但不容質疑的是，最有名的與數學相關的史書籍當屬《易經》。該書傳說由伏羲寫於西元前 2850 年，不過這一說法很可能是錯誤的，因為甚至連伏羲這個中國歷史上第一個帝王的存在都值得懷疑。更有可能的是《易經》為周文王於西元前 1000 年左右所寫，然後經後人不斷改寫而成。無論怎樣，孔子是肯定讀過此書的，而且他還把它當作大智慧的書。該書使用了一些符號，陰、陽二極也由它而來。還有四相，八卦。從這些可以生出 64 象。書中充斥著大量當時人們用來解釋日常生活中的萬事萬物的神秘數字，也許這跟畢達哥拉斯學派的數字戒律有些類似。

　　在古代中國，魔方也曾出現過。傳說大約西元前 2000 年，禹帝獲得兩個表格：第一個叫河圖，來自于黃河裏的神奇的龍馬；第二個叫洛書，是從一隻神聖的洛河（黃河的一條支流）的烏龜殼圖案上複印而來。見圖 6，洛書由一個三階的幻方組成。孔子也曾提起過河圖。但圖 6 中河圖和洛書的形式未必就是《易經》和孔子所提及的形式。圖 6（b）中的圖表在秦漢時期被稱為九宮圖。宋朝時朱熹將九宮圖稱為洛書。

　　這兩張圖表是先于《易經》出現的。無論如何，這是有關縱橫圖的最早記錄。圖表代表了中國哲學的重要原則：自然中的陰（女性）和陽（男性）。圖表也出現在明堂九宮圖中。西元 1275 年，楊輝在其著作《續古摘奇演算法》中，搜集整理了許多古人構建的縱橫圖，介紹說明了幻方的性質，並將其分類至十階。西元 1880 年，保其壽創造了幻立方，球和正四面體。即使現在，許多中國學者依然致力於研究《易經》中的數字命理學和數字神秘思想。

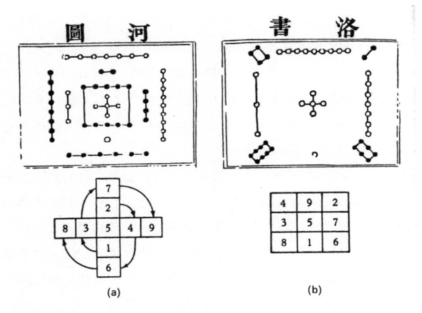

圖 6：（a）河圖（b）洛書（來源於 G.G.Joseph: The Crest of the Peacock）。

《易經》在儒家思想中有著深遠影響。其中六十蔵系統至今仍為許多中國學者所使用。然而為了貿易和書籍保存等現實需要，在西元前 300 年甚至更早就已經採用了十進

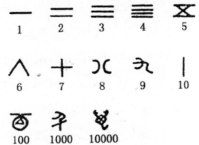

圖 7：中國甲骨文中的 13 個數字契刻符號（來源於上海 —— 巴伐利亞虛擬校園資訊中心）。

制。（發現於在西元前 1200 年前的龜甲上發現。見圖 7）事實上也採用了許多算術工具。（考古學家已經發掘出了西元前 220 年秦朝計算使用的竹棍和象牙，見圖 8）。中國古代的十進制很有趣，沒有數字 0，但算籌仍然可以表達明確，沒有歧義。見圖 9。而古巴比倫文化的數位系統中同樣沒有數字 0，但是卻會造成歧義。數字是印度人在西元 700 年左右發明的，這對數學是一個巨大貢獻。另一方面，中國古代用竹棍計數，是世界上最古老的簡單計數系統。

《周髀算經》是《易經》之後又一部著作。這本書的完成年代很久以來一直在爭論。書中有一段西元前 1000 年周公與其臣商高的對話，書中也提及了畢達哥拉斯三角（3，4，5），還包括了一些怎樣用數學方法理解天文現象的官方資料。這些資料於西元前 235 年到 156 年搜集編寫成書，可能是張蒼於西元前 165 年編寫的。西元 190 年到 220 年，著名數學家趙爽對《周髀算經》作出詳細評價，並加入了自己的觀點，包括了對勾股定理的證明，見圖 10。（勾股定理的初步證明在《周髀算經》早已有說明。）

圖 8：中國古代用來計數的象牙（來源於上海 —— 巴
　　　伐利亞虛擬校園資訊中心）。

縱式：│ ∥ ∥∥ ∥∥∥ ∥∥∥∥ ⊤ ⊤⊤ ⊤⊤⊤ ⊤⊤⊤⊤

橫式：一 二 三 ≣ ≣ ⊥ ⊥ ⊥ ⊥

　　　　1　2　3　4　5　6　7　8　9

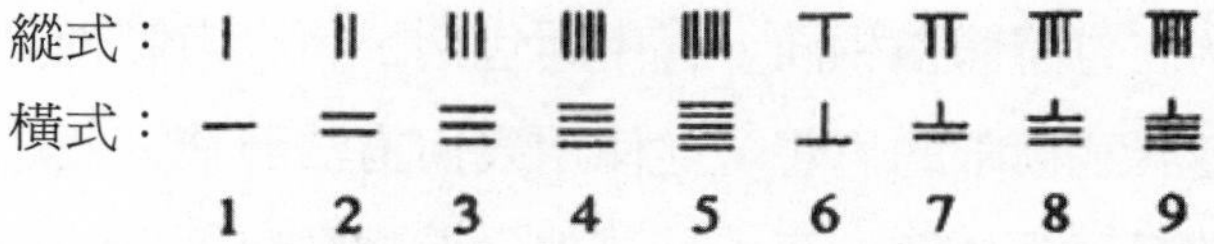

圖 9：中國古代的計數方法：上面是垂直的，下面是水準的
　　　（源自上海 —— 巴伐利亞虛擬校園資訊中心）。

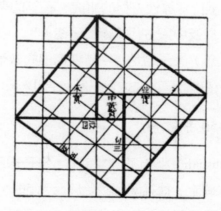

圖 10：《周髀算經》中對勾股定理的證明
　　　（來源於範德瓦爾登《古代文明中的幾何與代數》）。

　　中國古代最重要的數學著作是《九章算術》。這本書搜集了當時世界上關於數學的
官方資料。沒人知道這本書寫於哪個朝代。但是可以確定的是張蒼在西元前 200 年編輯
了《九章算術》。他收集了自西元前 1000 年的官方數學資料。其中包括了多種數學問題：

體積，面積，方程式的計算；平方根，立方根的近似值；畢氏定理及勾股三角。其中廣泛使用了歐幾裏德演算法，及用高斯消元法應用與矩陣。（使用竹棍的中國演算法自然產生了矩陣）書中所提問題的答案能夠得到進一步推廣，但是並沒給出概括性的綜述。

1984 年，一本用竹簡做成的相對完整的手稿《算數書》書簡（大約共 190 片）在湖北省的一個漢墓中出土。該墓大概埋於西元前 186 年，因而該書應該完成於這個時期之前。儘管它不如《九章算數》先進，但裏面已經有很多內容與它重合。我們能夠推想《九章算術》的作者應該從這些古老手稿中吸取了很多想法。

《九章算術》後的西元 3 世紀出現了許多數學著作。劉輝（西元 208-263 年），編寫了一本關於《九章算術》的詳細評論。他的評論也展現了許多他個人的成果。例如給出了使用歐幾裏德方法嚴格證明畢氏定理。他通過計算正 192 邊型的周長來近似計算圓的周長，從而將 π 計算至小數點後 4 位。他還發現這一定理：兩個立方體如果橫截面積和高相同，那麼這兩個立方體體積相同。書中還包括了將立方體細分成更小的棱柱的廣泛討論。他也進一步發展了極限的思想，並使用幾何方法計算一個數的立方根。他的許多數學理論與希臘的數學理論相近，有人猜測他受希臘數學著作的影響。西元 480 年，祖沖之對於 π 進一步計算，利用正 24576 形，將 π 計算至小數點後 7 位。

因為精製曆法的需要，中國人開始研究一次方程。孫子在《孫子算法》中第一次提到了一次方程，該書還介紹了全等的定義，並發現了中國剩餘定理。錢寶琮調查指出這本書寫於西元 400 年左右，儘管也有人認為這本書寫於西元 300 年。

在宋代，這項研究推廣至待定線性方程的研究。孫子的著作基於《九章算經》中對於歐幾裏德演算法的理解，以及中國古代算術的研究。

祖沖之（西元 429-500 年）父子均是這一時期傑出的數學家。他花費大量時間研究天文計算。除了上述的 π 的精確計算，他還可以解包含 12 個變數的複雜線性待定方程。

（二）　西元 500-1450 年之間

1881 年巴赫沙利（Bakhshali）出土了一本手稿。它是採用梵文的舊形式寫的。該稿的著作具體日期現在仍然未確定。據推測應該始於西元 500 年左右，但是這是印度數學獨立於宗教和超自然協會的最早證據。它和中國的《九章算術》有很多相似之處，甚至在寫作風格上。然而內容上卻不如《九章算術》先進。

印度的第一個數學天文學家是阿雅巴塔（Aryabhata I），他寫了本書叫《阿雅巴提雅》（Aryabhatiya）。大約在西元 500 年左右成書于笈多王朝的帝國的首都，Kusumapura。烏摩斯伐底（Umasvati）（西元 200 年）記載這裏形成過一個由數學家和天文學家組成的

著名學派。Aryabhatiya 簡明精要。本質上是舊的知識體系中結果的系統化。該書的數學部分僅僅包含 33 篇韻文。在這裏我們可以找到算數運算，一次和二次方程，一元不定方程的內容。正弦和餘弦函數也在這裏引進了。作者還計算了 π 的近似值爲 3.1416。但是三角學的基礎理論建立於希帕克斯（Hipparchus）（西元 150 年），梅涅勞斯（Menelaus）（西元 100 年）和托勒密（Ptolemy）（西元 150 年），這個時期的印度三角幾何開始採用現代的形式。（部分的原因源於對天文學的熱衷）。一些重要的三角恒等式出現在 Aryabhata I，Varahamihira，Brahmagupta 和 Bhaskaracharya 中。值得一提的是，其中的一個重要進展是 Bhaskaracharya 中研究了二元不定方程：佩爾（Pell）方程。在天文學家 Manjula（西元 930 年）的工作基礎上，它還推導了正弦函數的微積分。

在南方，喀拉拉邦（Kerala）成爲微積分早期發展的地方。西元 850 年，Govindaswami 做出了一種計算中間泛函值的二階插值規則。他們已經知曉牛頓插值的某種特殊情形和直到二階的泰勒（Taylor）展開式。這一地區重要的數學家有 Madhava（西元 1400 年），他發現了 π，正弦，餘弦，反正切函數的冪級數。（儘管沒找到原始手稿，但這些發現已經被後人所引用。）

似乎印度數學家開始數學分析的研究遠早於牛頓等西方數學家們。儘管不太完整，但他們對微積分的瞭解讓人驚訝，也許影響到了後來幾百年的西方數學家的工作。像他們一樣，後來的著作者們也沒有把積分與微分結合起來。無論如何這個時期的印度數學確實讓人爲之稱奇。

在中國的隋朝時期，有關印度天文和數學課本的記載有，婆羅門演算法（BrahmamSuan Fa）（婆羅門算數規則）和婆羅門算經（Brahman Suan Ching）（婆羅門算數精要）。

有關唐朝的歷史記載中紀錄了一些印度天文學家的名字。其中一個就是因爲奉唐玄宗（西元 718 年）之命編纂《大唐開元占經》（基於印度天文著作 Siddhantas）而著稱的瞿曇悉達（Gautama Siddharta）。文章包含了印度數字，運算，以及正弦表。Yabbuchi（西元 1954）查閱到了一本保存下來的木板印刷的書籍，其中記載了印度數位，包括使用一個點來表示數字零。同樣有 3 度到 45 之間半徑爲 3438 單位的正弦表，其中的數值在印度天文學書籍《阿雅巴提雅》和《蘇雅西德漢塔》（Surya Siddhanta）中給出。

隋唐年間，朝廷指派學者研究數學，數學也是科舉考試的一部分。共有 10 本書要在考試中被測試，但是數學官員在朝廷中是級別最低的。王孝通（西元 620 左右）是當時最著名的數學家。他將幾何問題轉化爲代數問題。他是研究三次方程的第一人，並聲明可以解三次方程。

　　正如前面所提，在 1405 至 1433 年間，鄭和帶領兩千多隨從先後七次到達印度洋。他的特使也曾到過印度南部的喀拉拉地區，這裏的 Madhava 及其它數學家們當時正研究著微積分。我們自然地想知道中國和印度是否在那時候就有數學上的交流呢？

　　令人好奇的是，儘管有官方舉辦的數學考試，唐朝並沒有產生出我們期待中那麼多好的數學家。我相信是當時中國的考試體系阻礙了創新思維，同時，負責數學考試的官員的素質亦無法滿足那個時代年輕學者的渴望。

　　以《九章算術》爲基礎，宋代產生了很多優秀的數學著作。秦九韶（西元 1250 年）使用巴斯卡三角形方法解決了高次方程的開方問題。關於巴斯卡三角形的討論也曾經在楊輝和朱世傑的著作中有所提及。楊輝稱這部著作源于賈憲（西元 1050 年）。同時秦九韶還進一步完成了中國剩餘定理。另一位當時傑出的數學家郭守敬（西元 1275 年）推導出現在被稱爲牛頓 —— 斯特林公式的三次插值公式。

　　以上提及的解決高次方程的方法現在稱爲霍納法則，這個法則可以追溯到《九章算經》。開三次方的方法在阿拉伯數學家納薩維（al-Nasawi）（西元 1025 年）的著作有所論及。之後，阿爾・凱西（al-Kashi）（西元 1450 年）總結出開高次方的方法。

（三）　西元 1450-1900 年期間

　　這一期間，印度數學和中國數學都沒有很大的進展，其原因一直是一個謎。所獲得的成就與同期的西方數學的進步不能同日而語。

　　與亞洲相比，這一時期的歐洲經濟發展迅速，學術氛圍自由。歐洲人對於真理和美的追求，亞洲人遠遠不及。亞洲在這一階段發展的衰退需要更多的研究，以揭示其原因。

　　宋代以後中國數學發展日趨式微。1582 年，義大利耶穌會傳教士利瑪竇來到中國，翻譯了歐幾裏德的六本數學著作。一位名叫徐光啓的數學家幫助利瑪竇進行翻譯工作。他對歐幾裏德《幾何原本》裏邏輯結構感到相當驚訝。很遺憾的是，歐幾裏德的強有力的歸納法直到上個世紀才在中國得到進一步發展。（事實上，歐幾裏德《幾何原本》的最後幾章的翻譯是由 19 世紀的中國數學家李善蘭完成的。）傳教士們也有可能把一些中國的數學帶到了歐洲。有意思的是利瑪竇來中國比牛頓 1687 年發表《自然哲學之數學原理》大約早一百年。那個時候，邏輯結構和歐幾裏德的歸納法在西方已經廣爲人知。它們不僅解決了很多疑惑，而且給數學和物理帶來了新的曙光。但是它對亞洲的這種影響已是近 200 年之後的事情。

　　清代的數學家並沒有像漢代宋代那樣取得原創的進展。康熙皇帝對數學很感興趣，朝廷中雇傭了幾名精通數學的傳教士，儘管他付出了相當的努力，中國數學的輝煌歷史

仍然沒能延續。也許這正表明了漢代和宋代學術界的自由氛圍。除此之外，科舉考試系統也對數學未加以足夠的重視（數學在宋代唐代的考試中很受重視）。過於強調數學的實際應用正突顯了清代數學研究的弱點。

在這裏可以舉一個重要的例子。1931年，陳寅恪先生在歷史語言研究所集刊發表《幾何原本滿文譯文跋》，指出有歐氏前六卷之譯本藏于景陽宮，與上述利、徐譯本迥異，出於耶穌教會諸子之手，認爲「夫歐幾裏德之書，條理統系，精密絕倫，非僅論數論象之書，實爲希臘民族精神之所表現。此滿文譯本及數理精蘊本皆經刪改，意在取便實施，而不知轉以是失其精意。」陳先生雖然不是數學家，但他的話可謂一針見血，清代數學沒有吸收希臘精神的精華乃其失敗處。

此時西方國家在抽象數學理論與數學實際應用上的研究取得了巨大成功，亞洲用了很長時間才彌補了這個差距。在古代數學中最有名的三個問題是

1.平行公設

2.化圓爲方

3.三等分角

中國和印度數學家僅研究了其中的第二個問題。第一個問題導致了雙曲幾何的引進，第二個則與伽羅華理論相關。它們都對現代數學產生了深遠的影響。從這裏可以看出中西數學家著重點的不同，同時也可以見到過度重視實用的毛病。

（四）西元 1900 年至今

印度數學與中國數學開始覺醒。

在現代印度，最初的數學家無疑是拉馬努金（Ramanujan），他改變了我們對模形式的認識。他具有極強的劃分數學的能力，甚至直至今日，他的許多思想仍然值得探究。拉馬努金曾經訪問過英國，並且向哈代（Hardy）學習了許多知識，因此哈代能夠解釋一些拉馬努金的思想。拉馬努金對那個時代的數論做出了決定性的貢獻。傳統的數論由 S.S.Pillai 對華林問題的研究，以及 S. Chowla 和 K.Chandrasekharan 所傳承。

有許多印度人離開印度到西方世界學習。偉大的數學家 Harish-Chandra 前往英國向 Dirac 學習，發展了他的非緊致群表示論的基礎。他對分析和數論領域的影響難以估量。許多其他的印度數學家也在現代數學中扮演了十分重要的角色。S. Minakshisundaram 和加拿大數學家 Pleijel 應用熱核擴張研究拉普拉斯特徵值做出了引人入勝的工作，這是一個赫爾曼·外爾（Herman Weyl）予以極高評價的領域。當 Patodi 進一步發展了這一領域之後，最終產生了 Atiyah-Singer 指標定理的一個新的分析局部形式，這對現代數學工作

產生了巨大的影響。印度數學家 Raghunathan，Narasimhan 和 Seshadri 在離散群和向量叢方面同樣作出了奠基性的工作。

　　許多傑出印度數學家留在了西方，並且成為各自領域的領軍人物。這其中包括 Abyanhker（代數幾何），Chandrasekharan（數論），Kulkarni（幾何），Narashihan（多複變），Pandharipande（代數幾何），Prasad（離散群理論），Varadarajin（表示論），Varadhan（概率與分析）。Chandrasekharan 在國際數學聯盟發揮了重要影響，他擔任了一屆主席和兩屆秘書長。Varadhan 獲得了享有極高聲望的阿貝爾獎。我們同樣可以看到第二代印度裔數學家（美國出生）的成長。年輕印度數學家的工作也受到了國際認可，如 Manjul Bhargava 在數論領域，以及 Manindra Agrawal, Neeraj Kayal 和 Nitin Saxena 在素數檢驗算法領域的工作。

　　P.C. Mahalanobis 和 P.V. Sukhatme 是印度統計學領域的創始人。後者于 1936 年在倫敦大學獲得博士學位。他定居於德里市，並且在印度農業研究委員會組織了一個統計學家的群組。Mahalanobis 于 1931 年建立了統計研究所，並且在 1933 年創立了印度統計雜誌 "Sankha"。到 20 世紀 50 年代後期，印度統計研究所已經成為印度重要的研究中心。他們的同事如 R.C. Bose, C.R. Rao 和 S.N. Roy 都成為了世界著名的傑出統計學家。如今，統計學在印度社會和政府中發揮著重要的影響，有統計與計畫執行部門，印度統計服務部門，國家樣本調查組織，印度農業統計研究所，藥物統計研究所等等。

　　近一百年來，中國數學家開始大放異彩，如陳省身，華羅庚和周煒良。陳省身在南開大學師從姜立夫獲得學士學位，在清華大學師從孫光遠獲得碩士學位。自學成才的華羅庚是被清華大學熊慶來和首席教授楊武之發現的。（楊武之是第一個在芝加哥大學獲得數論博士學位的中國人。）由於沒有高中文憑，華羅庚曾經在圖書館工作。大約在 1930 年陳省身和華羅庚在同一時期都在清華大學。除了熊慶來、孫光遠、楊武之在清華大學的影響，20 世紀 30 年代還有許多著名的學者從歐洲和美國來到中國訪問。這其中包括諾伯特·維納（Norbert Wiener），奧斯古德（Osgood），布拉希克（Blaschke）和 Hadamard。陳省身先是在漢堡同布拉希克做研究，之後到了巴黎與嘉當（Cartan）一同研究。有趣的是 50 年代 Tata 研究所曾經為陳省身提供了一份工作，而陳婉言謝絕了。華羅庚在劍橋大學同 Hardy 做研究，之後從俄國數論學家 Vinogradov，周煒良也在 1922 年前往德國，師從 van der Waerden。也受到 Aritim 的影響，他後來回到中國並成為一名商人，直到 1947 年前往普林斯頓跟隨 Lefschetz 一同進行研究。他的傑出工作便是在普林斯頓完成的。這三位偉大的數學家在抗日戰爭時均在國內。

　　這三位數學家培養了許多才華橫溢的學生。陳省身幫助他的老師主持中央研究院數

學研究所，直到 1949 年赴美。在這一時期，他培養了一大批幾何與現代拓撲領域一流的學生。在普林斯頓，他完成了陳類與 Gauss-Bonnet 定理的奠基性工作。華羅庚被政府派往美國學習原子彈的理論，然而他並沒有進行這方面的研究。但是當 1954 年回到祖國時，他開啓了數學的許多重要分支。最值得稱道的十多複變數與解析數理論，他還在典型域理論、華林問題、歌德巴赫猜想等領域培養了一大批學生。在後一個問題中，陳景潤證明了每個相當大的偶數能夠分解爲一個素數與另外兩個素數乘積之和，堪稱世界性的成就。周煒良二戰之後便離開了中國。他對代數幾何的深刻見解影響了整個學科的發展。不幸的是他沒有培養任何學生。

另一方面，中國人在應用數學的發展方面非常強勢。其中的領軍人物是林家翹，馮元楨，吳耀祖，馮康以及許寶騄。林家翹在星系密度動力學領域做出了開創性工作。馮元楨在生物流體動力學領域以及吳耀祖在海洋流動性領域也進行了奠基性的工作。馮康是有限元素法的奠基人之一，這是數值計算的基礎。許寶騄是現代概率統計的奠基人之一。他在概率論與數理統計的一些領域做出了重要的工作，例如局部平衡不完全區組設計以及經驗分配的漸進理論。

在過去的一個世紀中，中國數學走過了四個不同的發展階段。第一階段是二十年代末至四十年代中葉第一批博士回到國內任教，一些偉大的數學家來到中國訪問，來自歐洲和英國的新教科書開始使用。第二階段是三十年代中期陳省身和華羅庚回到國內後，幾何、代數、數論開始發展。同時，熊慶來在複分析方面，陳建功在傅立葉分析，蘇步青在幾何方面都有貢獻。在這一時期，許多年輕人得到這些大師的指導。這其中，有陳國才，鍾開萊，樊畿，熊全治，柯召，王憲鐘，王梓坤、吳文俊、嚴志達和楊忠道。而除了柯召、王梓坤、吳文俊和嚴志達之外，其他人都離開了中國。其中熊全治是國際著名雜誌《微分幾何學雜誌》創辦人。

第三個階段是 1950 年華羅庚回到國內，領導數學的發展。當時華羅庚、陳建功、蘇步青和熊慶來培養了許多年輕的數學家。這批數學家集中于基礎數學領域，而作爲一名傑出的數值分析專家，馮康也開拓了中國計算領域的研究。40 年代回到中國的偉大統計學家許寶騄進行了前沿的統計學研究。這一時期最著名的數學家有陳景潤、丁夏畦、龔升、郭柏靈、穀超豪，洪家興、胡和生、廖山濤、陸啓鏗、潘承洞、石鐘慈、萬哲先、王光寅、王元、夏道行、楊樂、張廣厚、鍾家慶和周毓麟。這批年輕一代的數學家在六十年代早期做出了傑出的貢獻。之後不久，香港和臺灣湧現出了許多傑出的華人數學家，比如翟敬立、陳繁昌、張鎮華、張聖容、張美珠、鄭紹遠、陳宜良、金芳蓉、項武忠、康明昌、黎子良、林節玄、梁乃聰、李偉光、李文卿、連文豪、林長壽、林松山、劉太

平、梅強中、莫毅明、倪維明、蕭蔭堂、戴永生、譚聯輝、滕楚蓮、王永雄、吳建福、伍洪熙、姚期智、姚鴻澤、丘成棟、楊麗笙和于靖。他們多數在美國接受研究生教育並且留在美國。

第四個階段是文化大革命之後至今。許多年輕學生在美國的研究生院接受教育，並且留在美國。一些享譽國內外的學者是其中極好的例子：蔡進一、陳漢夫、陳俊全、程崇慶、堵丁柱、鄂維南、范劍青、管鵬飛、郭雷、侯一釗、季理真、金石、李駿、林芳華、林希虹、劉艾克、劉秋菊、劉軍、劉克峰、羅鋒、孟曉犁、談勝利、田剛、萬大慶、王金龍、王慕道、汪徐家、鄔似珏、席南華、蕭傑、辛周平、應子良、郁國梁、于如岡、張壽武、周向宇、張偉平和朱熹平。

過去二十年間中國經濟狀況得到了極大的改善。期待著將來更多傑出的華人數學家回到中國，這將給中國數學的未來帶來巨大的改變。作爲一個實例，大約三年前，首位獲得圖靈獎的最爲傑出的電腦數學家姚期智辭去了他在普林斯頓大學的工作，回到清華大學定居。這是一件意義重大的事情，因爲這顯示了海外華人數學家幫助和參與中國數學發展的願望。

總的來講，中國數學在歷史上過分強調應用成爲阻礙核心數學發展的因素，這也是阻礙應用數學發展的主要因素。如果我們觀察過去中國數學發展的歷史，令人驚異的是，中國學者過於遵循前輩開創的道路，多過創造尖端科學的原創思想。與西方同行比起來，他們的冒險精神要少得多。一個很好的例子是傑出的數學家劉徽和後來宋朝的數學家。他們花費畢生精力研讀古算書《九章算術》，並以這種方法取得了許多數學成就。但是這不同於發展新的思想來理解自然之美和創立新學科。另一方面，孫子對中國剩餘定理的發展是了不起的原創性工作。

總結評注

歷史的進程已經說明當印度和中國的社會是開放的並且與外界進行相互交流的時期，數學就會發生重大的發展。當封疆鎖國的時期數學的發展就會完全不同，甚至經常沒有明顯的進步。一個封閉的社會不僅會失去外界新思想的鼓舞，而且其中的學者也會因爲自己判斷力的局限而失去客觀性。很明顯文化與經濟的發展對數學的進步起著至關重要的作用。

在過去數年中，印度與中國都經歷著兩位數的經濟增長。除非有不可預料的事件發生，與別國的大規模衝突應該不會發生。（當然，世界各地人民都不希望看到這樣的衝突）。在和平時期伴隨著合理的財富積累，兩國政府將繼續支持數學的發展。中國與印度

的極富天才的數學家們無疑將繼續爲人類做出重要貢獻。許多卓越的數學家也將回國定居。我們已經看到我們許多在國外的朋友花費寶貴的時間前來訪問並講學。在不久的將來，我們將看到我們的事業在肥沃的土地上繼續蓬勃發展。

Ramanujan 和 Harish-Chandra 的偉大成就激發了一代代印度數學家致力於數論和表示論的研究。Weil，Mumford，Serre 和 Deligne 的到訪激勵了數論，離散群理論和代數幾何在印度的發展。陳省身先生是一個偉大的榜樣，他的工作賦予了中國的集合與拓撲研究許多靈感。華羅庚在分析數論與多複變方面的工作如今已建立了中國數學的一個「傳統」。周煒良在代數幾何領域做出了奠基性的工作，但是其影響在中國國內不及陳省身和華羅庚，這也許是因爲周煒良在他大部分的學術活躍期都居住在美國。

我相信中印數學家之間的密切協作將帶來現代數學的偉大進步。拋開國界，我們可以分享成果，加強交流，像對待本國學生一樣對待對方的學生。

在古代，對真與美的追求大多集中在農業、建築結構、膜拜、音樂、天文學等方面的問題。我們期待經濟全球化也可以帶來世界不同地區數學的統一。實際上，數學的統一是現代數學的一趨勢。在過去的一個世紀中，數學的偉大成就往往產生於數學、物理、工程等不同學科的交叉點。這些包括了 Cartan, Hodge, Weyl, Lefschetz, Weil, Chern, Morse, Deligne, Hirzebruch, Atiyah, Singer, Langlands, Wiles 等數學家的工作，以及最近對龐家萊猜想的證明，這其中涉及到幾何分析，一門經典拓撲學家不太熟悉的學科。

數學的發展受到了基礎物理學尋求統一理論的影響。弦理論啓發我們將數學中許多不同的結構自然地統一起來。這整個工作是非常複雜的，因爲其中牽涉到數學與物理的許多不同分支。我相信在不久的將來將可以統一不同的數學學科，而這將需要許許多多數學家的努力。除了與基礎物理學理論的交叉之外，實際應用中的問題也啓發了數學的許多重要發展。這包括流體力學、數值計算、複雜性理論、圖論等等。我相信中國與印度的年輕人將會在這項偉大的事業繼續貢獻力量，探求我們所熱愛的美，這就是數學。

References

（1）B. Datta and A. N. Singh, *History of Hindu Mathematics: a Source Book*, Asia Publishing House, New York 1962.

（2）G. G. Joseph, The Crest of the Peacock: non-European Roots of Mathematics, Penguin Books, New York 1991.

（3）Di Li, Chinese Mathematical History: from the Early Ancient Period through Five Dynasties, Jiangsu Education Publishing House, 1997.

（4）I. Marx, "Travels of Hsuan-Tsang-Buddhist Pilgrim of the Seventh Centry", Silkroad Foundation, 1997

（5）D. E. Smith, History of Mathematics, Dover Publications, NewYork 1958.

（6）B. L. van der Waerden, *Geometry and Algebra in Ancient Civilizations*, Springer-Verlag, New York 1983.

（7）B. L. van der Waerden, *A History of Algebra: from al-Khwarizmi to Emmy Noether*, Springer-Verlag, New York 1985.

高拱經筵內外的經說異同*

朱　鴻　林

一、引　言

　　高拱（正德 7、1512 年～萬曆 6、1578 年）是明代嘉靖、隆慶兩朝的大臣，也是明朝最著名的政治家之一。他曾在明穆宗當裕王時任其王府講官長達八年，獲得穆宗的賞識和信任，並且在穆宗的隆慶（1567-1572）朝中官至內閣首輔，負責組織和管理穆宗的經筵和日講的經史講讀活動。高拱還是穆宗臨終前的顧命大臣，但在明神宗繼位之後不久，卻因與同官張居正及宦官馮保鬥爭失敗，被逐離朝。[1]高拱家居之後，重新閱讀他曾用過功的儒家經典，對於從前在裕王講筵上所作的經典解釋有所反思，而結果卻是見解大異其趣。本文舉例顯示高拱這一前後經說異同的情形，並探討這情形所反映的問題及其意義所在。

二、高拱的裕邸《四書》講章

　　嘉靖三十一年（1552），十六歲的裕王出閣進學，四十一歲的高拱和同年進士陳以勤同時被任命爲講官。高拱供職直到嘉靖三十九年升任太常寺卿管國子監祭酒事爲止，離任不久，將在裕邸進講過的講章輯成《日進直講》一書。[2]此書透露了高拱對其特定講讀對象裕王所灌輸的政治思想，也反映了儒臣向帝王講說經典的方式，有助於了解明代皇帝及皇儲的進學制度。

　　《日進直講》此書，郭正域所撰《高文襄公墓誌銘》及黃虞稷《千頃堂書目》（著錄作《日進直解》）均作十卷，[3]但到《四庫全書》著錄時，只有五卷（《欽定續通志》、《續文獻通考》亦作五卷）。《四庫提要》說：　“自《學》、《庸》至《論語》　“子路問成人”

* 本文係香港特別行政區研究資助局 CUHK4681/05H 項計劃部分成果。

1　高拱的傳記，見《明史》（北京：中華書局，1974 年）卷 213。又可參考岳金西、岳天雷編校，《高拱全集》（鄭州：中州古籍出版社，2006 年），《附錄二》，所載明人郭正域撰高拱墓志銘，王世貞《嘉靖以來內閣首輔傳》、何喬遠《名山藏臣林記》等書中之高拱傳，以及《附錄三》之《高拱大事年譜》。
2　此書收入上引《高拱全集》下冊，又收入流水點校，《高拱論著四種》（北京：中華書局，1993 年）。
3　黃虞稷，《千頃堂書目》（上海：上海古籍出版社，1987 年，《文淵閣四庫全書》本）卷三。

章止，蓋未全之本也。"[4] "未全之本"此語說來模糊，我們看不清楚究竟是高拱在裕王講席所講的只有這些，還是此書本載高拱對全部《四書》的講章，但闕存本見不到的《論語》剩下部份和《孟子》。從《千頃堂書目》將此書作單行本著錄的情形看，後者《四庫》館臣的意思應屬後者。

此書有嘉靖三十九年高拱自序，全文如下：

> 嘉靖壬子秋八月十又九日，裕王殿下出閣講讀，上命翰林編修拱暨檢討陳氏【陳以勤】充講讀官，拱說《四書》，陳說《書經》。既又有諭，先《學》、《庸》、《語》、《孟》，而後及經，於是乃分說《四書》。故事，藩邸說書，如日講例，先訓字義，後敷大義而止。然殿下聰明特達，孜孜嚮學，雖寒暑罔輟。拱乃於所說書中，凡有關乎君德治道，風俗人才，邪正是非，得失之際，必多衍數言，仰圖感悟，雖出恒格，亦芹曝之心也。歲久，積稿頗多。庚申，拱既遷國子祭酒，乃乘暇次序成帙。夫拱誠寡昧，其說固荒陋也，然非睿學克懋，則荒陋之說何以自效？故特存之，用志日進之功云爾，敢謂有所裨益乎哉？[5]

這篇序文除了可見高拱在穆宗藩邸說書的特色之外，還是了解穆宗藩邸（甚至明朝很多皇帝的日講）的講讀制度的重要資訊。藩邸說書原本是在每次聚會中，先後講讀《四書》和一經（循例以《書經》開始）。裕王講席開始時，高拱專講《四書》，陳以勤專講《書經》，正是傳統的做法。世宗不久命令先專講《四書》，而且將原來講《書經》的講官加入，由二人輪流"分說"，卻是特殊的安排。

序文中的一個關鍵詞是"分說"。"分說"意思是由講官輪流講說。分說的原因有幾個：進講的經書是講完一種再講另一種，而講官則不止一人；講官需要準備講章，而且還有別的任務，所以有分工的必要。作為"學生"的皇帝或皇太子，在兼聽為宜的原則下，也要多聽不同儒臣的講說，才能多獲識解而不至于讓一人的影響過大。

《日進直講》的每篇講題，和明代其他的經筵日講的講題一樣，都是從經文直接取材，文字一般不多，通常只取經文中的一節，由一句至數句不等。講題之所以不能過長，是因為聽講的時間有規定，而皇帝或皇太子對於講題的經文需要先背書成誦。《日進直講》講章所採用的文本，是宋儒朱熹的《四書章句集注》。

《日進直講》的講題，除了《大學》是全篇完整的之外，《中庸》和《論語》的講題，在經文的次序上，都是錯開的。這反映了在"分說"開始之前，高拱已經獨自進講

---

4 永瑢、紀昀，《欽定四庫全書總目》（上海：上海古籍出版社，1987 年，《文淵閣四庫全書》本）卷三十七。
5 《高拱全集》，頁 837。高拱序文所說此事，《明世宗實錄》也有所記載，見《明世宗實錄》（臺北：中央研究院歷史語言研究所，1965 年）卷三九四，嘉靖三十二年二月丁卯。《日進直講》的內容也可以印證此事。

完了《大學》。此書所見的高拱 "分說" 的具體情形如下。

　　《大學直講》正文根據《大學》朱注的 "一經十傳" 分章，全部共講 69 條，包括解題（ "大學" ）一條，正文 67 條，結尾總按（《大學章句》傳第十章之後）一條。《中庸直講》依照《中庸》經文次序錯開爲題，但沒有採用朱注的分章，而是一節自作一節講解。講題的經文並不銜接，甚至有在經文的一節之中只取一半爲題的情形。全部 "分說" 了 59 條，經文（講題）錯開的有 51 條。《論語直講》共存 213 條，自 "學而時習之" 章至 "子路問成人" 章爲止， "分說" 的情形更加普遍。高拱在《論語》每篇所講的份量如下。

　　《學而》第一，講 11 條（其中未足經文某節之全文者 1 條），未講者 6 條。

　　《爲政》第二，講 14 條（其中未足經文某節之全文者 1 條），未講者 11 條。

　　《八佾》第三，講 13 條（無未足經文某節之全文者），未講者 13 條。

　　《里仁》第四，講 17 條（其中未足經文某節之全文者 2 條），未講者 9 條。

　　《公冶長》第五，講 18 條（其中未足經文某節之全文者 4 條），未講者 11 條。

　　《雍也》第六，19 條（未其中未足經文某節之全文者 2 條），未講者 9 條。

　　《述而》第七，講 20 條（其中未足經文某節之全文者 1 條），未講者 19 條。

　　《泰伯》第八，講 13 條（其中未足經文某節之全文者 4 條），未講者 10 條。

　　《子罕》第九，講 17 條（其中未足經文某節之全文者 3 條），未講者 14 條。

　　《鄉黨》第十，講 10 條（其中未足經文某節之全文者 5 條），未講者 7 條。

　　《先進》第十一，講 23 條（其中未足經文某節之全文者 1 條），未講者 3 條。

　　《顏淵》第十二，講 14 條（其中未足經文某節之全文者 3 條），未講者 10 條。

　　《子路》第十三，講 16 條（其中未足經文某節之全文者 3 條），未講者 14 條。

　　《憲問》第十四，〔剩〕講 8 條（其中未足經文某節之全文者 2 條），未講者 5 條。（《日進直講》所剩講章到此爲止，《論語》此篇以下尚有 33 條。）

　　《論語》未見於《直講》的諸篇爲：《衛靈公》第十五，《季氏》第十六，《陽貨》第十七，《微子》第十八，《子張》第十九，《堯曰》第二十。《孟子》的《直講》失傳，我們只能從高拱的《問辨錄》（詳後）中所載，來反推他在講筵上對此書的大概演繹。

　　從《中庸直講》和《論語直講》的具體分析可見， "分說" 的輪講時間有嚴格限制，直講的工作則頗爲平均。裕王講筵的經常侍講官有二人。最初任命的二人之中，高拱離職比陳以勤早，所以和他分說《大學》以外的《四書》的，只有陳以勤。陳以勤的講章還未發現，但他分說《中庸》和《論語》的講題，可從《日進直講》中反推見之。

"分說"的具體情形和缺點

"分說"的具體情形，可從以下的《中庸》和《論語》講章舉例見其大概。例如，《中庸直講》有講題爲"人道敏政，地道敏樹。夫政也者，蒲盧也。"此處題文在《中庸章句》原文中屬于第二十章"哀公問政"章的開頭部份。其前文字爲"哀公問政。子曰：文武之政，布在方策，其人存，則其政舉，其人亡，則其政息。"其後文字爲"故爲政在人，取人以身，修身以道，修道以仁。"這三組句子意思相連，應當作一節處理，至少也應當如朱子《章句》所說，第三組句是承接第二組句的。從高拱對此題的解說看，他也是這樣了解的。此條高拱的直講說：

> 人指君臣說；敏是快速的意思，樹是種樹，"蒲盧"卽蒲葦，草之至易生者。孔子說："上有好君，下有好臣，便是得人。這人的道理，最能敏政，凡有所得無不快速，就似那地的道理一般，土脈所滋，凡草木之種樹，無不快速也。夫人能敏政，則但得其人，已自可以立政矣，況這文、武之政也者，是聖人行下的，合乎人情，宜於土俗，又是最易行者，就似那草中的蒲葦一般，尤是易生者也。"王政易行如此，若得那敏政的人去行他，治效豈不立見？人君誠有志乎此，亦在乎自勉而已矣。[6]

高拱因爲只講經文的中間一段，所以未能在此強調整節的重點 ── "爲政在人，取人以身，修身以道，修道以仁"的道理。

《論語直講》的分說情形和問題更多。例如《論語·學而》篇中，有講題爲"有子曰：禮之用，和爲貴；先王之道，斯爲美，小大由之。"[7]此處題文在《論語》原文中，其下有"有所不行，知和而和，不以禮節之，亦不可行也"數句，兩處文字構成了完整的一章，這裡卻分成兩條，並由兩人分別講說，"和爲貴"的真義便會或缺。《論語·雍也》篇中，講題經文爲"仲弓曰：居敬而行簡，以臨其民，不亦可乎？居簡而行簡，無乃簡乎？子曰：雍之言然。"[8]此文在《論語》原文中，其上有"子曰：雍也可使南面。仲弓問子桑伯子。子曰：可也，簡"數句。此數句實爲此題的張本，分開兩題而由兩人講說，孔子和仲弓答問的語境便不明朗。《論語·述而》篇中，有講題經文爲"子路曰：子行三軍，則誰與？子曰：暴虎馮河，死而無悔者，吾不與也。必也臨事而懼，好謀而成者也。"[9]此處《論語》原文的上文爲"子謂顏淵曰：用之則行，舍之則藏，惟我與爾

---

6 《高拱全集》，頁 883，《日進直講》卷二。
7 《高拱全集》，頁 904，《日進直講》卷三。
8 《高拱全集》，頁 938，《日進直講》卷四。
9 《高拱全集》，頁 950，《日進直講》卷四。

有是夫〞數句。分開兩處說，便見不到上下文有直接的意見關係。《論語·子罕》篇中，有講題經文爲〝顏淵喟然嘆曰：仰之彌高，鑽之彌堅；瞻之在前，忽然在後。夫子循循然善誘人，博我以文，約我以禮。〞[10]此處《論語》原文的下文爲〝欲罷不能，既竭吾才，如有所立卓爾，雖欲從之，末由也已。〞這裡整片一氣呵成，分開兩處講說，難以直接見到顏淵仰慕夫子之情。《論語·子路》篇中，有講題經文爲〝曰：敢問其次。曰：宗族稱孝焉，鄉黨稱弟焉。曰：敢問其次。曰：言必信，行必果，硜硜然小人哉！抑亦可以爲次矣。〞[11]此處《論語》原文的上下文，都與之有直接關聯。上文爲〝子貢問曰：何如斯可謂之士矣。子曰：行己有恥，使於四方，不辱君命，可謂士矣。〞下文爲〝曰：今之從政者，何如？子曰：噫！斗筲之人，何足算也。〞整章說的只是一事，一氣呵成，拆開講說，便不容易突出孔子師弟討論的〝士〞的能力和品行問題。

藩邸說書的程式

從高拱的《日進直講序》可見，藩邸說書要遵循一套既有的程式：〝故事，藩邸説書，如日講例，先訓字義，後敷大義而止。〞高拱自己想要〝自效〞的，只能在〝多衍數言〞之處展開，結合文義解說和內容闡釋來抒發自己的見解。整體上看，他的做法仍是日講說經的傳統做法，認真而有見地的講官也都這樣做的。

高拱採用的這個〝先訓字義，後敷大義……多衍數言〞的說書程式，具體的展現情形，可從由他一人講完而在文法上有代表性的《大學直講》中舉例說明。爲了方便分析，我們可將高拱的文字分節表示。在講《大學》傳第十章〝見賢而不能舉，舉而不能先，命也。見不善而不能退，退而不能遠，過也〞的經文時，高拱的直講如下：

（1）命字當作慢字，過是過失。（2）曾子説：〝人君不辯賢否的，固不足言，若或見箇有才德的，明知他是賢人，卻不能舉用，雖或舉用，又疑貳展轉，不能早先用他，這是以怠忽之心待那善人了，豈不是慢？見箇無才德的，明知他是惡人，卻不能退黜，雖或退黜，又容隱留難，不能迸諸遠方，是以姑息之心待那惡人了，豈不是過？〞（3）蓋善惡所在，乃天下之治亂所關；愛惡所形，乃人心之向背所繫。所以《書經》説：〝任賢勿貳，去邪勿疑。〞又説：〝章善癉惡，樹之風聲。〞苟非人君斷在必行，以章明好惡於天下，則人不知君心所在果是何如，君子疑畏而不敢展布，小人觀望而將復滋蔓，欲求致治，豈可得乎？[12]

在講《大學》傳第十章〝生財有大道，生之者衆，食之者寡，爲之者疾，用之者舒，

10　《高拱全集》，頁 967，《日進直講》卷四。
11　《高拱全集》，頁 1001，《日進直講》卷五。
12　《高拱全集》，頁 864，《日進直講》卷一。

則財恒足矣"的經文時，高拱的直講如下：

（1）生是發生，衆是多，寡是少，疾是急急的意思，舒是寬舒。（2）曾子說："財
用雖是末事，然國家必不可無，若要生發這財，自有箇大道理在。蓋財貨皆產於
地，若務農者少，財何能多？必是嚴禁那游惰之人，使他都去耕種，便是"生之
者衆"。凡喫俸祿的，都是百姓供給，若沒要緊的官添設太多，沒要緊的人虛支
餼廩，百姓豈能供給得起？必是裁去冗濫官役，只是要緊當事的，纔許他喫祿，
便是"食之者寡"。農事全要趁時，若不及時，田苗便荒蕪了，所以人君要差使
他，須待箇閑隙，不要妨悮他的農時，那百姓每纔得急急的趁時去作田，便是"爲
之者疾"。國家費用皆取於民，若不樽節，能免匱乏？所以人君將每年所入，算
計了纔去支用，凡無益的興作，無名的賞賜，不經的用度，都減省了，務要積下
些寬餘的，以防不足，便是"用之者舒"。（3）夫生之衆，爲之疾，則有以開財
之源，而其來也無窮；食之寡，用之舒，則有以節財之流，而其去也有限，那財
貨自然常常足用了。這便是生財的大道，又何必多取於民而後財可聚哉？[13]

以上兩題"直講"的結構相同，第（1）節對字義或句義的訓釋，即序文所謂的"先
訓字義"；第（2）節對經文大義的敷陳，即序文所謂的"後敷大義"；第（3）節是講
者對上一節所講的進一步演繹，亦即序文所謂的"多敷數言"。在第（2）節的敷陳中，
講者給經文賦予了內容，進入"借題發揮"的境地。第（3）節所說的才是講者的重點所
在；高拱要原則性告訴所有人君的以及針對性地"仰圖感悟"裕王的，都在這裡展現。
不過，《日進直講》並非每條都作這樣完整的三段式解說和演繹。經文沒有需要訓釋文字
和詞語之處，第（1）節便會省略；經文意思明白，沒有敷衍的必要時，第（3）節也便
從略。

值得注意的是，高拱"直講"中的"敷陳"方式不一。在以上舉例的講章的第（2）
節中，高拱推演的是"怎樣便是"或"怎樣才算是……"的問題。他常用的另一個解說
方式，可以稱之爲"原故"，推演的是"爲何如此說"、"爲何是這樣"的問題。採用
這種"原故"的方式時，高拱對於經文意義所作的先行判斷便更明顯。例如，《中庸直講》
在《中庸》的"哀公問政"章"凡爲天下國家有九經"節中，以下經文作爲一題："修
身則道立，尊賢則不惑，親親則諸父昆弟不怨，敬大臣則不眩，體羣臣則士之報禮重。"
高拱的直講說：

這一節是說九經的效驗。（1）道卽是達道。諸父是伯父、叔父，昆弟卽是兄弟，
眩字解做迷字。（2）孔子說，人君能修了自家的身，則道有諸己，自可爲百姓每

13　《高拱全集》，頁 865-66，《日進直講》卷一。

的觀法，故曰"修身則道立"。能尊敬那有德之人，便能將義理件件都講明了，自然無有疑惑，故曰"尊賢則不惑"。能親愛那同姓宗族，則爲伯父叔父的、爲兄弟的，都得其歡心，自然無所怨恨，故曰"親親則諸父昆弟不怨"。能敬禮那大臣，則信任專一，無所間隔，臨大事，決大議，皆有所資，而不至於迷眩，故曰"敬大臣則不眩"。能體悉那羣臣，則爲士者都感恩圖報，盡心盡力，以急公家之務，故曰"體羣臣則士之報禮重"。[14]

採用這種"原故"的作法，作者可以也不得不給經文賦予內容，但這內容既非聖人所說的，也不一定是聖人的原意所在，而是作者自己的推理所致。這種作法和科舉經義的"代聖立言"作法，可以說是同類的，只是在表達上少了八股文的"口氣"而已。

三、高拱對朱子《四書》注釋的辯駁

高拱在被逐離朝返回家鄉之後，對於明朝經筵講讀的做法以及自己進講過的經說，都作了深刻的反思。批判經筵制度的意見，見於《本語》一書。[15]對於官方指定的程朱注釋的反對意見，見於《問辨錄》。《問辨錄》全書十卷，萬曆三年完成，同年五月的自序說：

> 予本譾陋，學道有年，始襲舊聞，有梏心識，既乃芟除繁雜，返溯本原，屏黜偏陂，虛觀微旨，驗之以行事，研之以深思。潛心既久，恍然有獲，然後聖人公正淵弘之體，會通變化之神，稍得窺其景象，則益信夫不可跡求也已。間與同志商榷遺言，冀正真詮，乃不敢膠守後儒之轍。昔仲舒欲罷去諸家，獨宗孔氏，予以爲宗孔子者，非必一致，亦有諸家雖皆講明正學，乃各互有離合。其上焉者或可與適道，或可與立，而固未可與權，不能得聖人之大。君子於是參伍而取節焉可矣，囿焉安焉，錮其神悟，非善學孔子者也。……[16]

《四庫全書》此書的提要說：

> 此編取朱子《四書章句集注》疑義，逐條辨駁。……【有所辨之處】涵泳語意，終以朱子之說爲圓。……【有說的對處】則皆確有所見，如此之類，亦足備參考，而廣聞見。……【整體上】拱此書自抒所見，時有心得，初非故立異同，固無庸

14　《高拱全集》，頁 885，《日進直講》卷二。按，就《中庸》此章的直講而言，由於經文此前有說"九經"內容的文字，此條又有說"九經"效驗的文字，但都不在高拱所講講題之內，所以無法從這條直講本身看到高拱在有關治國之道的大節目上的完整意見。高拱這方面比較完整的思想表述，見於《大學直講》部分。

15　此點的論述，見朱鴻林，《高拱與明穆宗的經筵講讀初探》，2008 年 8 月 1-5 日河南省新鄭市召開中國明史學會及新鄭市人民政府合辦"明史暨高拱國際學術研討會"論文。

16　《高拱全集》，頁 1087。

定繩以一家之説矣。[17]

可見，《問辨錄》所載的，是高拱反思結果的獨立之見。高拱序文中說自己對儒家大道理"始襲舊聞，有梏心識"的具體表現，就是見於《日進直講》的眾多講章。盡管高拱在《問辨錄》中沒有指出書中所說與在《日進直講》中所說有天淵之別，這兩本書所見的同題異說情形卻非常清楚。以下的述析和舉例可以充分見其大概。

在看待《大學》這本基本典籍的文本和性質問題上，高拱提出了與朱子之說截然不同的看法。首先他不認同朱子的《大學》改本。朱子認為出自《禮記》的《大學》，文字有錯簡，也有遺漏，於是按照他所理解的文意，對《大學》的文句作了重組，並且將改訂的文本分為一經十傳，加以注釋。高拱則和許多明代的前輩一樣看，認為《大學》的《禮記》舊本"原是一篇，無經傳之說，然脉絡自明，非有錯也。"在《大學》的性質問題上，朱子認為"《大學》之書，古之大學所以教人之法也。"古代學生"八歲入小學，十五入大學"，所以《大學》是成人的教法。高拱則認同明儒王廷相的說法，認為"《大學》之取名"，不是因為學校級別和學生年齡之故，而是因學問的內容而定。高拱說："夫大人者，正己而物正者也。所謂大學者，學為斯人而已矣。蓋謂是世間一種大學問，非若小道可觀，君子不由者也。固非成均教法之謂矣。"因此，"大學"是大學問的意思。[18]

《問辨錄》對於《中庸直講》所見的辯駁，同樣顯著。例如，被引作講題的一段《中庸》經文說："天下之達道五，所以行之者三，曰：君臣也，父子也，夫婦也，昆弟也，朋友之交也，五者天下之達道也；知、仁、勇三者，天下之達德也，所以行之者一也。"對於這段經文的講解，高拱在《中庸直講》說：

（1）達是通達。道是道理。昆弟即是兄弟。德是所得於天之理。一是指誠而言。

（2）孔子說："天下之人所共由的道理有五件，所以行這道理的有三件。"五者何？一曰君臣，二曰父子，三曰夫婦，四曰兄弟，五曰朋友之交。君臣則主於義，父子則主於親，夫婦則主於別，兄弟則主於序，朋友則主於信。這五件是人之大倫，天下古今所共由的，所以說"天下之達道也"。三者何？一曰知，二曰仁，三曰勇。知，所以知此道；仁，所以體此道；勇，所以強此道。這三件是天命之性，天下古今所同得的，所以說"天下之達德也"。夫達道，固必待達德而行，然其所行之者，又只是一誠而已。能誠，則知為實知，仁為實仁，勇為實勇，而達道自無不行。苟一有不誠，則私欲得以間之，而德非其德矣，其如達道何哉？

17　《欽定四庫全書總目》（上海：上海古籍出版社，1987年，《文淵閣四庫全書》本）卷三十六。
18　《高拱全集》，頁1089-92，《問辨錄》卷一。

故曰“所以行之者一也”。[19]

這是根據朱注的訓釋來敷陳演繹的。但在《問辨錄》中，高拱便有如下的不同解釋：

> 問：“‘所以行之者一也’，一之謂何？”曰：“一之言皆也，蓋曰皆所以行之者也。本文自明。”“何言之？”曰：“天下之達道五，所以行之者三。”“達道謂何？”“君臣、父子、夫婦、昆弟、朋友之交，五者天下之達道也。”“所以行之者謂何？”“‘知仁勇三者，天下之達德也’，皆所以行之者也。蓋五者各自為用，而三者為用則同。知也者，知此者也；仁也者，仁此者也；勇也者，強此者也，故曰‘所以行之者一也。’”曰：“‘一者誠而已。’何如？”曰：“若指誠言，何不曰‘所以行之者誠也’，而曰‘所以行之者一也’？言一而不言所謂一，為此空虛無著之說，必待後人求其事以實之乎？且上文曾無誠字，今突然謂一為誠，則為義不明。至下文‘不明乎善，不誠乎身’，始說出誠字，今驀然預指於此，則為言不順。舍却本文而別為說以填補之，是亦添蛇足也。”[20]

高拱對於朱子的《論語》注釋反駁更多，例如，被引作講題的《論語·先進》經文說：“子曰：先進於禮樂，野人也；後進於禮樂，君子也。如用之，則吾從先進。”《論語直講》的解釋說：

> （1）先進、後進譬如說前輩、後輩一般。（2）禮主於敬，樂主於和，蓋不止玉帛交錯、鐘鼓鏗鏘之謂，凡人君之出治，與夫人之言動交際，但有敬處便是禮，但有和處便是樂，所謂無處無之者也。野人是郊外之人，言其陋也。君子是賢士大夫，言其美也。這“先進於禮樂，野人也；後進於禮樂，君子也”，是時人的言語。用之是用禮樂。孔子說：“禮樂以得中為貴。前輩之於禮樂，有質有文，乃得中者也。如今後輩之於禮樂，文過其質，乃偏勝者也，奈何？時人之論乃云：‘前輩之於禮樂，是郊外野人的氣象；後輩之於禮樂，是賢士大夫的氣象。’蓋溺於流俗之弊，而不自知也。若我用禮樂，則只從前輩，不從後輩，人雖以為野，吾不恤也。”（3）夫聖人在下位，猶欲用禮樂之中，況人君之治天下者乎？若能敦本尚質，事求簡當而不取其繁，意求真實而不取其偏，則事功自然興舉，風俗自然淳美，天下何憂不治？若崇尚虛文而實意不存，則人皆化之，務為澆漓，雖欲求治，不可得也。[21]

這同樣是根據朱注的講解，但《問辨錄》則這樣說：

> 問：“‘先進於禮樂，野人也；後進於禮樂，君子也。’是時人之言否？”曰：

19　《高拱全集》，頁 884，《日進直講》卷二。
20　《高拱全集》，頁 1107-08，《問辨錄》卷二。
21　《高拱全集》，頁 978-79，《日進直講》卷五。

"明是子曰，如何為時人之言。"曰："孔子如何以先進為野人？"曰："聖人之言，虛靈洞達，意常在於言外，學者當求其意，不可滯其辭也。" "然則何如？"曰："孔子不欲遽言時俗之弊，故為此說。蓋曰世之尚文尖矣，而文之盛也甚矣，以視先進禮樂，朴而不文，殊覺粗拙，不其野乎？以視後進禮樂，文物煥然，殊覺都美，不亦君子乎？雖然，如用之，則吾從先進，寧野可也。即此便是傷今思古之意，正而不激，何等渾涵活潑，令人躍然深省。"曰："朱子何以謂為時人之言？"曰："聖人詞有抑揚，而意常微婉，朱子於此宛轉不來，以為聖人不宜如此言也，故直以為時人之言，而孔子斷之耳。然不知時人都要那等，我却要這等，畢竟是朱文公氣象，非孔子氣象也。"曰："子云：'周監於二代，郁郁乎文哉，吾從周。'如何今又從先進？伊川有云：'救文之敝，則從先進，此不必泥從周之說。'何如？"曰："從先進，即是從周。夫周至孔子，七百有餘歲矣，文武成康，非先進乎？固不必前代夏殷乃為先進也。孔子之從周者，是文武成康之周，非春秋之周也。而其從先進者，是文武成康之先進，非夏殷之先進也。子思曰：'仲尼憲章文武。'夫非從先進而何？夫又非從周而何？"[22]

相對於《日進直講》的措辭而言，《問辨錄》的辯駁有時還反映了不宜見於講章的言語。例如，《論語·憲問》被引作講題的經文說："子曰：爲命，裨諶草創之，世叔討論之，行人子羽修飾之，东里子產潤色之。"《論語直講》這樣說：

（1）命是辭命。裨諶、世叔、子羽、子產都是鄭大夫。草是草稿。創是造。討是尋究。論是議論。行人是掌使之官。修飾是增損之。東里是地名，子產所居。潤色是加以文采。（2）孔子說：鄭，小國也，而處乎晉、楚大國之間，其勢常危。然惟有賢能用，用之而各當其才，故有以保其安。如有事於他國而道其情，或他國有事於我而答其意，則有辭命之事也。鄭國之爲辭命，不肯苟然，必先使裨諶造爲草稿。蓋裨諶善謀，故使之草創而立其大意焉。然不可以遽定也。世叔熟於典故，則使之尋究其得失，議論其是非。然不能無有餘不足也。行人子羽善於筆削，則使之增其所不足，損其所有餘。然又不可粗鄙無文。則使東里子產潤色之，而加以文采焉。鄭國之爲辭命，必更此四賢之手而成如此。此其所以詳審精密，而應對諸侯，鮮有敗事者也。（3）然卽是而觀，則四子者不止有其才而已，而實有體國之誠意，忘己之公心。今觀其各輸所見，既不嫌於見己之長；裁定於人，又不以爲形己之短，則是同心共濟，惟知爲國而已。向使少有彼此於其間，則較

忌怨尤之不暇，亦何以善其事而利於國乎？此可爲人臣共事者之法。[23]

《問辨錄》則這樣說：

問：“‘爲命，裨諶草創之，世叔討論之，行人子羽脩飾之，東里子產潤色之。’其義何如？”曰：“四子者，不止各有所長，能濟國事，其人品心術之美，皆可具見。”“何以故？”曰：“妬人之長，而護己之短，有官之大患也，而在同官共事之人爲尤甚。以故國家有事，無敢自謂能謀，而遂以謀之者。即謀矣，或從而討論焉，遂逢謀者之怒，曰‘何以討論我也？’即討論矣，或從而脩飾焉，遂逢討論者之怒，曰‘何以修飾我也？’即脩飾矣，或從而潤色焉，遂逢脩飾者之怒，曰‘何以謂我不文也？’於是怨讟叢興，戈矛四起，方自亂之不暇矣，又何以善國事乎？不寧惟是，有善謀者，則遂忌之曰：‘彼何獨能謀也？’有善討論者，則遂忌之曰：‘彼何獨能討論也？’有善脩飾者，則遂忌之曰：‘彼何獨能脩飾焉？’有善潤色者，則遂忌之曰：‘彼何獨能潤色也？’於是拂亂所爲，而不使之成，傾陷其人，而不使之安，雖至顛覆人之國家，有所不顧。若是，則賢者亦不能以自存矣，又何以善國事乎？今觀四子者，各攄所見，既不嫌於見人之長，裁定於人，又不以爲形己之短，則是同心共濟，惟知有君而已。非夫有體國之誠意者，孰能若是？非夫有忘己之公心者，孰能若是？故益有以見古人之不可及也。噫。”[24]

以上舉例的兩處講說的不同之處在於，前一說從正面立言，說鄭國四賢大夫公心爲國，合作無間之美，後一說則是從反面看事情，說人多自是而能像鄭國四賢這樣忘己爲國之難。對比之下，經筵講章所受到的闡釋上的限制相當明顯。高拱後者所說，有一定的“時義”在內，大意在於指責和他同時代的政治人物的“人品心術”。在經筵直講中，類似的隱喻是不能這樣過度的。

四、結　語

從上文的例證分析可見，儒臣在經筵講席上向帝王講說經典，會面對一些異於在別處說經的限制。首先是時間上和講員上的限制。由於講官不只一人，在連續專講一經的時候，他們只能輪流進講。這又引起了他們在詮釋根據上和在義理發揮上的限制。爲了避免“分說”導致闡釋上的不協甚至矛盾，講官們必須遵循一家之說，在此一家注釋的基礎上演說自己的講題。在明朝，這一家之說便是見於科舉法定讀本的程朱經說，亦即

23　《高拱全集》，頁 1006，《日進直講》卷五。
24　《高拱全集》，頁 1174-75，《問辨錄》卷七。

《四書》用朱熹的《章句集注》之說,《書經》用蔡沈的《集傳》之說等等。這樣做的極大意義是,儒臣們在政治的頂端上向帝王進行了一道德同風俗的思想灌輸工作。皇帝和經生一樣,都是讀的同一文本,根據的同一家注釋,而且講官們盡管能夠各自有所發揮,講章詞句不會雷同,他們的思想基礎和詮釋大方向也是相同的。這樣,皇帝和儒臣的意識形態和價值觀,也便容易趨于一致,雖然這也令到經筵講章在義理上和思想上難以創新,因而降低了經說可有的哲理性和實用性價值,最終不獲學者重視。

高拱的經典學問是沒有特別師承的,他也不屬于學術史著述上的學派人物,因此他見於《問辨錄》中對朱注的批評,純粹是一種學問上的自悟自得。但從經筵講說的目的在於藉闡釋經文,演繹經義,進而啓發勸誘人君的治國思想和措施而言,根據已成國家意識形態基礎的程朱經注來作發揮,其實也沒有甚麼不好,至少這和舉業經生的尋文摘句之學根本不同。高拱見於《日進直講》的講章,所說明白流暢,合乎情理,這大概便是他吸引裕王之處所在。

高拱在穆宗講筵內外對於《四書》的差異解說,也反映了處境對於經典理解和詮釋的影響。高拱家居之後對於朱子《四書章句集注》的批判,尤其對于《大學》的文本和性質的顛覆性看法,雖然可說是他晚年的學術變化所致,但其陳述在他當裕王講官時是不可能發生的。帝王理論上是體現國家的最高價值的,要在重申和肯定這個價值的公開場合上,給他否定這個價值的詮釋根據,是難以想象的。所以,一如《日進直講》所見,高拱在當中的議論仍然是根據朱注而來,他由年齡增長和思考深入而獲得的另類新知新見,只能在離開朝廷的私家場合,以問辨的方式向學者提出。

關於呂留良與徐乾學的「東海夫子」稱號

—— 兼述徐乾學其他「東海」別稱

香港大學中文學院

何 冠 彪

清代（1644-1912）士人嘗先後稱呂留良（1629-1683）與徐乾學（1631-1694）為「東海夫子」。楊廷福、楊同甫合編的《清人室名別稱字號索引》雖是現時收錄清人室名、字號、別稱最多的工具書，卻沒有「東海夫子」的紀錄。又徐乾學另有「東海」、「東海公」等多箇稱號，而且在清代甚為流行，在該書所列的「東海」及包含「東海」二字的二十六條中，[1] 雖有「東海公」一條，亦未列徐乾學之名。凡此，未嘗不是該書的缺失。本文旨在說明呂留良與徐乾學的「東海夫子」稱號的由來，並略述徐乾學其他與「東海」有關的別稱。

（一） 呂留良

呂留良的「東海夫子」稱號其實並不陌生，祇是它是呂留良自取抑或其他人對呂留良的尊稱，近人有不同的說法。以兩本關於呂留良的書為例，如徐正、蔡明選注《呂留良詩選》，指呂留良「別號……東海夫子」，[2] 意即「東海夫子」為呂留良自取的別號。卜僧慧（卜慧新）《呂留良年譜長編》卷首〈呂留良：姓名、字號、籍貫〉一節中，並沒有「東海夫子」的記載，[3] 但在書中〈前言〉，則有以下一段文字：

「呂留良在清代文字獄中占有重要地位，……呂案未起時，天蓋樓評選的八股文

---

1 楊廷福、楊同甫（編）：《清人室名別稱字號索引》（增補本，上海：上海古籍出版社，2001 年），〈甲編〉，上冊，頁 265。按：該書〈乙編〉「呂留良」條及「徐乾學」條所列字、號、別稱、室名等資料，亦沒有「東海夫子」或含「東海」二字項目（下冊，頁 198 及 452）。崔文翰〈清初的官史編修：徐乾學的領導與貢獻〉謂該書〈甲編〉「收錄了 27 條以『東海』為室名別號的人物」，固誤；又謂〈乙編〉記載「徐乾學的號、別稱、室名等」在「下冊，頁 454」，亦誤（香港大學哲學博士論文，2008 年，頁 23，註 2）。又按：《清人室名別稱字號索引》是現時收錄清人室名、字、號、別稱最多的工具書，如與王德毅的《清人別名字號索引》比較，後者僅列出「東海」或含「東海」二字的字、號、別名十條（臺北：新文豐出版社，1985 年，頁 279 及 282），且亦無呂留良、徐乾學與此相關的資料。
2 徐正、蔡明（選注）：《呂留良詩選》（杭州：浙江古籍出版社，1991 年），〈前言〉，頁 2。
3 卜僧慧：《呂留良年譜長編》（北京：中華書局，2003 年），頁 1-2。

流行極廣，影響很大，天下士子，誦其書，尊其人，稱之為『東海夫子』。」[4]
換言之，卞僧慧認爲「東海夫子」是士子對呂留良的美稱，不是呂留良自取的別號。

　　然而，士子稱呂留良爲「東海夫子」始於其前或死後，卞書未有說明。現時見到稱
呂留良爲「東海夫子」而又能確定時間的文獻，當數雍正六年（1728）呂留良、曾靜
（1679-1736）案發時間的奏摺與供詞。最初是該年九月張熙所持其師曾靜上陝西總督岳
鍾琪（1686-1754）書。原書不得見，但官員在審訊曾靜時，引錄了下面有關的一節：

　　　　「《春秋》大義未經先儒講討，有明（1368-1644）三百年無一人深悉其故，幸得
　　　　東海夫子秉持撐柱。」[5]

其次是岳鍾琪在雍正六年十月初二日的奏摺。該奏摺載錄張倬（即張熙）答覆岳鍾琪盤
問「平日往來相與之人并其所祖述師承之據」時的說話中，提到：

　　　　「我輩同志之人素所宗者，係呂晚村，號東海夫子」。[6]

張熙雖謂呂留良「號東海夫子」，但沒有說明此號是否呂留良自取。其三是於雍正六年十
一月初清世宗就浙江總督「李衛（1687?-1738）發來逆書一冊」的硃批諭旨。世宗說：

　　　　「書內所稱東海夫子，即士子輩呼為呂晚邨其人也。」[7]

據上引硃批，則「東海夫子」乃是士子輩所呼，不是呂留良自取的別號。

　　士子輩稱呼呂留良爲「東海夫子」，當是緣於呂留良的籍貫。呂留良爲浙江省嘉興
府崇德縣人，[8]浙江東瀕東海，「東海夫子」因居地而得名，顯而易見。事實上，呂留良
亦曾以「東海」自稱，其〈答許力臣書〉說：

　　　　「某東海腐傖，未嘗學問，亦未嘗自通于四方有道。徒以塵垢浮譽，驚大方之耳。」[9]

呂留良既自謙爲「東海腐傖」，推尊其學的人稱之爲「東海夫子」，可謂淵源有自。

　　必須指出的是，近人或認爲「東海夫子」不指呂留良，而是指其子呂毅中（?-1733）。
事緣現存鄭成功（1624-1662）、鄭經（1643-1681）的《延平二王遺集》有一篇未署姓名
年月的跋，文中提到「東海夫子」，引錄如下：

　　　　「余十年前于友人處見延平王（鄭成功）詩一章，紅箋八行，書蒼勁，句雄偉豪

4　同上，〈前言〉，頁1。
5　清世宗（愛新覺羅·胤禛，1678-1735，1722-1735在位）等：《大義覺迷錄》（雍正內府刻本），卷1，〈奉旨問訊曾靜口供十三條〉之8，葉66下。
6　〈川陝總督岳鍾琪奏報張倬續吐謀叛情由摺〉，載於中國第一歷史檔案館（編）：《雍正朝漢文硃批奏摺彙編》（揚州：江蘇古籍出版社，1989-1991年），第13冊，頁588；又見〈陝西總督岳鍾琪奏摺〉，載於北平故宮博物院文獻館（編）：《清代文字獄檔》（北平故宮博物院文獻館1931年至1934年版複印本，上海：上海書店，1986年），第九輯，〈曾靜遣徒張倬投書案〉，葉5上（下冊，頁873）。
7　鄂爾泰（1680-1745）等（編）：《硃批諭旨》（乾隆三年〔1738〕內府朱墨套印本），第74冊，〈硃批李衛諭旨（三）·雍正六年十一月初三日奏摺〉，葉93下。
8　同註3。
9　呂留良：《呂晚村先生文集》（雍正三年〔1725〕天蓋樓刻本影印本，收入《四庫禁燬叢刊》〔北京：北京出版社，2000年〕，〈集部〉），卷2，葉36上（第148冊，頁518）。

宕，悲慨淋漓，實肖王平生，真豪傑而忠孝聖賢也，故東海夫子稱王三代下希有
人物；每恨未錄存，性健忘不能記得。七月七日，賀表侄抱孫喜，忽見新得舊冊
中有斯一卷。循讀再三，狂喜之極。向之假歸，靳弗與；乃宿齋中，侄寢後急抄
一通，將書置原處而歸。昔求延平詩一首不可得，今嗣王（鄭經）詩亦在焉，尤
為希有，何快如之！……

「時直忌諱，文字獄繁興。越半月，表侄忽來饒舌，謂余抄此書呂害之。余辨無
有，則堅稱書僅目擊。原本已付祝融，索此冊去，同付焚如。拒之不能已，邀親
友共保無事，始恨恨而去。復於東海夫子所見墨諭附錄于後。今呂氏已為灰燼，
諭亦毀滅，幸存于此，弗致湮沒。倘他日文網稍寬，得以留傳，俾後人得見真跡，
亦天之厚愛二賢王也，所呂巧于遇合，轉展獲存，真有神靈呵護。」[10]

近人楊家駱（1912-1991）為此書撰繫年考，認為跋中所指「東海夫子」，不是呂留良，
而是他的兒子呂毅中。他的論說如下：

「……剖棺戮留良屍，親屬及友黨皆治罪，著述亦焚燬。此雍正七年（原注：一
七二九）事也。跋稱『昔求延平詩一首不可得，今嗣王（鄭經）詩亦在焉』。又稱
『復於東海夫子所見墨諭，附錄於後。今呂氏已為灰燼，諭亦毀滅』。可知跋者鈔
得是集及作跋之時正值曾靜案定讞之前後。易言之，是集鈔於雍正七年或稍前，
跋作於雍正七年或稍後。……留良戮屍上距卒時四十七年，跋中所稱東海夫子，
必非留良可知。留良凡七子，曾靜獄起時，長子葆中（?-1707）以先卒與父俱戮
屍，弟毅中斬決，竊疑東海夫子者，或即毅中也。」[11]

上述推論，不合史實和情理：第一，胤禛在雍正十年十二月（1733 年 1-2 月間）中將呂
留良案定案，[12]不在雍正七年。因此，文中所言「跋作於雍正七年或稍後」，不確。

　　第二，呂毅中在雍正六年十月二十五日已押解到駐劄在杭州的浙江總督李衛
（1687?-1738）的衙門，[13]並於十一月初六日管押起程解赴京師刑部。[14]況且在案發期間，
李衛不但對「極惡呂留良家口子孫」，「即已密令府縣查點清楚，分別大小，監禁看守」；
其後「又將其父子墳冢，嚴飭文武派撥人役加謹巡查，不敢疎忽」。[15]至於呂家藏書，在

10 不著撰人跋，載於鄭成功（1624-1662）、鄭經（1643-1681）：《延平二王遺集》（清抄本影印本，與《鐵
　　函心史》合刊，臺北：世界書局，1962 年），卷末，葉數缺。
11 楊家駱：《〈延平二王遺集〉繫年考》（原注：代序），載於《延平二王遺集》卷首，該文，頁 4。
12 鄂爾泰等：《世宗憲皇帝實錄》（《清實錄》本，北京：中華書局，1985-1986 年），卷 126，「雍正十年十
　　二月乙丑」條，第 8 冊，頁 654；「雍正十年十二月庚午」條，第 8 冊，頁 657。
13 〈浙江總督李衛奏覆拿獲嚴鴻逵、沈在寬訊過供詞情節摺〉，《雍正朝漢文硃批奏摺彙編》，第 13 冊，頁
　　808。
14 〈浙江總督李衛進呈續行查出之呂留良家書籍並繳密諭摺〉，同上，第 14 冊，頁 22。
15 〈浙江總督李衛奏杭奕祿密曾曾靜到杭並起行赴湘摺〉，同上，第 17 冊，頁 895；又見〈浙江總督李衛
　　奏摺〉，《清代文字獄檔》，第九輯，〈曾靜遣徒張倬投書案〉，葉 40 下（下冊，頁 944）。

案發後「即刻封貯」，李衛向世宗報告說：

> 「呂留良家藏舊書甚多，雖皆即刻封貯，誠恐一時檢點不及，或有悖逆著述在內，
> 復委知縣白環等四員，公同前往，逐細查點。將經史刻本各書，盡行造冊加封。
> 所有繳來鈔本，臣……正在……細查封送間。」[16]

因此，跋者根本不可能在案發期間接觸呂毅中及從他得見鄭成功父子的墨諭。亦即是說，跋者「於東海夫子所見墨諭」必定在呂留良案發以前，而他所指的「東海夫子」即使不是呂留良，也不必是呂毅中。

第三，就算作跋的時間上距呂留良的卒年已久，但呂留良家仍在。由於他享有盛名，所以死後仍有人造訪其家，從而得見其遺文和藏書，張熙的造訪就是一例。呂毅中作供時說：

> 「我父親向日講道學，有些聲名，外人知道的多。上年（雍正五年〔1727〕）八月
> 裏，果有湖廣人張熙到來，訪我父親的遺籍。我家雖開著天蓋樓書鋪，原不該將
> 詩冊、日記一并與他看是實。」[17]

由此可見，至少到雍正五年，仍有遠方士人造訪呂家，搜求呂留良的遺籍，而呂留良的兒子亦毫無保留將呂留良的著述出示。據此，跋者或曾於呂留良家中得見呂留良的遺著和藏書，因而有「于東海夫子所見墨諭」之言。

第四，亦是最基本的，就是楊家駱祇知呂留良「字莊生，又名光輪，字用晦，號晚村」，[18] 不詳士子輩尊稱呂留良為「東海夫子」，所以才有「跋中所稱東海夫子，必非留良」的誤解。

（二）徐乾學

徐乾學的「東海夫子」稱號來自他的門生納蘭性德（1655-1685）。納蘭性德曾從徐乾學得見宋（960-1279）人衛湜的《禮記集說》，認為該書「網羅採輯無所不周」，堪稱《禮記》的「大全」，於是梓行其書。他在書序中說：

> 「是書鈔帙頗有缺軼，然不礙其可傳。因從東海夫子請，歸校而授梓焉。」[19]

然而，從《通志堂集》所見，納蘭性德稱徐乾學為「東海夫子」祇有上述一次。近似的稱謂則有「東海先生」：

16　同註 14。
17　〈浙江總督李衛奏覆拿獲嚴鴻逵、沈在寬訊過供詞情節摺〉，《雍正朝漢文硃批奏摺彙編》，第 13 冊，頁 810。
18　同註 11。
19　納蘭性德：〈衛氏《禮記集說》序〉，見氏著：《通志堂集》（康熙三十年〔1691〕徐乾學刻本影印本，收入《四庫全書存目叢書》〔臺南：莊嚴文化事業有限公司，1997 年〕，〈集部‧別集類〉，卷 12，葉 20 下（第 247 冊，頁 344）。

「數百年來，傳本漸稀。近得東海先生，因重校而梓之。」[20]

此外則是「徐健庵座主」、[21]「座主徐先生」、[22]「座主徐健菴先生」。[23]

　　至於納蘭性德稱徐乾學爲「東海夫子」、「東海先生」，乃因「東海」原爲徐氏郡望。胡瑗（993-1059）〈《徐氏族譜》序〉說：

「徐氏本顓頊之後，子孫受封于徐，因以為氏，世居東海。」[24]

李頤（1568 年進士）〈《黃埠徐氏宗譜》叙〉亦說：

「徐氏自唐迄虞，所稱股肱良相伯益，其始祖也。厥後子孫封為徐郡，世居東海，因以為姓焉」[25]

因此，「東海」一詞，遂成徐氏宗族標誌。天下徐氏，由是多以「東海堂」爲其郡望徽識；而現在互聯網上，更流行「天下徐氏出東海」、「天下無二徐」的說法。[26]是以當江蘇太倉徐文任請錢謙益（1582-1664）爲其父撰寫墓誌銘時，便說「吾先世望東海」，而錢謙益的墓誌銘中亦說：

「徐氏先世，本自伯益，十望其九，載在史冊。東海僑郡，播遷吳中。……」[27]

徐文任與錢謙益所言，其實亦切合江蘇崑山徐乾學先世的歷史，所以吳偉業（1609-1671）爲徐乾學的父親徐開法（1614-1666）撰寫墓誌銘，其銘中同樣有「東海門閥肇成（化，1465-1487）、弘（治，1488-1505）」之句。[28]由是清初人稱徐乾學的籍貫，甚至有以「東海」代替崑山。如查慎行（1650-1728）記述康熙二十九年（1690）友朋間的一次酒會，提到：

「時東海徐尚書（徐乾學）、射陵宋舍人（宋曹，1620-1701）、慈谿姜西溟（姜宸英，1628-1699）俱在座，相與流連，彌夕而散去。」[29]

20 納蘭性德：〈《周易玩辭》序〉，同上，卷 10，葉 12 上（第 247 冊，頁 316）。
21 納蘭性德：〈秋日送徐健庵座主歸江南四首〉，同上，卷 4，葉 7 下（第 247 冊，頁 250）。
22 納蘭性德：〈喜吳漢槎歸自關外次座主徐先生韻〉，同上，卷 4，葉 14 上（第 247 冊，頁 254）；〈經解總序〉，同上，卷 10，葉 2 上（第 247 冊，頁 311）；及〈《合訂大易集義粹言》序〉，同上，卷 10，葉 22 下（第 247 冊，頁 321）。。
23 納蘭性德：〈上座主徐健菴先生書〉，同上，卷 13，葉 8 上（第 247 冊，頁 351）。
24 胡瑗：〈《徐氏族譜》序〉，載於《徐氏宗譜》（康熙五十三年〔1714〕木活字本影印本，北京：綫裝書局，2002 年），卷首，葉數缺。
25 李頤：〈《黃埠徐氏宗譜》叙〉，同上，卷首，葉數缺。
26 山東省臨沂市望族文化研究會、山東省郯城縣人民政府：〈中華徐氏始祖陵紀念碑樹立〉，《中國郯城》（http://www.tancheng.gov.cn:82/gate/big5/tancheng.gov.cn:8080/index.php?c=MzIy&type1=837&sendId=11882，2007 年 4 月 12 日）；青光劍：〈徐氏祖陵開發項目〉，《郯城市民論壇》（http://bbs.tancheng.cn/dispbbs.asp?boardID=44&ID=98126&page=8，2006 年 7 月 24 日）；及不著撰人：〈東海徐氏有關資料〉（http://www.xmuchem79.com/blog/ASTBRec.Asp?LogID=15，2007 年 3 月 21 日）。此外，《徐氏宗親網》（http://www.xu-shi.com）尚有其他徐氏源流資料可供參考。
27 錢謙益：〈徐府君墓誌銘〉，見氏著：《初學集》（封面及扉頁題《牧齋初學集》，上海：上海古籍出版社，1985 年），卷 53，中冊，頁 1344-1345。
28 吳偉業：〈誥贈奉議大夫秘書院侍讀徐君坦齋墓誌銘〉，見氏著：《吳梅村全集》（上海：上海古籍出版社，1990 年），卷 45，〈文集〉23，中冊，頁 946。
29 查慎行：〈白田喬侍讀有家伶六郎，以姿技稱。己巳春，車駕南巡，召至行在，曾蒙天賜，自此益矜寵。

相信就是以「東海」代崑山之例。[30]至於毛奇齡（1623-1716）記述一次在御前論學，提到：

「時益都師相（馮溥，1609-1691）與東海學士（徐乾學），皆在館也。」[31]

馮溥爲青州益都人，[32]毛奇齡將益都與「東海」對稱，明顯是將「東海」視爲徐乾學的籍貫。此外，全祖望嘗辨武陵山即平山，並藉此批評「《一統志》稿」誤信「常德府舊志」時說：

「所以東海尚書（徐乾學）、湘潭侍郎（陳鵬年，1663-1723）並以為然，是固非不考桑經（桑欽《水經》）之注（《水經注》），竟妄為騎郵者。」[33]

陳鵬年爲湖南湘潭人，官至河道總督兵部右侍郎兼都察右副都御史。[34]全祖望將「東海」與湘潭互相對照，毫無疑問亦是以「東海」爲徐乾學的籍貫。

　　從以上的分析可見，清人稱呼徐乾學、徐秉義（1633-1711）、徐文元（1634-1691）三兄弟爲「東海之三傑」、[35]、「東海三徐」、[36]「東海三公」、[37]「東海兄弟」、[38]「東海氏

庚午四月，余從京師南還，訪侍讀於縱棹園，酒間識之，有「青衫憔悴無如我，酒祿燈紅奈爾何」之句。時東海徐尚書、射陵宋舍人、慈谿姜西溟俱在座，相與流連，彌夕而散去。冬，北上重經寶應，則侍讀下世，旅櫬甫歸，余入而哭之盡哀，何暇問六郎蹤跡矣。及至都下，聞有管郎者，名擅梨園，一時貴公子爭求識面。花朝前八日，翁康飴戶部相招爲歌酒之會，忽於諸伶中見之，私語西厓曰：「此子何其酷似白田家伶？」蓋余向未知六郎之姓也。西厓既爲余道其詳，竟酒，爲之不樂。口占四絕句，以示同席諸君〉，見氏著：《敬業堂詩集》（上海：上海古籍出版社，1986年），卷19，〈酒人集〉，中冊，頁522-523。

30　宋曹，字邠臣，一作份臣，又作斌臣，號射陵，江蘇鹽城人。參看王春瑜：〈國破山河在，書苑仰高風——清初愛國書法家、詩人宋曹其人其事〉，《中國書法》，1995年5月期（1995年月分缺），頁31-34。宋曹著有《會秋堂詩文集》，筆者未見；至所見宋曹的《書法約言》，題「鹽湖宋曹射陵著」（《昭代叢書》甲集，康熙三十六年〔1697〕刊本，卷35，葉1上）。另關於《書法約言》的內容，參看左淑琴：〈《書法約言》疏解〉（吉林大學碩士學位論文，2007年）。姜宸英爲浙江寧波府慈谿縣人，詳全祖望（1705-1755）：〈翰林院編修湛園姜先生墓表〉，見氏著：《鮚埼亭集》（《全祖望集彙校集注》本，上海：上海古籍出版社，2000年），卷16，上冊，頁291。固然，查慎行稱宋曹冠以其號，稱姜宸英冠以其籍貫，則稱徐乾學所冠的「東海」，可以是號，亦可以是籍貫，但徐乾學並無「東海」之號，還是視之爲籍貫較妥。

31　毛奇齡：《大學證文》（《毛西河先生全集》〔書內題《西河全集》〕本，乾隆乙丑〔十年，1745〕書留草堂刊，〈經集〉），卷4，葉10下。

32　毛奇齡：《文華殿大學士太子太傅兼刑部尚書易齋馮公年譜》（《毛西河先生全集·年譜》本），葉1上。

33　全祖望：〈答沕浦房師《一統志稿》書〉，見氏著：《鮚埼亭集外編》，卷45，下冊，頁1717。

34　參看張伯行（1652-1725）：〈皇清誥授通議大夫總督河道兵部右侍郎諡恪勤陳公墓誌銘〉，見氏著：《正誼堂文集》（吉林大學圖書館藏乾隆〔1736-1796〕刻本影印本，收入《四庫全書存目叢書》，〈集部·別集類〉），卷12，葉1上下（第254冊，頁145）。

35　陳鵬年：〈祭徐果亭先生夫人馬太君文〉，見氏著：《道榮堂文集》（乾隆二十七年〔1762〕刊本影印本，收入《四庫全書存目叢書》，〈集部·別集類〉），卷6，葉31下（第260冊，頁130）。

36　秦瀛（1743-1821）：〈貽贈內閣中書徐二磯先生墓表〉，見氏著：《小峴山人文集》（《小峴山人詩文集》本，嘉慶丁丑〔二十二年，1817〕編，城西草堂藏板），卷5，葉21下。

37　龔煒（1704-1769以後）：《巢林筆談續編》（《巢林筆談》本，北京：中華書局，1981年），卷上，〈崑邑藏書〉，頁205。

38　何焯（1661-1722）：〈與友人書〉，見氏著：《義門先生集》（道光庚戌〔三十年，1850〕始刻本影印本，收入《續修四庫全書》〔上海：上海古籍出版社，1995年〕，〈集部·別集類〉，卷5，葉25上（第1420冊，頁189）。按：據《續修四庫全書·義門先生集》封面，是書係「據北京大學圖書館藏清道光三十年姑蘇刻本影印」。不錯，是書原刻本扉葉背面確篆有「道光歲在上章閹茂陽月校刊」十二字，「道光上章閹茂」即道光庚戌，亦即道光三十年。惟扉葉後一頁「何義門先生像」背面，有贊詞一首，篆題「咸豐紀元許槤贊并篆」（均見第1420冊，頁141）。換言之，是集最早在咸豐元年（1851）刻成，而非道光三十年。又是集最後一葉，刻有「姑蘇閶門內南倉橋西文奎齋局刊」等字（〈義門弟子姓氏錄〉，葉11上〔第1420冊，頁278〕）。

兄弟」；[39]又稱徐乾學、徐元文為「東海兩徐先生」、[40]「東海兩學士」；[41]「東海昆季」與「東海」；[42]以及稱伯兄徐乾學為「東海長公」，[43]稱三弟徐元文為「東海立齋」、[44]「東海相公」，[45]「東海徐相國」，[46]皆緣於徐氏先祖的郡望。相信徐乾學本人亦有一枚「東海」二字的藏印。[47]另外，《天祿琳琅書目》所見的「東海徐氏」白文圓印，亦可能屬徐乾學所有。[48]

---

39 陳康祺（1840-1890）：《郎潛紀聞初筆》（《郎潛妃聞初筆、二筆、三筆》本，北京：中華書局，1984年），卷10，〈崑山鉅族〉，上冊，頁224。

40 姜宸英：〈冢宰陳公五十壽序〉，見氏著：《姜先生全集》（光緒十五年〔1889〕馮保燮毋自欺齋刊本），卷6，〈湛園未定稿〉，卷6，葉27下。

41 鈕琇（約1644-1704）：《觚賸》（上海：上海古籍出版社，1986年），卷2，〈人觚・嚴拒夜飲〉，頁193。按：有關鈕琇的生年，問題相當複雜，本文采戴春花〈鈕琇《觚賸》研究〉（南京師範大學碩士論文，2006年，頁7-9），及陸林、戴春花〈清初文言小說《觚賸》作者鈕琇生年考略〉（《文學遺產》，2006年1期〔2006年1月〕，頁153-155）之說。至「東海兩學士」一詞，另見易宗夔（1874-1925）：《新世說》（民國七年〔1918〕排印本），卷3，〈方正第五〉，葉1下。作者並注謂：「東海兩學士即徐元文、徐乾學也。」

42 錢澄之（1612-1693）：〈與張敦復〉，見氏著：《田間尺牘》（氏著：《藏山閣集》〔《錢澄之全集》之4〕，合肥：黃山書社，2004年），卷2，頁473。

43 盛符升（1664年進士）語，載於李光地（1642-1718）：《榕村續語錄》（與氏著：《榕村語錄》合刊，北京：中華書局，1995年），卷14，〈本朝時事〉，下冊，頁740。按：徐乾學是徐家的長子，「長公」是他人在分辨徐氏三兄弟時對徐乾學的尊稱。例如，施閏章（1618-1683）〈徐太夫人六十序〉記載：「（徐母顧氏〔1616-1676〕）六十初度，長公健庵（徐乾學）太史請假侍養，徵文詞，大集賓客吳會間，為太夫人壽。」（氏著：《施愚山文集》〔《施愚山文集》本，合肥：黃山書社，1992年〕，卷10，第1冊，頁187）。又如汪琬（1624-1691）〈奉贈徐健庵前輩〉在讚揚「公（徐乾學）家伯仲叔，填篋互酬答」的同時，另稱譽徐乾學謂：「長公最雄邁，戶外朋簪盍。……學識如長公，才又富開闔。」（氏著：《鈍翁續藁》，康熙甲子〔二十三年，1684〕至乙丑〔二十四年，1685〕校刊本，卷5，〈詩藁五・北游詩〉，葉14下）除「長公」外，徐乾學的朋友和同僚有時亦稱他為「徐大」。如葉方藹（1629-1682）撰有〈喜徐大原一及第兼寄公肅侍讀〉（氏著：《葉文敏公集》〔中國社會科學院圖書館藏抄本影印本，收入《續修四庫全書》，〈集部・別集類〉，卷11，葉數缺〔第1410冊，頁636-637〕。按：原題中「徐大」誤寫作「徐太」，惟卷11目錄中的詩題不誤〔第1410冊，頁624〕）；李振裕（1670年進士）又有〈祝同年徐大健菴四首〉（氏著：《白石山房集》〔南京圖書館、華東師範大學圖書館藏康熙香雪堂刻本影印本，收入《四庫全書存目叢書》，〈集部・別集類〉，卷4，葉5上〔第243冊，頁603〕）。

44 錢澄之：〈與張敦復〉，《田間尺牘》，卷1，頁446。

45 錢澄之：〈與王子喜〉，同上，頁453。

46 曹寅（1658-1712）：《楝亭書目》（萬寶齋抄本影印本，收入煮雨山房〔輯〕：《中國著名藏書家書目彙刊・明清卷》，北京：商務印書館，2005年），〈書目〉，「《含經堂書目》」條，第15冊，頁4。

47 楊紹和（1830-1875）《楹書隅錄初編》所記海源閣續藏徐乾學傳是樓舊藏中，有「宋本《東南進取輿地通鑑》二十卷十二冊」，該書的印記中，有「東海」、「乾學」、「徐健菴」等印記（海源閣刻本影印本，揚州：江蘇廣陵古籍刻印社，1987年，卷2，〈史部〉，葉74下）；至「宋本《五百家註音辨唐柳先生文集》四十五卷《外集》二卷二十四冊四函」，則有「乾學」、「健庵」、「東海」、「傳是樓」等印記（卷4，〈集部〉上，葉38下。雖然我們沒有確實證據證明上述「東海」印章必屬徐乾學所有，但由於它與「乾學」、「徐健菴」等印同時出現，故相信它亦是徐乾學的藏印。按：現時紀錄徐乾學藏印最多的著作當推陳惠美《徐乾學及其藏書刻書》（臺北：花木蘭文化出版社，2007年，頁83-84），與林申時的《中國藏書家印鑒》（上海：上海書店出版社，1997年，〈徐乾學〉，頁77-78），與《明清著名藏書家・藏書印》（北京：北京圖書館出版社，2000年，〈徐乾學：傳是樓〉，頁80-82），然三書皆未提及「東海」印記。梁戰、郭群一《歷代藏書家辭典・徐乾學》雖指出徐乾學有「東海」藏印，惜未注明出處（西安：陝西人民出版社，1991年，頁332）。且書中關於徐乾學的記載，不無錯誤，如誤徐乾學的《憺園集》為《淡園集》；「憺園」印為「淡園」印等是。書中「淡」字當為「澹」的簡體字，誤「憺園」為「澹園」者，自清初以來屢見不鮮。又按：陳惠美《徐乾學及其藏書刻書》其實曾記述上引《楹書隅錄初編》的「宋本《五百家註音辨唐柳先生文集》四十五卷《外集》二卷二十四冊四函」條（頁98），但將「東海」、「傳是樓」二印合為「東海傳是樓」一印（頁83註81），疑誤。匡淑紅〈徐乾學傳是樓藏書聚散輯述〉雖多依據陳書材料，惟敍述《楹書隅錄初編》的「宋本《五百家註音辨唐柳先生文集》四十五卷《外集》二卷二十四冊四函」時，已將所稱「東海傳是樓」印記釐為「東海」、「傳是樓」兩印記（《湖南科技學院學報》，28卷5期〔2007年5月〕，頁192）。

48 「東海徐氏」圓印見于敏中（1714-1779）等《天祿琳琅書目》「《容齋三筆》」條。據書目所載，該印為白文，見於《容齋三筆》卷九（與彭元瑞〔1731-1803〕等《天祿琳琅書目後編》合刊本，上海：上

　　錢澄之固嘗合稱徐乾學、徐元文爲「東海昆季」及「東海」，但另見其筆下的「東海」、[49]「東海公」、[50]「東海先生」，[51]則專指徐乾學。誠然，從清人的著述所見，「東海」又漸而成爲徐乾學箇人的專有名稱。茲舉例如下：

（1）徐東海、東海

　　李光地在《榕村續語錄》中，常用己語或引他人語稱徐乾學爲「徐東海」或「東海」。其中連姓的稱呼較少見，如謂「徐東海撰文大稱旨」、[52]「徐東海草疏稿」、[53]「盡道徐東海……等之奸邪」、[54]「徐東海日在內廷鼓動」[55]等，皆是其例。至於直呼徐乾學爲「東海」的例子，更俯拾即是。如「東海由此深嫉」、[56]「東海日搆予」、[57]「東海刺刺不休」、[58]「東海入南書房」[59]等是。

　　必須指出，稱徐乾學爲「徐東海」，或「東海」，上引李光地的記載並非孤例。先說「徐東海」。徐乾學逝世後，林佶（1660-1722）撰〈輓司寇徐東海公〉詩哀悼。[60]及後阮葵生（1727-1789）追述前朝事，亦有以下記載：

> 「詞臣纂輯御書，皆就館局從事。惟康熙二十八年，司寇徐東海請假，准以校讐諸書帶歸編次。」[61]

又顧棟高（1679-1759）著書，固嘗徵引「徐東海《憺園集》」以立說；[62]而洪亮吉（1746-1809）論學，尙「談徐東海所著《讀禮通考》得失」。[63]

世紀出版股份有限公司、上海古籍出版社，2007年，卷2，〈宋版子部〉，頁52）。雖然《容齋三筆》卷首有「崑山徐氏家藏」印（同上），可確定該書曾爲徐乾學收藏，惟關於「東海徐氏」的紀錄尙未他見，況「東海徐氏」與「崑山徐氏家藏」二印相去九卷，故不敢肯定「東海徐氏」印章必爲徐乾學所有。按：賴福順《清代天祿琳琅藏書印研究》認爲此「東海徐氏」印爲「徐乾學所有」，然其舉證不過「東海爲徐氏郡望」，諒所言爲猜測而已（氏著：〔臺北：文化大學，1991年〕，頁33）。陳惠美《徐乾學及其藏書刻書》所列徐乾學的藏印中，亦有「東海徐氏（原注：白文）」一印在內（頁83）。書中雖未說明該印出處，相信亦係來自《天祿琳琅書目》。

49 錢澄之：〈與李醒齋（原注：振裕）〉，《田間尺牘》，卷1，頁445；〈與姚綏仲〉，同上，卷3，頁488。
50 錢澄之：〈與孫愷似〉，同上，卷1，頁448；〈與韓慕廬〉，同上，卷2，頁474。
51 錢澄之：〈與韓慕廬〉，同上，卷2，頁475。
52 李光地：《榕村續語錄》，卷13，〈本朝時事〉，下冊，頁732。
53 同上，卷14，〈本朝時事〉，下冊，頁740。
54 同上，頁744。
55 同上，卷15，〈本朝時事〉，下冊，頁758。
56 同上，卷7，〈史〉，下冊，頁650。
57 同上，卷13，〈本朝時事〉，下冊，頁728。
58 同上，卷14，〈本朝時事〉，下冊，頁741。
59 同上，卷15，〈本朝時事〉，下冊，頁754。
60 林佶：〈輓司寇徐東海公〉，見氏著：《樸學齋詩稿》（乾隆九年〔1744〕家刻本影印本，收入《四庫全書存目叢書》，〈集部・別集類〉），卷5，葉5下（第262冊，頁53）。按：詩中有「應使東海先生在，定使遺經絕學傳」之句，「東海先生」爲徐乾學的朋友、門生對他的一箇慣常的稱呼，詳下文。
61 阮葵生：《茶餘客話》（北京：中華書局，1959年），卷2，〈詞臣纂輯御書〉，上冊，頁42。按：書中另稱徐乾學爲「徐東海」的例子見卷12，〈贈徐乾學聯〉，下冊，頁345。
62 顧棟高：《春秋大事表》（北京：中華書局，1993年），卷9，〈春秋列國地形口號〉，第86條，第1冊，頁1019。
63 洪亮吉：〈又書三友人遺事〉，見氏著：《更生齋文甲集》（《洪亮吉集》本，北京：中華書局，2001年），

　　至於「東海」的稱號，可資討論的更多。康熙二十八年（1689）十月，副都御史許三禮（1625-1691）參徐乾學「紊亂國制，肇釁開端」。其中就貪污一項，包括以下的指控：

> 「乾學伊第（弟，指徐元文）拜相之後，與親家高士奇（1645-1703）更加招搖，以致有『去了余秦檜（指余國柱，1652 進士），來了徐嚴嵩（指徐元文），乾學似龐涓（？-前 342），是他大長兄』之謠。又有『四方寶物歸東海，萬國金珠送澹人（高士奇）』之對，三尺童子皆知。若乾學果能嚴絕苞苴，何以有如此醜語耶？」[64]

誠如前文指出，時人嘗稱乾學、元文兄弟為「東海兩徐先生」、「東海兩學士」。許三禮亦未明確指出「五方寶物歸東海」中的「東海」是徐乾學或徐乾學、元文兩兄弟，所以後人對此有不同的理解。如趙慎畛（1761-1825）《榆巢雜識》說：

> 「康熙中，徐健菴（原注：乾學）兄弟顯貴，聲名赫奕，與高江村（原注：士奇）姻親，情好最密。都中有……『五方寶物歸東海，萬國金珠貢澹人』之對，為言官指劾。」[65]

又如昭槤（1780-1833）《嘯亭雜錄》說：

> 「徐健菴乾學昆仲與高江村（高士奇）比昵，時有『九天供賦歸東海，萬國金珠獻淡人』之謠，上知之，惟奪其官而已。」[66]

換言之，他們意謂「東海」包括徐乾學、元文兄弟。可是，阮葵生《茶餘客話》說：

> 「徐東海乾學為司寇時，人贈以聯云：『萬方玉帛朝東海，一點丹誠向北辰。』」[67]

劉成禺（1876-1953）《世載堂雜憶》亦說：

> 「郭琇（1638-1715）參徐乾學、高士奇摺曰：『萬方玉帛歸東海，四海金珠進澹人。』外間流播，其苞苴貪污可知云云。」[68]

儘管他們的記載頗有出入，但同樣認為民謠中的「東海」乃指徐乾學。

　　其實，有關徐乾學為官的惡行，除見諸民謠外，當時更有四柳軒主編撰《東海傳奇》

卷 4，第 3 冊，頁 1040。

64　蔣良騏（1723-1789）：《東華錄》（北京：中華書局，1980 年），卷 15，「康熙二十八年十月」條，頁 246。又見王先謙（1842-1918）：《東華錄》（光緒十年〔1884〕長沙王氏刻本），〈康熙朝〉，卷 44，「康熙二十八年十月癸未」條，葉 11 下。按：此事《清實錄》缺載。至王氏《東華錄》所載文字，與蔣氏《東華錄》間有出入，如「伊第」，前者作「伊弟」，又王氏《東華錄》所載聯語為「五方寶物歸東海，萬國金珠貢澹人」，與蔣氏《東華錄》不同，但與「國史館本傳」的記載一致（參註 105）。事實上，清人筆記中所載該聯語，頗有歧異，詳正文，此處不贅。至聯語中牽涉到高士奇事，另參胡建君：〈高士奇與收藏萬國金珠獻澹人〉，《大美術》，2005 年 6 期（2005 年 6 月），頁 90-95。

65　趙慎畛：《榆巢雜識》（北京：中華書局，2001 年），上卷，〈諷士大夫〉，頁 14。

66　昭槤：《嘯亭雜錄》（北京：中華書局，1984 年），卷 1，〈優容大臣〉，頁 7。

67　阮葵生：《茶餘客話》，卷 12，〈贈徐乾學聯〉，下冊，頁 345。

68　劉禺生：《世載堂雜憶》（北京：中華書局，1960 年），〈徐乾學祖孫父子〉，頁 20。按「禺生」為「劉成禺」的字。

五十回，加以演繹，可惜該書未有流傳下來。[69]總之，稱徐乾學爲「東海」的例子在清初著作中屢見不鮮。如趙俞（1635-1713）撰〈東海詩〉，讚美徐乾學：

　　「吾師尚書公，元氣所包絡，剛大塞天地，指揮動山岳。」[70]

孫勤（1656-1735）對他亦有「東海當世望，憐才不爲身」的頌揚。[71]至何焯在對《通志堂經解》的評論中，以「東海」稱徐乾學的例子甚多，如「屢寄札東海」、[72]「今歸東海」、[73]「東海先有鈔本」、[74]「東海每欲一例」、[75]「屢勸東海借校」、[76]「東海從天乙閣鈔來」、[77]等是。翁方綱亦嘗就《通志堂經解》的內容，批評「東海門客固多舛誤」[78]。丁杰（1656-1735）則就其中《五經蠡測》一書，作出「大約東海此書之刻，爲一時好名之計，非實好古」的評論。[79]凌鳳翔於康熙五十五年（1716）冬，見「東海《纂圖互注禮記》，乃宋槧本，因借校對一過」。[80]

（2）東海公、東海徐公

　　在徐乾學的交遊圈子中，不少人稱他爲「東海公」。如毛奇齡嘗謂：

　　「三日前隨東海公游摩訶菴。」[81]

姜宸英謂：

　　「予奉命同總裁東海公還南纂修《一統志》。」[82]

閻若璩（1636-1704）在其《尚書古文疏證》及《潛邱劄記》中，稱徐乾學爲「東海公」的例子更多。如前書曾就徐乾學的舅父顧炎武（1613-1682）的「《音學五書》言古詩無叶音，……尚未及焦氏竑（1540-1620）《筆乘》一段」指出：

69 鄧之誠（1887-1960）在《骨董瑣記》引錄繆荃孫（1844-1919）《藕香簃別鈔》謂：「四柳軒主人編《東海傳奇》五十回，今只傳回目。」（《骨董瑣記全編》本，北京：北京出版社，1996 年，卷 8，〈三吳公討徐氏檄〉，頁 233。按：該書的點校者在該條內文誤將〈三吳公討徐氏檄〉標點作「三吳公《討徐氏檄》」〔頁 231〕）至該五十回目，見《骨董瑣記》，卷 8，〈東海傳奇〉，頁 243-244。
70 趙俞：〈東海詩〉，見氏著：《紺寒亭詩集》（首都圖書館藏康熙刻本影印本，收入《四庫全書存目叢書》，〈集部‧別集類〉），卷 8，葉 17 下（第 255 冊，頁 616）。
71 孫勤：〈刑部尚書徐公健庵〉，見氏著：《鶴侶齋詩》（《鶴侶齋詩一卷文稿四卷》本〔道光二十三年〔1843〕至咸豐元年〔1851〕延綠吟本刻本影印本〕，收入《四庫全書存目叢書》，〈集部‧別集類〉），葉 15 下（第 254 冊，頁 466）。
72 翁方綱（1733-1818）：《通志堂經解目錄》（咸豐三年〔1853〕南海伍氏《粵雅堂叢書》本），〈《易》〉，「《大易緝說》十卷」條，葉 4 下。
73 同上，〈《書》〉，「《書古文訓》十六卷」條，葉 7 上。
74 同上，〈《春秋》〉，「《春秋通說》十三卷」條，葉 15 上。
75 同上，〈《春秋》〉，「《春秋本義》三十卷」條，葉 16 上下。
76 同上，〈《三禮》〉，「《禮記集說》一百六十卷」條，葉 19 上；〈諸經總類〉，「《經典釋文》三十卷」條，葉 24 下。
77 同上，〈《論語》〉，「《南軒論語解》十卷」條，葉 22 下；〈《孟子》〉，「《南軒孟子說》七卷」條，葉 23 上。
78 見翁方綱在《通志堂經解目錄》書末的識語（葉 26 上）。
79 《通志堂經解目錄》，〈諸經總類〉，「《五經蠡測》六卷」條，葉 26 下。
80 傅增湘（1872-1949）：《藏園羣書經眼錄》〔北京：中華書局，1983 年〕，卷 1，〈經部一‧總類〉，「《禮記注疏》六十三卷」條，第 1 冊，頁 5。
81 毛奇齡：〈復蔣杜陵書〉，見氏著：《西河文集》（《毛西河先生全集》本），卷 7，葉 4 下。
82 姜宸英：〈黃崑瞻先生壽序〉，《姜先生全集》，卷 17，〈湛園藏稿〉，卷 2，葉 16 上。

「余勸東海公補入，諾而未行書也。」[83]

又嘗記述：

「甲子（康熙二十三年，1648）春，寓東海公碧山堂，為說禮服。」[84]

至於後書，如謂：

「憶庚午（康熙二十九年，1683）重九病新愈後，東海公招登莫釐峰酒。」[85]

「東海公聞而特過我。」[86]

皆是例子。其後江藩（1761-1830）《國朝漢學師承記》為閻若璩撰傳，猶引其「嘗語弟子」所謂「曩在東海公邸夜飲」之語。[87]又如當徐乾學「年六十，諸門人將旅進致辭為祝，而以屬（韓）菼（1637-1704）」，韓菼所撰壽序便題作〈東海公壽序〉。[88]此外吳暻（1662-1706）和徐乾學詩，序中記載「康熙二十九年（1690）三月，座主東海公陳啟歸吳詔，以書局自隨」。[89]而徐乾學的七世孫徐衡為乾學撰寫年譜，亦題作《東海公年譜》。[90]

東海公外，又有人稱徐乾學為「東海徐公」。如姜宸英為徐乾學撰六十壽序，便說：

「戊辰（康熙二十七年，1688）冬十一月，大司寇東海徐公初度之辰。」[91]

（3）東海先生

誠如前文指出，納蘭性德與林佶嘗尊稱徐乾學為「東海先生」。誠然，「東海先生」為徐乾學的朋友、幕客和門生對他的慣常稱呼。如萬斯同（1626-1682）為徐乾學的傳是樓作詩，便有以下之句：

「東海先生性愛書，胸中已貯萬卷餘，更向人間搜遺籍，直窮四庫盈其廬。」[92]

陳維崧（1626-1682）為徐乾學的憺園作賦，開首便謂：

83 閻若璩：《尚書古文疏證》（序乾隆十年〔1745〕眷西堂刊本），卷 5 下，〈第七十四，言古人以韻成文大禹謨、泰誓不識〉，葉 15 上。
84 同上，卷 8，〈第一百二十，言與石華峙論東漢時今文與逸篇或離或合〉，葉 43 上。
85 閻若璩：《潛邱箚記》（乾隆十年眷西堂刊本），卷 3，〈釋地餘論〉，葉 19 上。
86 同上，卷 4 下，〈喪服翼註〉，葉 8 上。
87 江藩：《國朝漢學師承記》（北京：中華書局，1983 年），卷 1，〈閻若璩〉，頁 10。按：關於江藩的卒年，一般作道光十一年（1831），本文作道光十年（1830），乃根據近人漆永祥的考證。參看氏著：《江藩與漢學師承記研究》（上海：上海世紀出版股份有限公司、上海古籍出版社，2006 年），頁 36-38。
88 韓菼：〈東海公壽序〉，見氏著：《有懷堂文藁》（康熙四十二年〔1777〕刊本影印本，收入《四庫全書存目叢書》，〈集部·別集類〉），卷 6，葉 2 下-4 下（第 245 冊，頁 451-452）。
89 吳暻：〈奉和座主東海尙書公山居三首原注：（并序）〉，見氏著：《西齋集》（民國甲戌〔二十三年，1934〕鹽山鍾氏甿印齋校刊本），卷 3，葉 1 上。
90 史梅、李鐘梅：〈古籍暗香覓流年 —— 南大館藏古籍善本一瞥〉，《南京大學學報》，第 945 期（2007 年 3 月 30 日，http://xiaobao.nju.edu.cn/showarticle.php?articleid=9537）；另參〈南京大學圖書館館藏珍本一瞥〉，《南京大學圖書館》互聯網頁（2008 年 5 月 3 日，http://lib.nju.edu.cn/introduce/history_good.php）。
91 姜宸英：〈大司寇徐健庵先生壽讌序〉，《姜先生全集》，卷 6，〈湛園未定稿〉，卷 6，葉 21 上。
92 萬斯同：〈傳是樓藏書歌〉，見氏著：《石園文集》（《四明叢書》第 4 集本，民國二十五年〔1936〕張氏約園刊），卷 1，葉 7 上。

「東海先生，西清學士，砥信懷貞，處仁敦義。」[93]

又其詩篇中有一首題為〈屢過東海先生家，不得見吳丈修齡，詩以束之〉。[94] 而陳宗石（1643-?）為陳維崧的駢文集寫跋，亦提到：

「聞兄病篤時，曾屢詢東海先生計。」[95]

韓菼憶述納蘭性德的生平，亦嘗謂：

「始君與余同出學士東海先生之門。」[96]

（4）東海學士

「東海學士」的稱號，上文已引錄毛奇齡《大學證文》的例子。又陳康祺在《郎潛紀聞初筆》中提及顧炎武峻厲，所說的是顧炎武怒斥「其甥東海學士之夜飲」一事。[97]

（5）東海尙書、東海尙書公

上文嘗徵引全祖望批評「東海尙書」修《一統志》時的一項錯誤。不過他亦曾批評徐乾學修《通志堂經解》的另一項缺失。引錄如下：

「東海尚書刊經說，於逸齋（范處義，1154 進士）之詩傳（《詩補傳》）缺其名，豈失考《宋史》耶？」[98]

「東海尙書」外，又有近似的稱謂「東海尙書公」。據張雲章（1648-1726）記載，其老友崑山人顧松（1646-1707）晚年「歸崑山，崑山之後進爭師之，東海尙書公之第四子今進士樹屛（1670-1739）延致之於家最久」。[99] 又吳暻和徐乾學詩，有〈奉和座主東海尙書公山居三首〉。[100]

（6）東海閣學士公

此稱號出自姜宸英。姜氏為納蘭性德撰墓表，記述二人相識的經過如下：

「君年十八、九，舉禮部，當康熙之癸酉歲（三十二年，1693）。未幾也，余與相

93　陳維崧：〈儋園賦〉，見氏著：《陳迦陵儷體文集》（《陳迦陵文集》本，收入《四部叢刊》），卷1，葉12上。
94　陳維崧：〈屢過東海先生家，不得見吳丈修齡，詩以束之〉，見氏著：《湖海樓詩集》（《陳迦陵文集》本），卷8，葉16下。
95　陳宗石：〈跋〉，載於《陳迦陵儷體文集》，該跋，葉1上。
96　韓菼：〈進士一等侍衛納蘭君神道碑銘〉，《有懷堂文藁》，卷16，葉15上（第245冊，頁525）。
97　陳康祺：《郎潛紀聞初筆》，卷3，〈顧亭林先生峻厲〉，上冊，頁57。
98　全祖望：〈跋范逸齋《詩補傳》〉，《鮚埼亭集外編》，卷27，下冊，頁1275。按：《宋史‧藝文志》紀錄了范處義的著作三種，其中一種是「《詩補傳》三十卷」（脫脫〔1313-1355〕等：《宋史》（北京：中華書局，1977年），卷202，〈志〉155，〈藝文〉1，〈經類‧詩類〉，第15冊，頁5046。
99　張雲章：〈顧文學貫齋先生墓表〉，見氏著：《樸村文集二十四卷詩集十三卷》（康熙華希閔〔1671-約1751〕等刊本影印本，收入《四庫禁燬書叢刊》，〈集部〉），卷15，葉4下（第168冊，頁56）。
100　同註89。

見於其座主東海閣學士公邸。」[101]

（7）東海司寇

此稱號出自何焯。何焯記述徐乾學所藏宋本《孟子》的來源時說：

「《孟子》篇叙，自世綵堂以下諸刻皆闕，毛斧季（毛扆，1640-？）為東海司寇
購得章邱李中麓少卿（李開先，1502-1568）所藏北宋本，乃有之。」[102]

另提及唐代詩人周賀的詩集時，嘗記徐乾學身後所藏宋本唐人詩集的下落說：

「東海司寇所有宋槧唐人詩集五十餘家，惠為揚州大賈項景原所得。」[103]

總之，不論是「東海」抑或由之而衍生的名稱，都是徐乾學同時代或其後的人對他的稱
呼，徐乾學從沒有取「東海」為字或號。雖然他可能有一枚「東海」藏印，但很少使用，
相信它祇是居里印，而不是標識字號的印記。因此，近人說「徐乾學字東海」；[104]或說徐
乾學「又號東海」；[105] 或說「東海，徐乾學之別號」；[106]皆非的論。

101 姜宸英：〈通議大夫一等侍衛進士納臘君墓表〉，《姜先生全集》，卷 18，〈湛園藏稿〉，卷 3，葉 23。
102 何焯：〈跋《孟子音義》，《義門先生集》，卷 9，葉 2 上（第 1420 冊，頁 230）。
103 何焯：《周賀詩集》識語，載於周賀：《周賀詩集》（《四部叢刊》本）書末。
104 馬甫平：〈陳廷敬的廉政思想和清廉作風〉，《滄桑》，2006 年 2 期（2006 年 12 月），頁 6。
105 王逸明：《崑山徐乾學年譜稿》引「《國朝耆獻類徵初編》卷五十七〈徐乾學〉」謂：「徐乾學，……（原
　　省略號）又號東海。」（《新編清人年譜稿三種》本，北京：學苑出版社，2000 年，〈上編〉，「明崇禎四
　　年辛未一六三一，乾學一歲」條，頁 3）王愛亭〈《通志堂經解》版本研究〉及王廣成〈望族與昆山縣
　　域社會的變遷（原注：1368-1911）〉亦同謂：「徐乾學……又號東海。」（前者：山東大學碩士論文，2006
　　年，頁 5；後者：蘇州大學碩士論文，2007 年，頁 30）。按：王愛亭與王廣成未有注明其說的出處。至
　　王逸明指李桓（1827-1891）《國朝耆獻類徵初編》有徐乾學「又號東海」之說，不確。查《國朝耆獻類
　　徵初編》並無有關記載（光緒甲申〔十年，1884〕開雕庚寅〔十六年，1890〕藏工湘陰李氏藏板本，
　　卷 57，〈卿貳〉17，〈徐乾學〉，葉 1 上-25 上；及卷 57 補錄，〈卿貳〉17，〈徐乾學〉，葉 1 上-4 下）。
　　該書引述與徐乾學相關的「東海」一詞，僅見於所載「國史館本傳」中徵引的「『五方寶物歸東海，萬
　　國金珠貢澹人』之對」（同上，前者，葉 6 上）。
106 李曉峰、李文浦：〈姜宸英「通議大夫一等侍衛進士納臘君墓表」注釋〉，《承德民族師專學報》，24 卷
　　2 期（2004 年 11 月），頁 20。

地方志與文學研究

來　新　夏

　　地方志爲中國文獻之大宗，其數量之巨，門類之廣，傳承之久和庋藏之富，在文獻領域中，幾無有能與其倫比者。舉凡一地之自然環境、政事舊聞、經濟物產、文化藝術、風俗人情、名勝古蹟等，無不包容，實爲一百科全書式之地情書，而與文學研究尤多關聯，今擇數例而辨析之，供治文學者之參考與採擇。

一

　　地方志設置門類繁多，有多至數十類者。其所記錄資料，多有裨於知人論世。所以宋人司馬光在爲《河南志》所寫序言中說：「凡其廢興遷徙及宮室、城郭、坊市、第舍、縣鎮、鄉里、山川、津梁、亭驛、廟宇、陵墓之名數與古先之遺跡，人物之俊秀，守令之良能，花卉之殊尤，無不備載。」其中除藝文與詩文等類載有詩文著述，可直接備採錄外，其他名勝、古蹟、人物、方言、風俗，亦多於文學有相應關聯，即使地理、氣候、奇聞怪事，亦可作創作文學作品之背景資料。是以宋人王象之在其所撰《輿地紀勝》一書稱：志書應該是，「收拾山川精華，以借助於筆端，取之不盡，用之不竭，使騷人才士於一寓目之頃，而山川俱若效奇於左右。」寥寥數語，盡括方志與文學創作之密切關聯。即使一些鄉鎮小志，也有多門與文學有關。如《澉水志》是現存最早的一部鄉鎮志，宋海鹽人常棠受人托所撰，雖名八卷，實僅 44 頁。全書十五門，與文學有關聯者有山、水、坊巷、亭堂、橋梁、寺廟、古蹟、物產、碑記、詩詠等共十門，佔三分之二門類，治文學者，豈能忽之？

二

　　地方志中選舉，藝文各志及附錄詩人輯錄、人物傳等，均可備作品存佚與作者生平之征考。古今文人生平資料大多數苦於難求。有些人在當時由於地位顯赫，成就卓著，生平事蹟易見，而獲流傳後世；但也有一些人雖聲名不顯，而頗有成就，惜未被時人認

識和重視，以致遭到埋沒而事蹟不彰。一旦其作品爲後世人們所認識，甚至獲得很高評價，而其個人資料卻難以滿足需求，地方志往往是這方面的解答者。前幾年有一德國留學生問及《封建論》作者生平資料。我因經歷過文革的「評儒批法」，所以非常熟悉《封建論》及其作者柳宗元，於是當即爲這位留學生講述了柳宗元的生平，並認爲外國人研究漢學的基礎太差。不意這位學生立即申辯。說他問的不是唐朝柳宗元的《封建論》，而是他從《古今圖書集成》中看到的明朝一個名叫柳稷的作者所撰。這一意外使我瞠目以對，只好婉寬以時日。經查《明史》、明代幾十種傳記以及《中國人名大辭典》等等，都無所獲。最後從《明清進士題名錄》中找到柳稷其人，但只註明柳稷是「明正德三年進士，南充人」。但「南充人」三個字卻給了我一條極重要的追求線索。終於我在四川《南充縣志》中，索得柳稷完整的生平資料，不僅有柳稷的生平簡歷，而且還有他的著述。這個問題証明地方志中，常有他書所不載而能補缺的資料，值得引起重視。

三

研究和創作文學作品，無一不需要瞭解地域和時代背景。地方志由於其包羅較廣，極利於研究和創作之取用。遊記文學爲眾多作者創作文學作品領域之一，中華大地有諸多名勝古蹟，可備文人學士筆墨所及，而記載形勢、景色最具體而完備者，則莫過於地方志。如陝西是歷史上十三個王朝的建都之地，人文古蹟，星羅棋布；自然景觀，多具風姿。名山有華岳、終南、太白、驪山與橋山。名水有涇渭河洛，名陵有黃陵、秦陵、漢陵以及唐十八陵。名寺有法門寺。名塔有大雁塔。名碑有大小碑林，其具體描述均見於有關各地方志。在舊志中尚有不少專門記載名刹古寺，秀山勝水，宮殿園林有關的風景、事蹟、傳說和詩賦的專門性志書。如孫治的《靈隱寺志》、華沅的《關中勝跡圖志》、趙之壁的《平山堂圖志》以及雲南的《雞足山志》等，都有很多可作寫作背景的參証資料。所以乾嘉時著名地理學家李兆洛在撰安徽《鳳台縣志》後，即在寫《古跡志序》中，稱一部志書「可以見時會之盛衰，地勢之險易，陵谷之變遷，政治之得失，風俗之淳薄。以之斟酌條教，風示勸懲，覽一隅知天下，其所裨甚巨。」由此可見地方志之提供背景資料之作用。

四

少數民族文學是文學研究與創作的重要領域之一。可是由於對少數族的社情與習俗不大熟悉，因而涉足其間者較他領域爲少。而地方志特別是少數民族地區的志書，則有大量可資參閱的內容。如雲南有許多方志中設有《種人志》，介紹各族人民的生產、生活、

民族風情等情況，如傣族的潑水節，彝族的火把節，傈傈族的刀杆節，都有濃郁的民族色彩。其中如《潞西縣志》對傣族土司集團及其成員的服飾、居住、飲食、行走等，都作了生動而具體的記載，可看到歷史上芒市土司集團的衣食住行狀況。又如記土司統治阿昌族的基層政權稱「撮」（相當於鄉）。「撮」下設「岳尊」一人，由土司派漢人輪流充當，爲土司催守官稅雜沚。如此可爲研究和創作少數民族文學者提供若干基本知識。

五

　　遺詩佚文的搜集，是文學研究的一個方面和進行創作的一種借鑒。有些詩文既不見收於總集，亦未刊行和流傳其別集，以致難於查考。而地方志中的藝文、金石、人物、方言風俗、詩文輯錄及名勝古蹟之題詠吟唱，往往留有這些作者的篇什，爲修志者所匯集，成爲取之不盡，用之不竭之寶庫。如當前流行之「牽手」一詞，即出臺灣原住民之方言，據劉良璧的《重修台灣府志・土蕃風俗》中，即記男女相求，以竹及銅片製成口琴，吹之相約，以通情好，「當意者始告於父母，置酒邀同社之人，即成配偶，謂之「牽手」。」清人周凱所撰《廈門志》世稱名志。其〈藝文略〉所收五七言詩即達八十六首之多。因爲方志資料與文學有重要關聯，所以清代著名方志學家章學誠就提出三書四體之說。他把「三書」提高到三家之學的地位，他說：「凡欲經紀一方之文獻，必立三家之學，而始可以通古人之遺意也。」其中《文徵》一書，就是有關一方不能併入本志的奏議、征實、論說、詩文、金石等，遂使論述與資料相輔相成地結合起來，給後世留下文學上的研究資料。有些民間流傳而少記載的民間謠諺，如崇禎《吳縣志》即載有明末農民遭天災人禍的民謠十二首。其中一首是反對稅官的：「四月水殺麥，五月水殺禾，茫茫阡陌彈爲河。咨爾下民亦何辜，仰天天高不可乎。殺麥殺禾猶自可，更有稅官來殺我。」以之作爲創作素材的文學蘊藏，自當不言而喻。

六

　　地方志中尙有一種風土小志，被《四庫全書總目》稱爲「方志之支流」。這些小志主要記一地物產民風、逸聞瑣事、人物生平等。既可資鄉土掌故之談助，又可供文學研究資料之采擇。其數量極多，遠之如梁朝宗懍的《荊楚歲時記》，至宋時已有多種小志，如孟元老的《東京夢華錄》，記開封地方的風俗、人情、物產而至街頭商業等情況甚詳。他如《都城紀略》、《夢梁錄》和《武林舊事》等等，也大多類此。近之則明清以來名作迭出，而有清一代，茲體愈益發展，幾乎各地多有其書，特別是一些大城市和省份甚至不止一種，舉例如次：

北京：《宸垣識略》、《藤蔭雜記》、《燕京雜記》、《京師偶記》、《京塵雜錄》。

天津：《津門雜記》、《天津政俗沿革記》、《敬鄉筆記》、《天津皇會考》。

上海：《瀛儒雜志》、《甕牖餘談》、《淞濱瑣話》、《松南夢影錄》、《滬域備考》。

蘇州：《中吳記聞》、《清嘉錄》、《桐橋倚棹錄》、《居山雜志》、《吳乘竊筆》。

杭州：《東城雜記》、《杭俗遺風》、《清波小志》、《湖儒雜記》。

南京：《鳳麓小志》、《秦淮畫舫錄》。

福建：《閩小紀》、《閩雜記》、《閩游偶記》。

廣東：《廣東新語》、《粵述》、《嶺南雜記》、《粵游小志》。

四川：《蜀難叙略》、《蜀都瑣事》、《蜀碧》。

這些小志，有相當數量，難以列舉，其內容設置門類繁多，敘事詳盡，可供採擇處，俯拾皆是，實爲不可忽略的資料源泉。

七

中國地方志（包含小志）時間跨度之大，圖籍量之巨，涉及範圍之廣，品種門類之全，居文獻領域中之前列。無論任何方面，皆有可供參閱採擇的內容。歷來特別是近幾十年，逐漸引起各方注意與重視，資政、教化、存史的作用日益顯著，而文學研究與創作方面，似乎利用較少。所以我特作如上的粗淺說明，以引動人們對地方志這一文獻庫藏，能善加利用，廣加利用，以免貨藏於地，不得其用。所說是否有當，請予指正。

義合與義絕

── 兼論唐朝律令的非血緣法制秩序

高　明　士

一、前言：唐朝律令完成人倫秩序法制化

　　中國傳統社會是以「家」爲基本骨幹而構成。自戰國秦的變法，到秦漢一統天下的完成，再依儒教主義原理施政，由此而形成的家內秩序及社會秩序，經由法制化後，遂成定型。定型的時代，即在隋唐，也就是七、八世紀之際。

　　所謂基於儒教主義的社會秩序達於法制化，指隋唐律令制度所規範的國家社會秩序。其建置法制過程，學界已有詳細探討，此處不贅敘。[1]今日通行本的《故唐律疏議》，其原型即唐高宗《永徽律》；藉由日本《養老令》可窺知《永徽令》乃唐玄宗《開元前令》（開元七年令）。日本仁井田陞復原了唐令 715 條，約復原泰半唐令條文，尤其開元前令與後令（開元二十五令），收錄於《唐令拾遺》。[2]池田溫等又作《唐令拾遺補》，在《唐令拾遺》復原同一年次條文追加 103 條，另外又新增 143 條，總共補進 246 條（其中有若干條重複）。[3]最近在寧波天一閣發現明鈔本《（宋仁宗）天聖令》殘本，經校證、研究，共可復原唐令 516 條（其中含唐令原文 221 條），極爲珍貴。[4]透過這些律令條文，再參照文獻資料，可以理解唐朝當時法制秩序之大概。

　　唐朝的律令制度，可說是完成儒教主義法制化的典型代表，尤其是「法典的倫理化」。[5]所謂法典的倫理化，指基於禮的原理而建立等差的人間秩序。這個禮的原理，主要指親疏、貴賤的差序。因此，儒家的服紀（喪服禮制）是非常重要的指導理論。其目標，在於將整個國家建立在大家庭的結構，皇帝成爲最高的家長，可稱爲君父，而進行

---

1 代表作爲劉俊文《唐律疏議箋解》上（北京，中華書局，1996），〈序論〉。劉俊文《唐代法制研究》（台北，文津出版公司，1999），第一章〈唐代立法研究〉。
2 仁井田陞《唐令拾遺》（東京，東京大學出版會，1964 覆刻發行，原刊 1933）。
3 池田溫等《唐令拾遺補》（東京，東京大學出版會，1997），頁 312，〈唐令拾遺補訂・序說〉。
4 參看中國社會科學院歷史研究所整理課題組《天一閣藏明鈔本天聖令校證附唐令復原研究》（北京，中華書局，2006）。
5 參看拙作〈法文化的定型：禮主刑輔原理的確立〉（收入柳立言主編《中國史新論：法律史分冊》，台北，聯經出版公司，2008。），頁 77-94。

家父長式的統治。

　　國家的大家庭結構，除基於血緣的親屬（含姻親）外，尚有非依血緣而依「義」結合的所謂「義合」族群，包括君臣、官吏、夫妻、朋友、師生、僧道等。傳統所謂五倫：父子、君臣、夫婦、長幼、朋友（《孟子・滕文公上》），其實是將血緣與非血緣族群加以簡約的說法。「義合」相反的觀念是「義絕」，班固《白虎通》卷八「瑞贄・論子無贄臣有贄」曰：「臣之事君以義合也」；同書卷十「嫁娶・論妻不得去夫」曰：「（夫）悖逆人倫，殺妻父母，廢絕綱紀，亂之大者也，義絕，乃得去也。」這是「義合」、「義絕」一詞首次出現，前一例為君臣義合關係，後一例本在說明夫妻齊體，即使「夫有惡行，妻不得去者，地無去天之義也。」但因夫殺妻父母，已是廢絕綱紀，罪大惡極，所以夫已與妻義絕，可以離去。但在程序上，有待官府判決，屬於強制離婚，此在唐律《戶婚律》已有明文規定。但論「義合」、「義絕」觀念的起源，恐在先秦既已存在，[6]到漢代，如《白虎通》所示，已是社會的共識。

　　至於隋唐律令制度基於親屬關係所規定的立法原理，尤其是依身分定罪的立法原理，學界論述已多，[7]此處亦不贅詞。拙稿此處擬就非血緣關係的「義合」族群，探討人倫秩序的法制化。

二、義合關係的法制化：非血緣關係的人倫秩序

1、何謂義合？

　　所謂義合，《唐律疏議・名例律》「十惡」條（總 6 條）第九惡曰：「不義」，《疏》議曰：

　　　　禮之所尊，尊其義也。此條元非血屬，本止以義相從，背義乖仁，故曰「不義」。

　　所謂「禮之所尊，尊其義也」，語出《禮記・郊特牲》，鄭玄注曰：「言禮所以尊，尊其有義也」。孔穎達疏曰：「言禮之所以可尊重者，尊其有義理也。」所以「義合」者，指因基於義理而結合者。所謂「此條元非血屬，本止以義相從」，正是此處所謂義合關係者。

2、義合類型探討

6　詳細探討唐律的「義絕」規範及其淵源關係，可參看劉燕儷《唐律中的夫妻關係》（台北，五南圖書出版公司，2007），頁 81-83、171-172。

7　參看仁井田陞《中國身分法史》（東京，東京大學出會，1983 覆刻版，1942 初版），尤其第三章〈親族法〉第五節〈親族關係的效果〉。戴炎輝〈論唐律上身分與罪刑之關係〉（收入戴炎輝文教基金會發行《傳統中華社會的民刑法制：戴炎輝博士論文集》，台北，1998。原刊《社會科論叢》11 輯，1961），頁 351-408。鄭定・馬建興〈略論唐律中的服制原則與親屬犯〉（收入中國人民大學書報資料中心《法理學、法史學》2004-1，頁 73-82；原刊《法學家・京》2003-5，頁 41-50）。馬建紅〈親屬・服制・法律〉（收入林明、馬建紅主編《中國歷史上的法律制度變遷與社會進步》，濟南，山東大學出版社，2004），頁 115-128。

前引《名例律》「十惡」之「不義」條，其注曰：

> 謂殺本屬府主、刺史、縣令、見受業師，吏、卒殺本部五品以上官長；及聞夫喪匿不舉哀，若作樂，釋服 從吉及改嫁。

《疏》議對此段注文，分成三部分作解。其曰：

> 注：謂殺本屬府主、刺史、縣令、見受業師，
>
> 《疏》議曰：府主者，依令「職事官五品以上，帶勳官三品以上，得親事、帳內」，[8]於所事之主，名為「府主」。國官、邑官於其所屬之主，亦與府主同。其都督、刺史，皆據制書出日；六品以下，皆據畫訖始是。「見受業師」，謂伏膺儒業，而非私學者。若殺訖，入「不義」；謀而未殺，自從雜犯。

> 注：吏、卒殺本部五品以上官長；
>
> 《疏》議曰：「吏」，謂流外官以下。「卒」，謂庶士、衛士之類。此等色人，類例不少，有殺本部五品以上官長，並入「不義」。官長者，依令：「諸司尚書，同長官之例。」

> 注：及聞夫喪匿不舉哀，若作樂，釋服從吉及改嫁。
>
> 《疏》議曰：夫者，妻之天也。移父之服而服，為夫斬衰，恩義既崇，聞喪即須號慟。而有匿哀不舉，居喪作樂，釋服從吉，改嫁忘憂，皆是背禮違義，故俱為十惡。其改嫁為妾者，非。

據此，可知本條所規範的對象，亦可分為三：第一注文指部屬官人侵犯直屬長官、師長，第二個注文指吏、卒侵犯官長，第三個注文指妻居夫喪「背禮違義」；共同特點為「背義乖仁」，總稱為「不義」。

筆者對於上述三種情況，另作歸類為三，此即：1.官吏相互關係、2.師生關係、3.夫妻關係。漢朝陸賈《新語》卷上〈道基〉篇指出下列幾種是屬於「以義相從」者：「夫婦以義合，朋友以義信，君臣以義序，百官以義承。」此處說明夫婦、朋友、君臣、百官四種類型，可作參考。若以唐代社會結構而言，對於所謂「以義相從」，其實尚可包括僧道師弟關係。所以拙稿此處所要探討的類型，指：君臣、官吏、夫妻、朋友、師生、僧道等。

---

8 劉俊文點校《唐律疏議》（北京，中華書局，1983）於此校曰：「『依令職事官五品以上帶勳官三品以上得親事帳內』，按，此引令文恐誤。通典三五引令作『凡王公以下及文武職 事三品以上帶勳官者，則給之』，唐六典兵部郎中員外郎條、新唐書食貨志所載令文亦同。」筆者以為《疏》議所引令文未必有誤，可能為高宗《永徽令》文，《唐六典》以下所見令文，為玄宗《開元七年令》文。

（1）君臣關係方面。朱子注《論語‧八佾》記載孔子曰：「君使臣以禮，臣事君以忠。」引尹氏（焞）曰：「君臣以義合者也。故君使臣以禮，則臣事君以忠。」說明孔子的君臣觀，是以義合立論。孔子以「禮」、「忠」釋君臣關係，具有相對意義，並非如後世所說的絕對意義。法家將君主視為超人，所以秦漢以後的天子成為具有天命的君父身分，在諸人倫義合關係中，君臣關係乃最為義重。前引《唐律‧名律例》「十惡」條之第一惡曰：「謀反」，《疏》議曰：

> 案《公羊傳》云：「君親無將，將而必誅。」謂將有逆心，而害於君父者，則必誅之。《左傳》云：「天反時為災，人反德為亂。」然王者居宸極之至尊，奉上天之寶命，同二儀之覆載，作兆庶之父母。為子為臣，惟忠惟孝。乃敢包藏凶慝，將起逆心，規反天常，悖逆人理，故曰「謀反」。

此即以君王得有天命，而作為臣子的父母，故以「謀反」作為第一惡。賈公彥《儀禮注疏》卷 29〈喪服第十一〉「君」條曰：「鄭注〈曲禮〉：『臣無君，猶無天』，則君者臣之天。」楊士勛《春秋穀梁傳注疏》卷 19「定公四年」條亦曰：「君者臣之天。」隋文帝開皇二年（582）於宴會上曾對群臣說：「朕之於公，義則君臣，恩猶父子。」[9]據此可知君臣關係比擬父子，由於父為子之天，[10]君即為臣之天，一方面君得有天命，所以君臣義重，臣犯君乃成最惡。[11]

（2）官吏關係方面，指長官與部屬關係。官吏殺本屬府主、刺史、縣令及吏、卒殺本部五品以上官長，即犯不義的嚴重罪行。這樣的立法原理，恐受漢末以來「二重君臣」觀念的影響。也就是具有廣義的君臣關係。蓋漢以來，郡吏由太守自辟，郡吏對太守，其名分亦自為君臣。[12]趙翼《廿二史劄記》卷 3「長官喪服」條曰：

> 兩漢父母之喪無定制，而魏晉以後，長官之喪，轉有定制。蓋自漢制三公得自置吏，刺史得置從事，二千石得辟功曹，掾吏不由尚書選授，為所辟置者，即同家臣，故有君臣之誼。其後相沿，凡屬吏之於長官皆如之。……既有君臣之禮，遂有持服之制。

在這種「二重君臣」觀念風尚影響下，保障長官與部屬之官僚政治倫理，乃列入隋

9　《隋書‧長孫覽傳》。
10　《唐律疏議‧鬥訟律》「告祖父母父母」條（總 345 條）《疏》議曰：「父為子天，有隱無犯。」
11　甘懷真亦論及中古的君臣義合、義絕關係，參看甘懷真〈中國中古時期的君臣關係〉（收入甘懷真《皇權、禮儀與經典詮釋：中國古代政治史研究》，台北，國立臺灣大學出版中心，2004），頁 278-282。胡寶華也強調唐代雖外示君臣之義，實內猶父子之親。參看胡寶華〈從「君臣之義」到「君臣道合──論唐宋時期君臣觀念的發展」〉（《南開學報‧哲學社會科學版》2008-3），頁 26。林素英從《儀禮‧喪服》論述，也有類似看法，參看林素英〈論君臣服喪所凸顯的君臣倫理──以《儀禮‧喪服》為中心〉（《中國學術年刊》21 期，2000），頁 55。
12　錢穆《國史大綱》（臺北，臺灣商務印書館，1985 修訂十二版，1940 初版），第 3 編第 10 章之 6〈東漢士族之風尚〉，頁 142「服喪」條；第 4 編第 12 章之 3〈離心勢力之成長〉，頁 163-165「二重的君主觀念」。

唐律的「十惡」要項之一「不義」的規範。所以如此，這是因爲諸長官皆爲皇帝的股肱，代表皇權的行使，乃至縣令仍被稱爲父母官，《賊盜律》「謀殺制使府主」條（總 252 條）規定：

> 諸謀殺制使，若本屬府主、刺史、縣令及吏卒謀殺本部五品以上官長者，流二千里；工、樂及公廨戶、奴婢與吏卒同。餘條準此。已傷者，絞；已殺者，皆斬。

即部屬謀殺本屬長官，處刑甚重。

（3）師生關係方面，唐律所規範的師生關係，只指官學，不含私學，但同時期的日本《養老律》，則規定「私學亦同」。在喪服禮中師生關係無服，《通典》卷 101〈禮典・沿革・凶禮〉「師弟子相爲服議」條曰：

> 晉賀循謂：「如朋友之禮。異者，雖出行，猶經，所以尊師也。按《禮記》（〈檀弓〉）：『夫子之喪，門人疑所服。子貢曰：「昔夫子喪顏回，若喪子而無服。請喪夫子，若喪父而無服。」』[13] 於是門人廬于墓所，心喪三年。蓋師徒之恩重也。無服者，謂無正喪之服也。孔子之喪，二三子皆經而出。注曰『爲師也』。然則凡弔服加麻者，出則變服矣。」

同條引魏王肅亦曰：「禮，師弟子無服，以弔服加麻臨之，哭之於寢。」師弟子雖無服，但因孔子之喪顏淵有如喪子，而門人對孔子之喪亦有如喪父，所以師弟子之義合關係，其禮之重者有如父子，禮之輕者有如朋友。師生之禮所以如此不固定，是因爲「人無常師」。[14]

唐律對師生關係的規定，見於《名例律》的「十惡」條（總 6 條）之第九惡「不義」，與《鬥訟律》的「毆妻前夫子」條（總 333 條）兩處。茲以《鬥訟律》「毆妻前夫子」條作說明，其曰：

> 即毆傷見受業師，加凡人二等。死者，各斬。謂伏膺儒業，而非私學者。

《疏》議曰：

> 問曰：毆見受業師，加凡人二等・其博士若有高品，累加以否？
> 答曰：毆見受業師，加凡人二等，先有官品，亦從品上累加。若鬥毆無品博士，加凡人二等，合杖六十；九品以上，合杖八十；若毆五品博士，亦於本品上累加之。

此即律文將官學師生視同凡人，在禮制上屬於朋友關係，只是師生仍有名分上的尊卑，所以生徒毆「見受業師」（學官），「加凡人二等」處刑，即加重刑責。

---

13 《禮記・檀弓上》原文曰：「孔子之喪，門人疑所服。子貢曰：『昔者夫子之喪顏淵，若喪子而無服；喪子路亦然。請喪夫子，若喪父而無服。』」
14 拙著《中國教育制度史論》（臺北，聯經出版事業公司，1999），頁 92-93「人無常師」。

（4）夫妻關係方面，指妻、妾居夫喪不敬。妻、妾雖爲親屬的外親，但實質上爲義合關係。《唐律疏議‧名例律》「稱期親祖父母等」條（總 52 條）曰：「義服同正服。」《疏》議曰：「義服者，妻妾爲夫。」同《職制律》「府號官稱犯父祖名」條（總 121 條）曰：「夫犯死罪，被囚禁，而作樂者，徒一年半。」《疏》議曰：「夫犯死罪，被囚禁，……妻妾作樂者，以其……不義，虧斁特深，故各徒一年半。」據此可知妻妾與夫係義合關係，而夫爲妻妾之天，但夫妻與夫妾關係仍有別。蓋夫雖爲妻之天，但夫妻「齊體」；前者語出《儀禮》，其義著重於內部關係，指夫是妻絕對歸依的對象；後者語出《白虎通》，其義是從第三者看來，妻與夫同受尊敬，此與「父子同財」、「夫妻同財」的用語雷同。所以兩者之義看似有別，其實並無矛盾之處。[15]

《唐律疏議‧職制律》「匿父母及夫等喪」條（總 120 條）《疏》議曰：「其妻既非尊長，又殊卑幼，在禮及詩，比爲兄弟，即是妻同於幼。」則理念上，又有將夫妻比爲諸兄弟，實際上大率類同於父子；從律的精神而言，仍應依期親長幼之法而論。[16]《唐律疏議‧鬥訟律》「毆傷妻妾」條（總 325 條）《疏》議曰：「妻之言齊，與夫齊體，義同於幼。」同《鬥訟律》「告緦麻卑幼」條（總 347 條）《疏》議曰：「其妻雖非卑幼，義與期親卑幼同。」此即妻對夫雖非血親卑幼，但以義相合，律文定爲卑幼。

另一方面，妾爲良民，在某些法律場合可與妻同樣處理，但妾的身分仍卑於妻。《儀禮‧喪服二》〈齊衰不杖期〉「妾爲女君」條，傳曰：「何以期也？妾之事女君，與婦之事舅姑等。」鄭玄注曰：「女君，君適妻也。」妾稱妻爲「女君」，在唐律可見於《職制律》「匿父母及夫等喪」條（總 120 條）、《鬥訟律》「毆兄妻夫姊弟」條（總 332 條）、「告緦麻以上卑幼」條（總 347 條）等。又，《職制律》「匿父母及夫等喪」條（總 120 條）云：「聞期親尊長喪，匿不舉哀者，徒一年，喪制未終，釋服從吉，杖一百。」《疏》議曰：「『期親尊長』，謂祖父母、……妾爲女君。」所以在律文規定上，夫對妻與妻對妾，均視同期親卑幼；反過來說，則爲期親尊長。若與尊長爲主體相比較，夫犯妻時，大致雷同於小功尊長；若以夫爲客體，妻、媵（指五品以上之妾）、妾分爲妻與媵妾二級，妻大致上相當於大功卑幼，媵妾加妻一等；惟毆殺情重，則不分妻與媵妾，各斬。[17]

以上所論義合關係，包括君臣、官吏（長官與部屬）、師生、夫妻等，除師生外，就唐律的律文看來，君臣、官吏（長官與部屬）、夫妻義同父子，但夫妻在律文實際以期親長幼來處理；師生亦義同父子，但在律文實際以朋友關係「加凡人二等」來處理。

（5）朋友關係方面，朱子於《論語‧里仁》記載子游曰：「事君數，斯辱矣，朋友

---

15 滋賀秀三《中國家族法原理》（東京，創文社，1967），頁 134-135、146 注 78。
16 戴炎輝《唐律通論》（台北，國立編譯館出版，1964 初版，1977 四版），頁 61-62。
17 前引戴炎輝《唐律通論》，頁 66-67。

數，斯疏矣。」引范氏（祖禹）曰：「君臣、朋友，皆以義合，故其事同也。」這是就君臣、朋友以義相從而論。另外，《論語・鄉黨》曰：「朋友死，無所歸。曰：『於我殯』。（下略）」朱子注曰：「朋友以義合，死無所歸，不得不殯。」又曰：「此一節，記孔子交朋友之義。」這是對朋友以義合最簡單的說明。但是在喪服禮，朋友為無服。《儀禮・喪服》規定：「朋友，麻。」鄭玄注曰：「朋友雖無親，有同道之恩，相為服緦之絰帶。」賈公彥疏曰：

> 案禮記禮運云：「人其父生而師教之，朋友成之。」又學記云：「獨學而無友，則孤陋而寡聞。」論語云：「以文會友，以友輔仁。」以此而言，人須朋友而成也。故云朋友雖無親，有同道之恩，故為之服知緦之絰帶者，以其緦是五服之輕，為朋友之絰帶，約與之等，故云緦之絰帶也。

漢朝戴德也以為：「以朋友有同道之恩，加麻三月。」[18]所以在唐律並無專為朋友設定的刑責。

（6）僧道關係方面，也就是師主與僧尼、道士、女官弟子，仍屬義合關係，其量刑比照期親卑幼處理。後秦沙門僧肇作序鳩摩羅什譯《梵網經》[19]曰：

> 唯梵網經，一百二十卷六十一品。其中菩薩心地品第十，專明菩薩行地。是時，道融、道影三百人等，即受菩薩戒，人各誦此品，以為心首。師徒義合，敬寫一品八十一部，流通於世。

此即龜茲國高僧鳩摩羅什來到後秦，時為姚興主政，於弘始年間與諸沙門共譯佛經，《梵網經》是其一，僧肇作序此經，謂為「師徒義合」，道觀門內的師徒關係，當亦如是。僧、道自相侵犯時，唐律規定比附俗界倫理科斷，可有以下幾種情況：

（A）師主與弟子相犯，比附俗界伯叔父母與兄弟子相犯科刑，也就是以期親長幼倫理處罰，但限於「觀、寺之內，親承經教」者。其師主限於該寺、觀傳教者，非泛指一般觀寺內居於師輩者。《唐律疏議・名例》「稱道士女官」條（總 57 條）規定：「諸稱『道士』、『女官』者，僧、尼同。若於其師，與伯叔父母同。」《疏》議曰：

> 師，謂於觀、寺之內，親承經教，合為師主者。若有所犯，同伯叔父母之罪。依鬥訟律：「罵伯叔父母者，徒一年。」若罵師主，亦徒一年。餘條犯師主，悉同伯叔父母。

又規定：「其於弟子，與兄弟之子同。」《疏》議曰：

> 謂上文所解師主，於其弟子有犯，同俗人兄弟之子法。依鬥訟律：「毆殺兄弟之子，

18　《通典》卷一〇一〈禮典・凶禮・朋友相為服議〉。
19　收入《大正新脩大藏經》第 24 冊《律部類・律部》，亦見《全上古三代秦漢三國六朝文》卷一六五「釋氏九」。

徒三年。」賊盜律云：「有所規求而故殺期以下卑幼者，絞。」兄弟之子是期親卑幼，若師主因嗔競毆殺弟子，徒三年；如有規求故殺者，合當絞坐。

（B）觀寺部曲、奴婢與三綱相犯，依俗界部曲、奴婢與主之期親相犯科刑；觀寺部曲、奴婢與其餘僧道相犯，依俗界部曲、奴婢與主之總麻親相犯科刑。均限於同一寺、觀者，非泛指不同觀寺。前引《名例律》「稱道士女官」條（總57條）接著規定：「觀寺部曲、奴婢於三綱，與主之期親同。」《疏》議曰：

> 觀有上座、觀主、監齋，寺有上座、寺主、都維那，是為「三綱」。其當觀寺部曲、奴婢，於三綱有犯，與俗人期親部曲、奴婢同。依鬥訟律：「主毆殺部曲，徒一年。」又條：「奴婢有犯，其主不請官司而殺者，杖一百。」注云：「期親殺者，與主同。下條部曲準此。」又條：「部曲、奴婢毆主之期親者，絞；詈者，徒二年。」若三綱毆殺觀寺部曲，合徒一年；奴婢有罪，不請官司而殺者，杖一百。其部曲、奴婢毆三綱者，絞；詈者，徒二年。

又規定：「餘道士，與主之總麻同。犯姦、盜者，同凡人。」

（C）如所犯為姦、盜兩類罪，不論犯者為師主或弟子，為觀寺部曲、奴婢或三綱及其他僧道，一律依凡人姦、盜科斷。前項規定注曰：「犯姦、盜者，同凡人。」《疏》議曰：

> 道士、女官、僧、尼犯姦盜，於法最重，故雖犯當觀寺部曲、奴婢，姦、盜即同凡人。謂三綱以下犯姦、盜，得罪無別。其奴婢姦、盜，一準凡人得罪。弟子若盜師主物及師主盜弟子物等，亦同凡盜之法。其有同財，弟子私取用者，即同「同居卑幼私輒用財」者，十疋笞十，十疋加一等，罪止杖一百。若不滿十疋者，不坐。

這是因為道士、女官、僧、尼犯姦盜，於法最重。在《道僧格》（可能為太宗貞觀十一年頒行律令格式的格之一），對於僧道犯姦、盜兩類罪，不但規定依凡人法科斷，且需要先還俗；雖會赦，猶還俗。[20]

三、義絕關係的法制化：終止非血緣關係的人倫秩序

《毛詩正義》〈國風‧邶〉「柏舟」條，孔穎達《正義》曰：「君臣義合，道終不行，雖同姓有去之理，故微子去之，與箕子、比干同稱三仁，明同姓之臣，有得去之道也。」又，同前「北門」條，孔穎達《正義》曰：「君臣義合，道不行則去。」同樣地，朱子對

---

20 諸戶立雄《中國佛教制度史の研究》（東京，平河出版社，1990），第1章〈道僧格の研究〉，頁16-20、頁49。鄭顯文《唐代律令制度研究》（北京，北京大學出版社，2004），第六章第四節〈唐代《道僧格》及其復原之研究〉，頁305第18條。

於孟子所說：「君有過則諫，反覆之而不聽，則去。」一句，注解曰：「君臣義合，不合則去。」[21]足見君臣為義合，自古是有共識。所謂「道不行則去」，足見「道」是君臣之義的基石，義合與義絕分際在於道是否存在，道存為義合，道亡則為義絕。

　　唐律令所規範的「義絕」，是特就夫妻關係而訂。《唐律疏議‧戶婚律》「義絕離之」條（總190條）規定：「諸犯義絕者離之，違者，徒一年。若夫妻不相安諧而和離者，不坐。」《疏》議曰：「夫妻義合，義絕則離。違而不離，合得一年徒罪。」律文所定義的「義絕」，是指何種罪行？《唐律疏議‧戶婚律》「妻無七出而出之」條（總189條）《疏》議引《戶令》列舉如下罪行，皆為「義絕」：

> （夫）毆妻之祖父母、父母及殺妻外祖父母、伯叔父母、兄弟、姑、姊妹，若夫妻祖父母、父母、外祖父母、伯叔父母、兄弟、姑、姊妹自相殺，及妻毆詈夫之祖父母、父母，殺傷夫外祖父母、伯叔父母、兄弟、姑、姊妹及與夫之緦麻以上親，若妻母姦及欲害夫者，雖會赦，皆為義絕。妻雖未入門，亦從此令。

　　這些罪行，包括夫犯妻族、妻犯夫族、夫族妻族相犯、妻犯夫四種情況，每一罪行都是獨立犯罪，負有刑責之外，又成為義絕，足見夫妻關係「義絕則離」規定，屬於刑罰並附帶民事後果。同時上列諸罪行，除夫妻之間外，也詳列夫族、妻族罪行，而且包含兩族間的自相殘殺行為，屬於「侵身犯」，除通姦外，有詈、毆、傷、殺及害身。[22]這種情況，說明宗法關係重於夫妻關係，[23]而夫妻之間又以夫為重，尤其包括妻「欲害夫」的動機（犯意）以及尚未入門之妻在內，從今日看來非常不公平，但充分展現「婦人以夫為天」（《唐律疏議‧職制律》「匿父母及夫等喪」條，總120條《疏》議）、「婦人從夫，無自專之道」（同前引《唐律疏議‧戶婚律》「義絕離之」條，總190條《疏》議）。同時實現《禮記‧昏義》所說的：「昏禮者，將合二姓之好，上以事宗廟，而下以繼後世也。」此意即婚姻為結合兩個家族，對死去的夫家祖宗按時祭祀，以及生育而延續夫家血脈，負起傳宗接代的重任，並非只是當事二個人的私事而已。[24]法律的規範，不只在於承認婚姻的合法性，同時也在保障二族（二姓）的合好，以做為建立良好社會秩序的起點。也就是說社會秩序的起點，在於婚姻所建立的家、家族，而非個體。[25]

　　以上所舉君臣、夫妻諸例，均用來說明基於「義」而合而離的人倫關係規定。代宗大曆年間，國子司業歸崇敬曾有改革國子監（簡稱國學）教學制度之議，其中提到：「自

21　朱熹《四書集注‧孟子‧萬章下》。

22　參看戴炎輝〈中國固有法上之離婚法〉（收入前引戴炎輝文教基金會發行《傳統中華社會的民刑法制：戴炎輝博士論文集》原刊《法學叢刊》62、63、64，1971），頁130。

23　參看錢大群《唐律研究》（北京，法律出版社，2000），頁309。

24　參看劉玉堂〈論唐代的「義絕」制度及其在法律後果〉（《中南民族大學學報‧人文社會科學版》2005-6），頁114；任亞愛‧張曉飛〈論「義絕」之「義」〉（《新疆社會科學》2008-2）頁76。

25　參看前引劉俊文《唐律疏議箋解》下，頁1058。

艱難已來，取人頗易，考試不求其文義，及第先取於帖經，遂使專門業廢，請益無從，師資禮虧，傳受義絕。」(《舊唐書‧歸崇敬傳》) 由於安史之亂以來，貢舉取人輕易，而影響官學正常教學，師資爲之缺乏，導致「傳受義絕」，雖非爲法制所規定的義絕，但也可作參考。

四、義合與義絕在法制上的意義

不論義合或義絕，在法制上均是藉「義」來表現非血緣性的人倫結合關係，就義合、義絕及不義情況加以規範。以義相從，是爲義合；背義而離，是爲義絕；「背禮違義」、「背義乖仁」是爲「不義」。何謂義？如前所述，即指義理。若由經學上來解時，「義者宜也」(《禮記‧中庸》)。但從「不義」場合，可知是以禮義、仁義聯稱，足見禮、仁、義爲當時社會秩序的最高價值所在。禮、仁、義三者關係爲何？孔子說：「仁者，天下之表也；義者，天下之制也。」孟子對梁惠王也強調仁義的重要，朱子集注《孟子》釋曰：「仁者，心之德、愛之理；義者，心之制、事之宜也。」可說是對仁、義的最佳解釋，也就是以仁表慈悲胸懷，義爲事物至理。漢劉安釋禮義，曰：「夫禮者，所以別尊卑，異貴賤；義者，所以合君臣、父子、兄弟、夫妻、朋友之際也。」(《淮南子‧齊俗訓》) 此處將具有血親的父子、兄弟關係亦釋爲義，不免解釋過度，但仍可參考。此即以禮作爲人間尊卑、貴賤的差序依據，而以義作爲衡量各種人倫的秩序。《禮記‧冠義》曰：「凡人之所以爲人者，禮義也。禮義之始，在於正容體、齊顏色、順辭令。容體正，顏色齊，辭令順，而后禮義備，以正君臣、親父子、和長幼。君臣正，父子親，長幼和，而后禮義立。」則是綜合禮、義作用的最佳解釋。而《禮記‧中庸》所說：「仁者，人也，親親爲大。義者，宜也，尊賢爲大。親親之殺，尊賢之等，禮所生也。」可說是對仁、義、禮三者關係作了最具體的定義。

五、結　論

傳統法對於人間秩序的規範，都是以倫理化作爲準則，大凡區別爲親屬關係與義合關係。親屬關係可分爲內親與外親，義合關係即內親關係以外的人際關係，依據尊卑，貴賤原理，有君臣、官吏、師生、夫妻、道僧等義合關係。義合關係的秩序原理，仍比附喪服禮之五服制來規範，尤其斬衰、期親，乃至於服制外的朋友關係。義合指以義相從，不合則去，是爲義絕。惟夫妻婚姻之義絕，因係侵身犯，屬於強制離婚，所以定於律。不論義合或義絕，皆屬於個體或族群雙方關係，但唐律進一步規範「不義」，而列入「十惡」，是因爲不只犯義，而且違背禮、仁德目，背離儒教社會價值體系，自是綱紀所

不容的罪大惡極罪行，這是傳統法在道德律方面的典型代表。

　　總之，義是非血緣人倫秩序的總體表現，由義擴及仁、禮的德目，而以家族秩序作為起點，進而涵蓋整體國家社會的秩序；再配合血親的親屬（含外親）的親親秩序，依據禮的原理建置律令制度。於是整個國家社會在法律的規範下，具體完成大家庭結構的秩序。這個立法原理，是以家族為單位而具有宗法性、倫理性，並非以獨立的自然人作為法律關係主體，這便是唐朝律令制度，乃至傳統法的最大特色。

兩性平權與國際扶輪女社
～不是生為女人，而是變成女人的～

馬 德 程

一、引 言

　　從十七世紀到二十世紀中葉的近三百五十年間，中國女性從傳統跨入了近代，多變的時間洪流裡，她們的命運與另一半是息息相關的。

　　社會研究是很受時代思潮和環境的影響，因此歷史會需要不斷重寫，也不斷的會開發新領域。歐美婦女史或性別史的興起，其成為史學研究的顯學之一，是晚近的事，她顯係後現代主義，女性主義思潮衝擊下的一個產物。在台灣，中國近世婦女史事的探索，無可諱言的，是受到西方新文化思潮的影響，其受重視，也不過是近十餘年來的事。

　　近年來平權運動在台灣風起雲湧，勢不可遏。建構婦女生命史，逐漸打開過去歷史詮釋率由男性手中而衍生的得失，歷史已不再是「His History」。

　　本地的中國婦女研究，主要圍繞著幾個主軸：如生育文化、寡婦守節、婦女職場、女權運動等。

　　在台灣從事女史研究的學者，大都曾在美國留學，主題與方向大多與留學國相類。總的來講，新世代的婦女史學者都注意到，如何以性別的來重構詮釋中國歷史。本文之作，試圖以國際扶輪社台灣地區女性加入，及其對社會的服務，來彰顯扶輪百年，扶輪適應社會潮流因應之道的時代意義。

　　台灣婦女史研究中心有：台灣大學人口研究中心婦女研究室。設立於民國 74 年；民國 78 年新竹清華大學人文社會學院設有兩性與社會研究室；中央研究院近代史研究所，設有「近代中國婦女史研究計劃」；高雄師範大學性別教育研究所以及世新大學也設有性別研究所等。

　　至於中國大陸的情況，就教學方面而言，其女性社會學作為一門獨立的課程，始於20 世紀 90 年代中期。首先是北京大學社會學系開設了碩士班。據統計截至 2003 年 6 月

開班的大學有 20 所，授學位的也增到 10 所。

把婦女史視爲社會性別史，視野、空間都會加大加深。近百年的歷史長河，傳統與現代，不同階層的婦女所顯現的內在自我，兩性互動，婚姻情慾、女性文學、性別與國家、女子教育、戰爭影響與跨國文化，及貧困女性化等問題，都是可以反省和檢討的題旨。

二、遠古時期的婦女

古代的人，原先不識得誰是父親，只知道母親。這是氏族社會，也是母系社會。人們那時有姓，有氏之別。女人用姓，男人用氏。姓，是母親的，女人的，是代代相傳來的。

母系社會的時間很長，約有幾十萬年。關於這個長時期的古人類的歷史，沒有記載，沒有史料，更沒有史書。

母系社會的形成，主要原因是孩子不知道父親是誰。只知道生他、養他的母親。母系社會、沒有史的記載，所以不能有個清楚的了解。但是，我們也可以找到一些那一時代的某些遺跡遺軌。依據《詩經》的古詩，古民歌，可以找到一點點。

第一首詩，是〈玄鳥〉：「天命玄鳥，降而生商，宅殷土芒芒。」

第二首詩，是〈長發〉：「洪水茫茫，禹敷（塡土也）下土方，外大國是疆。幅隕既長，有娀（國名）方將（大也），帝立子生商。」

這兩首是關於商代的，商王是天上下來的。他有母，而不知父。

在《呂氏春秋》古經書裡，也有相類的記錄。是說有娀氏，有二女。及長，長女吞了玄鳥（燕子）的卵，生子「契」。契無父，母親是有娀氏。商，以爲契是他的始祖。

前面是「玄鳥生商」的故事。再說周朝，在《詩經》裡也有「生民」、「閟宮」二詩。都說周王及其先祖，乃是天上的神，相中了一個女性姜嫄，讓她懷孕。只提了母親，未說到父親。

「姜嫄」，是怎樣的呢？周王，常常同姜姓的氏族通婚，所以，就推想最早的女祖爲「姜嫄」。「嫄」者，源也，是周的來源。

從上面所說的故事，商周兩朝的帝王先祖，都是女性。商的女祖，是有娀氏；周的女祖，是姜嫄。

人類最先是行「血族婚」，即本氏族內的兄弟姊妹通婚（如日本天皇家族）。後來，有了「群族婚」，即與另一氏族通婚，對象不固定。其後，又有了「夫妻制」，即一夫一妻制。

當夫妻制出現，人類就不再是只識得母親，不認得誰是父親了。再加上勞動分工的發展變化，男人是重要的勞動者，作用大，地位隨之提高。所以，母系社會也漸漸發展變為父系社會。

尤其男人的氣力比較大，舉凡在保衛、打獵、生產、打仗中，作用是明顯的。生產方式的發展，除了吃、穿外，有了剩餘。有多餘的財物，於是私有觀念建立，人類社會發生了大變革。

在以男性為中心的社會裡，父子之倫居人倫之首。傳統倫理中，其道德規範是「孝」。在諸多「孝」的要求中，又以傳宗接代，繼承香火為大。孟子說：「不孝有三，無後為大」。《孟子・離婁》「重男輕女」、「多子多福」、「養兒防老」等的性別歧視生育習俗。

在歷代中國人心目中，究竟如何看待婦女。男女在婦女觀念上有些什麼不同。婦女觀念和中國歷史，傳統文化有著密切的關係。如宗教信仰（佛、道、民間宗派等），世俗習慣逐漸形成之婦女觀，其各自衍演，相互影響，矛盾、滲透融合。

三、當代中國的婦女

婦女佔中國人口之半數。

明末清初隨著資本主義萌芽，爭取男女平等的思想初露。太平天國宣傳男女都是兄弟姐妹，鼓勵「男將女將盡持刀，（中略）同心放膽同殺妖。」過後，戊戌維新變法，宣傳了興女學、不纏足、進行了男女平權的啟蒙。

在中國九百六十萬平方公里的土地上，生活著的女性人口總量十分龐大。1982 年中國大陸第三次人口普查的數據，中國（除台、港、澳）有女口四億八千八百多萬。1990年 7 月 1 日 0 時，具有中共國籍，在大陸地區常住女性人口為 548,732,579 人，佔總人口的 48.4%，性別比為 106.6（女性為 100）。隨中共人口數的增加，中國女性人口也日益增多。

二次世界大戰以前，中國女性的特點是壽命短，生育多，一輩子都沒有空閑的時間。在大家庭中，女性日以繼夜的操作家務，而其短暫的生涯又處在「生育期」的重擔下。性交、分娩、養育……這一切都是在毫不考慮女人本身的意願，或對性一無所知的狀態下進行的。

中國其現代化的過程中，農村婦女的教育還是令人擔憂的。一項研究顯示，在商品經濟和市場機制扭曲下，農村中，小學生的輟學現象嚴重，1980-1988 年，全國至少有4000 萬中小學生棄學，這其中大部分是農村女性。1988 年學齡兒童未入學的 83% 是女性，300 萬流失中又有 70% 是女性。這使得農村婦女文化素質有進一步惡化的趨勢。第

四次人口普查中，文盲率為 15.88％，平均每六個成人中就有一個文盲，而婦女為每 4.5 人中就有一個是文盲（見《我國轉型時期社會發展狀況》載《社會學研究》，1991 年，第 4 期）。

此外，因教育的落後，影響營生，據金一虹《經濟改革中農村婦女的現狀與出路》一文，謂陝西長安、涇陽兩縣的抽樣，1986 年，婦女的年均收入為 807.1 元（人民幣），最高 2,087 元，最少為 0。婦女的收入在家庭總收入中的比重只有 27.7％。雖然十年改革中，婦女經濟的收入已有改善。但與男性相比，還是有很大的差距，而且現代化進程中還會擴大。

若從另一方面看，少女工資的高低影響她們上學的時間。連帶的，婦女工資率對影響婦女生育決策的經濟因素的研究變得非常有趣。這就是經濟學家認為，工資的高低是決定勞動時間長短的一個重要因素。

尤有甚者，「一胎化」人口政策的實行，出現兩種不容忽視的現象：（一）人口性別比例偏高，男孩多於女孩。（二）儘管大陸 1992 年頒佈《婦女權益保障法》明確規定，「禁止歧視、虐待生育女嬰的婦女和不育的婦女。」（此法第六章第二十五條）但對生女孩婦女及女孩的歧視和虐待現象仍時有所聞。

當前大陸正實施改革與開放，引進競爭機制，這是中國社會的大震動，大變化的時期，也是中國女性面臨新的環境。農村婦人增加了現金收入，從而提高了她們在家庭和社會上的經濟地位。婦人的自卑依附心理正在克服，自主意識正在增強。在改革的浪潮中，已經出現了一批女企業家，新型女農民、新的社會活動家……。

但是，新的難題還是存在，輕視婦女的觀念重新抬頭，說什麼「講效益，弱者回去，女的回去。」，說是 「老、弱、病、殘、女」把女性打入社會的照顧對象。經濟這個怪獸，從來是不教就要測驗的教師。向來是嚴酷無情的代名詞。它從不講道義和同情。中國婦女又面臨新的挑戰。

四、貧困女性化？

「貧困女性化」一詞，最早是 70 年代後期在美國提出的，當時發現貧困率增長最快的家庭結構是女戶主家庭，由低收入或貧困的婦女和孩子組成。根據 1995 年 9 月在北京召開的世界婦女大會（FWCF）通過的《行動綱領》，「當今世界上 10 億多人生活在令人無法接受的貧窮狀況，其中大多數是婦女，多數是在發展中國家。」
「貧困以女性面貌」出現的原因有三：
女性單親家庭的增長此其一；家庭內部兩性間不平等，對女性的歧親其二；新自由

化經濟政策，包括結構調整及一些後社會主義的經濟轉型，此其三也。在不同地域婦女貧困的情形，正說明貧困女性化的事實。

到 80 年代後期，據估計，全球家庭中女戶主家庭佔 17%至 28%。一份材料提到，在開發國家中，女戶主家庭佔 23%，而非洲撒哈拉沙漠以南地區特別高（31%），但最高的則是加勒比海地區，約為 35%，這是有特別社會習俗造成的。

早年生育，由未受完整教育的婦女撫養孩子的家庭，是貧困代代相因的（即從母親傳到女兒）。這類女戶主家庭的成員很難找到工作，不僅因為她們本身受的教育不完整，還因為她們只能找到低工資工作，沒有福利待遇，也得不到為她們經濟能力所及對孩子的照料。

據美國人口局的資料，在美國到 1986 年，由婦女支撐的貧困家庭的百分比增加到 51%，比 1959 年增遞了 21%。

以婦女為對象的調查，必要收集代表所有婦女的數據。有經濟困難的婦女常常不是男戶主的妻子。女戶主（其中應區別未婚、分居、離婚和喪偶的婦女）家庭如此繁多的原因各異，而在東歐、西歐和美國，一個重要的原因是，婦女的壽命比男人長，60 歲以上的婦女佔很大的比例。在這些國家，易於得到住房、社會上對單親母親及女性與就業，採比較有利的態度，在形成女戶主家庭的情形，是有可能起作用的。

開發國家資源多，研究受重視，自然留下了數據。如在美國，單身母親從 1980 年的 580 萬增加至 1990 年的 770 萬。五個單身母親中有三個是生活在貧困邊緣，其每年個人收入平均 9,353 美元。

根據八大工業化國家與貧困的調查研究，婦女的人口變化與其所居住的福利國家類型有關。單親母親只是在美國比較普遍，約有 10%婦女獨自撫養子女。此外，結婚和就業能降低婦女陷入貧困的危險。在所有國家中，沒有工作的單身母親貧困率最高。

一般的婦女一生中苦幹，死了，根本沒有人記得她們。這種殘酷的狀況是我們一半人口赤裸裸的現實，僅僅因為這一半人口生為女人。

總之，婦女至少在三個方面，尤其是嚴重貧困的受害者：男女性別不平等，婦女沒有得到其應得的權利，也沒有能夠發揮其能力，易於陷入貧困。其次，在生產和生育方面，她們工作時間比男性長，但掙的錢卻少，甚至是些沒有工資的工作。第三，由於文化、法律及勞動市場限制，她們擺脫貧困的能力相對也就受到制約了。

從長遠來看，教育和就職可以改進婦女地位，保證性別平等得到進展，此外，隨著生育權的自主，也得使粗生率降低。

五、婦女地位的發展趨勢

美國自 60 年代以來，女權思想和婦女運動迅速發展。70 年代，美國許多大學設立婦女研究學系（Women's Studies）。30 年來幾乎普及所有研究水準較高的大學。80 年代後，重心由婦女研究轉爲性別研究（Gender Studies），研究兩性問題者日眾，使性別分析成爲社會分析的主要環節，較諸種族、階級、地域等因素更爲引著。

然而，多年來立論提昇婦女地位者，率多著墨於教育，教育才是決定女子經濟地位的最大關鍵所在。清末民初西方傳教士來華興辦女學，對於我國女子教育是有貢獻的，這是一種國力的提升，當時中國有識之士，意識到並鼓吹女子受教育的重要性。

教育和培訓不僅能提高婦女在外的工作的生產力，而且有助於她們在做家務和帶孩子的能力。比如說，對年輕婦人進行適當的營養指導比讓她們花長時間做飯，更能改善家庭成員營養的狀況。

同樣，人們研究發現婦女撫育孩子的質量與其受教育程度有關。有關研究還表明在女性受教育程度越高，使用避孕措施的比率越大。這正印驗了「貧者恆多子」的一句老生常談了。當然，美國山額夫人來華推介避孕，女子奪回了生殖權，也是婦女真正解放的一大步。

母親教育方式的妥當，甚至可降低子女發生同性戀或性功能正常的重要因素。母親的施教妥當與否關係著後代的身心健康，的確不可掉以輕心。

印度婦女教育家卡魯納卡蘭對女性教育的特殊意義作了解說：「教育一個男人、受教育的只有一個人；教育一個女人，受教育的是好幾代人。」（見韋鈺主編《中國婦女教育》，頁引。浙江教育出版社，1995 年版。）因此我們認爲，採取靈活實用的措施，改變女性受教育的觀念，是實現可持續發展中的男女平權原則的重要前提。

中國大陸已由計劃經濟步向市場經濟，性別差異呈擴大之勢。1992 年召開的「聯合國環境與發展大會」，製訂並通過的《21 世紀議程》，第 24 章《爲婦女採取行動以謀求可持續的公平發展》中，詳細列舉了切實貫徹執行實現，可持續發展中男女平等原則的具體措施（見《聯合國與提高婦女地位〔1945-1995〕》，頁 528-529。聯合國新聞部出版，1995 年版），即著眼在教育上。

以上最初的構想是通過現代化的過程，將發展的好處逐漸惠及社會中的所有群體，包括婦女逐漸消除貧窮。但是，這種模式到 20 世紀 70 年代遭到挑戰。又如隨著市場經濟的建立，表面上承認婦女是有自己權利的個人，但由於婦人承擔著雙重重擔，沒有平等條件在市場上與男人競爭，市場對女性的施惠是有局限性的。顯見的事實現代化並沒

有解決不平等的問題，相反使之更為嚴重。

至於台灣女子教育的狀況，據今年（94 年）7 月 30 日《中國時報》的報導，大學新生錄取率創新高，已達 90％以上，女子進入大學已沒有限制。女子升學的問題反倒是「有錢沒問題，問題沒錢。」

六、國際扶輪社的女社

當扶輪社創立於 1905 年時，其社員資格反映了當時的社會，但是這些規定在 1987 年有了改變。

社員資格規定的改變開始於 1978 年，當時加州的一個扶輪社在准許兩名女性入社後，對僅限於男性的規定提出挑戰。因此舉違反國際扶輪章程，社證就被撤銷。該社隨即向加州的法院提出告訴。1983 年加州的一審法院裁決扶輪的社員資格政策不違反加州法律。1986 年加州上訴法院做出與下級法院相反的判定。加州最高法院拒審此案，因之上訴案呈美國最高法院。

1987 年，扶輪遵守美國最高法院判決，「允許美國境內的扶輪社核准合格的女性入社成為扶輪社員。」1988-1989 年度第一位女性加入了扶輪社。當年的國際扶輪社長是柯百樂（M.A.T. Caparas），年度主題是「扶輪帶來希望」。國際扶輪理事會立即發表一紙政策聲明，允許美國任何一州的扶輪社得邀請女性為社員。俾使扶輪社員的組成能普遍反映出社區各項事業及專業的領袖。其真正的社區代表性才能使扶輪社的服務達到最高效率。

1989 年國際扶輪的立法機構，每三年召開一次的立法會議，票決廢除了扶輪社社員僅限於男性的規定。讓女性入社的提案第一次是在 1972 年的立法會議上被提出的。

國際扶輪為了鼓勵把焦點放在婦女問題上，曾在理事會裡設立了兩個獎項：

一、地區階層的「珍・哈理斯獎」（Jean Harris Award）：旨在表彰有重大貢獻非扶輪社員的婦女個人。本獎項後在 1999 年 2 月 19-22 日 R1 理事會上取消。

二、「扶輪促進婦女進步獎」（Rotary Award for the Advaucement of Women）：每年在全世界表彰一個傑出促進婦女發展和進步的扶輪計劃。

並且在 1996 年，為了找出影響全世界婦女發展和進步的關鍵問題，以及討論出扶輪社解決這些問題的最好方法，特別召開了一次國際扶論「未來社會的婦女委員會」（Women in Future Society Committee）會議。

根據該委員會的建議，國際扶輪理事會要求各社把焦距放在教育、保健、經濟及自我發展。並提供每一大類的相關資訊，及一些扶輪計劃構想，讓全球各社在其社區能成

功的為婦女服務。

到 2005 年各地區已有許多女性社員擔任社長、地區領導人及進入國際階層扮演領導角色。巧得是 2004-2005，台灣七地區中有兩位總監是女性，一位是 IPDG. Michelle（3480）及 IPDG Pauline （3520）即為明證。

國際扶輪社員人數現有 1,219,532 人，社數 31,936 個。統計台灣七個地區的女社數字如下：

【 台 灣 七 地 區 女 社 一 覽 表 】

地 區	社 名	人數	輔 導 社	授證日期	地區女性數	例會時間	男女合社女口
3490	三重南區	34	三重中央	1990. 2. 25	243	週四午	53
	板橋中區	20	板橋北區	1995. 6. 22		週二午	
	三重南欣	29	三重南區	1998. 5. 29		週一午	
	樹林芳園	40	樹 林	1998. 6. 6		週二午	
	新莊南區	13	新 泰	1998. 6. 23		週三午	
	三重千禧	22	三重南區	2000. 5. 31		週三午	
	土城山櫻	32	土 城	2004. 3. 24		週二午	
3480	台北芙蓉	48	台 北	1991. 6. 27	399	週五午	159
	台北永福	38	台北西區	1995. 4. 25		週五午	
	台北蓬萊	28	台北西北區	1996. 12. 11		週四午	
	台北永平	33	台北和平	2002. 3. 24		週五午	
	台北木蘭	27	台北大安	2002. 5. 7		週五午	
	中和福美	19	中 和	1997. 12. 3		週二午	
	台北百福	20	台北福星	2004. 9. 17		週三午	
	台北百合	27	台北城中	2005. 6. 2		週四午	
3520	台北華麗	36	台北華南	1995. 5. 16	394	週二午	254
	台北華樂	28	台北華麗	1998. 4. 12		週三午	
	台北北安	42	台北北區	1999. 5. 21		週五午	
	台北逸仙	34	台北南區	2001. 6. 17		週四午	
3500	桃園東南	41	桃園南區	1996. 4. 1	246	週五午	126
	桃園中區	30	桃 園	1996. 4. 30		週二午	
	桃園百合	26	桃園西區	2002. 6. 17		週二午	
	新竹美好	23	新竹東南	2002. 6. 18		週四午	
3460	台中中央	40	台 中	1992. 3. 27	207	週五午	41
	員林誼真	31	員林中區	1996. 6. 2		週二午	
	豐原中央	13	豐 原	1996. 6. 5		週五午	
	彰化松柏	20	彰化中區	1997. 8. 11		週三午	
	台中合美	32	台中東南	2003. 4. 27		週三午	
	大甲百齡	30	大甲中央	2005. 4. 22		週二午	
3470	台南鳳凰	33	台南南區	1992. 5. 26	111	週二午	8
	嘉義百合	26	嘉義北區	1992. 6. 27		週四午	
	善化蘭心	25	善 化	1999. 2. 7		週二午	
	虎尾中央	19	虎 尾	1999. 8. 5		週三晚	
3510	高雄欣欣	19	高 雄	1990. 5. 30	257	週二午	55
	高雄拾穗	36	高雄東北	1990. 8. 5		週五晚	
	屏東溫馨	34	屏東南區	1992. 6. 27		週五午	
	高雄仁愛	15	高雄西區	1994. 5. 9		週二午	
	紫 丁 香	16	岡 山	1999. 3. 6		週二午	
	屏東屏鳳	44		1999. 6. 30		週五午	
	屏東百合	20	屏東東區	2002. 6. 27		週二午	
	恆春恆馨	18	恆 春	2003. 2. 27		週二午	

　　上述表列，可知 3490 地區無有女社；都會區的女社社數社齡及人口比例多而高。41 個社裡僅一社例會時間是晚間，符合扶輪慣例，也沒有早餐社，便於照顧家庭。女社員業緣率多為證照的專業人士。

　　國際扶輪基金會第一位女性保管委員卡洛琳‧瓊妮絲（Carloyn Jones），在今年（2005）芝加哥年會上說：「才不過 16 年之前，扶輪還沒有女性社員。1989 年讓女性加入的歷史性決議，現有 14 萬女性加入了。」她說扶輪為婦女辦理的服務計劃吸引並留住了有心奉獻的女性扶輪社員。又繼續說道：「當我與其他四名婦女進入扶輪時，我們全都覺得這是證明我們能夠成為優秀扶輪社員的挑戰。」

七、結　語

　　台灣近代的歷史，是一個多元文化激盪的史事。她有中國文化豐盛的根源，也有直接接軌西方的機遇。台灣文化有許多滲透層，以汲取其精粹，寄語扶輪女社，眼光放遠，格局變大。多年來的種種，都有加以反省，也都有釐清與界定的空間。

　　中國女權運動歷經百年，有目共睹，成就不凡。如果一定要與男女平權主義聯繫在一起才能為人理解，那麼，可以看作一個流派，稱之為「父性的男女平權主義」又何妨。這倒真是像是高度概括了傳統的、現代的，當代的中國婦女運動的基本性質。

　　兩性平權，從一百年前，到了今日，人類的口數到了時下 60 億，鮮活的生活始終在進行著。百年後兩性平權的未來，我們今日無法想像。

　　兩性平等似乎成當下的顯學，在面對人類新世代的來臨，生物科技的進展，日新又新。近時英國作戰隊向同性戀族群招手，其無性生殖、同性生育、複製人等等，在在說明兩性史觀的蛻變，及其延伸的空間。平權的問題，祇是時下時髦而已。

　　盲目鼓吹女權，史學會再度失焦。一部全面、完整的中國婦女通史尚待建立，眾多的研究領域有待開發。邁向兩性平等史觀的確定和信史的重整，正是當前的要務。

　　是以當今國際扶輪在台灣地區女性社友分析的開始之作，當我試圖以此為題時，與眾多女社友訪談，分享其成長經驗，她們都流露幾許自信，這就是當今的女性，也就是當下台灣女性社友的通識。扶輪世界曾對婦女問題作了種種服務，現在可以自己來做了。

　　未來，總得比過去好才行。更美好的明天，建立在了解過去的基礎上。女人必須挑起她們對社會公共組織的那份責任做為回饋，並在私自領域學習以平等態度去關愛男人，視男人為伴侶。從今起，一切未來發展必須從兩性的角度考量，男女二者對歷史的塑造是同等重要的。

　　行文到此要戛然而止了，也許將來會有一部專論扶輪女性觀的專著來彌補此文的不

足缺憾。然而細心美麗而聰慧的女社友，不難從歷代女性觀的衍變中，一窺當代流變的大勢。

古人常謂：人一世，草一冬。嫣然一笑，天涯便成了家鄉；女性的一笑，家園家族的一笑，問號便成了句號。

參 考 書 目

（一）工具書

一、小林徹行編，《中國女性文獻研究分類目錄》，汲古書院，平成 13 年 11 月 1 日發行（2001.8.31），P.127。

二、王樹槐等，《近代中國婦女史中文資料目錄》，中央研究院近史所。民國 84 年 8 月出版，P.839。

三、崔伊蘭，《台灣婦女研究文獻目錄》，台大人口研究中心婦女研究室編印。民國 79 年 5 月，P.180。

（二）中文書籍

一、王子今，《古史性別研究叢稿》，社會科學文獻出版社，2004,12。P.378。

二、王金玲主編，《女性社會學》，北京高等教育出版社，2005,5。P.190。

三、王紅旗主編，《中國女性文化》，第三卷，中國文聯出版社，2003,3。P.274。

四、中國科學院等，《中國人民共和國國家經濟地圖集》，中國地圖出版社，1993,6,1。P.373。

五、中國國民黨中央委員會政策研究工作會，《婦女地位與兩性平等關係》，合苑彩色印製公司，民國 83 年 7 月 28 日出版，16 開本。

六、中華全國婦女聯合會編，《中國婦女運動百年大事記》，中國婦女出版社出版，2003,8。P.313。

七、沙吉才，《中國婦女地位研究》，中國人口出版社，1998,9。P.386。

八、朱楚珠，《中國女性人口》，河南人民出版社，1991,8。P.371。

九、李小紅，《性別與中國》，三聯書店，1994,6。P.544。

十、李小紅，《主流與邊緣》，三聯書店，1999,7。P.272。

十一、李銀河主編，《性文化研究報告》，江蘇人民出版社，2003,8。P.301。

十二、李銀河主編，《西方性學名著提要》，江西人民出版社，2003,3。P.685。

十三、李宏圖、王加豐選編，《表象的敘述 ── 新社會文化史》，上海三聯書店，2003,12。P.298。

十四、李鐵映主編，《中國人文社會科學前沿報告 NO.3（2002 年卷）》，社會科學文獻出版社，2004,6。P.689。

十五、邱仁宗主編，《女性主義哲學與公共政策》，中國社會科學出版社，2004,8。P.398。

十六、杜芳琴，《女性觀念的衍變》，河南人民出版社，1988。P.390。

十七、林吉玲，《20 世紀中國女性發展史論》，山東人民出版社，2001,9。32 開本。

十八、周越然，《言言齋性學札記》，廣西師範大學出版社，2004,12。P.365。

十九、夏曉虹，《晚清女性與近代中國》，北京大學出版社，2004,8。P.338。

廿 、馬庚仔，《中國近代婦女史》，青島出版社，1995,10。P.312。

廿一、荒木主編，《中國女性主義》，廣西師範大學出版社，2004,3。P.248。

廿二、陳平原等編，《晚明與晚清：歷史傳承與文化創新》，湖北教育出版社，2004,5。P.618。

廿三、陳東原，《中國婦女生活史》，上海商務印書館，民國 26 年 5 月再版。P.439。

廿四、陳碧雲，《婦女問題論文集》，上海畢業基督教女學青年會全國協會，民國 24 年 2 月初版。P.205。

廿五、陳學超主編，《國際漢學集刊》，中國社會科學出版社，2004,9。P.417。

廿六、陳智英，《當代世界女潮與女學》，鄭州大學婦女研究中心，1990,7，河南人民出版社。P.390。

廿七、許芳庭，《戰後台灣婦女運動與女性論述之研究》（1945-1972），東海大學歷史所碩士論文，民國 86 年。P.138。

廿八、曹榮湘選編，《後人類文化》，上海三聯書店，2004,7。P.333。

廿九、劉大椿主編，《中國人民大學中國人文社會科學發展研究報告 2005：精品與評價》，中國人民大學出版社，2005,4，P.435。

卅 、劉翔平等，《西方心理學名著提要》（二），昭明出版社，1999,9。P.339。

卅一、張人俊等，《心理學著作辭典》，天津人民出版社，1989,1。P.486。

卅二、劉慧英編著，《遭遇解放：1890-1930 年代的中國女性》，中央編譯社，2005,1。P.331。

卅三、劉詠聰，《女性與歷史 ── 中國傳統觀念新探》，台灣商務印書館，1995,1，台一版。P.145。

卅四、張邦煒，《宋代婚姻家族史論》，人民出版社，2003,12。P.506。

卅五、鄭杭生、李路路主編，《中國人民大學中國社會發展研究報告 2005 —— 走向更加和諧的社會》，中國人民大學出版社，2005,4。P.291。

卅六、謝臥龍主編，《知識型構中性別與權力的思想與辯證》，唐山出版社，2004,6。P.524。

卅七、羅清旭等，《西方心理學名著提要》（一），昭明出版社，1999,9，台一版，P.310。

卅八、趙鳳喈，《中國婦女在法律上之地位》附補篇，食貨出版社，民國 62 年 3 月台初版。P.204。

（三）翻譯書籍

一、〔美〕弗里丹著．程錫麟譯，《女性的奧秘》，廣東經濟出版社，2005,4。P.392。

二、〔美〕施密特著，徐向東等譯，《啟蒙運動與現代化：18 世紀與 20 世紀的對話》，上海人民出版社，2005,5。P.541。

三、〔日〕富士谷篤子主編，張萍譯，《女性學入門》，中國婦女出版社，1986,12。P.224。

四、〔美〕凱特．米利特著，宋文偉譯，《性政治》，江蘇人民出版社，2000,3。P.508。

五、〔美〕羅莎琳．邁爾斯著，刁筱華譯，《女人的世界史》，麥田出版社，1998,12。P.360。

六、〔美〕羅斯著，曉凱譯，《E.A.羅斯眼中的中國》，重慶出版社，2004,7。P.230。

七、〔英〕靄理士著，潘光旦譯註，《性心理學》，商務印書館，2003,3。P.783。

八、〔美〕瑪麗蓮．榮龍著，何穎恰譯，《乳房的歷史》，先覺出版公司，2003,11，八刷。P.394。

九、〔法〕西蒙．波娃著，陶鐵柱譯，《第二性》，貓頭鷹出版社，1999,10。P.689。

（四）國際扶輪叢書

一、大衛．佛沃德（David C. Forward）《一世紀的服務：國際扶輪的故事》，扶輪出版委員會，2004,11。P.357。

二、李博信編《台灣扶輪 70 年史》，笙霖印刷公司，2005,6。P.456。

三、《2005-2006 社員名錄》，扶輪出版委員會編印。P.1339。

林天蔚教授對推動海內外地方志學術交流的貢獻

陳　強、侯月祥

廣東地處祖國南大門，毗鄰港澳，祖籍廣東的華僑華人及港澳台同胞眾多，爲開展海內外地方志學術交流、促進兩岸三地的地方志事業的發展提供了有利條件。尤其是廣東自 1984 年 3 月啓動編修新方志後，海內外地方志學術交流更加頻繁，效果更爲顯著。這方面，林天蔚先生做了許多推動工作，作出了貢獻。

一、促成大陸地方志機構首次與港澳台學術界的交流

林天蔚教授祖籍廣東茂名，原任教於香港大學，先後在香港、台灣和美國、加拿大等地區從事史志研究工作，有專著 10 種，論文近百篇，是華裔知名歷史學家。早在上世紀八〇年代後期，他就不辭勞苦，奔波于粵港澳台之間，爲兩岸三地交流學術信息，溝通學術聯繫，適時推動、組織召開地方志學術活動。1988 年 8 月，廣東省地方史志辦公室，廣東省地方志學會在廣州舉辦大陸首次粵港澳台地方志學術交流會，在大陸地方志界影響深遠，其中林教授功不可沒。

1984 年 12 月，廣東省召開第一次地方志工作會議以後，在全省範圍內開展了編修省、市、縣（市、區）三級綜合志書的工作。爲溝通廣東與港澳台地區地方志學術界的聯繫，加強學術交流，徵求港澳台地區專家學者對廣東新方志工作的意見，徵集相關資料，省地方史志辦公室、省地方志學會于 1988 年 8 月 26-27 日在廣州迎賓館召開「粵港澳台地方志學術交流會」。這是大陸地方志機構首次與港澳台地區學者開展的學術交流。籌備期間，林教授熱情協助，往來于兩岸三地之間，推薦港澳台學者參加。與會港澳台地區學者近 20 位，包括香港大學、香港中文大學、香港浸會學院、香港珠海書院、香港新亞書院，澳門大學，台灣省的逢甲大學、中國文化大學、研究院等的學者。粵港澳台學者第一次歡聚一堂，暢所欲言，就大陸新方志的編修中如何記述祖籍廣東的華僑（華人）與港澳台地區人物與有關事件、如何記述歷史上的粵港澳關係、如何增強志書科學性和可讀性、志書的出口發行、如何爭取華僑（華人）及港澳台同胞支持家鄉修志等問

題，發表了許多寶貴的意見和建議。特別是有關港澳地區能否編修地方志、以後如何加強粵港澳台地方志學術交流，進行了較深入的討論。這次研討會，打通了粵澳港台地方志學者聯繫的節點，開通了聯繫渠道，爲後來加強兩岸三地之間和海內外的學術交流打下了堅實的基礎。

二、推動後續海內外地方志學術交流活動

在林教授的協助下，廣東地方志系統利用既有的關係，開拓新渠道，廣交朋友，後續海內外地方志學術交流活動頻繁，課題越來越廣泛，成效越來越顯著。

1、港澳台和外國學者專家應邀參加廣州學術研討會

廣東省地方史志辦公室、廣東省地方志學會每次舉辦學術研討會，都邀請部分港澳台和國外學者專家參加，共同切磋。每次研討會都主題突出，注重實效，增進了解，活躍學術，互有收穫。

1990 年 7 月 17-19 日，在廣州召開「粵港澳台地方志學術研討會」，與會港澳台和國外專家學者有 15 人，交來論文 8 篇。

1993 年 8 月 17-19 日，在廣州召開粵港澳台「華夏文化與地方志學術研討會」，與會港澳台和國外學者 15 人，交來論文 11 篇。

1994 年 12 月中旬，香港大學亞洲研究中心、廣州中山大學、廣東省地方史志辦公室共同舉辦「嶺南文化新探究學術研討會」，先後在香港、廣州（15-16 日）舉行。這次與會香港學者專家較多，近 30 人。

2000 年 1 月 17-18 日，在廣州舉行「廣東省地方志理論研討與工作會議」，也邀請部分港澳粵台和國外學者專家參加。

2002 年 3 月 29-4 月 2 日。舉辦「廣東僑鄉與加國華僑鄉情交流會」，有 29 位加拿大學者參加。

這些學術活動，林教授或親自參加，宣讀論文，或協助組織聯繫。

2、港澳台專家學者個人赴粵研討

不少港澳台學者專家因自己的方志研究專題需要，不時自行赴粵與一些地區的地方志辦公室開展學術交流。涉及的課題如明代廣東經濟、明代廣東對外貿易、鴉片貿易與戰爭、明清粵港關係、廣州十三行研究、區域研究、方言研究、風俗研究、廣東華僑研究、水上居民研究等專題，都到廣東有關地方查找地方志書，利用相關資料進行研究，研究成果突出。

據不完全統計，從 1988 年至 2006 年底的 18 年中，僅廣東省地方史志辦公室、廣

東省地方志學會接待的港澳台學者和國外華僑華人學者達近 120 人次。

3、不少香港學者專家直接參與廣東修志

如《廣東省志》中的「粵港澳關係志」、「方言志」、「人物志」等分志在編修中，都得到香港學者專家的幫助和支持。不少香港學者專家協助縣（市、區）編修了「方言」等編章。

4、廣東學者專家應邀參加海內外研討會

自 90 年代後，廣東省地方志幹部擴大學術視野，應邀參加港澳台地區和美加等地舉辦的各類學術研討會，加強合作與交流。這些活動，林教授都以極大的熱情，發揮了穿針引線的作用。他或親自策劃，或推薦，或協助聯繫，熱情有加，盡力而為。如 1990 年 5 月 4-9 日應邀參加香港珠海書院主辦的「地方史志學術研討會」；1993 年 11 月 23-30 日，應邀參加香港大學亞洲研究中心舉辦的「中國族譜展覽與研討會」；1996 年 8 月應邀參加美國楊伯翰大學舉辦的學術研討會；2002 年 1 月 10-14 日，參加加拿大溫哥華學術研討會；還有後來多次參加美國、加拿大、新加坡及台灣省的學術研討會等。

至 2006 年底，廣東修志幹部應邀參加港澳台有關機構舉辦的學術研討會有近百人次；參加國外學術研討會的有 80 多人次。

這些活動，加強了學術聯繫，新交了不少朋友，開闊了視野，也為修志需要搜集到了不少寶貴的文字資料和口碑資料。

5、接受港澳台同胞、學者專家贈送的資料、書籍

自廣東各地開始編修新方志後，許多廣東籍港澳台同胞、專家學者非常關心家鄉的地方志事業，主動提供或捐贈有關資料和書籍，提供資料線索，出資複印家鄉失傳的歷史方志。如原香港新亞書院學者林森祿先生在香港為廣東省地方史志辦公室複印了明代《廣東通志》、羅香林教授的《客家研究》等資料；新西蘭華人學者孔東先生在香港為祖籍雲浮縣地方志辦公室複印了明代《雲浮縣志》；香港學者馬楚堅贈送了個人專著；林天蔚教授捐贈了 10 多種學術著作給廣東省地方志辦公室。台灣學者黃秀政、曾一民、李德超等也贈送了不少著作。據不完全統計，至 2006 年底，華僑華人及港澳台同胞、專家學者為祖籍捐贈的資料有近百種、近 500 本。

10 多年來，林天蔚教授每年都要來廣東二三次，都是自費，為加強粵港澳台地方志學術交流、為家鄉地方志事業發展而奔波。他曾在廣州作過多次專場學術講演，在天津組織過學術研討會，還曾探訪中國地方指導小組，交流意見，與北京、上海、天津、廣東、四川等地方志專家有廣泛的聯繫。2005 年 5 月 17-18 日，他還到廣東省地方史志辦公室商量籌劃新一次粵港澳台地方志學術研討會事宜，想不到于同年 11 月 25 日在加拿大溫哥華病逝，享年八十有一（二）歲。誠為可惜，其精神令人敬佩。

林天蔚教授對學術的貢獻

曾 一 民

　　林天蔚教授（1924-2005）[1]，廣東省茂名縣人。及長入讀父親挺生公任教的高州中學。1942 年考入廣東省立文理學院（今華南師範大學）[2]史地系，在學期間，深受當時廣東省立文理學院院長名史學家羅香林及王韶生等教授的賞識，自是治史方法日進。[3]畢業後，即從事教育工作，曾任教番禺縣立中學及廣州廣雅中學等校。1949 年南下香港，翌年九月，任教培正中學，期間兼任珠海書院、中文大學崇基學院講師。1966 年 7 月離開培正，獲美國哈佛大學燕京學社邀請，擔任訪問學者。1968 年 8 月，應聘香港大學中文系講師。歷任教師、講師、高級講師及香港大學亞洲研究中心研究員。1983 年，獲法國巴黎第七大學邀請，作訪問研究。1987 年 8 月，應聘臺灣國立政治大學歷史研究所教授，期間又應聘美國楊伯翰大學客座教授及加拿大卑詩大學亞洲研究中心研究員。1995年秋，政治大學退休，在東吳大學歷史系講學半年。大抵林教授在上庠講學，主要講授隋唐史、宋史、方志學、族譜學及地方文獻專題研究等課程。翌年初與夫人定居加拿大溫哥華市。本可享晚福，但他的好學不倦的精神，不知老之將至。仍勤奮不懈於著述，時而奔走兩岸三地及海外之間，或組織國際學術研討會議，溝通學術文化交流，或參加學術研討會，或應邀講學等。2003 年，以耄耋之年，應母校華南師範大學之聘，出任客座教授，並親自為歷史研究所研究生授課。

　　林教授一生教學五十餘年，桃李滿天下，誨人不倦，教學深入淺出，深受學生愛戴。他有一顆仁厚之心，樂善好施，是一位令人敬佩勤奮不懈的學者。有專書十一本[4]，主編

1　有關林教授的出生年代，有多說：一般記載為 1927 年，另有 1925 年及 1923 年等。但按林師母藏其民國三十五年（1946）廣東省立文理學院頒發之畢業證書，列明林教授時為二十三歲。依中國人傳統「一出生即一歲」推算，其出生年代為民國十三年（1924）可信。（見本文集「生平大事紀要」1924 年條。）
2　按廣東省立文理學院，於 1951 年改組為華南師學院，1982 年升格為華南師範大學。
3　王韶生云：「丁抗戰後期，余與黃君徽五（福鑾）講學於桂頭廣東省立文理學院。林子負笈來遊，以劬學稱。嘗入傜山，採風問俗。閱二載，同播遷於西江硜濮，流離顛沛之餘，林子仍孳孳矻矻，寢饋於乙部。北風雪雨，燈光熒熒，共學於荒江之濱。及今思之，情景恍如昨日。治抗戰勝利，名史學家羅元一教授奉命接長文理學院。林子獲遊其門，治史方法，日漸邃密，師友感深器之。」見林天蔚《宋代香藥貿易史稿》王韶生〈序〉，香港，中國學社，1960 年。
4　《宋代香藥貿易史稿》，香港中國學社，1960 年、《隋唐史新編》，香港現代教育研究社，1968 年、《隋唐

及與人合編、協編的論文集，共五種[5]，論文近百篇存於世。

有關林教授的學術成就和貢獻，幾乎每本專著，深受中外學者的佳評。如：法國Prof.F.Aubin、日本和田久德教授、美國沙其敏先生（Melvin P. Thatcher）以及兩岸三地的學者：羅香林、王韶生、黃福鑾、宋晞、王爾敏、王德毅、梁庚堯、曾一民、侯月祥、黃秀政、韋慶遠、馮爾康、來新夏、張仲熒、劉詠聰、丘樹森、陳長琦等名家，均有專文及序文，作出精湛公允的評論。唯拙文則以綜合各家之說，以淺見從其研究領域方向，作縱橫方式論述，冀見林教授對學術貢獻的全貌。請大方之家指正。

一、在隋唐史方面

在隋唐史方面，1968 年出版《隋唐史新編》，為林教授早年在崇基學院兼課講授隋唐史的講義而編成的。其後入香港大學中文系任教，仍授此課程，經多年的努力，蒐集各家之見，補充許多新資料，於 1978 年撰成《隋唐史新論》，無論內容、綱目、觀點，令人耳目一新。

他指出隋唐史有三大特點：「開國規模宏遠」、「民族協和」、以及「制度優美」，與秦漢、魏晉、宋元有別，作為本論。另以「武功」、「經濟」、「學藝」三綱輔之。蓋此三綱與三大特點有密切的關係，以此闡釋隋唐史發展之特異。其後進入香港大學中文系任教，仍開此課。經過多年的講授，又蒐集了多方面的資料和各方面的意見，在師長及好友鼓勵之下，乃加以增訂，於 1978 年撰成《隋唐史新論》之作。全書分八章，二十萬餘言。《新編》與《新論》不同的地方，《新論》雖仍以隋唐史三大特點為本論，第二章〈隋唐史之特點〉，把「規模宏遠」，改為「亞洲盟主」，其餘二大特點綱目雖然仍舊，但是已補充了許多新資料，而增加〈隋唐史參考資料及各國之隋唐史研究〉一章為第一章，俾知近年中外學者研究隋唐史之近況與發展的方向。其中所列舉的隋唐史資料，不但對研究隋唐史的學者具有參考價值，甚至對從事隋唐史入門者也具啟導作用。至於《新編》述多於論，而《新論》則論多於述，如第五章〈隋唐制度之檢討〉，指出隋唐三省制、科舉制、租庸調制、兩稅制，府兵制等，各有其優點，亦有其缺點，正反申論，不囿於一家之說，俾知其得失所在。又如第八章〈隋唐之幾個轉捩點〉，指出隋之亡，亡於「國富

史新論》，臺灣東華書局，1978 年、《宋史試析》，臺灣商務印書館，1978 年、與蕭國健合撰《香港前代史論集》，臺灣商務印書館，1985 年、《宋代香藥貿易史》（增訂版），臺北文化大學出版，1986 年、《宋代史事質疑》，臺灣商務印書館，1987 年、《方志學與地方史研究》，臺北南天書局出版，1995 年、《湛江市博立村許國仁愛周公家譜》，香港達致公司出版，1997 年（非賣品）、《地方文獻論集》，海口南方出版社，2002 年、《地方文獻研究與分論》，北京圖書館出版，2006 年。

5　主編二種：《地方史資料研究論文集》，香港大學亞洲研究中心出版，1984 年，及《嶺南文化新探究論文集》，香港現代教育研究社，1996 年；與黃約瑟合編二種：《中古史研討會論文集》上下兩冊，及《亞太地方文獻論文集》，香港大學亞洲研究中心出版，1987 年及 1991 年。2002 年 3 月與海南大學協編《瓊粵地方文獻國際學術研討會論文集》，海口市南方出版社。

民貧」和「嚴刑峻法」。與論者以爲煬帝荒淫無道不同。在「盛世」方面，則把「開皇、貞觀、開元之治」作一比較，並論述三個「盛世」之得失，均有不同的特性。至於「武韋亂政」之批評，認爲由此造成政制、科舉制之變質，因此產生中唐後社會很大變化，這些新見或有商榷的地方，但是起碼表達了作者個人的學術觀點與新的看法。是近期一部體裁新穎的隋唐史論著。[6]

劉健明云：「這種突出斷代史特點的撰述方面，是頗有新意的。」又云「林氏善於發掘問題，新論提出隋亡於國富民貧論、安史之亂後百五十年始亡之檢討，都能把握隋唐史的重要問題。」[7]

正如陳長琦說，尋求隋王朝滅亡的真正原因，「提供了一種『新的視角』、一種『新的思路』。」[8]由此可見，林教授對隋唐史的研究，無論體例和內涵方面，與一般隋唐斷代史不同。

二、在宋史方面

至於在宋史方面有《宋代香藥貿易史稿》、《宋史試析》、《宋代史事質疑》、《宋代香藥貿易史》（增訂版）等，其中尤以《宋代香藥貿易史稿》最爲中外學界推崇，與高度的重視。

是書承中國東亞研究計劃委員會之推荐，得哈佛燕京學社之獎助，於 1960 年，由香港中國學社出版。

全書共分三編：一、序論：闡釋宋代與南洋及阿拉伯國家間往來貿易的時代背景，及發達的原因；二總論：論述香藥的種類和產地，以及海上運輸與宋代市舶司的關係；三、分論：闡釋各國香藥的朝貢、香藥的專賣和香藥的用途，及香藥貿易對各方面所產生的影響。香藥種類繁多，如龍涎香、龍腦香、沈香、乳香、木香、薰陸香、麝香、白檀香、蘇合香、安息香、蒼糖香、甲香等。它的用途很廣，可以防腐，可以治病，可以避垢，可以薰衣，可以薰香，可以飾物等。這些香藥以舶來品最名貴，最爲當時高貴仕女所尙。故宋代香藥貿易對國庫收益甚大，同時，對促進當代海上交通貿易也有很大的影響。故是書「不僅宋代香藥貿易之專史，而且有宋一代社會史、經濟史、交通史，莫不因其所著而獲睹涯略，彌足稱也。」[9]這些學術研究努力的成果，並非一朝一夕所能得

---

6 曾一民、侯月祥〈士林著聲「史志譜」── 加拿大華裔著名歷史學家林天蔚學術成就評價〉，《廣東史志》，1977 第 4 期，頁 1-6。
7 劉健明〈四十年來香港的隋唐五代史研究〉，周佳榮、劉詠聰編《當代香港史學》，香港三聯書店 1994 年，頁 211。
8 陳長琦〈林天蔚與隋唐史研究〉，《史學月刊》，河南大學 2008 年第 4 期，頁 107-112。
9 　林天蔚《宋代香藥貿易史稿》黃福鑾〈序〉，香港，中國學社，1960 年，頁 4。

的，此乃作者平日「尤悉心究求，闡發特多」所致。[10]

和田久德云：「在亞洲東部，以香藥作為最主要之海上貿易之宋代，包括香藥貿易歷史發展各種形態之研究，以本書為首部，亦最具功績。由於著者林天蔚之努力，從來不明確之各點，如關於香藥輸入中國之經過，宋代販賣，統制之機構，國內消費等有關之事情，因此書而有相當之了解。」又云本書「對今後東西交通史，南洋史之研究，貢獻頗大，同時，亦有助於於宋代之經濟交通等研究。」[11]

鄒兆麟譽此書，「為首本研究香藥的中文專書。」又云「至南宋時，由於香藥用途日廣，需求日增，價格增高，故香藥的收入竟佔歲入的二十分之一至十分之一。」[12]邱樹森則謂：「為書中徵引史料之豐富、論證之嚴密所傾倒。以後為研究生開設中西交通史，余必介紹此書。」[13]

從上述的評論，可見《宋代香藥貿易史稿》這本書，在二十世紀六十年代初，即受中外學術界的重視。

《宋史試析》則為林教授上世紀七十年代的作品，全書共分三章：一、政治問題的分析；二、經濟問題的分析；三、民族問題的分析。臺灣商務印書館出版，凡 330 頁。林教授對上述三個問題，有他獨到的分析與見解。

梁庚堯評論該書云：「本書作者研究宋史多年，功力甚深，本書自然有許多優點。敘事的翔實，是其中之一。例如〈度牒出售的研究〉一篇，根據官私史料，詳細的鉤稽出宋代歷次的出售度牒和度牒價錢的漲落；〈公使庫、公使錢與公用錢的關係〉一篇，細心的分析史料，證明公使錢和公用錢的不同；〈宋代僑亂編年紀事〉一篇，文章雖短，可是參閱的地方志卻超過兩百種。」[14]至於〈公使庫、公使錢與公用錢的關係〉乙篇，並受法律界重視引用，謂今之行政首長特別費的歷史沿革，乃沿自宋代「公使錢」及「公用錢」。[15]

1987 年出版《宋代史事質疑》（臺灣商務印書館）。全書約十八萬餘字，共分七章：如有關宋代〈公使庫、公使錢問題〉、〈君權與相權問題〉、〈王安石與司馬光之爭〉、〈強幹弱枝問題〉、〈激靖康之禍者〉、〈和與戰問題〉、〈寶安縣赤灣宋帝陵問題〉等。這些均為宋史上重大而有爭議的問題，作者一一加以剖析、考證、辨釋，立論中肯，提出作者

10 林天蔚《宋代香藥貿易史稿》羅香林〈序〉，香港，中國學社，1960 年，頁 1。
11 和田久德著、朱竹友譯〈宋代香藥貿易史稿〉評述，臺北，《大陸雜誌》第 24 卷 11 期，1962 年，頁 4-7。原文刊於《東洋學報》44 卷 1 期，1961 年 6 月，東京出版。
12 鄒兆麟〈近四十年來香港宋史研究概述〉，周佳榮、劉詠聰編《當代香港史學研究》，香港三聯書店，1994 年，頁 221-238。
13 林天蔚《地方文獻論集》邱樹森〈序〉海口南方出版社，2002 年 6 月。
14 梁庚堯〈評介林天蔚著「宋史試析」〉，臺北，《中國歷史學會史學集刊》第 11 期。1979 年，頁 209-213。
15 見本文集「生平大事紀要」，2007 年 8 月條。及 2007-8-14 日，台北法院蔡守訓等法官宣判，馬英九一審無罪判詞，乙、「實質部份」，（1）特別費之歷史沿革。

新的看法。「茲舉第七章〈寶安縣赤灣宋帝陵〉問題為例，加以說明：關於寶安縣赤灣宋帝陵問題，因宋代二王南來而起。宋帝昰曾一度駐足香港一帶，今九龍尚有『宋王臺』址。當元兵追至，帝昺（端宗）逃至新會崖山，為元將張弘范所破，陸秀夫負帝投海殉國。幾年前謂廣東發現宋帝昺陵墓，位於寶安縣赤灣西，近天后廟約一華里。墓碑楷書：『大宋祥興少帝之陵』；時間『辛亥歲趙氏三派裔孫重修』。作者根據地方志（《東莞縣志》、《寶安縣志》、《新安縣志》等），以及石刻、族譜等史料比對探究，均未見記載有關宋帝陵的事，疑非『帝昺陵』；或為『衣冠塚』，而為趙族之『紀念塚』。並分析它自元明以後傳說錯誤的問題所在。立論中肯，據事實論之。」[16]

至於《宋代香藥貿易史》，按再版〈自序〉云：「仍保留二十多年前的觀點與內容，當然仍有少量的補充，主要在財經方面。又用方志及筆記類增補市舶使若干人名及更正若干書名、地名的錯誤而已。同時，筆者坦白承認空疏，此稿已無法大為修改，故正名為《宋代香藥貿易史》。」

由此可見林教授對宋史的研究，是以「斷代專門史」及「專題」等方式，從事鑽研探討、比較、分析及實地考察來研究的，至於取材方面，真正做到「博取群籍」，「時賢議論」，上至正史、政書、文集，下至方志等地方文獻資料，與一般傳統斷代史體方式有別。

三、在民族學方面

在民族學研究方面，林教授在抗戰期間就讀廣東省立文理學院史地系時，已開始注意。尤其對廣東少數民族 —— 傜族的歷史文化很有興趣，因為傜族沒有文字，且在正史記錄傜族史料不多，他「嘗深入傜山，採問風問俗。」[17]雖努力不斷鑽研，可是有關傜族的史料，仍感不足，後來經多年的發奮探索，發現在地方志的記錄中，卻有許多傜漢衝突這方面的資料，這是研究少數民族的新途徑，乃於方志中竭力搜羅有關傜族的活動史。積多年之功，撰成〈南宋時（香港）大嶼山疑是傜區之試證〉，載於香港中文大學《崇基學報》，1964 年，第 3 卷第 2 期。1966 年，獲美國哈佛大學燕京學社邀請，往美國哈佛大學，擔任訪問學者期間，遂利用課餘的時間，曾至美國各地各大圖書館搜羅有關粵、桂、湘等省的地方志，把有關傜族等史料勾尋整理。翌年夏返港，撰成〈宋代傜亂編年紀事〉，載於香港大學《羅香林教授榮休紀念論文集》，1970 年。（其後收入《宋史試析》），進入香港大學任教之後，仍注重民族問題研究。其後又撰成〈隋譙國夫人事跡質疑及其馴化與影響〉，於 1972 年，在臺北《中研院史語所集刊》第 43 本第 2 分發表；1983 年

16　見註 6。
17　見註 3。

撰成〈明代廣東傜區與傜亂〉，發表於台灣《國立政治大學邊政學報》14 期；翌年又撰成〈唐宋時代廣東少數民族的分類與分家〉，刊於《國立政治大學邊政學術會論文集》。以上這些民族研究，大部份都是利用地方志的資料與史書互證及實地考察來完成的。有關傜區、傜亂，傜漢衝突等問題的結果：平定了傜亂，設立郡縣，促進他們的漢化，對中華民族的融合，領土的開拓都有密切關係。這是林教授以事實的例子，說明地方志的資料可補正史的不足，也因此引起他日後更積極從事方志學研究的興趣。

四、在族譜學方面

林教授在學術研究上，有一種鍥而不捨、尋根究柢的精神，在教學相長之中，又鑽入族譜學的研究。1969 年，他參加「世界紀錄會議」（World Record Conference）之機會，於翌年被美國猶他州家譜學會聘請繼羅香林教授擔任港澳地區地方文獻（含族譜、方志、金石碑刻、契約等）的收集工作。經此之後，得從事族譜學之研究。或謂家譜及族譜，有關他們的遠祖源流，或附麗名賢之後等問題，雖有些誇大不實的地方，但林教授認為其中仍有許多殊珍貴的資料，如族人的遷徙，對地方的發展等，貢獻尤大。在（上世紀）八〇年代至九〇年代初，他先後利用族譜的資料，撰成有關族譜學研究的論文，計有：〈第二屆世界紀錄會議紀實〉，載於臺北《華學季刊》第 1 期，1980 年；〈族譜與方志之關係及其聯合研究之價值〉，刊於臺北《中國文化復興月刊》第 14 卷第 6 期，1981 年；〈中國文化中族譜因子〉，發表於臺北聯合報國學文獻館出版之《亞洲族譜學會議論文集》，1983 年；〈論香港地區的族譜方志及其記載的崒字〉，刊於香港大學亞洲研究中心出版的《地方文獻資料論文集》，1985 年；〈香港所見幾種特殊族譜及問題〉，載於臺北聯合報國學文獻館出版之《第三屆亞洲族譜學會議論文集》，1986 年；〈論中國文化中的族譜學〉，刊於《香港大學中文系集刊》第一期，1986 年；〈一本合方志與譜系為一的族譜〉，發表於臺北聯合報國學文獻館出版之《第五屆亞洲族譜學會議論文集》，1991 年；〈從族譜資料論宋代中原士族入粵兩道及其史爭之探究〉，刊於臺北《國立政治大學歷史學報》第 10 期，1993 年；〈廣東許氏源流初探 ── 並論在近代史上發展的二種類型〉，1994 年，載於臺北《國立政治大學歷史學報》第 11 期等論文。有關林教授繼承羅香林教授擔任蒐集族譜及執行「研究族譜計劃」的經過，馬楚堅氏曾發表文章報導。[18]林教授不但利用族譜和方志中的資料從事學術研究，而且親身實踐代纂家譜。上世紀八〇年代末，蒙湛江市許愛周公文孫晉義先生之託，代修纂《許氏家譜》，他積七、八年的功夫，奔走粵閩各地，蒐集勾尋有關湛江市博立村許氏家譜之源流及遷徙至香港發展的經過，撰成《湛

---

18 馬楚堅〈從香港大學蒐集族譜之計劃 ── 談中國姓氏之意義〉，《香港時報》11 版，1981 年 7 月 2 日。

江市博立村許國仁愛周公家譜》，香港致達公司出版，（1997 年，非賣品）。[19]林教授畢生致力於族譜學研究的精神，十分難能可貴，令人敬佩！

據林教授撰述，原來許愛周是廣東湛江吳村人，初時經營小生意，後來乘著湛江商埠環境，由小渡船起家，經營湛江至香港的船務。許愛周在一九二〇至三〇年代遷到香港，發跡致富，以至縱橫地產界，終於成爲名門望族，被 Capital 雜誌譽爲香港的「第一代船王」。除發展當地經濟之外，對當地文教也有很大貢獻，他曾捐一座大樓給香港大學，名爲『許愛周樓』。[20]由此可見林教授在族譜學研究及實踐修撰族譜的成績。證明族譜中族人的遷徙，對地方的經濟及文教發展的貢獻，湛江市博立村《許氏家譜》，許愛周公由湛江市博立村遷徙至香港，對當地經濟和文教發展的貢獻，就是一個最好的例證。馮爾康氏譽此譜：「係其新譜學理論的實踐。」[21]的是確論。

五、在香港史及廣東史方面

林教授經過多年在地方志方面的研究，稍有心得，乃在港大開了「方志研究」的課程。一面從事方志學體例研究；另一面繼續在方志中找資料，發現方志中有許多有用的珍貴資料，不但有可從事少數民族的研究，而且還有許多其他方面的研究：如涉及地方史、交通、軍事、政治、經濟、科技、宗教、人物傳記及藝文等資料，這些資料還可補史之缺、之無、之錯。在正史沒有記載的，在地方志中可以找到。因爲「地方志每保存一些不見於其他記載如正史、政書等的原始史料，因此其不但對地方史的研究有十分重要的參考價值，就是對斷代專史研究也應列爲史料來源之一。」[22]由於林教授爲粵人，自 1949 年南下來港，大部份時間在香港培正中學及香港大學中文系任教，故首從香港史、廣東史方面研究開始。

在研究香港史方面：林教授在明代萬曆應檟《蒼梧總督軍門志》及萬曆郭棐《粵大記》的〈海防圖〉中，發現有九龍、屯門澳、香港、赤柱、鯉魚門、九龍山、尖沙嘴、官富等地名。這是在廣東地方志中出現最早記載香港及九龍等名字，此爲正史、政書所無。1981 年撰成〈過去七十年香港史之研究〉，刊於香港《珠海學報》12 期；1984 年撰

19 按許晉義《湛江市博立村許國仁愛周公家譜・後序》云：「然太史公云：『先人之業，不可不述。祖宗之德，不敢不彰。』故擬纂修家譜，幸得高涼林天蔚教授之助，奔走海內外，勾尋古今籍典，博取父老傳聞，加以考異審訂，纂成此譜。天蔚教授講學上序四十餘載，在香港大學、臺灣國立政治大學歷史研究所、東吳大學講授族譜學、方志學，學專有長，士林所重。得其相助，能完成此譜。刻版之日，謹致感謝之意。十九世孫晉義、晉廉謹識。丁丑（1997）春三月。（見林天蔚《地方文獻論集》上冊，海口南方出版社，2002 年，頁 381）
20 見 2002-10-12，《香港大公報.文藝》：呂少群〈林天蔚倡方誌族譜印證〉。
21 原文見台北《漢學研究》第 21 卷第 1 期，2003 年 6 月，頁 453-460。其後稍修正，刊於《中國地方志》，2005 年第 4 期，頁 42-47。又轉收入《地方文獻研究與分論》，北京圖書館出版，2006 年 12 月，頁 565-572。
22 林天蔚《方志學與地方史研究》宋晞〈序〉，國立編譯館主編，南天書局發行，1995 年。

成〈香港地區的族譜與方志及其記載中的罕字〉，刊於香港大學亞洲研究中心出版的《地方史料論文集》。又 1979 年撰寫的〈十六世紀葡萄牙人在香港事蹟考〉，刊於臺北，《黨史會十週年特刊》，其中有關「嘉靖二年（1523）中葡戰役在茜草灣」的問題？《明實錄》卷二十及《明史·佛朗機傳》皆云「『茜草灣』在新會。」但林教授根據廣東地方志文獻資料與實地考察的比對，指出，「茜草灣在新安，非新會。」按明正德時析東莞縣為新安縣，即今香港大嶼山及九龍新界等地，明清時代屬新安縣地區。而《明實錄》卷二十及《明史·佛朗機傳》，皆為「『茜草灣』在新會。」乃一字之差。由此觀之，地方志的資料亦可補正史之誤。其後與蕭國健合撰《香港前代史論集》，繼羅香林《香港前代史》，另一本研究香港史的重要著作。

在廣東史方面：林教授又利用族譜方志等資料與史書文集等互證，從事廣東史研究，例如：1972 年撰成〈隋譙國夫人事蹟質疑及其嚮化與影響〉，刊於台北《中研院史語所集刊》第 43 本第 1 分；1977 年撰成〈嶺南首位狀元莫宣卿考〉，於台北《食貨月刊》第 7 卷 5 期發表；1983 年撰成〈明代廣東的傜區與傜亂〉，刊於臺北《政治大學邊政學報》第 14 期；1984 年撰成〈郭棐事跡鉤尋〉，刊於臺北《政治大學歷史系學報》第 1 期；1985 年撰成〈唐宋時代廣東少數民族的分類與分家〉，於《政治大學邊政學術會議論集》發表；同年又撰成〈廣東方志學家郭棐及其著作考〉，發表於《漢學研究》第 3 卷第 2 期；翌年又撰成〈高雷府縣的沿革及海內現存的高雷方志〉，刊於是年《香港高雷文獻專輯》；1988 年又撰成〈論宋代對外貿易中廣州的繁榮問題〉，發表於《國際宋史研討會論文集》；1993 年撰成〈從族譜資料淺論宋代中原士族入粵兩道及其史爭之探究〉，刊於《政治大學歷史系學報》第 10 期發表。有關林教授研究香港史及廣東史的成就，大部份的資料都是博取方志和族譜中的資料與史書互證來完成的。他「強調聯合『方志』與『族譜』，是研究地方史之主要途徑。」[23]

林教授不但留心廣東及香港古代史，到了晚年，更留心廣東及香港近代史的研究。如〈嶺南文化之剖析與展望〉[24]、〈廣東文化之「危言」與改革之「微言」〉[25]等。對近代廣東史的發展與其未來的展望均有深入獨到的剖析與研究。

前者主要論述嶺南文化與中原文化的發展之不同，這與地域歷史有關係。由於嶺南文化之發展，較中原文化較晚，唐宋時嶺南地區仍是中原知識份子放逐之地，其後裔遺傳了「冤屈不平」的氣質，所以充滿「反叛」的精神。在個性則剛毅、倔強、衝動。明

---

23 林天蔚〈方志與族譜之關係及其聯合研究之價值〉，臺北，《中國文化復興月刊》，1981 年。
24 原文為 2002-03-23 日，林教授應海南大學主辦、香港大學協辦「瓊粵地方文獻國際學術研討會」之邀請作嘉賓的主題演講詞。見《瓊粵地方文獻國際學術研討會論文集》，頁 1-7。其後收入《地方文獻研究與分論》北京圖書館出版，2006 年 12 月，頁 359-397。
25 見同上書 393-394。

末清初，前三藩、後三藩、甚至秘密結社；其後之鴉片戰爭、抗擊英法聯軍、太平天國、辛亥革命等均與嶺南人有關，時唯嶺南地帶近海，易於與外來文化接觸，故自新航路的發現，自五口通商以後，西洋文化首先在嶺南登陸（由廣州再北至上海），從「同治中興」（洋務運動）而至「康梁變法」，從「中學爲體，西學爲用」，而至「五四運動」，亦與嶺南人有關，所謂「五四的新文化運動」，若無容閎、詹天佑等新科技，何來「德先生」、「賽先生」？此爲嶺南文化之特性。

此外，嶺南人的衝動性格與缺乏沉潛的氣質，難培養深入研究的大宗師，不過因易於接受外來的文化，有比較易於創新的特性。自明代的陳獻章、湛若水、丘濬數人，堪稱「大師」外，以後因海禁大開，學風轉變，即使如朱次琦、康有爲、梁啓超等，可稱「開風氣之先」而已，未能創立「宗派」，故嶺南多「名師」，而少「宗師」。

至於在〈廣東文化之「危言」與改革之「微言」〉文中，他認爲鴉片戰爭後，廣州爲五口通商之首，所以廣東（嶺南）文化接觸西方文化愈多，舊的傳統（儒家）文化破壞愈大。這是廣東文化的「危言」。

林教授有見及此，爲了彌補傳統與現代文化的融和，乃提出「微言」的改革：

（一）在思想方面：與西方文化接觸愈早、愈多，愈爲崇洋，輕視傳統的舊文化，故首先杜絕崇洋思想。將儒家文化去蕪存菁，使之更合潮流，才能保存國粹。

（二）在教育方面：嚴格限制留學制度，提倡「遊學制度」（研究），學成必須歸國，避免「楚材晉用」。爲社會發展所需，鼓勵發展「科技教育」。

（三）在用人方面：無論政府及大企業用人，應重視「專才」與「經歷」，而非重視學位之高低。

（四）經濟方面：主張「管理權」與「主權」分開，著重企業的管理始能發展，任用專才，不倚婚姻，可打破「家族龔斷」之弊。

（五）保存廣東人（嶺南人）的倔強（擇善固執性格），發揮創業精神，同時，倡導「專利權」，獎勵有能力者發揮與創業。

其實林教授提出所謂「微言」改革，不單適合廣東需要，同時也適合近代中國的需要，至今崇洋思想、重視學位高低未改。

至於〈錢穆（賓四）、羅元一（香林）二位史學大師對香港之貢獻〉[26]、〈香港文化與歷史：新的剖析〉[27]二文乃香港近代史問題。

---

26 原文爲林教授於 2004 年 6 月 10-12 日，應香港浸會大學近代史研究中心與香港中國近代史學會聯合舉辦的「香港史家與史學研討會」，邀請爲嘉賓，所作的專題演講。其後收入《地方文獻研究與分論》北京圖書館出版，2006 年 12 月，頁 351-355。

27 同上書頁 398-407。

前者論述 1949 年大批知識分子南下香港，其中以錢穆（1985-1990）羅香林（1905-1978）等教授最著。

他們來港後，仍從事教育工作，如錢穆等創辦新亞書院，收容流亡學生，弦歌不輟，傳承中華文化。至於羅香林則入香港大學中文系任教，1966 年中文系主任林仰山教授退休，躍升羅香林教授爲系主任。退休後則在珠海書院創辦中國文史研究所。在上世紀五十至七十年代期間，彼此相交論學，培育人才。由於錢羅二氏出身教育不同，因此治學方法有異，錢穆教授自幼深受儒家思想薰陶，故其成就以「傳承義理文章考據爲其治學方法」；而羅香林教授自幼「受新式教育」影響，故其成就不在「傳承」，而以「開創」爲主，各有所得。無可否認，在二十世紀五〇～七〇年代，香港文化學術界，深受錢羅二大師傳承與開創之影響，闕功甚偉。

至於〈香港文化與歷史：新的剖析〉[28]一文，主要論述有關「香港學的問題」、及「香港文化本質探討與一國兩制之互動與影響」等。

1998 年 6 月號，香港《明報月刊》登刊了一篇武俠小說家梁羽生先生撰寫的文章〈金應熙與陳寅恪師門恩怨細析〉，其中提及金應熙主編《香港概論》上下兩冊（香港三聯書局出版），是講述（上世紀）二十年代開始，至四十年代香港的經濟、政治、法律、文化和社會等概況。在該書的〈前言〉，作者指出：「近年來研究香港的問題的人越多，有人還倡議建立一門，『香港學』。」而梁羽生先生在文中就宣稱金應熙先生在香港學：「就是當之無愧的開創者與奠基人之一。」林教授對梁先生提出金應熙先生爲香港學的開創人及香港學已經建立的說法，覺得當中實有可商榷之處。

事實上，早在《香港概論》出版前一百年，已有不少研究香港的著作問世。當時的撰述主要爲香港政府官員，以外國人尤其是英國人居多。這些著作雖然已談及香港史的研究，但是還不能稱爲「香港學」。華人的著作，其中以陳鏸勳先生早在光緒二十年（1894）出版的《香港雜記》最爲難得，可惜這本書比較少人所留意。二十年代，清代遺老陳伯陶曾撰《宋遺民錄》、《東莞縣志》等，涉及不少香港史蹟及史事。又三十年代，陳公哲在香港沿岸作考古發掘工作，在石壁發現「迴文石刻」，配合西方學者的考古工作，創造「香港考古工作的輝煌時代」。又許地山教授在香港大學中文系任教，並提倡「香港研究」。抗日勝利後，羅香林先生、饒宗頤先生、簡又文先生等學者在研究香港史問題方面屢有創見，是爲研究之高峰期；例如羅香林等的著作《1842 年以前之香港及其對外交通：香港前代史》、黎晉偉先生的《香港百年史》、林友蘭先生的《香港史話》、葉林豐先生的《香港方物志》等。在研究香港史的機構，有香港皇家亞洲學會、

---

28 原爲 2002 年 10 月 13 日，應香港中央圖書館之邀請演講詞。

香港考古學會以及香港中文大學「香港史研究基金」等。若以金應熙《香港概論》為香港學的始創人，或許仍可有商榷之處。

有關提到「香港文化本質探討與一國兩制之互動與影響」的研究，林教授對九七香港回歸的一國兩制，他有特別的見解：「我認為很多人對一國兩制存有誤解。所謂一國兩制，我的理解是『一國』與『兩制』之間，可加上逗號，意即一國之下兩種制度可以共存。當時鄧小平先生說過一國兩制可以保證資本主義和社會主義共存，香港仍舊馬照跑，舞照跳，並不是後來〈基本法〉所謂一國為先，兩制為後，兩制要服從一國，這種理解好像稍稍跟原意不同。」當五十年後，一國兩制銜接時，會出現那些問題呢？林教授認為：「一國兩制銜接時，總不免中間出現若干罅隙，不能絕對銜接；加上強調一國重於兩制，便會產生不必要的誤會。所以我認為在一國與兩制銜接過程中，不能輕視民意。民意不一定對，但是若不留意民意，很有可能導致『防民之口，甚於防川』，『水能載舟，亦能覆舟』。若政府決策與民意傾向各走極端，這一定不是福。」又云：「民意不一定可靠，但是民意不可不參考。這是談論香港文化、一國兩制時，不能不注意之處。」

此外，他又評論「近百年來的歷史發展導致香港人自高自大的心態」。蓋自鴉片戰爭之後，清廷割讓香港與英國，自是成為英國殖民地。在英人經營統治之下，僅百來年間，香港由一個藉藉無名的小漁村，突然變成有「東方明珠」之稱的世界大都市，成為人人嚮往的地方。這些突然而來的轉變，因香港是英國殖民地，在這百年間，使香港避免直接受到中國政府政權更迭的影響，無形中香港成為兩岸的避風港。所謂「每當中國大亂一次，香港就繁榮一次。加上自 1949 年後，一場韓戰，一場大陸與西方的冷戰，使中國無法直接對外溝通，香港便居中得益致繁榮昌盛，然而，這也導致香港人自高自大。沒有想到這是客觀環境所帶來的機遇，以為自身努力的成果，並不知這是時也命也。我絕不否認香港人曾經付出努力，但是不應為此而沖昏頭腦，過份自驕自傲。」[29]

綜觀林教授晚年對香港史和廣東史的研究，可以說是他晚年的精心傑作，立論正當，剖析獨到，有些見解或有商榷的地方，但林教授不趨潮流，不趨風向，站在學術真理的觀點上，以事論事，提出他個人獨樹一格的看法。

六、方志學方面

林教授在方志學研究方面，可以說遠自研究傜族的興趣而起，因傜人無文字，正史中有關傜族記載資料不足，乃在方志中奮力蒐羅。從此對方志學研究更為積極，花了三十多年的苦心鑽研，乃於 1995 年 7 月出版部編大學用書 ──《方志學與地方史研究》（臺

---

29 林天蔚《地方文獻研究與分論》，北京圖書館出版，2006 年 12 月，頁 405-407。

北南天書局發行）。林教授撰此書的動機，據其〈自序〉云：「1966 年，筆者擔任哈佛燕京學社訪問學者，首先利用廣東方志資料，研究廣東少數民族（主要是傜族）的歷史與發展。傜人本身無文字，在方志資料中可尋得漢傜的衝突，結果，將傜區開闢爲郡縣，而傜族隨之遷徙（流竄），由此可窺知傜族之興衰及漢文化之南遷與擴展。七〇年代，筆者在香港大學中文系講授『方志研究』，始探索方志的理論，斯時之參考書甚少，僅李泰棻、傅振倫、毛一波、黎錦熙等專書，及梁啓超、瞿宣穎《禹貢》內若干論文而已，八〇年代，大陸提倡『方志研究』，專著甚多。……專書、論文出版者如雨後春筍，蔚爲風氣。相反，1986 年（1987）筆者轉執教於臺灣政治大學歷史研究所，主講『地方文獻研究』（以方志、族譜、金石碑刻、古文書爲主），是時臺灣方志研究主要是在臺灣史，雖然亦有部份纂修鄉鎮志甚至縣志、省志，但對理論之研究風氣未盛。各大學間有設立『地方文獻』一科，至獨立開設方志學者，似祇有宋晞（文化大學），曾一民（東海大學），王爾敏（師範大學）等。可參考之專書除李泰棻、傅振倫、毛一波、黎錦熙等外，祇有唐祖培在五十年代出版之《新方志學》（原在華國出版社出版，坊間已難尋到）；張其昀、杜學知等書，亦僅部份有理論而已。至於大陸書籍，在戒嚴令下根本無法輸入，筆者憑政治大學國際關係研究中心幫忙，將大部大陸的方志學書籍，以『研究』理由，申請攜入，聲明『限閱』，不准外借，在課程上既有大量資料，遂將課程分爲『方志學』與『族譜學』兩門。同時，深感大陸專家雖多創見，但亦『主見甚深』，且自章學誠創立『方志學』理論至今已逾二百年，時代不同，社會變遷更大，需要更正與增補，以適應社會與潮流，是爲撰此書之動機。」

是書出版後，立刻在學術界引起強烈反響。被譽爲「海嶠一隅，海外五洲，尚有方志著作與大陸二三十種方志學著作爭一日之短長者，則只有天蔚一人。」（王爾敏序）其後不少著名學者紛紛評論，如曾一民、侯月祥[30]、黃秀政[31]、韋慶遠[32]、張仲熒[33]等均有詳盡公允的評價，在此不再贅述。

按《方志學與地方史研究》一書，是積林教授幾十年研究成果的一部巨著。全書內容豐富，涉論廣闊，網羅周至，所論皆精雕細琢，絕無浮詞，功力匪淺。故林著《方志學與地方史研究》出版之後，立刻在學術界引起強烈反響，兩岸學者紛紛評論，評價極

30 見同註 6。

31 黃秀政〈地方史志的巨著 —— 評林著方志學與地方史研究〉，《海峽兩岸地方史志地方博物館學術研討會論文集》，臺灣省文獻委員會出版 1999 年，頁 9-19。（收入《地方文獻論集》下冊〈附錄〉，海口市南方出版社，2003 年，頁 916-931）。

32 韋慶遠〈喜讀林著方志學與地方史研究〉，（見《地方文獻論集》下冊〈附錄〉，海口市南方出版社，2002 年，頁 942-947）。

33 張仲熒〈評介臺灣學者林天蔚新著《方志學與地方史研究》，（見《地方文獻論集》下冊〈附錄〉，海口市南方出版社，2003 年，頁 948-957）。

高，究其原因，歸納有他創新的見解，例如：第一篇：方志的源流與發展，首述方志的功用：可補正史之不足，可考訂正史之錯誤等；次述方志中的資料，極之豐富，可從事地方人物、史事、藝文、中西交通、科學、宗教等方面研究，並列舉史事數例證說明，言而有據。至於有關方志的源流問題，林教授獨排眾議，強調主張「史地兩源論：《周禮》為史源，《禹貢》為地源」，其體例發展，至唐《括地志》、《元和郡縣圖志》出，是一統志最早的形式，逮及宋代，融合史、地、人物、藝文、金石碑刻等綱目，方志體例始定型，及明而大盛，至清而極盛。

第二篇：方志理論與方志理論家，首述評論簡介歷代方志學家，其中尤以章學誠提倡的：「三書四體」，「志乃史體」，「志乃史裁」，「六經皆史」，「史德」，及設立「志科」之議論等，最為完備；次述新方志學與新體例，由章學誠至清末民初，幾二百年，自梁啟超提出「方志學」一詞，至今又將近百年，時代、環境的變遷均不同，近代兩岸方志學者，均認為要創立新方志，他認為「所謂新方志」，應有「新的內容」、「新的方法」、「新的體例」。又云：「創新」與「新創」，不同，「創新」，是推陳出新，將舊志中加以改良；「新創」，則是另創一新體例。故他在〈新方志（省志）擬目芻議〉文中，參考近代兩岸修志的意見，提出，新方志體例五項：圖經、史表、史志、史傳、眾談。至於新方志內容，宜加「家譜」一綱目。並直言批評近年大陸修志之風雖甚盛，但從組識上觀察，方志指導小組既秉濃厚的政治主觀，其所修之新方志，自然難達到有「史筆」，更難達到章實齋所謂「史體」、「史裁」矣。[34]這些評論，是作者勇敢的、站在學術上、以高瞻遠矚的觀點提出的批評。試問有幾人？雖然今天「左風」思維已有所改變，但林教授治學的精神，始終堅持學術求真的觀點，「不趨潮流，不趨風向。」

第三篇：廣東方志研究，林教授是廣東茂名人，長期香港大學任教，就地域之便，從事廣東史及香港史的研究，殊多見識。本篇內容有二：（1）對明清廣東成書的六套通志，林教授有不少新穎的觀點。他認為「黃佐通志」「是文人之志」，因黃佐固是學者，助修者梁有譽、歐大任、黎民表均以文學見長；「阮元通志」是「史家之志」，因其沿襲舊例，慎於選擇史料及考證；「郝玉麟通志」，是「志家之志」，因是書能重志書「史地兩源」，更能顯示地方特徵。至於「金光祖通志」與「郝玉麟通志」，蒐集資料，詳加整理；「戴璟通志」雖雜紊無章，然是草創，當然亦有其參考價值。[35]觀點別異，令人側目深思。至於廣東地方史專題研究，內分人物、史事、民族、方志與族譜聯合研究等四類。林教授在史料考證上都有不少新發現、新觀點，理論與實際結合，擴大了廣東史研究的

---

34 林天蔚《方志學與地方史研究》，臺北，國立編譯館編，南天書局發行，1995 年，頁 136。
35 同上書，頁 168。

領域。這是林教授提倡：利用方志、族譜等資料是研究地方史的主要途徑，以上的史事舉隅，是最好的例子。誠如王德毅云：「皆言之鑿鑿，讀之足以啓迪新知。[36]」俾對研究地方史者，提供珍貴的參考價值。來新夏氏譽之：「大陸志事之興，已逾半個世紀，而言及與族譜聯合研究者，尚乏其人，亦足以見林教授之好學深思也。」[37]近年林教授在臺灣與宋晞（1920-2007）、王爾敏等學者互唱，大力提倡方志學、族譜學研究，下開研究方志學、族譜學的風氣，而林教授的貢獻是不少的。

七、地方文獻方面

　　林教授退休居加國溫哥華市期間，仍退而不休，勤奮著述，不斷開拓學術研究的新境界。他一面從事方志學、族譜學研究之外，另一面又從事敦煌學及金石碑刻等文獻的研究。如他在退休前 1980 年撰成〈敦煌戶籍卷中所見唐代田制之新探 —— 斯 0514 及伯 3353 之研究〉，刊於香港《珠海學報》，第 11 期。1986 年撰成〈論索勳紀德碑及其史事之探討〉，刊於臺北《漢學研究》，第 4 卷，第 2 期。又 2002 年 10 月 16-18 日，參加臺北國家圖書館舉辦「地方文獻學術研討會」，宣讀論文：〈地方文獻新觀念 —— 對金石、碑刻、族譜、方志、地方史料之整理與研究〉。繼 1995 年出版《方志學與地方史研究》之後，利用方志、族譜、金石碑刻、敦煌文書等地方文獻資料，於 2002 年 6 月出版另一巨著《地方文獻論集》（上下兩冊，附光碟，海南省海口市南方出版社）。

　　作者之撰是書，他認爲：如族譜、方志、金石碑刻、文書契約、個人著作（如文集）等資料，「而此等史料可修纂而成地方志，或匯集而作專題研究。筆者積三十年的興趣，於 1995 年出版《方志學與地方史研究》（台灣國立編譯館主編之大學用書），但付梓時，因心臟病發，故疏於校勘，以致錯誤百出，友好如王德毅、黃秀政、侯月祥、韋慶遠、張仲熒諸教授均已盡力更正，感激莫名。加上七年來補充及更正不少資料，深感『更正不如重寫』，且此書於台北已難購買，在海外亦無代銷，故撰寫《地方文獻論集》，交由南方出版社，刻版面世。」（〈自序〉）

　　本書共分五篇：一、方志篇、二、譜學篇、三、金石碑刻篇、四、專題研究，以廣東史事爲主、五、附錄十一篇（前三篇爲英文，後八篇爲中文評論）。該書內容豐富，立論精確。字數超過八十餘萬字，乃林教授退休後另一巨著。

　　在方志篇中，基本理論與《方志學與地方史研究》的綱目大致相同，但在〈方志之源流〉、〈新方志之興起與新方志之擬目〉及〈海峽兩岸之修志機構〉等，則略有增刪。

---

36 同上書，王德毅〈序〉：林天蔚新著《方志學與地方史研究》書後。
37 林天蔚《地方文獻研究與分論》來新夏〈序〉，北京圖書出版社，2006 年。

另增〈清代方志學名著知見錄〉，凡數千項，表示清代修志之盛。又新增評介來新夏教授及日本學者齊藤博所撰〈中日地方史志之比較研究〉（1996 年南開大學出版）一章，並予評論，藉此可了解兩國比較研究方志學之概況。故本篇雖多舊文，「然新增文字約八萬言，約佔舊文 50%。」

在譜學篇方面，屬譜學理論者達五篇，全是新增。如〈論新舊譜之界別與譜學之二派三家〉，評介合方志與族譜為一之新會〈盧氏族譜〉，為舊譜學蛻變成新譜學的例子。在該譜「雜錄譜」項目中，大量搜集地方史料 49 項，不單敘述該族所居地方史事，兼及敘述社會的背景，如：「珠璣巷史事」、「胡妃事雜考」、「康熙遷海遷村」、「馬雄之亂」、「張保仔之亂」等等，為地方重要史料。故該譜雖是「舊體例」而增「新內容」。這「新內容」敘事已由「族」擴展社會各方面的背景。顯然是新譜學的雛型。另一篇〈湛江博立村許國仁愛周公家譜之凡例與撮要〉，闡釋林教授應其家屬修撰該譜的經過，積七、八年的功夫，奔走粵閩兩地，網羅有關許氏家譜史料，於 1997 年纂成。該譜為非賣品，坊間未能流傳。當時家譜中未附凡例，有乖史法，故增添〈凡例撮要〉一文。可見林教授試圖將族譜學理論施諸著述中，以史事證據、實踐他對族譜學之研究。

在金石碑刻篇：共四章，其中〈索勳碑史事研究〉，屬敦煌文獻。林教授以中研院圖書館所藏〈索勳紀德碑〉拓本、張繼之《隴右金石錄》及徐松之《西域水道記》抄錄本，比較研究，探索唐中葉索勳與張義潮二氏在歸義軍政權爭奪的事蹟及與回鶻的關係。至於〈敦煌寫卷之校勘問題〉，自「敦煌寫卷」發現之後，分散各地，如倫敦大英博物館、法國巴黎國立圖書館，以及日本、瑞典、俄國、北京等地圖書館等。其中以英、法收藏最豐富。林教授因擬探究唐末爪、沙兩州與回鶻吐蕃之交替影響。曾利用假期之便，親至倫敦、巴黎，在半載中，僅限於史部爪沙資料，數量僅及全部寫卷小部，經過細心比對檢驗、辨偽，發現不少問題。如顯微影片，未必「全真」，有若干部份照不出來，或模糊不清等；又不少寫卷因當時抄錄人的知識程度關係，重複者有之，不通者有之，錯別字等等。「敦煌寫卷」發現之後，已成為「敦煌學」。但林教授認為：「敦煌資料是最寶貴的資料；但並不是毫無保留的最可靠資料，須加校勘與辨別。」[38]並舉事例說明，由此可見林教授治學「小心求證的功夫」。〈金石與中國歷史文化〉一章，乃論述金石碑刻之起源與功用，他認為：「金石學是研究地方文獻的『頭手資料』，價值甚大。」[39]林教授積幾十年努力不懈的精神，從事方志、族譜、以及金石碑刻研究，至今累積多年的努力而撰成《地方文獻論集》面世。藉以表達利用方志、族譜、金石碑刻、敦煌寫卷等文獻

---

38 林天蔚《地方文獻論集》下冊，海口南方出版社，2002 年 6 月，頁 440。
39 同上書下冊，頁 463。

資料從事研究，有其開拓學術研究新領域的價值。

　　在專題研究方面：此為廣東史事專題，新增四篇，全是應用方志、族譜、金石碑刻之史料而作研究。著者曾強調以客觀史實考證真相，如〈唐宋時代廣東少數民族的分類與分家〉，認為是時廣東仍是蠻區。〈宋代的廣州為轉運港口與貿易港口有別〉，指出當時廣州所謂繁榮，「誇大及溢美之詞」，筆者雖為粵人，亦不敢「自我陶醉」，「夜郎自大」。至於〈浪白滘再考〉一文，則利用方志等地方文獻資料及實地考證，「浪白滘」之所在地，在今香港大嶼山西南，均與時論不同。至於〈論少數族群中的母權問題〉，闡釋傳統文化以「父權」為中心，但細心探討在漢文化下某些蠻族遺蹟，如隋唐時廣東的「譙國夫人」、五代時的「寧國夫人」、明代時貴州的「大明順德夫人」、廣西的「瓦氏夫人」等，這些隋唐以來西南地區的少數民族「母權」遺下的事蹟，鮮為人知。林教授認為「在少數族裔群中，『父系』，『母權』仍是存在，此可補社會發展史論述的過程中的不足。」[40]這些新的見解，可提供對從事研究社會發展史者的參考價值。

　　按該書出版之後，立即引起兩岸三地學者，極之重視，紛紛作出精闢的評論。馮爾康氏謂：

> 唐宋史、地方文獻專家林天蔚教授，繼 1995 年梓行的《方志學與地方史研究》之後，今有新作《地方文獻論集》問世，提出以方志、族譜、金石碑刻為內涵的地方文獻新概念，對這三種文獻資料進行比較系統的研究，將此種學科的研究推向新境界。[41]

黃秀政氏謂：

> 是林教授繼 1995 年出版《方志學與地方史研究》巨著之後的另一力作。其博採群籍，取精用宏，對地方文獻學的貢獻，堪稱空前。……綜括而言，本書確具比較研究，內容創新；參考資料豐富，引證詳實；立論平允，見解精闢三項優點，值得稱道與推薦價值。[42]

　　按林教授治學不但勤奮、嚴謹，鍥而不捨，而且每一新作，都有它的特點，愛參考時賢評論，加以修正。在他的著作中，隱見他學養浩瀚，虛心學習的精神。誠如劉詠聰氏云；

> 天蔚師在《地方文獻論集》書末附錄評論，序跋多篇，這些篇章除讚揚之辭外，亦不乏善意批評及指正。天蔚師在自序裏多所回應，或承認不足之處（如未能遍

---

40 見同上書，頁 822。
41 見註 21。
42 見黃秀政〈譜學與金石碑刻研究的創新：評林著《地方文獻論集》〉，《中興大學人文學報》第 33 期，2003 年 6 月，頁 1055-1068。其後收入《地方文獻研究與分論》，頁 573-580。

　　讀大陸學者方志著作，『掛一漏萬，在所難免』，有解釋未能採納若干提議的理由
（如未介紹朱士嘉（1905-1989），因其貢獻在編纂『方志目錄』而不在提出『方
志理論』）；又有堅持學術觀點仁智互見（如其強調『方志二源論』，與好友王爾敏
教授之『方志三源論』不同。對於他人指出史實及文字上的若干錯誤，天蔚師『除
更正外』，更『謹此致謝及致歉』。……誠如王爾敏教授指出，天蔚師『愛人以德，
交游多碩學宏儒』，面對『浮誇時尚』，『群醜跳樑』的局面，天蔚師的抉擇是『不
甘同流，退而著書』。他本身就是一個愛恨分明的人，絕不趨炎附勢，所交時賢非
徒識吹捧之輩，而多係與其相知相交的學人，觀諸序跋及評論可知一二。[43]

　　2002 年 6 月林教授出版《地方文獻論集》後，經過三年的努力，又蒐集了許多新資
料增補，於 2005 年秋增訂，易名《地方文獻研究與分論》付梓，至翌年 12 月，由北京
圖書館出版發行，可惜林教授未見其面世。是書仍沿襲《地方文獻論集》之目錄。卷首
為序，有來新夏序（新增）、邱樹森序一（原《地方文獻論集》舊序）及序二（新增）、
自序（原《地方文獻論集》舊序），末為陳長琦跋。在附錄篇，除錄舊文十一篇外，另增：
馮爾康〈以方志、族譜、金石碑刻為內涵的「地方文獻」新觀念的提出與運用 ── 評林
天蔚教授新著《地方文獻論集》〉、黃秀政〈譜學與金石碑刻研究的創新 ── 評林著《地
方文獻論集》〉及陳長琦〈跋〉等三篇。

　　全書的內容綱目，雖仍沿襲《地方文獻文集》舊作，但新增五節，則是林教授晚年
最精湛的著作。如：〈地方文獻的新觀念與新分析〉一節。林教授認為清末西學東漸，中
國傳統的儒家思受到衝擊。在史學方面，何炳松提出「新史學的概念」，嘗試在「新史學」
中，從史料中析出族譜、方志、金石碑刻等地方史料，從事新史學方面的研究和改良，
但進度很慢，且缺乏具體建議。林教授受此啟發，乃提出他的新建議。

　　一、對族譜學之整理、研究之新建議：

　　在舊譜學中，所謂「源出五帝」、「炎黃子孫」之後，或附麗「名賢之後」，事蹟多
不可信。即使有「世代」可稽，然無事跡之記錄，甚至中斷百年、數百年，既無可信，
可缺而不書。

　　又舊譜以「人物」為主，以「儒家思想」為骨幹，以「光宗耀祖」為撰譜之目標，
自然「書善不書惡」，所有失德之「人」與「事」，甚至「為親者諱」，全是「溢美之詞」，
違背史家責任，且所有「人物」多缺生卒年月的記載，難以考查其時代背景。

　　在新譜學內容中，則以時代潮流為背景，述當代的「大事」，瞭解時代「人物」的
事業，善惡均書，這是一族盛衰的關鍵。

---

43 劉詠聰〈林天蔚教授生平及學術補識〉，《香港中國近代史學報》，No.3（2005），頁 131-140。

　　至於新族譜應從「始遷之祖」開始，其後「世系」而無事跡可述者，可列於「世系表」中。在大事記中，應根據歷史學原則，「詳今略古」。又舊族學重男輕女，新譜學應男女並書，每一人物的教育過程、婚姻概況、家庭教育，甚至個人的生活習慣、病歷、死亡的原因均應紀錄，個人體質往往影響其壽命與遺傳。親屬方面，應由父母兄弟擴而至兒媳、女婿並載，並需列明生卒年月、簡歷及醫藥史，以窺見知其影響性。故舊譜學中若干項目在新譜學中已無「存在」的價值，可以刪去，配合時代潮流之需求與瞭解，應增「地方史事」一項。

　　二、對方志學之改良建議

　　新的方志建議應分為三部：

　　總志：應屬「史部」，從古至今，作一方之總述，細目可分：

　　A.歷代之沿革（兼述官制）；

　　B.歷代建置（包括城池兵防等建設）；

　　C.大事記；

　　D.歷代宦績與人物（事跡詳者以傳，事跡簡者以表之）；

　　舊志中的宦績列傳，多以該時代而評論，時代不同，月旦人物，亦應有異。

　　分志：應屬「地部」，橫剖當地的「現狀」，以調查報告作數據，再加說明，子目繁多，如政制志、經濟志、財政志、社會志、教育志、宗教志、族群志、社團志、福利志、交通運輸志、衛生醫藥志……等，尤其是當地有特點者，如沿海省份之華僑志、海防志，大都會可增金融志、貿易志、海關志……有特產者可增紡織志、陶瓷志等，資料以最新最詳盡為主，必要時可增統計表，或圖解說之，是「志」之主流。

　　文物志：應包括歷代的疆域圖、名勝古蹟、（附以最新的旅遊景點）金石碑刻、廟宇、叢談及舊志序。

　　分志：是敘述現狀，隨時間而有所改變，故十年可重修；「總志」及「文物志」變動較少，可延至三十年始重修，可節省人力物力；「分志」可獨自刊行，至重修「總志」與「文物志」時，便可綜合成「新志」，而成「一方之志」。

　　三、金石碑刻地方史料應獨立成新學科

　　現代有「文獻學」、「檔案學」、「史料學」等名稱，其實同類異名而已，均屬研究歷史的不同史料。按：我國傳統的學術界曾出現「六經皆史」的理論。其實「六經皆史料」。及後因史料分工發展的影響，而有用族譜、方志、金石、碑刻、文書、契據等不同形式，而研究社會各方面的現象，故先後產生了族譜學、方志學、金石學、碑刻學等，至於文書、契據似仍未發展成一科學，可納於「文獻學」、「檔案學」之中，不論名稱同異，實

質上乃是研究地方史及專題研究之史料而已。

　　以上這些建議，可以說是林教授畢生從事地方文獻研究，經過實踐事例考證，而作出的新見。

　　在專題研究篇，增四節，均與廣東史及香港史有關。如：新增〈嶺南文化之剖析與展望〉及〈廣東文化之「危言」與改革之「微言」〉，乃屬廣東近代史部份：

　　至於〈論錢賓四（穆）羅元一（香林）二位史學大師對香港之貢獻〉及〈香港文化與歷史：新的剖析〉二節，乃屬香港近代史部份，上文已論之，在此不再贅述。

　　綜觀《地方文獻研究與分論》一書，為林教授晚年最後的巨著，是《地方文獻論集》的增訂版，雖多舊文，但所增五節，可以說是他晚年的精心傑作，立論確當，剖析精雕細琢，不趨潮流，不趨風向，站在學術真理的觀點上，以事論事，提出他個人獨樹一格的看法。

八、在學術文化交流方面

　　林教授在學術文化交流方面也有很大的貢獻。在二十世紀五〇年代至八〇年代中葉，海峽兩岸之間仍處戒嚴時期，彼此不能往來，香港得地之利，遂成為兩岸學術交流的中心。林教授利用在港大任教期間的關係，於八〇年代初，他不辭辛勞，頻繁的往來海峽兩岸三地之間，在香港籌劃舉辦多次國際學術研討會，藉此溝通兩岸三地的學者與世界學者的學術交流，彼此互相切磋，促進友誼。例如：

　　1982 年 12 月與香港大學亞洲研究中心及美國猶他州家譜學會策劃合辦之「區域性研討會」，[44]；1985 年 7 月，舉行的「中古史國際研討會」等，促進海峽兩岸三地學者與美國、日本、韓國等學者在香港得共聚一堂，互相研討。[45]

　　其後林教授應台北國立政治大學歷史所之聘，來台任教，時台灣剛解嚴令不久，兩岸人民可以來往探親，於是林教授更積極在兩岸三地之間，又舉辦了多次國際學術研討會，俾兩岸三地學者得與世界其他地區學者交換意見，互相切磋。例如：

　　1989 年 4 月策劃在香港大學亞洲研究中心舉行「亞太區地方文獻國際會議」。[46]

　　1994 年 12 月在香港、廣州兩地合辦「嶺南文化新探究國際研討會」等。[47]

　　林教授對方志學素有研究，藉兩岸開放期間，舉辦了九次海外兩岸三地方志研討會，藉此交換彼此對方志研究的心得。例如：

---

44 林天蔚主編《地方史資料研究論文集》，香港大學亞洲研究中心出版，1984。
45 林天蔚與黃約瑟合編《中古史國際研討會論文集》，之一及之二，香港大學亞洲研究中心出版，1987。
46 林天蔚與黃約瑟合編《亞太地方文獻論文集》，香港大學亞洲研究中心出版，1991 年。
47 見林天蔚主編《嶺南文化新探究論文集》，香港現代教育研究社，1996 年、

在廣州方面：1988 年秋舉行的「粵港澳臺地方志學術交流會」，這是大陸地方志機構首次與港澳臺地區學者開展的學術交流。

又如 1990 年 7 月的「粵港澳臺地方志學術會」、1993 年 8 月的「華夏文化與地方誌學術研討會」、2000 年 1 月舉行的「廣東省地方志理論研討與工作會議」、2002 年 3 月舉辦的「廣東僑鄉與加國華僑鄉情交流會」等。[48]

在天津方面：1997 年底至 1998 年元月初，與天津南開大學、天津市地方志辦籌備的「中國海峽兩岸地方史志比較研討會」。[49]

在台灣方面：1998 年 12 月與國立中興大學召開的「海峽兩岸地方史志地方博物館學術研討會」。[50]

在海南島方面：2002 年 3 月與海南大學舉辦「瓊粵地方文獻國際研討會」。[51]

在美國方面：1999 年 9 月 6 日至 9 日在猶他州立大谷學院（Utah Valley State College）舉行之「中國族譜及方志學術研討會」等。

從上述所論，可知林教授對促進兩岸三地的學者與世界各國學者作出學術文化交流的貢獻。

此外，林教授退休定居加拿大溫哥華之後，為發揚中華文化，由 1996 年至 1998 年，假加拿大溫哥華中華文化中心曾舉辦七次「中華文化在加拿大之傳承與適應研討會」學術會議。把中華文化宏揚海外。[52]

由此可知，林教授不單治學嚴謹，他的研究方法，除了教學相長、博覽群籍、辨偽考證之外，又以不辭勞苦，頻頻往來海內外和兩岸三地之間，主辦或與機關學校團體合辦和協辦的大小型國際學術研討會就有十餘次之多，彼此互相切磋、琢磨，交換研究心得，藉此認識了許多新朋友。他舉辦和協辦的學術研討會，都與他研究學術領域有關，

---

48 見、陳強、侯月祥〈林天蔚教授對推動海內外地方志學術交流的貢獻〉，2007 年 3 月 8-9 日，在廣州由廣東省地方志辦舉行之「廣東省地方志理論研討會」宣讀論文。

49 見天津市地方志辦公室主編之《中國海峽兩岸地方史志比較研討會論文集》，1998 年。

50 見《海峽兩岸地方史志地方博物館學術研討會論文集》洪孟啓〈序〉，中興大學，1999 年。

51 見周偉民主編《瓊粵地方文獻國際研討會論文集，編後記》，海南大學主辦、香港大學協辦，2003 年 3 月。

52 第 1 次於 1996 年 4 月 17 日，林教授親任主席，譚松壽先生擔任秘書及紀錄，先後出席者有中華文化中心總幹事簡穎湘女士、蘇輝祖、黃聖暉、楊彩明等。林教授並撰寫研討會主題（略）；第 2 次於 1997 年 5 月 10 日舉辦專題講座，由中國南開大學歷史系教授來新夏主講，題目為「中華傳統文化與海外文化的雙向關係」。第 3 次於 1997 年 8 月 23 日舉行，講者為台灣中國文化大學李德超教授，題目為「中國書法藝術與中國文化」。第 4 次同年 8 月 30 日，分為兩部份，上午由王曾才教授主講，題目為「中華文化適合民主政治的發展嗎？」，下午由陳捷先教授主講，題目為「清代皇帝對西方的認識」。第 5 次同年九月二十七日，由美國猶他州家譜學會亞洲地區經理、漢學專家沙其敏（Merlvin Thatcher）主講，題目為「中西家庭制度及倫理思想的比較」。第 6 次為 1988 年 5 月 19 日，由國際知名數學大師美國哈佛大學丘成桐教授接主講，題目為「基本科學的未來與發展」。第 7 次，同年 9 月 19 日，為美加省著名企業家區錫機先生，題目為：「華人企業家的心路歷程」；25 日，分二次舉行，上午由美國楊伯翰大學韓大衛教授主講，題目為「南方的繆斯：幾位廣東文人」，次由林教授主講，題目為「廣東與香港之文化關係」；下午由廣東省社會科學院研究員施漢榮教授主講，題目為「香港的新價值與廣東的新關係」。（見本文集「生平大事紀要」1996 至 1998 年條）

如「區域性研討會」、「中古史國際研討會」、「亞太區地方文獻國際研討會」等，都是與隋唐史、宋史以及方志、族譜、金石碑刻地方文獻爲主；真正達到「君子以文會友，以友輔仁」之旨。此外，又念念不忘的、默默耕耘的把中華文化宣揚於海外。他對溝通海內外學術交流的貢獻，可以說，是溝通兩岸三地學術交流和宣揚中華文化於海外的一位學術使者。

2005 年，林教授已屆耄耋之年，五月初由溫哥華回港，中旬，即往廣州訪廣東省地方志辦公室陳強主任和侯月祥副主任商討再舉辦另一次「粵港台地方志研討會」，於翌年中舉辦。旋即與家人來台北榮民總醫院作身體檢查。完畢，家人先回港，林教授伉儷應中興大學黃秀政教授伉儷之約，往惠蓀農場作一夜兩日遊。翌日，下午回台中市，晚上，筆者夫婦請客歡聚，席間林教授提及明年中籌辦另一次「粵港臺地方志研討會」的事，並當面親自約黃秀政教授及本人參加。想不到志未竟而逝。尤爲難得的，每次主辦或合辦或協辦的學術研討會，林教授都是親自策劃：擬訂議題、邀請各地學者參加、籌募經費、主持會議、出版論文集等，出錢出力，奔波來往海外及兩岸三地之間，保持互相聯系，從他主編或合編、協編的論文集中可證之。他這種終生爲學術研究、學術交流而犧牲奉獻的精神，怎不令人敬佩！

九、結　論

綜合上述所論，林教授畢生治學嚴謹，博取群籍，時賢議論，辨僞考證，實地考察，努力不懈，成績斐然，享譽海內外。他研究學術的領域，廣博而專精。早期的作品，以隋唐史、宋史，名重士林。其後轉入民族學、地方史（含香港史及廣東史）、方志學、族譜學、地方文獻，旁及金石學、敦煌學等方面研究，均有卓越的、獨到的創見，對學術界貢獻影響甚大。

林教授學術的成就，可以說是繼承其師羅香林教授衣鉢而加以發揚光大。他在〈述恩師羅元一先生之學〉乙文說：「恩師興寧羅元一先生，著作等身，體大而精。有客問先生之學，可以一貫之否？曰：即民族史，唐史與香港史爲主流，而旁及方志學、族譜學、國父研究及中西交通等。」[53]林教授受此啓發，一步一步，走出自己研究的一條路子。故每一領域的著作都有它的特點和新見。

林教授除了在學術上的貢獻，早已蜚聲士林，享譽中外。此外，還有兩點值得特別一述的：

---

53 見 1978 年 5 月份香港《華僑日報．博文月刊》及余偉雄主編《羅香林教授紀念文集》，1979 年 8 月，頁 100-102。

（一）、舉辦學術研討會，促進海內外學術交流：

自 1982 年在香港舉辦「區域研討會」及 1985 年舉辦「中國中古史國際研討會」開始，就築起了兩岸三地學術文化交流的橋樑。那時兩岸仍在戒嚴時期，香港得地之利，使兩岸三地學者因緣際會得到交往。其後又不辭辛勞，頻頻奔走兩岸三地之間，出錢出力，任勞任怨，籌辦或協辦大小型「國際學術研討會」十多次。

有關林教授在學術交流貢獻的犧牲奉獻精神，特別值得一提的：當他籌辦「嶺南文化新探究國際研討會」之前，他不知自己患有心臟病。不久，發現身體不適，到醫院檢查，病情已很嚴重，必須施手術治療，醫生要他暫時停止或改期該次學術會議的工作，避免工作過累。但林教授堅持辦完這次學術研究討會，然後治療。因為這次學術研討大會，分別來自大陸、臺灣、香港、澳門、德國、美國、加拿大、紐西蘭等地學者五十餘人，且分香港及廣州兩地舉行，早在一年前就籌劃進行，怎可改期或放棄？到了開會前一天，林師母對筆者說出這件事，在他身上衣服的袋中，有一個小藥盒，其中有一顆用紅紙包的藥丸，萬一有事，服用。我聽了，嚇了一驚！慶幸吉人天相，會議順利圓滿完成，於是立即進入台北榮民總醫院做了心臟大手術。手術成功後，在身體虛弱的情況下，又忙着投入主編《嶺南文化新探究論文集》出版的工作，論文三十篇，約三十餘萬字。

林教授為了溝通海內外的學術交流；藉此以文會友，促進友誼，至今兩岸三地及海外的學者仍懷念不已。晚年定居加拿大溫哥華之後，又假溫哥華中華文化中心舉辦多次「中華文化在加拿大之傳承與適應研討會」，把中華文化宏揚於海外。這種畢生為學術交流、及把中華文化宣揚海外的犧牲奉獻精神，令人敬佩不已！

（二）捐助學金，嘉惠學子：

林教授學養浩瀚，品德崇高，他有一顆仁厚之心。平時除了勤於著述之外，以孝聞於閭里，為紀念其先父挺生公，把大陸祖產捐出給高州中學，設立「林挺生獎學基金」，[54]以獎助優秀清貧的學子。又於 2001 年，捐款給母校華南師範大學（前身為廣東省立文理學院），設立「林天蔚獎教獎學金」，主要資助歷史系教師的科研項目與品學兼優的學生。最難得的是，誠如陳長琦說：「先生不是企業家，也不是商人，先生是學者，他是在用自己晚年的養老金來資助母校的學術事業、資助母校的教育事業！」[55]這是他樂善好施的風範。

---

54 按林教授少年時，就讀高州中學。其父挺生公，五四運動時畢業於北京大學文學系，畢業後回鄉任教高州中學教員、教務主任。為紀念先父養育之恩，乃與胞侄林元龍、林元寧，贈送位於高州城三元宮的僑房，面積 272 平方米，價值 20 萬人民幣。1988 年 11 月 7 日，於高州中學設立「林挺生獎學基金」，時林教授偕夫人及公子嘉榆先生等均參加慶典。（見《高州日報》「高州中學成立林挺生獎學基金」條，1988-11-13 日）

55 林天蔚《地方文獻研究與分論》，陳長琦〈跋〉頁 581-582，北京圖書館出版，2006 年 12 月。

　　林教授學貫古今，不囿於一家之說，真正做到教學相長：「學中教，教中學」的精神。他教學幽默風趣，勤於著述，不趨潮流，以史料辨偽論證，為學術研究學術；是一位平易近人，和藹可親，熱愛家庭，樂於助人，愛護朋友，友愛學子，扶掖後進 —— 的經師、人師的學者。

試論文字學之當代意義

香港大學
單　周　堯

　　對不同的人來說，文字學可能有不同的意義。

　　對文字學家來說，他們當然希望瞭解文字的形音義。近世地不愛寶，出土文獻不絕如縷，見到一些從未見過的字，文字學家當然希望找出它到底是甚麼字，這有助文獻的釋讀。例如 1976 年陝西省扶風縣法門公社莊白大隊出土一批西周窖藏青銅器，其中最重要的牆盤，銘文內容可分為兩部分，前一部分追頌西周初期文、武、成、康、昭、穆六王的功業，後一部分敘述器主史牆家族的事迹。這些豐富的內容，既可用來印證舊史，又可補苴舊史之不足，因此引起了廣泛的注意。

　　《文物》1978 年第 3 期發表了唐蘭（1901-1979）、裘錫圭、李仲操三位先生對該銘文的考釋，《考古學報》1978 年第 2 期發表了徐中舒（1898-1991）、李學勤兩位先生對該銘文內容的研究，《南京大學學報》哲學社會科學版 1978 年第 1 期發表了洪家義先生的〈牆盤銘文考釋〉，《上海師範大學學報》哲學社會科學版 1979 年第 2 期發表了戴家祥先生（1906-1998）的〈墻盤銘文通釋〉，其後《古文字研究》第 7 期也發表了于豪亮先生（1917-1982）的〈牆盤銘文考釋〉。由於盤銘中有一些不常見的文字和用語，考釋起來比較困難，而且往往意見分歧。各家對牆盤銘文中的𦁅字，即意見不一。李仲操先生隸定作絹，無說。唐蘭先生隸定作𦁅，並云：「𦁅字未詳。」裘錫圭先生隸定作𦁅，讀為訊，並且說：「『訊』、『迅』古通。『訊圉』就是迅猛強圉的意思。」徐中舒先生也隸定作，但意見卻與裘先生不同，他說：「𦁅从索，卪以持之，从口，象索環繞形，仍當讀為索。索，繩索，古用以丈量土田疆界。圉，垂也，垂謂邊疆。武王滅殷，奠定周之邊疆，故此即以索圉稱之。」于豪亮先生則隸定作𦁅，釋為緪字。于先生說：「𦁅即緪字，古從糸之字或從索作，從皿與從口無別，故𦁅字即緪字。字當讀為勁，緪勁同為耕部字，兩者可以相通假。《說文·力部》：『勁，彊也。』《周書·諡法》：『威德剛武曰圉。』」李學勤先生隸定作𦁅，並云：「𦁅，應即緪字，《說文》此字或體作緪，在本銘中讀為挺，

《考工記・弓人》注：『直也。』《逸周書・謚法》：『威德剛武曰圉』，『剛強理直曰武』，挺圉與武意義呼應。」戴家祥先生說：「徐中舒釋𦂅[1]，李學勤釋𦀗[2]于形不類。按字從索從句，索、系[3]古通用，《玉篇 431》綷，或作𦂅，絡亦作𦀗，是其證。鄭玄注《儀禮・士冠禮》：『絢之言拘也』。《詛楚文》：『拘圉其叔父』字正作拘。拘聲同強，《離騷》：『澆身被強圉兮』，王逸注：『強圉多力也』。拘、圉古音同部，本疊韻連綿字。拘讀見母，見群混用，已被近人證實，故拘得借用疆[4]，魚陽陰陽對轉，故拘圉亦作『疆禦』，《大雅・蕩》：『咨汝殷商，曾是疆禦』。《左傳・昭公元年》：『且夫以千乘去其國，疆禦已甚』。禦，又通御，《左傳・昭公十二年》：『吾軍帥疆禦』。或作『敦圉』，《漢書・楊雄傳》：『白虎敦圉虖昆倫』。顏師古注：『敦圉，盛怒也』。《呂氏春秋・首時篇》：『武王不忘王門之辱，立十二年，而成甲子之事』。《孟子・梁惠王下》：『一人（指殷紂）橫行于天下，武王恥之，此武王之勇也，而武王亦一怒，而安天下之民』。《逸周書・謚法解》：『剛強理直曰武』。」洪家義先生說：「𦂅，即嗣之異體，通嗣，繼承。圉，領土，《左傳》隱公十一年：『亦聊以固吾圉也』，《注》：『圉，邊垂也』。」

按索字不見於金文，索字索諆角作 𣟒，高田忠周（1881-1946）以此爲據說：「索字古文元从糸从𠬞，兩手以作繩之意也。」[5]𦂅字偏旁顯然跟索字有相當大的差異，因此李仲操、唐蘭、裘錫圭、徐中舒、于豪亮、戴家祥、洪家義等七位先生的隸定都有待商榷。又訊字金文作 𩔖（虢季子白盤）、𩔖（兮甲盤）、𪗉 𪗉（不嬰簋）、𪗉 𪗉（𧓹簋）、𪗉（揚簋）、𢆷（師同鼎）諸形[6]，跟𦂅字有很大的距離；卂字金文作 卜（卂伯簋）[7]，亦與𦂅字偏旁不類，因此裘錫圭先生讀𦂅作訊是有問題的。至於戴家祥先生認爲𦂅字從索從句，也很有問題，蓋句字金文作 𠤏（鬲比盨）、𠤩（殷句壺）、𠃌（句它盤）[8]，與𦂅字之右旁絕不相像。李學勤先生把𦂅字隸定作𦀗，讀作綳，也需要商榷：（一）素字在金文中曾以偏旁的姿態出現，如𦂅作 𦂅（蔡姞簋），𦀗作 𦀗（𦀗鎛）[9]，都跟𦂅字的偏旁不相似。（二）字金文作𦀗（沈子它簋）[10]，跟𦂅在字形上有很大的差別。相對來說，洪家義先生釋𦂅爲𦂅，認爲即嗣之異體，通嗣，與拙作〈牆盤「𦂅」字試釋〉意見較爲相近。拙作發表於《文物》1979 年第 11 期，撰寫時沒有看過洪先生的大作，只是覺得

1　案：徐中舒先生原文作「𦂅」。
2　案：李學勤先生原文作「𦀗」。
3　案：系，疑當作糸。
4　案：戴文中之 "疆"，疑皆爲 "疆" 之筆誤。
5　見《古籀篇》（臺北：宏業書局，1975）卷 72 頁 18。
6　見《金文編》（北京：中華書局，1985）頁 141。
7　同上，頁 760。
8　同上，頁 132。
9　同上，頁 872。
10　同上，頁 858。

金文𤔲字字形如（毛公鼎）、（卯簋）[11]跟字有不少相近的地方，特別是兩字都从H，這是索、素等字所沒有的。楊樹達（1885-1956）解釋𤔔字裏面的H說：「H位幺字之中，蓋象用器收絲之形。《說文》竹部云：『⿱𥫗互，可以收繩也』，古文作互，H乃象互形也。絲繩同類之物，互可以收繩，亦可以收[12]絲矣。」由於字的偏旁有這種收絲之器，筆者懷疑這偏旁就是象治絲的𤔔字的一種異體，而字也就是𤔲字的一種異體，在這裏讀作嗣。諫簋：「今余隹或𤔲（嗣）命女（汝）。」也是假𤔲爲嗣。「嗣圉武王」，是承上文而說的；文王既然「匍有上下，迨受萬邦」，武王也就繼續他的威德剛武，「遹征四方」了。大盂鼎說：「在珷王嗣玟乍（作）邦，闢（闢）氒匿，匍有亖（四）方。」意思與此大致相同，正好互相印證。由此可見，大家都想找出究竟是甚麼字。

有時文字學家不但要找出某字是甚麼字，還要瞭解該字的形構。例如卜辭中字屢見，作（佚 270）、（佚 199）、（佚 266）、（佚 226 背）、（佚 519）、（佚 542）、（佚 428）、（佚 875）、（福 20）、（鐵 3、2）、（鐵 73、3）、（鐵 98、3）、（鐵 100、2）、（鐵 114、3）、（鐵 115、1）、（鐵 129、4）、（鐵 162、1）、（拾 3、4）、（拾 8、14）、（前 1、3、7）、（前 1、11、7）、（前 1、15、4）、（前 1、37、4）、（前 4、3、2）、（前 4、6、5）、（前 5、4、4）、（前 5、4、7）、（前 5、29、1）、（前 6、8、7）、（前 6、13、3）、（前 7、31、1）、（前 7、44、1）、（前 8、12、6）、（後 1、1、7）、（後 1、2、10）、（後 1、4、10）、（後 1、8、8）、（後 1、17、1）、（後 1、20、13）、（後 1、24、3）、（後 1、32、1）、（後 2、2、8）、（後 2、2、10）、（後 2、23、5）、（後 2、33、1）、（後 2、39、17）、（菁 10、2）、（林 1、2、4）、（林 1、2、12）、（林 1、11、15）、（林 1、13、5）、（林 2、25、11）、（林 2、27、2）、（戩 5、5）、（戩 26、3）、（戩 47、5）、（燕 194）、（燕 20）、（燕 635）、（燕 22）、（燕 211）、（燕 230）、（燕 231）、（甲 60）、（甲 82）、（甲 101）、（甲 1236）、（甲 2371）、（甲 2416）、（甲 2502）、（甲 2765）、（甲 2799）、（甲 2831）、（甲 3271）、（乙 163）、（乙 778）、（乙 1152）、（乙 1908）、（乙 1952）、（乙 7577）、（乙 7766）、（乙 8638）、（京津 4850）、（粹 84）、（粹 108）、（粹 181）、（粹 190）、（粹 402）、（河 125）、（珠 61）、（珠 244）、（安 3、22）、（京都 3115）諸形[13]，變狀至夥。孫詒讓（1848-1908）釋之爲

11 字其他字形，可參考《金文編》頁 976-979。
12 見《積微居小學述林》（北京：中國科學院，1954）頁 89。
13 參《甲骨文編》（香港：中華書局，1978）頁 167-169。

鱟，讀為獵[14]，惟據之以讀卜辭，則詰屈難通。王國維（1877-1927）讀《小盂鼎》，見有□字，與□之異體□□□相似，其文云：「粵若□乙亥」，與《書・召誥》「越若來三月」、《漢書・律歷志》引逸《武成》「粵若來二月」文例正同，而《漢書・王莽傳》載群臣奏言[15]：「公以八月載生魄庚子，奉使朝用書，臨賦營築，越若翊辛丑，諸生、庶民大和會。」此奏摹仿《康誥》、《召誥》，王氏遂悟《召誥》之「若翌日乙卯」、「越翌日戊午」，今文《尚書》殆本作「越若翌乙卯」、「越若翌戊午」。故《小盂鼎》「粵若□乙亥」，當釋為「粵若翌乙亥」無疑。又其字從日從立，與《說文》訓明日之昱正同，因悟卜辭中□□□諸體皆昱字。以王氏此說解釋卜辭有此字者，無乎不合，惟卜辭諸昱字雖什九指斥明日，亦有指第三日、第四日以至十餘日以後者，視《說文》明日之訓稍廣[16]。王氏此說，若抽關啟鑰，發精微之蘊，解學者之惑，其功可謂甚偉！

惟王氏謂□即鱟之初字[17]，則有可商。王氏曰：

> 石鼓文：「君子員邋。」字作□，從□。《說文・囟部》：「鱟，毛鱟也。象髮在囟上及毛髮鱟鱟之形。」□則但象毛髮鱟鱟之形，本一字也。[18]

案：□殊不象毛髮鱟鱟之形。唐蘭先生《殷契卜辭考釋》曰：

> 鱟字上半與子字之古文《召伯毁》作□、《宗周鐘》作□者正同，象人首之有毛髮，則□□二字不當相混也。[19]

王襄（1876-1965）《古文流變臆說》云：

> 殷契昱之初文作□□諸形，凡百數十名，繁簡任意，無一同者。蓋製字之始，取象于蟬翼，因摹寫匪易，故無定形，疑為翼之本字，借為翌　日字。天寶時，衛包盡改《尚書》之翌為翼，或見古文固如此歟。[20]

葉玉森（1880-1933）《說契》亦謂象蟲翼，上有網膜，當即古象形翼字；其後葉氏著《殷虛書契前編集釋》，則謂其字多肖蟲翼或鳥翼形，其作□者尤肖矯翼形。[21]

唐蘭先生則改釋為羽字，並云：

> 葉玉森謂象蟲翼，上有網膜，當即古象形翼字，（《說契》）雖較釋鱟為勝，亦未確。蓋蟲翼之象，本無佐證，且何以不象鳥翼乎？按字形，卜辭之□，即後世之翊，則其所從之□，即應是羽字，本曒然無可疑，然昔人卒未悟此。故知文字之學，

14　見《契文舉例》（《吉石盦叢書》第17冊）卷上頁4b。
15　此據《漢書》頁4069，《觀堂集林》（香港：中華書局，1973）頁284作「太保王舜奏云」。
16　見《觀堂集林》頁284。
17　同上，頁285。
18　同上。
19　原書未見，錄自《甲骨文字詁林》（北京：中華書局，1996）頁1858。
20　同上，頁1857。
21　見《殷虛書契前編集釋》（臺北：藝文印書館，1966）卷1頁10b。

　　不自分析偏旁入手，終是歧路也。羽字所象，則鳥羽之形也。作🪶，作🪶，猶可
　　見其髣髴。余嚮者謬謂羽象羽翼之形，乃翼之本字，(《殷契卜辭釋文》二葉)今
　　乃悟其非是。蓋毛羽皮革，咸共日用，而其形可象，故原始文字已可有之。若翼
　　字　則用既不繁，形復難象，古初殆借異字以為之，蓋異象人舉兩手，有類夫翼
　　也。形聲字興，乃製翼兩字。則翼不當有象形字也。[22]

案：唐先生之意，蓋謂翼字用既不繁，形復難象，當為原始文字所無。考納西象形文字
翼作 🪶🪶🪶 諸形[23]，則唐先生所謂原始文字所當無，未必是也。

　　唐先生釋🪶為羽，孫海波（1910-1972)《甲骨文編》從之[24]，李孝定先生（1917-1997)
《甲骨文字集釋》更以為其說不可易，並云：

　　🪶正象鳥羽之形，它體雖詭變無常，皆書者徒逞姿媚，不以肖物為工，然于羽形
　　猶能得其髣髴也。[25]

　　惟仍有以🪶為翼者，其中以康殷（1926-1999)之說最詳。康氏謂《父己尊》之🪶🪶，
像鳥之雙翼覆抱一子之形，與下列古籍，可互為印證[26]：

（一）《詩・大雅・生民》：「厥初生民，時維姜嫄……克禋克祀，以弗無子，履
　　　帝武敏歆……載生載育，時維后稷……居然生子。誕寘之隘巷，牛羊腓字
　　　之。……誕寘之寒冰，鳥覆翼之。鳥乃去矣，后稷呱矣……」

（二）《楚辭・天問》：「稷惟九子，帝何竺之？投之于冰上，鳥何燠之？」

（三）《史記・周本紀》：「有邰氏女曰姜原……出野，見巨人跡……踐之而身動
　　　如孕者，居期而生子，以為不祥，棄之隘巷，馬牛過者，皆辟不踐……
　　　棄渠中冰上，飛鳥以其翼覆薦之……因名曰棄……。」

　　康氏謂《父己尊》之🪶，即甲文之🪶🪶🪶🪶🪶🪶，為🪶🪶等鳥翼形之文字化。則象鳥
翼翻折之狀。[27]

　　近年出版之甲骨文辭典，有認為🪶象羽形者，如徐中舒主編之《甲骨文字典》[28]、
方述鑫等編之《甲骨金文字典》[29]；亦有認為🪶象翼形者，如崔恒 昇編著之《簡明甲骨
文詞典》[30]、劉興隆著之《新編甲骨文字典》[31]。然則🪶象羽形邪？象翼形邪？茲試裁以

22 見《殷虛文字記》（北京：中華書局，1981）頁 12。
23 見方國瑜《納西象形文字譜》（昆明：雲南人民出版社，1981）頁 164。
24 見《甲骨文編》頁 167。
25 見《甲骨文字集釋》（南港：中央研究院歷史語言研究所，1970）頁 1237。
26 見康殷《古文字發微》（北京：北京出版社，1990）頁 31、32、34、58。
27 同上，頁 34、53、54。
28 見《甲骨文字典》（成都：四川辭書出版社，1988）頁 386。
29 見《甲骨金文字典》（成都：巴蜀書社，1993）頁 287。
30 見《簡明甲骨文詞典》（合肥：安徽教育出版社，1992）頁 372。
31 見《新編甲骨文字典》（北京：國際文化出版公司，1993）頁 214。

管見如下：

（一）甲骨文諸⊞字詭變劇繁，綜而觀之，多肖翼形，而不肖羽形者則甚夥。

（二）納西象形文字翼作 ⟋⟍ ⟋⟍ 諸形，與甲骨文諸⊞字近似。

（三）若⊞本爲翼字，假爲同屬餘紐職部之昱字，固無問題；若⊞本爲羽字，羽字古音匣紐魚部，則與餘紐職部之昱字，韻部遠隔，聲亦不近，則何以假爲昱？

（四）甲骨文⊞字有異體作[圖]者，王國維[32]、王襄[33]、魏建功（1901-1980）[34]、李孝定[35]皆以立爲聲符，唐蘭則以爲从立羽聲，若此字從羽得聲，音亦當與羽相近，羽、昱韻部遠隔，聲亦不近，則此字何以能假爲昱？故當以立爲聲符。立古音來紐緝部，昱、立分隸餘來二紐，或爲上古 dl-複聲母之遺[36]，職、緝則有旁轉關係[37]，故⊞當本爲翼字，借爲昱日字，後加立爲聲符。

因此，我們可以推斷，⊞象翼形，而不是象羽形。[38]

文字學家所關心的，是找出一些學術界還沒有答案的問題的真相。對他們來說，文字學的意義，是幫助他們找出答案，發現真相。

對研讀古籍的人來說，文字學可以加深他們對古籍的理解。茲舉例說明如下：

（一）隱公元年《左傳》記載，鄭武公夫人武姜生鄭莊公及共叔段。莊公出生時逆生，使武姜受到驚嚇，因此武姜不喜歡他而喜愛共叔段，想立叔段爲太子。她多次向武公提出請求，武公沒有同意。等到莊公即位，武姜爲共叔段請求封於制地。莊公說：「制是個巖險的地方，從前虢叔死在那裡。至於其他都邑，我一定同意。」武姜於是爲共叔段請求京地，莊公也就讓共叔段住在京，稱之爲京城大叔。祭仲對莊公說：「都城的城牆超過三百丈，就會成爲國家的禍害。根據先王的制度：大的都城不得超過國都的三分之一，中等的不得超過五分之一，小的不得超過九分之一。如今京的城牆不符合制度的規定，您將來一定會受害。」其後，叔段命令西部及北部邊境地區，除了聽莊公命令外，又要聽自己的命令。《左傳》原文是：「既而大叔命西鄙北鄙貳於己。」杜預（222-284）《春秋經傳集解》（簡稱杜注）「既而」二字下無注[39]；楊伯峻先生

32　見《觀堂集林》頁 285。
33　見《古文流變臆說》，參注 20。
34　魏氏之說，見《卜釋》，原書未見，《甲骨文字集釋》頁 1229-1230 及《甲骨文字詁林》頁 1863 均有引錄。
35　見《甲骨文字集釋》頁 1241。
36　魏建功已有是說，見《卜釋》，參注 34。
37　《詩‧小雅‧六月》二章以飭服熾國（職）韻急（緝），《大雅‧思齊》四章以式（職）韻入（緝）。《易‧井》九三以食惻福（職）韻汲（緝），《大戴禮‧五帝德篇》以急（緝）韻服（職），《虞戴德篇》以集（緝）韻福服德（職），《爾雅‧釋訓》以極德直力服息德弌食則悳職（職）韻急（緝），皆職緝旁轉之證。
38　詳參拙作〈說 ── 讀《觀堂集林‧釋昱》小識〉，刊《紀念王國維先生誕辰 120 周年學術論文集》（廣州：廣東教育出版社，1999）頁 43-49。
39　參《十三經注疏》本《春秋左傳注疏》（臺北：藝文印書館景印清嘉慶 20 年〔1815〕南昌府學重刊本，1973）卷 2 頁 18a，總頁 36。

（1909-1992）《春秋左傳注》（簡稱楊注）則注曰：「既而，猶言不久」[40]。然則「既而」何以有「不久」義？堯案：甲骨文「既」字作 🔲、🔲諸形[41]，羅振玉（1866-1940）曰：「既象人食既。」[42]李孝定曰：「契文象人食已顧左右而將去之也。」[43]甲文「既」象食畢，引申爲凡畢之稱。此處謂祭仲向莊公進諫既畢，大叔又命西鄙、北鄙貳於己。二事相距不遠，故楊注謂「猶言不久」。

　　（二）僖公三十三年《左傳》記載，晉敗秦師於殽，秦穆公身穿白色衣服駐紮在郊外等候，對着被釋放回國的將士號哭。《左傳》原文是：「秦伯素服郊次，鄉師而哭。」杜注「鄉」字無注[44]；楊注則曰：「鄉同今向字。」[45]然則「鄉」何以同今「向」字？堯案：甲骨文「鄉」字作 🔲[46]，羅振玉謂「象饗食時賓主相嚮之狀」[47]，故有「向」義。

　　由此可見，文字的初形，有助加深讀者對古籍的理解。

　　廣義的文字學，還包括文字的引申義。茲舉例說明如何透過闡釋引申義，可加深讀者對古籍的理解：

　　（一）莊公二十八年《左傳》記載，晉獻公與其父武公之妾齊姜發生不尋常關係。《左傳》原文是："烝於齊姜。"杜注"烝"字無注[48]；楊注曰："上淫曰烝。"[49]然則上淫何以曰烝？堯案：《說文》："烝，火氣上行也。从火，丞聲。"[50]徐灝（1810-1879）《說文解字注箋》曰："凡烝物火氣上行，則水氣上升淫淫然，故謂'上淫曰烝'。"[51]由此可見，透過闡釋字詞的引申義，可加深讀者的理解。

　　（二）僖公二十三年《左傳》記晉軍到蒲城討伐重耳，蒲城人想要迎戰，重耳不同意，原因是依靠君父的命令才享受到養生的俸祿。原文是：「保君父之命而享其生祿。」[52]「保」字爲甚麼有「依靠」義？堯案：金文「保」字有作 🔲、🔲者，均象負子於背、予以保護之形。父保護子，則子靠其保護，故引申而有依靠義。

　　上述數例，均出自《左傳》。其實，讀其他先秦古籍，文字學也有相同的功效。即使讀後世古文家的散文，文字學也有助我們識字。例如歸有光（1507-1571）的名作《項脊軒志》，「與諸父異爨」的「爨」字，二十九畫，難記難寫。但如果瞭解「爨」字的構

---

40 見楊伯峻《春秋左傳注》（北京：中華書局，1990）頁 12。
41 見《甲骨文編》頁 234。
42 《殷虛書契考釋‧卷中》（臺北：藝文印書館，1975）頁 55a。
43 《甲骨文字集釋》頁 1751-1752。
44 見《春秋左傳注疏》卷 17 頁 16b，總頁 290。
45 見楊伯峻《春秋左傳注》頁 500。
46 見《甲骨文編》頁 281。
47 《殷虛書契考釋‧卷中》頁 17a。
48 參《春秋左傳注疏》卷 10 頁 13a，總頁 177。
49 見楊伯峻《春秋左傳注》頁 239。
50 《說文解字詁林》（臺北：商務印書館，1970）頁 4458b。
51 同上。
52 見《春秋左傳注疏》卷 15 頁 8b，總頁 250。

造，便易記易寫得多。《說文》：「⿳，齊謂炊爨[53]。⿰[54]象持甑，冂爲竈口，卄推林內火[55]。」那就是說，齊地叫燒火煮飯爲爨。臼象雙手持握著甑，冂爲竈門的口，卄象雙手將木柴推進竈口，將火引進竈口。明白了「爨」字的結構，不但有助我們認識「爨」的字義，那密麻麻的二十九畫，便再也難不倒我們，不會覺得「爨」字難記難寫了。

又如「戴」字，很容易和「帶」相混，是常見的別字。如果有文字學的知識，明瞭其字源，也就可以避免「戴」冠「帶」戴。「戴」字從異戈聲，「異」字甲骨文作⿰，象人頭上戴物，因此戴帽作「戴」，引而申之，加物於面、手、胸之上亦用「戴」字，如戴眼鏡、戴耳環、戴戒指、戴手表、戴花等。至於「帶」，本爲古人束於腰間的帶，帶上往往佩掛手巾、小刀等隨手應用之物。後來衣服有了口袋，應用的東西便不一定要佩掛在帶上，因此出門把應用的東西放在口袋裏也叫帶，引而申之，凡攜帶都用「帶」。所以戴眼鏡是把眼鏡架放置在眼睛前面，而帶眼鏡是出門時把眼鏡帶在身邊。

文字學也有助於糾正錯字。例如「恭」字，爲甚麼不能寫成「恭」？因爲恭敬出自內心，而「恭」下之「小」，正是「心」字的變形（⿰→⺗→⺗）

又如「孤」、「狐”」、「弧”」等字，均從「瓜”」得聲，而不是從「手爪”」之「爪”」。認識其字源，知道瓜（⿰→⿰→瓜）、爪（⿰→⿰→爪）二字截然相異，便不會寫錯字。

由此可見，認識文字學，懂得分析字源，是糾正錯別字的有效方法。

在適當的時候，來一點字源教學，學生將會學得快樂。這也是文字學的當代意義。

對一般人來說，認識文字學，除了可減少錯別字外，還有助於提高其理解漢 語的層次。例如「赴湯蹈火」，意思是敢於投入沸水，跳進烈火，比喻不避艱險。

《說文》：「湯，熱水也。」「赴湯蹈火」的「湯」，用的正是本義，是熱水、沸水的意思，而不是我們日常喝的湯。知道「湯」的本義，實有助我們理解「赴湯蹈火」這個成語。

又如「元」字，大家都知道，帝王即位首年叫「元年」，每年首日叫「元日」，一國之首叫「元首」。但爲甚麼帝王即位首年叫「元年」，每年首日叫「元日」，一國之首叫「元首」，卻不一定每個人都知道。這些詞中的「元」字，到底怎樣解釋？金文中有一個寫作⿰的「元」字，象人形，其首特巨。「元」之本義爲「首」，昭然可見。《左傳》僖公三十三年：「狄伐晉，及箕。八月戊子，晉侯敗狄于箕，郤缺獲白狄子。先軫曰：『匹夫逞志於君而無討，敢不自討乎。』免冑入狄師，死焉。狄人歸其元，面如生。」杜預注：「元，首。」哀公十一年：「公使太史固歸國子之元。」杜注：「元，首也。」《孟子·

---

[53] 此從《段注》，大徐本作「齊謂之炊爨」。見《說文解字詁林》頁1152a。
[54] 此從《段注》，大徐本「⿰」作「臼」。⿰，《段注》云：「中似甑，臼持之。」參《說文解字詁林》頁1152a-b。
[55] 《段注》：「林，柴也。內同納。」見《說文解字詁林》頁1152b。

滕文公下》：「志士不忘在溝壑，勇士不忘喪其元。」趙岐注：「元，首也。」由此可見，「元」即「首」，這解釋了為甚麼「元年」即「首年」，「元日」即「首日」，一國之「元首」即一國之「頭頭」。

除本義外，認識文字的引申義，也有助提高我們理解漢語的層次。例如「敗北」是打敗仗的意思，那是大家都知道的。不過，我們只說「敗北」，卻從不說「敗南」、「敗東」、「敗西」。有時會單用一個「北」字來表示打敗仗，例如《韓非子・五蠹》：「魯人從君戰，三戰三北。」為甚麼以「北」表示戰敗呢？且讓我們看看《說文》「北」字的解釋：「北，乖也。从二人相背。」徐灝更認為北、背是古今字。打敗仗往往轉向而逃，背向敵人，因此「北」引申為打敗仗，戰敗稱「敗北」。

又如「造詣」一詞，指學業、技能所達到的程度。朱駿聲（1788-1858）《說文通訓定聲》：「此字从辵，本訓當為至。」甲骨文「辵」作 ，象腳在道路中，表示行走。偏旁省作 。小篆作 。部中字多與走路有關，如巡、遷、返、逃、追。「造」之本義就是到達某地方。《周禮・地官・司門》：「凡四方之賓客造焉，則以告。」鄭玄（127-200）注：「造，猶至也。」正好證明朱駿聲的說法。由「至」義引申，「造」表示學業等達到某種程度或境界。段玉裁（1735-1815）《說文解字注》解釋「造」字說：「引伸為凡成就之言。」《孟子・離婁下》：「君子深造之以道，欲其自得之也。」趙岐注：「造，致也，言君子問學之法，欲深致極竟之以知道意。」《孟子》用的就是「造」的引申義。我們現在常說「深造」，其語正出自《孟子》。一般人雖常說「造詣」、「深造」，卻不一定知道這兩個詞的「造」字是甚麼意思。

從上述兩個例子，可見認識文字的引申義，實有助提升理解漢語的層次。最後談談認識假借義如何提升我們理解漢語的層次。我們常常說「狐假虎威」，又說「假手於人」，這些「假」字，意思不同於「真假」的「假」。《說文》「假」訓「非真」，另有「叚」字訓「借」。根據《說文》，「狐假虎威」、「假手於人」，都是借「假」為「叚」。

「群雌粥粥」是常用語，用以描述婦女聚在一起發出喧雜之聲。此語出自韓愈（768-824）《琴操・雉朝飛》：「當東而西，當啄而飛。隨飛隨啄，群雌粥粥。」「粥粥」是甚麼意思？原來「粥」是「䰞」的假借。《說文》：「䰞，呼雞重言之。从吅，州聲。讀若祝。」段玉裁《說文解字注》：「粥、䰞古今字。雞聲䰞䰞，故人效其聲訸之。」段氏又說：「䰞从二口，二口為讙。」因此「䰞䰞」、「粥粥」有喧嘩之義。徹底了解，徹底明白，對漢語理解的層次，不就提高了嗎？

這些都是文字學的當代意義。

清人譜序闡述的宗族建設理論

馮　爾　康

　　清代各個宗族編纂族譜，相當多的有序言，刊於譜書首端，文人撰寫的還見於文集。序言一般稱作〈序〉、〈譜序〉、〈自序〉，宗族不斷續修家譜，因之續修的，稱爲〈續修譜序〉，或〈重修譜序〉，連續修纂的，則爲〈三修譜序〉、〈四修譜序〉等，過錄以前的譜序，則曰〈原序〉、〈舊序〉。亦有稱作〈譜略〉、〈修譜遺言〉、〈譜引〉、〈開篇〉、〈譜敘〉者，惟不常見。宗族的支派所修之譜，序言則云〈支譜序〉；聯合修譜曰〈聯宗譜序〉。譜序的作者，有的是譜書編寫者或其宗族中重要成員，大多數情形是個人寫序，也有多人聯合署名的，個別的由宗族集體具名，如〈合族序〉、〈合族嗣孫首事人等公跋〉。族人序跋之外，多有請族外人寫作的，〈客序〉作者必然是仕宦名流，他們中有大學士和各級官員，進士舉人貢生各級功名擁有者。從作者身份來看，譜序表達的是士人和宗族上層的見解，然而卻能反映、闡述近古宗族建設的理論和過程。本文將不涉及後一方面的內容，僅分析譜序對宗族建設理論的闡述，中心是想說明清人譜序是怎樣論述小宗法與宗族群體組建、合族論與宗族連合群體擴大、保存宗法遺意論與「雅正風俗」諸種關係，以見宗族理論在宗族建設中的作用。

一、小宗法論是宗族建設的理論基礎

　　清朝人的譜序講解的宗族理論是小宗法的，在實踐中是以始遷祖爲宗族的始祖，令其成爲彙聚族人的旗幟，從而組建宗族。

　　上古宗法制與封建制結合，形成典型的宗法社會，春秋戰國的社會變革，到秦漢以後，作爲制度的宗法制、封建制已不存在，而其遺意則有相當程度的保留，並對人們的社會生活中發生重大的影響，清朝依然如此。宗法制是宗子制的大宗統率小宗，實質是大宗法制，或者被後世學者說成是「以兄統弟」制。宗法制破壞，大宗法制隨之不復存在。宗法制下小宗法含有大小宗法雙重涵義，即小宗之中有大宗、小宗之別，清朝人據以建設宗族。康熙朝博學鴻詞應試者汪琬說：「《禮》曰別子爲祖，繼別爲宗，繼禰者爲

小宗。」「後之儒者，以爲大宗既不可復矣，不得已而思復小宗，以存王道於什一。夫俗之不古若也，蓋已久矣。」[1]「繼別爲宗」者爲小宗中的大宗，「繼禰者爲小宗」是小宗中的小宗，清朝人和宗法制廢除後的秦漢以降學者相同，爲保持宗法遺意，相信小宗法。汪琬雖然不以小宗法爲然，但也承認世人的遵行小宗法是不得已而爲之。汪琬還認爲，就是小宗法的大小宗二重制的大宗法亦行不通。他說「別子爲祖，繼別爲宗」，別子之大宗無法實行有三個原因，一是今之大宗降爲編民者多，無廟，無田，不可能率領族中之顯貴者舉行祭祖典禮；二是古代族人異居同財，有餘則歸之宗，不足則資之宗，今之父兄子弟往往爭銖金尺帛，以至於怨憤戕殺，哪里能同宗共財；三是，按宗法，宗子死，則族人爲之服齊衰三月，其母妻死亦然，而今族人無此舉動[2]。如此，惟有小宗制的小宗法可以施行。嘉慶間江西撫州清江徐氏族譜編纂者在譜序中也是依據汪琬所引述的話，「聞之別子爲祖，繼別爲宗，繼禰者爲小宗。」進而論及其宗族：在南州者，屢經遷徙，次第至角陂，吳塘，最後由朱溪而徙今之雲溪，其在雲溪之始祖爲榮卿公，因此榮卿公的雲溪支，對角陂房來講爲小宗，而在雲溪亦爲大宗。（徐廷攀修、徐攀桂纂《雲溪徐氏族譜》，《雲溪徐氏重修族譜序》，嘉慶十八年刊本）「繼別爲大宗，繼禰爲小宗。」康熙朝巡撫、侍郎田雯于感歎「宗法廢」之時，敘述到它。在《蕭氏族譜序》文中說，蕭氏修譜，「大宗、小宗準乎禮」[3]。認同小宗法的大小宗法二重性。

　　譜序記錄出許多宗族以始遷祖爲祖宗，從而建宗立族，即小宗法下的宗族。直隸滄州馬氏是移民形成的宗族，乾隆貳拾肆年，馬維城、維柱在族譜〈譜引〉講述家族史：「原籍浙江紹興府會稽縣大馬家橋人，系前明永樂三年，始祖兄弟三人遷北……來滄遂居於舊滄州西關外，占籍馬家園，滄之有馬氏自此始。」又云：「始祖斷自此，追所自也。」[4]即以移徙的第一人爲立族之祖，族譜的世系以其開端。直隸南皮集北頭劉氏於乾隆三十二年修成族譜，以始遷祖爲始祖，爲該譜寫序的翰林院侍講學士李中簡表示贊同，並就此指出：「氏故不與族同，氏之繁衍可以遍天下，而族之所聚則傳於地而止……故凡身爲子孫而述譜系，莫貴乎斷以始遷之祖。」一姓之人繁衍眾多，遷移四方；一族之人聚居一地，以始遷祖爲祖，不必上追始生之祖。直隸吳橋邢家窪邢氏的光緒二十二年《邢氏族譜》，其邢錫晉的序文不主張追溯遠年祖先，而以始遷祖爲祖宗：「昔人云：宗不扳遠，誠以年代既湮，不敢妄攀先正，或紊宗支也，而近代可考者則固所宜詳。吾宗自前明永樂二年始由山東即墨縣徙居畿南，是爲遷吳橋之始祖。」山西洪洞劉氏，相傳爲漢朝皇

1　汪琬《堯峰文鈔》卷二十六，《代洪氏族譜序》，《四庫全書》本。
2　汪琬：《堯峰文鈔》卷二十六，《汪氏族譜序》，《四庫全書》本。
3　田雯：《古歡堂集》卷二十六，《蕭氏族譜序》，《四庫全書》本。
4　滄州《馬氏全譜》，光緒《古滄馬氏族譜引》，抄本，滄州馬學華藏。

室後裔，然渺茫不可考，因此族人認定開始徙居洪洞縣蘇堡的劉祥爲始祖，從他開端，延續到康熙末年修譜，已有十世，不再往前追溯[5]。禮部侍郎、乾隆帝師傅蔡世遠在福建漳浦《黃氏宗譜序》中，批評漢晉以來有人遠推授姓命氏之祖，其實「年代荒遼，豈其盡有可據者耶」？因之贊成「近世君子」，「自譜牒所可稽以爲始者，致慎之志也」[6]。即推論遠年之祖不可信，以始遷祖爲祖，才是謹慎的態度。陝西邰陽馬氏乾隆七年續修宗譜，馬述譜序認爲始祖不必遠追遠祖的扶風郡望，「當必以開基創業始居者爲始祖」，在邰陽的以「自明時徙居南渠西、素業儒諱永禎始」[7]。進士、吏部主事龍文彬於光緒八年爲陝西漢中《西鄉李氏家譜》寫的序文，講述李氏遷徙史及始祖的確定：「李氏之先，居三原之李家橋，明成化初，秀之公遷居西鄉之南關，是爲西鄉李氏之始，越今傳世十有三，歷年四百有奇。」修譜「明義例，清源流，尊秀之公爲一世祖，以前弗錄，重所自出也。」[8]浙江鄞縣周氏不明其始遷祖，不從傳說，定自可信之祖。故周芬〈序〉說：「吾家自有明迄今曆十餘世，而溯所自出，鮮有確據，『宋尙書後』之說，其無征固已。」[9]

始遷祖是開闢新的生活居地的創始人，後裔安身立命的奠基人，以其爲祖宗，從感情上，從切身利益上都能接受，而不必尋覓自身已經茫然的授姓命氏之祖（初祖、遠祖），是講求實際的思維方式和方法。

始遷祖，社會身份不一，雖有爲官宦者，而更多的是平民百姓，他們成爲宗族的始祖，相當於上古的「繼禰者爲小宗」。宗族的尊奉始遷祖，表明是依據小宗法建設的，所建立的是小宗制群體。

以始遷祖爲祖宗，以他的裔孫爲範圍開展宗族活動，如以他的裔孫爲客體修定族譜，他的裔孫建造祠堂，舉行祭祀祖先儀式等等。靈石的何氏，系明代從河南遷居而來，始遷者爲該族族譜所稱的「知祖明經公」，繁衍到十一世的何思忠，于乾隆間修譜，說是「體先人之心以爲心，則別親疏，明長幼，序昭穆，以祖合宗，以宗合族，覆籍可稽，犂然具備，是固不敢與國史上擬，而姓氏世次條理井井。」[10]「以祖合宗，以宗合族」之謂，即以始遷祖合宗，將族人團聚成一個共同體。始遷祖成爲裔孫之間凝聚目標，力量的源泉。始遷祖的旗幟，是宗族成爲群體，宗族進行建設所不可缺少，在宗族建設中起著無可替代的作用。

5　劉殿鳳修《洪洞劉氏宗譜》卷一，康熙五十四年劉鎮《宗譜自序》，光緒二十七年刻本。
6　蔡世遠：《二希堂文集》卷一，《黃氏宗譜序》，《四庫全書》本。
7　《邰陽馬氏宗譜》，乾隆七年第二次修譜馬述〈序二〉，民國二十五年增訂本。
8　《西鄉李氏家譜》，龍文彬〈序〉，光緒八年本。
9　周岳等修《新河周氏宗譜》，道光二十六年世德堂活字本。
10　靈石《何氏族譜》，〈族譜序〉，道光十四年續刻本。

二、族譜合族論是宗族擴大成員的理論

　　清人在譜序中闡述纂修族譜合族的道理，誠然合乎事實，不過在筆者看來，更重要的是強調修譜的合族作用在於擴大了宗族成員，令宗族壯大成爲不可忽視的社會群體。

　　族譜合族論，康熙朝翰林院檢討毛奇齡與乾隆間江西人王雲煥所言，族群之「別」與「合」，略有差異，而主旨則同。毛奇齡在〈坡山朱氏族譜序〉中說：「顧先王授姓，期於別族；而後人敍譜，重于合宗。」又說：「前王之授姓則別，而漸之於合也；今人之敍譜則合，而實成其別也。」[11]他的意思是古代聖王授姓，既是給人嘉許，又是區別不同的族群，而後人敍譜，是將分散的族人合于一群。所說的「今人之敍譜則合，而實成其別也」，是匯合所有的族人于一譜，而譜法又以族人的房系、門派加以區別，進行著錄，這又是「別」。王雲煥爲江西《清江永濱楊氏三修族譜》所寫的〈序〉，同毛奇齡一樣講「合」與「分」，他說：「譜必欲其合，不合則無以明統；宗欲其分，不分則無以別支派。」[12]合是宗法觀念下合族明統，分是在宗族內部區分房分以別親疏遠近。總之，毛氏、王氏所論族譜的製作精神是合宗、合族，是聚合族人于一個宗族之內。乾隆朝中書舍人劉玉冊在直隸南皮集北頭《劉氏族譜·序》中寫道：「竊考古家乘之作所以示有別，明有親也，有本支斯有分派，系圖列譜使若爲某子，若爲某孫，親疏遠近可展卷而了然不爽也。」[13]乾隆八年河南項城張際盛譜序云：「餘性喜詩書，幸入儒林，上而思夫一本之所以合，下而辨夫子姓之所以分，蓋有深感於族譜不修，宗派之未明耳」，是以編纂族譜[14]。劉氏、張氏的議論分與合，也是說明「分」是分清支派，「合」是合族人爲一體，要點也是在合族。所以毛氏、王氏、劉氏、張氏共同指明修譜是合族之舉。

　　修譜確實是聚匯一個始遷祖下的各個支派的族人，產生人口眾多、結構複雜的宗族群體。前述項城張氏於光緒三十年再度修譜，其時族眾數百家、人丁數千口，分爲兩門，人多修譜難，張端廷堅持統一修譜，以體現一本之情，故云：「吾兩門始祖本一而同源者也，與其兩門兩譜情相隔膜，何若總成一譜誼相連屬之爲愈耶！」其子熙明遵照他的意向，克服困難，修成合族之譜[15]。直隸滄州交河馬連坦李氏于同治中修譜時，「稽本支之戶口，而本村與異鄉約有千家」，修訖，又有該族滄州的一個支派來敍譜，被認爲東支的

11　毛奇齡：《西河集》卷二十七，〈坡山朱氏族譜序〉，《四庫全書》本。
12　楊如沄修《清江永濱楊氏三修族譜》，乾隆二十七年刊本。
13　南皮集北頭《劉氏族譜》，乾隆三十二年〈序〉，民國二十三年續刊本。
14　張拱宸等重修《張氏族譜》子部，乾隆八年〈張氏宗譜前序〉，民國廿五年天津文嵐簃印書局仿宋排印本。
15　張拱宸等重修《張氏族譜》子部，光緒三十年張熙明《重修宗譜序》，民國廿五年天津文嵐簃印書局仿宋排印本。

一支，於是附於譜內[16]。可知馬連坦李氏是千家以上的大族，因修譜認一本，將原來疏遠的宗支，不相往來的宗支匯為一體。在成員眾多的宗族，由各個房系支派組成，內部結構不似五服關係那樣簡單，而是像李氏宗族，有本村支，另有東支，東支內還有一些支派。宗族原以五服為範圍，成員自然有限，而以始遷祖為祖宗，宗族修譜少則七八世，通常是十幾世，或更多的幾十世，以十幾世而言，同時在世的族人，當有數十百家，有人口數百，以至數千。宗族規模龐大，清人在對「宗族」概念的理解方面也反映出來。湖南湘鄉胡氏說：「古者自己身上下四世為九族，又以高曾及己身為五服……今則凡同姓同宗皆謂族。」[17]「同姓同宗皆謂族」，族，不限於五服近親，無服制關係的同祖之人皆為族人，皆同宗族。宗族之壯大，乃是社會現實，成為不可忽視的社會群體，是以清朝皇帝教化民眾的「聖諭十六條」中有關於宗族的「篤宗族以昭雍睦」特指內容，以及有設立族正的特殊政策。

　　五服以外的眾多族人的聚合，在於一本觀念下的因尊祖而睦族，即令族人由近及遠，想到疏遠族人，也是一祖所出，因而應該親近，不可以把族人當作路途的不相干之人。道光二十一年江西義甯陳氏修譜，陳永新在《南山潭埠合修譜序》講述這一道理：「予因思閱世生人，閱人成世，嗣遞益增，則勢日渙，近者愈密，遠者愈疏，雖自一人下視後來莫不分形以往，自祖宗視之則皆子孫也。乃服窮親盡之餘，門戶既別，慶吊不通，甚至有睹面而不相識者，人情比比然也。倘非有世系之可考，其何聯親疏，篤宗族乎。觀斯譜而長幼尊卑之序可以秩然明也，仁率義率，覽斯譜而愛敬孝弟之心可以油然生也。古聖王之所謂親睦九族者，其在斯乎。」從祖宗看，族人都是親人，修譜，獲知族人關係，自會產生親屬感情，自會有孝弟之情。及至光緒二十一年，該族續譜，進士、知縣陳文鳳《光耀堂譜跋》以水流的分合，比喻宗族的分合與族人關係，他說：「水先分而後合，大小必同其會歸。譜牒之作亦猶是也……宗之有譜非徒辨親疏，明遠近，正以見疏者遠者實與親近為一體。支派既分，固不能混而同之，源流可合，亦不容薄而遺之也。」[18]宗族編輯族譜，不只是為了區分族人的親疏關係，更在於明瞭一本之情，不能薄待族人。咸豐間滄州《鄭氏族譜》的〈梁口家譜序四〉說出與陳氏相同的話：「聞之水有源而支流遠，木有本而枝葉繁，物且然也，而況人乎。」但是人們往往「僅知有父母，不知有祖宗」，因此家譜不可不續。只有修家譜，「以祖宗傳業於子孫，子孫共知有祖宗，以及故墓不迷，名諱不犯，且共有親疏和睦之念……夫祖一人耳，以一人傳至百千萬人，其支愈多而愈分，其脈愈分而愈遠，故子孫有親疏，而自祖宗視之皆骨肉也。」所以不

---

16 滄州《李氏族譜》，同治二年〈五修族譜又敘〉，民國八年七修本。
17 《湘鄉平地胡氏續修族譜》卷首，〈舊敘〉，民國二十六年安定堂木刻本。
18 陳出新等修《義門陳氏大成宗譜》，光緒〈光耀堂譜跋〉，民國十年本。

親骨肉，令人痛恨[19]。想到祖宗，不論多麼疏遠的族人，也必須敦睦關注。對此，康熙帝於三十二年發出的「敕諭」云及睦族原因，就在於「一本」共祖：「宗族之始，皆一祖所生，當極致親睦，共相愛恤扶持以爲生也。」[20]修譜，將各個門支的族人共同敍述于譜書之內，令族人成爲一個整體。

小宗法論與始遷祖地位的確定，一本觀念的流行，產生出族譜合族論，或者說這是一本觀的具體化。修譜聚族，而能夠聚族，是因有一本觀念的思想基礎，以始遷祖爲宗族的祖宗，是族人的「一本」之源，崇拜祖宗，一本之裔孫就應當聚合在一起。合族論，是一本觀念下族人聚合的理論。

三、編纂族譜保存宗法遺意論

譜序解說宗族編輯族譜，體現出上古宗法制的遺意，表達尊重小宗法的精神，宣揚的是敦宗睦族的孝義之道，是仁孝者的行爲，而且有益於國家政教和宗族興旺，從而也反映修譜在宗族建設中的作用。

上古宗法制廢除之後，汪琬認爲士大夫製作族譜，是維持宗法制的精神，故在《代洪氏族譜序》中寫道：「自大宗小宗亡，而世譜興焉；學士大夫之爲譜也，所以維宗法之窮也[21]。」康熙五十八年，翰林院編修、學政謝履忠說世卿世祿制不行，大小宗法俱廢，有宋人歐陽修、蘇洵的譜法出現，是「能明宗法，而先王因生賜姓之遺意猶在也」，「要之譜法也，亦宗法也[22]。」與汪琬見解相同，即譜法維繫宗法。乾隆中，徽州鮑氏譜序說出同樣的意見：「自宗法廢而門地盛，門地盛而譜牒興。譜也者，宗法所賴以存焉。」[23]康熙間探花、編修姜宸英的《大興張氏宗譜序》，從相反的角度來看譜法與宗法的關係，他說「自周歷漢及魏晉以來，雖當南北朝橫潰分裂之際，世家舊族皆能講明譜法，不失其世守。至於唐之既衰，而氏族混淆，修族之道漸湮者，譜學不立故也。」[24]汪琬、姜宸英等是有名的文人，共同認爲依據宗法觀念編修族譜，傳承了上古宗法精神。清人譜序所述的族譜保存宗法遺意，表現在：

（一）譜法貫徹宗法觀念

所謂譜法維宗法之窮，是說譜法中貫徹了大小宗法的觀念，宣講了敦宗睦族之道，

---

19 滄州《鄭氏族譜》，鄭雲龍〈梁口家譜序四〉，咸豐十一年梁口村第二次修譜訂本。
20 《聖祖仁皇帝禦制文集》卷二〈勅諭・諭內閣〉。
21 汪琬：《堯峰文鈔》卷二十六，〈代洪氏族譜序〉，《四庫全書》本。
22 謝賦文等修纂《宜邑謝氏六修族譜》，康熙五十八年〈初修舊序〉，同治九年刊本。
23 徽州《棠樾鮑氏三族宗譜》，《新安棠樾鮑氏重編三族宗譜序》，乾隆二十五年刻本。
24 姜宸英：《湛園集》卷一，〈大興張氏宗譜序〉，《四庫全書》本。

而只有仁人孝子才能夠做到。康熙朝大學士李光地在講述「若夫譜之設，所以濟宗之窮」之後，說明族譜何以濟宗法之窮的道理，以其族譜爲例：「吾家之譜其爲善，亦有三焉：本以宗法而聯之，所以長長也；標其爵命，所以貴貴也；系之傳紀而彰之，所以賢賢也。三者備矣，然後昭穆序焉，名分嚴焉，勸戒彰焉。」[25]即依據宗法倫理而作的家譜，使得昭穆分明，名分嚴肅，令人懂得如何按照宗法倫理行事。乾隆五十三年，滄州王世桐所作的譜序云，上古宗法團聚族屬，至近世惟有族譜合族，雖然不能以此比擬爲宗子之法，「而由是率祖率親與孝與悌，皆將不能以自已，亦敦宗睦族之要道也。」又說閱覽族譜，「之上追往昔，既興水木之思，感深一源，更敦親睦之風，庶幾各事其事，而思爲宗族光也。」[26]相信人們觀覽族譜，明瞭祖先歷史和族內人際關係，孝義之念自然而生。乾隆四十九年，直隸高邑李綿芸爲族譜寫序云：「餘思譜之設，原以紀世系，而篤恩誼、昭法宗之意即寓其中[27]。」族譜昭示宗法之意，令族人明瞭睦族之誼。光緒間，巡撫、陝西西鄉人李文敏敍述其修譜的原因，是遵循乃父教導：「家之有譜，猶國之有史也。史不修，無以鑒治亂、示懲勸；譜不修，無以溯先芬、聯族屬。他日必有數典而忘者。汝等學業有成，須勉爲之，使知木本水源，不忘所自，則仁孝誠敬之心油然生矣。」[28]修譜，懂得祖宗彝行厚德，從而產生仁孝的信念，以敦宗睦族，光宗耀祖。康熙三十三年，京官旁塏爲直隸故城祕氏族譜作序云：自從宗法廢後，「族之有譜也，所以通宗法之窮也，非仁人孝子不能作也。」，爲什麼這樣說呢？因爲「仁人孝子不忍沒其先而亂其族，乃爲之譜以紀之。其初起自梁隋，而唐宋元明以還，於今不易，統系相接，世次不紊，境猶存焉。然事非一人之事，心非一人之心，苟非實有感於親親之重而不辭勞不惜費，則築舍之謀未有能底于成者也，故曰非仁人孝子不能作也。」[29]旁氏在解釋仁人孝子製作族譜緣故中，帶出族譜具有宗法的含義，即明世次，重親情。

（二）修譜時制定族規及其體現的宗法觀念

譜序記錄宗族修譜之時，或者特地制訂祖訓、家規，或者編輯原有的規訓，而此類族規反映的是宗法觀念，屬於宗族建設的倫理成份。約在康熙四十六年，直隸灤州邊氏纂輯家譜，特設「譜約」，規範孝弟之行，內有：對父母的孝道，因身體來自父母，父母又有懷胎之苦，哺乳之艱，乃昊天罔極之恩，豈可悍然不顧；若兄弟猶分彼我，不明兄友弟恭之道，是欺慢父母的不孝行爲；至於祖宗，又父母之根本，不祀祖宗是欺父母；

---

25 李光地：《榕村集》卷十一，〈家譜序〉，《四庫全書》本。
26 滄州《王氏族譜》，乾隆〈原序〉。
27 高邑《李氏族譜》，乾隆〈序〉。
28 《西鄉李氏家譜》，李文敏〈李氏譜圖序〉，光緒八年本。
29 故城《祕氏族譜》，康熙三十三年〈序〉，宣統二年重修本。

族人雖遠近不同，自吾祖宗視之皆一脈，則皆吾親之一脈，不睦族是疏吾親，皆爲不孝。譜約所講的人際關係，皆以孝爲準則，以孝爲人生根本。行孝，不必向父母日進三牲，只于父子兄弟之間眞心相愛相敬，就是一疏一水承得父母歡心，和氣所鐘，上迓天和，於是長壽命，獲功名，興家道，所以自古王侯卿相多生在孝弟人家[30]。毛奇齡的《三韓張氏家譜序》講京師大興縣張氏族譜編輯「家規」，而其目標，「則又以砥行、飭法、勤學、務業爲兢兢[31]。」康熙六十年，四川隆昌郭氏族譜序言記錄祖訓十條，爲「一、不許擅入衙門；二、不許逋負錢糧；三、不許忤逆不孝；四、不許欺侮尊長；五、不許侵淩卑幼、六、不許占奪田產；七、不許輕慢鰥寡；八、不許懶惰耕讀；九、不許勾引害族；十、不許干犯名義。」且認爲這十條，「詞嚴義正，剴切詳明，愚懦易知，且有二三條更切於人，敬備載之。」[32]乾隆二年，蘭州顏氏的族長穆如謂其主持修纂族譜，彙編祖訓，並望族人遵循，他說：「惟是家有條約，猶國之有令典。令典之設期於無犯，條約之陳豈必相屬。今譜中所載典禮懿訓，悉采先輩成規。而條約數事，則自吾遠祖以來立爲家法，經三百年如一日者，不敢妄有增損而輕重出入。隨時小變之處，亦嘗會同合族細加商酌，而後載之於譜。惟望我族本尊祖敬宗之心，爲持身保家之計，不幹條約，則人人能修己，人人能治人，庶不負諸父昆弟委任之盛心，是所望也夫[33]。」

（三）修譜制訂體現宗法觀念的輩字

編修家譜之時，家族往往制定輩字，以便族人命名之用，而輩字多用聯句體裁，內容則反映宗族倫理，寄託家族旺盛發達之意。道光十三年直隸南皮陳氏修譜過程中，爲後世命名而擇字，即以五行相生之意旨，擇用二十字，曰：「明玉連金清，樹生成茂松，秀炳忠厚志，吉慶增後鴻」，以資後嗣排行沿用[34]。豐溪呂氏續增昭穆序次二十八字，聯句爲「渭玉發祥成偉烈，賢能紹美錫遐昌，居仁由義昭忠心，弈禩恢宏德澤長[35]。」光緒間山東萊州趙氏修譜，續擬「序傳家正」四字，作爲後人四世冠名之用，庶免名諱重出，而使宗族敦睦[36]。

（四）捍衛宗族純潔性

講宗法，需要捍衛宗族的純潔性，也即維護宗法倫理的純正性。宗法制以血緣關係

30 灤州《邊氏家譜》，《邊氏家譜約敘》，民國二十七年唐山華美印書局本。
31 毛奇齡：《西河集》卷四十七，〈三韓張氏家譜序〉，《四庫全書》本。
32 郭光塤等續修《隆昌郭氏族譜》元冊，族譜〈又序〉，宣統二年排印本。
33 蘭州《金城顏氏家譜》，乾隆二年顏穆如〈重修家譜序〉，光緒十二年本。
34 《陳氏族譜》，道光《陳氏族譜再修序》，2000 年五修本。
35 儲大文：《存研樓文集》卷十一，〈豐溪呂氏續昭穆序次聯句序〉，《四庫全書》本。
36 趙琪等撰《東萊趙氏家乘》，《序例》，趙宿膺〈東萊趙氏六增族譜序〉，民國二十四年永厚堂鉛印本。

爲先決條件，講究宗法，團聚宗族，必定要求宗族成員的血緣純潔性，反對異姓亂宗。許多家族製作族譜，關注成員的血緣關係和人際關係，糾正不符合宗法倫理的現象。康熙五十三年山西平定州張氏修譜時發現，有「臧獲之輩強作威勢」混入族內，又有螟蛉之徒附入，造成「大亂失真」。故而再修族譜嚴格血緣世次，不容他人摻入，所謂「一族之次第，支分派解，脈絡貫通，前者前，後者後，股股相依，世世相從，無所紊也。」[37]嘉慶十六年，臨汾韓氏修譜，主修者韓應均對三種現象表示不滿，一爲與祖宗名諱有一字相同；二爲將螟蛉異姓混淆族姓，接納入譜；三是家奴隨主姓，數世之後主僕難辨，名分倒置，最爲可痛恨。他的修譜堅決杜絕此弊[38]。張氏、韓氏修譜，以杜絕破壞宗法的現象，從另一方面維護宗法。

此外，譜序認爲宗族以宗法觀念建立，對上有助於國家施行教化政策，對本身有益於家族的發展。這就是江西浮梁劉燮材、福建李光地和甘肅顏穆如分別在譜序中講到的。光緒三十四年劉燮材雲：「宗法之制，上以輔君德之不及，下以束民志之不齊，有裨政教，實非淺鮮，即就敬宗收族而言，與其拜蛇拜火，迷信鬼神，孰與於報本追遠，自崇其宗祖之爲愈，此又于宗法中寓有保固宗教之義，尤不當輕言廢置者也。」[39]認爲宗法觀念令民人有精神寄託，比迷信神鬼強，能夠凝聚民人，有益國家。李光地則謂「宗譜之修廢，家之興衰之占也。」原因是「家替於暌，隆於聚，宗與譜所以聚其暌，而使之有統也夫[40]。」乾隆二年甘肅蘭州顏穆如在譜序中說，「家政之大，序譜爲重[41]。」也是說修譜爲宗族要務，關乎宗族興衰。

清代人在宗族活動中合群，合大群，深深懂得要符合于傳統的宗族理論，又要根據社會的現實情況，創造相關的理論。小宗法論、合族論、族譜保存宗法遺意論，提供的正是清代宗族建設理論，人們據以組建宗族群體，而且這個群體成員大大超出五服範圍，令宗族壯大力量，成爲社會重要組織。新理論的形成和發揮作用，宗族的修纂族譜提供了契機，人們在修譜過程中探討宗族行爲的準則，對傳統的宗法理論予以改造，得知小宗法合於時代要求，能夠說明合族建宗的道理。要而言之，宗族理論是在宗族活動中，特別是修譜過程中提出的，發展的，又對宗族活動起著指導作用。

本文所使用的素材，來自族譜序言，因此文內涉及的事情，有的並未展開，不過已然可以成文，也就不計較資料的某種缺略了。由此可見譜序的史料價値了。本文開篇講述有關譜序的事，本來是可寫可不寫的，之所以書寫出來，是想對這種文體有所敍說。

---

37 張學魯等修《平定張氏族譜》，康熙五十三年〈張氏族譜小序〉，咸豐七年刊本。
38 韓應均修《韓氏宗譜》，〈開篇〉，嘉慶十六年刊本。
39 劉燮材纂《南陽劉氏宗譜》，〈光緒戊申續修族譜序〉，光緒三十四年刊本。
40 李光地：《榕村集》卷十一，〈家譜序〉，《四庫全書》本。
41 蘭州《金城顏氏家譜》，顏穆如〈重修家譜序〉，光緒十二年本。

作為一種文體的圖書序言，應能紹述撰著的主旨及向讀者所應交待的事情，是著作本身應有的成分，乃不可或缺者，也是閱覽者必讀的內容。就此而言，譜序同其他圖籍之序言無有差異。筆者認識及此，才在閱讀數百餘篇譜序之後，利用它作為材料，於數日前寫作〈略述清代人「家譜猶國史」說 ── 釋放出「民間有史書」的資訊〉一文，今又撰述本文，在寫竟之時，亦感譜序、書序是有價值的文體，讀書不可或略，誠應開卷閱覽。當然，有的序言，作者大訴甘苦，並非那麼必要，有時還令讀者覽而生厭，則不是成功之作了。至於序文體中的「壽序」、「之官序」之類，客套話較多，價值自然不能與書序、譜序相提並論。附贅此數語，聊抒筆者對譜序的運用感想。

（2008 年 5 月 29 日於旅次）

風詩經學化對中國文學的影響

楊 承 祖

一

　　《詩經》是中國文學最主要的源頭，對後世影響深遠，因為《詩經》不僅是中國最古老的詩歌集，更是一部經書。自西漢立五經博士，經學教化，幾成一體，與政治密切相聯，直到現代，帝制解廢，社會開放，學術教育益趨自由，文學詮釋境意日新，於是學者講說《詩經》，大都擺脫經學的籠罩，力求直尋其文學的本色。就闡釋作品的本義，以及進而了解寫作當時的環境而言，這是一掃塵霾，進步可嘉的；但要想深入檢視中國文學的傳統、體察中國文學的特質，恐怕更須採取不同的態度。畢竟兩千多年以來，絕大部分時間，《詩經》是被尊之為經，文人學者鮮不接受「詩教」的薰沐，而且《詩經》經學化所形成的理論，對文學創作和批評，久已浸淫滋潤，產生質性上的影響，絕對不容忽視抹殺。

　　《詩經》成為經學，而且能演遞傳授，實賴於有序說詁訓。漢儒《詩經》之學，毛鄭獨全於後。自宋疑經，對《毛序》漸不信從，清代姚際恆、崔述等攻《序》尤甚，民國以後新派學者更是束《序》於高閣，紛紛就本文說《詩》義。但除極少堅守《毛詩》不容置疑的學者之外，也不乏達識通儒，試圖就不同的層次，檢討《毛序》的價值，希望予以重新的肯定，如先師戴靜山先生在《毛詩小序的重估價》中，便說：

> 我們現在所要注意的，是毛詩序的作者，為什麼要這樣說詩，他說得好不好？有沒有價值？……不要用求真的眼光來看毛詩序，而要用求善的眼光，來看它的價值。……[1]

> 儒家是把道德和政治融成一片的，他們講經，是要向人君說教。現代人不明白他們這種心理，責備他們以災異說經，以美刺講詩，種種不合理。這完全以現代人的看法來衡量古人，未免太主觀些。我們如用歷史的眼光來看，時代不同，思想

----

[1] 戴君仁：《梅園論學續集》頁 175，收在《戴靜山先生全集》第二冊。民 69。台北。此文原載《孔孟學報》第 22 期。

各異。我們今日認為無道理的無價值的，在古代或有道理，有價值。[2]

以「求善」代替「求真」，正是從高層次用不同的準衡來重估《毛序》的價值。

戴先生注意到「自孔子以後儒者傳詩，其意已在政治，而不在文學」；以及「詩的原來作意，本不可求，尤其是風詩，幾乎是不可求」的[3]，於是越過一層，要人專從「求善」著眼；這是示人以讀經的法門。但是，要現代人完全從經學的立場讀《詩經》和《詩序》，而不介意《詩經》是文學，是很不容易的，因此，以更調和的方式來處理《詩經》經學與文學的屬性及所衍生的評價問題，應該值得嘗試。也就是說，既尊重其經的地位，也珍視其文學的本質，而從這樣渾融調和的立場，看看《詩經》經學化以後，對中國文學產生了怎樣的影響。戴先生啟示我們從「真」升到「善」的層次討論《詩序》的價值；我受到先生這個啟示，想進而討論《詩序》功用對文學的影響。

所謂《詩經》經學化，是說「詩三百」或「三百篇」最初創作之際，無論其動機如何，實用如何，必然僅止是詩歌而已；後來被尊為經，則有了「孔子刪定」、「正、變、美、刺」等系統的理論之說。雖然今天獨存的《毛詩》和《三家》有今古文之分，但在治《詩》的基本宗旨、亦即是配合政治教化的目標原則上，還是一致的；[4]所以只就現存的《毛詩》來觀察《詩經》的經學化，代表性已經足夠。集合《毛序》、《毛傳》、《鄭箋》和《詩譜》可以稱為《詩經》經學化的完成結構，[5]而其中最具有影響，也受到最多批評的，則數《毛序》；《毛序》之中，又最數《國風》的部分。鄭樵《詩辨妄》、朱熹《詩序辨說》、崔述《讀風偶識》和聞一多《風詩類鈔》等「反序」之作，都特別著重、或專限在《國風》部分批評《毛序》，如此，僅就「風詩」論其「經學化對中國文學的影響」，是可以單獨提出作為論題的，因為《國風》引起的爭議最多，但也最能突顯《詩經》經學化對中國文學的影響。

把範圍縮小到《國風》，確使討論簡捷方便不少，但《詩經》的經學體系結構，仍很複雜，如「采刪」、「編定」、「世次」、「六義」、「四始」、「正變」、「美刺」等等的義例，都有錯綜依伏的關係，如果一一剖析辨正，往往治絲益紛，而最能綜合反映《詩》的經學體貌系統，則莫過於《詩序》。自來篤信《毛詩》的，都認定《序》所說的就是詩人的原始本義；其實覈諸《詩》的本文，不足信處甚多。所以宋人遂多疑《序》、廢《序》，甚至功令所懸的《毛詩正義》，其後也被王安石的《詩義》和朱熹的《詩集傳》奪席；馴

---

2 同1，頁185-186。
3 同1，頁178；頁175。
4 同1，頁178：「自孔子以後儒者傳詩，其意已在政治，而不在文學。」頁181：「毛詩是後起之學，卻並未改變前人治詩的宗旨。」
5 皮錫瑞《經學歷史》以漢為「經學極盛時代」，唐為「統一時代」。孔穎達《毛詩正義》，一切守毛、鄭而勿失；其後至宋，為「變古時代」，遂棄去藩籬，蓋已非復經學之舊矣。故《毛詩》之序、傳、箋、譜，可稱之為《詩經》經學化的完成結構。

至現代，尊信《毛序》的固然日以稀少，肯平心論之的也愈不多見。這都緣於學者只在「求真」的層面著眼，既見其並不真，就不禁要廢《序》。如果只著重「求善」，甚而認為「求真」不可能，不如不去討論《序》的可信與否，這對保住《序》的傳統價值確有貢獻，但也會影響到探求《詩》之真象的努力，也可能因為新說與舊《序》互不關切而致更加隔絕，正如現在很多講習《詩經》的人有意忽略，甚至完全不顧《詩序》的存在。想要調和這種兩極化的分歧，最好除了像戴先生主張的從「善」的層次去理解《毛序》，還要探討《詩經》通過《毛序》，也就是經學化以後，在那些方面怎樣影響中國的文學；如此，則可讓人注意到《毛序》不僅在經學的教化之用方面，也在文學的知性與美感方面兼具其價值。設使在這一層能夠得到肯定，則《詩經》之學裏的新與舊、真與善、經學與文學的對立或互斥，就不難得到適當化解，也可以促進新舊文學傳承的互重與相成。

二

《國風》一百六十篇，《毛序》之說，幾乎全用「美刺」，而其解義，後人往往不從。不從《序》的家派也多有說法不一，但基本上最為注意文學者傾心的，可以稱為「本色派」，就是像崔述所說的：「惟知體會經文，即詞以求本意。[6]」除崔氏本人外，朱熹、王質、姚際恆、方玉潤、傅斯年、聞一多、高亨、和屈先生翼鵬皆可屬之。[7]以《毛序》和「本色派」所說的《詩》義對照相比，就不難看出「經學化」以後的「變形」了。[8]

如果從「本色」的立場綜括地批評《毛序》，可以大致明顯地看出有幾方面可議：

一、附會史事；

二、顛倒美刺；

三、破壞情詩；

四、抹殺風趣。

在第一項方面，能夠舉出附會歷史人物和事情的例子最多，如：

后妃（即文王妃太姒）－〈關雎〉、〈葛覃〉、〈卷耳〉、〈樛木〉、〈螽斯〉。

〈桃夭〉、〈兔罝〉、〈芣苢〉。

召伯－★〈甘棠〉、〈行露〉。

衛莊姜－〈綠衣〉、〈燕燕〉、〈日月〉、〈終風〉、〈碩人〉。

衛宣公、宣姜－〈雄雉〉、〈匏有苦葉〉、〈新臺〉、〈鶉之奔奔〉。

---

6 語見崔氏《讀風偶識》序。

7 傅氏有《詩經講義稿》，其中〈國風分敘〉說諸風篇義新切，聞氏以下皆受其影響。惟以稿未單行，較不為人注意。收在《傅孟真先生集》第二冊。餘則各有專著，治《詩》者咸知，不悉舉。

8 《詩序》自唐成伯璵以後，或主各篇小序首句與下續之序非出一手，其說固是；惟後人習序，仍多不加分辨，故就其影響而論，要當仍以一體視之為宜。

周平王－〈君子于役〉、〈（王）揚之水〉、〈葛藟〉。

鄭莊公、祭仲、叔段－〈將仲子〉、〈叔于田〉、〈大叔于田〉。

鄭公子忽－〈有女同車〉、〈山有扶蘇〉、〈籜兮〉、〈狡童〉、〈（鄭）揚之水〉。

齊哀公－〈雞鳴〉、〈還〉。

齊襄公－〈南山〉、〈甫田〉、〈盧令〉、〈載驅〉。

晉僖公－〈蟋蟀〉。

晉昭公－〈山有樞〉、〈（唐）揚之水〉、〈椒聊〉。

晉武公－★〈無衣〉、〈有杕之杜〉。

晉獻公－〈葛生〉、〈采苓〉。

秦襄公－〈駟驖〉、〈小戎〉、〈蒹葭〉、〈終南〉。

秦康公－〈晨風〉、★〈渭陽〉、〈權輿〉。

陳幽公－〈宛丘〉、〈東門之枌〉。

陳僖公－〈衡門〉。

陳佗－〈墓門〉。

曹昭公－〈蜉蝣〉。

曹共公－〈下泉〉。

周公－〈七月〉、★〈鴟鴞〉、〈東山〉、〈破斧〉、〈伐柯〉、〈九罭〉、〈狼跋〉。

以上所舉，多為《序》說較不可信者，餘如許穆夫人賦〈載馳〉，〈定之方中〉美衛文公，應屬可信則未列。（有★號的幾篇比較可信。）這些歷史附會，使《詩》的「本色」掩蓋甚久，後人極力摧破，纔漸漸恢復[9]。

在第二項「顛倒美刺」方面，比較明顯的例子有：

〈野有死麕〉－〈序〉：「惡無禮也。天下大亂，彊暴相陵，遂成淫風；被文王之化，雖當亂世，猶惡無禮也。」

〈君子偕老〉－〈序〉：「刺衛夫人也。夫人淫亂，失事君子之道，故陳人君之德，服飾之盛，宜與君子偕老也。」

〈考槃〉－〈序〉：「刺莊公也。不能繼先公之業，使賢者退而窮處。」

〈君子陽陽〉－〈序〉：「閔周也。君子遭亂，相招為祿仕，全身遠害而已。」

〈野有死麕〉實際描寫鄉野男女示愛調情，傅斯年以為「鄭風不過是」[10]；王柏

9　駁《毛序》者甚夥，檢朱熹《詩序辨說》及傅斯年《詩經講義稿》最能明之；傅氏且頗強調《毛序》與《左傳》相表裏，成古文經學系統之說。

10　見《詩經講義稿》中〈國風分敘〉。

更主張自〈二南〉刪出[11]。然而〈序〉以「猶惡無禮」維護之者，不外因為這一篇在「召南」，依經學化以後的體系，應該屬於「正風」，所以必須「美化」。〈君子偕老〉據魏源《詩古微》的說法，是「悼輓之辭也。當為衛人哀賢夫人之詩。」王國維考明「子之不淑，云如之何」二句為古代傷死唁生之辭，足可證成魏氏的說法。[12]故基本上是追美賢夫人之詩；然而〈序〉以為「刺」，一則是要附會宣姜，二則總以《十三國風》應該是「變風」，不免要往「刺詩」的方面說了。〈考槃〉的〈序〉已講到「賢者處窮」，朱子強調「能安其樂」，認為是「美詩」[13]，自詞面講應該如此，而〈序〉以「刺」說之，其背馳正見著眼的不同[14]。〈君子陽陽〉是詠君子習舞或舞師教舞的詩，[15]聲辭之間有欣樂之情[16]，而〈序〉則以「全身遠害」的「閔」意說之，正好相反。

在第三項「破壞情詩」方面，例證殊多，僅略舉其顯然易見者，如：

〈靜女〉—〈序〉：「刺時也。衛君無道，夫人無德。」

〈大車〉—〈序〉：「刺周大夫也。禮義陵遲，男女淫奔，故陳古以刺今大夫不能聽男女之訟焉。」

〈有女同車〉—〈序〉：「刺忽也。鄭人刺忽之不昏于齊，…卒以無大國之助，至于見逐，故國人刺之。」

〈月出〉—〈序〉：「刺好色也。在位不好德而悅美色焉。」

〈靜女〉為情詩，近人討論極詳，見《古史辨》。〈大車〉王質《詩總聞》以為婦人私慕貴者之詩，謂「必微時深有相涉，盛時不敢復論，似有望意」。〈有女同車〉朱熹《詩集傳》謂是「淫奔之詞」，龔橙《詩本誼》直接說是：「悅人也。」〈月出〉朱子《集傳》云：「此亦男女相悅而相念之辭。」這些都是感情深婉的戀愛詩，而〈序〉皆說之以「刺」了。

在第四項「抹殺風趣」方面，前人已嘗論及的有：

〈芄蘭〉—〈序〉：「刺惠公也。驕而無禮，大夫刺之。」

〈山有扶蘇〉—〈序〉：「刺忽也，所美非美然。」

11　見王氏《詩疑》。
12　見《觀堂集林》中〈與友人論詩書中成語書〉；惟王氏於篇義則仍泥〈序〉說，未從魏氏。
13　見《詩序辨說》。
14　此篇當以男女調笑之辭解之為勝，將於下文討論。
15　《周禮》·〈地官·鄉大夫之職〉：「以鄉射之禮五物詢眾庶，…五曰興舞。」又〈舞師〉：「掌教兵舞、…教帗舞……教羽舞、…教皇舞。」而舞多用於祭祀，是教習習舞，乃古之常制，生活所常習者。詩中「執簧」，聞一多《風詩類鈔》以為「皇」之叚借；皇一名翱，舞師所執，蓋於頭扮鳥形；「由敖」，俞樾《群經平議》以「敖」為「驁」之假借，即驁夏之樂也。林義光《詩經通解》以為「由房」即房中樂之省言耳。合而解之，知為習舞教舞之詩無疑。
16　詩以「其樂只且」為兩章末句可證。

〈狡童〉─〈序〉:「刺忽也。不能與賢人圖事,權臣擅命也。」

〈褰裳〉─〈序〉:「思見正也。國人思大國之正己也。」

聞一多《風詩類鈔》謂〈芄蘭〉是「女戲男之詞」,從「雖則佩觿,能不我知」、「雖則佩韘,能不我甲(通狎)」讀來,的確是調笑的意思。〈山有扶蘇〉三篇,朱子《詩序辨說》都解作「男女戲謔之詞」。原都是很有趣味的山歌民謠,經過《毛序》一說,便風趣盡失了。

還有兩篇,我認為應該算成調笑的風情詩的:

〈出其東門〉─〈序〉:「閔亂也。公子五爭,兵革不息,男女相棄,民人思保其室家焉。」

〈衡門〉─〈序〉:「誘(陳)僖公也。愿而無立志,故作是詩以誘掖其君也。」

前篇龔橙《詩本誼》云:「悅人也。」傅斯年則說是「一人自言其所愛之一人」。[17]皆著眼於其人的情有獨鍾,比《毛序》自是「本色」多了。然而細讀「縞衣綦巾,聊樂我員」、「縞衣茹藘,聊可與娛」,其中「聊可」、「樂我」、「與娛」等等,應不難體會到嘲弄的趣味。〈衡門〉的《毛序》雖然迂而少當,但自《韓詩外傳》有「賢者不用世而隱處」之說,後世多用此義。聞一多在〈說魚〉裏首先提出是男女期會之詩,[18]也是相當能見「本色」了;然而細讀:「豈其取妻,必齊之姜」、「豈其取妻,必宋之子」,恐怕並不是正當約會,反倒是〈褰裳〉篇裏「豈無他人」的口吻,本來是一首極風趣的調笑情歌。「三百篇」中這一類作品的風趣,在經學化的過程中都被抹殺了。

以上可以說是經學化對《風詩》解釋方面的不好的影響;至於對後世的文學傳統,是否也都不好,就要作更進一步的討論。

三

如果要討論《詩經》經學化對中國文化與文學的影響,涉及的層面會很深廣;限制在《風詩》,就可以把範圍縮小不少。而且《風詩》不論其作者的身份與抒寫的情事屬於貴族或平民[19],總保持著極多成分的民歌形式[20],也是後世樂府、古風、詞、曲得以遞生重衍的遠祖。現代學者多半注意《風詩》的民歌性質,也用後世的樂府、詞、曲、民歌來比較研究,以期重觀《風詩》的本來面目。這樣上達下達的雙向探討,已有很豐碩的成績了,因此不擬在這方面多加討論,而僅就經學化產生的影響,以管見所及,提出值

---

17 同 10。
18 〈說魚〉中「烹魚吃魚」節;文收聞氏全集及選集《神話與詩》中。
19 參朱東潤〈國風出於民間論質疑〉,收入朱氏《讀詩四論》。
20 參屈萬里〈論國風非民間歌謠的本來面目〉,收入屈先生《書傭論學集》及《全集》。

得注意的幾方面：

一、裨益政教；

二、端正輕側；

三、塞抑諧趣；

四、造闢新境。

為了討論舉證方便，將儘量利用前文引過的《詩》篇。

在第一項「裨益政教」方面，首先要說明「政教」是會受時代、文化的影響而有不同的理想和倫常標準，如婚姻制度與習俗即其顯然的一端；但大體而言，「政教」的理想仍是相同處多，如為政須養教撫衛得法，以期國泰民康，總是不移之理吧！《毛序》之有裨於政教，可約舉幾點便不難看見。

（1）、勸君親賢－如〈考槃〉、〈衡門〉，近人解為愛情詩或風情詩，[21]確乎見其「本色」，但《毛序》則以不親賢之義說為刺詩（已見前）。比較起來，前者僅能增些情趣，後者之有裨治道，價值便高多了。

（2）、勸君知權－如〈有女同車〉，「本色派」[22]見其為情詩，〈序〉則刺鄭公子忽不知結齊成婚以為援，終於失國。對有國執政者而言，這是利用文學進行深刻切實的政治教育。價值自不待論。

（3）、勸戒淫行－如〈凱風〉本是「美孝子」，《三家詩》本亦如此，而《毛序》卻續增了「衛之淫風流行，雖有七子之母，猶不能安其室」一番「刺」語。又〈新臺〉就本文看，無衛宣公強納子媳的印象；[23]但宣公非禮而要宣姜，在懲戒淫行一層，自然是有嚴肅的意義和具體作用的。

（4）、勸戒田獵－如〈還〉，〈序〉云：「刺荒也。哀公好田獵，從禽獸而無厭，國人化之。……」從《朱傳》以下，多已說為美獵者之歌。其實《毛序》處理同類的獵歌，原則並不統一，如〈騶虞〉、〈駟驖〉，〈序〉皆以為「美詩」。不過，由〈還〉的例子，也可以反映到西漢大臣很多勸諫帝王不要耽於田獵的態度。

（5）、勸勵孝行－如〈素冠〉，近人或說並非「刺不能三年之喪」[24]，或以為「女子見所愛者遭喪，仍欲速嫁之也」[25]。但就敦風厚俗而言，〈序〉之勵孝，遠非其餘兩說可及了。

（6）、勸勵興學－如〈子衿〉，〈序〉云：「刺學校廢也。亂世則學校不修焉。」朱

---

21 見聞一多《風詩類鈔》及〈說魚〉；參 18。
22 詳魏源《詩古微》。
23 王質《詩總聞》、崔述《讀風偶識》皆駁《序》甚嚴切。
24 見屈萬里《詩注釋義》；又丁邦新有〈檜風素冠非刺不能三年之喪辨〉，載《幼獅學報》二卷一期。
25 同 10。

子《辨說》以爲「辭意僞薄，施之學校，尤不相似」。就「本色」論，自然朱子之說爲是，但〈序〉的陳義與影響，則非「本色派」所能企及了。

總之，在「裨益政教」方面，《毛序》的用意操心是極力趨向於「善」的，前引戴先生論《詩序》重估價的文章，正特別發揮此旨。

在第二項「端正輕側」方面，則是一些依「本色」講，原是輕浮側艷的，如〈新臺〉、〈芄蘭〉、〈有女同車〉、〈山有扶蘇〉、〈狡童〉、〈褰裳〉、〈衡門〉等都是如此；但《毛序》卻賦之以嚴肅莊重的意義，使人讀了能從道德是非的層次知所警醒，這不僅在解讀《詩經》時有此效應，在以後欣賞或創作文學時，也會因其陶冶而養成端正的文學觀。試看漢以下歷代重要文學家率皆力求文章雅正，可說都是受了此一影響。即使樂府、詞、曲，甚至雜劇、傳奇，最先多起自民間，泰半輕艷浮淺，卻也朴野動人，然而久之便進到主旨莊嚴，形式莊重。很多學者，如顧炎武、胡適等都注意到「文人染指」以後的「美化」馴至「僵化」，於是以爲是文學類型生命的衰耗而已。其實衰耗是在晚期，而由民間初起到文人用心從事，方是這一種文學的最有價值的生命之開展。每類文學都走到莊重矜嚴的階段然後方稱極盛，這是否與《詩經》經學化所奠立的詩經有關呢？我想是值得深思慎答的。

第三項「塞抑諧趣」與第二項是密切相關的，所要舉的例證大約都在上面可以見到。所須論及的，是《風詩》裏原本充滿諧趣的歌謠，如上文論到的〈新臺〉、〈芄蘭〉、〈狡童〉、〈褰裳〉等篇，如果不是朱子等揭露出原始活潑的精神，則在《毛序》的塞抑之下，《風詩》這一方面的「靈氣」就很難復現了。還有，如我所主張的，以〈出其東門〉和〈衡門〉爲諧謔嘲弄的風情詩，少見有人體會到其中的諧趣，這更非歸之於《毛序》的塞抑不可了。如果說中國文學比較缺乏諧謔幽默的成分，多數人是會同意的[26]，這也正可能要說是〈風詩〉經學化產生了影響。

在第四項「造闢新境」方面，有幾個很好的例證：一是〈考槃〉，二是〈子衿〉，三是〈衡門〉，四是〈風雨〉；而不好的則是〈小星〉。「考槃」今天已經成了賢士隱君高尚不仕者專用的文典；「青衿」則完全是學生的代稱，「衡門」既代表安貧守素，也代表肥遯自高。〈風雨〉在今人眼中，顯然是「男女幽會之詩」[27]，然而〈序〉有「亂世則思君子不改其度焉」的話，於是「風雨如晦，雞鳴不已」就從男女幽會背景成了堅貞不移的象徵，這些都與「本色派」所見者大異其趣，而自成生造之境，新鑄之詞，在中國文學的傳統中，歸然屹立，流轉益新，而且不容否認的是，這些新詞新境，確實都涵蘊著崇

---

26 蘇東坡可能是最富於諧趣的大文學家，但他這一方面的藝術，往往被雅正形式的外表掩蓋而不爲人所覺，如〈方山子傳〉即一例。
27 引見屈萬里《詩經釋義》。

高的道德意義與人生境界。應該許之為最有價值的「寄生」與「變形」。至於「小星」成了姬妾的代名，自是受《毛序》之累。時移世異，《毛序》說《召南》的時代環境早已不同，但這個遺形物，也只好任其存在了。

　　《詩經》經學化對中國文學的影響如何，是更大的問題。只論《風詩》，便較易避開「宗經」、「徵聖」等更堂皇的範疇。但即使只在《風詩》裏，本文所觸及關於影響中國文學的部分仍是掛一漏萬的，希望能得到批評，以期作較大的改正和補充。

〔後記〕林天蔚教授學殖淵博，治事精能，愛國惟忠，處友尚義，余與締交雖晚，而一
　　　　見如故，港台北美，數相過從，既歆其學，尤重質品。既逝三年，故舊門人，
　　　　有紀念文集之議。不揣固陋，敢獻拙文，聊表追思於百一耳。

楊承祖謹誌

九八、六、廿七

胡文楷、王秀琴夫婦整理中國女性文獻之成績[＊]

香港浸會大學歷史系教授

劉　詠　聰[＊]

一、胡氏夫婦其人其事

　　胡文楷（1901-1988），字世範，江蘇崑山人。弱冠時曾任崑山張浦鄉第四小學校長，[1]1924 年後長期任職商務印書館，負責校勘、編譯等工作，約六十年代離館。[2]不過因戰事關係，商務印書館業務略有停頓，而後來胡氏亦曾被借調到中華書局等處工作，[3]因此胡氏自言「在商務印書館前後三十五年」，中間是經過「移調部分」的。[4]有關胡氏生平，世人所知不多。有些記載只道他「曾任中華書局上海編輯所校對」，連他在商務的工作以至出生年分都未有交代。[5]然而，胡氏雖非顯赫有名的歷史人物，但他身邊總算有不少文化、學術界名人，如商務印書館董事長張元濟（1867-1959）、上海圖書館館長顧廷龍（1904-1998）等。因此，要稽考胡氏的生平，其實也可以從這些名人留下的大量檔案文

✿ 本文乃筆者一項有關胡文楷夫婦研究計劃之部分成果。該計劃由香港浸會大學 Faculty Research Grant 資助，特此鳴謝。

1　參看胡文楷：〈我與商務印書館〉，原載《商務印書館館史資料》第 6 輯，收入《1897-1992 商務印書館九十五年 —— 我和商務印書館》（北京：商務印書館，1992 年），頁 272。案張浦鄉第四小學估計係小型學校，名稱不見記載於《崑山縣教育志》（崑山縣教育志編纂委員會編；上海：中國大百科全書出版社上海分社，1991 年）。該志記載位於張浦區的小學只有創建於光緒末年的「張浦中心小學校」（頁 88-89）。

2　胡文楷〈我與商務印書館〉自述到上海商務印書館乃在 1924 年 7 月 3 日。「初練習鉛排校對，兢兢業業」，「益知校書亦為專門技術，未可忽視」，此後參與大量古籍之校勘整理。抗戰勝利後胡氏「為編譯員，參加修訂《辭源》」。解放後胡氏參與《四角號碼詞典》之編輯工作。後來商務因改為高等教育出版社而有編輯部人員必須去北京的規定，胡氏「只好辭去編譯員，仍留在滬辦事處做些雜事」。此後曾參與《古本戲典叢刊》、《杜工部集》、《冊府元龜》等影印與校勘工作。其後政府決定出版社之分工，古籍出版任務轉交中華書局，而中華書局亦急於影印《永樂大典》，於是在 1958 年決定將商務印書館影印組四人（包括胡氏在內）移調中華書局上海編輯所。詳參胡文楷上引文頁 272-276。又案胡文楷於商務八十五周年館慶（1982）前夕，其中提到「余離商務已二十二年」（頁 276），因此推測胡氏大概在六十年代初正式離館。

3　參上註。又案胡氏調往中華書局上海編輯所後，亦有記載謂陳乃乾（1896-1971）曾點名要求「從上海借調善於做校勘工作的胡文楷」前往北京進行《文苑英華》之整理。參見傅璇琮：〈陳寅恪史事新證〉，見其《濡沫集》（長沙：湖人民出版社，1997 年），頁 11。

4　胡文楷，上引文，頁 276。

5　例如梁戰、郭群一所編《歷代藏書家辭典》（西安：陝西人民出版社，1991 年）有「胡文楷」條，標其生卒為「？-1988」，並指胡氏「曾任中華書局上海編輯所校對」（頁 284），隻字未提胡氏任職商務印書館的情形。案慕俠為《歷代藏書家辭典》撰寫書評，業已指出胡氏生年可據胡氏在 1984 年 12 月所寫一篇跋文時自署「時年八十有四」而推算。參慕俠：〈鉤稽見功〉，《讀書》，1992 年 8 期（1992 年 8 月），頁 113。

件入手。[6]此外，由於胡氏任職於二十世紀出版界舉足輕重的商務印書館，也必然在該館的資料中留下鴻爪。[7]

6　胡氏在〈我與商務印書館〉一文中明白指出：「教我者張菊老」（頁276）。此言不虛，至少從現存許多信札中，就可見張元濟以長輩及上司身分，指導胡文楷如何進行校勘工作。案目前所見已排印出版的張元濟書信有三個版本：1981年北京商務印書館版；張樹年、張人鳳編、1997年版北京商務印書館增訂本；以及2007年北京商務印書館《張元濟全集・書信》版。三個版本之中，1981年版只收張元濟致胡文楷書信五通（頁205-206）；1997年版亦收有五通（頁814-815）；2007年版則收有四十通（頁558-564）。從張氏信件可見他對年輕的胡文楷多所訓示，如「此後遇有下筆之事，務當先作三思」（2007年版〔下同〕，頁560）；「凡辦一事，必須首尾了結，不宜多所拖帶」（頁561）；「如圖書館不全備，不妨向書店暫借一查」（頁561）；「……二君均在上海，何難前往請問」（頁562）；「……校勘記成例具在，何竟忘之」（頁562）；「如未曾看過，請即補校。以後做事應交代清楚，是為至要」（頁563）等等。當然，張氏信札中也有其他內容，如提到胡文楷餽贈禮物數次：「《甫里逸詩》為珂鄉先哲遺著，自應存於潔架，不敢拜領」（頁559）；「承惠賜先德遺墨一冊，……拜領敬謝」（頁563）；「世兄精寫佛像，……本不敢領，只因已署賤名，只得拜賜」（頁563-564）等等。此外，張氏又嘗叮囑患病的胡文楷「千萬不可以為表面痊癒便爾中止醫藥，必須求其斷根」，因為「此病貽害於後嗣」（頁564）；又以「文郎竟罹奇禍」勸胡氏「勉作達觀，千萬珍重」（頁563），也可稍見張氏對後輩的關心。

其實，張元濟在給其他人的信函中也有提及胡文楷，故可據以補充其事跡。例如張元濟在致李宣龔（1876-1952）的信件中就曾說胡文楷是「尚能讀書」的人（《張元濟全集》第2卷，〈書信〉，頁44）；在致任繩祖的信件中，亦提到有若干古籍均要胡文楷親校（同上，第1卷，〈書信〉，頁401）；而在致丁英桂的近千封信函中，對胡文楷工作之指示尤多，遂有好像「英桂先生台鑒，胡文楷先生同鑒」（同上，頁84）、「文楷兄均此問候」（同上，頁103）、「乞與胡文楷兄一商示覆」（同上，頁68）、「請問明胡先生見示」（同上，頁74）、「請各檢出送胡文楷先生比對」（同上，頁115）、「此事擬請兄與胡文楷兄偏勞」（同上，頁156）等句子。

又張元濟兒子張樹年所編《張元濟年譜》（北京：商務印書館，1991年）一書，備有人名索引，查胡文楷資料有十八條（頁630），可與信札資料互校並觀。竊疑張氏日記中或有胡文楷之記載，可惜日記所存不齊，未能全面稽查。較早刊行的《張元濟日記》有1981年北京商務印書館排印本，近期則有張人鳳（元濟孫）整理、2001年（石家莊）河北教育出版社本，末附人名、書名索引，可惜「人名索引」內並沒有胡文楷任何條目。

至於胡文楷在顧廷龍文獻中留下足跡，乃緣於張元濟、顧廷龍等人之圖書館事業。二十世紀三十年代末期，葉景葵（1874-1949）與張元濟、陳陶遺（1881-1946）等在上海創辦上海私立合眾圖書館（該館後來捐獻國家，改稱上海歷史文獻圖書館，最後拼入上海圖書館），力邀顧廷龍從燕京大學圖書館南下襄助，共成其事。此後因張元濟的人脈關係，商務中人遂多與顧廷龍結交。顧廷龍的日記中，亦頗有提及與胡文楷之交往。顧氏日記雖未出版，但近期沈津編訂之《顧廷龍年譜》（上海：世紀出版集團及上海古籍出版社，2004年）卻主要依據顧氏日記及其他資料而編成，書末亦有「人名索引」，其中有關胡文楷條目共有二十條（頁872），對了解兩人交往極具參考價值。據《顧廷龍年譜》引錄顧氏日記，指1941年5月17日，「胡文楷持任心白函來見，為佐張元濟校《四部叢刊》及百衲本《二十四史》者，人極誠篤，英年好學，欲搜輯閨秀文及柳如是（1618-1664）遺著」（頁183）。此事胡文楷自己亦曾紀錄：「歲壬午，由任心白先生之介，獲識顧起潛先生於合眾圖書館，即今之上海市歷史文獻圖書館。當年承邀楷協助編目，於是偏觀……諸公捐藏書及平日蒐釆所及者，隨時鈔錄。」（見其《歷代婦女著作考》1957年版〈自序〉。案此書有數版，詳下文，此處不贅。）此外，《顧廷龍年譜》亦有多處提及胡文楷至顧廷龍處編目、抄書、送校樣、贈書等，甚至在顧廷龍「傷風、疲甚」時「來幫忙竟日」（1943年9月12日，頁304），由此可見兩人交情不淺。又曾經長期在顧廷龍領導下工作的王煦華，為《顧廷龍年譜》寫序時也有這樣的憶述：「還有一位商務印書館的編輯胡文楷先生則在星期日來幫助編目，他是研究閨秀的專家，畢生搜集閨秀著作，撰有《歷代婦女著作考》」（《年譜》，頁2）。後來顧廷龍為胡文楷妻子《歷代名媛文苑簡編》（詳下文）撰序（《年譜》，頁397及830），又為《歷代婦女著作考》1985年增訂本（詳下文）題字，益證兩人交誼。商務慶祝九十周年時，顧廷龍撰文懷念張元濟，還提到「菊老校百衲本《二十四史》」而「佐之者胡文楷、王紹曾先生都認真不苟」（顧廷龍：〈我與商務印書館〉，收入《1897-1992商務印書館九十五年——我和商務印書館》，頁347）。到商務慶祝一百周年時，顧廷龍以九十三高齡撰賀文，仍念念不忘與包括胡文楷在內的「商務同仁」之「交契」，謂「頗承諸君相助，深可銘感」（顧廷龍：〈祝賀商務印書館百齡大慶〉，原載《中華讀書報》，1996年7月31日，轉貼於商務印書館網站http://cp.cn:8246/b5/www.cp.cn/ht/ht.cfm?icntno=463。）當然，顧廷龍寫這篇文章時胡文楷已離開人世。

7　例如註6所提到的商務九十五年館慶文集，除載有胡文楷文章外，其他作者的文章亦間中有提及胡文楷，例如趙而昌〈於細微處見精神！——記丁英桂先生〉一文，就提到「1964年前後，丁老（英桂，1901-1986）擔任中華書局上海編輯所影印組組長，曾把他自己也包括同志們，如胡文楷先生等的校勘心得等輯成一冊，並複寫數本傳閱」（頁156）。又如金雲峰〈編輯《四角號碼新詞典》的回憶〉一文，也提及當時「決定成立一個小組」負責該詞典的工作，人選就是包括胡文楷在內一共八人（頁414）。案商務印書館已有逾百年歷史，而近二十年亦多有館慶出版物，加上大量館史檔案，相信不難搜集與胡文楷有關之紀錄，他日或可作進一步之追查。

　　胡文楷一生與書籍文獻整理工作結下不解緣，曾參與校勘的重要書籍包括《百衲本二十四史》、《四部叢刊》、《古本戲曲叢刊》、《冊府元龜》、《永樂大典》、《辭源》、《四角號碼詞典》等等（詳見註文部分），還有不少別集。值得注意的是，他對整理歷代女性著作的愛好貫徹終身，這必須要從他的妻子說起。

　　胡文楷妻子王秀琴（1902-1934），又名菊寶，浙江山陰人，王一林長女。[8]搜輯歷代閨秀著作，其實是胡氏夫婦的共同志趣，可惜王氏早逝，胡文楷感念夫妻情誼，乃矢志繼續發揚亡妻遺業。

二、夫承婦業：彤編之蒐集、選訂

　　王秀琴身後，胡文楷先後在 1941 年及 1947 年交商務印書館出版《歷代名媛書簡》及《歷代名媛文苑簡編》。兩部書的扉頁及版權頁均書王秀琴爲編集者而胡文楷爲選訂者，[9]故可視爲胡氏夫婦的共同成果。兩書的序跋文字，多少紀錄了胡氏夫婦從事有關文獻工作的苦樂。例如胡文楷序《歷代名媛書簡》，就提到編輯該書的因緣說：

> 「竊嘗歎自古閨集，遭厄尤甚，其見於《隋書·經籍志》、唐、宋〈藝文志〉者，十不一存。明清以來，作者雖多，流傳亦罕，而水火兵燹，蟲蝕鼠嚙，家刻精槧，日漸漸滅，零簡小集，購求非易，採訪之艱，非親歷其境者不知也。昔先室王秀琴囑余蒐輯閨文，或借諸藏家，或丐友錄副。十餘年間，得集二百餘種，頗多珍秘，而於閨秀書簡，所弆尤富。爰乃選纂成帙，以餉讀者。」[10]

在同書的跋文中，胡文楷又進一步解釋從閨秀文編中選出書簡一項，先行付梓的實際原因說：

> 「昔先室山陰王秀琴，從余問字，歎彤編之彫零，慨然矢意蒐集。前後十餘年間，借訪迻錄，得集二百餘種，遂相與檢討，輯成《歷代名媛文苑》五十卷。未幾，王氏謝世，洊經兵燹，原書未及攜出，化爲灰燼。幸鈔成稿本，藏於篋衍，得免浩劫。顧卷帙太繁，剞劂綦難，而萬方多難，世亂未已。苟不亟亟刊印，深懼一旦再遭變故，不特歷年辛勤，盡歸烏有，而香奩祕帙，僅存於世者，從此影踵永絕。日夜徬徨，謀所以流通，庶於宮閨文獻，不無小補。爰將書簡一類，重加整理，刪補校正，先行付梓。惜王氏不及見矣！感念逝者，竊自悲悼，草創之功，

8　王秀琴簡傳見胡文楷：《歷代婦女著作考》（增訂本；上海：上海古籍出版社，1985 年），〈附錄〉2，頁927。

9　王秀琴編集，胡文楷選訂：《歷代名媛書簡》（長沙：商務印書館，1941 年）；王秀琴編集，胡文楷選訂：《歷代名媛文苑簡編》（上海：商務印書館，1947 年）。案胡文楷《歷代婦女著作考》著錄《歷代名媛文苑簡編》有「一九四六年商務印書館排印本」（頁 927）。1946 應係 1947 之筆誤，因爲該書版權頁上明書「中華民國三十六年二月初版」。

10　胡文楷〈序〉，見《歷代名媛書簡》，頁 1。

　　　　義不可沒。」[11]

由此可見，《歷代名媛書簡》之問世，乃胡文楷「日夜徬徨，謀所以流通」的努力成果。
胡文楷對夫婦倆辛勤蒐輯的女性文獻珍之重之，深恐如再遭兵禍，將化爲灰燼。因此既
有書商應允出版，遂將書簡部分先行刊印。胡文楷有感該書之成，妻子「草創之功，義
不可沒」，遂列妻子爲編集者而自身退居爲選訂者，可謂情義兩得。

　　案張元濟有一通致胡文楷書札，或者可以爲胡氏「日夜徬徨，謀所以流通」該書作
一註腳：

> 「文楷仁兄閣下：前奉手教，並以尊輯《清代玉台文粹暨歷代名媛文苑》目錄賜
> 閱。纂述精勤，至堪欽佩。惟際此時局，公司自顧不暇，實無餘力堪以代爲發行。
> 商之岫翁（王雲五，1888-1979），意見相同。謹將原著繳上，即祈詧收爲幸。諸
> 維鑒諒，順頌台安。弟張元濟頓首，二十九年三月二十八日。」[12]

這封信寫於 1940 年，而《歷代名媛書簡》在 1941 年 4 月出版。到底是胡文楷「日夜徬
徨，謀所以流通」的結果，還是商務高層在拒絕出版較大型的《清代玉台文粹暨歷代名
媛文苑》之後給這個小職員的一分「恩賜」？這就有待進一步考證了。

　　至於 1947 年由商務出版的《歷代名媛文苑簡編》，又是否胡文楷與公司上層努力爭
取，持續討價還價的結果，同樣耐人尋味。胡文楷跋《歷代名媛書簡》時，明確指出《歷
代名媛文苑》有五十卷，但後來出版的《歷代名媛文苑簡編》，則只有上下兩卷。這是否
與上層談判後的協議，不得而知。不過胡文楷在〈後序〉中提到「《文苑》藉賢達之力，
先以簡編刊行」，[13]就暗示了其實該書之付梓，也是經過周旋，並借力於有權位的人士。

　　胡文楷在《歷代名媛文苑簡編》的〈後序〉中，再度交代亡妻遺願。他說昔日王秀
琴「讀閨墨萃珍」，恒多感慨，又悲「大義凜然」而「湮沒不彰」者眾；「由是知閨閣之
文，有裨風教，而存史氏之佚，未可概以吟弄風月而忽之」，[14]於是胡文楷遂與妻子合力
搜羅，他說：

> 「秀琴因囑余蒐輯，勒成一書。余深韙其言。《文苑》之編，實始於此。……余既
> 重秀琴之囑，蒐求採訪，假借迻錄，摶心壹志，靡間寒暑。每得一書，相與共賞，
> 輯爲《名媛文苑》。甲戌（1934）之夏，秀琴謝世。又三年，而倭虜入寇，蘇常淪
> 陷，屋燼書焚。《文苑》稿本，別弆篋衍，挾以自隨。……於時舊家藏書，陸續散
> 出，掇拾叢殘，以賡前志。……歷代彤管，經二十年之採集，名篇宏著，粗具於

11　胡文楷〈跋〉，同上，頁 1-2。
12　《張元濟全集》，第 2 卷，〈書信〉，頁 563。
13　胡文楷〈後序〉，《歷代名媛文苑簡編》，頁 2。
14　同上，頁 1。

是。惜秀琴不及見矣！當國難之作，震天吸地，舉國驚惶，中原文物，焚掠殆盡。文楷流離滬濱，疾病凍餒，極人世之慘。生死置之度外，而於是書獨眷眷焉。雖空襲轟炸，一夕屢驚，然猶孤燈熒然，深夜兀坐，挾冊握管，編鈔不輟，冀孤本秘帙，流布人間。歷時八年，卒覩倭寇投降，河山重光，而文苑藉賢達之力，先以簡編印行。秀琴亦得託附以傳，不可謂非厚幸也。感念逝者，竊自痛悼。序是編也，沈思於邑，不能畢其辭焉。」[15]

對逝者的思念，對夫婦共同志業之堅持，都在這篇感人肺腑的後序中表露無遺。

在《歷代名媛文苑簡編》卷首的題贈及序文中，不乏對胡氏夫婦志同道合之稱美。如葉景葵（1874-1949）題詩有「殷勤內助成鴻著，不讓同宗郝照圓」句，[16]以胡氏夫婦媲美郝懿行（1757-1825）、王照圓（1763-1851）夫婦。[17]費師洪題詩有「清閨助勘未曾疏，琴音忽斷心痕在」句，[18]感嘆王秀琴早逝。翟羲〈序〉稱胡文楷為「積學士」，指他「感於淑配王女士之勖勉，遂壹志甄選古今女子文辭」。[19]顧廷龍〈序〉也鋪寫「恂恂儒雅，樸實勤奮」的胡文楷因感念亡妻而發奮搜羅，致衣食俱歉的情形：

「吾友崑山胡君文楷之德配王氏秀琴夫人，婉孌淑順，明詩習禮，慨乎婦學興替之故，欲薈萃歷代名媛之文，以廣流傳。草創未久，遽返瑤池。文楷誼篤伉儷，眷懷遺志，遂毅然續謀厥成，節縮衣食，勤搜博訪。凡女子佳作，多方假錄，成《歷代名媛文苑》若干卷、《閨秀藝文志》若干卷、《歷代名媛傳略》若干卷，懿歟盛哉！」[20]

寄情名山事業，藉以思念故人，其情可憫，其志可嘉。至胡文楷的兄長胡文鑒在他的序文中更能對其弟所為，提供進一步的解讀，他說：

「吾弟文楷，與其夫人王氏秀琴，唱隨之餘，慨今女學昌明，閨彥淑媛，莫不挾冊吟詠，頗有能蜚聲詞臺，與鬚眉相頡頏者。而數百年間，竟無人纂選閨文，豈非一憾事歟？爰乃蒐集彤編，輯為《歷代名媛文苑》，以餉讀者。未竟而王氏謝世，

---

15 同上，頁 1-2。
16 葉景葵題辭，見《歷代名媛文苑簡編》卷首，無頁碼。
17 郝氏夫婦其人其學，詳參許維遹：〈郝蘭皋夫婦年譜〉，《清華學報》，10 卷 1 期（1935 年），頁 185-233。另參 Harriet T. Zurndorfer, "The 'Constant World' of Wang Chao-yüan: Women, Education, and Orthodoxy in 18th Century China-A Preliminary Investigation," in Institute of Modern History（ed.）, *Family Process and Political Process in Modern Chinese History*, Part I（Taibei, Academia Sinica, 1992）, pp. 581-619; "How to Be a Good Wife and a Good Scholar at the Same Time: 18th Century Prescriptions on Chinese Female Behaviour-A Preliminary Investigation," in Léon Vandermeersch（ed.）, *La Société civile face à l'État dans la tradition chinoise, japonaise, coréene et vietnamienne*（Paris: Écolefrançaise d'Extrême-Orient, 1994）, pp. 249-270; "Wang Zhaoyuan（1763-1851）and the Erasure of 'Talented Women' by Liang Qichao," in Nanxiu Qian, Grace S. Fong and Richard J. Smith（eds.）, *Different Worlds of Discourse: Transformations of Gender and Genre in Late Qing and Republican China*（Leiden: Brill, 2008）, pp. 29-56.
18 費師洪題辭，見《歷代名媛文苑簡編》卷首，無頁碼。
19 〈翟序〉，題辭，見《歷代名媛文苑簡編》，頁 1。
20 〈顧序〉，同上，頁 3-4。

> 吾弟不忘舊情，繼續其事，……風鈔露校，晨夕不懈，一若忘其室家之已傾，而
> 使宮閨名媛之宏篇鉅著，得以彙萃一編。……使吾弟不處此逆境，其心思才力，
> 或有所分。其所蒐輯，必不能若是之廣。人但見吾弟怡怡自得，好整以暇，而不
> 知吾弟之憤時憂世，不得已而寄興於此，以銷其沉鬱悲憒之懷。」[21]

是以胡文楷之沉醉於蒐集彤編，一則緬懷故人，二則憤時寄興。無論如何，胡氏夫婦對
歷代閨閣文獻輯存有功，兼且嘉惠後學，這是不能抹煞的事實。

順帶一提，胡文楷「以壯歲悼亡之情，賡淑配王秀琴夫人遺業」，[22]固然是私人感情
所致，但時代風氣、工作環境、個人交遊等因素亦未嘗對其蒐輯閨秀文獻沒有影響。民
國以還，有關女性之求學、社交、就業、婚姻諸項已成為社會上熱烈討論之課題，此處
毋庸贅言。商務作為首屆一指之出版機構，其印行項目亦貴能配合時代需要，如刊刻女
子教科書多種，且在不少讀物中反映新時代之價值觀念，如對女性地位之尊重等等。[23]《歷
代名媛書簡》、《歷代名媛文苑簡編》，以至後來胡文楷的代表作《歷代婦女著作考》（初
版），[24]均由商務印書館出版。這除了因為胡文楷有近水樓臺之便利外，恐怕也和商務長
期以來的出版興味不無關係。

另一方面，胡文楷身邊其實也不乏同好者。例如曾為《歷代婦女著作考》題辭的冼
玉清（1895-1965）和陳璞（翠娜），均曾「以印本惠贈」胡文楷。[25]前者更撰有《廣東女
子藝文考》一書，[26]與胡文楷《歷代婦女著作考》同屬研究古代女性著作之重要書目。
此外，介紹胡文楷往見顧廷龍的任心白（懺盦），亦曾編撰《閨範詩》一書，搜羅清代閨
秀訓課子女之詩篇。在該書的〈自序〉中，任氏還特別提到「吾友崑山胡君文楷」，「篤
好閨集，近有《閨秀藝文志》之輯，蒐羅宏富，頗多珍祕，因得假其所庋」。[27]由此可見
兩人交情及共同興趣。另外，胡文楷無論在〈我與商務印書館〉的自述或者在《歷代婦
女著作考》的序文中都有提到的名人鄭振鐸（1898-1958），就曾撰有〈元明以來女曲家
考略〉。[28]鄭氏又嘗以文化部副部長的身分，叮囑胡文楷要堅持意願，繼續編考歷代女性
著作，且為其書題名。[29]由是可見胡文楷身邊其實不乏支持他蒐輯女性著作的人。尚有

21 〈胡序〉，同上，頁 2。
22 〈潘（景鄭，1907-2003）序〉，《歷代婦女著作考》（增訂版），頁 1。
23 詳閱史春風：《商務印書館與中國近代文化》（北京：北京大學出版社，2006 年），頁 153 及 164-165。
24 胡文楷：《歷代婦女著作考》（上海：商務印書館，1957 年）。
25 見 1957 年版頁 2 及 1985 年版頁 4。
26 冼玉清：《廣東女子藝文考》（長沙：商務印書館，1941 年）。
27 懺盦輯：《閨範詩》（台北：廣文書局有限公司影印世界書局 1941 年版，1982 年），〈自序〉，頁 1。
28 鄭振鐸：〈元明以來女曲家考略〉，原載《女青年月刊》，13 卷 3 期（1934 年 3 月）；收入《鄭振鐸全集》
   （石家莊：花山文藝出版社，1998 年），第 5 卷，頁 164-176。又案鄭振鐸對女性文獻之興趣及對女性
   問題之關注，可見於他的日記之中，例如他曾自稱「婦女問題，僅此時此地尚成問題」（《鄭振鐸日記全
   編》〔太原：山西古籍出版社，2006 年〕，「1948 年 5 月 12 日」條，頁 367）。其他例子亦多，此處不贅。
29 胡文楷：〈我與商務印書館〉，頁 275。案鄭振鐸所題，未見於《歷代婦女著作考》新、舊版，不知存否。

一人不能不提，就是胡文楷的同鄉、文學家兼藏書家徐祖正（1894-1978）。徐氏早年留學日本及歐洲，回國後曾任教女師範。他一生藏書豐富，而最大的特點就是有大量的閨閣作品以及女性傳記、傳統婦學等資料。[30]徐氏對女性著作之度藏，可從《崑山徐氏藏婦女著作目錄》中窺見一斑。[31]徐、胡既有同鄉之誼，又有相近興趣，是以互通聲氣，多所交流。胡文楷鳴謝曾以珍藏書籍惠借的友人名單中，就有徐祖正；[32]而徐祖正的藏書中，亦不乏胡文楷抄本。[33]因此論者稱徐祖正與胡文楷之間是「一種相互支持的情形」，[34]是相當合理的。

　　除上述私交外，其實二十世紀上、中葉由不同學人所帶動的對中國女性歷史與文學的探究，[35]對活躍於同一時期的胡文楷也應該有些影響。

　　《歷代名媛書簡》一書，封面有海安韓佩芬題籤，前有胡文楷 1940 年正月〈序〉及〈凡例〉9 則。全書「專取吾國古代閨閣名媛書簡，擇其文字佳而傳本罕」及「便於學者誦習，足資楷模」者，[36]共收書簡 291 題共 354 通，俱按時代先後，分為 8 卷。書前冠以所有作者小傳，以備參考。[37]書末有胡文楷 1940 年國慶日〈跋〉。[38]是書搜羅甚富，有錄自「罕見祕籍」而「為世間閨秀尺牘中絕未選錄者」。此外，坊間尺牘有張冠李戴或不審為代作，以至憑虛幻設者，是書亦一律割愛。[39]逾三百通閨閣書啟中，內容層面甚闊，有對丈夫之規勉，有對子女之課誨；有對父母之孝思，有對子侄之訓誡；有凜然節義，有纏綿才思；有名媛閨秀之語，有文采風塵之辭。胡文楷曾在本書〈跋〉中指出，

30 徐祖正簡傳見崑山市地方志編纂委員編：《崑山縣志》（上海：上海人民出版社，1990 年），第 27 篇，〈人物〉，頁 901。另參李忠霖：〈徐祖正教授逸聞數則〉，《崑山文史》，9 輯（1990 年 12 月），頁 10-14；沈夫強：〈曾是文壇一勇士 —— 記徐祖正與周氏兄弟、郭沫若等友好往來〉，同上，頁 15-19；鄭偉章：《文獻家通考》（北京：中華書局，1999 年），頁 1614-1615；董馥榮：〈徐祖正駱駝書屋所藏「閨閣叢珍」〉，《文獻季刊》，2007 年 2 期（2007 年 4 月），頁 127-133。
31 徐祖正：《崑山徐氏藏婦女著作目錄》（收入林夕主編：《中國著名藏書家書目匯刊》，〈近代卷〉，第 40 冊；北京：商務印書館，2005 年），頁 371-406。
32 見《歷代婦女著作考》胡氏〈自序〉，1957 年版頁 1，1985 年版頁 5。
33 筆者所見《崑山徐氏藏婦女著作目錄》為上引《中國著名藏書家書目匯刊》所收本，共著錄著作 350 種。該本或有不全，因其中並無胡文楷抄本。惟據董馥榮上引文，徐祖正捐贈北京圖書館（現國家圖書館）的 661 種綫裝書中，就有 18 種女性別集是胡文楷抄本（頁 128）。故疑筆者所見徐目並非全本。
34 見董馥榮，前引文，頁 130。
35 這一時段具代表性的成果有徐天嘯（1886-1941）《神州女子新史》（上海：神州國光社，1913 年）、陳東原（1902-1978）《中國婦女生活史》（上海：商務印書館，1928 年）、陳顧遠《中國婚姻史》（上海：商務印書館，1936 年）、姚舜生《中國婦女大事年表》（上海：女子書店，1932 年）、王書奴《中國娼妓史》（上海：生活書店，1935 年）、謝無量（1884-1964）《中國婦女文學史》（上海：中華書局，1916 年）、梁乙真（1900-？）《清代婦女文學史》（上海：中華書局，1927 年）、《中國婦女文學史綱》（上海：開明書店，1932 年）、譚正璧（1901-1991）《中國女性的文學生活》（上海：光明書店，1930 年）、陶秋英《中國婦女與文學》（上海：光明書局，1935 年）等等。有關二十世紀不同時段、地區或專題的女性史研究，回顧性報導甚多，較為全面的可參考杜芳琴：〈七十年來中國婦女史研究綜述（1919-1989）〉，《中國女性史研究》（東京），3 號（1991 年 7 月），頁 40-42；金仁淑：〈中國女性史研究 100 年〉，《中國史研究》（大邱），7 輯（1999 年 10 月），頁 207-234。
36 《歷代名媛書簡》，〈凡例〉，頁 1。
37 同上，〈名媛小傳〉，頁 1-41。
38 同上，〈跋〉，頁 1-2。
39 同上，〈凡例〉，頁 1-2。

清人閨秀選集，多屬詩詞，而「纂選閨文，鮮有成書」，實「藝林一憾事」，故希望其所
編纂，「於宮閨文獻，不無小補」。[40]如果將《歷代名媛書簡》和清刻本《歷代名媛書簡》
和清刻本《名媛尺牘》比較一下，可謂高下立見。後者只載 71 通，份量比不上胡著，而
且真偽混雜。71 通書信中，竟以傳說人物西王母〈訊上元夫人〉列於卷首。[41]難怪胡文
楷在《歷代名媛書簡》的〈凡例〉中，就嚴厲指斥「世間通行《名媛尺牘》」是「誤謬相
承」之作，其中有不辨代作之處，也有誤男爲女之處，也有錯以序文一段當作書信之處。
[42]相較之下，胡著在質和量方面都遠勝《名媛尺牘》。即使是比較民初至三十年代面世的
女性尺牘，[43]胡著也是學術性最強的。

　　又案上海圖書館現藏有胡氏《女子書信》手稿七卷，首卷封頁題《女子書信（剪貼
本）》。全書收書信 391 題共 434 通，有手鈔者，亦有用《歷代名媛書簡》影印剪貼者，
不過各卷所收偶有重複，而第六卷不論封頁還是內文各篇，均書「刪」字。[44]估計這套
手稿或係胡文楷在《歷代名媛書簡》出版後意圖增刪訂補而未完成的作業。

　　至於《歷代名媛文苑簡編》一書，封面有吳縣姜殿楊署耑、前有王秀琴遺像、葉景
葵、葉恭綽、費師洪題辭以及江畬經、翟翥、胡文鑒、顧廷龍序，又有〈凡例〉7 則。
全書分兩卷，兩卷前各冠以〈名媛小傳〉，13 卷中所收作者之簡傳。[45]上卷收後漢至明女
作者 69 人，下卷收清代女作者 90 人、民國 7 人。上卷所收文章分論、序、後序、跋、
引、題辭、讀、評、疏、表、狀、書、啓、壽序、詔、御札、誥、檄、傳、述、紀、墓
誌、記、銘、戒、贊、賦、騷、七、祭文、祝文共 31 類；下卷分論、序、後序、跋、引、
書後、題辭、弁言、書、啓、贈序、壽序、傳、事略、碑、墓誌銘、墓碣、墓表、記、
箋、銘、頌、贊、賦、祭文、哀詞、弔文、誄共 28 類。末有胡文楷寫於 1946 年臘月〈後
序〉，除追念亡妻外，亦重申「三百年間，鮮有纂輯其文者」的遺憾，[46]使是書之文獻價
值亦得以彰顯。

　　案胡文楷另有《名媛文苑小傳》手稿兩卷，亦藏上海圖書館，兩冊封頁均用墨刪去
舊題「歷代玉臺文粹」等字樣，改作現題，諒係《歷代名媛書簡》及《歷代名媛文苑簡

40 同上，〈跋〉，頁 1-2。
41 靜寄東軒彙輯：《名媛尺牘》（前澗浦氏藏板），卷上，葉一上下。
42 《歷代名媛書簡》，〈凡例〉，頁 1。
43 參看徐畹蘭輯：《婦女尺牘》（上海：中華圖書館，1915 年）；中國圖書公司和記編輯部輯：《普通女子最
　　新尺牘》（上海：中國圖書公司，1919 年）；俞佳鈿編：《女子應用尺牘教本》（1921 年石印本）；佚名編：
　　《女子新尺牘》（上海掃葉山房石印本，1924 年）；楊清如輯：《詳注通用婦女尺牘》（上海：中華書局，
　　1931 年）；中華書局輯：《中華女子尺牘》（上海：中華書局，1934 年）。
44 胡文楷編：《女子書信》（上海圖書館藏手稿）。
45 《歷代名媛文苑簡編》，卷上，〈名媛小傳〉，頁 1-10；卷下，〈名媛小傳〉，頁 1-8。
46 同上，〈後序〉，頁 1。

編》兩書所錄〈名媛小傳〉之草稿。[47]該手稿上卷（明及以前）99 人，下卷（清及民國）96 人（其中 8 人有目無文），共 195 人，與《書簡》所收小傳數量相同但條目不同。《文苑簡編》上卷收 69 人，下卷收 97 人，共 166 人，與手稿所收亦不脗合。再者，手稿小傳只及晚明，沒有清人，可見手稿所收傳記實多於後來收入《書簡》及《文苑簡編》者。

三、抄書成家：「胡文楷鈔本」

胡文楷一生致力於閨閣文獻之整輯，甚有成果。除上述與王秀琴合編兩書之外，尚有多種成績。1947 年，胡文楷發表〈柳如是年譜〉，[48]此後該譜曾多次被重印，頗受注意。[49]1962 年中華書局出版的《李清照集》，也是胡文楷和王延梯、丁錫根三人共同輯校不同本子的功勞。[50]

此外，胡文楷極愛抄書，嘗自抄閨秀別集多種，大抵係抄自從他處借得之孤本珍本。這些鈔本除了在胡文楷自己所編書目中有所著錄外，也見於他處。例如上文提到過的徐祖正贈書中，即有 18 種胡文楷鈔本閨秀別集；[51]又如《清人別集總目》也著錄胡文楷鈔本的閨秀集共 11 種，包括方韻仙《吟梅仙館絕句詩》、江珠《青藜閣集詩》、孫瑞貞《綉餘吟稿》、吳麗珍《寫韻樓遺草》、余希嬰《味梅吟草》、沈纕《翡翠樓集》、胡相端《抱月樓小律》、胡筠貞《韻梅閣詩草》、徐暎玉《南樓吟稿》、席蕙文《採香樓詩集》、瞿繼鍾《藕花村遺草》等，[52]分別藏於上海圖書館和國家圖書館。[53]

另一方面，胡文楷又曾按年代、地區、主題等輯錄過不少閨秀詩集，如《五代閨秀詩》、《宋代閨秀詩》、《元代閨秀詩》、《明代閨秀詩》、《河北閨秀詩鈔》、《山西閨秀詩鈔》、《閨秀百花詩》、《閨秀梅花詩鈔》、《閨秀菊花詩鈔》、《閨秀七夕詩鈔》、《百美詩鈔》、《名

47　胡文楷：《名媛文苑小傳》（上海圖書館藏手稿）。

48　胡文楷：〈柳如是年譜〉，《東方雜誌》，43 卷 3 號（1947 年 3 月），頁 37-47。

49　胡文楷：〈柳如是年譜〉，收入存萃學社編：《清代學術思想論叢》1 集（香港：大東圖書公司，1978 年），頁 364-374；又題《清錢夫人柳如是年譜》，與葛萬里《錢牧齋先生謙益年譜》合刊（《新編中國名人年譜集成》第 13 輯；台北：台灣商務印書館，1981 年）；張愛芳選編：《歷代婦女名人年譜》（北京：北京圖書館出版社，2005 年），頁 69-104。

50　李清照（1081-約 1141）撰，中華書局上海編輯所編：《李清照集》（北京：中華書局，1962 年）。該書〈出版說明〉有清楚交代是集乃根據王延梯、丁錫根和胡文楷三人所輯兩種來稿，整理而成，見頁 1。又案《歷代婦女著作考》（1985 年版）著錄此書，謂：「根據王延梯、丁錫根、胡文楷所輯兩種來稿整理，除盡量搜羅李清照現存之詩詞、散文外，還收集有關李清照之歷史，以及前人對李清照及其作品之研究評論、書錄、序跋、題詠等參攷資料，並黃盛璋所寫成之〈趙明誠李清照夫婦年譜〉及〈李清照事跡考辨〉。前有李清照像三幅，漱玉泉、金綫泉紀念堂等照片五幅」（頁 53）。

51　同註 33。案董文提到徐祖正藏書中有「出自胡文楷之手的 18 種抄本」女性別集，並舉《碧桃館詞》、《雙修閣詩存》、《紅榴閣遺稿》、《閨閣雜詠》、《澤美詞》、《妝台吟》等爲例（見頁 128）。然而筆者檢索國家圖書館網上目錄，只見上述數種有其他刻本或鉛印本，卻未見有胡文楷鈔本，待考。利用網上目錄，似乎也未能檢出徐祖正所捐贈「駱駝書屋」藏書。

52　總目見楊忠、李靈年：《清人別集總目》（合肥：安徽教育出版社，2000 年），頁 2948。子目見頁 241、563、656、889、956、1027、1592、1598、1896、1952、2461。

53　據《清人別集總目》著錄，上述 11 種別集之中，只有方韻仙及余希嬰兩集藏於國家圖書館，其餘均藏於上海圖書館。但筆者檢索國家圖書館網上目錄，發現該館還收有余希芬《朗仙吟稿》的胡文楷鈔本，見 http://www.nlc.gov.cn/GB/channel1/index.html。

妓詩鈔》等等，均爲「胡文楷鈔本」。[54]另有《玉峰閨秀詩》一冊稿本，現藏南京圖書館；[55]以及《閨秀文存》一冊，藏上海圖書館。後者卷前有胡文楷寫於 1947 年識文云：

> 「是冊於民國二十五年編名媛文苑時託南京國學圖書館汪霱庭先生檢查閨秀詩詞集，有婦人序跋者鈔出，……彙訂成冊，郵寄滬讀。及抗戰軍興，此事中輟。今文苑簡編已出版，謹將此底本捐贈合眾圖書館。」[56]

全集共收閨秀文 25 篇，包括序、題詞、啓、賦等，只能算是《歷代名媛文苑》的極早期底稿部分。

　　然而，遺憾的是胡文楷所抄別集以至所輯詩鈔，恐怕有不少已經流散四方。根據國內傳媒報導，有一宗由傳家寶失竊引發的官司已經延續多年，主角就是胡文楷的兒子和孫兒。據報導，胡文楷退休後「把抄書當成了生活的全部」，「沒日沒夜的，每天都要去抄，每個禮拜天休息也不休息」，[57]因此去世時留下了兩千多本的手抄書，遺願要「傳給小輩」；「那個小孩今後鑽文科的，傳給那個小孩」。[58]可惜胡文楷的兒子後來發現「傳家寶」失竊，而胡文楷的孫兒竟聲稱是他在 2001 年用一萬元賣掉祖父的兩千多本書。其後，失書又竟然在拍賣市場上出現，有資料顯示《歷代名媛文苑》稿本線裝五十一冊（案：與上文提及之已刊簡本不同）的成交價是 12,100 元；[59]而胡文楷輯《閨秀百花詩》稿本的成交價則爲 1,500 元。[60]這比較胡文楷已刊書籍在網上舊書市場的買賣價格，[61]著實有一段距離，相信這是胡文楷生前所始料不及的。

54 以上全部著錄於胡文楷：《崑山胡氏懷琴室藏閨秀書目》（收入林夕編《中國著名藏書家書目匯刊》，〈近代卷〉，第 40 冊），頁 582-583。
55 胡文楷編：《玉峰閨秀詩》（南京圖書館藏稿本）。
56 胡文楷編：《閨秀文存》（上海圖書館藏稿本），卷首，無頁數。
57 據上海 SMG「東視廣角」2007 年 3 月 2 日播出的「傳家寶引發的離奇官司」節目，文稿內容下載自新浪網新聞中心：〈男子低價賣掉兩千本家傳手抄書，每本價值萬元〉（http://news.sina.com.cn/s/1/2007-03-03/00121241424. shtml）及〈能否以價格落差撤銷交易仍懸而未決〉（http://news.sina.com.cns 12007-03-03/001212414225.shtml）。影片可重溫自 SMG 文廣傳媒：新聞娛樂頻道（http://209.85.175.104/search?q=cache:eW2HgZ985jcJ:www.smg.cn/tv/entertainment/column_content.aspx? Programld=16493）。
58 同上。
59 同上，另參〈卓克藝術網〉之交易紀錄（http://www.Zhuokearts.com/artist/art_display.asp? keyno=696242）。又參虎闈：〈談滬上古籍善本拍賣中的熱點〉，原載《新民晚報》，2002 年 1 月 30 日，收入 Tom.com「文化頻道」網頁（http://heritage.news.tom.com/Archive/2002/1/30-94385.html）。
60 由上海國際商品拍賣有限公司主辦之「2003 年春季藝術品拍賣會」，有 301 項目在「古籍善本專場」拍賣，胡文楷《閨秀百花詩》一書編號 D030，以人民幣 1,500 元成交。參看〈藏點〉網站之紀錄（http://pm.Cangdian.com/Da ta/2003/PMH00222/CD000388/）。
61 例如布衣書局的網站就曾拍賣一冊扉頁有楊霽雲（？-1996）鈐印的胡文楷《歷代婦女著作考》（1957 年版），最高出價是 107 元，2005 年 4 月 29 日結束競標（http://www.booyee.com.cn/ user- bid. jsp?id=1618）。又如孔夫子舊書網也曾拍賣兩冊《歷代婦女著作考》（1985 年版），其中一冊最高出價是 120 元，2006 年 9 月 18 日結束（http://auction.kongfz.com/auction/detail.php? item Id=732402）；另一冊的最高出價是 200 元，2008 年 4 月 30 日結束（http://auction.kongfz.com/auction/detail.php? itemId=1952803）。此外，筆者又意外地發現孔夫子舊書網上有一冊 1947 年版《歷代名媛文苑簡編》，2007 年 10 月 4 日上架，售格 600 元，但至目前爲止好像仍未有人問津（http://www.kongfz. com/bookstore/7799/ book_15425980.html）。

四、目錄存世：閨閣藝文志之整輯

　　胡文楷整理歷代女性藝文的最大貢獻，應該是他的編目工作。從上世紀二〇年代胡氏夫婦正在享受唱隨之樂的時候開始，[62]到胡文楷增訂本《歷代婦女著作考》在 1985 年出版為止，幾十年來胡文楷搜輯閨閣著作的工作從未間斷。雖然《歷代婦女著作考》是胡氏的代表作，也是最廣為人知的女性著作目錄，但其實在這部目錄成書之前，胡文楷確曾做過不少預備功夫，也編輯過另外一些閨閣書目。

　　就筆者所知，胡文楷所編閨秀著作目錄手稿有以下各種：

　　（一）《閨集經眼錄》：著錄於《崑山胡氏懷琴室藏閨秀書目》及《歷代婦女著作考》書末所列「引用書目」，後者列作《閨籍經眼錄》。[63]

　　（二）《歷代閨秀藝文志》：著錄於《崑山胡氏懷琴室藏閨秀書目》。[64]顧廷龍序《歷代名媛文苑簡編》時亦提到胡文楷撰有《閨秀藝文志》若干卷。[65]案《歷代婦女著作考》卷首數款題辭中，葉景葵稱該書為《閨秀藝文志稿》，葉恭綽則以七絕「奉題」《閨秀藝文志》。[66]由此可見《閨秀藝文志》其實即《歷代婦女著作考》的前身。

　　（三）《閨秀藝文志補遺》：手稿，現藏上海圖書館。此書並沒有註明書名的扉頁，也沒有目錄，只在首頁所錄王貞《蘆村女史詩草》條旁有「上海市歷史文獻圖書館藏」印。[67]全書著錄閨秀著作 69 種，以作者姓氏筆劃排列先後，多一頁一種，同姓者或有一頁數種。每條列書名、著錄處、作者及作者簡傳，類似《歷代婦女著作考》體例，或係從《歷代閨秀藝文志》到《歷代婦女著作考》中間的過渡期產物。

　　（四）《崑山胡氏懷琴室藏閨秀書目》：《歷代婦女著作考》「引用書目」列作《崑山胡氏藏閨秀書目》。[68]有一稿本現藏上海圖書館，但筆者所見本為北京圖書館藏本，被輯入林夕主編《中國著名藏書家書目匯刊》出版。卷首書「崑山胡文楷輯錄」，有「崑山胡文楷藏書」印、「彤管有煒」印及「北京圖書館藏」印。[69]顧名思義，此書目所列均為胡

62　胡文楷、王秀琴成婚年份暫未查得，但王秀琴卒於 1934 年，而胡文楷在〈我與商務印書館〉一文中又提到「一・二八」事變（1932）後，「老母妻子倉惶逃難」（頁 274），此後至其妻子謝世前料非可以享受唱隨之樂的日子。因此估計胡氏夫婦大概在二十年代中後期已成婚。又案註 57 所提到之傳媒報導中有云胡文楷有六名繼承人。六名子女是否均為王秀琴所出，以及胡文楷有沒有再婚等問題，待考。
63　《崑山胡氏懷琴室藏閨秀書目》，頁 585；《歷代婦女著作考》（1985 年版），頁 957。
64　《崑山胡氏懷琴室藏閨秀書目》，頁 584。
65　〈顧序〉，《歷代名媛文苑簡編》，頁 3。
66　《歷代婦女著作考》（1957 年版），〈題辭〉，頁 2；《歷代婦女著作考》（1985 年版），〈題辭〉，頁 3。案葉恭綽題辭只見於 1985 年版。
67　胡文楷：《閨秀藝文志補遺》（上海圖書館藏手稿本）。
68　《歷代婦女著作考》（1985 年版），頁 958。
69　《崑山胡氏琴室藏閨秀書目》，總頁 409。案「彤管有煒」出自《詩經・靜女》。見鄭玄（127-200）箋、孔穎達（574-648）疏：《毛詩正義》（阮元〔1764-1849〕《十三經注疏》本；北京：中華書局，1980 年），卷 2 之 3，〈邶風〉，〈靜女〉，總頁 310。

文楷個人珍藏；室名懷琴，大抵是紀念亡妻王秀琴。該書目共收 653 種著作，按作者姓氏筆劃排序，總集殿卷。

（五）《崑山胡氏仁壽堂藏閨秀書目》：仁壽堂乃胡文楷兄長胡文鑒之室名。[70]此書卷首書「玉峯胡文楷編」，有「上海市歷史文獻圖書館藏」印，現存上海圖書館。全書收錄胡文鑒所藏閨秀書共 410 種，按朝代排列，計漢唐 8 種、宋元 14 種、明代 25 種、清代 304 種（包括鈔本 135 種、刊本 112 種、石印本 14 種、排印本 43 種）以及總集 59 種。胡氏兄弟均喜收藏閨秀書，各有目錄，堪稱佳話。

（六）《清閨秀藝文略補》：卷首書「崑山胡文楷纂」，有「上海圖書館藏」印。從書名可知乃單士釐（1856-1943）《清閨秀藝文略》[71]一書之補遺。全文共收閨秀著作 893 種，按作者姓氏筆劃排序。體例一如《清閨秀藝文略》，只列書名及作者，間有作者字號籍貫等簡短資料。[72]

（七）《宋代閨秀藝文考略》：《崑山胡氏懷琴室藏閨秀書目》作《宋代閨秀藝文攷》。[73]此書稿本現藏上海圖書館，館藏目錄題此書年分為 1946 年。[74]案此稿曾以文章形式正式發表，[75]導言中有謂「余編閨秀藝文志，於宋代閨秀集，苦於蒐集，歷年採訪，稍有所得。乃略加整理，彙為一編，庶補史氏之佚云」。[76]全文收宋代女性著作 40 種，較後來《歷代婦女著作考》之宋代部分收 51 種為少，[77]可見胡文楷累年增補條目之努力。

當然，胡文楷的書目作品之中，最廣為人知、認受性強、影響深遠的是他晚年集一生功力增訂的《歷代婦女著作考》。該書由上海商務印書館初版於 1957 年，其後有台北鼎文書局 1973 年翻印版，而 1985 年由上海古籍出版社出版的新版，則是胡氏一次極其認真的增訂。[78]舊版目錄及內文存在著的訛誤，有不少在新版中得到訂正。例如所錄作

---

70 胡文楷：《崑山胡氏仁壽堂藏閨秀書目》（上海圖書館藏手稿本）。案胡文鑒序《歷代名媛文苑簡編》後自署「中華民國三十有四年冬至日，胡文鑒序於崑山仁壽堂」（〈胡序〉，頁 2）。

71 筆者所見單士釐《清閨秀藝文略》為北京大學圖書館藏打印本，無扉頁、序跋及版權頁，大抵是從原刊處《浙江省立圖書館學報》（1927 年）抽出。後來單士釐曾手抄多部，每部略有不同，頗難考究。參看黃湘金：〈南國女子皆能詩 —— 《清閨秀藝文略》評介〉，《文學遺產》，2008 年 1 期（2008 年 1 月），頁 94-104。筆者得臧健教授協助，得閱北大藏本，謹此致謝。

72 胡文楷：《清閨秀藝文略補》（上海圖書館藏手稿本）。

73 《崑山胡氏懷琴室閨秀書目》，總頁 584。

74 胡文楷：《宋代閨秀藝文考略》（題 1946 年，上海圖書館藏手稿本）。

75 胡文楷：〈宋代閨秀藝文考略〉，原載《東方雜誌》，44 卷 3 號（1948 年 3 月），頁 47-52；收入《宋史研究集》，第 2 集（1964 年 10 月），頁 67-84。

76 同上，頁 67。

77 《歷代婦女著作考》（1985 年版），卷 3，〈宋代〉，頁 40-68。案該卷末附遼人著作 4 種（頁 68-69），並非計算在正文所指 51 種宋人著作內。

78 胡文楷：《歷代婦女著作考》（上海：商務印書館，1957 年）。1973 年，台北鼎文書局翻印此書，收入楊家駱主編《國學名著珍本彙刊·書目彙刊》。增訂版於 1985 年由上海古籍出版社出版。1985 年的增訂版實為胡文楷晚年對其心血的定稿，經仔細比對後，可發現與原版頗有分別。詳參拙作〈目錄繫於史學 —— 論胡文楷編纂女性著作目錄之貢獻〉，將刊於李金強編：《世變中的史學》（桂林：廣西師範大學出版社）。案 2008 年上海古籍出版社據 1985 年版《歷代婦女著作考》重印，除保留 1985 年版原貌（包括頁碼）外，另加入張宏生修訂、增補條目，並附張宏生、石旻論此書價值一文於後。

者之姓名、籍貫、朝代、身分（如妻、妾、繼妻等）、家庭資料（如某人女、妻等）諸項，在新版中都不難發現改動過的描述。此外，有關條目、著錄內容、所收作品序跋文字等方面，1985 年版都提供了新的面貌。《歷代婦女著作考》一書，不但存文獻、備翻檢，供後人考鏡彤史源流，而且誘發不少補續工作以及學術研究的課題，嘉惠後學，影響持續深遠，難怪有學者形容此書業已成爲行內的「聖經」。[79]

五、未竟志業：女性文學史之編寫

在胡文楷的未刊手稿中，有一套書特別矚目：《女子文學史》，現藏於上海圖書館。《女子文學史》共十一卷，由周迄清，扉頁題「胡文楷編《女子文學史》（未完成稿本）」。書中所述女作家眾，非僅介紹少數著名人物而已，甚具參考價值。

《女子文學史》卷首總論首行題「《女子文學史稿》，崑山胡文楷撰」。總論開宗明義，指「男女同生於天地之間，其心思才力本無差異」；「不過女子處於中饋，佐理內政，鍼線織紝，洗滌炊爨，不能專力於文字，故其文學遂不如男子盛」。[80]以這種基調開啓全書的論述，不失爲一種平心靜氣的客觀態度，一方面主張兩性智力無異，另方面面對女性文學不及男子興盛的現象又能作出合理解釋。這種筆觸，既有別於以男女平權論切入的女性文學史敘述，[81]也和以封建社會階級壓迫爲綱領寫成的女性文學史有着明顯不同的立場。[82]可惜胡文楷所論過於簡短，在匆匆交代上述論見後，旋即轉入周代之女性文學，謂「上古之時，文化初啓，婦人文章，鮮有傳者，而書缺有間，無從採輯」。故「是篇所述，始於周代」。[83]

《女子文學史》卷一概論先秦古籍中所錄婦人作品或說話，而以三百篇中婦人之作爲主。此後各卷分論各時代有述作之女性，並於漢、魏晉南北朝、隋、唐、宋、明、清各朝作家分論之前冠以整體敘述，綜論某時期女性文學之成績、閨秀總集別集之刊行、或文壇個別現象如明代后妃善爲訓誡之辭、清代文人多女弟子等等。全書論及古代女作者二百多人，大部分均繫其傳世作品，論述之際不斷輔以各種古籍中之相關記載，以供參照。全套手稿有多處接續未周的地方，亦有頗多增刪移動之處，最後一卷更覺紊亂，於清人論述中屬入唐宋時人，而條目亦有與之前重複者，顯然係未完成之作。

---

79 魏愛蓮（Ellen Widmer）語，見其"The Rhetoric of Retrospection: May Fourth Literary History and the Ming-Qing Women Writer," in Milena Doleželová-Velingerová and Oldřich Král (eds.), *The Appropriation of Cultural Capital: China's May Fourth Project* (Cambridge, Mass.: Harvard University Asia Center, 2001), pp. 193-225.
80 胡文楷：《女子文學史》（上海圖書館藏手稿），卷一，無頁碼。
81 謝無量：《中國婦女文學史》（上海：中華書局，1916 年原版；台北：台灣中華書局 1979 年台二版）。
82 詳參譚正璧：《中國女性文學史話》（天津：百花文藝出版社，1984 年），〈敘論〉，頁 1-16。案此書爲譚氏在 1930 年出版的《中國女性的文學生活》（見註 35）之增訂新版。
83 同註 80。

以內容取向來說，《女子文學史》近似謝無量、梁乙真的價值觀，視詩詞爲女性文學之主流體裁，而與譚正璧之刻意加入小說戲曲彈詞等文體有着明顯的分別。[84]整體而言，《女子文學史》這套手稿的學術價值，主要在於其牽涉的作家層面較廣，人數較多；以人物爲單元的敘述方式，也令到這套手稿頗爲具有作者另一部著作《歷代婦女著作考》的風格和味道。遺憾的是這是一份未竟作業，恐怕胡文楷下半生的心力已集中在重編《歷代婦女著作考》上，再無暇完成這套文學史的寫作。以胡氏對歷代閨秀文獻之精確掌握及其豐富的書目學功力，加上對女性文學之畢生關注，如果《女子文學史》得以成書，相信也會是十分精釆的。

五、結　語

胡文楷、王秀琴出生、成長於中國內憂外患接踵而至的年代。時局的動盪，絲毫未有減退兩人搶救千古彤編的熱誠。夫婦二人志同道合，欲以畢生精力蒐集古代閨秀文獻，務使其不致凋零散佚。遺憾的是，兩人經歷「友愛婚姻」、[85]享受唱隨之樂的日子短暫得令人無限婉惜。然而，夫婦倆的共同志業，卻未因王秀琴以 33 歲英年離世而荒廢下來。相反，胡文楷以畢生心力，實現夫婦宏願，其志動人，其情感人。終胡氏一生，無名無位，但默默耕耘，功不可沒。所編女性著作目錄、閨閣選集、諸類鈔本，以至多種手稿均能傳世，亦將持續有裨於今後研治女性歷史、文學者。

---

84 同註 82，頁 308-468。
85 近年學界流行形容互通心聲、夫唱婦隨的才學夫妻所經歷者爲「友愛婚姻」（companionate marriage），參看 Paul Ropp, "Love, Literacy, and Laments: Themes of Women Writers in Late Imperial China," *Women's History Review* vol. 2, no. 1 (1993), pp. 117-123; Dorothy Ko, *Teachers of the Inner Chambers: Women and Culture in Seventeenth-Century China* (Stanford, CA: Stanford University Press, 1994), pp. 179-187。另參許妍：〈「以沫相濡亦可哀，此中甘苦兩心知」——「五四」伉儷作家現象分析〉（四川大學碩士論文，2006年）。許文一共考察了 15 對文侶，其中 9 對爲晚明及以前人物。

從中國近代歷史事件看香港的歷史發展

香港珠海學院中文系教授兼香港歷史文化研究中心主任
蕭國健博士

一、前　言

　　香港從古至今都是中國的一部份，在社會文化及居民生活習慣上，皆與中國一脈相承。但在十九世紀中葉，國家積弱，致內憂外患相繼發生，使香港地區經歷一百五十多年被英國管治的歲月；從漁農地域，發展爲一經濟及金融中心。

二、鴉片戰爭與香港之開埠

　　清道光年間，鴉片大量流入中國，其時，囤積鴉片的躉船，多停泊伶仃島一帶水域[1]，伺機走私偷入尖沙咀，再流入廣東沿海各地。當時，香港是中西接觸的地域；而鴉片大量走私進入中國，致大量白銀外流，促成中英軍事上的衝突。

　　1839 年因英國海軍軍官醉酒毆斃林維喜事件，中英鴉片戰爭爆發，初期清軍略勝[2]，但最後戰敗。1841 年 1 月 26 日，英軍於香港島西環水坑口登陸[3]，宣佈佔領香港全島，翌年 8 月 29 日，中英簽訂南京條約，正式割讓香港島予英國；英廷於 1843 年 4 月 5 日宣佈香港島爲英屬殖民地。[4]

　　自香港島英屬後，英國因恐懼對岸九龍半島爲他國所奪，威脅其對香港島之治安及利益，故於 1856 年，藉口亞羅船號事件，英旗受辱，派兵佔領九龍半島南端。其時，法國亦以法傳教士於廣西被殺爲理由，出兵中國。[5]

1　《林則徐集》奏稿九欽差使粵任內摺片 336.道光十九年正月二十九日之報告抵粵日期並體察洋面堵截躉船情形摺。
2　有關中英鴉片戰爭初期之情況，詳《清史列傳》十，卷三十八：林則徐傳；及拙著《香港歷史點滴》，第四章紀前事之四，尖沙咀與鴉片戰爭。
3　水坑口位今港島皇后大道中與皇后大道西交界，開埠前爲一大水坑之入海坑口，漁民常於水坑沖洗身上泥濘，水坑口之名由此而起。1841 年，英人於該處登陸，命名爲佔領角。其後，該處不斷發展，大水坑被填塞，該處闢爲馬路，初名波些臣街（POSSESSION STREET），後因該處原爲一大水坑，故改稱水坑口街，惟英文名稱依舊。
4　詳 1842 年南京條約
5　詳清夏燮撰《中西紀事》卷十二咸豐六年秋九月條。

　　1857 年，英法聯軍攻陷廣州[6]，翌年攻陷大沽口，1860 年陷北京。時清廷因國內受太平天國之威脅，無力對外作戰，遂與英人簽訂北京條約，將九龍半島南端（今界限街以南），包括昂船洲在內，割讓予英國，併入香港界內。[7]

　　自港九地區英屬後，英人於九龍半島上廣設軍營[8]，以作防衛，並於香港島北岸，發展女皇城，亦稱維多利亞城[9]，開築道路，建造房舍[10]。時因太平天國事件，國內居民多避亂南遷，進入香港及九龍地域。太平天國失敗後，餘眾亦有退居香港[11]。時香港正值發展，此等居民之入遷，幫助甚大。

三、新界之租借

　　九龍半島割讓後，中英以今界限街為界，英人以界限街無險可守，故認為有擴展邊界之必要。

　　1894 甲午之戰爆發，清軍戰敗。港督羅便臣乘機向英廷建議，將香港界址展拓至大鵬灣。1898 年，中英簽訂「展拓香港界址專條」，清政府將沙頭角海至深圳灣最短距離直線以南的地域，租借與英國，為期 99 年，7 月 1 日實施[12]。該租借地稱「新界」[13]，泛指九龍半島以北，深圳河以南之地，及鄰近之島嶼。時租界內有九龍寨城，中英同意仍保留屬中國土地，不在租借地內。[14]

　　專條簽訂後，英人派員測量新界土地，登記人口。時境內居民不滿英人統治，故起而反抗。1899 年，村民於林村一帶開挖坑塹，拒阻英兵，惟因缺乏組織及訓練，武器落後，又無統一指揮，故為訓練有素及設備優良之英軍所敗[15]。至是，整個新界地區正式歸香港政府管治。其後，英人與村民協商，新界村民仍過農村生活，一切民生及習慣，仍依中國傳統。

　　其時，清廷因多次對外作戰失敗，有志之士遂起革命之念。時港島中環一帶已甚發

6　詳咸豐七年十一月二十三日廣州將軍穆克德訥等奏報英法軍突入粵城擄去總督等事摺。《香港歷史問題檔案圖錄》：頁 39。
7　詳 1860 年北京條約。
8　1860 年九龍半島英屬後，英軍遂於現今九龍公園及鎗會山上設置軍營，派兵駐守。其時兩處營地皆只為設備簡陋之帳幕。未有固定營房。1892 年始於九龍公園處建設固定營房，並名為威菲路軍營，1902 年始建鎗會山軍營；前者於 1970 年拆卸，改作公園，後者仍為軍營。詳拙著《油尖旺風物志》：政府建築篇二，尖沙咀舊威菲路軍營及鎗會山軍營。
9　即今港島中環（中區）之地。
10　自中環至上環間，建築大馬路，即今之皇后大道中，而在山腰開築之荷理活道，則於 1844 年完成。
11　太平天國失敗後，餘眾退居香港，可考者有森王侯玉田。詳清陳坤《粵東剿匪紀略》卷五頁 23。又據前新界政務署長許舒博士所告，舊政府檔案中，曾載有太平餘黨化名「四眼三腳虎」者，率眾隱居今九龍何文田村之地。惜原件未見。
12　詳 1898 年中英展拓香港界址專條及香港英新租界合同。
13　新界，意即新租界址，初稱 NEW TERRITORY，二十世紀初始改稱 NEW TERRITORIES。
14　1899 年，英人以清政府未有協助制止新界地區村民抗英，且認為清廷兵弁必有參與協助新界居民武裝抗英，遂以此為藉口，派兵佔據九龍寨城，逐走城內清廷兵弁。
15　詳拙著〈1899 年英軍接收新界時居民抗英事件〉。

達，人口眾多，國父孫中山先生及其他革命黨員，遂於該地建立反清革命運動基地[16]，於新界人跡較少的青山山腳處，設立農場及碉堡，用作革命黨員營地[17]。各次起義行動失敗之革命黨員，多潛居香港，伺機再作行動。[18]

如今，港島中西區已闢中山史蹟徑，將部份較著名之國父在香港之歷史遺蹟，及革命遺蹟，串連成遊訪路線，供人遊覽憑弔。

四、軍閥混戰與中日戰爭

1911 年辛亥革命後，中華民國成立，一批批的滿清親貴及官民南下香港。[19]其後經歷軍閥混戰，亦有大量人士南遷，他們帶來不少財富，帶動香港經濟發展。[20]

1925 年省港大罷工，部份華工回轉國內。香港市面一度蕭條。翌年大罷工結束，工人多遷回，香港地區重趨繁榮，加以省港互賴，工業得以發展。[21]

1937 年七七事變後，中日戰爭全面爆發，1939 年二次世界大戰爆發，香港因不在戰火之中，故局勢較為安定，國人遷入香港者眾。其時，入遷者給香港帶來極嚴重的居住、糧食、醫療、衛生及治安問題；但不少當時中國政要名人亦暫居香港避亂，使香港帶來繁榮景象。[22]

1941 年 11 月，日軍襲港，中英美等國皆無力救助，香港軍民雖全力抵抗，但因眾寡懸殊，戰爭十八天，最後全港淪陷[23]。香港遂為日人統治。在日治時期的三年零八個月中，香港糧食不足，境內常有搶掠情況出現。為減輕糧食的壓力，大量人口自香港遷回中國內地[24]。時香港各地皆有抗日游擊活動，除對日本佔領軍加以打擊外，亦協助境內之知名人士離開香港，免被日軍利用作宣傳工具。[25]

1945 年 8 月 15 日，日皇宣佈無條件投降，9 月 1 日，英國夏慤少將於香港成立政

16　1892 年，楊衢雲與謝纘泰於中環結志街百子里一號，創立輔仁文社，聚友談論政事，並討論中國政革問題。1895 年，國父孫中山先生於中環士丹頓街十三號，成立興中會，為推翻清廷之革命組織，並常與陳少白、尤烈及楊鶴齡等於歌賦街八號楊耀記一樓聚會，計劃革命。

17　1900 年，李紀堂於今青山白角處，闢一農場，名青山農場，接待興中會起事失敗之人員。1910 年，鄧蔭南於稔灣畔浪濯村，建一碉堡，作防守瞭望，並經營榨糖及舂米，以米糖糧食接濟籌備起義人員。

18　同盟會於上環居賢坊、普慶坊及跑馬地等地，設立革命黨員招待所，在國內各次起義行動失敗之革命黨員，多逃亡香港各招待所及青山農場藏身，伺機再作行動。

19　前清遺老及親貴南遷香港之著者，有陳伯陶、吳道鎔、張學華、張其淦、汪兆鏞、丁仁長、伍銓萃、及賴際熙等。

20　著者有沈鴻英、李福霖等。沈鴻英於今元朗沙埔開村名逢吉鄉；李福霖於今大埔林村闢創康樂園。華商於香港成立之事業，著者有馬應彪創立之先施公司。軍閥陳炯明對信仰之改革，致黃大仙信仰之遷入及黃大仙祠之建築。

21　詳蔡洛盧權之《省港大罷工》一書，廣東人民出版社 1980 年出版；及余繩武劉蜀永主編之《二十世紀的香港》：第六章省港大罷工，香港麒麟出版社出版。

22　詳《二十世紀的香港》：第七章抗戰時期的香港與中國內地第二節難民潮及其對香港社會的影響。

23　詳謝永光之《香港淪陷：日軍攻港十八日戰爭紀實》一書，香港商務印書館 1995 年出版。

24　詳謝永光之《三年零八個月的苦難》一書，香港明報出版社 1994 年出版。

25　同註二十二第七章第三節香港和抗日救亡運動及第四節港九獨立大隊的活動。

府，進行戰後重建工作。1946 年 5 月，前港督楊慕琦將軍重返香港，復任港督。香港歷
三年零八個月之黑暗時期，至是始獲重光。[26]

五、新中國之成立

戰爭結束，香港各地滿目瘡痍，有待重建。時星馬地區運來糧食接濟，光復後不久
恢復自由貿易，不少前時遷入內地之華人遷回，故 1946 年初，香港經濟漸次恢復。

1946 至 47 年，國共內戰，政局動盪，不少人口南遷香港，其中不乏挾擁巨資之商
賈，帶來勞動力及資金[27]。1947 年，政府取消出口貿易管制，香港重建自由港地位，加
以英國同意香港進入英聯邦體制，獲得英聯邦國家的特惠稅，因而帶動香港工業發展。
同時，政府對南來的商人，予以適當的安置，使他們能安心定居置業，開辦業務，帶動
各行業興盛；故戰後貿易、工業及金融業等得以重新發展。但因工業發展，工人人數大
增，勞資產生矛盾，1946 年時曾發生工人罷工的工潮，幸事件很快平息，對工業發展影
響不大。[28]

1949 年，中華人民共和國成立，英國對新政府亦加承認。其時，國民政府舊日之官
民，部份南遷，定居香港，他們帶來大量勞動力及財富[29]，在香港開設工廠及企業，因
而推動香港經濟發展。五〇年代初期雖略有困境，其後工業如紡織業、塑膠業、電子業
等皆有進展，金融業、地產亦隨之而旺盛，旅遊業及文化事業亦開始發展。至六〇年代，
各業達其全盛時期，七〇年代至八〇年代，製造業走向國際化，香港成為國際運輸中心、
訊息中心、貿易中心及金融中心。期間，政府實施了不少干預的經濟政策，亦建立了法
治的社會。

六、回歸及特區之成立

1984 年 12 月 19 日，中英簽訂「聯合聲明」，1997 年 7 月 1 日，中國政府對香港恢
復行使主權，英國對香港的管治告終，香港回歸祖國，成為中華人民共和國香港特別行
政區。

九〇年代，國內採開放政策，香港鄰近珠海及深圳兩特區，故經濟發展受其影響，

---

26 詳高添強唐卓敏之《香港日佔時期》：頁 150 至 165，香港三聯書店 1995 年出版。
27 著者有「淘大」的黃篤修。黃氏原籍福建省思明縣，初於廈門鼓浪嶼創辦「淘大」業務。中日戰爭期間，
   工廠生產大受破壞，遂從廈門總公司將技術人員及設備逐步調港，其後，且在香港大事拓展業務，並在
   海外廣設分廠。
28 有關 1946 年罷工風潮，詳拙與湯開建、陳榮佳等合編之《香港 6000 年》：頁 559、561 及 563。香港麒
   麟出版社 1999 年出版。
29 著者有「紡織大王」唐炳源。唐氏原籍江蘇無錫，1923 年在國內興辦實業，頗見成績。1948 年從上海
   來港，創立南海紡織有限公司，其後並替香港棉紡織品打開歐美市場。

港人亦有將資金回流國內，開設工廠及其他企業，國內亦有將資金注入香港，發展事業。香港地區得以繼續繁榮，為亞洲重要之經濟及金融中心，近年且發展為國際運輸中心，並展望將來能成為資訊科技中心。

七、結　語

香港自開埠至 1997 年間，受殖民統治，惟社會之發展受中國內陸歷史轉變之影響甚大。如今，百多年殖民統治已告結束，香港回歸祖國。香港特區之社會及經濟仍然安定繁榮，且與國內齊步發展，足見中國之政治及社會狀況，對香港之發展，影響甚大。

四、生平大事紀要

（曾一民、譚松壽）

生平大事紀要

曾一民、譚松壽

公元 1924 年　一歲

是年 11 月 22 日，林教授生於廣東省高州市附城鎮。

祖父兆龍公，號躍雲，為清修職郎餉貢生。父挺生公，為五四運動（1919）時北京大學文史系畢業生，曾任小學校長、高州中學教員、教務主任，對當地教育頗有貢獻；母親吳嗣輝女士，相夫教子，持家精明有道。林教授於自傳中云：「自幼深受薰陶，故日後長於文史，拙於數理。」

按：林教授之生年有四說：（1）自 1949 年南下香港後，一般資料記載，均為 1927 年出生；（2）雅虎網站上「高州中學校友錄林天蔚」欄，有「林天蔚小傳」，列明 1925 年出生。（3）Google 網站上有「旅港高州同胞林天蔚小傳」，出生年份為 1923 年，唯文中錯誤頗多。（4）天蔚師病逝後，林師母檢視遺物，得其民國三十五年（1946 年），廣

東省立文理學院頒發之畢業證書（見上圖），上列明林教授當時爲二十三歲，若依中國人傳統「一出生即爲一歲」計算，其出生年份應爲公元 1924 年。此年份與林教授畢業後於 1947-1949 年間任教於廣東省各中學之聘書（林師母均有收藏）年份相符，由於目前未發現任何林教授出生之證明文件，故決定採用後者。

　　【1996 年，林教授於加拿大定居後，與筆者（譚松壽）同爲溫哥華居民，時相往還，天蔚師於閒談中追述往事，謂大學畢業後曾先後任教內地數間中學，後來因避戰亂始南下香港培正中學任教；筆者曾代天蔚師整理稿件、資料，並打印履歷表，見其出生年爲 1927，深感年份可能有誤，問之，答曰：「初到香港，填報時弄錯年份。」天蔚師於 2005 年 11 月 25 日，在溫哥華病逝，翌晚，林師母即令筆者撰寫並打印天蔚師生平簡史，於幾日後之追思禮拜中派發，筆者臨急受命，報告〈林天蔚教授生平〉時，乃依據當時手上僅有少許資料而定爲 1927 出生，而台灣國史館之〈林天蔚先生傳〉乃採用上述第二說而修訂，今據最新查閱林教授之大學畢業證書歲數推算而決定採用上述第四說，謹此更正。】

公元 1925 年　二歲

　　是年三月十二日，國父孫中山先生以肝疾病逝北京。

公元 1926 年　三歲

公元 1927 年　四歲

公元 1928 年　五歲

公元 1929 年　六歲

公元 1930 年　七歲

公元 1931 年　八歲

　　是年九月十八日，日本關東軍突擊瀋陽，「九一八事變」爆發。

公元 1932 年　九歲

公元 1933 年　十歲

公元 1934 年　十一歲

公元 1935 年　十二歲

公元 1936 年　十三歲

　　入讀父親任教之高州中學

公元 1937 年　十四歲

　　是年七月七日，日軍藉口發動盧溝橋事變，對日抗戰開始。

公元 1938 年　十五歲

公元 1939 年　十六歲

公元 1940 年　十七歲

公元 1941 年　十八歲

公元 1942 年　十九歲

高州中學畢業，考入廣東省立文理學院史地系（今廣州華南師範大學）。

按廣東省立文理學院，於 1951 年改組為華南師範學院。1982 年升格為華南師範大學。

公元 1943 年　二十歲

在省立文理學院求學期間，時逢抗日戰爭中期，生活困苦，仍勤奮向學。

據王韶生教授憶述：「抗戰後期，余與黃君徽五講學於桂頭廣東省立文理學院。林子負笈來遊，以劬學稱。嘗深入傜山，採風問俗。……流離顛沛之餘，林子仍孳孳矻矻，寢饋於乙部。北風雨雪，燈火熒熒，共學於荒江之濱。」（林天蔚《宋代香藥貿易史稿·王韶生序》）下稱〈王韶生序〉

公元 1944 年　二十一歲

公元 1945 年　二十二歲

是年八月十五日，日本無條件投降，八年抗戰勝利。

是年十月，名史學家羅香林教授出任廣東省立文理學院院長，林教授獲遊其門，治史方法日漸邃密，師友咸深器之。〈王韶生序〉

公元 1946 年　二十三歲

是年七月畢業於廣東省立文理學院史地系，獲文學士學位【證書見 1924 年項下插圖】；由於治學勤奮，品學兼優，深受老師羅香林教授、黃福鑾教授、王韶生教授等賞識。

是年六月，第二次國共內戰爆發。

公元 1947 年　二十四歲

任教於番禺縣立師範學校

公元 1948 年　二十五歲

二月，任教於茂名縣私立千中中學；八月，至茂名縣立女子初級中學任教。

公元 1949 年　二十六歲

二月，任教於梅茂縣立中學。八月，赴廣州，任教於廣東省立廣雅中學；其後因戰亂南下香港。《宋代香藥貿易史稿·自序》云：「己丑（1949）之歲，余避兵來港。」下稱（〈自序〉）

是年十月一日，中華人民共和國成立於北京；十三日，解放軍入廣州。

是年十二月八日，國民政府遷都臺北。

在兵亂的局勢下，大批人民避居香港，其中不少與學界有關。如廣州珠海大學遷至香港九龍。易名珠海書院。錢穆、唐君毅等創辦亞洲文商學院，翌年改組，易名新亞書院。

是年秋，羅香林教授及家人亦避寓香港。初居新界沙田，後遷粉嶺。

是年九月，羅教授任教香港文化專科學校，教授國史。（羅敬之《羅香林先生年譜》國立編譯館，1995。下稱《羅譜》）

公元 1950 年　二十七歲

是年初訪恩師羅香林於沙田。

按林教授在其〈述恩師羅元一先生之學〉一文中云：「猶憶 1950 年初，先生居於沙田下禾輋一陋室中，筆者侍候左右，與談及一般知識份子應持之態度，先生即勉以應負『文藝復興』之重任。按東羅馬亡後，君士坦丁堡大批學者流亡至意大利北部米蘭、威尼斯一帶，該地是新興城市，生活較為優裕，東羅馬學者寄居該地，能抗拒物質生活所侵蝕，一方面恢復古希臘文化，一方面去蕪存菁，創造了新的文化，而產生『文藝復興。』」

九月起任教於香港九龍培正中學，講授中史、世史及地理等課程。

按是年林子豐博士以校董義務出任校長，李孟標先生為校主任。

公元 1951 年　二十八歲

是年九月，羅香林教授應聘香港大學中文系兼任講師。（見《羅譜》）

是年由香港基督教會成立崇基學院。

公元 1952 年　二十九歲

「壬辰之歲，因所悵觸，撰作〈紹興和戰評論〉一文，於『宋史』作較深探究；時吾師羅元一先生，于香港大學講授中國歷史，發現亞拉伯人之香藥貿易對我國中古史影響甚巨，鼓勵余作專題研究，遂定題為《宋代與南海各國之香藥貿易及其影響》。」（見〈自序〉）

按是年九月，羅香林教授升任香港大學中文系講師。（見《羅譜》）

公元 1953 年　三十歲

是年於九龍城浸信會受浸。

公元 1954 年　三十一歲

在培正中學任教期間，利用課餘時間蒐集有關宋代香藥貿易的資料。

公元 1955 年　三十二歲

　　仍在培正中學任教，繼續利用課餘時間蒐集有關宋代香藥貿易的資料。

公元 1956 年　三十三歲

　　經多年資料蒐集與整理，趁學校暑假，在離島長洲山頂道租賃一房子，開始撰作《宋代與南海各國之香藥貿易及其影響》一書。

　　是年六月由蔣法賢醫生成立聯合書院。

　　按上世紀五〇年代初，由廣州等地南下香港的學人在港設立的廣僑、光夏、華僑、文化、平正等五所專上學校合併而成立。

公元 1957 年　三十四歲

　　每有假期，常到大帽山貫文學校或梅窩梅林別墅小住，繼續撰寫《宋代與南海各國之香藥貿易及其影響》工作。

　　撰〈李鄭屋村古墓分析〉，載於十月十、十一兩日香港《華僑日報・專論》。

公元 1958 年　三十五歲

　　假期仍常到大帽山貫文學校或梅窩梅林別墅小住，繼續撰寫《宋代與南海各國之香藥貿易及其影響》工作。

公元 1959 年　三十六歲

　　撰《羅香林教授：香港前代史》評論，載於十二月二十三日香港《華僑日報・專論》。

公元 1960 年　三十七歲

　　是年二月，出版首部成名代表作：《宋代香藥貿易史稿》，封面爲香港新亞書院院長錢穆教授賜寫書名題字、並附：

　　羅香林序

　　黃福鑾序

　　王韶生序

　　自序

　　林均田跋

　　本書之命名爲「史稿」者。

　　按〈自序〉云：「己丑（1949）之歲，余避兵來港。……幸蒙羅元一師、與黃徽五、王韶生二師，多方鼓勵，不敢自逸，繼續撰作。……凡四易寒暑始幸脫稿。爲求書名簡明，遂乃改爲《宋代香藥貿易史稿》。其所命名曰『史稿』者，蓋其期之異日得爲補充與修訂也。」

　　是書由羅香林教授與錢穆教授提出，承中國東亞學術研究計劃委員會之推薦，得哈佛燕京學社獎助出版，深受中外歷史學家稱許。

是書刊行數月，即獲法國學者 Prof. F. Aubin 撰文介紹於 Historic Et.Sciences Sociales（1960）。（見 1986 年再版自序）

是年九月，受聘香港崇基學院為兼任講師，講授隋唐史。

是年十二月，又獲得日本學界響應。中原道子撰林天蔚著《宋代香藥貿易史稿》作詳實的評介。（見《史觀》第 60 冊，早稻田大學史學會編 P.69-72）

公元 1961 年　三十八歲

是年九月，受聘香港珠海書院為兼任講師，講授宋史。

是年日本學者和田久德教授（Prof.Wada Hisamori）於《東洋學報》第 44 卷一期發表對《宋代香藥貿易史稿》之書評。按該書評日後由朱竹友教授譯成中文發表於 1964（應為 1962）年之《大陸雜誌》。此外短篇的文摘及書評，散見於日本及美國的期刊約有數篇。」（見 1986 年再版自序）

公元 1962 年　三十九歲

撰〈宋代出售度牒之研究〉，載於《崇基學報》第二卷第一期。

本年十二月，與戴明心先生、孫月清女士之千金燕桃小姐共諧連理。

是年六月二十四日，台灣中央研究院院長胡適逝世於臺北。享年七十二。（1891-1962）

新婚儷影

公元 1963 年　四十歲

十月，長子嘉榆出生。

十月七日，向身在美國之恩師羅香林教授問學：

「元一吾師道席：日前為搜集『猺人』資料，發現香港之大嶼山似是傜區，因吾師之《香港前代史》謂大嶼山是李文簡食邑，閱《廣東通志》列傳，似是文簡之子志道之食邑，未知是否可能？

（一）宋史寧宗紀：《廣東通志》前事畧謂慶元三年大奚山（今香港大嶼山）島民作亂

（二）輿地紀勝

（三）職方典

⋯⋯⋯⋯⋯⋯⋯⋯⋯⋯⋯⋯⋯⋯⋯

《宋會要輯稿》未有直接材料，《文溪集》及明代之《廣東通志》此間無法找到，未知美國有無此種藏書？此種假設可否成立？望吾師賜示。」（摘自「香港大學馮平山圖

書館『羅香林教授藏書』中《乙堂函牘》第 37 冊 —— 共七封」），由於當年林教授之函件均爲航空郵束，摺痕頗多，再經裱貼，故不少文字可能因模糊不清而抄錯或已失缺不全。下稱〈函牘〉，此篇爲〈函牘 1〉。

是年香港政府爲培育各方面人才，爲社會服務，以崇基、新亞、聯合三校爲基礎，正式成立香港中文大學。

公元 1964 年　四十一歲

是年六月，林仰山教授退休，躍級升羅香林教授爲中文系主任。（見林天蔚《地方文獻研究與分論·論錢賓四（穆）、羅元一（香林）二位史學大師對香港之貢獻》，北京圖書館出版社，2006-12，頁 351-355 及何冠彪、劉詠聰〈羅香林出生日期考辨〉，《臺灣師範大學歷史學報》35 期，2006-06，頁 177-279。）

撰〈南宋時之大嶼山疑是傜區之試證〉，載於香港中文大學《崇基學報》第三卷第二期。

公元 1965 年　四十二歲

九月，長女嘉玉出生。

公元 1966 年　四十三歲

七月，離開培正中學。

【一位培正學生梁崇榆在四十多年後對林老師當年的教導有這樣描述：「其具一格的教學，風趣幽默，有異於尋常；又常以拿破崙自詡，在講壇上顧盼煒如！其講課趣味無窮，板書又別具一格，每一位同學都如坐春風，印象深刻。」（《培正同學通訊 165 期 2006 年 6 月》）而雅虎培正中學網站亦有溫哥華培正同學會的紀念文章：〈永遠的懷念林天蔚老師〉，記述「林老師於五、六〇年代任教香港培正母校，教學認真而詼諧風趣，深爲同學所敬愛。」其深受學生歡迎如此！】

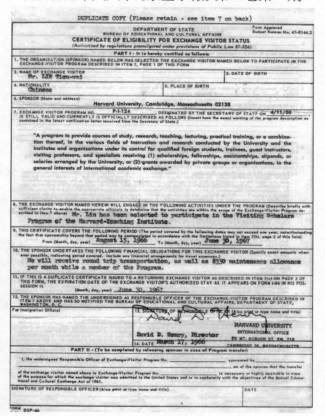

哈佛大學頒發的證書 ↑

是年秋，獲美國哈佛大學燕京學社邀請，往美國哈佛大學，擔任訪問學者一年。（1966-8-15～1967-6-30）。

八月七日離港赴美，九月致函羅香林老師，報告近況：

「生於去月七日離港，沿途往台灣、日本、美西各城。吾師囑往謁之各長輩，因假期中多往渡假，故能見及者，只蔣復聰、佐伯富、日比野丈夫、李獻璋、松本信廣、日鳥芳郎、陳世驤、孫甄閩諸先生而已，殊為可惜。

八月廿七日抵達波士頓，感謝羅文兄幫忙，曾謁楊聯陞、Pelzel Boxter 諸先生，並立刻在圖書館中找得一書矣。目前每天在圖書館約六小時左右，漢和圖書館所藏之方志非如理想中完備。戴璟、黃佐之廣東通志均缺，不過有若干唐宋資料，可補充講義而已。

在雍正本廣東通志中，載莫宣卿為吾粵首任狀元，但選舉志（包括阮志、肇慶府志、德慶州志）並不列入，其他資料亦少。其實莫為大中五年之制舉狀元（徐松登科記考載）有詩集，未知有否鈎尋史料而作傳記之價值否？

又雍正本廣東通志風俗篇：稱平人曰獠，外省人為外江獠。此獠當是佬音，那麼，宋以前通志上之獠，可以從地域分佈細加考察，而決定是否即南下之猺人，此種蠡測是否正確？

哈佛下週上課，得羅文兄介紹，擬選讀『中日史專題研究』（楊聯陞教授主理）『漢籍史料選擇方法』（Prof. Hightower）外加選讀 English D，所以功課亦相當繁忙，故趁未開學之前，特專書報告近況，並冀能獲訓誨使學業有成，則感激不已。」〈函牘2〉

十一月八日，再致書羅香林老師：「手書誦讀，忽聞吾師來年退休，殊感意外，吾師接長講座一載有餘，事業甫告開始，突萌去志，未知是否限於制度，抑或有意讓賢，以獎掖後進？為吾師言，潛心著作，實不朽之業，然方今我國文化一方面受西洋之擊蕩，日趨低潮，一方面又受紅衛兵之無理摧殘，正宜有一代宗師，如吾師等，領導士林，繼絕學，開太平。故吾師之退休又豈獨港大之失，亦有心人士所失望矣。

生在此間除上課，搜集方志資料外，兼旁及唐宋書籍，現從《山堂考索》、《漢唐事箋考證》、《登科記考》、《宋史新編》、《宋宰輔年表》、《南宋書》等輯有頗多需要材料。方志方面，漢和圖書館所藏千餘種中，可用者不下百種左右，聖誕時往美京圖書館逗留一月，來年回港時，所需資料可得七八，若能再往中研院圖書館補充一下，希望同時完成三種著作。……」〈函牘3〉

本年除夕抵美京華盛頓，利用聖誕節

留美期間居所會客室

假期在國會圖書館搜集所需資料。

公元 1967 年　四十四歲

一月六日上書羅香林老師，報告心得：

「生于除夕抵達美京，準備在國會圖書館逗留一月，希望翻閱粵、湘、桂三省四十多種方志（為哈佛所無者）目前三省方志雖共 300 多種，除重複外（同縣中之不同版本，只參考最早一二種），需用者僅 200 種左右，（瓊崖方面屬黎區，諒無資料）希望回港前能如期完成。惟尚有數十種藏於日本，為美國所無者，生擬向燕京學社申請 1967-1968 年赴日研究二、三月，但楊聯陞教授婉辭推卻，謂未知詳細手續，生前在崇基曾睹此文件，惜忘記其詳情，未知港大有案可查否？如未能參考此數十種方志，《猺史》恐難下筆，殊為可惜耳。

在美數月，見圖書館藏書之豐富，更感學識之空泛，著書之不易，楊教授曾謂生之《宋代香藥貿易史稿》有一嚴重錯誤，不懂元人『每』字為『們』之意思，但又未詳細指出，後來細心翻閱，始知楊先生所言出自援庵先生《元典章校補釋例》，〈不懂元時用語而設例〉，香藥史稿頁 121-127 曾引《元典章》市舶則法廿二條，當時生固未讀援庵先生之著作，但今之沈刻元典章已非當時面目，且史稿中引戶部廿二則中，有 10『每』字可作『們』解，（多是第六條以前）有五個不能作『們』字意思，又有『每每』則是沈刻之竄加，楊先生誠博學，生實亦空疏，以後當力求匡正，故《猺史》更不敢『速成』，未知有可方法申請赴日，以完成此心願。」

....〈函牘 4〉

四月二十六日，再致函羅香林老師：「前週接福鑾先生來書囑為吾師退休紀念論文集撰文。生二十多年來蒙吾師訓誨及提拔之恩，亦應乘此聊表萬一之敬意，經一週來之考慮，決以〈宋代猺亂紀年〉為題，於五月底以前付郵，請吾師斧正，再付該委員會付印。..................................

生於前日往參加『亞洲學會』年會時，曾蒙美國宋史專家 Prof. E.A. Kracke 之盛意招待，據 Prof. Kracke 云，巴黎之宋史委員會已分遷法蘭克福及慕尼黑等地，未知詳情如何？生於六月回港途中擬訪該委員會，願得吾師之推薦，以增廣見識，未知可否？」〈函牘 5〉

公元 1968 年　四十五歲

是年八月一日起受聘於香港大學，為中文系講師；時港大校長為 Dr.Kenneth E.Robinson、中文系主任為羅香林教授。在港大任教期間，曾講授隋唐史、宋史、中國經濟史、族譜學、方志學等課程。

在任教期間，並常向羅香林、王韶生、黃福鑾、李璜、錢穆諸師長請益論學。

同年十月出版《隋唐史新編》，由香港現代教育研究社編印。

公元 1969 年　四十六歲

是年春，率領香港中文系學生作史蹟考察旅行，並參觀李鄭屋村古墓。（見右圖及下圖）

是年羅香林教授於香港大學退休，九月，應珠海書院校長江茂森之敦聘，創立中國文史研究所，兼所長職務。敦聘黃文山、吳俊升、王韶生、李璜、陳直夫、何敬群、李伯鳴、林子昇等為文史研究所教授。時林教授雖任教香港大學中文系，但義務協助羅老師指導文史研究所諸生論文。

參加美國猶他州家譜學會之「世界紀錄會議」（World Record Conference）。

公元 1970 年　四十七歲

應美國猶他州家譜學會之聘，繼羅香林教授擔任港澳區地方文獻（包括族譜、方志、金石碑刻、契約、碑刻等）收集工作。經此之後，得以從事方志、族譜學之研究。

《壽羅香林教授論文集》出版，林教授為九位編輯董事之一，集中並發表論文〈宋代傜亂編年紀事〉。在林教授藏扎中，有羅香林教授〈與陳槃教授書〉曰：「此間友好如馬蒙、簡又文、王韶生、鍾應梅、李棪諸兄，及敝門人黃福鑾、蘇宗仁等，頗欲為弟退休，刊印紀念論文集一冊……。」（見劉詠聰〈林天蔚教授生平與學術補識〉，《香港近代史學報》，No.3（2005）　頁 131-140，下稱《劉文》）

撰寫〈紹興和戰之分析〉，刊於香港大學中文系之《東方年刊》。

公元 1971 年　四十八歲

是年四月二十九日，為林太夫人吳嗣輝女士八秩晉一壽辰，各師長親臨到賀：（圖左起）王韶生教授、羅香林教授伉儷、林太夫人、黃福鑾教授伉儷、朱希文教授伉儷（林

教授夫婦站於後排）。

撰〈隋譙國夫人事蹟質疑及其嚮化與影響〉，刊於台北《中研院史語所集刊》四十三本第二分；

公元 1972 年　四十九歲

是年黃麗松博士出任首位華人香港大學校長。

撰〈宋代權相制度之分析〉，刊於台北《思與言》雜誌十五卷五期；

撰〈中國歷史之教學問題〉，刊於香港政府教育司署《歷史教學》。

公元 1973 年　五十歲

撰〈宋代公使庫，公使錢與公用錢之關係〉，刊於台北《中研院史語所集刊》四十五本第一分；（其後收入《宋史試析》第二章第二節）【公元 2007 年，台北地方法院蔡守訓法官等主審「馬英九市長特別費貪污案」，在其宣判馬英九無罪之判詞中，曾引用此文部份文字。 ── 詳見 2007 年紀要】

是年七月中旬，參加在巴黎舉行的「第二十九屆國際東方學者會議」，與中國文化大學宋晞教授同組宣讀論文，宋教授宣讀的論文：〈宋代戶口等考〉；林教授宣讀的論文：〈北宋四位皇后對政治的影響〉。由於兩人均為研究宋史專家，彼此異地相逢，倍感親切。（論文於 1975 年發表，見下文）

是年秋，利用休假期間，往台灣、日本、美國及巴黎各大圖書館搜集有關唐代碑刻拓本、敦煌寫卷等資料。

十一月廿九日，於台北中央研究院蔡元培館，致書羅香林老師：

「生于月初來台，寓中研院蔡元培館，曾先後謁翼鵬所長，槃庵先生，並蒙熱誠招待，三周來均在傅斯年圖書館中鉤尋唐宋瓜沙和回鶻關係的資料，並翻閱二萬多片碑刻拓本，惜所得的資料不多，此外，曾與杰人，旭軒諸教授會面，方宋二先生又安排生參加宋史討論會。在會上演講〈宋代累世同居的風氣和莊園制度的關係〉，師大歷史研究所所長李國祁及師大歷史系主任李樹桐亦聯合邀生前往該所演講〈弱宋文治的三種分析〉。宋旭軒及程光裕兩先生並陪生前往故宮博物館參觀其珍藏的『軍機檔』、『宮中檔』、『實錄』、『起居注』、『諸臣月摺』等，獲益甚大。……………………………………

生於明日（卅日）離台赴韓，然後取道日本、美國而至歐洲，以後經過，將再專書報告。」〈函牘 6〉

公元 1974 年　五十一歲

一月，抵法國巴黎。三月十九日再上書羅香林老師：

「生抵達法國經又二月，日間在國立圖書館之東方部翻閱敦煌寫卷，擬鉤尋回紇

　　吐番之對峙，及其對晚唐與瓜沙之影響，資料頗多，其中若干部份可補中研院傅
斯年館所藏唐碑之不足，若加整理，可撰二、三篇論文。……」〈函牘 7〉

公元 1975 年　五十二歲

　　是年二月，應聘珠海書院文史研究所本學年度碩士班學位考試委員會委員。

　　撰〈北宋積弱的三種新分析〉，載於台北《國立師範大學歷史學報》第三期；

　　撰〈李璜教授之《漢學論集》評論〉：刊於台北《書目季刊》第九卷第二期；

　　撰〈敦煌寫卷之校勘問題〉，載於台北《中華學術院史學彙刊》第六期：

　　撰〈北宋四皇后專政的影響〉（英文），巴黎第二十九屆《東方學國際會議論文集》。

公元 1976 年　五十三歲

　　撰〈Some Thoughts on the Development of Chuang-Yuen System in the Medieval China〉
Chinese Culture Vol:　XVIII. No. 1；

　　撰〈三十屆亞洲、北美及非洲人文科學會議記實與分析〉，刊於台北《東方雜誌》
第十卷第六期；

　　撰〈蔡京與講議司〉，載於台北《食貨月刊》，第六卷第四期。

　　是年林太夫人吳嗣輝女士逝世於香港。

公元 1977 年　五十四歲

　　是年二月，應聘珠海書院文史研究所本年度博士學位論文考試委員會委員。

　　撰〈嶺南首位狀元莫宣卿考〉，載於台北《食貨月刊》，第七卷第五期；

　　撰〈宋代官制探微〉，刊於台北《宋史研究》第九輯；

　　撰〈山田憲太郎之東亞香料史評論〉，載於台北《食貨月刊》，第七卷第七期；

　　撰〈義理與時勢之爭：紹興和戰評論〉，載於香港大學《東方文化》第十五卷第一期；

　　撰寫〈唐代莊園制問題〉，載於台北《書目季刊》第十一卷第三期；

　　撰寫〈都護府，都督府與公主府與唐天可汗的關係〉，於刊香港《華僑日報‧博文
月刊》，十一月份。

公元 1978 年　五十五歲

　　是年應聘香港大學亞洲研究中心研究員。（聘書圖見下頁）並聘請蕭國健、曾一民
任助理研究員，協助收集族譜、方志、碑刻、契約等工作。

　　是年四月二十日，羅香林教授逝世；林教授除擔任治喪委員會總幹事外，亦以「忝
列先生門牆凡三十載有餘，故不得不述先生之學」，撰文〈述恩師羅元一先生之學〉，刊
登於「香港《華僑日報.博文月刊》（五月份）」及《廣東文獻季刊》八卷三期。（見《劉
文》）

按羅香林教授逝世，林教授致輓聯云：

元一吾師千古

香藥書成誘導提攜江漢秋陽恩情不盡

乙堂史學源流疏鑿泰山北斗術業難忘

　　　　受業　　林天蔚拜輓

（見余偉雄編《羅香林教授紀念集》，珠海書院羅香林教授紀念集編輯委員會出版，頁50）

是年六月出版《宋史試析》初版，臺灣商務印書館。按1985年再版。

八月初，爲撰寫〈十六世紀葡萄牙人在香港的史蹟考〉，與蕭國健、曾一民等親至香港大嶼山茜草灣作實地考察中葡交戰古戰場。

港大亞洲研究中心聘書↑

同年九月，改寫及增訂舊作《隋唐史新編》，出版《隋唐史新論》，由台灣東華書局編印；前者以述史爲主，後者則以論史爲主。按是書曾一民、侯月祥、劉健明等曾作評論：（見曾一民、侯月祥《廣東史志》1977第4期，頁1-6）及劉健明〈四十年來香港的隋唐五代史研究〉」（周榮佳、劉詠聰《當代香港史學》，香港三聯書店，1994，頁221。）

Leiden Hollan. Book Review：A Study 0f the History of Perfume and Spice in Far East ,by Kentaro Yamade "Journal of Toung –Pao"Vol：LXIV。

是年，兩篇評介林教授著作面世：

何永成《林天蔚隋唐史新論評介》，刊於台北《出版與研究》第49卷，頁7-9；

梁庚堯《評介林天蔚宋史試析》，刊於臺北《中國歷史學會史學集刊》第11期，頁209-213）

公元1979年　五十六歲

十月二日至四日，參加在巴黎舉行的「敦煌西域文獻研究會第一次國際會議」。（邀請函見下頁）

是年十二月，香港《中外》雜誌總編輯蘇錫文先生在該刊闢一專欄「香港歷史與地理」，敦請林教授爲指導，由曾一民、蕭國健分別撰述。

撰〈十六世紀葡萄牙人在香港的史蹟考〉，刊於台北《黨史會十週年紀念特刊》；

按上篇，其後收入與蕭國健合撰之《香港前代史論集》，臺灣商務印書館。

撰〈述恩師羅元一先生之學〉，轉刊於珠海書院文史研究所余偉雄編《羅香林教授紀念集》；

撰〈新羅國光法師與花郎及中日韓文化之關係〉，載於香港《珠海學報》第十期。

公元 1980 年　五十七歲

是年 8 月，《隋唐史新論》發行第二版，臺北東華書局。

由於去年論文〈十六世紀葡萄牙人在香港的史蹟考〉的發表，本年十一月香港虎報記者到香港大學採訪林教授，並將訪問以〈大嶼山爲古戰場〉（Lantau was site of ancient clashes）爲題於廿三日發表於報章。記者報導：林教授爲香港史專家，指出中葡於 1523 年，明朝嘉靖二年間第一次交戰於香港大嶼山西面的茜草灣，原因是明朝拒絕與葡通商。（見 P.2 Sunday, Novenmber 23,HONG KONG STANDARD）

長子嘉榆離港赴美留學。

撰〈南宋四川類省試之分析〉，刊於台北《書目季刊》第十四卷第三期；

撰〈敦煌戶籍中所見唐代田制之新探 —— S-0514, P-3353 之研究〉，載於香港《珠海學報》十一期；

撰〈南宋時四川之特殊化〉，載於香港大學《東方文化》，第十七卷一、二合期；

撰〈第二屆世界紀錄會議紀實〉，載於台北《華學季刊》第一卷第四期。

是年十一月，應美國猶他州家譜學會與香港大學亞洲研究中心合作之敦聘，爲「族譜學研究計劃總監。」（見下圖）

公元 1981 年　五十八歲

升任香港大學中文系高級講師

次女嘉玉離港赴英留學

本年初美國猶他州家譜學會在港設立總部，至今已搜集九十九個中國姓的族譜，另

巴黎國際會議邀請信↑

有港九新界各區的族譜約六百份；香港大學亞洲研究中心及該家譜學會共同合作，擴大搜集香港各族各戶的家譜，並搜集一切有關中國人祖先資料，如宗親會、同鄉會、埋葬紀錄等等。負責該計劃的香港大學中文系高級講師林天蔚提供族譜資料，並強調：保存族譜除了有助於慎終追遠、「尋根」，和倡導家庭教育外，同時也是研究本港早期歷史的方法之一。

THE GENEALOGICAL SOCIETY OF UTAH
106 CLOVER AVENUE
SINGAPORE 2057
TEL: 2564307
CABLE: GENEALOGY SINGAPORE

11 November 1980

To Whom It May Concern:

　　Professor Lin T'ien-wai has been appointed as director of the cooperative project between the Genealogical Society of Utah and the Centre of Asian Studies of the University of Hongkong to locate and preserve genealogical sources in Hongkong and environs.

　　As director Professor Lin is responsible for recruiting and training individuals to collect source materials and for supervising their activities.

　　We respectfully ask your whole-hearted cooperation with Professor Lin and his associates in order to facilitate preservation of this valuable part of your family, social, and cultural heritage.

Sincerely,

Melvin P. Thatcher
Field Representative
Genealogical Society of Utah

猶他州家譜學會委任信↑

本年五月九日，由珠海書院中國歷史研究所及新亞研究所聯合舉辦之「宋史研討會」分別於兩校進行：研討會分四次討論會，上午兩次假新亞研究所舉行，下午二次假珠海書院舉行。林教授應邀出席，以〈從困學紀聞看王應麟的史學〉爲題，發表演說；指出：王應麟根本是理學家，淵源出自朱子，雖仕至禮部尚書，然數忤時相，無所施展，故其對權相多所不滿，論者略嫌偏激，似亦針對時弊，論蔡京、賈似道之敗壞士氣，實嚴君子小人之別，處處顯示出其高潔之性格。本次研討會並推出全漢昇、宋晞、孫國棟、何丙郁、林天蔚、蘇瑩輝、譚汝謙、李弘祺與吳景宏等九人爲本港宋史研討會之聯絡人，繼續推進「宋史」之研究。

本年五月十八日，林教授與香港大學亞洲研究中心陳坤耀主任和美國猶他州族譜學會代表沙其敏先生，宣佈在香港合作調查搜集族譜計劃。（見《大公報》及《工商日報》第 2 版 1981-5-19）

本年七月一日至八月底，香港大學亞洲研究中心及美國猶他州家譜學會的族譜研究計劃，在林教授主持下，推出新計劃第一步驟，遣派出研究員及調查員十六人向全港進行蒐集有關族譜、宗譜、支譜、系譜、家譜、派系對照表、宗族史略、家系簡史、碑記墓誌、名人錄、地方志、神龕記錄、祖墳祠堂地址等資料。有關港大族譜研究計劃，始創於羅公香林教授。羅公自 1930 年起，即致力於中國族譜之研究，不但是肇開風氣的第一人，也是提出典範成績的第一人，並將其族譜學研究方法宣示於 1963 與 1969「世界載籍會議」等席上，從此知名國際史學界中，因而促進美國猶他家譜學會由收藏資料，提供資料與教友服務，擴展到世界性的蒐集與研究的工作，亦因而掀起世人「尋根追源」的熱潮。美國猶他家譜學會以羅公爲舉世譜學專家第一人而禮聘爲該會顧問，並由該會

贊助羅公於港大創設「族譜研究計劃」的經費。羅公策劃推行此一研究計劃，除聘何廣棪與唐玉麒先生等為助理研究員助其搜集資料，加以整理外，林天蔚先生一直從旁義務協助，以盡弟子服其勞之禮。惜此工作在進行中，而羅公不幸以疾辭世，幸天蔚先生得傳其學，且於亞洲研究中心亦早已用族譜配合正史、方志從事香港史之研究，因此美國猶他家譜學會遂聘請其繼續羅公未竟的工作。林教授不負所托經數年之努力，遂有今擴大研究計劃；美國猶他州家譜學會亦因而將東南亞總部遷港，合力推行該計劃，由林教授主持全面搜集族譜資料的工作，期以窮二月（七月、八月）之功，完成三分之二的蒐集工作。（摘自馬楚堅：〈從香港大學蒐集族譜之計劃 —— 談中國姓氏之意義〉 —— 《香港時報》，1981 年 7 月 2 日，11 版。）

撰〈南宋四川總領所之研究〉，刊於台北《食貨月刊》第十卷第十一期；

撰〈過去七十年香港史之研究〉，刊於香港《珠海學報》第十二期；

撰〈族譜與方志之關係及其聯合研究之價值〉，刊於台北《中國文化復興月刊》，第十四卷第六期；

撰 Clan Genealogies and Their Relationship with Local Gazetteers, Chinese Culture Vol:XXll, No. 1.；

撰〈商業起源的新分析〉，載於台北《中國文化復興月刊》，第十四卷第十二期。

公元 1982 年　五十九歲

是年五月三日，林教授應邀出席香港新界扶輪社茶聚，並作演講：呼籲人們撰寫新家譜以重建家庭制度及倫理思想。（見香港《星島日報》1982 年 14 版）

十二月二日及三日，籌劃與香港大學亞洲研究中心、美國猶他州家譜學會合辦之「區域性研討會」，於香港大學舉行，並宣讀論文：〈論香港地區的族譜與方志及其記載的畬字〉；

按此次學術會議之舉行：「香港大學亞洲研究中心與美國猶他州家譜學會向有合作計劃：在香港、澳門蒐集族譜、方志、人物傳記與地方文獻等資料。1980 年，該學會東南亞區負責人沙其敏先生接任，沙先生為美國漢學家，鑽研中國文化有年，筆者（林天蔚）與其談及：蒐集得豐富的資料，若不加以利用研究，殊為可惜，且方志、族譜、碑刻等，為研究地方史最有價值與最直接的資料。為了發揚此等資料，遂議籌辦此「區域性研討會」。1982 年 12 月以香港大學亞洲研究中心與猶他州家譜學會名義，邀請東南亞各地學者參加，惟因財務上的困難，會期僅有二天，幸而仍有學者 19 人參加，其論文範圍包括有族譜、方志、人物傳記、區域調查等，均為難得資料，富有研究的價值。」（林天蔚主編《地方史資料研究論文集‧編後話》香港大學亞洲研究中心出版 1985）

應香港珠海書院歷史研究所之敦聘，為本年度博士學位論文口試委員會委員。

撰〈鴉片戰爭後的社會經濟形態〉，載於台北《東方雜誌》第十五卷第十一期；

撰〈隋唐至清中葉的社會經濟為農商的放任時代〉，載於台北《思與言》，第十九卷第六期；

撰〈重農抑商與重農輕商的時代〉，載於台北《中國文化復興月刊》》，第十五卷第五期；

撰〈玄奘〉、〈唐代工業〉、〈隋代運河〉、〈莊園〉，刊於台北《文化學院百科全書‧歷史科》；

撰 An Enquiry into Portuguese Stay in Hongkong during the 16 Century, Chinese Culture Vol:XXV, No. 4.

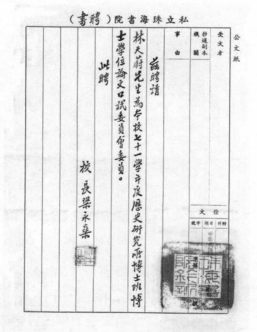

公元 1983 年　六十歲

林天蔚教授、李璜教授、陳三井教授攝於巴黎

獲法國巴黎第七大學邀請，赴法國作訪問研究。在訪問期間，並往巴黎國立圖書館及大英博物館蒐羅有關敦煌寫卷唐代的資料。並拜訪李璜及陳三井兩位教授。

撰〈北宋黨爭對實錄纂修的影響〉，載於台北《中國歷史學會集刊》第十五期；

撰〈明代廣東的傜區與傜亂〉，載於台北《政治大學邊政學報》十四期；

撰 The Aborigins of Hong Kong， Chinese Culture Vol:XXVI, No. 1.；

撰〈中國文化中的譜系因子〉，載於台北聯合報國學文獻館之《亞洲族譜學術會議論文集》。

公元 1984 年　六十一歲

是年十一月二十四日，香港大學歷史組三年級學生劉詠聰等有鑑於埃塞俄比亞饑民遍野，發起步行籌款，所得善款撥交樂施會，幫助埃國饑民；當時全系老師均慷慨解囊，共襄善舉。林教授除捐款外，更身體力行，擔任當日步行「領隊」，由港大黃克競平台出

發，沿大學道、旭龢道、克頓道，一直步行至太平山頂。途經有人刻上「殺盡天下負心男人」幾個大字的小丘，林教授於是就地採材，教誨同行的男同學，要重情重義，切勿當「負心男人」。（見《劉文》）

中坐者為林教授

與港大歷史組三年級學生合照

撰〈郭棐事蹟鉤尋〉，載於台北《政治大學歷史學報》第一卷第二期。

公元 1985 年　六十二歲

正月底收到日本東京大學田仲一成教授來函，出席參加本年七月中舉辦之「中國中古史國際研討會」。

是年二月，出版《香港前代史論集》（與蕭國健合撰 —— 台灣商務印書館出版）。

四月尾旬，接臺北國立政治大學王壽南教授來函，出席參加「中國中古史國際研討會」之臺灣學者名單，包括：李樹桐、高明士、王德毅、宋晞、楊承祖等十四人。

是年五月，應臺北國立政治大學邊政研究所之聘，為該所碩士學位研究生論文口試考試委員。

由林教授與香港大學亞洲研究中籌備策劃之「中國中古史國際研討會」於七月十五日起，一連五天於香港大學舉行，出席學者來自美國、日本、韓國、台灣及本港，共五十多位，提出論文共三十七篇。

是年，蒙台灣行政院國科會聘為研究正教授。

撰〈唐宋時代廣東少數民族的分類與分家〉，載於台北《國立政治大學邊政學術會議論文集》；

田仲一成教授來函↑

撰〈廣東方志學家郭棐及其著作考〉，刊於《漢學研究》第三卷第二期；

撰〈論香港地區的族譜與方志及其記載的輋字〉，載於香港大學亞洲研究中心《地方史資料研究論文集》；

撰〈家庭制度轉變中的代溝問題〉，載於台北聯合報國學文獻館主編之《第二屆亞洲族譜學術會議論文集》。

主編：《地方史資料研究論文集》，由香港大學亞洲研究中心出版。（原為 1982 年 2 日及 3 日與香港大學亞洲研究中心及猶他州家譜學會合辦之「區域性研討會」宣讀論文）

論文共十六篇

族譜研究

李士賢：從民族文化談族譜資料的利用價值

林金枝：福建僑鄉族譜中有關南洋華僑史的若干問題

王爾敏：灤州石佛口王氏族系及其白蓮教信仰傳承

趙振績：芝罘族系與族地之關係

屈六生：清代玉牒初探

方志研究

黃漢欽：臺灣家譜資料蒐集

鄭良樹：大馬華族文獻史料的發掘及其運用舉隅

宋　晞：論僅存海外的粵閩浙三省地方志

張朝賢：中國地方志及其利用價值人物研究

人物研究

趙令揚：族譜對明代人物研究之貢獻

劉鳳翰：于右任傳記的幾個重要階段區域研究

區域研究

林天蔚：論香港地區的族譜與方志及其記載的輋字

喬　健：香港地區的石祭初探

吳倫霓霞、陸鴻基：香港碑刻的蒐集與初步研究

資　料

吳業立：馮平山圖書館所藏族譜資料介紹

左永業：香港大學孔安道圖書館所藏香港史資料

公元 1986 年　六十三歲

是年二月，應美國猶他州楊伯翰大學邀請，出任客座教授，並在該校 David M.

Kennedy Center 發表五次演講，講題為：

1.The culture of Hong Kong and Its Future.

2.A Periodic Study of Chinese Genealogy.

3.The Problems of Generation Gap Emerged from the Family System of Modern China.

4.Chinese Cultural Traits and their Influence on the Past History of China.

5.An Insight into the Chinese Future as Manifested by her Cultural Traits.

　　該校「亞洲及近東語言學系」系主任龐瑪教授（Spencer Palmer）更致函香港大學致謝，盛讚林教授演講風采動人，分析透徹而富啓發性，贏得聽講師生的熱烈反應與歡迎。

　　是年十月，《宋代香藥貿易史稿》再版，省去「稿」字，台北中國文化大學增訂版。

　　本書除沿用羅香林、王韶生、黃福鑾等教授序及自序外，增宋晞教授序及再版自序。

　　按再版〈自序〉云：「本書再版時，仍保留二十多年前的觀點與內容，當然仍有少量的補充，主要是在　財經方面。又用方志及筆記類增補市舶使若干人名及更正若干書名、地名的錯誤而已。同時，筆者坦白承認空疏，此『稿』已無法大爲修改，故正名爲《宋代香藥貿易史》。」

　　撰〈香港所見幾種特殊族譜及問題〉，載於台北聯合報國學文獻館主辦之《第三屆亞洲族譜學術會議論文集》；

　　撰〈論中國文化中的譜系學〉，載於香港大學《中文系集刊》第一期；

　　撰〈香港的居民、香港的文化與香港的未來〉，載於台北《廣東文獻》第十六卷第二期；

　　撰〈關于赤灣宋帝陵問題〉，刊於香港《寶安商會七十週年紀念特刊》；

　　撰〈高雷府縣的沿革及海內現存的高雷方志〉，載於香港《高雷文獻專輯》；

　　撰〈考三不足說之僞，析楊升庵之偏：爲王安石辨誣二事〉，刊於台北國立政治大學主辦《司馬光、王安石逝世九百週年紀念論文集》；

　　撰〈論索勳紀德碑及其史事之探討〉，載於台北《漢學研究》第四卷第二期。

公元 1987 年　六十四歲

　　是年七月十五日，臺灣宣佈解嚴令，容許兩岸民間來住。

政大校園師生合照

　　八月，林教授赴台，出任台灣國立政治大學歷史研究所教授，在政大任教期間（圖見上頁），講授宋史、方志學、族譜學及地方文獻研究等課程，與胡春惠、王壽南、吳圳義等教授共事，互相切磋講學。時政大校長為高州陳治世教授，期間林教授常與陳校長、宋晞、王壽南、胡春惠、蘇瑩輝、王爾敏、王德毅、高明士、楊承祖、黃秀政、陳寬強等諸子交游論學。

　　是年秋，往廣州參加「廣東省地方志學術座談會」，認識廣東省地方志辦黃勛拔主任及侯月祥先生。彼此對地方志研究與發展甚有興趣，遂倡日後推動兩岸三地方志學術研討會。

　　是年十月出版《宋代史事質疑》（臺灣商務印書館印行）

　　撰〈從南宋機速房的建立 —— 論宋代君權與相權的升降〉，載於《劉子健教授退休紀念宋史論集》（日本出版）。

　　是年與黃約瑟合編《中古史研討會論文集》上下兩冊，由香港大學亞洲研究中心出版。

上冊《中韓日關係研究論文集》

　　論文十三篇：

　　黃約瑟　略論古代中韓日關係研究 —— 代序

　　徐榮洙　四至七世紀的韓中朝貢關係考

　　黃約瑟　武則天與朝鮮半島政局

　　金文經　唐代新羅僑民的活動

　　胡如雷　唐代中日文化交流高度發展的社會政治條件

　　大庭修　遣唐使船的形態

　　陳耀南　文鏡與文心

　　高明士　隋唐貢舉制度對日本、新羅的影響

　　池田溫　東亞古籍帳管見

　　陳泰夏　高麗、宋朝之間使路臣程考

　　申採湜　宋代官人的高麗觀

　　宋　晞　明州在宋麗貿易史上的地位

　　蘇和璧　唐宋的青瓷與日、韓關係之略考

下冊《唐宋史研究》十七篇：

　　李樹桐　唐太宗渭水之恥及其影響

　　王壽南　論王叔文之為人及其失敗之原因

林恩顯　隋唐兩代對吐谷渾的和親政策研究

蘇瑩輝　瓜沙曹氏之聯姻外族與兼事宋遼略論

曾一民　唐代之賑恤政策

譚松壽　「唐玄奘法師論五種不翻」新探

楊承祖　杜甫傳記研究中之畸變

金岡照光　關於敦煌變文與敦煌壁畫的關係 —— 以本生譚爲中心

羅聯添　從兩個觀點試釋唐宋文化精神的差異

王德毅　宋代的聖政和寶訓之研究

張　元　略論《資治通鑑》中的人物記載 —— 以兩晉爲例

梁天錫　宋代宰輔領禮儀諸差遣之分析

李德超　宋代之肅貪倡廉考實

程光裕　宋代明州之著名山寺

王　煜　蘇軾的哲學與宗教

田仲一成　南宋院本小考 —— 朱玉〈燈戲圖卷〉初探 ——

王耀庭　論故宮藏南宋夏珪溪山清遠卷畫法的傳承

　　按上述與黃約瑟合編出版的《中國中古史國際研討會論文集》上下兩冊，原爲 1985 年 7 月 15 日至 19 日與香港大學亞洲研究中心陳坤耀主任合辦的「中國中古史國際研討會」，論文原爲三十五篇，其中有六位學者因個人理由，在別處發表，不願重覆。又該研討會之順利進行，及順利出版論文集。林天蔚〈鳴謝〉云：「一九八四年夏，在亞洲研究中心主任陳坤耀領導之下，籌開中國中古史國際研討會，歷時經年，期間得台灣中國歷史學會鼎力支持，策助精英學者參加，人數幾佔一半，而本港方面，已故周載先生捐助美國、日本、南韓若干之旅費，安達旅行社江可伯先生、孔仲岐中學校長孔東先生捐助大會經費共萬元，皇后洋行捐助名貴公事袋，予出席學者，大會始順利舉行。……論文集出版，得恆生銀行金禧紀念教育基金贊助，謹此鳴謝。」

公元 1988 年　六十五歲

　　林教授正式自香港大學退休。【按去年 11 月初，筆者（曾一民）與林教授茶聚，見其每星期奔波港台之間，問之，答曰：去年八月應台灣國立政治大學之聘，向港大臨時提出辭職退休。按港大規制，辭職須要三個月前通知，故初在政大任教期間，每星期仍須返回港大補課】。

　　【天蔚師正式離開港大中文系，……根據港大的官方紀錄
是在 1988 年 1 月 31 日的。見 U. of Hong Kong Bulletin no.228（December 15,1987），

p.7。見《劉文》】

　　長子嘉榆於美國楊伯翰大學畢業，獲工程管理碩士。

　　是年參加台北宋史座談會，專題演講：「從史學三長來評歐陽修史學」。

　　是年八月二十六至二十七日，參與廣東省地方志辦公室在廣州舉行首次兩岸三地學術文化交流會議 ——「粵港澳臺地方志學術交流會」，對促進日後兩岸三地地方志學術交流影響深遠。

　　撰〈論慶曆聖德詩與慶曆之治〉，載於《政治大學歷史學報》第六期；

　　撰〈羅香林傳略〉，載於香港珠海書院文史學會《羅香林教授逝世十週年紀念學術研討會論文集》；

　　撰〈論宋代對外貿易中廣州的繁榮問題〉，載於台北《國際宋史研討會論文集》。

　　撰〈唐代官修「括地志」「元和郡縣志」與方志學之長成〉（特約稿），

　　載於臺北《陶希聖教授九秩榮壽紀念論文集》（國史釋論）下冊。

　　是年應許愛周先生文孫晉義兄，「木本水源」之意，「彰先世之德」，邀約林教授代撰《家譜》。（見林天蔚《地方文獻論集》上冊，2002 年，海口南方出版社，頁 338。下稱《文獻論集》）

公元 1989 年　六十六歲

　　是年應香港珠海書院中國歷史研究所之敦聘，為本年度博士論文口試委員會委員。

　　由林教授負責籌劃之「亞太地方文獻國際會議」，四月六日起一連三天於香港大學舉行，主題是：以方志、族譜、碑刻及海外華人對當地及對祖國的貢獻為主。參與盛會或提出論文的專家學者來自世界各地：中國大陸的十八位教授，台灣的十五位學者，本港的學者十六位，亞洲其他國家（包括日本、新加坡、馬來西亞）的學者十位，和另外來自海外（包括澳洲、新西蘭、西德、美國和加拿大）的學者四位，共六十多人，宣

開幕禮：王賡武校長（中）陳坤耀主任（左）林天蔚教授（右）

讀論文共 53 篇；確是群賢畢至，少長咸集。會議首日，由香港大學亞洲研究中心主任陳坤耀教授致開幕詞，其後，香港大學校長王賡武教授作專題演講，會議策劃人林天蔚教授作報告；會畢，茶聚，然後分場熱烈討論。

是次研討會能夠圓滿成功，按香港大學亞洲研究中心主任陳坤耀教授開幕詞云：「本人代表亞洲研究中心多謝林天蔚教授和許士芬家族。由於有林教授的組織籌劃和許氏家族的財政支持，此次會議才得以順利舉行。」

公元 1990 年　六十七歲

七月十七至十九日，由林教授與廣東省地方志辦公室黃勛拔主任策劃之「廣東省地方志學會學術交流會」，於廣州舉行，以促進兩岸三地之學術文化交流。是次台灣學者出席有林天蔚、黃秀政、曾一民夫婦、李德超教授及香港孔東博士等。自 1987 年海峽兩岸開放以來，首批由台灣往中國大陸參與研討會之學者，人民日報及廣州日報均有報導。（當兩岸開放之初，只許民間來往，軍公教人員往大陸者均需報備。）

撰〈論方志之「史」與「地」兩源及其發展〉，載於台北《國立政治大學歷史學報》第七期；

撰〈范仲淹與余靖〉，載於臺北《紀念范仲淹一千年誕辰國際學術研討會論文集》。

是年利用假期之便，除蒐集有關湛江市博立村許氏家譜資料之外，並親至湛江市考察許氏祖先墳墓，並訪問族人及錄影墓碑等資料。（見《地方文獻論集》頁 356）

是年應美國楊伯翰大學之聘，擔任客座教授。

是年八月三十日，錢穆教授逝世於臺北，享壽九十六（1895-1990）。

公元 1991 年　六十八歲

撰 Hwanang and the Priest Wongwang: Their Role in Cultural Dissemination Among Korea, China and Japan.（Oregon Historical Society Press, U.S.A.）；

撰〈一本合方志與譜系為一的族譜〉，刊於台北聯合報國學文獻館編印之《第五屆亞洲族譜學術會議紀錄集》。

主編：《亞太地方文獻研究論文集》，香港大學亞洲研究中心出版。

按本文集共收錄論文 45 篇，另專題報告 8 篇，合共 53 篇。大部以族譜、方志、碑刻及華僑史為主。此為林教授歷年主編規模最大之論文集。茲將其目錄列述如下：

許士芬博士遺照

許士芬博士生平事略

出席學者名單

香港大學亞洲研究中心主任陳坤耀教授開幕詞

會議策劃人：臺灣國立政治大學歷史研究所教授林天蔚先生報告

香港大學校長王賡武教授專題演講：海外華人社會和地方文獻

族譜研究

1. 王連茂　略論閩南族譜中移民資料的文獻價值及其分類研究
2. 林金枝　從族譜資料看閩粵人民移居海外的活動及其對家鄉的貢獻
3. 林恩顯　從族譜看林氏在臺灣的移殖和發展
4. 武新立　福建蒲田林氏考實
5. 韋慶遠　從族譜契約文書看清代閩臺間的宗法關係
6. 陳大絡　陳王同宗不同姓的根源
7. 張海瀛　試述開閩王及其源流
8. 楊國禎　唐榮諸姓宗族的整合與中華文化在琉球的流播
9. 蕭國健　香港及深圳地域家族入遷之研究

方志研究

10. 王壽南　從安南志略論唐朝對安南的經營
11. 王德毅　建康府在宋元時代的地位
12. 宋　晞　論流傳於美國之罕見中國地方志
13. 李德超　澳門之中文碑刻與澳門史研究
14. 李　默　廣東方志發展史略
15. 黃典權　臺灣地區明清兩代現存古碑之整理及其研究史的功能

華僑史研究

16. 李士賢　從菲總統柯拉蓉尋根拜祖看中華民族文化對世界的影響
17. 李惠蘭　福建華僑與中國近代化
18. 阮應祺　陳上川的世系及其在越南移民
19. 胡春惠　延邊地區的韓國移民
20. 張映秋　泰國之澄海移民：高暉石與陳黌利家族的業績
21. 陳捷先　明清時代華人對中國文化東被琉球的貢獻 —— 以食衣住行等事為論述中心
22. 陳福坡　日本華僑社會經濟的近況與未來
23. 程光裕　新加坡僑賢章芳林的公益事業 —— 兼論墓銘文的價值
24. 黃勛拔　華僑對廣東經濟建設的貢獻
25. 馮爾康　晚清南洋華僑與中國近代化

26.葉顯恩　十九世紀下葉夏威夷華人首富陳芳的傳奇道路

27.趙振績　中國與馬來西亞僑族之關係貢獻

28.鄭良樹　麻坡：籌賑模範區，二次大戰海外華人對中國貢獻個案研究

29.劉純義　泰國華商的近況與未來

30.蘇憲章　僑領許愛周海外事業的發展和對祖國的貢獻

其他

31.三瀦信吾　海外華人的民主（Democracy）觀念

32.水野明　德川鎖國政策時期的長崎唐通事

33.王爾敏、吳倫霓霞　儒學世俗化及其對於民間風教浸濡：香港處士翁仕朝生平志行

34.高　可　論歷史上山西商人的對外貿易

35.徐藝圃　從清代檔案看西方列強對中國童工的販賣

36.陳三井　歐戰華工對祖國的貢獻

37.黃秀政　清代治臺政策的再檢討：以渡臺禁令爲例

38.劉貫文　上黨金院本的發現與文化史研究

英文論文

39.Bayhon,Roland　Conjuangco Genealogy

40.Franke,Wolfgang　Epigraphc Materials and Grey Literature as Sources on the Chinese in S.E.Asia

41.Ip Manying　In the Shadow of Exclusion

42.Shyu Larry N.　Recent Changes in Canada's Immigaration Policy and its Aspect on Chinnese Immigrants

43.Sidharta Myra　On the Remnents of the Gong Goan Archives in Jakarta, a Preliminary Study

44.Song, Chun-ho　The Chinese in Korea During the Japanese Occupation （1910-1945）

45.Thatcher, Melvin P.　A Preliminary Inqiry into the Orgins of the Ah Fongs of Idaho

各地學者專題報告：「海外華人的現狀與未來。」鄒兆麟、陳佩佩摘錄

陳福坡（日本）

胡春惠（韓國）

鄭良樹（馬來西亞）

姚尙東（沙巴、星加坡）

劉純義（泰國）

徐乃力（美國、加拿大）

葉宋曼瑛（新西蘭）

顏清湟（澳大利亞）

香港大學亞洲研究中心主任陳坤耀教授
閉幕詞

　　編後語

公元 1992 年　六十九歲

　　是年九月，應香港學海書樓與與香港市政
局公共圖書館合辦國學講座特約講師。

　　九月十三日星期日，講題：香港歷史及香
港文化

　　九月二十日星期日，講題：三不足說質疑

　　撰〈張日銘教授中西交通史論叢序評〉，刊於台北（國立政治大學亞語系學報）

公元 1993 年　七十歲

　　是年八月十六至十七日，由林天蔚教授與黃勛拔主任推動廣東省地方志辦舉行「華
夏文化與地方志學術研討會」，以促進兩岸三地學術文化交流。來自台灣之學者有林天
蔚、黃秀政、曾一民夫婦、李德超夫婦及香港馬楚堅、林燊祿等教授。

　　撰〈從族譜資料淺論宋代中原士族入粵兩道及其史爭之探究〉，刊於臺北《國立政
治大學歷史學報》第十期）；

　　撰〈宋與安南（交趾）關係小考〉，刊於《馬來亞大學中文系國際會議論文集》；

　　撰〈評介宋晞著方志學研究論叢〉，刊於台北《華岡文科學報》第 18 期。

　　是年十一月中旬，林教授在政治大學授課時，認識大陸方志學家南開大學來新夏教
授。時來教授應淡江大學之邀請赴臺北參加學術會議及講學。自此交游論學。並促進
1977 年底及 1998 年底至 1999 年初兩次海峽兩岸地方史志學術研討會。」（見林天蔚《地
方文獻研究與分論》來新夏〈序〉）

　　是年利用假期之便，再次重訪湛江市，蒐集博立村許氏家族資料，並親至茂名訪問
新坡許族人許漢光及廣州許爲浩兩先生，尋找有關許氏家譜資料（見《地方文獻論集》
頁 357-360》）

公元 1994 年　七十一歲

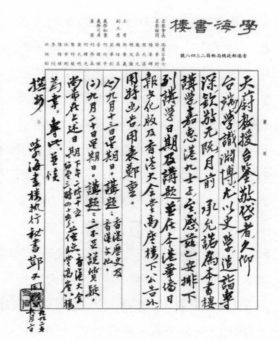

是年 12 月 12-16 日，由廣東地方志辦、廣州中山大學、香港大學亞洲研究中心聯合主辦之「嶺南文化新探究國際研討會」於香港、廣州兩地舉行，開幕時，應大會之請，林教授致詞：「大會於 12 月 12-13 日於香港舉行，由香港大學亞洲研究中心主持；15-16 日則在廣州舉行，由中山大學及廣東省地方志辦公室主持。參加學者 51 人，分別來自大

參加嶺南文化新探究國際研討會學者合照

陸、台灣、香港、澳門、德國、美國、加拿大、紐西蘭等地；包括台灣四名大學校長（政治大學前校長陳治世、國立海洋大學校長石延平、國立彰化師範大學校長陳倬民、致理商業專科學校校長陳寬強），廣州三名大學校長（廣州華南師範大學校長管林、廣州中山大學副校長張榮芳、廣州暨南大學副校長饒芃子）；會上宣讀論文 30 篇。更蒙港大亞洲研究中心、台北世華銀行文化基金會、田家炳先生、陳德華先生、許晉義先生、方方先生、孔東先生、陳志誠先生等捐資經費，使大會順利完成。」此次會議由林教授全力策劃，一年中穿梭於港粵台之間不下五六次，終於積勞成疾，當所有任務完成後，立即飛往台灣入「台北榮民總醫院」做心臟大手術。

公元 1995 年　七十二歲

是年七月出版《方志學與地方史研究》，臺北，國立編譯館主編，教育部定為大學用書，全書分三編：一、方志源流與發展；二、方志學的理論與方志理論家；三、廣東方志研究。

按是書出版之後，在學術界引起極大反響，評價甚高。

王爾敏教授〈序〉，譽為「海嶠一隅，海外五洲，尚有方志著作與大陸二三十種方志學爭一日短長者，則只有天蔚一人。」其後兩岸學者均有佳評,如：

黃秀政教授：〈地方史志的巨著 – 評林著《方志學與地方史研究》〉，（見《海峽兩岸地方史志地方博物館學術研討會論文集》，臺灣省文獻委員會印行，1999 年，頁 9-19。（收入林天蔚《地方文獻論集》下冊，海口南方出版社，2002 年，附錄，頁 916-931。）

韋慶遠〈喜讀林著方志學與地方史研究〉，（見林天蔚《地方文獻論集》下冊，海口南方出版社，2002 年，附錄，頁 942-947。）

張仲熒〈評介台灣學者林天蔚新著《方志學與地方史研究》〉，（見林天蔚《地方文獻論集》下冊，海口南方出版社，2002 年，附錄，頁 948-957。）

是年五月，來新夏教授來溫哥華林教授府上探訪，同攝於寓所門前。（圖見歲月留痕）

是年八月於國立政治大學退休，應東吳大學之聘，在該校歷史系講學半年。

長女嘉玉於英國伯明翰大學畢業，獲運籌學博士。

是年九月，應聘為加拿大卑詩大學亞洲研究中心研究員。

撰〈論《粵大記》之方志價值〉，《廣東文獻》，第二十五卷第四期

公元 1996 年　七十三歲

是年初林教授伉儷在加拿大溫哥華市定居，並經常來往於加、港、台各地；林教授與陳捷先教授、王家儉教授、蘇錫文先生等被陸偉先生邀請，加入為其主辦的加拿大溫哥華雅石會，推廣愛石賞石活動，並在雅石會擔任學術講座。林夫人戴燕桃女士亦自畢生從事之教育工作退休，業餘潛心陶藝繪畫，頗有心得。

四月十七日主辦「中華文化在加拿大之傳承與適應研討會」，假座加拿大溫哥華中華文化中心舉行第一次籌備會議，林教授親任主席，弟子譚松壽擔任秘書及紀錄，先後出席者有中華文化中心總幹事簡穎湘女士、蘇輝祖、黃聖暉、楊彩明等，林教授並撰寫研討會主題如下：

第二次世界大戰之前，所謂「華僑」多是為生活而遠適異國的華人；戰後知識份子，為求新的理想與生活，與大量青年，為求深造負笈海外，是為新一代的華僑。及至五、六十年代，國內動盪不安，美國首先以難民法案收容大批知識份子，繼以家庭團聚法案，准許在國外學業有成的眷屬移居海外，因此海外華僑數量大增。此等華僑大多分散在美、加、澳、紐及東南亞一帶。

據非正式的統計，戰後最初十餘年間，華僑多來自沿海省份及港澳各地，而以移居美國的數量最多。六十年代，台灣留學生及其眷屬亦大量移民美國。七十年代後，加國放寬移民政策，而且推行「多元文化」，於是華僑數額漸追上美國。八十年代後，香港九七回歸成了定案，從大陸移居香港的知識份子，基于政治上的恐懼心理，及安全保產的目的，競尋安全門而設法移居國外。時美國移民政策

THE UNIVERSITY OF BRITISH COLUMBIA

Institute of Asian Research
Asian Centre
1871 West Mall
Vancouver, B.C. Canada V6T 1Z2
Tel: (604) 822-4688
Fax: (604) 822-5207 Telex 04-51233

September 27, 1995

Professor Lin Tien-Wai
Section K, 5th Street, No. 1
Fairview Park
Yuan Long, New Territories
Hong Kong

Dear Professor Lin,

Your application for an Honorary Research Associate position at the Institute of Asian Research has been endorsed by Professor Johnson of the Centre for Chinese Research, one of five constituent centres of the Institute. I am pleased to invite you to come as a non-salaried Research Associate for a period of one year. Please let me know when you want to start so I can process your appointment which has to be approved by higher levels of the University.

Please be aware that as an Honorary Research Associate, you will have access to the library and a mail box. We cannot offer you any free photocopying, faxing, or telephone service. However there are many commercial photocopiers and fax machines on campus which you can use. Nor can we provide you with any secretarial or administrative support. And there is no guarantee that we can give you an office space. Finally you are expected to be responsible for finding your own accommodation and for all your living expenses.

In return for your affiliation with us, we expect you to participate actively in all Institute activities such as seminars, lectures and conferences and to interact with our faculty and students who share your academic interest.

If these terms are acceptable to you, please confirm your acceptance so we can process your papers.

Yours sincerely,

T.G. McGee
Director

卑詩大學亞洲研究中心聘書

較緊，於是移民加國者日多。據非正式的統計，目前在加的華人已達數十萬，其中主要聚居於多倫多、溫哥華及滿地可等地。

　　在加國的華僑，雖然「身在海外」，卻「心在神州」，對中華文化維護不遺餘力。各地華僑社團在「多元文化」政策下發展甚快，不過，若嚴格分析，在加國的華人，對中華文化的態度有兩種不同的見解：

(一) 以傳承為主：持這態度的人，力求保存及提倡中華文化的傳統，如華文的教育、節日的慶祝、風習的維持等。所以有中文學校的設立，傳統節日如元旦、年宵、清明、重陽等均有盛大的活動，並配以舞龍舞獅、龍舟競賽，且舉辦中國的藝術展覽，電影話劇音樂的演出，以傳承中國文化等。在家庭中，希望下一輩讀中文學校，用中國語言，冀維持中國倫理的傳統，並打破兩代間的「代溝」。

(二) 以適應為先：持這態度的人則恐懼移民若過份保守，在加國中會產生「分離思想」，因而呼籲在「多元文化」中怎樣融入「主流社會」，以適應移民的新生活，並爭取在政治、社會、經濟上的平等，尋求在兩種不同文化中取得協調與共同發展，是以提出批判中華文化，使之「去蕪存菁」，亦即所謂「改革」或「更新」，從而適應主流文化。

　　兩派中，前者以年紀較長，深受傳統教育者為多；後者則以中年的知識份子，曾受西方教育者為主。其實兩者並無矛盾，且可並行不悖。一是手段，一是目的。但應以何者為先？何者為後？以傳承中華文化為首，抑以適應主流文化為先，見仁見智而已。

　　卑詩大學亞洲中心與中華文化中心本年開始舉辦一系列有關「中華文化在加拿大的傳承與適應」研討會，目的乃在協調兩者的爭論。目前計劃邀請杜維明教授、林慕萱女士、歐陽金鈴女士、布裕民先生、王江龍教授、來新夏教授、鄭可達先生、梁秉鈞教授

參觀猶他州中國族譜書庫
（曾一民、林教授夫婦、侯月祥）

等，在文化、哲學、教育各範疇作專題演講。

　　是年五月，應香港珠海書院亞洲研究中心主任胡春惠教授之聘，為珠海書院文史研究所講學一個月。主講題目：一、隋亡於國富民貧，宋亡於國貧民富；二、宋史；三、族譜學；四、方志學。

　　是年七月，再應加拿大卑詩省哥倫

比亞大學之聘，爲該校亞洲研究中心研究員。

　　本年八月十一日至十二日，由林教授與猶他州家譜學會籌備之「華南歷史與文化學術研討會」，於美國猶他州楊伯翰大學召開，出席學者有沙其敏、韓大衛、黃勛拔主任夫婦、侯月祥副主任及曾一民夫婦、李立信夫婦、李德超等十餘人。會畢，參觀猶他州族譜學會收藏中國族譜書庫。（圖見上頁）

　　是年秋，主編《嶺南文化新探究論文集》，由香港現代教育研究社出版，共收錄論文三十篇，大部份以討論有關嶺南文化爲主。

　　茲將其綱目列述如下：

1. 林天蔚　致開幕詞
2. 陳治世　嶺南文化在四大文化中的地位
3. 李德超　廣東之忠義詩歌
4. 李立信　康有爲海外詩歌研究
5. 管　林　從鄭觀應的詩文看近代嶺南思想文化的特點
6. 樂　正　從近代美國華僑社會看嶺南文化的傳播功能
7. 張榮芳　述論兩漢時期蒼梧郡之文化
8. 朱鴻林　丘濬《朱子學的》與宋元明初朱子學的相關問題
9. 曾一民　隋唐時代靈渠與嶺南文化
10. 梁燕城　後現代的嶺南文化 —— 從陳白沙理學到香港無厘頭文化
11. 蔡鴻生　清初嶺南僧臨終偈分析
12. 胡守爲　早期道教與嶺南文化
13. 魏美昌　嶺南文化與澳門
14. 來新夏　屈大均與廣東新語
15. 王德毅　崔與之與晚宋的政局
16. 孔　東　訪紐西蘭華僑楊湯城先生 —— 述紐西蘭華僑抗日救國事蹟
17. 張　磊　關於嶺南文化的幾點思考
18. 關履權　宋代的重商思想和政策與廣州的海外貿易
19. 梁天錫　南宋廣東摧鋒軍
20. 李威漢　嶺南工業科技面對挑戰
21. 侯月祥　宋代廣東志書與嶺南文化
22. 潘銘燊　越嶺不喪清 —— 廣州府志廉政史料初探
23. 吳國強　廣西通志編纂述略

24.黃劬拔　試論嶺南文化的未來走向

25.蕭國健　清代九龍寨城研究

26.丘明章　南方大港 —— 湛江的回顧與展望

27.劉健明　從對外貿易看唐代嶺南發展的特點

28.韓大偉　The Southern Garden Poetry Society

29.拉　端　Liangguang：Some Long Term Conection and Three Mysteries

30.呂元聰　Academic Success in Kwangtung under the Ch'ing1644-1911

公元 1997 年　七十四歲

　　是年三月八日及九日，林教授與廣東地方志辦侯月祥副主任等親至珠海市南水鎮作實地考察關於「浪白滘」地理位置的問題。

　　三月二十七日應香港浸會大學歷史系之請，作專題演講：方志學研究之歷程。（有關報導見《當代史學評論》一卷一期 1978 年 9 月頁 15。）

　　是年春，代撰《湛江市博立村許國仁愛周公家譜》完稿，香港致達公司出版。（非賣品）

林教授（中）侯月祥副主任（左）

　　【按許晉義《湛江市博立村許國仁愛周公家譜.後序》云：「然太史公云：『先人之業，不可不述；祖宗之德，不敢不彰。』故擬纂修家譜，幸得高涼林天蔚教授之助，奔走海內外，勾尋古今典籍，博取父老傳聞，加以考異審訂，撰成此譜。天蔚教授講學上庠，四十餘載，香港大學、臺灣國立政治大學歷史研究所、東吳大學等校講授族譜學、方志學，學有專長，士林所重。得其相助，能完成此譜。刻版之日，謹致感謝之意。十九世孫晉義晉廉謹識。丁丑（1997）春三月。」】

　　（有關《湛江市博立村許國仁愛周公家譜》，其後呂少群為文報道：「林天蔚現為香港大學亞洲研究中心研究員、美國楊伯翰大學客座教授。他由研究唐宋史轉而主攻民族史，逐漸醉心族譜和方志，發現兩者可以互相印證，互相補足。許多人都知道，香港大學把一座大樓命名『許愛周樓』，但未必了解許愛周何方神聖，殊不知他享有香港第一代船王之譽。林天蔚受委託為許家修譜，穿梭福建、廣東兩省，尋訪許氏族人的足跡，在繁多的資料中沙裏揀金，前後經過六年的努力，終修成許氏族譜。原來，許愛周是廣東湛江吳村人，初時經營小生意，後來乘著湛江商埠環境，由小渡船起家，經營湛江至香港的船務。許愛周在一九二○至三○年代來到香港，發跡致富，以至縱橫地產界，終於

成爲名門望族。」── 載於 2002 年 10 月 12 日,《香港大公報・文藝》)

　　是年五月十日林教授主持「中華文化在加拿大之傳承與適應」專題講座,假座溫哥華中華文化中心舉行,由中國南開大學歷史系教授來新夏主講,題目爲「中華傳統文化與海外文化的雙向關係」。

　　是年八月,林教授先後主持兩次「中華文化在加拿大之傳承與適應」專題講座:二十三日主講者爲台灣中國文化大學李德超教授,題目爲「中國書法藝術與中國文化」;三十日則分爲兩部份,上午由王曾才教授主講,題目爲「中華文化適合民主政治的發展嗎?」,下午由陳捷先教授主講,題目爲「清代皇帝對西方的認識」。

　　是年九月二十七日,「中華文化在加拿大之傳承與適應」專題講座繼續假溫哥華中華文化中心舉行,由美國猶他州家譜學會亞洲地區經理、漢學專家沙其敏先生(Merlvin Thatcher)主講,題目爲「中西家庭制度及倫理思想的比較」。

　　是年 12 月,參與天津市地方志辦及南開大學合辦之「中國海峽兩岸地方志比較研討會」於天津舉行。按〈中國海峽兩岸地方史志比較研究討論會紀要〉云:「爲了積極開展地方史志學術交流,加強海峽兩岸學者的溝通,推動地方史志和修志工作,經過來新夏、林天蔚、郭鳳岐先生的磋商和半年多的籌備,「中國海峽兩岸地方史志比較研討會」於

林天蔚教授來新夏教授交換紀念禮物

1997 年 12 月 29 日至 1998 年元月 3 日在北方大都會天津市舉行。會議由天津市地方志辦公室和南開大學地方文獻研究室共同主辦。參加會議的有來自臺灣、香港地區的專家學者者 8 人,國外的專家學者 3 人;有中國地方志辦和有關省、市地方志辦公室的領導、專家,有天津市有關委辦、區縣局修志辦領導、史志界、高等院校專家學者等,共 60 餘人。天津市地方志編修委員會秘書長、市志辦主任郭鳳岐先生主持開幕儀式。南開大學教授來新夏、香港大學亞洲研究中心研究員林天蔚、中國政協王熹先生,分別在會議上致詞。」

左圖:郭鳳岐、來新夏、林天蔚、黃秀政、阮昌銳於大會中合照

　　是年七月一日,香港回歸。首任特首爲董建華先生。

公元 1998 年　七十五歲

　　是年，香港珠海書院爲紀念羅香林教授逝世二十周年，舉辦「羅香林先生與香港史學」學術討論會，林教授參與其會，報告〈羅香林教授逸事〉一文。（見《劉文》）

　　是年三月十一日，王韶生教授病逝於香港伊莉莎白醫院；三月廿八日舉行喪禮，林教授親臨執紼，並在儀式中報告王教授生平。王韶生教授與羅香林教授均爲林教授生平最敬重感激的恩師，二十世紀四〇年代在廣東省立文理學院得蒙教誨，五〇年代來港後又屢獲兩位恩師的指導與扶助，林教授銘感於心，發而爲文：〈敬述韶師之志〉。

敬述韶師之志

　　格、致、誠、正，是儒家修身之本；修、齊、治、平，是儒家行道之最高鵠的。立功、立言、立德，是儒家的「三不朽」事業。韶師是儒家型的知識份子，終身奉行不懈，雖不能「致」，但心「嚮」往之。

（一）

　　韶師誕於晚清土崩瓦解之際，長成於內憂外患之時。目睹時艱，自然衍生「國家興亡，匹夫有責」之使命感。五四運動後，負笈故都，時有「國家主義」派在故都辦雜誌，宣揚主義。韶師慕名前往其訓練班聽講，結識該團體曾琦、左舜生、李璜、余家菊諸教授，該團體後發展成立「中國青年黨」，純是一批學者型的論政團體。韶師畢業後回粵，與在廣東高等師範同窗國民黨籍之余俊賢縱談抱負，深感革命不能祇談理論，而需行動，于是互約分途救國。韶師遂于是時參加青年黨，與粵籍之胡國偉、張瀾洲、黃達道等，成為地方的幹部。「九一八」事變時，敵愾同仇，先有馬占山之北上抗日，而成國人崇拜的偶像。青年黨員苗可秀亦組游擊隊出關，韶師本擬投筆從戎，北上歸隊。惜苗可秀之義軍，短時間便殉國成仁，韶師之志未遂。及後在南洋任華僑中學校長，響應政府捐款回國抗日，不遺餘力。直至抗戰爆發，廣州淪陷之時（1938），韶師時任南海縣教育局長，率領員工組織遊擊隊，在西樵山附近與日軍作戰，惜眾寡不敵，僅以身免。抗戰勝利後，韶師代表青年黨擔任制憲國大代表，奠定民主自由之法制，其功不可沒。由此可知，韶師初志在報國，立功業，以盡知識份子之責任，其抗日前後事跡，可作表證。

（二）

　　昔孔子雖在杏壇講學，然不忘功業，週遊列國，遊說諸侯，企完成其政治理想。不遂，退而刪詩書、定禮樂、作春秋，而成萬世師表。韶師未遂立功之志，亦改而講學，

先後任教于勳勤大學、師範學院、廣東省立文理學院、並兼任嶺南大學、國民大學、廣州大學等校教授、系主任，及若干行政職務。來港後，更長期任教于中文大學崇基學院、珠海書院文史研究所，及兼任新亞研究所、浸會書院、廣大、廣僑等書院，除講授經史外，並非一般腐儒，特重義理，另強調以發揚中華文化為理想，如：

初，恩師羅香林教授自香港大學退休，接受江茂森校長之禮聘，創立珠海書院文史研究所，實有遠大的抱負。時新亞研究所已設立二十多年，標榜文、史、哲，為港人所重視。珠海文史研究所雖有文（韶師）史（羅師）兩大師，仍擬另闢社會、文化之研究，時李璜教授自婆羅洲返港，在新亞兼課。李教授是文化學、社會學權威學者，青年黨的領袖，與韶師關係密切，由韶師作曹邱，羅老師遂聘請來珠海研究所執教，再由李教授轉介文化學大師黃文山教授（按：黃教授與羅老師同時在羅卓英主粵時任省府委員），以後吳俊升教授在珠海兼課，亦與黃、李兩教授相邀有關。當時之理想，乃由文、史，擴大而至中華文化之整體研究。惜黃、羅兩教授未享頤年，齎志而逝。吳教授亦遠適海外，韶師獨力難持，無能為力。今韶師亦歸道山，其志未酬，惜哉！

（三）

身為經師人師者，當有崇高的品德足以為「天下法」。番禺黃尊生教授序《懷冰室續集》，謂韶師：

「榮利淡然，胸襟坦蕩，升沉得失，視之蔑如。外則和光同塵，內則光風霽月。」

此乃摯論。據筆者所知：

（一）抗戰勝利後，青年黨被邀請參加政府。時廣東省政府有一省府委員名額，待青年黨推薦，黨中央屬意韶師出任，惟台山黃日光希望韶師讓賢，謂韶師年輕，來日機會甚多（黃日光長于韶師十齡以上），韶師亦以黃先生黨齡較深，因而謙讓，毫不留戀。

（二）香港崇基學院前身乃廣州之嶺南大學，創校者如李應林、凌道揚、容啟東，均紅灰舊人（按：紅灰乃嶺南校色），韶師在戰時被聘至嶺南兼課，故其進入崇基任教之時，嶺南舊人曾擬捧其主持系政，但韶師認為系主任鍾應梅教授先進崇基，對系內有功亦有勞，極力推卻。鍾教授亦禮待韶師，推荐升高級講師，以迄退休。故謂韶師「榮利淡泊」，信然！

（三）韶師性仁厚，態度平易近人，尤愛獎掖後進，其指導學生著重自發，令其建立自我觀點，故被誤為缺乏嚴謹。蓋「君子可欺以方」，事實上亦有不肖之徒，蒙蔽師長，某愛徒已成著名學者，曾被邀請為韶師之研究生充校外委員，居然面斥韶師「濫予及格」，屬「老糊塗」，韶師竟坦然處之，不以為忤，誠然「胸襟坦蕩」。相反，韶師受知于羅老

師香林，視為莫逆之交。羅老師忠厚待人，亦常為不肖之徒所利用，每逢有人攻訐羅老師，韶師必奮然為之反辯，認為義不容辭。某名教授為羅老師破格延至上庠講學，初期執弟子之禮甚恭，及羅老師退休，某教授順應「潮流」，取寵于當政者，竟斥羅老師為「文化特務」。韶師除不恥其行為外，並與之割席，韶師對自身之榮譽得失，淡然處之，然對心中所敬佩之人，則絕不容別人妄加訐毀。此種崇高的品德，恐祇能求諸古君子而已。

（四）

語云：「仁者壽」。韶師享壽達百齡，非「仁」者何以致之？若韶師者，立功雖未遂，立言卻有成（為經師、人師）；德行雖未必合于現世，然卻無愧于儒者，筆者私淑韶師五十五載，患難與共，平日耳提面命，獲益匪淺。雖不肖，無所成，念「不彰先賢之德，罪莫大焉！」故謹述韶師之志。

四月一日起聘請譚松壽擔任香港大學亞洲研究中心訪問學人，協助籌辦學術講座，並籌備出版《地方文獻論集》，負責編輯、校對及蒐集、整理資料等工作。

五月十九日，國際知名數學大師美國哈佛大學丘成桐教授接受林教授邀請，自美國飛來溫哥華發表演講，題目為「基本科學的未來與發展」，演講會場在唐人街之中華文化中心。丘成桐教授為林教授當年任教於香港培正中學時之學生，畢業後與林教授時有往還，私交甚篤，故此次不遠千里而來，為林教授主持之「中華文化在加拿大之傳承與適應講座」增添光彩。

是年九月，林教授先後主持兩次「中華文化在加拿大之傳承與適應」專題講座：十九日主講者為林教授昔日培正中學學生，畢業後赴美國深造，獲加省大學卜克萊分校機械工程碩士，現為加省著名企業家之區錫機先生，題目為「華人企業家的心路歷程」；二十五日則分為兩部份，上午先由美國楊伯翰大學韓大衛教授主講，題目為「南方的繆斯：幾位廣東文人」，次由林教授主講，題目為「廣東與香港之文化關係」；下午由廣東省社會科學院研究員施漢榮教授主講，題目為「香港的新價值與廣東的新關係」。

九月二十八日，應香港培正同學會紀念會之邀請演講：「廣東與香港文化之關係」（培正同學會紀念會）。

十一月七日，林教授與胞侄元龍、元寧贈送位於高州城三元宮之僑房，面積 272 平方米，價值人民幣 20 萬元。全數捐給高州中學，成立紀念其先父林挺生獎學基金。

【按 1998 年 11 月 13 日《高州報》記者吳志英報導：本月七日「高州中學成立林挺生獎學基金」，是日，林教授偕夫人戴燕桃女士及公子林嘉榆先生等參加了慶典。】

十二月一日至二日，參與國立中興大學召開「海峽兩岸地方史志地方博物館學術研

討會」。

十二月三日，應台灣省文獻委員會之邀請作專題演講：「大陸修志概況」。

【按這次學術會議乃林教授與中興大學王明蓀、黃秀政、南開大學來新夏教授、天津地方志辦郭鳳岐主任，及美國猶他州家譜學會聯合舉辦方志研究學術會議之一。《海峽兩岸地方史志地方博物館學術研討會論文集》洪孟啓〈序〉云：「中興大學歷史系王明蓀教授、黃秀政教授與加拿大卑詩大學亞洲中心林天蔚教授、省立博物館阮昌銳先生，曾於民國八十六年底參加天津市海峽兩岸地方史志研討會，並與天津市地方志辦公室郭鳳岐主任、南開大學來新夏教授、美國楊伯翰大學韓大偉教授、猶他州家譜學會沙其敏先生等共同議定，未來在臺灣、美國、大陸三地輪流召開有關地方史志、文化的研討會。此種學術活動極富意義，值得鼓勵與支持。去年底在中興大學召開的海峽兩岸及博物館研討會，即為具體的實踐。」】

撰〈試剖史志若干難解之結 —— 以來新夏、齊藤博主編中日地方史志比較研究說起〉，刊於天津市地方志辦公室主編《海峽兩岸地方史志比較研究文集》。

撰：〈誰是「香港學」的奠基人？ —— 與梁羽生商榷〉《明報》‧北美洲版七月廿五日（七月四日明報人文版登載梁羽生的〈金應熙與陳寅恪的恩怨〉一文，其中提及金應熙著《香港概論》，梁羽生認為此書：「可說是『香港學』的奠基工程。」林教授文章中指出：「『香港學』一詞不能與『敦煌學』等相比，因『香港研究』多是片段的，未有『全面性』的成就。……其實，早在一百多年前，香港研究經已開始。如 1894 年陳鏸勳之《香港雜記》、1934 年許地山之〈香港與九龍租借地史地的探究〉、1959 年羅香林教授之《香港前代史》等等。由六〇年代起，學者輩出，研究的書籍多如汗牛充棟，但是否能發展成『香港學』應待學術界評論，但若言金應熙先生為『香港學』的開創者與奠基人，似乎值得商榷。」）

是年，香港培正中學，陳德華、陳信賢（已故）、梁崇榆、鍾信明、廖約克、殷士坤等同學（有些同學不記名的），「為感戴老師當年循循善誘之恩，並貫徹其宣揚中華文化之志，擬發動捐款百萬元（港幣），在老師任職最久之香港大學亞州研究中心設立「林天蔚教授研究基金」。既可助老師專心研究及從事學術活動，同時，亦公開予學界人士及社團申請，以補助其個人研究、參加學術會議、出版學術著作等」之用。由此可見，林教授深受同學之愛戴。（見〈林天蔚教授研究基金發起人啓事〉）。

公元 1999 年　七十六歲

本年一月，林教授伉儷偕同譚松壽夫婦訪問四川聯合大學，並順道遊覽名勝峨嵋山、青城山、都江堰及樂山大佛。

是年與猶他州族譜學會主席沙其敏博士籌劃之「中國族譜及方志學術研討會」，於九月六日至九日，假美國猶他州州立大谷學院（Utah Valley States College）舉行。出席學者包括：美、加、紐西蘭及兩岸三地專家五十餘人，宣讀論文二十五篇。

林教授宣讀論文：浪白滘地理考。（按該論文其後刊載於《中國族譜地方志研究》，沙其敏主編，上海科學技術文獻出版，2003 年 3 月見下文）

四川聯合大學文科樓前留影

公元 2000 年　七十七歲

2002 年 3 月 6 日林教授伉儷攝於楊伯翰大學圖書館身旁即為所捐贈之部份書籍

四月二十七日至二十八日，林教授和美國楊伯翰大學韓大偉教授，應海南大學之邀請前往講學。經周偉民教授介紹，巧遇海南大學前校長林英教授，原來是上世紀四〇年代廣東省立文理學院的同學。林教授說：「太巧了，在天之涯，海之角，能遇到故舊。」（見本文集周偉民、唐玲玲教授〈亦師亦友林天蔚教授二三事〉）

林教授將數十年藏書萬冊，包括不少珍貴地方文獻、史冊，全部贈與美國楊伯翰大學圖書館（Harold B. Lee Library）。

長子嘉榆受聘為挪威船級社評審員。

撰〈浪白滘再考 —— 方志學地方史個案研究〉，刊於台北《宋旭軒教授八十榮壽論文集》第二冊。

與海南大學前校長林英教授（中）合照

是年五月七日至十二日，林教授伉儷參加上海圖書館主辦的「譜牒研究及其資源的發展國際學術研討會」。

　　會議結束，林教授伉儷與海南大學周偉民教授、台灣大學王德毅教授等，同遊參觀上海灘及杭州西湖等名勝古蹟。

公元 2001 年　七十八歲

　　是年六月參加臺北銘傳大學通識教學中心舉辦兩岸資訊社會之「史學與應用學術研討會」，並宣讀論文：〈新舊譜學之界別及新譜學之兩派三家之評〉。

　　九月十五日捐贈廣州華南師範大學獎學金。

圖左四為林教授

十一月十日，華南師範大學歷史文化學院頒發首次林天蔚助學金與本科 28 位研究生，每人人民幣一千元，共人民幣二萬八千元整。（見 Google 華南師範大學歷史文化學院網）

　　參加臺北「五十年來我國與香港地區對宋史的研究與史學研討會」，並宣讀論文：〈從困學記聞看王應麟的史學〉。

圖左三為林教授

公元 2002 年　七十九歲

　　是年一月十日至十一日，主持「廣東僑鄉與加國華僑溫哥華鄉情交流會」，假座溫哥華中華文化中心李樹坤書院舉行。來自廣東的學者，包括周偉民教授等十七人。

　　是年三月二十三日至二十八日與海南大學舉辦「瓊粵地方文獻國際研討會」，並邀請作專題演講：「嶺南文化之剖析與展望」。（按

林教授於會中作專題演講

該演講辭於 2003 年 07 月在《廣東文獻》季刊第 31 卷第 3 期發表。）

　　並宣讀論文：〈論少數族群中的母權問題〉刊於《瓊粵地方文獻國際會議論文集》2002 年 3 月。

　　按《瓊粵地方文獻國際研討會論文集，編後記》周偉民謂：「收入這本論文集的，是 2002 年 3 月 23 日至 28 在海口市舉

行由海南大學主辦、香港大學協辦的『粵瓊地方文獻國際學術研討會』上發表的論文，一共 40 篇，分為主題演講、基調報告、方志研究、族群與族譜研究、回族與黎族研究、海外華人與華僑研究、海南文化研究等八項。……這次研討會之能順利舉行，是因為美國、加拿大、法國、日本、新加坡、馬來西亞等國家和海峽三地的學者撥冗參與，或提供論文，或主持研討，或作講評，令會議獲得成功。我們這次研討會的發起人是香港大學亞洲研究中心的林天蔚教授。在整個籌備過程中，林教授始終殷切地給予親切的關懷和具體的指導，還將設在香港大學亞洲研究中心的林天蔚教授學術基金，撥出港幣壹萬元，資助本論文集出版的一部份經費。這是我們要特別感謝的！」

與周偉文教授伉儷遊東坡書室

林教授伉儷與曾一民教授夫婦

　　會議結束，大會安排四日環海南島旅遊，曾至東坡書室及天涯海角等名勝古蹟觀光考察。

　　三月二十九日至四月二日，與廣東省地方志辦在廣州舉辦：「廣東僑鄉與加國華僑鄉情交流會」，有二十九位加國學者參加。（見右圖）

　　是年六月出版《地方文獻論集》（上下兩冊海南省南方出版社，並附光碟），該書內容豐富，共分五篇：一、方志篇、二、譜學

篇、三、金石碑刻篇、四、專題研究，以廣東史事為主、五、附錄。字數超過六十萬，乃林教授一生重要文章總集。

　　按該書出版之後，引兩岸三地學者極之重視。例如：

　　馮爾康〈以方志、族譜、金石碑刻為內涵的「地方文獻」新概念的提出與運用 — 評

林天蔚教授新著《地方文獻論集》〉，初刊於臺北，《漢學研究》第 21 卷第 1 期，2003 年 6 月，頁 453-460。後稍作修改載刊《中國地方志》，2005 年 4 期，頁 42-47。（其後收入《地方文獻研究與分論》，北京圖書館出版社，2006-12 月，頁 565-572。）

又如黃秀政〈譜學與金石碑刻研究的創新：評林著《地方文獻論集》〉，《中興大學人文學報》第 33 期，2003 年 06 月，頁 1055-1068。（其後收入《地方文獻研究與分論》，北京圖書館出版社，2006 年 12 月，頁 573-580。）

是年十月十三日應香港中央圖書館之邀請，作專題演講：「香港文化與香港歷史新的剖析」。（見左圖）

是年十月十六日至十八日，參加臺北國家圖書館舉辦「地方文獻學術研討會」宣讀論文：〈地方文獻的新觀念 —— 對金石、碑刻、族譜、方志、地方史料之整理與研究〉。（見下圖）

茲將其論文摘要如下：

1. 對族譜學之整理與研究的新建議：

（1）新舊譜學應嚴格劃分「姓源」與「族源」的不同；前者發展成今世的「姓名學」，後者則發展成「族譜學」。

（2）敘述人物的重點不同：舊譜學以「成功人物」為重點，由該族人物的描繪而推論其對國家社會的貢獻；新譜學則以「潮流」及「當時社會背景」為主，敘述其中影響一族人物之成功與立業的過程。同樣，該族子孫若能順應潮流，發憤圖強，始能克紹箕裘，發展成為望族。

（3）體例方面：舊譜學中的項目，不合時代的，宜刪之；新譜學人物應男女並列，並敘其學歷、經歷、重要事蹟、婚姻狀況、子女教育狀況，平日言行是否一致，並加上臨終時的病歷，以窺知其遺傳基因。

2. 對方志學的改良建議：

新方志的編纂可分三部：

（1）總志　應屬史部。綜述古今的沿革、建置、大事記、人物、宦績等，並加上時代的意識而品評之。

（2）分志　應屬地部。以調查報告作數據，橫剖當地的政治、經濟、社會、教育……各方面的現狀；應配以圖表、統計表說明，並加以分析。

（3）文物志　應包括名勝、古蹟、金石、碑刻、廟宇、叢談及舊志序等。

新的方志忌堆砌史料，流於「百科全書式」的史料，將「總志」、「分去」配合「史」與「地」，而融成「一方之志」。

3. 金石、碑刻、地方史料應獨立成新學科：

金石碑刻已發展成有系統的「金石學」「貨幣學」等，內容豐富。即使是「佛寺的禪鐘」對研究當地的經濟，也有一定的影響。不過，金石碑刻在發展過程中，已超出歷史的範疇而涉及經濟、社會，甚至藝術等史料。至於「地方史料」中如文書、契據、風習等豐富的資料，未能建立一有系統的理論基礎，而成一專門學科。過去有許多「檔案史料」，仍停留在「文獻史料」階段，有待學術界人士的努力耕耘。

是年 11 月，林教授伉儷與廣州華南師範大學陳長琦教授，及台灣中興大學黃秀政教授伉儷參觀考察唐宋時由北入粵孔道，南雄珠璣古巷史蹟。（見右圖）

公元 2003 年　八十歲

是年接受母校華南師範大學邀請，出任客座教授，並返廣州居留，親自授課。又捐助「林天蔚獎學基金」與母校。（見右圖）

講課內容甚廣，上至遠古，下至明清；分為三個專題：

1.中古史專題：隋亡於國富民貧，宋亡於民富國貧的分析與意義；唐宋間社會經濟的轉變及探討，不能產生工業革命的原因；貨幣的改革（討論）；莊園制度（農業經濟、商業經濟）。

林教授伉儷在中山大學校園

2.地方文獻專題：方志未能解決的問題；族譜學與姓氏學的分野（族譜學與姓氏學是兩個不同的問題）。

3.廣東文化專題：

嶺南文化的分析與發展 —— 以《盛世危言》爲起點；南方少數民族的母權與母系社會的問題 —— 從女性話語權說起。

留廣州期間，林教授曾應邀到中山大學演講，講述有關羅香林教授之研究。

是年十月八日應南開大學中國社會史研究中心之邀請，作專題演講：「地方文獻研究的自我批評」。

撰〈浪白滘地理考〉，刊於《中國族譜與地方志研究》，沙其敏主編，上海科學技術文獻出版。

公元 2004 年　八十一歲

是年四月中旬，國民黨主席連戰先生出訪大陸。二十九日上午九時在北京大學演講；下午三時在人民大會堂與中共總書記胡錦濤先生晤面。是兩岸六十年來最高首長的面談。

是年六月參加由香港浸會大學近代史研究中心及香港中國近代史學會聯合舉辦之

「香港史家與史學研討會」（六月十日至十二日），林教授應邀爲嘉賓的專題論文：〈五十年代後錢穆、羅香林兩教授對香港歷史、文化界的貢獻〉。（左圖：陳萬雄・林啓彥・林天蔚在會議中）

是年八月十五日，假溫哥華培正同學會作專題演講：「海外知識份子在時代轉變中的挑戰」。

撰〈地方文獻新觀念與新分析〉，刊於《北京國家圖書館學刊》第 1 期。

七月與夫人往澳洲墨爾本、悉尼訪問培正忠社同學，暢遊十二門徒風景區。

十月十二日至十四日，應北京國立圖書館之邀請，出席該館舉辦之「地方文獻國際學術研討會」。開幕時，承大會之請，林教授和美國猶他州家譜學會主席沙其敏博士分別致辭。（見下右圖）

（見《交流通訊》2004 年 11 月總第 2 期，國際港澳台交流處編。）

近年視力日差，且由於糖尿病藥影響胃口，健康日弱；本年五月二十四日，日記中

林教授伉儷與周偉文夫婦攝於地方
文獻國際學術研討會後

寫下：「午夜失眠，曾思及身後事，擬發訃聞『我去了，願在天堂再見！』

公元 2005 年　八十二歲

是年五月初，林教授由溫哥華回香港，為籌備粵港臺地方志研討會，不辭勞苦，即趕往廣州。是月 17-18 日假廣東省地方志辦公室與陳強主任、侯月祥副主任等討論有關粵港臺地方志學術研討會事宜，約明年初舉辦。五月底，林教授伉儷及公子嘉榆兄來臺北榮民總醫院作身體檢查，完畢嘉榆兄因公先回港。林教授伉儷即來臺中，應中興大學黃秀政教授伉儷之邀請，往惠蓀農場一夜兩日遊。翌日晚上，筆者（曾一民）請客歡聚。席間林教授提及明年初舉辦粵港臺地方志研討會事，並親邀約黃秀政教授及筆者屆時參加。想不到志未竟而逝，十分可惜。他這種終身為學術研究奉獻、永不言止的精神，令人敬佩。

是年八月與家人重臨 39 年前（1966）遊學之地 —— 哈佛大學燕京學社。

按 2002 年 6 月出版的《地方文獻論集》，經過三年多之後，林教授又補充了許多新資料，於 2005 年秋易名

與家人攝於哈佛大學燕京學社

《地方文獻研究與分論》，現正付梓中。

是年十月二十七日，在健身室中不慎跌倒，傷頸骨，送入溫哥華中央醫院診治。

十一月二十五日下午林教授於加拿大溫哥華中央醫院安息主懷。由於林教授生前有造福醫學心願，加上溫哥華中央醫院請求，經家人首肯，林教授遺體火化前先由醫院解

剖，獲取珍貴資料，以作肺部等醫學研究。

十二月七日，阿濃撰寫悼念文：〈林天蔚教授逝世〉，見 Google《大公報.副刊》網「小公園」

十二月十日下午二時，於溫哥華華人浸信會所（Chinese Baptist Church）舉行林天蔚教授追思會，由黃以誠牧師主禮，溫哥華培正同學會主持。

十二月十三日，梁崇榆發表〈懷念林天蔚老師〉紀念文。（165 期《培正中學通信·追思錄》）頁 58。

2005 年 12 月 10 日於溫哥華 Chinese Baptist Church 舉行之林天蔚教授追思會一角。

卒後紀要 2006-2007

公元 2006 年

陳耀南教授發表悼念文:〈代謝往來成古今〉,香港《信報》2006 年 1 月 11 日,頁 26。

一月十二日林教授家人於《明報》刊登林教授追思禮拜訃聞。見香港《明報》,2006-01-12,A30。

同日,林教授哲嗣嘉榆先生,於香港大學教職員通訊上發表追思訃聞。

是年一月十五日,香港培正同學會假香港九龍金馬倫道 31 號浸信會教堂,舉行追思林天蔚教授紀念會。(見上左圖及下右圖)

主禮:陸幸泉牧師,主席:陳德華先生(培正同學會會長)。

出席來賓的學者有:來自加拿大的黃振權先生、譚松壽先生夫婦;臺灣的黃秀政教

授、曾一民教授夫婦;本港香港大學中文系主任單周堯及馮錦榮、何冠彪教授、葉嘉安教授夫婦,香港歷史博物館館長丁新豹、浸會大學歷史系劉詠聰教授及香港珠海書院胡春惠教授夫婦、李立信、蕭國健、蕭國鈞、任少玲、楊小燕、莫雲漢、馬楚堅等教授;送紀念花籃的有美國鹽湖城猶他州家譜學會、臺灣政治大學、香港大學、香港珠海書院、培正學校、培正同學會、廣東省地方志辦公室、現代教育研究社等,以及嘉賓親友等二百餘人參加追思,極盡榮哀。

是年一月二十日,紐西蘭中華文化中心主席孔東博士與廣東省地方史志辦公室聯合主辦「地方史志學術研討會」,假座紐西蘭奧克蘭紐西蘭中華文化中心舉行,會中為對方志界一代巨擘林天蔚教授逝世表示哀悼,會眾默哀一分鐘以表敬仰和懷念。

會眾默哀一分鐘

是年六月劉詠聰教授撰〈林天蔚教授生平及學術補識〉，刊載《香港中國近代史學報》，No.3（2005），頁 131-140。

十二月，《地方文獻研究與分論》正式出版，由北京圖書館出版社印刷。

十二月十四日，廣州華南師範大學歷史文化學院頒發「林天蔚助學金」：在頒發儀式上，歷史文化學院 30 名貧困同學，共獲得總額 2 萬 2 千元的林天蔚助學金。林教授原為我校校友，他在早年求學生活中，勇於克服經濟困難障礙，勤於治學，最終成為著名學者，享譽海內外。林教授退休後，依然關心下一代的成長，將自己的積蓄全部捐給學院作助學基金。應向東書記指出：林教授給予同學的，不僅是金錢上的資助，更是一大筆精神財富，同學們應該學習林教授光明磊落、樂於助人的道德風尚、以及不畏艱難勤奮嚴謹的治學態度。（Google 見華南師範大學歷史文化學院網，「林天蔚」發佈時間：2006 年 12 月 15 日，時間 8 點 59 分）

公元 2007 年

是年三月八日及九日，由廣東省地方志辦主辦之「廣東省地方志理論研討會」，假座廣東省政府迎賓廳及廣東大廈舉行研討會。內容包括：地方志編纂理論與實踐、區域史、粵港台方志比較、林天蔚先生對促進粵港台方志交流的貢獻。參加者八十餘人，有來自全國各地之地方志辦領導及專家學者，有來自香港的：劉蜀永、錢正民、林戴燕桃及譚松壽，還有來自台灣的林燊祿。會議開始時先由廣東省地方志辦陳強主任致詞，並向獲獎論文作者頒獎，然後由廣東省副省長謝強華講話。會議中宣讀論文者有：馬建和、田新舟、陳澤泓、王濤、劉蜀永、楊國棟、黃小紅、林英儀及鄧庭雄等。會議最後之環節則是紀念林天蔚教授的儀式：先由譚松壽報告〈林天蔚教授的生平與學術成就簡介〉，次由侯月祥介紹〈林天蔚教授對推動海內外地方志學術交流的貢獻〉，隨即由林夫人戴燕桃女士致謝詞，最後由陳強主任總結，讚揚林教授對學術的貢獻及對他永遠的懷念。

三月，香港培正中學 1956 耀社同學在短短一個月內發起捐助「林天蔚老師獎學金」，至四月十六日共得善款港幣 146,070 元正（其中加幣 6,915，美金 4,950）（見 Google 香港培正中學 1956 耀社同學通訊）

五月十二日陳力行先生發表紀念文：〈懷念永遠快樂的林天蔚老師〉，《培正同學通訊》，167 期，頁 73。

是年八月十四日下午，臺北法院一審宣判馬英九市長特別費貪污案無罪。在判詞（乙）實質部份，並摘錄林教授〈宋代公使庫、公使錢與公用錢之關係〉乙文。

【按公元 2006 年 7 月，民進黨立委檢舉前台北市長馬英九使用特別費涉嫌違法。2007 年 2 月 13 日，臺北侯寬仁檢察官以依利用職務詐取財物罪起訴馬英九市長，經二

次開庭，至是年 8 月 14 日，臺北法院蔡守訓等法官一審宣判，馬英九無罪。判詞中分（甲）程序問題和（乙）實質部份。在實質部份，有關特別費的歷史沿革，謂宋代已有之，並引學者林天蔚「公使錢」及「公用錢」文章，作為論證，茲摘錄如下：

（1）特別費之歷史沿革

1. 宋代之公使錢

　　按特別費制度，宋朝即已有之，宋代推行交鈔制度，貨幣廣泛流通，卻也導致通貨膨脹，百官除正俸外，尚有公使錢之補貼。學者林天蔚認為當時的「公使錢」及「公用錢」之制度，二者性質並不相同。前者為首長之特別津貼，可以私入、自俸；後者乃官署之特別辦公費，用於招待來往官吏、貢使、犒軍及其他特別用途。蓋宋史、宋會要輯稿及續資治通鑑長編曾敘明，就同一官職之公用錢必多於公使錢，且依宋史卷一二七「職官」公用錢條以「用盡續給，不限年月」、「長吏與通判署籍連署以給用」，故公用錢有帳籍，用時須副署。公使錢則無此規定。公使錢依「舊制，刺史以上所賜公使錢得私入，而用和悉用為軍費。」（宋史列傳第二百二十三外戚中「李用和傳」）、「方鎮別賜，例私以自奉（俸），去則盡入其餘，經獨斥歸有司，唯以供享勞賓客軍師之用」（宋史列傳第二百二十三外戚中「向傳範傳」附「向經」），可以盡為私用。惟因首長官吏「因公差使」之「公使錢」，亦可使用官署之「公用錢」，用錢之際職責難分；且「公使」、「公用」均是「因公使用」之意，以致宋史、宋會要輯稿及續資治通鑑長編或有混用「公使」與「公用」之處。從而，公用錢有帳籍、須報銷者，竊用者有罪。如岳陽樓記中之主角滕宗諒，即因任意使用公用錢饋遺遊士、犒勞民兵而被貶巴陵。公使錢則因可以私入而無此問題。

　　亦有認公使錢即屬公用錢，如「竊以國家逐處置公使錢者，蓋為士大夫出入及使命往還，有行役之勞。故令郡國饋以酒食，或加宴勞。蓋養賢之禮，不可廢也。謹照周禮地官有遺人，掌郊裡之委積，以待賓客；野鄙之委積，以待羈旅。凡國野之道，十里有廬，廬有飲食，三十里有宿，宿有路室。路室有委。五十里有市，市有候館。候館有積。凡委積之事，巡而比之，以時頒之。則三王之世，已有廚傳之禮。何獨聖朝，顧小利而亡大體？且今贍民兵一名，歲不下百貫。今減省得公用錢一千八百貫，只養得士兵一十八人。以十八人之資，廢十餘郡之禮。是朝廷未思之甚也！」（范仲淹「奏乞將先減省諸州公用錢，卻令依舊」議）。趙甌北之二十二史劄記、王銍之燕翼詒謀錄、方豪之宋史、日本學者佐伯富均將公使錢認屬公用錢。亦即公使錢，為宋各路、州、軍及刺史以上，所有用以宴請及饋送過往官員費用，亦作為犒賞軍隊之費用，但亦依例可私入、自奉（俸）。

　　【按第一審法官爲蔡守訓、徐千惠、吳定亞，其判詞所引用學者林天蔚之文章，爲林教授於公元 1973 年發表的論文：〈宋代公使庫、公使錢與公用錢之關係〉（刊於台北《中研院史語所集刊》四十五本第一分，頁 129-155 附末英文提要），其後，該文收錄於公元 1978 年出版的《宋史試析》中（台灣商務印書館印行：陳水逢、王壽南主編《岫廬文庫》），列於該書第二章〈經濟問題的分析〉中的第二節，並改一「之」爲的字：〈宋代公使庫、公使錢與公用錢的關係〉（頁 203-248 末附英文提要刪除）。】

五、時人評論

《宋代香藥貿易史稿》評述

和田久德（Mr. Wada Hisamori）撰
朱竹友　譯

一

　　著者林天蔚，照序文言是廣東高涼郡人，現任教于香港，隨香港大學羅香林教授研究宋代史學及中西交通史，本書亦是由羅教授等指導完成。

　　《宋代香藥貿易史稿》，全篇共 437 頁，序四篇，跋一篇，附引用書目，序者爲羅香林教授，舊師黃福鑾，王韶生兩氏及自序，跋者林均田（似是著者之同窗）。

　　書中第一編序論，第二編總論，第三編分論，序論中第一章是宋代與阿拉伯貿易之背景（1-12 頁），第二章是促進宋代對外貿易發達的幾個條件（13-24 頁）。此二章述宋與阿拉伯各國貿易之關係，促使其繁盛之原因，而作爲香藥貿易之前提，敍述內容主要是根據桑原隲藏博士之各種研究，尤其是「蒲壽庚之事蹟」及 F. Hirth, W. W. Rockhill 等中外學者之寶貴材料。章末言及泉州市舶司舉行之祈風儀式，多爲上述學者所未注意，惟祈風問題，近人已有宋晞之〈宋泉州南安九日山石刻之研究〉（學術季刊三卷四期），方豪之〈宋泉州等地之祈風〉（宋史研究第一輯）等論文發表，讀者可參照研究。

二

　　總論第一章是「香藥的總類及其性質」（25-72 頁），討論各種香藥之種類，性質與內容。香料可分化妝與藥用之 Perfume，與食用之 Spice 兩種，惟此書所謂「香藥貿易」，單指 Perfume，據著者謂在使用方法與貿易史言，Perfume 遠較 Spice 爲大。其次，著者根據各史料之記載，敍述宋代已知各種香藥之性質及內容，其名稱達百種以上，以此證明宋代香藥貿易之盛，其中龍涎香，龍腦，乳香，沉香，丁香等較爲主要，此章是本書之基礎部份，關于各香藥之性質及用途，仍嫌未夠明確，同名同類之香藥，雖經考證，仍嫌未足，各香藥性質未清楚者仍多。究其原因，是各朝代有關史料，只是羅列而已，

其實諸記錄中，不少應加以批評，如常用之太平御覽之香部，洪芻之香譜，固是成書於宋代，惟內容祗是搜集前代有關香料之記事而已，若以此當作宋代香藥貿易史料，似有未妥。其次，諸番志之英譯註 F. Hirth & W. W. Rockhill, Chau Ju-Kua（St. Petersburg 1911）及其他有關著作，著者不加以參照，實難以了解。漢籍中有關諸香藥，其分類，考訂，實亦艱辛，不論以往學者之研究成果如何，今後實有綜合解明的必要。

第二章是「香藥之產地」（73-91 頁），國內產地在中國西南部，國外產地則在阿拉伯海沿岸、伊朗、印度、馬來半島等，均有主要香藥出產，其中亞拉伯之香藥，質量均佔最主要地位（因 Spice 除外），因此，本書所謂與宋貿易，當以此等地域為主，而著者謂由西大食至印度以東占城一帶，在香藥貿易上有重要地位，此等具體事實最為有價值（86 頁）。在此章中，著者校訂中文地名，仍有不明之處（如注輦國並不言明即南印度之 Chola），同時東南亞各地名幾乎未參考最近之歷史地理研究（O. W. Wolters; Tambralinga BSOAS, XXI 及其他日人各種論文），遂致有產地之混同與誤解等，關于此點，在論述香藥產地中，不容輕視，是此章之缺點。

第三章是「香藥之運銷」（92-115 頁），敘述香藥之輸送，販賣之路線等，國外路線是根據賈耽之皇華四達記，由巴格達經巴士拉，Sirâf、印度東南亞而至廣州，解釋部份根據 P. Pelliot（Peux itineraires……BEFEO, IV）桑原博士「波斯灣之東洋貿易港」（東西交通史論叢所收），並無新見解，宋史注輦傳所見海上航行記錄及其他賈耽之廣州通夷海道等，應一併參考，惟此書未見論及。國內之路線，北宋時代由廣州至汴梁，南宋由泉州至臨安，著者運用各種史料加以訂定，對漕運情形，亦有相當之考察，同時，更言及由首都北上遼與西夏之路線，惟宋代漕運、水運之資料，似乎未曾參考日人之研究。

第四章是「香藥貿易與市舶司條例」（116-163 頁），是討論香藥貿易與市舶司制度之關係，關於市舶司之變遷及條例，是根據藤田豐八（「宋代之市舶司及市舶司條例」，是東西交涉史研究，南海篇所收），桑原（蒲壽庚之事蹟及其他）兩博士之研究成果。其次，介紹元典章卷二十二所載至元三十年市舶則法之大要，元典章所言之則法，是繼承自宋代，研究宋元海上貿易政策，此是重要史料，此點桑原博士亦曾注意（參考蒲壽庚事蹟 7-8 頁）。在目前，仍未有更具體之發表，今後仍有精密研究之必要（請參考 H. F. Schurmann; Economic Structure of the Yüan Dynasty Cambridge, Mas. 1956 從未受人注意，關于通制條格卷 18 所載元祐元年市舶則法及其他必需史料仍多）。此書又根據廣東、福建、浙江各通志，搜集廣州以下各市舶使之人名表，又從宋會要職官部之史料，以討論市舶使官吏升降與香藥貿易之關係，說明受處罰官吏 16 人，因功受賞 15 人，其動態頗為詳細，關于市舶司與香藥貿易之關係，通志以外，宋以後之府縣志均應有詳細之檢

查，始能更具體與明顯，因地方誌可利用之處仍多，又如市舶司之人名表，若再參照其他史料，將可得更完備之內容，如誰人任市舶使之活動內容，亦可清楚。惜此書未曾注及之，近年，以泉州爲中心之海外交通史關係，有關考古學之調查，正在展開中，發現市舶司之遺址及石刻，此種新資料亦應加以利用。（調查結果，見文物參考資料，考古通訊各期均有發表，莊爲璣之談最近發現的泉州中外交通的史蹟，考古通訊 1956 年 3 期刊，又莊氏之續談泉州港新發現的中外交通史蹟，考古通訊一九五八年八期刊，又 L. C. Goodrich, Recent Discoveries at Zayton J.A.O.S. LXXVIII D.H. Smith Zaitun's five Centuries of Sino-foreign Trade JRAS. 1958 均可參考。）

三

第三編是分論，第一章是各國香藥朝貢（165-221 頁），第一節是根據《宋會要》,《宋史》等說明入貢香藥者三十三國，及說明朝貢之香藥名稱與種類（將蒲端當作 Pagan，層檀當作 Zanjibar 實誤），第二節說明全宋代有 205 次香藥朝貢，列有諸國朝貢表、歷朝朝貢表，並有解釋，其中入貢諸國以占城（51 次）最多，依次爲大食（35 次），三佛齋（28 次），另外，歷朝最多者爲真宗朝（42 次），太宗朝（39 次），神宗朝（29 次），仁宗朝（27 次）。南宋後，入貢數急激減少。此種大勢之表示，著者之努力頗有價值，惟是北宋盛時入貢次數多，南宋朝入貢激減，單從數目字而判斷香藥貿易全受國際之影響，其結論頗值懷疑，因爲受目前有關史料之限制，用數目字製成之朝貢表，以此即謂表示一般趨勢，實嫌證據未足，如南宋財政貧乏，依賴海上貿易無疑比北宋爲大，國家必要發展海上貿易以增加收入，是很明顯之事實，此乃朝貢表上不能表示之事情，然事實上應加考慮，推測南宋時，政府與政府間之貿易（朝貢）雖少，而商人貿易必盛。又著者似未利用《續資治通鑑長編》,《建炎以來繫年要錄》、《玉海》、《山堂考索》等重要史料，雖然即使利用，在數字上恐無多大改變，惟詳細部份，亦可能有不同之結果，廣泛搜集有關記錄，改編此表，是有價值之工作。第三節，引用《宋會要・占城傳》述關於朝貢使節之形式，頗爲詳細，又以《宋史・禮志》,《宋朝事實》之儀注作補充資料，由此種內容與儀式而言，窺知當時朝貢仍以香藥貿易爲主。

第二章是「香藥的專賣禁榷」（222-268 頁），與宋財政史之關係特深，第一節謂禁榷之理由乃在確保國庫之收入，禁榷之香藥種類（前言香藥之辨別未夠充分，故此處所言亦欠明瞭），同時述及爲防止官吏作弊，訂有專賣條例，再次將各種史料歸納說明抽解，和買等實情，此點頗收效果。第二節是香藥的博易，政府將香藥當作貨幣代用品與其他物品博易，或作薪俸支付，或使北邊人民入納糧草、絲絹等，其代價則爲發行「引」以

償給香藥，因當時缺乏銅錢，而香藥貯量又多，此事實表明當時國家財政與香藥之關係，同時，又說明以茶、鹽、香藥構成之「三分（稅）法」，或加上現錢之「四分（稅）法」，與及香藥引之交換比率與變動率等。第三節討論香藥之博買與度牒之出售，代替博買之本錢，為出售度牒之制度，與及被售之度牒數量及價錢等。

　　第三章是「香藥之儲銷機構」（269-324 頁），從宋會要職官部及其他史料，述及香藥之買入、貯藏、販賣等。在中央及地方之有關機關是太府寺，香藥庫，榷貨務或者鹽香（茶礬）司等，述及各官廳之機能與變遷，惟是關於各官間之相互關係，職能上之重要部份，其說明未夠明確，然此實受史料所限制，為不得已之事情，關於機構之變遷，著者祇說明事實，至于國家財政上變更之理由，機構改革在香藥貿易上有何影響，著者未能敘及，實美中不足之事。

　　第四章是「香藥之用途」（325-355 頁），說明貿易之結果，香藥輸入中國後之種種用途，主要是焚香與醫藥，其他可作飲食用，文房用具，滲入墨與硯者，薰衣用，或裝成香囊，互贈禮物，隨著宋代社會生活之發展，用途亦增多，著者均有說明，又有「撒殿」，是外國而來朝貢之奇怪儀式，亦加以說明，同時在文學作品上搜集與香料有關之史料，著者謂是意外之少。關於海上貿易所輸入之香藥，在中國之買賣，及在各方面之情況，向來不大清楚，但若合併數章觀看，相當明白，此乃一可喜之事情。

　　第五章是「香藥貿易對各方影響」（356-429 頁），乃本書最後之一章，等於結論部份，亦為本書中篇幅最多之一章。第一節論對宋財政上之影響，說明香藥價格之變動與出售額，如真宗朝一等香每斤四貫文，南宋初期每斤十二貫文，均有具體數字，同時，儘可能將香藥之品種與地域性價格之差別加以說明，香藥價格雖頗有更動，但低落原因主要是儲量多之故。其次述及由於香藥貿易收入在國家財政上所佔之比率，計北宋時佔歲入五十分之一至三十分之一，有時減至百分之一。南宋時佔歲入二十分之一，有時增至十分之一，而成為國家主要之財源。本書將散在各地之零星史料廣為蒐集，將香藥價格與國家財政關係整理成一大綱，此點苦心之成果，實值得表示敬意者，惟敘述香藥價格變動時，亦應考慮及；宋代之貨幣價格變動，博買之方法，國外香藥價格等因素，與國內香藥價格之推動有否直接關係？此等財政史上之重要問題，尚待解決的甚多，第二節敍對中南半島各國之影響，論及交阯（安南）勢力增大與宋代香藥貿易之消長關係與其他問題。宋初獨立之交阯，因其強大為阻礙，香藥貿易，致使受壓迫之占城，對宋入貢日少，而交阯之入貢却增加。相反，南宋初期，交阯因內亂而國勢日弱，宋之香藥貿易因此而活潑展開，著者指出此種新事實，相當有趣。第三節是「香藥東傳」問題，著者根據聖經記載，謂古代之香藥，由亞拉伯人傳播，又述及宋以前之亞拉伯與香藥貿易，

宋代之阿拉伯香藥商人及東傳至日本等（根據山田憲太郎博士之《東亞香料史》中之日宋貿易之發展部份），順次加以事實說明，其中將宋代最活躍之阿拉伯商人作列傳式敘述。此部與本書之主題有直接而重要之關係，內容大致如上，但結論却無特別之處。

四

在近代以前，所謂遠洋貿易時代，香藥是世界性之主要貿易品。關於香藥貿易之專門著作，前所未有，關於宋代之海上貿易，有白壽彝之〈宋代香藥貿易〉（《禹貢》三卷五期）及其他有關論文，關於香藥史之研究有山田憲太郎博士之兩著作：《東亞香料史》，《東西香藥史》。岡本良知氏之《中世紀馬六甲諸島之香料》等，較為著名。在亞洲東部，以香藥作為最主要之海上貿易之宋代，包括香藥貿易歷史發展各種形態之研究，以本書為首部，亦最具功績。由於著者林天蔚之努力，從來不明確之各點，如關於香藥輸入中國之經過，宋朝販賣，統制之機關，國內消費等有關之事情，因此書而有相當之了解。同時，敍述中提及新事實之指摘與解釋等，值得注意者不少。其次，本書敍及一般與主題有關之事項，均能廣泛討論，所以對今後東西交通史，南洋史之研究，貢獻頗大，同時，亦有助於宋代之經濟、交通等研究。

由于此書是首本概括之研究書，吾人今後對著者之希望，亦應略加說明，因為有關主題之重要史料，乃廣泛而片斷的散佈各地，著者雖從《宋會要》、《宋史》、《嶺外代答》、《諸蕃志》等及其他隨筆之類，加以蒐集，但在其所引用書目中之各類書籍，仍未充分利用，是其缺點之一。隨筆類外，文集、地方誌等應再加利用，若更加上參考回教徒之記錄，當可得更有趣之史料，而研究宋代香藥史之最重要史料，如葉廷珪之《香錄》未見利用，故在史料利用方面，可努力之處尚多（《香錄》雖在引用書目中出現，但書中並無引用之跡象），同時，引用史料時，有關史料性質及價值應加檢討，一如上文所述，而近年中外各學者發表之有關論著，亦應加以參考（著者亦承認：有關史料搜集之不易，故不敢名之曰宋代香藥貿易史、而曰「史稿」）。

其次，在研究方面亦有問題，從宋代之紀錄而來，Spice 與 Perfume 雖難以分別，而實際上在宋代兩者均佔同樣重要地位，一併加以研究實屬必要。其次，本書所謂香藥貿易，幾乎只限於朝貢形式亦有疑問。上文經述過；宋代海上貿易除朝貢形式外，民間貿易一天天重要，亦應一併加以研究。而與此等問題有關，留下需待研究之問題，是當時貿易形態之實際情形，如船主、舶主與一般貿易商之關係，與此等有關之海上貿易資本狀況，或者個人貿易與國家貿易之競爭關係等等。同時，海上貿易中香藥貿易與其他貿易關係，在國內以香藥商人為中心之流通機構。再次，當作海上貿易之影響，對國內實

業與商業資本所發生之影響等等，均應加以研究，如是，使本書之主題更加清楚，更加完善，此等問題受現存史料之限制頗大，但仍有努力之必要。

　　本書乃由東亞學術研究計劃委員會之推荐下，接受哈佛燕京所援助之出版物，在此計劃下之作品尚有羅香林所著《1842 年前之香港及其對外交通》（1959 年），《蒲壽庚研究》（同年，現代國民基本知識叢書之一，似乎是 1955 年在台灣出版之蒲壽庚傳所改版），《唐代廣州光孝寺與中印交通之關係》（1960 年同一出版社出版），是學術書中具有良好之內容與體裁，乃最受人歡迎者，但排印錯字不少，此為可惜耳。

　　（追記）：關於林天蔚氏等在香港之學術研究活動，東亞學術研究委員會中日韓第一次會議報告（125-127 頁）可予參考。

【譯文刊於《大陸雜誌》，24，卷第十一期，頁 4-7，1962】

（原文載東洋學報四四卷一期 1961 年 6 月東京出版）

評介林天蔚著《宋史試析》

梁 庚 堯

　　就本書的書名看，似乎作者有意嘗試對宋代歷史作一全面性的分析，但內容並非如此。本書彙集了作者過去發表的一些專題性論文，按問題性質的不同而分成政治問題的分析、經濟問題的分析和民族問題的分析三章，各章之下的每一節即爲一篇專題論文。各篇論文對宋史的某些特殊問題作了深入而有價值的研究，可是不能構成對宋代政治、經濟和民族歷史整體的了解。

　　第一章政治問題的分析包含三節。第一節女主、科舉、隱士對北宋積弱的分析：指出宋代由於建國時定下「強幹弱枝」和「重文輕武」兩大國策，以致積弱不振；仁宗時代本可成爲一個振奮圖強的轉機，可是事實卻非如此，從仁宗以後，積弱更深，終於導致北宋亡國。所以致此，作者舉出三點原因，並認爲這三點原因均可溯源於仁宗時代。第一是自仁宗以後，連續有劉后、曹后、高后、向后四位女主專政，政治崇尚保守，阻撓改革；第二是科舉考試取士太濫，士大夫得官過易，科舉出身的士人缺乏實學，不足以任事；第三是由隱士而發展出來的理學，徒事空言，不切實用，以致虛言誤國。第二節從制度史上觀察宋代權相形成的分析：指出宋代相權本輕，可是自北宋末年以後，至南宋亡國，卻多權相，所以如此，和制度有密切關係。作者舉出五種因素說明。第一是宋朝各代常有一人獨相的現象，權力容易集中；第二是士大夫家常有繼世爲相或三世爲相的情形，而宰相又有再相、三次入相甚或四次入相者，容易養成潛勢力；第三是若干宰相加「平章軍國（重）事」的頭銜，這最初是一榮銜，以後變成握有實際權力，權位在宰相之上；第四是宋代民事、軍事本來分屬宰相、樞密使，可是在南宋以後，宰相兼樞密使成爲常制，軍政兩權復合爲一；第五是宋代財政權本來獨立，屬三司使，可是自南宋以後，宰相又常兼制國用使，財權也歸於宰相。第三節講議司的分析 —— 蔡京奪權誤國所憑藉之機構：指出上節所討論的各項造成權相的因素，是就一般狀況言，若干權相更創造新機構來攬權，蔡京的創設講議司，就是一例。

　　第二章經濟問題的分析包含兩節。第一節度牒出售的研究：度牒是僧尼的身分證

明，唐、宋政府都以出售度牒作爲補助國家財政的方法，作者研究此一問題，即基於度牒在財政上的重要性。本篇首先追溯度牒的源流，認爲度牒出現於唐武后專政前後，而度牒的出售則始於唐玄宗天寶十四載。其次敘述宋代度牒出售的經過，每道度牒的價錢，以及出售度牒所得的費用。本篇還討論到度牒的形式，頒發和儲藏度牒的機構，僞造度牒的處分，以及當時人對出售度牒的意見等問題。作者指出，由於出售度牒有很多流弊產生，所以當時人多持反對態度，可是由於對政府有所助益，所以無法廢止。第二節公使庫、公使錢與公用錢的關係：公使庫、公使錢和公用錢三者，在史料中經常混淆，近代學者也多認爲三者作用相同，作者指出三者性質迥異，劃清彼此的關係。公使錢是俸祿的一部分，是地方首長和中央高級官員的個人特別津貼；公用錢則是官署的特別辦公費，用於招待來往官吏、貢史、犒軍及其他特別用途；公使庫是地方籌募和運用公用錢的機構，和公使錢無關。本篇又討論到公使庫用中央「正賜」的經費作資本，經營商業，或出售專賣的酒、醋等物品，並刊刻書籍，以營利的收入增加公使庫的經費。由於利潤很大，歲餘、月餘都用來饋送大臣，形成慣例，導致公用錢的變質。本篇又批評到日本學者佐伯富教授認爲公使庫反映地方權力興起的看法，指出無論公使錢和公用錢，支配權都在中央。

關於本章，評者認爲有幾點可以根據作者的研究作進一步的說明和比較。根據作者搜集的資料，南宋孝宗時，每道度牒價值五百貫左右，若用米購需三百石。按三百石米在南宋時期是一百畝上等田地一年的收成，只有富家，才有能力一次拿出一百畝田地的收成來購買一道度牒，可見要取得度牒出家爲僧，並不是一件輕而易舉的事。出售度牒的收入對宋代政府的財政有所補益是無疑的，但究竟有多少補益？據作者估計，在北宋元豐年間，每年所售的度牒錢佔全國總收入的二百分之一至四百分之一。按北宋市舶收入約佔全國歲入的百分之一至百分之三左右，則度牒錢的收入在全國歲入中的地位尚不及市舶收入。或許可以說，出售度牒對宋代財政的補益主要是「救急」的作用。又評者在翻閱南宋人文集時，見有清廉的官員拒絕接受地方所送的「例卷」，或是將「例卷」改用於爲地方興利[1]，最初不了解何謂「例卷」，獨本章第二節之後，推測可能即是公使庫對地方官的饋送，或對往來官員的贈禮。

第三章民族問題的分析包含兩節，所討論的都是南方的傜民。第一節傜亂編年紀

---

[1] 評者所見關於「例卷」的記載，至少有以下三處。樓鑰攻媿集卷九十一楊王休行狀：「公既兼憲史，……西帥吳公挺久鎮貴重，待賓客尤厚。公既深入邊關，吏曰：當道武興。公曰：此行正欲到輶傳不到之地。遂由文南以歸。吳公猶以例卷至司，公力辭，帥服其廉，蜀人歡然稱之。」劉克莊後村先生大全集卷一六五趙汝襃墓誌銘：「改注潮州推官，……郡舊無客館，陳侯圭創大小二驛，工役未畢而召，君以受輸例卷相版築，皆落成。」同上卷一六七博伯成行狀：「出知漳州，……由郡南門至漳浦，爲橋三十五，治道千二百丈，……工費一出於所卻例卷。」

事：作者根據美國哈佛大學漢和圖書館和國會圖書館收藏的廣東、廣西及湖南三省的地方志，搜集傜亂記載，按年編列，以供作爲了解宋代漢人向南方拓展疆土的參考。據作者編列的資料，自五代後周世宗顯德中到南宋帝昺祥興二年，三百二十餘年間，發生傜亂共四十六次。第二節南宋時香港之大嶼山疑是傜區的分析：香港大嶼山古名大奚山，史籍上記載大奚山的居民，有傜人、僚人、蜑人三種說法，作者根據一些間接的證據，認爲以傜人的可能性最大。作者提出的證據有二：第一是宋代香港附近以至廣東全境都有傜區，第二是宋代廣東曾發生傜亂。本篇最後考證南宋慶元三年大奚山傜亂的史實，認爲和私鹽販賣有關。

　　本書作者研究宋史多年，功力甚深，本書自然有許多優點。敘事的翔實，是其中之一。例如度牒出售的研究一篇，根據官私史料，詳細的鈎稽出宋代歷次的出售度牒和度牒價格的漲落；公使庫、公使錢與公用錢的關係一篇，細心的分析史料，證明公使錢和公用錢的不同；傜亂編年紀事一篇，文章雖短，可是參閱的地方志卻超過兩百種。其次，作者也歸納出一些值得注意的史實。例如女主、科舉、隱士對北宋積弱的分析一篇，統計出北宋自劉后開始專政至向后還政，中間共 79 年，而直接受 4 位女主統治的時間有 22 年之久；從制度上觀察宋代權相形成的分析一篇，統計出南宋 152 年間，權相執政的時間達 91 年 7 月，而在南宋的後半期，即寧宗即位以後到宋亡的 83 年間，更佔 63 年半之久。最後，作者還提出了若干爲學者所未談及的問題，例如講議司的分析一篇和南宋時香港之大嶼山疑是傜區的分析一篇。前者關係北宋末期的政治，在此文之前尚未見有人特別提出討論；後者問題較小，作者所以注意及此，或者由於作者爲粵人而又居於香港。

　　評者對於本書還有幾點意見。第一，作者認爲淵源於隱士的理學家在書院講學，造成社會一種消極的風氣，是導致北宋積弱的原因之一。按理學家是否淵源於五代宋初的隱士，學者本有不同的意見，部份學者認爲宋代學術的真精神，正是由反對隱士的獨善其身而產生。關於北宋理學造成社會上的消極風氣，作者亦未提出具體證據，文中所舉胡瑗的教學方法，適足以反證並非如此。作者又引用周密的志雅堂雜鈔，但志雅堂雜鈔所述爲南宋後期理學末流的言行，和北宋史事無關。總之，作者從隱士探討北宋積弱的原因，說理似欠有力。第二，公使庫、公使錢與公用錢的關係一篇中，公使錢與公用錢的變質一項，只述及公用錢的變質，而未述及公使錢的變質。第三，作者引用劉禹錫在連州所作的畬田行，並指出畬即是傜，以證明連州有傜。按畬田是南方山區一種以刀耕火耘方式耕作的農地。據評者所見的宋代資料，傜人有從事畬田者，但是否從事畬田者即是傜人，則有疑問。例如四川、湖北交界的峽中居民和福建漳州的畬人，都耕作畬田，

而此二地均在作者所舉的傜區之外。以畬田來證明連州有傜，是否適宜，似值得考慮。第四，書中有一些小錯誤，頁 202 註 18 引用全漢昇之北宋政府的歲收（載中央研究院歷史語言研究所集刊），可能應是唐宋政府歲入與貨幣經濟的關係（載中央研究院歷史語言研究所集刊第二十本）。頁 327 註 106 說明民國十九年國民政府下令將猺、獠等少數民族名稱改為傜、僚，但是作者在文中仍然猺、傜二字並用，頁 251 又作謠人，應統一作傜。第五，關於本書的形式方面，本書章和章之間，節和節之間，並沒有內在的連貫關係存在，如能取消章節，讓各篇獨立，作為一本論文集，似乎更為適宜。以上只是個人一些淺陋的看法，未必得當，也無損於本書對宋史研究的貢獻。

（原文刊載《中國歷史學會史學集刊》第十一期，中國歷史學會出版，民國 68 年 5 月，頁 209-213。）

士林著聲「史志譜」

── 加拿大華裔著名歷史學家林天蔚學術成就評價

台灣逢甲大學教授　廣東省地方志辦副主任、研究員

曾一民　　　　　　侯月祥

1995 年 7 月，台灣省教育部出版了一部部編大學用書《方志學與地方史研究》，立刻在學術界引起強烈反響，不少著名學者紛紛評論，評價極高。台灣學者認為：「海嶠一隅，海外五洲，尚有方志著作與大陸二三十種方志學著作爭一日之短長者，則只有天蔚一人」（王爾敏·序）

《方志學與地方史研究》一書，是積林天蔚先生幾十年研究成果的其中一部巨著。全書內容豐富，涉論廣闊，網羅周至，所論皆關宏旨，絕無浮詞，功力匪淺。全書共分三編。第一編《方志源流與發展》，首敘方志的功能、功用，列舉了多以廣東方志資料或補以中國大陸的最新資料，視野更為廣闊。除補史、證史外，特別提出科技、地方史事、藝文、宗教，以及中外交通、文化交流等項，並各舉數例證明，皆言之鑿鑿，根據富足，讀後令人耳目一新。對於方志的源流，林先生提出：（1）「方志二源」論，即史地兩源，《周禮》為史源，《禹貢》為地源；（2）首次提出《括地志》、《元和郡縣圖志》是「一統志」的最早形式；（3）對方志理論的流派，林先生不同意「三派說」（體例派、地理考證派、史法派），主張「兩派說」（史法派、地理考證派）。對廣東方志的發展階段，林先生認為宋代是關鍵。當時廣東出現大量志書，是與廣東社會進步、經濟發展密切相關的。

第二編《方志理論與方志理論家》。林先生對章學誠之方志理論的評價，以「史法觀」歸納為六點：（1）述志之例（方志十議）；（2）撰志之要（二便三長五難八忌）；（3）論志之體（三書四體）；（4）論文與史之關係（六經皆史，文人不可修志）；（5）論史與志之不同（國史與方志、地方史與地方志之異同）；（6）其他（立志科、志官傳及史德與史識）。他的觀點，不同於傳統觀點，自有獨識。對「新方志學」，林先生試圖容納兩岸方志學的意見，提出「新方志（省志）擬目芻議」五項：圖經、史表、史志、史傳、叢

談。同時，林先生提出：新方志內容，應增加「家譜」一目，重視譜牒。此外，林先生除介紹章學誠方志學術成就之外，還介紹了不少其他學者，尤其是當代學者及其觀點，時代氣息濃厚，這也是林先生專著的一大特點（當然，由於林先生長期居住在港台地區及美加等國，所以，他對大陸修志工作的一些看法還可以商榷）。

第三編《廣東方志研究》。林先生是廣東茂名人，就地域之便，殊多見識。本編內容有二：（1）評價自明以後廣東成書的六套「通志」；（2）廣東地方史專題研究，內分人物、史事、民族史、方志與族譜聯合研究之例等四類，共分十八篇，理論與實際結合盡然，見解專精深透，有不少觀點是新論。對明清六部《廣東通志》，林先生認爲有三種類型：文人之志（黃佐志）、史家之志（阮元志）、志家之志（郭棐志）。觀點別異，令人側目深思。在廣東地方史專題研究中，對隋譙國夫人、莫宣卿、范仲淹、郭棐等人物，對廣州宋代對外貿易水平與規模、葡萄牙人在香港、寶安縣宋帝陵、唐宋時代廣東少數民族、明代廣東之傜區與傜亂、香港大嶼山傜區、香港之峯村與峯民等問題，林先生在史料考證上都有不少新發現、新觀點，擴大了人們的視野，澄清了不少廣東歷史問題，解決了不少研究疑點與學術之爭。

林天蔚先生生於 1927（1924）年 11 月，祖籍廣東茂名。1948（1946）年畢業於廣東省立文理學院（今廣州華南師範大學）史地系，獲學士學位。曾先後執教於香港中文大學崇基學院和香港大學，任講師、高級講師。1966 年在美國哈佛燕京學社作訪問學者，1973 年在法國巴黎第七大學作訪問研究。1985 年台灣省「行政院國家科學委員會」聘爲研究正教授；1987 年任台灣國立政治大學歷史研究所教授。1989 年應美國楊伯翰大學之聘，擔任客座教授。直至現在，他仍應聘加拿大英屬哥倫比亞大學亞洲研究中心研究員。

林先生勤於著述，成績斐然，蜚聲學林，享譽海內外。他學問淵博，治學涉及面廣泛而深入，尤以唐宋史爲著，也包括方志學、地方史、譜牒學、宗教學、民族學、民俗學、敦煌學、經濟學等。專著主要有《宋代香藥貿易史稿》（香港中國書社 1960 年出版，台灣文化大學 1987 年增訂版）；《隋唐史新編》（香港現代教育研究社 1968 年出版）；《隋唐史新論》（台灣東華書局 1978 年出版）；《宋史試析》（台灣商務印書館 1978 年出版）；《香港前代史論集》（1985 年與蕭國健合撰）；《宋代史事質疑》（台灣商務印書館 1988 年出版）。同時，他還主編、合編了不少學術論著、論文集。如《地方史資料研究論文集》（1985 年）、《中古史研討會論文集》（兩卷，與黃約瑟合編，1987 年）、《亞太地方文獻研究論文集》（1991 年）、《嶺南文化新探究論文集》（香港現代教育研究社出版，1996 年初版）。

從五〇年代起，林先生先後發表了近百篇論文，不少論文立論新穎，有獨到研究發

現，爲學術界肯定與推崇。如：《南宋時之大嶼山疑是傜區之試證》（1964年香港中文大學崇基學報第3卷第2期）、《宋代傜亂紀事編年》（1970年香港大學羅香林教授榮休紀念論文集）、《隋譙國夫人事跡質疑及其嚮化影響》（台灣中央研究院史語所集刊43本第二分冊，1972年）、《十六世紀葡萄牙人在香港事跡考》（1979年「台北黨史會」十周年紀念特刊）、《族譜與方志之關係及其聯合研究之價值》（1981年台北《中國文化復興月刊》第14卷第6期）、《明代廣東傜區與傜亂》（台灣國立政治大學邊政研究所學報1983年第14期）、《唐代官修〈括地志〉〈元和郡縣志〉與方志學之成長》（1988年陶希聖先生九秩榮慶祝壽論文集下冊）、《論慶曆聖德詩與慶曆之治》（1988年台灣國立政治大學歷史學報第6期）、《廣東許氏源流初探 —— 並論在近代史上許氏發展的二種類型》（1994年台灣國立政治大學歷史學報第11期）等論文。

林先生在學術研究上有一種學而不倦、攻而不懈的精神，學而教、教而學，學中教、教中學，鑽研不已，深造不輟，不斷開拓學術新境界。1966年，林先生任美國哈佛燕京學社訪問學者。當時，他已開始深入研究廣東歷史上少數民族的問題。他首先利用學校圖書館收藏的廣東方志資料，研究廣東少數民族（主要是傜族）的歷史與發展。傜人本身並無文字，所以有關傜族史料非常缺乏，給研究者造成一定困難。林先生經過深思熟慮，尋找到一條研究路子，就是利用方志資料中所記述的有關傜漢衝突資料，去分析研究。傜漢衝突的結果，將傜區開闢爲郡縣，而傜民隨之遷徙，從漢文化之南遷及擴展了解到傜族之興衰。在這方面，林先生積累了大量資料，撰寫了不少專著、論文。

七〇年代，林先生在香港大學中文系講授「方志研究」，促使他對方志理論的研究進一步深化。他廣泛閱讀古今方志及理論研究專著，特別是閱讀、參考了大批中國大陸的新方志和理論研究著作，對提高他的方志理論水平和講授水平產生了明顯的促進作用。從1987年開始，林先生執教於台灣國立政治大學歷史研究所，主講「地方文獻研究」，以方志、家譜、族譜宗譜、大同譜、金石碑刻、古文書等內容爲主。當時，台灣方志研究主要集中在台灣省內的史志，而對方志理論的研究之風未盛。爲了擴大視野，從深層、綜合、多角度研究方志，林先生認爲，必須加強對大陸方志、方志理論專著的研究。他設法請台灣有關部門幫忙，以「研究」爲由，引入了大量當時難以跨過海峽的方志資料，「聲明『限閱』，不准外借」。林先生依靠這些來自大陸的豐富資料，開設了「方志學」、「族譜學」兩門課，還招收了不少研究生，培養了人才。

林先生對唐宋史及族譜學曾下了一番功夫從事研究。在隋唐史方面，如《隋唐史新編》，是林先生在香港中文大學崇基學院任教隋唐史課程的講義基礎上而撰寫的。他指出隋唐史有三大特點：「開國規模宏遠」、「民族的協和」以及「制度的優美」，與秦漢、魏

晉、宋元有別，作爲本論。另以「武功」、「經濟」、「學藝」三綱輔之。蓋此三綱與三大特點有密切的關係，以此闡釋隋唐史發展之特異。其後進入香港大學中文系任教，仍開此課。經過多年的講授，又搜集了多方面的資料和各方面的意見，在師長及友好鼓勵之下，乃加以增訂，於 1978 年撰成《隋唐史新論》之作。全書分八章，20 餘萬言。《新編》與《新論》不同的地方，《新論》雖仍以隋唐史三大特點爲本論（第二章《隋唐史之特點》，把「規模宏遠」改爲「亞洲盟主」，其餘二大特點綱目雖然仍舊），但是已補充了許多新資料。而增加《隋唐史參考資料及各國之隋唐史研究》一章爲第一章，俾知近年中外學者研究隋唐史之近況與發展的方向。其中所列舉的隋唐史參考資料，不但對研究隋唐史的學者具有參考價值，甚至對從事隋唐史入門者也具有啓導作用。至於《新編》述多於論，而《新論》則論多於述，如第五章《隋唐制度之檢討》，指出隋唐三省制、科舉制、租庸調制、兩稅制、府兵制等，各有其優點，亦有其缺點，正反申論，不囿於一家之說，俾知其得失所在。又如第八章《隋唐之幾個轉折點》，指出隋之亡，亡於「國富民貧論」和「嚴刑峻法」。與論者以爲煬帝荒淫無道不同。在「盛世」方面，則把「開皇、貞觀、開元之治」作一比較，並論述三個「盛世」的功過得失，均有不同之特性。對於「武韋亂政」之批評，認爲由此造成政制、科舉制之變質，因此產生中唐後社會很大之變化。這些新見或有商榷的地方，但起碼表達了作者個人的學術觀點與新的看法。是近期一部體裁較新穎的隋唐史論著。

至於在宋史方面，有《宋代香藥貿易史稿》、《宋史試析》以及《宋代史事質疑》等。其中尤以《宋代香藥貿易史稿》最著，可以說是林先生早期成名的代表之作。全書 20 餘萬字，共分三篇：一、序論：說明宋代與南洋及阿拉伯國家間往來貿易的時代背景，及發達的因由；二、總論：論述香藥的種類和產地，以及海上運輸與宋代市舶司的關係；三、分論：闡釋各國香藥的朝貢、香藥之專賣和香藥的用途，及香藥貿易對各方面所產生的影響。香藥種類繁多，如龍涎香、龍腦香、沈香、乳香、木香、薰陸香、素馨花、薔薇露、麝香、白檀香、蘇合香、安息香、蔗糖香、甲香等等。它的用途很廣，可以防腐，可以治病，可以避垢，可以薰衣，可以焚香，可以飾物等。這些香藥以舶來品最名貴，最爲當時高貴仕女所尙。故宋代香藥貿易對國庫收益甚大，同時對促進當代海上交通、貿易和促進邦交也有很大的影響。故是書「不僅宋代香藥貿易之專史」，而且「有宋一代社會史、經濟史、交通史，莫不因其所著而獲睹涯略，彌足稱也」（黃福鑾序）。這些學術研究的成果，並非一朝一夕所能得，此乃作者平日「尤悉究求，闡發特多」所致（羅香林序）。由此可見是書在學術上的地位。

《宋代史事質疑》，是作者應聘爲台灣國立政治大學歷史研究所任教時出版之著

作，全書約 18 萬餘字，分七章論述。對宋史可疑、謬誤、曲解之處，一一加以考證、辨釋。如有關宋代「公使庫、公使錢問題」、「君權與相權問題」、「王安石與司馬光之爭」、「強幹弱枝問題」、「和與戰問題」、「寶安縣赤灣宋帝陵質疑」等七大問題，作者都提出自己獨到的看法。茲舉第七章《寶安縣赤灣宋帝陵》問題為例加以說明。關於「寶安縣赤灣宋帝陵」的問題，因宋末二王南來而起。宋帝昺曾一度駐足香港一帶，今九龍尚有「宋王台」遺址。當元兵追至，帝昺（端宗）逃至新會崖山，為元將張弘範所破，陸秀夫負帝投海殉國。幾年前謂廣東發現宋帝昺陵墓，位於寶安縣赤灣西，近天后廟約一華里。墓碑楷書：「大宋祥興少帝之陵」；時間為「辛亥歲趙氏三派裔孫重修」。作者根據地方史（《東莞縣志》、《寶安縣志》、《新安縣志》等），以及石刻、族譜等史料比對探究，均未見記載有關宋帝陵的事，疑非「帝昺陵」；或為「衣冠塚」，而為趙族之「紀念塚」。並分析它自元明以後傳說錯誤的問題所在。立論客觀中肯，據事實論之。又：是書之一大特色，於每章之前，列舉「提要」一綱目，以百餘字精簡地說明本章旨要所在，使閱者閱讀起來更感方便明瞭。

　　林先生對族譜學也有深入的研究。其事始於 1969 年參加「世界紀錄會議」（WORLD RECORD CONFERENCE）之機會，於翌年被美國猶他州家譜學會聘任繼羅香林教授擔任港澳區地方文獻（含族譜、方志、金石碑刻、契約）收集工作。經此之後，得從事族譜學之研究。在 80 年代至 90 年代初，他先後撰成有關族譜學研究的論文計有：《第二屆世界紀錄會議紀實》（台北華學季刊第 1 卷第 4 期，1980 年）、《族譜與方志之關係及其聯合研究之價值》（台北《中國文化復興月刊》第 14 卷第 6 期，1981 年）、《中國文化中的族譜因子》（台北聯合報國學文獻館出版之亞洲族譜學術會議論文集，1983 年）、《論香港地區的族譜與方志及其記載的輋字》（香港大學亞洲研究中心地方文獻資料論文集，1985 年）、《香港所見幾種特殊族譜及問題》（台北聯合報國學文獻館出版之第三屆亞洲族譜學術會議論文集，1986 年）、《論中國文化中的族譜學》（香港大學中文系集刊第 1 期，1986 年）、《一本合方志與譜系為一的族譜》（台北聯合報國學文獻館出版之第五屆亞洲族譜學術會議論文集，1991 年）、《從族譜資料論宋代中原士族入粵兩道及其史爭之探究》（台灣國立政治大學歷史學報第 10 期，1993 年）、《廣東許氏源流初探 —— 並論在近代史上發展的二種類型》（台灣國立政治大學歷史學報第 11 期，1994 年） 等論文。

　　林先生強調族譜學和方志學的重要性及其關係，認為族譜與方志均是研究地方史的主要資源，而地方志中亦有大量族譜的資料，兩者互補，與正史政書互證，不但可補史之不足，而且還可以拓寬研究史學的範圍。歷年他發表有關「香港史」、「廣東史」研究的論文，與《宋史試析・第三章・民族的問題》，都是大量利用方志和族譜的資料與史書

互證互補來完成的。在台灣時，林先生與宋晞、王爾敏等學者互唱。近年，在他們鼓勵和大力提倡之下，族譜學、方志學引起了學術界很大的注意和響應，下開研究族譜學和方志學的風氣。而林先生的貢獻是不少的。

林先生胸羅古今，目營四海，鈎深扶微，學養浩瀚，兼收並蓄。特別是他不囿於傳統結論，善於獨立思考，辨析畢盡，敢於提出自己獨有見解與結論。1997 年 3 月 8、9日，筆者（侯月祥）陪同林先生到廣東珠海市南水鎮浪白滘進行田野調查。事因有史料載浪白滘曾是在澳門之前中國與外國進行貿易的地方。但林先生也找到一些相反的資料，對這一結論產生了懷疑。他決定到現場考察。進島後，他查勘了周圍的海域環境，先後訪問了 6 位當地土生土長的老者，聽他們介紹祖上傳下來的一些說法，取得不少寶貴資料。他認為：浪白滘周圍是淺灘，船隻進出非常不便，不可能成為對外貿易的港口。他更加堅定了自己的看法，準備作文予以論證。

林先生著述，有一個很典型的特點，就是旁徵博引，注意根據，以史料、事實說話，幾乎每句話都要有出處。〈唐代官修《括地志》《元和郡縣志》與方志學之成長〉一文，約有 5700 字，而注釋有 87 條，共約 14000 字。〈宋代廣州為對外貿易的轉運港〉一文，林先生對「宋代廣州繁榮」這一傳統觀點提出質疑，認為：「宋時的廣州，是我國一大轉運港口，未必有實質上的繁榮。」全文約 2000 字，言簡意賅，提綱挈領，而注釋卻有46 條，共約 22000 字。〈唐宋時代廣東少數民族的分類及分家〉一文，全文約 6000 字，注釋有 89 條，約 9000 字。再如，《方志學與地方史研究》一書，全書引用資料、古籍69 種、地方志 33 種、族譜 5 種、近人專著 76 種、期刊論文 32 種等。全書注釋 1207 條，約有 12 萬字。以上的論文、專著，都提出不少新論點，突破傳統觀念。他立論嚴謹，論據充分，以史料服人，以理服人，令人敬佩。儘管他一些論點還可以商榷，然而，他的科學態度是難能可貴的。

林先生又是溝通海峽兩岸、粵港澳台地區之間學術交流的熱心者、實踐者。自 1987年以後，他不辭勞苦，頻繁來往於粵港澳台地區間，訪問學術機構、學者，參加或組織學術會，傳播學術信息，溝通聯繫。廣東省地方史志辦公室舉辦的三次粵（瓊）港澳台地區地方志學術研討會，他都應邀前來參加，並作學術報告。1994 年 12 月，在林先生策劃下，在香港、廣州兩地，由香港大學亞洲研究中心、中山大學、廣東省地方史志辦公室聯合舉辦「嶺南文化新探究」學術研討會。這次盛會，林先生自始至終籌劃到底，一年中不下五六次穿梭於三地之間，而且均為自費，可見其投入與執著程度。會後，他染上了病，被迫要住院做了一次大手術。住院前，他將這次學術研討會的論文出版事宜安排得井井有條。甚至在病床上，也為出版一事，信件、電話不斷，心裡總掛記著。手

術成功後，他稍事休息，又在手術後身體較虛弱的情況下投入了《嶺南文化新探究論文集》的出版工作，使由他主編的 38 萬字的論文集能得以快速出版面世，且質量上乘。同時，他一出院，又忙於籌備 1996 年 8 月在美國猶他州楊伯翰大學召開的「華南歷史與文化學術研討會」，同樣頻繁來往於粵港澳台地區之間。他自 1995 年退休以後，即赴加拿大開展研究工作，退而不休。特別是迄今仍為兩岸三地籌備學術會議而奔波。這種為學術犧牲奉獻的精神尤為難得。

　　「謙謙然為人，兢兢然為業。」這就是林天蔚先生。

　　我們衷心祝願他身體健康，不斷取得學術新成就。

（原文刊於《廣東史志》，第 4 期，1997 年，頁 1-6。

其後收入《地方文獻論集》下冊，海口南方出版社，

2002 年 6 月，頁 932-941。）

地方史志的巨著

── 評林著《方志學與地方史研究》

中興大學歷史系

黃　秀　政

　　《方志學與地方史研究》一書，是前香港大學中文系教授、前國立政治大學歷史研究所教授，現任加拿大英屬哥倫比亞大學亞洲中心研究員林天蔚教授的大作，於 1995年由台北南天書局發行。

　　本書共 396 頁（16 本），近 50 萬言，是林教授研究方志學與廣東地方史數十年的心血結晶。林教授祖籍廣東省茂名縣，生於 1927 年（1924），1948 年（1946）畢業於廣東省立文理學院（今廣州華南師範大學）史地系。林教授曾執教於香港中文大學崇基學院，長期主講香港大學及台灣政治大學，並曾擔任美國哈佛燕京學社、法國巴黎第七大學訪問學者，生平專攻唐宋史，兼及香港史、方志學與族譜學。除本書之外，林教授尚著有《宋代香藥貿易史》、《隋唐史新編》、《隋唐史新論》、《宋史試析》、《香港前代史論集》（與蕭國健合著）、《宋代史事質疑》等專書；同時，他還主編數部學術論文集，是一位著作等身的學者。

　　本書共分參篇。第壹篇「方志的源流與發展」，討論方志的功用、方志的起源與發展、方志的成熟階段（元、明、清三代的方志）三個主題。方志是地方歷史與人文地理、地文地理的綜合體。其主要內容是以敘述一地的政治、社會、經濟、軍事、文化、人物等為經；以地理環境、天然資源、自然現象為緯，進而分析該地發展過程的史實。方志的功用，前賢之論多矣，林教授綜合各家說法，指出方志有五項功能：一、可補正史之不足；二、可考訂正史之錯誤；三、科技資料之增添；四、地方人物、史事與藝文之蒐集；五、有關宗教及中西文化交流史料的鉤尋。

　　關於方志的起源，有謂始於《周禮》[1]，有謂源於《禹貢》[2]，有謂《越絕書》、《吳

---

1 主張方志始於《周禮》者認為，中國的學術多源於史，王守仁謂「五經皆史」，章學誠更進一步提出「六經皆史也」。六經中《周禮》的〈春官・宗伯〉有外史，掌書外令，掌四方之志；另〈夏官・職方〉掌天

越春秋》與《華陽國志》均是最早的方志。[3]林教授探討方志的淵源，提出史地兩元論，以《周禮》表史源，以《禹貢》表地源。他指出：「史」重「人」與「事」之記載；「地」重「物」與「地」之敘述。經過漫長的歲月，「史」部發展而有「國別史」、「耆舊傳」與「人物志」；「地」則發展爲「圖經」、「地志（記）」與「風俗志」。隋代的「地理書」，「地理」獨立於「歷史」的範疇之外，或名之曰「歷史地理」，便是「史」、「地」的分途。至唐代，政府設局「官修」地理書，有《括地志》及《元和郡縣圖志》之出現[4]，成爲全國性之志書，且創造方志若干體例，至宋代遂正式形成方志。

對於方志的成熟階段，亦即元、明、清三代的方志，林教授就量的發展指出，方志至明、清兩代，數量大增，除郡縣志外，更增加多種雜志，其發展可說已達到頂峰時期；而元、明、清「一統志」的纂修，實爲促進方志發展的原因之一。至清代，因從事纂修方志者眾，於是產生不同的纂修方法，有所謂體例派、考證派（地理派）、史法派（歷史派）三派之說。林教授認爲體例派係屬寫作的技術，不足以當方志理論之一派；考證派著重地理考證，史法派著重文獻考訂，雖著重之點有別，均足以建立其方志理論，自成一說。

第貳篇「方志理論與方志理論家」，討論章學誠及其方志理論、兩顧暨戴震及洪亮吉、新方志學與方志新體例三個主題。章學誠所著《文史通義》一書，與唐代劉知幾的《史通》，並列爲傳統中國史學理論的二大名著，章氏對史學理論有特殊貢獻，已爲世人

下之圖與天下之地，此皆與方志有關之資料；另〈地官·土訓〉、〈地官·誦訓〉掌地圖及方志之事。故司馬光爲宋敏求之《河南志》作序時，認爲其源流即始於《周禮》。

2　《禹貢》之成書，有謂是西周時代，有謂是戰國末年的作品。民國二十年代，《禹貢半月刊》對《禹貢》一書有詳細的探討。《禹貢》全文祇一千二百字，內容主要有五點：（一）九州的劃分；（二）夏禹治水的故事；（三）各地物產的分佈；（四）各地土壤及賦貢；（五）「服」的劃分。雖然其中值得爭論之處頗多，如九州的劃分未見於《詩經》及《尚書》等書加以佐證。至漢代流行的《周禮》，其「職方」的「九州」且與《禹貢》所載不同。但《禹貢》是中國最早記載各地的物產、土壤、貢賦的地理書，則無可懷疑。故若謂《禹貢》是方志之始，不若謂是方志中「地」之源。

3　《越絕書》爲東漢袁康、吳平所輯，記春秋末期吳、越兩國之史事，應屬國別史之範疇。該書之內容，已包括方志「四要素」中之「人」、「事」、「地」三項。（缺「物」一項）《四庫全書》以《越絕書》屬「載記類」，即是國別史。然其書有頗多地理資料，如記吳、越的山川、湖泊、都邑、城池等，故明代已有人認爲該書乃「志」之祖；清洪亮吉云：「一方之志，始於《越絕》」；近代學者如朱士嘉、傅振倫等，均以《越絕書》爲方志之源。

《吳越春秋》爲東漢趙曄（煜）所撰，記吳國（自太伯至夫差）、越國（自無餘至句踐）之史事，故有若干學者認爲該書專敘本地掌故，開方志的先例。

《華陽國志》爲東晉常璩所撰，記巴、漢中、蜀、南中四郡史地，是繼承《越絕書》體例而增加大量地理資料，其具方志的「型式」更加明顯。《華陽國志》將歷史、地理、人物匯合成編，故洪亮吉云：「一方之志，始於《越絕》；後有常璩之《華陽國志》。」近代學者如梁啓超、李泰棻等，均認爲該書是「方志之祖」。

4　《括地志》係於唐太宗貞觀年間，魏王泰於文學館內辟學士蕭德言等纂修，由衛尉供帳，光祿給食。該書纂修期間，曾向各州「披檢疏錄」，其所引用各地方之文獻，包括各州所上的地圖、地志及有關奏疏紀錄等直接資料（檔案）。故《括地志》是政府官員，利用政府經費與資料纂修而成，可稱爲唐代官修地理書之始。

《元和郡縣圖志》爲唐憲宗朝宰相李吉甫所撰。李氏在德宗時久任江淮間地方官，平日留意地方文獻；及入朝爲相，又利用史館的州縣廢置、番國朝貢、番夷入寇等檔案，資料堪稱豐富。其書除敘各郡縣沿革、形勢、物產、人物、古蹟外，兼附圖（但圖久佚）。因其資料以政府檔案爲主，可稱之官修地理書。

所肯定。惟章氏不僅對史學理論有貢獻，在方志學理論的建構方面，亦有獨特的見解。章氏曾參與纂修《永清縣志》等十部方志著作，他提出的方志學理論包括：述志之例（方志十議）、撰志之要（二便三長五難八忌）、論志之體（三書四體）、論文與史之關係（六經皆史、文人不可修志）、論「史」與「志」之不同、其他（志科志官傳、史德與史識）等，舉凡纂修方志所應具備的條件與修養，均有精闢的見解，足供參考。

　　江蘇兩顧──顧炎武與顧祖禹，均用考據方法，前者完成《天下郡國利病書》[5]，後者完成《讀史方輿紀要》。[6]雖有學者稱兩顧為「歷史地理學家」，但方志本有「史」、「地」兩源，先發展成「歷史地理」，再發展為方志，故林教授認為二書繼承一統志的體例，開方志中「考證派（地理派）」的先河。顧炎武曾參與纂修《鄒平縣志》與《德州志》，顧祖禹曾參與纂修《大清一統志》，兩人亦均為方志專家。兩顧之後的戴震，強調纂修方志應特重地理沿革、地方考據與地方實用價值，其參與纂修之方志計有《金山志》等四種。[7]戴氏約與章學誠同時代，兩人參與纂修方志，其「經世致用」的目的相同，不過一從「史」之立場，一立在「地」之觀點而已。戴氏之後又有洪亮吉，洪氏曾參與纂修《澄城縣志》等九部府縣志，他強調方志乃「輿地之書」，首重沿革；他並將考據學帶入方志領域中，故「言必有據」、「信載籍而不信傳聞」、「貴因而不貴創」。林教授對洪氏之作法似不甚贊同，因此指出洪氏之方志著作，均沿襲體例派，「詳分細目」，但細目中頗多雷同，可知其刻板。

　　有關新方志學與方志新體例的討論，是林教授用力甚深的一個主題，為本書的重點之一。林教授指出所謂「新方志」，應有「新的內容」、「新的體例」、「新的方法」。「新方志」的內容，貴在「創」新，適合新的潮流、新的社會需要，以及地方的新特性。「新方志」的體例與內容，息息相關，有了新的內容，體例上自然或增或減，或強調某幾點。「新方志」的方法，多是指在舊的內容中，強調若干點，使適合潮流而已，亦即所謂「新觀

5　顧炎武撰《天下郡國利病書》，積二十年而成。顧氏撰該書，考證金石，並以方志、古蹟、遺文與之相校證。該書所引用的地方性資料，計包括地圖、軍事國防上的考據、農政、水利、工業五類，其所引用的志書、奏疏、文集，大多採自方志。該書開始於直隸（河北），向南迄蘇、皖（均以府分），在北迄豫、魯、晉、陝、川、浙、贛、鄂（湖廣），閩、粵、滇、黔（均以省分），最後則迄交阯、西南夷、九邊、四夷等，是繼承唐代《元和郡縣圖志》、宋代四大地理書（《太平寰宇記》、《元豐九域志》、《輿地廣記》、《輿地紀勝》）、《大元一統志》、《大明一統志》等全國性的志書。

6　顧祖禹撰《讀史方輿紀要》，引用大量地理資料，並「採舊聞，旁搜記載，規之正史」，其記載翔實正確。該書敘歷代州域形勢，考其沿革；述山川、河流、漕運、海道等；述分野，則引自《史記‧天官書》、《漢書‧天文志》等。該書按行政區域而分述，其次序是：先直隸（以京師為首），以尊王畿；繼而為江南、山東、山西、河南、陝西、四川、湖廣、江西、浙江、福建、廣東、廣西、雲南、貴州等省；省之下為府、州縣，每一府先敘其歷代沿革、府廓建置；以下則述其州與縣之山川、險要、城鎮、關隘、古蹟等。雲南、貴州則加敘羈縻州府。另附「方輿全圖總說」，其中包括東西半球圖、地方輿圖、邊防輿圖、水道圖、藩屬圖等。該書是繼顧炎武《天下郡國利病書》之後，又一部全國性的志書。

7　戴震以考據學的專長，從事纂修方志，故特重地理沿革。他所參與纂修的方志，除《金山志》以外，尚有《直隸河渠志》、《汾州府志》、《汾陽縣志》三部。戴震所纂修的方志，在體例上沿襲賈漢復《河南通志》舊規，惟特重地理沿革、地方考據與地方實用價值。例如其繪製汾州府縣地圖，「村鎮必分八到，注明距縣治里數，舖驛則注明某舖至某舖，某驛至某驛等」，是上承《元和郡縣圖志》的遺風。

點」、「新方法」。此外，配合強調某幾點，因而體裁上也作調整，而「志館」的組織亦不同於傳統，於是產生新的組織與新的體例。此種組織與體例，又顯出「新的內容」，三者互為影響。

第參篇「廣東方志研究」，評介明清兩代已刊的六套《廣東通志》；並分就人物研究、史事研究、民族史研究，以及方志族譜聯合研究四方面，探討廣東地方史事。在已刊的六套《廣東通志》中，刊行於明代者有戴璟之《廣東通志初稿》（刊於嘉靖十四年，即1535年，以下簡稱「戴志」）、黃佐之《廣東通志》（刊於嘉靖四十年，即1561年，以下簡稱「黃志」）、郭棐之《廣東通志》（刊於萬曆三十年，即1602年，以下簡稱「郭志」）；刊行於清代者有金光祖之《廣東通志》（刊於康熙三十六年，即1697年，以下簡稱「金志」）、郝玉麟之《廣東通志》（刊於雍正九年，即1731年，以下簡稱「郝志」）、阮元之《廣東通志》（刊於道光二年，即1822年，以下簡稱「阮志」）。林教授認為此六套省志中，「黃志」、「郭志」是粵人主纂的「粵志」。而「黃志」、「郭志」、「阮志」均聘粵人助纂，如梁有譽、歐大任、黎民表之助修「黃志」；王學曾、袁昌祚之助修「郭志」；陳昌齊、劉彬華、謝蘭生之助修「阮志」。諸人不僅各有專長，且均有修志經驗，在人地相宜的配合下，「黃志」、「郭志」、「阮志」最為可觀。林教授同時指出，「黃志」是「文人之志」，因黃佐固是學者，而梁有譽、歐大任、黎民表均以文學見長。「阮志」是「史家之志」，因其沿襲舊例，慎於選擇史料及考證。「郭志」乃是「志家之志」，因是書能重志書之「史」、「地」兩源，更能顯示地方特徵。「金志」與「郝志」蒐集資料，詳加整理。「戴志」雖雜紊無章，然係草創，當然亦有其參考價值。

林教授祖籍廣東，對廣東、香港史事素極關心。他在本書第參篇所收錄的廣東地方史研究專題，是他數十年來先後完成的相關論文，屬於人物研究方面的，有〈隋譙國夫人事蹟及其漢化之研究〉、〈嶺南狀元莫宣卿考〉、〈范仲淹與余靖〉、〈郭棐考（事蹟考、著作考）〉四篇；屬於史事研究方面的，有〈宋代廣州為對外貿易的轉運港〉、〈葡萄牙人在香港的事蹟考〉、〈寶安縣宋帝陵質疑〉三篇；屬於民族史研究方面的，有〈唐宋時代廣東少數民族的分類及分家〉、〈明代廣東之傜區與傜亂〉、〈香港大嶼山為傜區之試證〉、〈香港之輋村與輋民〉四篇。另有書評一篇，係林教授透過評介《新會潮連鄉盧鞭里盧氏族譜》，藉以說明方志族譜聯合研究之案例。

近二十年來，大陸的輿地方志學相當興盛，絕不下於民國二十年代《禹貢半月刊》創刊時代之輿地學研究。反觀台灣學界，歷史地理、方志學被視為冷門學科，甚至連史學亦不重視，以為並無實用。林教授處此環境，不甘同流，退而著書，欲以其生平所長，匯諸篇章，藏之名山，傳之其人，乃有本書的問世。職是之故，王爾敏教授為本書作序

時，嘆稱：「海嶠一隅，海外五洲，尚有方志學著作與大陸二、三十種方志學著作爭一日短長者，則只有天蔚一人。」[8]當非過譽之詞。

拜讀林著，本人認為本書值得稱道之處，至少有下列幾點：

首先是內容豐富，引證詳實。本書作者林教授曾於七〇年代在香港大學中文系講授「方志研究」，八〇、九〇年代又在政治大學歷史研究所講授「方志學」。由於長年講授方志學課程，涉獵極為廣博，對海峽兩岸及國外漢學重鎮的方志學研究動態有相當深入的了解。其撰述本書，參考資料極為豐富，計古籍 69 部、方志 33 部、族譜 5 部、近人專著 76 部、期刊論文 33 三篇，引證詳實，實不可多得。例如第壹篇第一章討論方志的功用，大量使用廣東方志資料，並補以大陸最新資料，取材極為廣闊，指出方志除補史、證史外，特別提出科技、地方史事、藝文、宗教，以及中外交通、文化交流等項，並各舉數例證明，皆言之鑿鑿，內容豐富，有憑有據，讀後令人耳目一新。（頁 3-11）又如他利用廣東方志及相關資料，研究唐宋時代廣東少數民族的分類及分家，誠極難得。少數民族本身並無文字，將南方少數民族分類，並不容易，宋代以前總稱曰「蠻」，失之太廣；宋代以後，名稱甚多，同一類而時有不同名稱，又失之太雜，且所有稱號多是漢人所加，十分主觀，對其分支，亦鮮分析。林教授以歷史學方法，盡量利用當時人的著作及地方志的資料，將其分類，提出唐宋時代廣東之少數民族各可分四大類（唐代有蠻、僚、俚、峒四種名稱，宋代分成傜、峯、蜑、黎四支族），而狼僮則遲至明代始出現。（頁 289-293）此外，林教授評介六套《廣東通志》，兼論明代以後省通志產生的原因，亦充分顯示其涉獵廣博，學術訊息的充分掌握。在已刊的 6 套《廣東通志》中，學者們較熟悉者僅阮元所纂修之「阮志」一種而已，而林教授則於「戴志」、「黃志」、「郭志」、「金志」、「郝志」，以至於「阮志」，無不廣加論述，比較其體例之異同與纂修之特色。對各志的版本、校勘，以及海內外的流傳與典藏概況，亦瞭如指掌，而逐一加以評述（頁 143-173），有助於吾人對廣東省通志全面而深入的瞭解。

其次是立論平允，見解精闢。本書作者林教授，是一位活躍於海峽兩岸方志學界的著名學者。在本書中，他對海峽兩岸的修志機構、修志現況與成果，有持平公允的評論。對於台灣省文獻委員會出版的《台灣省通志》（共 146 冊，計 1800 萬言），林教授評論為

---

8 近半世紀來，臺灣出版的方志學專著，就筆者聞見所及，除本書以外，尚有下列七種：一、唐祖培著，《新方志學》（台北：華國出版社，1955 年 7 月）；二、杜學知著，《方志學管窺》（台北：臺灣商務印書館，1973 年 13 月）；三、毛一波著，《方志新論》（台北：正中書局，1974 年 12 月）；四、宋晞著，《方志學研究論叢》（台北：臺灣商務印書館，1990 年 9 月）；五、來新夏著，《中國地方志》（台北：臺灣商務印書館，1995 年 9 月）；六、陳捷先著，《清代臺灣方志研究》（台北：臺灣學生書局，1996 年 8 月）；七、陳捷先著，《東亞古方志學探論》（台北：聯經出版公司，1998 年 1 月）。以上七種方志學專著，第一、二、五種為方志學理論的探討，第三、四種為方志學論文結集，第六種為臺灣方志專題研究，第七種為東亞各國（中、日、韓、越、琉）古方志之探討，他們分從不同角度探討方志學，各有其貢獻。惟均不若本書之全面而有系統的探討方志學，旁徵博引，皇皇巨製。

內容豐富，是我國第一部篇幅最鉅的省通志；他並引用大陸學者華呂貴對該部省通志的評論，特推崇該部省通志具有資料豐富、體例清晰、注重統計資料三個特點。（頁132）對於大陸的中國社會科學院黨組所提出「新編方志」的意見：「一、編修地方志，一定要重視保密工作，中央和國務院有明文規定的保密條例，必須嚴格遵守，無論軍事、經濟和科學技術的機密，尤其是涉及黨和國家的核心機密，均不得載入志書。二、地方志編輯定稿後，必須經過審批手續，省、市、縣志經各級編纂委員會審定後，凡涉及黨的方針、政策、涉外等重大問題，必須呈報省市委批准，縣志或相當縣的市志，須報上一級黨委批准。」（頁132）林教授則期期以為不可，強調方志不應「為政治而服務」。對於大陸方志學者史念海、曹爾琴所主張方志的「創新」：「第一：以馬克思主義、毛澤東思想為指導，用辯証唯物主義和歷史唯物主義進行科學分析。第二：新方志不是資料的堆積，而是通過資料的科學分析，得出事物發展變化的規律。第三：創新應該合理運用舊方志的資料。第四：創新就是要創新方志，那麼應棄舊方志從遠古寫起，就是從人能夠從事生產勞動時期寫起。」（頁118）林教授也認為新方志既是「為政治而服務」，其「價值」當然會引起爭論，而其「從人類從事生產勞動時期寫起」，那應是社會史的範圍，違背方志「詳今略古」的法則。對於林衍經主張的新舊方志有指導思想不同、研究範圍不同之兩項區分，以及林氏主張新方志有繼承性、科學性、階級性、實踐性四個特徵。（頁119）林教授亦批評其內容多屬空泛性。林教授對海峽兩岸修志相關規定的評論[9]，實本學術良知，其立論平允，值得吾人重視。

　　本書第貳篇第三章討論新方志學與方志新體例，林教授所提出的見解，極為精闢。他指出，目前「地方史」與「地方志」常混淆不清，故新方志首先應辨「史」與「地」之不同，始能擬目。「志」有「史」、「地」兩源，雖然章學誠曾言：志乃「史之裁」、「史之要」，然新方志中應重「史」？抑重「地」？必須分辨清楚，始能突破章學誠與戴震之爭而擬目。「史」重過去，引述以文獻為主；「地」重現狀，應兼用採訪。方志中談「史」部，應「略古詳今」；談「地」雖以採集現狀資料為主，但亦應「考証」及以「史法」而比較與分析，否則堆砌豐富的地理資料，祇是「百科全書」與「地方年鑑」，絕非方志。他同時強調，不論「史」或「地」的資料，均應重視現代性及地方特性，不能以傳統觀念及大一統的「中央」觀念處理資料；而且地方「通志」應以「通」為主，而非「專志」

---

9 在臺灣，內政部亦訂有「地方志書纂修辦法」，對省（院轄市）、縣（省轄市）志書的纂修及出版有所規範，本書並未提及。該項辦法，其原意僅在維持方志的水準而已，並未賦予「政治」任務。筆者曾多次應聘擔任審查委員，均未接獲任何指示。此外，地方志書送審單位如對內政部的審查意見有異議，除可依規定提出申覆外，亦可改以《○○○志稿》或《○○○史》的方式出版，以規避審查未通過，不得出版之規定。近年來，由於鄉鎮志的纂修蔚為風氣，內政部乃修訂「地方志書審查辦法」，對鄉鎮志的纂修及出版，亦比照省（市）、縣（市）志書，加以規範。

與「專論」，雖然「專志」與「專論」有其學術價值，然決非「方志」的體裁，否則何謂「一方之志」？（頁 133）林教授對新方志的精闢見解，實兼具學術與實用價值，不僅可供方志學界的參考，亦為海峽兩岸的修志機構指出努力方向。

此外，本書第參篇第一章評介六套《廣東通志》，林教授指出：「黃志」因纂修者多以文學見長，是「文人之志」；「阮志」因係秉持史學方法而纂修，是「史家之志」；「郭志」因係依志書成規而纂修，是「志家之志」；而「金志」與「郝志」，以及「戴志」，亦分別具有蒐集資料及草創之參考價值。（頁 168）林教授這些鞭辟入裏的見解，充分顯示他對該六套省通志的深刻認識。

第三是史事考證，貢獻卓著。本書第參篇第二章為廣東地方史研究專題，計人物研究四篇、史事研究三篇、民族史研究四篇，另有書評一篇。這些論文都是林教授多年研究廣東、香港兩地歷史的成果，考證嚴謹，旁徵博引，對廣東地方史的重建，貢獻卓著。茲試各舉一篇為例，以說明其貢獻。

人物研究如〈范仲淹與余靖〉一文，探討宋仁宗朝大臣范仲淹與余靖兩人的交誼與朋黨、范余對遼夏外交的不同對策、范余對狄青的不同評價。范仲淹為宋代名臣，余靖則為曲江人（今廣東省曲江縣），二人均為宋仁宗景祐、慶曆黨爭之關鍵人物，二人均因敢諫、直諫，而負時譽，但亦因進諫而屢遭貶斥。林教授從本文考證得知，范、余二人並無特殊關係，兩人對時政、時人亦有不同對策及評價，景祐年間余氏聲援范氏，完全基於知識份子對長輩景仰的行為。余氏為諫官，曾力荐范氏有宰輔之才，但兩人僅屬神交而已。范、余雖同是仁宗朝名臣，但兩人之間，僅在景祐、慶曆年間有數事可加比較，無法在其文集中找尋其交往與情誼，若按歐陽修「朋黨論」之意見，范、余二人是「朋」而非「黨」。

史事研究如〈宋代廣州為對外貿易之轉運港〉一文，討論宋代廣州對外貿易的轉運功能，以及其與地方繁榮之關係。廣州為中國最早對外交通的一個都市，在魏晉時代由廣州泛海的紀錄漸多，而波斯灣中亦有中國船寄泊的記載，因此廣州號稱富庶。唐代開始，廣州與阿拉伯貿易大盛，至宋代廣州對外貿易更盛，已發展成一大都會。惟林教授根據方志的記載考證得知，唐代之廣州，文化不高，開元年間人民始懂用陶瓦，宋代始以磚建城，其落後可知。而宋代廣州人口不足 26 萬，比不上泉州及杭州，並非較大的消費市場，所以當地人民並非富有，購買力弱，消費的腹地乃在北方，故即使當時的廣州貿易發達，亦祇是一轉運港口而已。本文正文僅約 2000 字，言簡意賅，提綱挈領，而注釋卻有 46 條，共約 22000 字，是一篇考證相當深入的論文。

民族史研究如〈香港之蜑村與蜑民〉一文，探討香港的蜑村之分佈、蜑民的生活，

以及峯民與蛋民的關係。香港之「峯」字，包括峯民、峯田，並與蛋民有密切關係（峯、蛋、傜，均是同源）。「峯」本身無文字，一切記載均靠漢人代書，或其後代子孫而有知識者追記之。林教授利用《廣東通志》、《廣東新語》、《文文山全集》等書，以及 7 版的《新安縣志》（1842 年以前的香港，屬新安縣轄）、12 版的《東莞縣志》（1578 年以前的新安，屬東莞縣轄）、132 種族譜考證得知，今日香港之後海灣附近、大埔及西貢，在宋代已是蛋民居住的地方，而當時蛋民人數，在 3000 人以上，可謂眾多。而大埔附近的林村一帶，在清代仍有峯田、峯村，故推知蛋民登陸，可能務耕峯田，聚集而成峯村。至於峯民的生活，多以漁鹽爲生，亦有採珠爲業者。

　　作爲方志學與地方史的重要著作，本書確有值得稱道之處，已如上述。惟另一方面，本書亦有若干錯誤或遺漏，而有待修正或商榷者。茲就閱讀所及，提出幾點淺見，以供林教授修訂之參考。

　　校對欠精，錯別字不少，是本書第一個疏失，亟待訂正。本書篇幅近 50 萬言，皇皇巨製，錯別字原難以避免；但如校對不精，錯別字太多，則對本書的學術價值也不免有所傷害。例如本書第 62 頁是錯別字較多的一頁，該頁共有漏字及錯別字 7 處：第 11 行的「歷文獻」，應作「歷代文獻」；第 14、15 行的「忌條理混染」，應作「忌條理混雜」；第 15 行的「忌推翻舊案」，應作「忌擅翻舊案」；第 17 行的「徐八忌」，應作「除八忌」；第 21 行的「載東原」，應作「戴東原」；第 25 行的「時近時跡真，地近則易覆」，應作「時近則跡真，地近則易覈」。其他各頁，亦屢有漏字或出現錯別字，確有精校訂正之必要。

　　史實敘述有誤，年代不確，是本書另一個疏失，亦有待修正。本書爲方志學與地方史專書，相關史實的敘述雖非重點，仍宜力求正確，以免以訛傳訛，誤導讀者。茲舉數例說明如下：

　　例子之一是本書第 23 頁，敘述唐憲宗元和八年（西元 813 年），李吉甫爲相，……擒取強悍之吳元濟（淮西節度使），重振國威，史稱「元和中興」。此段敘述有誤，唐室擒吳元濟，平淮西，諸藩先後上表受命，號稱中興，係於元和十二年（西元 817 年），而非元和八年；且擒吳元濟者爲宰相裴度，非李吉甫。本書頁 45 之註 97，引用《新唐書・李吉甫傳》，有關李吉甫的敘述，亦與原文有出入[10]，有待修正。

　　例子之二是本書第 105 頁，敘述洪亮吉 51 歲時，清高宗內禪，宣宗即位。此段敘

---

10 本書該註引《新唐書・李吉甫傳》稱，李吉甫於元和六年正月再相，至九年十一月病逝於任內，最主要之淮西戰役（擒吳元濟）乃任內之事，故本傳稱吉甫爲「中興名臣」。事實上，李吉甫未及出兵擒吳元濟，已先暴卒。《新唐書・李吉甫傳》（卷 146）記載該段史實云：「及元濟擅立，吉甫以內地無唇齒援，因時可取，不當用河朔故事，與帝意合。又請自往招元濟，苟逆志不悛，得指授群帥俘賊以獻天子。不許，固請至流涕，帝慰勉之。會暴疾卒，年五十七。……吉甫圖淮西，未及上，帝敕其子獻之。」另外，細按李吉甫本傳，亦未稱李氏爲「中興名臣」。

述有誤，「宣宗」應作「仁宗」，以符史實。

再者，本書第 60 頁第 20、21 行所敘：「康熙十一年（1672），保和殿大學士賈漢復奏請各省宜修通志，是《大清一統志》纂修之開始。」此段敘述疑為衍出文字，應予刪除。另保和殿大學士「賈漢復」，應作「衛周祚」。

此外，本書的敘述與討論尚有兩點值得商榷之處。其一是敘述當代方志學者，遺漏朱士嘉等人。本書對當代方志學者李泰棻、黎錦熙、唐祖培、張其昀等，均詳加舉論。（頁116-126）李、黎、唐、張諸位前輩，均對方志的「新內容」與「新體例」，有相當的貢獻，確有論述的必要。但若以對新方志學的貢獻而言，首應補述朱士嘉。朱氏著有《中國地方志聯合目錄》、《中國地方志綜錄》、《宋元方志傳記索引》、《中國地方志淺說》等書，畢生專業作方志學研究，自三〇年代直至九〇年代，志節不渝，無人能望其項背，足為方志學者之典範。另有傅振倫，自弱冠撰著方志，著有《中國方志學通論》等書，亦終身鑽研，至於耄耋，也值得一敘。王爾敏教授為本書作序時，也提出此項建議，相信林教授應會鄭重考慮。又，抗戰勝利之初，《中華大辭典》總纂修楊家駱結合當時仍在四川北碚管理局的中央研究院、國民政府主計處、經濟部等學術單位及政府機構，為北碚管理局所纂修的《北碚志》，以科學論文方式撰寫方志之試驗[11]，實為新方志學與方志新體例之一大突破，亦有闢專節論述之必要。

其二是對清代方志學者洪亮吉的批評，似失之嚴苛。洪亮吉認為方志是「輿地之書」，首重沿革；他參與纂修方志，不惜筆墨，旁徵博引，言必有據，信載籍而不信傳聞，貴因而不貴創，原有其存在價值與貢獻。本書以洪亮吉之方志著作，均沿襲體例派，「詳分細目」，但細目中頗多雷同，而批評洪氏刻板；並就洪氏所參與纂修之《澄城縣志》等

---

11 《北碚志》一書根據楊家駱〈以科學論文方式撰寫方志之試驗─北碚九志序〉一文，該志原定計畫共五十餘篇，大致如下（原計畫曾印為專冊，惜已不存，下列篇名係楊家駱就記憶列出，自不能全，次序與原定者未必盡合）：

時	通紀（自梁時在縉雲山建相思寺起敘） 大事日誌（由北碚管理局就民國十二年起之「峽防團務局」等檔案編撰）
空	地理部份有：氣象志、地質志、地形志、水文志、土壤志、礦產志、土地利用志、植物志、動物志等篇
類	政治部份有：政制志、防衛志、政績志、人口志、戶役志等篇 經濟部份有：農業志、工業志、商業志、物價志、交通志、水利志、災害志等篇 文化部份有：語言志、教育志、學術志、圖書古物志、娛樂志等篇 社會部份有：聚落志、風俗志、醫藥衛生志、賑濟志等篇
名	傳記 社團公司行號名錄 索引

惟上述五十餘篇，因撰稿者服務單位紛紛遷離四川，歸建抗戰前原址，僅餘氣候志、地質志、地形志、土壤志、動物志、人口志、聚落志、農業志、土地利用志九篇，於民國三十七年九月由中國地理研究所主編之《地理雜誌》（第五卷第三、四期合刊），發行「北碚專號」問世。因「北碚專號」僅刊載九篇，故楊家駱乃輯為《北碚九志》，在臺灣刊行。見楊家駱主修，《以科學論文方式撰寫方志之試驗：北碚九志》（台北：鼎文書局，民國六十六年二月），序二。

九部府縣志，比較其體例之異同（頁 107-109），以爲洪氏刻板之佐證。洪氏之方志著作是否刻板，此爲另一個值得探討之課題，惟若僅比較各志書之體例，而未對各志書之內容作深入之分析與比較，即遽下結論，似亦值得商榷。蓋因各志書體例之訂定，除取決於各志書所記載對象之個別情況以外，纂修經費之充裕與否，纂修者之專長等，亦爲決定志書體例的重要因素。以筆者主持之《鹿港鎮志》爲例，該鎮志計分地理篇、沿革篇、政事篇、經濟篇、交通篇、氏族篇、教育篇、宗教篇、藝文篇、人物篇，共十篇。[12]爲考量鹿港爲台灣著名的古老市鎮，鎮內有多處古蹟，居民一口鹿港腔（泉州口音），在擬訂體例之初曾一度考慮增列古蹟、語言二篇，俾能對鹿港的古蹟詳予記載，並對鹿港居民的語言作深入的探討，惜因經費所限，不得不割愛，俟之來日。可見單就志書之體例，論斷纂修者是否刻板，確存有若干盲點，不可不慎。

綜括而言，本書確具內容豐富，引證詳實；立論平允，見解精闢；史事考證，貢獻卓著三項優點，實不愧爲地方史志的巨著，值得稱道與推薦。惟本書亦有校對欠精，錯別字不少；史實敘述有誤，年代不確等疏失，有待修正。另外，本書敘述當代方志學者，遺漏朱士嘉等人；對清代方志學者洪亮吉的批評，失之嚴苛，亦值得商榷，有待再版時加以增補或刪訂。（本文撰寫期間，曾與鍾樞榮先生交換意見，承鍾先生惠提寶貴意見；初稿完成，又承曾鼎甲先生協助打字，特此一併致謝。）

（原文刊於《海峽兩岸地方史志地方博物館學術研討會論文集》，臺灣省文獻委員會，1999 年，頁 9-19。其後收入林天蔚《地方文獻論集》下冊，附錄：頁 916-931，海口南方出版社，2002 年，6 月）

12　參閱黃秀政，〈論臺灣鄉鎮志的纂修：以《鹿港鎮志》爲例〉（中國天津：天津市地方史志編修委員會主辦「海峽兩岸地方史志比較研究討論會」，1997 年 12 月），頁 1-10。

喜讀林著《方志學與地方史研究》

北京人民大學退休教授
韋 慶 遠

一

　　林天蔚教授著《方志學與地方史研究》一書，自出版以來，受到海內外學術界的重視，大陸地區有些省市的方志辦選用之作爲幹部的學習教材；兩岸高等學校的文史學系亦有推荐之作爲參考書的。究其原因，乃是因爲這本書取材豐富而精加篩選，持論紮實而有創見，首先從縱的方面敘述方志的源流發展，分析其功能和貢獻，從原來作爲史學、地學的分支，逐漸發展成爲自成系統，自有專門研究對象的重要學科；其次，該書有重點地介紹自明清以來，即處在方志學漸趨成熟階段，已蔚然成爲顯學之後，在理論方法，通過作品以品評作者，根據志書以探研志學，並將之與現代新的修志理論方法，新方志的體系觀點等作比較的研究。既指出其中有薪火相傳，從傳統修志工作中吸收和繼承的精華；又說明隨著時代的進步、科技的發展，現代修志工作必然具有新的開拓。林教授不但籍貫廣東，而且是著名的廣東史專家。以粵人治粵史，評粵志，更充份發揮出熟悉本地區域沿革、風土習慣和人物事跡，寫來如數家珍，讀之更具有真實感和親切感。正是由於有以上特點，本書的體系，不論在論點或結構上，都能夠充份發揮作者的專長，提出獨到的見解。

二

　　林教授開宗明義指出，「方志」便是以當時人、當地人而修當地的歷史，故最堪徵信。他又特別強調方志「可補正史之不足」。這樣的看法是十分精確的。志書一般三十年一續修，所敘述的人物和事件，其可信性是較大的。至於「可補正史之不足」，更是爲大量事實所反覆証明了的。正史著眼於全國，概括二三百年一個朝代的史事，其紀、傳、志、表，難免有顧此失彼，偏頗不全之處。這是受其體裁和篇幅所限制的。地方志則與此迴異，其研究的對象僅爲一定地區的一定階段，上有前志可循，當前的人、物、時、

地亦歷歷有據，不論在空間或時限上都相對集中，且必須接受眾多有親身經歷當事人的監督和制約，故較能求實求信求細，自然可以有效地補充甚至糾正正史的不足，筆者在自己的研究工作中，對林教授的論點深抱同感，在許多問題上，必須以有關方志與正史互相參詳比對，才可能勾勒出比較符合真實面貌的歷史。試以張居正主持的對全國土地田畝進行重新丈量，並推行一條鞭法一事為例，便可以明顯地反映出地方志書對於正史實具有不可缺的補充價值。

關於丈量田地，《明史》卷 77，《食貨志》1 載：

「萬曆六年，帝用大學士張居正議，天下田賦通行丈量，限三載竣事。用開方法，以徑圍乘除，畸零截補。於是豪猾不得欺隱，里甲免賠累，而小民無虛糧。……然居正尚綜核，頗以溢額為功。有司爭改小弓以求田多，或捏克見田以充虛額。北直隸、湖廣、大同、宣府，遂先後按溢額田增賦云。」

關於推行一條鞭法，《明史》卷 78，《食貨志》2 載：

「隆、萬之世，增額既如故，又多無藝之徵，逋糧愈多，規避亦益巧。已鮮而愆限或至十餘年，未徵而報收，一縣有至十萬者。逋欠之多，縣各數十萬。賴行一條鞭法，無他科擾，民力不大絀。」

如果以各地地方志的有關記載，對上引《明史》的兩條記載加以檢核，就不難發現，《明史》所述，大體上是正確的。執行重新丈量田地和推行一條鞭法，曾有效地均平賦役負擔，解除民間疾苦，其大方向無疑是正確的。不少方志對此給予充份的肯定，也是反映出當時的實情：「均地畝，行條鞭，民享樂利者四十年。」[1]「往歲錢糧逐次派徵，民苦之，始立一條鞭，遂著為令，至今便之。」[2]許多縣志對推行上述改革以除弊興利，都根據本地和實際變化，給予贊許稱頌，「向乘缺額之無稽，與握算之庾匱者，廓清略盡。」[3]

但是，如果細讀其他一些地區的方志，則不難發現，在推行上述改革措置時，也存在過一些很值得注意的問題，諸如：

有為迎合上峰意圖，盲目追求增額，而加重民間痛苦的：

「時江陵柄政，有丈量之役，浦江山縣磽确，間有開墾，工倍於買，且沙礫之區，一遇旱乾，仍為赤土。今陞科無遺，於是民無陣地種桑麻矣。」[4]

「清丈之議，稽脫漏，懲欺隱，將以利民耳。乃梧郡屢經寇盜，民逃田荒，欲復

1 崇禎《歷城縣志》卷 6，《職官》。
2 萬曆《羅山縣志》卷 1，《田賦》。
3 〔清〕康熙《永康縣志》卷 3，《貢賦》。
4 〔清〕康熙《浦江縣志》卷 4，《戶田》。

舊額，將荒蕪不耕之地一概丈報，甚者逐畝加賦，有糧無田，非奉恩詔摘丈除豁，未知其所以終也。」[5]

甚至有庸官猾吏爲謀奸私，不惜置民於死地的：

「萬曆九年清丈，〔縣〕令奉江陵相惟謹。編民黃儒立斃於箠杖之下：佐吏豪猾偵令意，遂將山崗、湖陂、右荒障、行魚之地一概丈量，則又出一千三百頃焉，而分注於二十六里之編民。嗚呼！民又復何堪此不毛之田地乎？」[6]

「萬曆九年，朝廷舉行清丈之法，吾湯之田縮而少，山增而多，重以里胥爲奸，不得不酌盈濟虛，以補額數，而田賦益棼然殽亂矣。賦役繁簡一憑冊籍，而奸胥顛倒，播弄隱瞞那移，弊孔百端，蚩蚩之民，漫無憑據，聚訟盈廷矣。」[7]

「條編法行，……顧編審未盡當，則宿弊未盡厘。何者？有司之耳目一卜，而造欺者千萬其耳目。彼豪有力者先操其贏，以神通於里魁胥吏之手而上下之。所欲輕則富可貧。所欲重則貧可富，有司拱手聽焉。」[8]

亦有田改行一條鞭法，由徵收實物稅改爲徵收貨幣稅，對此金融財政稅制一大變，民間一時無法適應的：

「邇來行條編法，總徵其銀而條分解給，國家不缺正供，民間亦免偏累，至便矣。然舊法徵發有期，猶不失用一緩二遺意，而布帛菽粟俱得爲工食之需，自條編法行，賦役併而徵亦併具，……徵銀，小民亦有不便者。」[9]

上引這一組材料說的，歷史上任何一次變法維新，都不僅是一種治國方略的重新選擇，而且是重大利益關係的重新調整，是對原有傳統和習慣勢力的衝擊。丈量田畝和推行一條鞭制直接關涉到全國上下，以至每一家一戶，在取得重大成績的同時，存在一些負面的缺陋是可以理解的。以上引幾部地方志的內容對《明史》所載進行檢驗，則可以發現，《明史》所言雖基本正確，但不夠完整，不夠具體：一則，當時存在的浮誇溢額，庇富扼貧，除張居正的指導思想存在問題外，地方豪強和吏胥人等亦在鑽制度的空隙以牟取私利；二則，出問題的地區，並不於「北直隸、湖廣、大同、宣府」，南直隸、浙江、兩廣，也同樣存在著類似的偏差，可說是遍及全國的問題；三則，以自給自足小農經濟爲基礎的中國農村，一時改爲以銀兩繳納賦稅，在部份貧瘠而商品經濟不發達的地區，是存在困難的。凡此，都有力証明地方志「可補正史之不足」，實爲定論。

5　崇禎《梧州府志》卷4，〈郡事〉。
6　顧炎武：《天下郡國利病書》卷33，〈江南〉21。引《鳳陽府志》。
7　萬曆《湯溪縣志》卷3，〈田賦〉。
8　萬曆《承天府志》卷6，〈徵役〉。
9　萬曆《廣德府志》卷3，〈徭里〉。

三

　　林教授在著作中十分推崇章學誠（實齋）氏的方志學理論，又而突出地肯定其「州縣請立志科」的卓見，強調必應在修志工作中充份利用本地官府在日常政務活動中形成的各種檔案。設「州縣立志科」，實齋所謂「志科」，類似現代所謂「檔案局」，地方檔案是最基本的史料，由地方蒐集而上放中央。

　　林教授著重論述檔案文件作爲第一手史料的特殊重要價值，無疑是正確的。因其原始性，可以參史之詳，補史之缺，當然比一般充斥溢美之詞的譜牒傳誌更爲可靠，且集中保管於官府，已經過分類整理，亦可免臨時採訪的困難。地方歷史檔案與修撰地方志，實恍如鳥之兩翼，車之兩輪，是相互推進，相得益彰的。

　　其實，林教授在本書中論述近數十年來，我國編纂方志的組織結構，也充份反映出檔案工作與修志工作、檔案工作者與史學家的密切配合。兩岸在此一方面是有共識的。在大陸曾先後領導全國修志工作的組長、副組長曾三和韓譽虎先生，都先後擔任過國家檔案局的局長。各省、市、州、縣的方志辦，也必有當地檔案局的負責人參加主持。近年已出版的一些省志和市、州、縣志，無例外地都先經過較細心地利用有關檔案館館藏資料的階段，以之作爲主要的史料來源。在台灣方面，已將某些年時限的民國檔案，分別交存於國史館和中研院近代史研究所檔案館，體現著檔與史的結合。可見，章學誠請立志科的建議，在當時雖未得准，但在今日，則已成爲現實，這是我們都爲之鼓舞的。

　　細讀林著，得到不少教益，謹將以上幾點不成熟的心得寫成小文，供林教授參考，並請師友們指正。

（摘自林天蔚《地方文獻論集》下冊，

附錄：頁 942-947，海口南方出版社，2002 年，6 月）

評介台灣學者林天蔚新著《方志學與地方史研究》

四川内江縣地方志辦主任、研究員

張 仲 熒

　　台灣學者林天蔚教授乃唐宋史專家。六〇年代出版《宋代香藥貿易史稿》，後又出版《隋唐史新論》而享譽史學界。林氏曾師從著名譜牒學家羅香林教授，近十餘年來，倡導研究地方志及家族譜。他多次倡導及支持有關地方史及地方文獻研究的國際學術會議，主編《地方史資料研究論文集》[1]，《亞太地方文獻研究論文集》[2]等。林氏在香港大學執教二十餘年，八十七年後又在台灣政治大學執教，講授方志學、譜牒學及典籍研究，著述等身。近年來，林氏致力於方志學及地方文獻研究，1995 年，台灣南天書局出版其專著《方志學與地方史研究》，在台、港學術界有相當影響。

　　台灣地區自光復以後，纂修新方志之舉不斷，但理論研究之風不盛。學術界雖不乏關注方志學之士，但多將注意力放在舊方志之應用及研究上。台灣各級文獻委員會諸專家則對各自地方的地情研究較爲注重。王爾敏教授有曰：「海外台灣老輩若張其昀、王益崖、沙學浚、鄭資約、王華隆已凋落殆盡，新秀尚未起來。」[3]嚴耕望、盛清沂、宋晞、程光裕諸人雖成就卓著，但研究方向多以舊方志之史料價值爲重。各大學間有設置「地方文獻」一科，但獨立開設方志學課程者，似僅有宋晞（中國文化大學）、曾一民（東海大學）、王爾敏（台灣師範大學）、林天蔚（政治大學）等。可參考之專著，除方志界老前輩李泰棻、傅振倫、毛一波、黎錦熙等外，只有唐祖培五〇年代出版之《新方志學》，張其昀、杜學知等論著及其它學者的零星論文發表。涉及新編方志之理論專著並不多見。近年來，大陸學者在方志學研究上的成就，已引起台灣學者的重視，台灣學者王爾敏曰：

1　1982 年，香港大學與美國猶他家譜學會（Genealogical Society of Utah of Salt Lake City, Utah, USA）聯合舉辦「區域性研討國際學術會議」。主題爲：族譜、方志、人物傳記之收集、保存及應用之價值。會後，林天蔚教授將各與會者宣讀之論文凡 17 篇結集，由香港大學出版。是爲「地方史資料研究論文集」。
2　1989 年，林天蔚教授在香港大學策劃組織「亞太地方文獻研究國際學術會議」。來自十四個不同國家和地區的學者四十餘人與會。會議發表的論文主要分三個部份，即族譜研究、方志研究、華僑史研究。會後，林氏將與會學者發表之論文 45 篇結集出版，是爲「亞太地方文獻研究論文集」（Collected Essays on Local History of the Asian-Pacific Region）
3　出自台灣師範大學教授王爾敏爲《方志學與地方史研究》一書所作的序。

「近二十年來大陸方志學家輩出，專書甚多，不下二十餘種，期刊論文尤夥。港台兩地亦有論文可觀，但專書寥寥無幾。」[4]王氏又曰：「海嶠一隅，海外五洲，尚有方志學著作與大陸二三十種方志學著作爭一日之短長者，則只有天蔚一人。」[5]可見林氏是著在台灣的影響。

林氏是著凡三編，是爲〈方志源流與發展〉；〈方志學的理論與方志理論家〉；〈廣東方志研究〉。以下分敘之：

其一，〈方志源流與發展〉。首敘方志功用，林氏將方志之功用歸納爲四，是爲「補正史之不足，訂正史之錯，添科技資料，蒐集地方人物、史事與藝文，鉤尋中西文化交流及宗教史料。」以開展了十幾年新方志學討論的大陸方志學界看來，林氏之論尚有可商榷之處，但林氏爲論證其主張，所引用舉例又多爲大陸近年來發表的新資料，這在台港及海外不能不給人耳目一新之感。關於新方志之源流，林氏主張史地兩源。「史源」始於《周禮》，「地源」始於《禹貢》。在發展過程中，史之源有《越絕書》、《吳越春秋》、《華陽國志》及《耆舊傳》、《人物傳》。地之源則爲圖經、《山海經》、《水經注》、《地記（志）》、《風俗志》、《地理志》等。至於方志發展過程，林氏主張兩漢至魏晉南北朝仍是史地分途發展，至《隋書》立地理目，加上隋唐初著重邊疆地理，資料增多，初唐官修地理書開始逐漸發展成爲歷史地理的新型式，其中《括地志》、《元和郡縣志》更是《一統志》的最早型式。由是，林氏綜理出中國方志的發展線索：漢代：史地兩源。魏晉南北朝：史地分途。隋唐：史地合一爲歷史地理。宋：創新體裁而成方志。至於方志理論，林氏認爲肇端於清代，分爲二派，地理派起源爲早，始於江蘇顧炎武、顧祖禹，戴震繼之，至洪亮吉始發揚光大。史法派始於章學誠，真正傳其學者並不多見。

其二，〈方志學理論與方志理論家〉。主要論述章學誠、兩顧（炎武、祖禹）、戴震及洪亮吉諸古方志學家之觀點，進而論及新方志學家與方志新體例。林氏將章學誠的方志理論歸納爲六，是爲述志之例；撰志之要；論志之體；論文與史之關係；論史與志之異及其它。在論及兩顧、戴震及洪亮吉之後，林氏認爲：方志理論自章學誠提出，至今已二百餘年，梁啓超提出「方志學」一詞，至今幾達百餘年。潮流在變，社會在變，於是「新方志學」應運而生。林氏主張新方志學應由「內容」、「機構」、「方法」三個部份組

---

4 同註 3。
5 王氏此說仍出自其序言。但台灣近年來亦有另兩部方志學專著值得重視。1982 年，台灣漢學研究中心舉辦「方志學國際研討會」。來自美國、法國、日本及台港地區學者多人與會並宣讀論文。會後，刊行會議論文集二冊。此外，中國文化大學教授兼文學院院長宋晞著《方志學研究論叢》（台灣商務印書館 1990 年出版）收著者論文九篇，書評一篇，主要論述地方志與歷史學的關係，地方志在史料學上的地位，以及中國地方志的流傳存藏等。其中以「七十年來的方志學研究」爲題，對 1949 年以前中國大陸及 1949 年以後台灣地區的新方志編纂、舊方志整理及方志理論研究作一綜述，但未涉及 1949 年以後中國大陸的情況。

成。對中國方志的內容，林氏歸納為「人」、「事」、「地」、「物」四個方面。與此同時，林氏較詳細的述介了海峽兩岸方志學者的觀點，海峽兩岸新修方志的主要異同、組織機構及修志方法。其中，對台灣新修方志的組織、成果、理論研究介紹較詳。林氏提出了自己對新修方志的主要內容及體例的見解，其中，「新方志擬目芻議」頗有參考價值。

其三，〈廣東方志研究〉。是編對明清時期所修六種《廣東通志》分別加以評介，並以此論証林氏提出之方志學研究三目標：（甲）理論之探討；（乙）志書之纂修；（丙）地方史事之研究。（這裡，林氏主要指的是方志史料的應用）林氏此著三個部份，與他提出的方志學研究三目標大體吻合。大陸學者多將新方志學的構架，或稱之理論體系分成三個部份。一曰理論方志學，二曰應用方志學，三曰方志學史[6]。林氏將方志的編纂實踐與地情研究亦歸入方志學之列，實際上是將方志編纂實踐（地情研究，新方志編纂）與理論研究均視為方志學的組成部份，似乎範圍更為廣泛。以筆者近年所見之台灣文獻委員會諸專家陸續發表之台灣地情研究論著視之，林氏之說是有相當依據的[7]。

以上述內容看來，《方志學與地方史研究》事實上完全歸入了林氏所構築的方志學體系，完全可以視為方志學研究的專著，其特點是顯而易見的。主要體現在以下三個方面：

其一，網羅宏富，信息量大。林氏此著自序中開列近十年大陸出版之方志學著述二十餘種，書末附徵引書目，計古籍 39 種，方志 33 種，族譜 5 種，專著 76 種，期刊論文 32 種，可謂浩博。通過舉例，論述及評論，涉及眾多台港地區及大陸學者近幾十年來有關方志學研究的成果及觀點。林氏多將各種觀點加以比較之後，再闡述己見。對一個問題，林氏往往先理出一條較清晰的歷史發展線索，給人以事物發展的連續概念。如新方志的體例及內容，林氏不僅詳細地論述章學誠、戴震、兩顧及洪亮吉等人的主張及實踐，繼而論述近代學者李泰棻、黎錦熙、唐祖培、張其昀等人的觀點，並將他們對方志的擬目主張加以比較，最後再論述現代大陸學者意見。再如，林氏特設「海峽兩岸的修志機構」一節，不僅將海峽兩岸當代修志機構以圖表方式列出，而且詳述光復之後台灣修志機構的沿革，不僅涉及名稱演變，而且將文獻委員會內機關之設置及其職掌演變列出。如台灣各級文獻委員會，列出編輯組、採集組、整理組、總務室、專（兼）職委員及顧問委員等。大陸修志機構則列出中國地方志指導小組及省一級機構，同時列出中國地方志協會，此外，林氏還列出台灣地區修志機構中各職務人選的標準，在註釋中，將歷屆台灣省文獻委員會組成人員及中國地方志指導小組成員名單一一列出，由此可以窺見海

6　參見拙著《方志學理論研究的回顧》（載《史志文萃》1988 年 6 期）及〈關於理論方志學的內涵問題〉（載《編輯學刊》1989 年 3 期）。
7　可參看近些年來台灣省文獻委員會出版之《台灣文獻》，至今已出版約 50 卷。

峽兩岸新修地方志的組織方式及運作過程，這對兩岸的修志工作都很有參考價值。

其二，林氏在是著中提出的許多觀點有獨到之處。（甲）林氏認為，若以方志之歷史內涵，則以「物」與「地」為重；匯合「人」、「事」、「地」、「物」四者，便成為方志。若再加以縱橫敘述並注重地方特色，則體例與特色日漸完備。中國方志自宋以還，重史者人文奇重，如明代之方志。重地者則沿革為上，如戴震等人之主張與實踐。重人文則輕經濟，強調經濟者則人文、地理偏失。林氏將上述四項列為方志的必備要素，強調四項並重，見解深刻。（乙）林氏強調時代在變，潮流在變，因而新修方志應有「新的內容、新的體裁與組織」的三新，強調三者互相影響。對於新修方志的「創新」，林氏提出「創新」與「新創」的不同內涵。林氏認為：「創新」是推陳出新，將舊志加以改良，而「新創」則需另創一種體裁。林氏謂應以新的編寫方法及新的史館組織撰寫新方志。值得指出的是，林氏注意到了新編方志的組織方法與方志內容與時代相適應的關係。林氏指出：台灣由「通志館」進而至「文獻委員會」，其目標除了修志外，更重視平日文獻之收集與整理。從其組織中，窺知其與舊的「通志館」已大不相同，其內容亦大有分別。

其三，林氏專設一節〈新方志擬目芻議〉以期將其理論落實於實踐。作為歷史學家，他感到目前「地方史」與「地方志」常常混淆不清，故新方志首先應辨「史」與「地」之不同，始能擬目，即發凡起例。林氏以為新編方志發凡起例應重視兩點。他說：「史」重過去，引述文獻為主，「地」重現狀，應兼用採訪。方志中談「史」部，應「略古詳今」，談「地」部雖以採集現狀資料為主，但亦應「考証」及以「史法」而比較分析，否則堆砌豐富的地理資料，僅是「百科全書」與「地方年鑑」而非方志[8]。林氏亦認為：不論「史」或「地」的資料，應重視現代性及地方特性，不能以傳統觀念及大一統的「中央」觀念處理資料；地方「通志」以通為主，而非「專志」與「專論」[9]，根據這種理論，林氏設計出新編方志的體例。他將新編方志分為五項：（甲）圖經，以地理為方志之首。（乙）史表（沿革、大事、職官、人物等，並附以考辨）。（丙）史志。是為方志主體，分為政治、文化、經濟、社會四個部份。主張敘「源流」（史）後，繼之以「現狀」，進而比較與分析，使之合符「史法」。（丁）史傳。（戊）叢談。可以看出，林氏設計的新編方志體例的特點是顯而易見的。首先，他設計的「圖經」以地理為首，圖分攝影（現狀）、圖片（歷史）、地圖三部份，「經」則指對上述各圖的文字解釋。就大陸目前出版的新編方志而言，圖固然不少，但絕大多數僅有攝影，即反映現狀的圖片，而歷史圖片，歷史地圖則多闕如。且照片的文字說明也十分簡略，完全失去古代圖經的優勢。這一不足應當在

8　《方志學與地方史研究》頁 133。
9　同註 8。

續修新方志時加以改進。

其次，林氏提出史表中增「考辨」一項。無論一個地區的「大事」、「人物」均不乏爭議或事有多說者，編纂者在沒有確鑿的証據情況下，應多說並存。如是，必要之考証不可少。至於「考辨」之形式，當然可以多樣，或附於文末，或採用註釋，或隨文。無論如何，林氏這一見解都是公允的。

對於方志之主體，即「史志」部份，林氏主張先敘「源流」，而後「現狀」，「源流」部份應「略古詳今」，敘「現狀」則考証並以史法比較與分析。這一看法，似與大陸方志學界近幾年來探討的方志「整體性」問題有相似之處。林氏所謂「源流」，大陸學者謂之「縱述」，但方志正文中，大陸學者多主張「述而不作」，不主張過多使用比較與分析。但許多新方志中，「綜述」、「綜說」、「概述」之類體裁則注重比較與分析。從字面上看，林氏主張「詳古略今」，大陸學者提倡「詳今略古」，但大陸學者主張的「詳今略古」與林氏主張的「詳古略今」並不截然相對。林氏僅主張在敘「源流」時「詳古略今」，並未強調敘述現狀時亦用此原則。而大陸方志學界主張的「詳今略古」乃是指整部方志的內容而言，即敘「源流」略，記「現狀」詳。林氏在人物史傳中，亦主張「詳今略古」，他對此的解釋是：「舊志已載人物以簡述為主，並可注明『見舊志卷 XX』，但若有新評價則應詳述之」。林氏對地方志人物傳，不主張「生不立傳」，他以為「若仍生存者，則著重在本地的事跡及貢獻者為主。」[10]台灣與大陸一樣，並不從事新方志編纂的學者，與方志編纂的實際工作者，均從各自的角度探討新編方志的理論。特別對新編方志的體例及內容關注較多。總的傾向是，學者們提出的體例與對新編方志內容的要求學術性很強，但可操作性欠缺。而方志工作者們設計的體例及對新編方志內容的取捨，可操作性強，但尚未達到應有的學術水平。如何讓學者們與方志工作者結合，共同設計乃至完成新方志編纂，使之更符合科學性，如何作到「詳略得當」，是一個值得進一步研究的課題。

其四，林氏是書在寫作方式上，正文言簡意賅，提綱挈領，註釋則旁徵博引，精細詳明，資料豐富。全書近 400 頁，註釋佔去 110 餘頁，四分之一強，且註釋用小於正文字號排印。如敘嘉慶《廣東通志》總纂之一謝蘭生，正文以 12 字敘及林氏認定的生卒年，但註釋凡 324 字，徵引書籍 7 種，採多家之說加以考訂而說明，可見其詳明。

林天蔚氏以一位長期生活在港台地區的歷史學家從事方志學研究，其研究視角新穎自不待言。如前所述，研究深度也令人感佩。也因為如此，研究者的局限也不可避免，是書也尚有可商榷之處。

首先，台港學者欲全面掌握大陸資料有一定難度。林氏在「自序」中言：「大陸之

---

10 《方志學與地方史研究》頁 136。

書籍，在戒嚴令下根本無法輸入，筆者憑政治大學國際關係研究中心幫忙，將大部份大陸的方志學書籍，以『研究』理由，申請攜入，聲明『限閱』，不准外借，」[11]方得接觸大陸學者的研究。由是，在一定程度上而局限了作者對大陸方志學研究的全面掌握。如林氏在第三章關於方志的起源研究中，列出學者們各自的主張，《周禮》、《禹貢》、《越絕書》、《華陽國志》、《吳越春秋》諸說俱備。但近年又有學者主張方志起源於人類社會初始之口耳相傳，刻劃圖繪之時[12]。此說筆者亦不敢苟同，但其作為一種主張而為著者漏列亦為憾事。林氏在「現代大陸學者意見」中，不少較有代表性的學者及其觀點未涉及。台灣學者王爾敏亦指出：「相信必須敘入最重要的前輩朱士嘉、傅振倫，以表率後學」[13]實際上，林氏所引個別大陸學者的主張，隨著研究的深入及新編方志實踐，有的對自己以往的觀點已有所揚拋，提出了新的認識。這方面似乎為林先生所未及。

其次，台灣當代學者對新編方志的意見，特別是文獻委員會諸專家的觀點與實踐，書中比較薄弱，似可補充。

其三，西方學者對中國方志之研究，所論尚可充實，使之更為精當。如西方學者對方志性質之認識，林氏以為西方學者謂中國方志乃一地方百科全書[14]，並據大陸學者薛虹、史念海、曹爾琴等人的著述，稱西方人對「方志」一詞之英譯有三：Local History, Local Encyclopedia, Regional Encyclopedia。其實，西方由於沒有與中國方志一致的文獻體裁，對中國方志的理解是多方面的。西人將中國方志理解成地方史，地方百科全書等是依據他們對西方文獻的理解。還有將中國方志譯為 Local-Records 者，直譯成中文，則為「地方記錄」。這種譯法，也收入台灣版「漢英大辭典」。此外，美國學者沙其敏（Melvin P. Thatcher）在為林氏本書所作序中，也將「方志」譯為（Local Gazetteer），則理解為地名辭典，索引之類，則又是一例。順便指出，林氏主編的「亞太地方文獻研究論文集」亦將「地方文獻」譯成（Local History），如按中文意思理解則西方人又視之為中國地方史、地方志、地方文獻為一體。指出這些，似乎更能全面理解林氏所要論証的問題。

（摘自林天蔚《地方文獻論集》下冊，

附錄：頁 948-97，海口南方出版社，2002 年，6 月）

---

11 《方志學與地方史研究》自序。
12 彭靜中《中國方志學簡史》（四川大學出版社 1990 年版）。
13 王爾敏《方志學與地方史研究》序言。
14 《方志學與地方史研究》頁 25、頁 49。

以方志、族譜、金石碑刻爲內涵的「地方文獻」新概念的提出與運用

—— 評林天蔚教授新著《地方文獻論集》

南開大學教授

馮 爾 康

　　唐宋史、地方文獻學專家林天蔚教授，繼 1995 年梓行的《方志學與地方史研究》之後，今有新作《地方文獻論集》問世，提出以方志、族譜、金石碑刻爲內涵的地方文獻新概念，並對這三種文獻資料進行系統的研究，將此種學科的研討推向一種新境界，當然也存在著需要探人探討的問題。

一、內容簡介及諸家評介撮要

　　全書分五篇，爲方志篇、譜學篇、金石碑刻篇，專題研究篇及附錄篇，有作者的《自序》，述其要旨，甚爲言簡意賅。五篇內容，大要爲：

　　方志篇，由六章構成，論述方志之源流、發展與功用；方志理論與方志理論家，主要是論述章學誠的方志史學論，兼及其對立面戴震「地理沿革」論；當代方志理論及方志體例；當代海峽兩岸的修志機構；評論來新夏、齊騰博主編的《中日地方史志比較研究》；〈清代方志學名著知見錄〉，多達幾千項，故製成電腦光碟，附於書後，供讀者檢索。這一部分內容和觀點，基本上已在《方志學與地方史研究》一書中作了表達，然收入新作，增寫原作的 50%，故不是簡單的舊作的彙入。

　　譜學篇，亦爲六章，一二兩章論譜學源流、分期、新舊譜學的不同及建立新譜學構思；利用族譜資料論宋代中原人士移徙廣東的兩條路賤；論述綜合利用族譜、方志資料進行研究的價值；廣東許族源流及兩種發展類型；介紹《新會潮連鄉蘆鞭里盧氏族譜》，披露林氏撰寫的《湛江市博立村許國仁愛周公家譜》目錄、凡例及撮要。

　　金石碑刻篇，計有四章，利用考古發現的碑刻金石經卷資料研究歷史，並對經卷本身進行探討。林氏為研究唐代瓜沙史，在閱讀英國倫敦大英博物館所藏敦煌文書縮微膠卷基礎上，遠赴倫敦、巴黎閱覽敦煌文書，寫出有關敦煌土地制度的專章，認為那里沒有實行均田制，而是墾荒的屯田制；敦煌文書是最寶貴的資料，但並不是毫無保留的最可靠資料，使用時須加校勘與辨別；使用碑刻和敦煌文書，研究敦煌土著大族索氏與歸義軍政權的關係；簡要介紹主要金石碑刻及其銘文，指出「金石學是研究地方文獻的頭首資料，價值甚大。」

　　專題研究篇，分四部分，一為對六種《廣東通志》的評介；二為人物研究，係對隋譙國洗夫人、莫宣卿、范仲淹與余靖、郭棐的分別評論，范仲淹除外，皆廣東人；三為史事研究，所論及的皆與廣東有關的歷史，認為宋代之廣州係轉運港口而非貿易港口，葡萄牙人初到的屯門島係香港的大嶼山，不是世傳的新會縣茜草灣，今在探圳市蛇口的南宋末帝趙昺陵係紀念陵墓，無遺骸、衣冠，考證葡萄牙人初期貿易地的浪白在香港，而非澳門；民族史研究，敘述唐宋以來廣東少數民族分類、變亂，特別論著少數族群中的母權問題，認為中國的母系與母權社會同摩爾根的理論不是一個型式，從少數族裔可以看到「父系，母權」的存在。

　　附錄篇，由十一篇特約稿集成，前三篇是英文稿，為西方學者介紹美國有關地方文獻之作品，中間兩篇及後面六篇分別是方家為林氏《方志學與地方史研究》所作的序言、書評，三篇西文的內容與林氏書的主題吻合，藉以融合中外學術，擴大中國讀者視野，書序和評論中有對林氏著作的批評，作者收人新著，在〈自序〉中作出回應。

　　五篇的內容大要如此，從第五篇的後八篇文章可知，學界對林氏新著的第一篇基本上有了較為一致的見解，即謂其對方志學「孜孜鑽研撰成專著」，張仲犖認為該書具有四個特點，可以說概括了眾家之意，這四點是：網羅宏富，信息量大；提出許多有獨到之處的觀點，如方志體例的「創新」與「新創」不同；為新方志擬製類目（實即新體例），希望能對編寫新方志有所裨益；書寫方法上，正文言簡意賅，提綱挈領，注釋旁徵博引，精細詳明，資料豐富。新著《地方文獻論集》的邱樹森序，云林氏前後兩部著作，「為當今海內外學者方志學研究最新最系統之果。」因此《地方文獻論集》的《方志篇》的評論無需筆者多事饒舌，惟對邱樹森系統之說補充一句：林氏對方志學確實進行了系統的研究，給人以系統的知識，他不僅一般性地描述方志學的發生、發展歷程，特別揭示這門學問理論的形成及其理論家，還如實地將她視作活的學問，以設計方志體例，親身參與，再則比較中外方志的異同，將研究深化，故可謂較為深入系統的研究。有鑒於此，下面不再專門評述「方志篇」，而將注意力集中在該書的其他部分。

二、地方文獻新概念的提業

就筆者的認識和對其他學者認知的感覺，方志和族譜是地方文獻。地方文書，如敦煌文書、徽州文書，也是地方文獻。碑刻，作爲地方文獻也沒有疑文，如《江蘇省明清以來碑刻資料選編》、《上海碑刻資料選輯》、《明清佛山碑刻文獻經濟資料》等。鐘鼎銘文，作爲地方文獻，似乎沒有想過，尤其是未曾將這些類別的文獻作爲一種學問加以思考和論証，如今林天蔚教授明確地把它們融合在一起進行研究，將研究成果命名爲《地方文獻論集》，並在〈自序〉及專題〈方志與族譜之關係及其聯合研究之價值〉中作出理論的闡述，試圖以理論上的建樹，增進同道的共識。現將其要點略陳於後：

地方文獻的內涵。〈自序〉云：地方史的資料，「多來自地方文獻，如族譜、方志、金石碑刻、文書契約、個人著作（如文集）等。文書契約及個人文集雜而無章，大致而言，研究地方史卻以族譜、方志、金石碑刻等頂爲主。」如此將族譜、方志、金石碑刻、文書、契約、個人文集（即清朝人所說的「別集」），規範在地方文獻裏，而以前三項爲主體。這就是林氏「地方文獻」的內涵，正是基於這樣的認識，才將關於方志學、族譜學、金石學的研究，結集在一起，命名爲《地方文獻論集》。

將方志與族譜進行綜合研究的建議和實踐。所謂地方文獻的組成部分，必然有其內在聯繫，否則不能組合，聯繫不起來。林氏有鑒於此，特地在〈方志與族譜之關係及其聯合研究之價值〉論述方志與族譜的關係，指出它們有個共同點 —— 均是地方性資料，這是作地方史可以聯合運用的基礎；另一項基礎，是族譜所體現的家族組識與方志影響下的同鄉會是近代社會的重要結構；方志已經採取族譜的資料，比如方志中的傳記、碑刻、墳墓、廟宇、祠堂，有些採自於族譜；而它們的相異點：方志之研究重點在「地」，族譜則在「人」，因此綜合使用二者之資料，「所得更大」。他的結論是在綜合運用方志、族譜資料的實踐基礎上總結出來的。他查閱明清兩代的方志和香港現住居民的若干族譜，發現中葡首次戰爭是在 1521 年而非《明史》所載之 1523 年；中葡首次之衝突地點是在香港，而不是描述所說的新會縣；十六世紀葡人在中國最大的商埠浪白，應在今日香港大嶼山之西部，因之寫成《十六世紀葡萄牙在香港事述考》，從研究實踐中認識到「聯合『方志』與『族譜』是研究地方史之主要途徑」（上冊第 291 頁）。

「地方文獻」新概念的提出，對地方史研究的價值是不難想見的。其實，在此以前，研究地方史，也會運用方志、族譜、金石各種銘文、各種契約文書，以及文集、筆記等文獻的資料，但那時對某些文獻的材料使用得不那麼自覺，或對某種文獻有所忽視。而林氏概念的提出，將有益於學界有意識地、自覺地全面利用上述各種文獻的資料進行地

方史的研究，乃至於對地方文獻自身的研究，在利用中發現各種地方文獻資料的特點和價值，因而會提升研究成果的品質。將方志、族譜、金石碑刻、地方文書定位爲地方文獻，用作地方史研究的素材，並不是將它們局限於此，這些文獻同樣是研究國史和各種專門史的史料，並不因此降低它們的全面史料價值，在認定「地方文獻」概念時，這一點無疑也是明確的。

三、幾點具體研究成果

如果說地方文獻新概念的提出是宏觀的思維，下面將要介紹的則是《地方文獻論集》所表現出的具體學術見解的成果，及作者可貴的治學精神。

（1）對譜牒學及其歷史的研究，《地方文獻論集》表現出其作者對新譜學的追求：內容之擴大，新目標之提出，方法之改良。

林氏對譜學的發生、發展，有所總結，前後的認識亦有所不同，然對近代以來新譜學的概括令人一新耳目：

及至近代西學東來，譜學脫離儒家的倫理學的束縛，以社會科學之基礎從事譜學之研究，因此產生了「新譜學」。新譜學以社會學、經濟學、統計學、生物學、地理學、文化歷史學爲基礎，以歸納法或演繹法而作譜學之研究，研究對象由個人爲主體的「家族」推廣至由「家族爲主體」而探究其對社會及國家之影響。（上冊第 249 頁）

這裡有三點值得留意：新譜學的學科基礎來自有關的社會科學與自然科學；研究方法是歸納法、演繹法；所謂研究對象的轉變由個人爲主到家族爲主，其實歷來族譜都是以家族爲主，林氏所以作此區分，在於強調新譜學應更多地反映家族同社會的聯繫，是地方文獻的一部分，同其地方文獻學的主張一致。林氏進而論述新譜學的三家，即潘光旦從優生學研究家族活動和家譜；王栻用統計學方法解釋家族歷史：羅香林從社會文化方面研究家族史、族譜及其同社會的關係，指明他們的貢獻所在。

林氏本人以譜系學（新譜學）提出三項主張：（甲）內容的擴大，有兩項內容，一爲與家族有關的材料，如戶口、土地契約、婚約、出生死亡證明等，另一爲從父系擴展到母系、妻系、女系（女婿）的活動材料。（乙）新的目標，新族譜不僅是爲慎終追遠，更要培養認同思想，認同同族、同宗之外，認同中華文化，在近百餘年來，國人對西方文化的迷信，失卻民族自信心。應該在吸收西方家庭獨立精神同時，對我國的傳統倫理思想重新評價，輸入家庭生活。（丙）改良方法，從觀念上認識到新譜學注意社會影響人物的成長、成敗，改變傳統譜學純以人物成敗看家族興衰；方法上留心紀錄家族的文化因子與體質因子的兩種遺傳。在這三項主張中，林氏對於新目標的追求，可謂情有獨鐘，

認爲新譜學「關乎文化的存亡」,「今天我中華民族正處於東西文化衝擊之中受到考驗,我們的人民,正處於濃厚的功利思想、道德淪亡的社會中,家庭觀念與倫理觀念日弱,筆者特提出建立譜系學,是理論建設的具體方法之一。」(上冊第 241)林氏新譜學的見解,改良傳統譜法,賦予其時代的科學精神,運用現代科學的方法,大大擴充其社會內容,使族譜由一族之族史文獻,演變爲社會歷史文獻,並爲建設現代倫理學一種具體方法,這對建設中的新譜學,無疑是極具參考價值的,將爲研究者所重視。

(2)對廣東史、香港史研究具有獨創之見。

在內容介紹中,讀者不難意識到林氏對廣東、香港地方文獻和歷史的關注。對六種《廣東通志》詳加評論,即使未讀過這些志書的筆者,亦認爲其言之鑿鑿,深中其的。林氏謂黃佐、郭棐、阮元分別主修的《廣東通志》「最爲可觀」,《黃志》是「文人之志」;《阮志》是「史家之志」,慎於選擇史料及考證;《郭志》乃是「志家之志」,能夠重視志書的「史地兩源」,更加顯示地方特徵;金光祖、郝玉麟分別主修的志做到搜集資料,詳加整理;修得最早的戴璟之志,雖雜亂無章,然係草創,亦自有其參考價值(下冊第 509 頁)。通論六部志書的特點,非方家何以能夠做到!《廣東通志》,是廣東通省地方史的重要材料,必讀的參考文獻,精湛的評論,自然有益於廣東及廣東各地的地方史研究的參考。廣東人的族譜,林氏關切有加,專文評介《新會朝連鄉蘆鞭里盧氏族譜》,認爲它不單載一個家族的事情,「擴大而旁及地方社會,是合方志與家譜爲一的新『譜』,且譜之體例亦有所『革新』。」(上冊第 330 頁)並將其視爲由舊譜學蛻變成新譜學的一個例子,「是新譜學的雛形。」(上冊第 259 頁)廣東方志、族譜的史料學分析,爲廣東史研究者對這些資料的價值判斷提供參考因素。

林氏對廣東少數民族及其首領的歷史活動,廣東歷史上的海外貿易,中葡關係中發生在廣東、香港的歷史事件,漢人家族史,廣東歷史上的名人,多所論及,不乏創見。對此,因在第一部分的內容簡介中已有說明,這裏不必贅言,但有一點要補充的,是如何看待林氏的某些創見,如其論述廣州歷史地位的〈宋代廣州爲轉運港與貿易港有別〉一文,認爲宋代,乃至唐代的廣州,「乃我國一大轉運港口,未必有實質上的繁榮。」(下冊第 607 頁),受到不同意見的批評,然而其說持之有故,言之成理,不失爲一家之言。林氏是廣東人,熱愛故鄉,但不佞僻,對誇大家鄉的溢美之詞,不敢「陶醉」(〈自序〉),惟其以嚴謹的學者之風,始能追求真知,發出獨創之論。

(3)視新譜學、新方志爲實用之學,並予提倡。

林氏自擬新方志體例:一、圖經:行政區劃圖、地形圖、地勢、地質及物產圖、氣候圖、交通圖、名勝古迹觀光圖、人口密度分佈圖、民族分佈圖;二、史表:沿革表、

大事表、職官表、人物表；三、史志：政治志、文化志、經濟志、社會志；四、史傳：舊志人物，舊志未載人物；五、叢談：文獻、掌故、災異（上冊第 162 頁）。這是學者擬訂的新方志體例，有無可操作性，是兩回事，學者所思考的是科學性，實踐家所面對的是現實，不得不屈從於可操作性，重要的是林氏以其體例作理論上的探討，可供給修志者參考。

林氏自撰《湛江市博立村許國仁愛周公家譜》，係其新譜學理論的實踐。該譜的篇目：序編：圖片，大宗祠門聯，序：第一篇許氏源流；第二篇入粵之許族：中原士族南遷至福建，許天正爲閩粵許族之祖，許族入粵之兩途，粵省許族之分佈；第三篇博立村許族之入粵與考異；第四篇博立許族舊譜序及近代之世系；第五篇掌握時代脈搏之巨人——湛江、香港之發展與許國仁公之事業；第六篇許愛周公傳；第七篇克承箕裘者列傳；第八篇文獻：周興書室，順昌行業有限公司；附：〈譜傳〉空白紙（節錄，上冊第 338 頁）。將家族企業和企業的重要人物書寫入譜，並給予顯要地位，體現了林氏新譜學加強其社會性的主張。

方志、族譜的興修，都有其連續性的特點，以致清代官方規定十年一修方志，民間則云「三世不修譜，是爲不孝。」修志、修譜爲後世官方和民間繼承下來，直至如今，海峽兩岸均在修志，民間亦修譜不輟。可知方志學、譜牒學實爲一種活的學問，是實踐之學，非純學理之學也。所以林氏的研究新方志、新譜學，與當今的修志、修譜密切相關，希望對實踐有益，提升新方志、新族譜的素質。他不僅是理論探索，還付諸實行，以求理論的完善化，同時也給理論研究者作出了表率。實踐之學的理論探討，尤其有必要。據筆者所知，民間修譜，渴望學者全給予理論的建設，學界似乎也需要回應這種要求，與譜學實行者爲友，共同爲新譜學做些有益的事情。

（4）探索精神，一絲不苟地開展學術討論

從數十萬字的巨著中，字裏行間無不反映林氏治學的嚴謹精神，孜孜以求真知真識，對人對己，莫不如此。他將八家對他的《方志學與地方史研究》的評論附錄於《地方文獻論集》，這些評介褒揚多，批評亦有一些。如果我們不讀林氏〈自序〉中對他的批評的回應，世俗地看，或許會誤會林氏在用他人的話語讚揚自己，但打開一讀，發現他的著眼點在於繼續討論存疑問題：對他人指正，認爲正確的，承認有誤，乃「治學粗疏所致，除更正外謹此致謝及致歉」；有的則說明缺略或疏漏的原因，或因事物本身不明，不便探論，或因客觀環境造成對學術信息的不能及時把握。對嚴於批評的報之以喜，對不好意思多所指正的，則謂「輕描淡寫」，渴望進行學術討論的心情溢於言表。

將學術看作「天下之公器」，爲探討求真，林氏做到知無不言的境界。如對《中日

地方史志比較研究》一書，首頁有介紹文字，曰該書「是中日兩國學者聯合研究成果的匯總」云云，這不過是出版社爲推銷此書，帶有廣告性質的文字，不值得過於認真對待的。可是林氏本著求實的精神，予以矯正，謂其爲「兩國學者研究成果的彙編」，將「總匯」易爲「彙編」，並申述其理由：「因全書未能標出聯合研究的具體事實，而只是在同一主題之下，集14篇專文的論文集而已。」（上冊第179頁）對當今大陸的修志，依據八十年代中前期的信息，謂突出強調爲政治服務，雖要建立新方志，而空乏之言太多，不足爲訓。如果僅就斯時而論，林氏所見甚有道理，而後來的實踐，情況有不少的變化，惜於林氏未再論及。

上述林氏《地方文獻論集》的學術成就，如果苛求的話，亦有不能令人愜意之處，就是對一些論點，如方志、族譜、金石碑刻者之間的內在聯繫，深入展開分析不足，使人有不够解渴之感。話說回來，每個學者有其治學的風格，林氏善於搜集、分析材料，不滿於空泛之論，可能因此不屑於某種說理之作，故而不致力於此。

四、關於譜學一些問題的討論

林氏對於新譜學的概念、特點的論述，前面已作交待，筆者並無異義，惟對下列諸點有所探討或補充。

林氏論述「海峽兩岸之新舊譜學的剖析」，講兩個內容，一是修纂思想和體例，「五四運動」之後，從舊譜，粗略的發展成「兩派三家」（潘光旦、王栻、羅香林）；二是「新譜學多是以專論式，探討社會上諸問題對宗族的影響」，如人口、宗族（及華僑史）、族譜人物及其他問題，並列舉若於篇論文篇目（上冊第255頁）。就此，筆者感到林氏對二十世紀七十年代以來學術界對族譜新體例討論的忽視和缺乏瞭解。七十年代後期和八十年代初期，臺灣學術界擬制兩種新族譜的編寫方案，甲方案歸併、取捨傳統族譜的體例，將族譜書寫定爲四大項內容：（1）源流：含姓源、姓氏考、遷徙考、世紀源流考、沿革、公譜等；（2）世系表：融會傳統族譜的表圖爲直行左斜書寫的世系表；（3）傳；（4）記；包括禮俗、家訓、家規、家教、恩典、文獻、古董、第宅、塋墓、祀田、公益、義學等內容。在書法方面，采取秉筆直書法，不隱諱家族中的壞人壞事；妾、女均上譜，行文力求通俗易懂，去繁文及艱深文字。乙方案的擬訂遵循三頁原則：一是采取傳統家譜的優點，二是使用現代人類學系譜符號以減省文字敘述，三是內容、方法要適合現代社會的需要。該方案的譜書體例也是四大類，即（1）源流方面，包括堂號、祖籍、昭穆（輩序）；（2）世系表；（3）傳略；（4）雜記，包含家訓、祠堂、祖墳、祖業、家族通訊錄、嫁女世系表等。大陸學者對新族譜的體例有所論及，尚無完整方案的提出，惟於 1993

年四川成都有閤晉修宗源有限公司製作出表格式的「姓氏家譜」，供人填寫，其體例稱作「閤氏譜例」，包含十項內容，爲家族名冊、世系表、傳記、親戚、家族影集等。其特點：一是表格化，便於填寫、續修；二是體現男女平等觀念，族女均上譜、作傳；三是紀錄親屬關係；四是收集家族成員的影集；五是爲每一個成員制定編號，便於查找。此譜例未見有學術性的說明，但從譜例獲知，它同臺灣乙方案接近。新族譜的設計情形如此，就筆者寓目的海峽兩岸近年編纂的數十種族譜，綜合其體例，區分其類目，傳統的世系表圖、傳記、家訓、祠堂、祖墳、餘慶錄之外，新增或發展、豐富原有項目，大要爲：

地圖：家族村落圖、村落地區位置圖、族人遷徙圖；

圖像：祖先畫像、近年個人、集體攝影，村落面貌攝影，各種證書的圖片；風雲、風情：所在地區的政治經濟文化的變化和風俗民情；

經濟、創業：家族及個人的事業、實業；

家族大事記：

家族通調象：

親戚：書寫族人的重要親戚；

世系檢索表。

在寫作原則和方法，重大的變革在於：

男女並書，族女上譜，甚至族女之夫婿及他們的子女亦可上譜；

符號表達方法：利用符號表示男女性別，男女的夫妻關係，父母子女的譜系關係，頗爲節省文字和醒目；

秉筆直書的願望：對過去削譜不書的人考慮收人譜內，異姓、贅婿的承嗣上譜，有惡行族人事情的登錄。

這些譜例的設計，以及新族譜的製作者創新方面的努力，向人們展示一種新族譜的藍圖和尚未達到規範的樣品，已讓我們預感到真正意義上的新族譜的問世，已經是可以期待的了，這比林氏所瞭解的情況和所設計的方案都要豐富得多，筆者僅補充於此。至於利用族譜資料研究歷史問題，嚴格地說這不屬於譜學的直接內容。使用「二十五史」的「正史」材料研究通史、斷代史或專題史，成爲各自領域的專家，但若不對「二十五史」本身進行史料學的研究，不能稱之爲"正史"，或這方面的專家，這是學界的共識。同理，僅利用族譜資料研究歷史，假如不對族譜學加以探討，也不能稱爲譜學研究，當然，利用族譜資料的學者，必然會對族譜學有所瞭解，如果他願意的話，會較容易地進入這一領域，並作出成績，不過領域族譜資料和譜學研究是兩回事，林氏在這裏的敘述就顯得簡單，並導致某種混淆。

　　林氏謂「方志之份量遠比族譜爲多」，並分析造成這種情形的原因 —— 有官修制度和人力、財力（上冊第 289 頁）。方志、族譜孰多孰少，實際情形，正和林氏所說相左。方志的數量，就中國科學院北京天文臺等單位於七○年代後期調查所得編輯的《中國地方志聯合目錄》所揭示，方志總數爲 8200 餘種[1]。八九○年代大陸各地編寫方志，陸續出版約在 2000 種左右，總計現有方志在 10000 種至 11000 種之間。那麼族譜呢？據趙振績等人編的《臺灣區族譜目錄》[2]所載，族譜有一萬零六百餘種。筆者參加編制的《中國家譜綜合目錄》著錄一萬四千餘種族譜[3]。就筆者所知，江西有一個縣，該縣地名辦公室在調查地名時，一一登錄了各村落居民所收藏的家譜，達 1060 種，當九○年代初友人[4]給筆者這個族譜目錄時，驚訝莫名，那裏會想到民間會有那麼多族譜，并且是我們編輯的《中國家譜綜合目錄》裏所沒有的。由此可知，在該書的 14000 餘種族譜之外，還有不計其數的族譜爲我們缺載。及後去江西進行家族史的田野調查，見到許多新修的族譜，並承從事譜牒學研究之友人[5]見告，江西約有三萬種族譜。江西是修譜較多的省份之一，量不能以此推算全國的族譜數量，然就此情形而言，全國究竟有多少家譜，用以萬計數，也許不爲過分。目前上海圖書館正在調查、編輯族譜總目，該館館藏族譜即多達萬餘種（林氏在書中亦提到），他們的調查，和我們當年所做的一樣，是通過各收藏單位進行的，而家譜藏在民間的甚多，不是那麼好調查清楚的，想來將來成書，所錄之族譜，離民間實際所有，可能還會有距離，甚至不小的差距。筆者的意思，族譜民間藏量大，難於登錄入冊，萬勿因此忽視它的存在，家譜的數種，會比方誌大得多。方志雖然是官修，有保障，但是民間有「三世不修譜，是爲不孝」之說，利用己身之力，甘願修譜，這種活力，有時是難於想象的。當然，族譜的質量及其資料價值，很難同方志作類比，不過這已不是這裏所要討論的事情了。林氏就南北朝及唐朝人所作的《姓氏錄》、《氏族志》、《元和姓纂》等書，謂譜學「前期多是姓名之學。」（上冊第 248 頁）是否如此，學界見解不一，這裏不作討論，然「姓名之學」的「姓名學」的表達，似可商榷。確切地說，使用「姓氏學」也許會更準確一些。姓名學是謂「姓」與「名」之學，而姓氏學則側重在「姓」與「氏」的研究方面。秦、漢以前，姓與氏有嚴格的區別。姓，基本上是天子和極其特殊的人物才有的，固定不變：氏，是天子、國君賜給下屬的美稱，其數量已要比姓多的多，且可以變換。姓和氏，僅爲貴人所擁有。春秋戰國的社會大變動使得姓氏制度發生相應的變化，秦漢以後，姓與氏的差別消失，人們以氏爲姓，並簡單地以姓不是姓、氏，

1　中國科學院北京天文臺等編輯《中國地方志聯合目錄》，北京，中華書局 1985 年。
2　參趙振績、陳美桂《臺灣區族譜目錄》，臺灣省各姓歷史淵源發展研究學會 1987 年。
3　國家檔案局二處、南開大學歷史系等《中國家譜綜合目錄》，北京，中華書局 1987 年。
4　安徽大學徽學研究中心卞利教授。
5　江西師範大學歷史學梁洪生教授。

同時人們普遍地有了姓，使其書目大為增加。族譜講得姓之由來，即姓源、族源，就屬於姓氏學範圍，所以筆者認為使用「姓氏學」一名，比「姓名學」之稱可能更有益於譜牒學的研究。

筆者愚鈍，不知所云，謹求教於林教授及各位方家。

（作者附言：2002 年 10 月中旬，筆者出席臺北漢學研究中心舉辦的「地方文獻學術研討會」，會間承林天蔚教授贈宏著《地方文獻論集》，林教授是筆者夙所尊敬的學者，會後即敬謹拜讀《論集》，於暨南大學客齋寫此讀後感。11 月 6 日記）

（原文刊於《中國地方志》，2005 年 4 期，頁 42-47。
其後收入《地方文獻研究與分論》北京圖書館出版，
2006 年，12 月，頁 565-572。）

譜學與金石碑刻研究的創新
── 評林著《地方文獻論集》

臺灣中興大學文學院長

黃 秀 政

「地方文獻」紀錄一地區的發展軌跡與歷史演變，可提供地方建設和行政當局施政的參考。地方文獻的蒐集、整理、研究與應用，不僅具有學術參考價值，同時具有實用價值。前香港大學中文系教授、前國立政治大學歷史研究所教授，現任美國楊伯翰大學（Brigham Young University）訪問學人林天蔚教授最近出版《地方文獻論集》（中國海口市：南方出版社，2002 年 6 月初版），其研究方法創新，參考資料豐富，引證詳實，立論平允，兼具學術參考價值與實用價值。該書的出版，可說是 2002 年海峽兩岸歷史學界的盛事，值得重視。

本書分上、下冊，共 957 頁，近 100 萬言，計分《方志篇》、《譜學篇》、《金石碑刻篇》、《專題研究篇》四篇，另有《附錄篇》一篇，是林教授繼 1995 年出版《方志學與地方史研究》巨著之後的另一力作，其博採群籍，取精用宏，對地方文獻學的貢獻，堪稱空前。林教授 1927 年（1924 年）出生，1948 年（1946 年）畢業於廣東省立文理學院（今廣州華南師範大學）史地系。林教授曾執教於香港中文大學崇基書院，長期在香港大學及政治大學講授「隋唐史」、「宋史」，以及「方志研究」等課程，是一位中國中古史與地方文獻學的著名學者。除《方志學與地方史研究》與本書之外，林教授尚著有《宋代香藥貿易史稿》、《隋唐史新編》、《隋唐史新論》、《宋史試析》、《香港前代史論集》（與蕭國健合著）、《宋代史事質疑》等專書。多年以來，林教授倡導地方史與地方文獻的研究，不遺餘力。他於 1985 年及 1989 年兩度籌辦地方史與地方文獻的國際學術會議，會後並主編《地方史資料研究論文集》與《亞太地區地方文獻研討會論文集》，由香港大學亞洲研究中心刊行。其有功於地方史與地方文獻學，誠極難得。

本書的《方志篇》（上冊，頁 1-223），其基本理論與《方志學與地方史研究》一書大致相同，如〈方志之源流與功用〉、〈方志之體例及新方志之擬目〉，以及〈海峽兩岸之

修志機關〉等，雖略有增刪，但多沿襲舊文，尤其是若干觀點如「方志二元論」、「方志之發展」等重覆申論，目的在引起廣泛之討論，以求得共識。另新增〈清代方志學名著知見錄〉凡數千項，表示清代修志之盛；然目錄繁雜，只宜檢索參考，不宜閱讀，故製成電腦光碟，使繁體簡體並列，以資參考。另作「分析」，附於本篇第六章之內；又增新作，評介南開大學來新夏教授與日本學者齊藤博所主編《中日地方史志之比較研究》（1996 年，南開大學出版社），強調此乃「中日兩國方志學者之匯編」而已。作者將每篇加以摘錄，並予評論，藉此可了解兩國方志學之研究與成果。本篇雖多舊文，然新增文字約八萬言，約佔舊文 50%。

　　《專題研究篇》（下冊，頁 471-826）係廣東史事研究專題，新增四篇，全是應用方志、族譜、金石碑刻之史料而作研究。林教授強調以客觀史學考證真相，如〈唐宋時代廣東少數民族的分類及分家〉一文，指出唐宋時代廣東仍是蠻區。〈宋代的廣州爲轉運港口與貿易港口有別〉一文，認爲當時廣州所謂繁榮，乃是史書「誇大及溢美之詞」，林教授雖爲粵人，但並未「自我陶醉」、「夜郎自大」。至於「浪白滘再考」一文，實地考證「浪白」之所在，均與時論不同，極具參考價值。至於〈論少數族群中的母權問題〉，乃探討漢文化下某些蠻俗之遺蹟，屬於學術上的假設推論。

　　以上《方志篇》與《專題研究篇》兩篇，數年前筆者曾撰文加以評介，並非此次本文評介的重點，茲不贅述。[1]以下僅就本文評介的《譜學篇》與《金石碑刻篇》加以論述。譜學是中國文化遺產中極爲寶貴的組成部份，其文獻價值不可忽視。誠如章學誠所說：「有天下之史，有一國之史，有一家之史，有一人之史。傳狀志述，一人之史也；家乘譜牒，一家之史也；部府縣志，一國之史也；綜紀一朝，天下之史也。比人而後有家，比家而後有國，比國而後有天下。惟分者極其詳，然後合者能擇善而無憾也。」[2]由此可見，章氏把家譜、方志、國史都看作同等重要的文獻。譜學對於吾人研究歷史上重要人物的生卒年、履歷、事件，對於歷代人口遷徙、民族分佈、民俗、地名，對於研究古代中國社會、封建宗族制度等，均有重大價值。[3]本書的《譜學篇》（上冊，頁 225-382）共分六章，第一章爲「中國譜學之源流及其分期之試探與新譜學建立芻議」。在本章中，林教授指出中國文化有三特點，一爲農業社會，二爲儒家思想，三爲家庭觀念特強，此三特點互爲影響。按農業社會奠基於周代的封建制度，農業經濟產生了富於保守性的儒家思想。儒

1 黃秀政，〈地方史志的巨著：評林著《方志學與地方史研究》〉，收入《台灣史志論叢》（台北市：五南圖書出版公司，民國八十九年三月初版二刷），頁 357-379。
2 章學誠（清），〈州縣請立志科議〉，收入氏著《文史通義・方志略例（三）》（台北市：華世出版社新編本，民國六十九年九月初版），頁 395。
3 邱樹森，《地方文獻論集・序》，收入林天蔚，《地方文獻論集》（中國海口：南方出版社，2002 年 6 月），頁 2。

家思想在政治上吸取了農業社會的春耕、夏耘、秋收、冬藏之固定規律，而主張「君君、臣臣、父父、子子」，以維持既存的政治制度。在經濟上主張「有土斯有財，有財斯有用」，土是指耕地，故儒家強調「農本學說」。在倫理上，儒家主張「忠與孝」，「夫孝者，始於事親，中於事君，終於立身。」[4]治國者始於治家，求忠臣必出於孝子之門，故儒家的倫理建設首重家庭，因而培養了濃厚的「家庭觀念」；而家庭經濟又基於農業，耕讀是儒家的生活方式，同耕共產更促進了農業的發展。如是循環，互相影響，遂構成中國文化的三大特點。林教授同時指出，中國文化的三大特點又與譜系息息相關，他認為中國譜系的發展可分三期：一為形成期，是指周代的宗法制度中的氏族社會；二為鼎盛期，是指漢至魏晉南北朝的世族社會；三為蛻變期，是指隋唐至鴉片戰爭前的家族社會。此後便是衰落期，是指海禁以後，受到歐風美雨的影響，中國家庭制度受到衝擊的時代，但又未能建立新的社會。

　　《譜學篇》第二章為「新舊譜學之界別及新譜學之兩派三家之評議」。林教授認為傳統譜學不論是族譜、宗譜、家譜，甚至家乘，都是源於血緣關係，並深受儒家倫理思想的影響。及至近代西學東來，譜學脫離儒家倫理思想的束縛，以社會科學之基礎從事譜學之研究，因此產生了「新譜學」。新譜學以社會學、經濟學、統計學、生物學、地理學、文化歷史學為基礎，以歸納法或演繹法而作譜學之研究，研究對象由「個人為主體」的家族，推廣至由「家族為主體」而探究其對社會及國家之影響。在本章中，林教授同時比較新譜學之歸納法代表人物潘光旦（生物遺傳學）、王栻（統計學），與演繹法代表人物羅香林（文化歷史學）等人的成就與貢獻；並對海峽兩岸新舊譜學的研究，加以比較剖析。第三章為「從族譜資料中淺論宋代中原士族遷粵之兩道及其史事」，本章指出中原士族南下入粵，並非始於宋代，但以宋代南遷者較多。南遷士族亦非僅有東（福建寧化縣石壁鄉）及北（廣東南雄縣珠璣巷）兩道，但主要仍是以此二道為主。而自此二道入粵諸族均來自北方的古漢語區域。但因受文化及地理的影響，形成客語（古吳語與楚語溶成）及廣府語（古越語與漢語溶成）兩大系統，並非巧合，而是客觀條件形成。至於由此兩道入粵之士族多沿古驛道或由水路；遷徙原因或由於政治上、經濟上，或因出仕於粵而長留南方，各族不同，其中有若干有關史事，值得加以探討。第四章為「方志與族譜之關係及其聯合研究之價值」，林教授強調方志與族譜都是中國最具代表性之地方史料，同時均起源於距今二千五百年前左右，但族譜發展至兩晉南北朝已達最盛階段，唐以後族譜著作雖不絕，惟偏重於家譜，而且已不為政府所重視，當然家譜仍有不少寶

4　《孝經》「開宗明義」章云：「鄭玄注：『父母生之，是以事親為始；四十強而仕，是以事君為中；七十致仕，是以立身為終也。』」

貴資料。相反地，二千五百年前已開始的地方性歷史，其後則發展成「國別史」與「圖經」。《越絕書》及《華陽國志》之出現，是地方性歷史書籍中滲進大量地理資料，所以隋書「經籍志」特創「地理門」以屬之。至宋代在大量地理著作中，創立了「方志」的體例；直至明清二代，方志之著述大盛，所以族譜與方志在隋唐時代為一轉變關鍵，彼此互相繼承，為研究中國歷史（特別是地方歷史）之重要資料，價值甚大。林教授同時指出，方志與族譜均是地方性之資料，各有其價值，方志之研究重點在「地」，族譜之研究重點在「人」，故聯合研究，所得更大。林教授曾撰〈宋代僥亂紀事編年〉（1970）、〈譙國夫人事蹟質疑及其嚮化與影響〉（1971）、〈十六世紀葡萄牙在香港事蹟考〉（1979）三篇論文，均是利用方志與族譜之資料作地方史之研究，其中第一、二兩篇可補充國史之不足，第三篇可糾正國史之錯誤。就不同區域的情況而言，凡是文化較低之區域，記載必簡，若聯合方志與族譜作深入研究，發現必多；至於高文化區域，亦有若干被人忽略之社會、經濟、地理等資料，可在方志與族譜中找到，方志與族譜之聯合研究，實為研究地方史之主要途徑。第五章為「廣東許族源流初探：並論許族發展之兩類型」，本章指出入粵的許族，從漳、泉入潮、梅為一系，以操潮客語為主，其中有因經商或他故遷至別處，而操該地方言者有之，如廣州高第街許族，原籍潮、梅系但現操廣州話。另一支自福建莆田縣經珠璣巷南下至珠江流域及粵西南部，以廣州白話為主，但在欽、廉有操客語，在海南分支則用黎語等；亦有自粵中遷至粵東，自粵南遷至海南者。許族兩大支系為廣州高第街許族與湛江市博立村許族，前者發跡於清中葉的農業社會，其透過科舉而入仕途，在近代廣東政壇上具有舉足輕重之地位；後者發跡於二十世紀三〇年代，是時廣東的工商業由萌芽而繁榮，尤其是湛江、香港等港口因貿易與新興的工商業，產生了新興的豪族，其中湛江市博立村許族是沿此路線而發展。廣州高第街許族置有「許地」，以維繫家族成員；湛江市博立村許族在香港的物業亦安置先人靈位，家族成員定期至「祖堂」聚會。此種倫理思想，是中國家族制度的功能與力量，但此二族因時代不同，社會環境不同，遂發展成不同的類型。第六章為「兩本新譜之評介」，本章收錄林教授評介兩部新譜之書評，前者為「《新會潮連鄉蘆鞭里盧氏族譜》評介」，指出該部族譜之優點為不單記載一家族之事，且擴大而旁及地方社會，是合方志與家族為一的新譜；同時，該部族譜之體例亦有所「革新」。但該部族譜因受到時代背景所限，以致出現「新型式、舊內容」之缺失，誠為可惜。後者為「《湛江市博立村許國仁愛周公家譜》之凡例與撮要」，此為林教授應博立村許氏家族之邀，「奔走海內外，勾尋古今典籍，博採父老傳聞，加以考異審訂，纂成此譜。」（上冊，頁381）是林教授「將自己的譜學理論應用於『家譜』的撰寫」（上冊，頁 338），親自投入之一例，極具參考價值，金石碑刻是歷史的證物，

爲重要的史料之一，值得海內外中國歷史研究者重視。廣州暨南大學邱樹森教授爲本書作序時指出：「近半個世紀以來，大陸發現和出土的金石碑刻資料十分豐富，以馬長壽所著《碑銘所見前秦至隋初的關中部族》所引二十五種碑記爲例，其中十三種爲前人所著錄，但有兩種著錄不全；不見前人著錄者十二種。這些碑記對研究關中部族分佈與相互關係新添了重要史料。又如甘肅漳縣出土的汪古部首領汪氏家族的十餘種墓碑，對研究汪氏家族的族源與活動至關重要。泉州、揚州是古代中西交通的重要港口，出土了大量伊斯蘭教、基督教碑刻，對於研究古代阿拉伯、波斯、歐洲人來華，外來宗教在華傳播，彌足珍貴。大陸學者利用這些新史料雖然十分便利，但未必普遍重視；海外學者利用這些新史料有較大困難，因而需要溝通信息，盡快掌握，以利于學術水平的提高」[5]由此可見，從事中國歷史研究必須重視金石碑刻資料。本書的《金石碑刻篇》（下冊，頁 383-470）共分四章，第一章爲「索勳碑史事研究」。在本章中，林教授首先比較「索勳碑」[6]碑文的三種版本，就中央研究院傅斯年圖書館藏有「索勳紀德碑」之拓本（01150，僅能看出266 字），以及流傳的兩種抄本，即張維之《隴右金石錄》（錄有 502 字）、徐松之《西域水道記》（卷三，共錄 509 字，全文則有 605 字），不同版本所錄碑文之出入，加以考訂。林教授指出，以上三種拓本，以時間而言，《西域水道記》最早，徐松自稱道光三年（1823）得之於「都門書肆」，故存字最多；張維之《隴右金石錄》刻於 1938 年 5 月，兩書相差幾達百年。但徐松未至敦煌，張維於中日戰爭期間曾任甘肅省參議會議長，爲當地人，應曾到敦煌考察過，故有若干字可補《西域水道記》之不足。中央研究院之拓本不知拓於何時，祇知向達曾於 1943 年隨中研院及中央博物院合組的「西北科學考察團」的歷史考古組在敦煌工作兩年，曾拓有若干碑記；1944 年，「敦煌藝術研究所」（常書鴻主持）成立，亦曾拓有若干碑記。但上距張維的《隴右金石錄》不足十年，而碑之拓本缺字特多，不可理解，疑是抗戰時期或戰後，曾遭破壞過的拓本而已。接著，林教授根據索勳碑之碑文及相關資料，以探討張義潮歸義軍政權的建立及其爭奪原委。林教授推測，歸義軍政權之建立以張義潮及索琪（索勳之父）二人功勞最大；而此二姓，可能是「新來」的氏族與「土著」氏族的結合，亦可能是「文人」與「軍人」的結合。因爲張義潮是「新來敦煌」的文人家族，而索琪家族則是「久居敦煌」的將門世家，二族聯合，遂建立歸義軍政權，此爲歸義軍政權的第一代。其後，歸義軍政權第二代人物張淮深（張義潮之姪）、索勳及李明振（二人均爲張義潮之女婿）三人因爭奪領導權而互相殘殺，先是索勳殺張淮深，接著李明振又殺索勳，而擁立其姪兒張承奉（時爲歸義軍副使），則又顯示「實

---

5 同註 3，頁 3。
6 「索勳碑」立於甘肅省敦煌縣內黌舍櫺星門內土壁，碑之上首共四行，書「大唐河口道歸義軍節度索公紀德之碑」，碑文共二十三行，每行二十四字至三十一字不等。見本書（下冊），頁 385。

力派」與「正統派」爭奪之慘烈。此外，林教授亦利用索勳碑及相關文獻，以探討回鶻與張、索二氏的關係。林教授指出張義潮於唐宣宗大中二年（848）從吐蕃手中奪得沙州後，在歸義軍政權前期張義潮及張淮深均曾擊敗吐蕃及回鶻，掌握甘州、涼州。惟至唐懿宗咸通十四年（873）後，回鶻勢力大盛，張淮深已無力控制二地的回鶻，曾向回鶻稱臣子（刺史男），歸義軍的勢力因之日弱。而當時歸義軍第二代人物之間的互相殘殺，多援引回鶻相助，故歸義軍晚期不僅政權受制於回鶻，而且張、索二姓政權之爭奪亦與回鶻有很大的關係。

《金石碑刻篇》第二章為「敦煌寫卷 S. 0514 與 P. 3354 有關軍屯制與均田制之別」。《敦煌寫卷》中，有關戶籍者約五十多卷，此等戶籍寫卷可作研究唐宋間戶籍、地理、田制等重要資料。而其中以〈斯坦因編號 0514〉（唐大曆四年沙州敦煌縣懸泉鄉宜禾里手抄）與〈伯希和編號 3354〉（唐天寶六載敦煌縣龍勒鄉都鄉里戶籍殘卷）兩卷最為完整，記載亦最為詳細。林教授利用此二卷敦煌寫卷，並參證其他相關資料，以說明軍屯制與均田制的區別。第三章為「敦煌寫卷之校勘問題」，在本章中林教授指出敦煌寫卷為研究中國中古時代文史等學問之寶貴新資料。然「敦煌資料」分散各國，學人研究不易，故早期學者多是編印部份目錄及加以題跋而已。及至英、法等國所藏的敦煌目錄次第出版，世人對敦煌所知漸多，於是始有專題之研究，此等專題多是根據已出版之目錄、題跋或個人拍攝之影片或抄本鑽研而成。林教授強調，因敦煌資料豐富而範圍廣闊，「敦煌學」已成為學術界之專有名詞，但敦煌資料卻未必絕對可靠，引用時仍宜多加留意。第四章為「金石與中國歷史文化」，在本章中林教授指出，金（青銅）與石（刻）是中華文化中主要的史料。殷周之際，多以青銅鑄鐘鼎，上刻有文字，稱為鐘鼎銘文，在歷史上僅次於甲骨文，為中國最古文字之一，主要是記載王室的大事，是當時的歷史與制度的第一手資料。周以後，記事日繁，改用易刻之竹簡、帛書等，於是青銅器的歷史價值遂為藝術價值所代替，縱使文字簡略，但其製作、造型、線條等，卻富有特殊的藝術價值。石刻起源甚早，但保存不易，而且風雨侵蝕，損字較多。最早的石碑錄於史書之內，始於戰國與秦之間，較青銅器略遲。以後有石經、石鼓及種種石碑，而詩人墨客更有刻石題字、紀事之雅興，於是「無山不刻字」，是以碑刻流傳比之鐘鼎為多，而涵蓋之史料亦較鐘鼎為豐富，「金石錄」、「碑傳集」等均為重要的地方史料。總括而言，金石是研究地方文獻的一手資料，在中國歷史文化的研究上，價值很大。

林教授祖籍廣東省茂名縣，對廣東、香港史事素極關心。本書《專題研究篇》係以六個版本的《廣東通志》，以及廣東、香港的人物、史事、民族史為研究專題；惟本文評介重點的《譜學篇》與《金石碑刻篇》兩篇，探討課題則已不限於廣東、香港二地，其

視野已擴大至中國歷史上的譜學發展與敦煌的金石碑刻等課題。這是相當可喜的現象。

　　以下試就閱讀所及，提出本書三點值得稱道之處。首先是比較研究，內容創新。比較研究是歷史研究相當重要的途徑，從事歷史研究時，史料時有矛盾牴牾之情形，必須透過比較研究，始有可能求得歷史真相，從而提出新的解釋。本書的《譜學篇》與《金石碑刻篇》兩篇，是林教授從事地方文獻考訂數十年的心血結晶，他以深厚的學養與廣博的見聞，孜孜不倦，發揮比較研究的長才，其內容的創新乃是有目共睹的。例如討論新舊譜學的界別，以及新譜學的兩派三家，他在文字論述，詳予剖析與比較之後，並精心繪製對照表（上冊，頁250）俾讀者能一目了然。附表一：

表一：新舊譜學之界別及新譜學之兩派三家對照表

舊譜學		

血緣關係	家（家譜）	傳統思想
	家族（族譜）	
	宗族（宗譜）	

分期與分類	兩漢至南北朝	世族社會	以家（族）的成員（個體）為研究對象，以分析每一族之盛衰及在社會上之地位。
	隨唐至北宋	貴族社會	
	南宋至明清	家族社會	

　　在此值得一提的是，林教授在比較新譜學之兩派三家時，對新譜學歸納法學者之潘光旦（生物遺傳學）與王栻（統計學），以及演繹法學者之羅香林（文化歷史學）等人之成就與貢獻，均能摒除個人師承關係，持平客觀地加以比較。對其師羅香林教授在譜牒學、香港史、中西交通史、文化史等開闢新的研究領域，固然多所肯定，但對羅氏身為傳統的儒家學者，其譜學研究難免隱惡揚善、為親者諱的主觀，以及以中上層人物為研究對象等缺失，亦不隱諱地予以指出，認為不及潘光旦教授受過西洋科學的薰陶，著重於基層的分析。（上冊，頁254）客觀公正，是進行比較研究的基本要求，林教授追求真理的精神，值得效法。

　　對於廣東許族兩大支系發展的不同類型，林教授不但比較其所以異，亦比較其所以同。林教授對許族兩大支系入粵後的發展，一為農業社會型的望族，一為工商業社會型

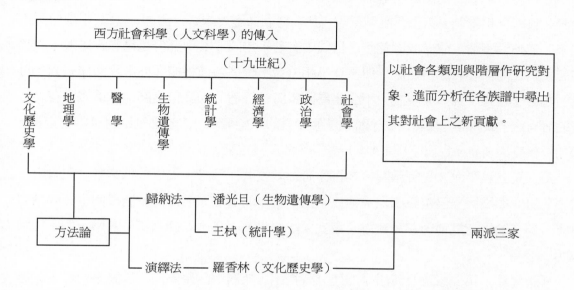

新譜學

西方社會科學（人文科學）的傳入

（十九世紀）

文化歷史學　地理學　醫學　生物遺傳學　統計學　經濟學　政治學　社會學

以社會各類別與階層作研究對象，進而分析在各族譜中尋出其對社會上之新貢獻。

方法論

歸納法 —— 潘光旦（生物遺傳學）
王栻（統計學）
演繹法 —— 羅香林（文化歷史學）

兩派三家

的望族，有深入的討論；對其形成的時代背景與社會環境，亦詳予比較，解釋其不同發展的原因。另對兩大家族均本諸中國的倫理思想，均置有祭祀公業，以維繫家族成員，亦加以比較與分析。（上冊，頁 302-310）

　　此外，對於索勳碑碑文的三種版本，即中央研究院藏有的「索勳紀德碑」拓本，以及流傳的張維《隴右金石錄》與徐松《西域水道記》兩種版本，林教授亦就三種版本碑文的完成年代、碑文存字與缺字、碑文版本作者之背景等，逐一加以比較，詳予參證，而提出其結論。（下冊，頁 385-387）比較研究的運用，可說是本書的一大特色。

　　其次是參考資料豐富，引證詳實。本書作者林教授於六○、七○年代長期在香港大學中文系講授「方志研究」，1966 年並曾擔任哈佛燕京學社訪問學者；八○、九○年代又在政治大學歷史研究所主講「方志學」，1993 年且曾應聘擔任美國楊伯翰大學客座教授一年，講授「方志學」、「族譜學」等課程。教職退休後，林教授定居於加拿大溫哥華，並應聘兼任加拿大英屬哥倫比亞大學（University of British Columbia）亞洲研究中心研究員，專心從事研究工作。由於長年講授方志學、族譜學等課程，涉獵極為廣博；加上林教授積極推動兩岸及國際學術交流，兩度籌辦地方史與地方文獻國際學術會議，對海峽兩岸及美國、加拿大等國漢學重鎮的方志學、族譜學、金石碑刻研究之動態，有相當深入的了解。因此，他撰寫本書《譜學篇》與《金石碑刻篇》兩篇，參考資料極為豐富，計古籍、方志、族譜、近人專著各數十部，期刊論文達百篇以上，其引證詳實不可多得。值得一提的是，林教授撰寫〈敦煌寫卷之校勘問題〉一文時，曾為探究唐末瓜沙與回鶻

吐蕃之交替影響，專程遠赴倫敦、巴黎等地圖書館，就敦煌寫卷的顯微影片中有關部份與原卷對照，就英、法兩國所藏寫卷互相對照，並就英、法兩國所藏寫卷與以前學者所發表之資料互相對照。結果有兩點發現：其一為顯微影片未必「全真」，有若干部份照不出來，或模糊不清，故做成劉銘恕之目錄中有若干錯誤。其中部份是寫卷的錯誤，經劉銘恕所更正的；亦有部份是影片與原卷不相符合。學者若僅根據顯微影片而作研究，可能引起若干錯誤。另一發現是，不少寫卷因當時抄錄者的知識程度關係，重複者有之，不通者有之，故所謂「敦煌資料」固然是最寶貴的原始資料，卻未必是絕對可靠的資料，須加以校勘與辨別。（下冊，頁419）本書參考資料豐富，引證詳實，誠非偶然。

　　第三是立論平允，見解精闢。本書作者林教授著作等身，史學根柢深厚，在唐史、宋史的研究領域，早已蜚聲國際。他以中國中古史的著名學者投身於譜學與金石碑刻的研究，其立論極有見地，甚為難得。茲就《譜學篇》與《金石碑刻篇》各舉一例，加以說明。

　　《譜學篇》第一章論及新譜學的建立時指出，族譜與譜學不同，族譜是史料，經過整理後成為譜學。建立新譜學，至少要注意內容的擴大、認同的思想，以及方法的改良三方面。就內容的擴大言，應擴大族譜的範圍，舉凡與家（宗）族活動有關的史料，如戶口、戶籍、土地契約、婚約、生死證明書、族與族間械鬥的碑記、祠堂內的功名碑等，均應在搜集範圍之內。家（宗）譜所敘世系，應由直屬的父系，擴大而至旁屬的母系、妻系、子（媳婦）、女（女婿）的活動事蹟。家族的盛衰應就其家族人物與時代的背景，進而論其事業的成敗因果。就認同的思想而言，新譜學的目標，不光是敘述祖先來源，慎終追遠而已，主要是培養「認同」的思想。凡是同宗、同族、同文化系統的，都應加深聯繫與瞭解，因為譜系是文化的一部份，目前中國的社會與文化，正受到西方社會與文化的極大衝擊，我們需要對舊的文化加以批判，融匯新的潮流，始能生存與發展。就方法的改良而言，舊的族譜，其撰寫的重點，在敘述源流及世系，墳墓的所在地，而略於事蹟的敘述。新的譜學，世系只以表列，表之下只列生卒年月，另撰小傳。小傳不應只敘「人」的事蹟，應兼及其人生存的時代背景，尤忌避諱，而蒙蔽若干事實。新譜學應特別著重家族中的文化因子與體質因子。首先是撰寫族譜時，對每一家族的家訓，教育程度（包括妻族、媳婦的教育狀況），應特別詳細敘述，始可發現該族盛衰的關鍵。何者是優良的傳統，值得保存；何者是不合潮流，應予淘汰。其次，族人的體質遺傳，也應特別注意。例如體質、體能，若能紀錄下來，可增加優生學不少資料，從而對促進家族的健康及國民健康，功勞甚大。換言之，舊的譜學重「人物」，人物的成敗是家族盛衰的關鍵，歷史的份量較大。新的譜學應從社會方面影響「人物」的成敗（包括教育的傳

承），始是家族盛衰的關鍵。（上冊，頁 239-241）林教授對新譜學的精闢見解，不僅指出新舊譜學的差異，而且點出新舊譜學的特色與價值，極有見地。

《金石碑刻篇》第二章林教授利用敦煌寫卷 S.0514 與 P.3354 探討軍屯制與均田制之別時指出，均田制主要行於北魏，自太和五年（485）頒均田令後，根本未有徹底實行過。隋唐制度大致沿襲北朝，故雖屢頒均田之令，而實際上祇是有限度之推行。蓋隋唐時人丁滋長，而政府授於官吏之職官（分）田、公廨田、勳田又多，官無「閒田」，故唐代雖有均田之令，但卻未徹底實行均田之制。所謂均田者，當時是佔田或限田之意，而以租、庸、調為均貧富之主要根據，在邊遠地區如敦煌一帶，地廣人稀，效均田之法，而行墾田（屯田）之實。（下冊，頁 405、410）在武后、開元之間，兼併之風已烈，戶籍散失者眾，逃戶日多，今在敦煌戶籍卷中，雖發現有「給田」、「退田」等均田制遺風，實際上是墾荒之屯田制而已。（下冊，頁 414）林教授為唐史著名學者，他根據敦煌寫卷以說明軍屯制與均田制之別，應具有學術參考價值。

作為地方文獻的重要著作，本書確有值得稱道之處，已如上述。惟另一方面，本書亦有少許缺失，值得商榷與修正者。首先是本書未附「徵引書目」，不僅不符學術論著的出版規範，對讀者查證檢索，亦造成若干不便。就本書各篇內容自成單元，獨立成篇的情況而言，再版時似宜在各篇（附錄篇除外）之後增附「徵引書目」，以嘉惠讀者。其次是出現若干錯別字，例如 P 257 倒第 5 行，「顏惠敏」似為「賴惠敏」之誤；P302 最後 1 行，「喧赫人物」似為「煊赫人物」之誤；P311 第 17 行，「歷代職官長」似為「歷代職官表」之誤；P387 行第 7 行，「張淮」似為「張維」之誤；P411 第 4 行，「斯．3354」似為「伯．3354」之誤。這些錯別字，均有待修正。

綜括而言，本書確具比較研究，內容創新；參考資料豐富，引證詳實；立論平允，見解精闢三項優點，值得稱道與推薦。惟本書未附「徵引書目」，並有若干錯別字，再版時均有待增訂，以提高本書的學術參考價值。

附記：

一、林著《地方文獻論集》的前身為《方志學與地方史研究》，請參閱本文註 1。《地方文獻論集》出版後，林天蔚教授曾再加以增訂與補充，彙整生平有關方志學與地方文獻的研究成果為《地方文獻研究與分論》，由中國北京圖書館出版社於 2006 年 12 月刊行，全書共約 80 萬字。（附有光碟乙片）此為林天蔚教授從事方志學與地方文獻研究的代表作，惟《地方文獻研究與分論》出版時，林天蔚教授已辭世，令人不勝唏噓。

二、本文曾刊載於《興大人文學報》，第 33 期（2003 年 6 月），頁 1055-1068。（其後收入林天蔚《地方文獻研究與分論》），北京圖書館出版，2006 年 12 月，頁 573-580。

引 用 書 目

林天蔚，《地方文獻論集》　中國海口：南方出版社，2002 年。

章學誠（清），《文史通義》　台北市：華世出版社新編本，1980 年。

黃秀政，《台灣史志論叢》　台北市：五南圖書出版公司，2000 年。

林天蔚與隋唐史研究

華南師範大學 歷史文化學院

陳　長　琦

摘　要

　　林天蔚是國際知名的歷史學家。他在隋唐史、敦煌學、宋史、香港史、方志學等領域卓有成就。《隋唐史新論》是其在隋唐史方面的代表作。該書特點：一學術視野寬闊，對國內隋唐史研究，特別是對國際漢學的隋唐史研究有深入的掌握。二具有隋唐史研究的整體觀，善於從宏觀的角度，把握隋唐史的特點。三立論高遠，許多觀點在學術界產生了重要影響，對隋唐史研究做出了重要貢獻。

Abstract: Lin Tianwei is a historian with international fame. He made great achievements in many fields such as Sui and Tang Dynasties history, Dunhuang Studies, Song Dynasty history, Hongkong history and Chorography study. New Study of the History of Sui and Tang Dynasties is his representative book of the study of Sui and Tang Dynasties history. Characteristics of this book are as follows. Firstly, it thoroughly comprehends the studies of Sui and Tang dynasties history at home and abroad. Secondly, it fully shows the overall characteristics of Sui and Tang dynasties history with macroscopic methodology. Finally, many viewpoints in this book are important influences on academe. This book greatly contributes to the study of Sui and Tang dynasties history.

　　在林天蔚先生的學術生涯中，隋唐史研究是他重要的一個學術領域。林先生先後出版過《隋唐史新編》（香港現代教育出版社 1968 年）和《隋唐史新論》（台北東華書局 1978 年）兩部隋唐史著作，還發表過多篇隋唐史、敦煌學論文。這些著作與論文對隋唐史研究作出了重要貢獻，同時也奠定了先生在隋唐史學術界的重要地位。《隋唐史新論》是林先生在隋唐史研究領域的代表作之一。

關鍵詞：林天蔚；隋唐史；《隋唐史新論》

一、寬闊的學術視野

林天蔚先生《隋唐史新論》一書出版于 1978 年。這一年，在中國的歷史上，是不平凡的一年。這一年的 11 月，中共十一屆三中全會的召開，正式結束了「文化大革命」，被極「左」思潮及極左路線長期控制、壓抑的學術研究得以逐漸恢復和發展起來。這是被國內科學界、學術界譽之爲「科學的春天到來了」的開端之年。長期被壓抑、被隔離的史學界，此時，正以急切、渴望的心情與眼光，搜尋和注視著香港、台灣的史學界，期盼能夠看到分別 30 年來港台同行的成果。在這種熱切的期盼中，史學界的同仁終于逐漸看到了一大批港台史學界的優秀學術成果，自然，也同時看到了林天蔚先生的大作《隋唐史新論》。

此時，在國內史學界，業已出版過一批隋唐史研究的學術著作。斷代史的隋唐史著作就有：岑仲勉先生的《隋唐史》（高等教育部教材編審處 1954 年）；楊志玖先生的《隋唐五代史綱要》（新知識出版社 1955 年）；吳楓先生的《隋唐五代史》（人民出版社 1958 年）；呂思勉先生的《隋唐五代史》（中華書局 1959 年）；韓國磐先生的《隋唐五代史綱》（三聯書店 1961 年）等。這批著作，在當時的條件和環境下，爲隋唐史研究打下了基礎，開闢了一塊天地。但是，由於當時極「左」思想的控制和壓抑；由於美國等國家的封鎖，國內學術界，也包括史學界在內，長期與國外學術界隔離，沒有正常的學術交流，基本上是在一個封閉的學術環境中研究隋唐史，對國外學術界的研究情況缺乏了解。因此，此一時期國內所出版的大多數隋唐史著作，都缺乏或者是沒有對香港、台灣以及國外史學界研究情況的介紹與學術研究成果的吸收。這是一個時代的遺憾。

林天蔚先生此時正擔任香港大學的史學教席。香港自近代以來所處的特殊地位，使其成爲中外聯繫與文化交流的一個重要窗口。歷史註定了香港學術界要在中外學術交流中承擔特殊的任務。林天蔚先生適逢其會，他利用香港獨特的環境與條件，加之自己對英、日、法等國語言的熟悉，遊學歐美，先後入哈佛大學、巴黎大學做學術研究，大量閱讀了國外學者研究隋唐史的文獻。開闊的學術視野，使其對國際漢學、國際中國學有深入的把握。在《隋唐史新論》中，林先生專門闢出一章，名爲《隋唐史參考資料及各國之隋唐史研究》，在這一章中，林先生以自己對國外隋唐史研究的把握爲基礎，展示了比當時國內其他學者要寬闊的學術視野，將當時許多國內學者尚不熟悉的國外學者的學術成果，介紹給人們。

林先生將國外漢學的隋唐史研究分爲日本派、歐洲派、英美派等三個部份。

在對日本隋唐史研究的介紹中，林先生列舉了研究隋唐史以及與隋唐史有關的敦煌

學研究學者及他們的代表作如：羽田亨與他的《西域文明概論》，白鳥庫吉與他的《西域史研究》，原田淑人與他的《唐代服飾の研究》、《西域發現の繪畫研究》，矢吹慶輝與他的《三階教の研究》、《鳴沙餘韵》，桑原隲藏與他的《唐宋貿易港研究》、《蒲壽庚考》，藤田豐八與他的《島夷志略疏證》以及其《宋代之市舶司及市舶條例》第一章中有關市舶司源流考的唐代部分，高南順次郎與他的《佛領印度支那史》，木宮泰彥與他的《中日交通史》有關隋唐史部分，松國讓與他的《敦煌物語》，石濱純太郎與他的《敦煌古書雜考》、《敦煌雜考》，松本榮一與他的《敦煌畫の研究》，加藤繁與他的《舊唐書食貨志注》、《中國經濟史考證》，常盤大定與他的《支那佛教史蹟》，塚本善隆《敦煌佛教史概要》，道端良秀《唐代佛教史の研究》，佐伯好郎《中國に於ける景教衰亡の歷史》，宮崎市定《唐宋司法制度》，石田幹之助的唐代南洋問題研究，仁井田陞《唐宋法律文書の研究》，藤枝晃《沙州歸義軍節度使始末》，日野開三郎《唐代租庸調の研究》，周藤吉之《唐宋社會經濟史の研究》，青山定雄《唐宋時代の交通と地志地圖の研究》，平岡武夫的唐代行政地理研究，日比野丈夫的唐代文學研究，谷川道雄《隋唐帝國形成史論》等。

　　林先生的歐陸派概念，主要是指歐洲大陸研究中國隋唐史的學術派別。在對歐陸派學者及其學術成果的介紹中，林先生首先系統介紹了歐陸漢學的起源，分析了歐陸學者的長處，主要評介了法國、德國以及瑞典、荷蘭與俄國學者及其學術成果。而尤其精于對法國學者及其學緣關系，學術成果的評論。林先生認爲法國的主要學者與主要學術成果有：

　　高第（Henri Cordier）《東方學之目錄》（Bibllotheca Slnlca）；沙畹（E. Chavannes）《西突厥史料》；費瑯（G. Ferrand）《大食波斯突厥交涉》、《蘇門答臘古國考》、《昆侖與南海古代航行考》；馬伯樂（Henri Maspero）對南洋史、安南等研究貢獻最大，其《安南都護府》對研究隋唐史最爲重要；列維（Sylvian Levi），安南問題研究專家；伯希和（Paul Pelliot），敦煌學研究專家，對中國西域和西南邊疆地理研究尤深，代表作有《交廣印度兩道考》；白樂日（Eliemne Balazs）《隋書的法制（刑法志）的研究》、《隋書的經濟（食貨志）的研究》、《中國古代社會與經濟》；戴密微（Paul Demiéville），馬伯樂的學生，其研究重點在佛教。隋唐史方面的代表作爲《拉薩之會 —— 一次八世紀中印度高僧空有頓悟之爭》；羅都爾（Rodert Des Rotours），唐史專家，著有《唐代兩都的卓越功能》；謝和耐（Jacques Gernet），戴密微的學生，其研究重點亦在佛教，著有《荷澤禪宗大師神會（668~764）語錄》、《五到十世紀的寺院經濟》、《中國的世界》。

　　林先生認爲：「德國漢學界有關唐史著作，爲數極少。」主要介紹了傅吾康（Wolfgang Franke）有關唐代交通的研究，馬爾庫爾德（Joseph Marquart）、路德爾斯（Heinrich

Ludeii）、木勒爾（F. W. Mullet）等有關突厥、敦煌與吐魯番所發現的文書研究；荷蘭的中國研究中心，主要在萊敦大學（Leiden University），林先生著重介紹了萊敦大學歷任漢學教授及他們對漢學的研究；在對俄國學者的介紹中，主要介紹了拉爾洛夫（W. Radloff）、柯智洛夫（P. R. Kozloff）、伯西聶德（Emile Vassilirvich Bretschneider）等人。

林先生最後介紹了英美派學人及其學術成果。在林先生看來，英美學者對中國古代歷史的研究，沒有日本和歐陸派學人那樣深入。他說：在英美學者中，「他們的『中國通』（以別于漢學家），懂得華語雖多，能看我國古籍的簡直鳳毛麟角，多數由我國留學生代為翻譯或解惑。故一般而言，其成就不若歐陸派，更比不上日本派。不過，此派『財雄勢大』，故『聲勢奪人』，當然其個別成就者仍不乏人。」[1]（p59）林先生認為，英國學者的主要著作有：

柏克爾（E. H. Parker）的《韃靼千年史》，敘匈奴至突厥源流甚詳，對隋唐史研究參考價值甚大；玉爾（H. Yule）的《契丹及往其國之路》對隋唐時中西交通、貿易研究頗祥；小翟理斯（Lionel Giles）在西域研究，特別是敦煌文書研究方面著力最多；蒲力賓（Edwin G. Pullyblank）為英國的唐史研究專家，著有《安祿山叛亂的背景》，分四章分別由社會、政治、軍事、經濟等方面分析了安史之亂產生的原因；崔維澤（D. C. Twitchettw）為英國的隋唐史研究權威，著有《唐代財政史》等。

美國隋唐史研究方面的學者不多。主要研究成果有：洛弗爾（B. Lanfer）的《南海波斯考》；賓板橋（Wocdbridge Bingham），美國的隋唐史研究權威，著有《唐之興起及隋之衰亡》。

林先生對國外隋唐史研究情況的介紹，在今天看來，似乎有些美中不足，有一些成果似還可以補充，有一些人物似還可以增加。但在當時來說，林先生的學術視野要比國內許多學者都寬闊，在對國外學術研究概況的把握上，比當時業已出版的隋唐史著作都領先。這既為初學者了解國外學術概況提供了很好的指南，也為研究者把握國際學術研究的基礎，提供了有益的借鑒。

這一國際學術研究視野，借國內學術界一雙慧眼，打開了國內隋唐史學界看世界的一片窗口，給國內學術界吹來了一股清新的風，也搭起了一座溝通世界的橋樑。

做學問要了解世界的學術動態，把握國際學術前沿。這些在今天看來近乎學術常識的認識，在 30 年前的中國史學界，要實現它是何等的艱難。這是今天那些沒有經歷過「文化大革命」時代的青年學者所難以體會得到的。

林先生不僅著書立說，而且還身體力行，為中外學術界的交流作出了積極貢獻。為了推動大陸與香港、台灣學術界的交流，推動中外學術文化交流，先生一生都在勞頓中

奔波。他默默無聞地牽線搭橋，贊助促成了一次次國際學術會議，使國內外學術界彼此加深了溝通和了解。這雖然並不是轟轟烈烈的事業，對個人來講又勞力、勞神，但對學術事業來講，是功德無量的。林先生為推動中外學術交流事業所做出的卓越貢獻，應該受到人們的尊敬。

二、隋唐史研究的整體觀

　　林先生之於隋唐史研究，更側重於宏觀的整體的把握，他不拘泥於細微末節，擅長於以宏觀的眼光，從整體的視覺出發，把握和概括這一時代的特點，給人們把握隋唐歷史提供了一種整體性認識。林先生的隋唐史研究體系的構築，緣自於他對通史和斷代史特點的區分及認識。他在談到自己的想法時，曾說：「通史與斷代史之分別為何？除時間觀念有所不同外，疇昔學者專家，著述或講授斷代史時，多以通史為綱，而詳其細目，或敘事較詳，資料較豐富而已。著者初膺香港中文大學崇基學院史席時，亦沿襲此法，然未為學子們所欣賞。後再三思，始悟通史範圍太廣，應重系統性，使其脈絡貫通。斷代史則應注重其特點，講授時能使學子分別秦漢之與魏晉不同，隋唐之與宋元有別。」

　　林先生的這一觀點，無疑是非常有見地的。因為中國歷史上的各個朝代、各個歷史時期在各自的政治、經濟、文化發展中，都有自己的特殊之處。都有與其他歷史時期區別的不同點。正是這些特殊之處或特點構成了一個歷史時期區別於其他歷史時期的標誌，只有把握了一個歷史時期的特點，我們才能更好地、更準確地把握一個時代。

　　林先生概括隋唐歷史有三大重要特點：「亞洲之盟主」、「民族的大融合」、「制度優美」。

　　這三個特點的歸納與概括，是林先生多年來潛心研究隋唐歷史的心血之凝結，是對隋唐歷史的準確概括。

　　第一個特點，「亞洲之盟主」。這一特點的概括，是把隋唐史放在世界歷史、亞洲歷史的背景中去觀察而得出的必然結論。隋唐時期，即西元的六到九世紀時期。從世界史的角度來看，此時之歐洲正處於政治與文化上的混亂和黑暗時期。比唐朝建立稍晚，西元七世紀於西亞興起的阿拉伯帝國，此時亦忙于征戰西亞、北非和南歐。正如英國史學家威爾斯所說：「在七、八、九這三個世紀中，中國是世界上最安定、最文明的國家。」

　　林先生指出：「隋唐立國之時，（隋建國於西元五八一年，唐建國於西元六一八年）歐洲正是黑暗時代的開始，按日耳曼軍官 Odoaer 陷羅馬城於西元四七六年，時為我國南朝劉宋蒼梧王元徽四年，以後歐洲有三百多年大混亂，直至西元八〇〇年（唐德宗貞元十六年）查理曼（Charlemagne）被尊為『羅馬人的皇帝』起，推行封建制度，歐洲始安

定下來，但一切學術思想要等待到十四世紀以後（約當我國明代）的文藝復興，歐洲的文化始『再生』（Re-birth）與『新生』（New birth）。所以，當隋唐立國之時，歐洲正是混亂的黑暗時代（Dark Age）。」[1]（p65）

「在亞洲方面，時間較唐略遲建國的亞拉伯大帝國，於西元六三〇年（唐太宗貞觀四年）穆罕默德（Mohammed）返回麥加，將政治宗教合一起來，亦以狂飆姿態，橫掃歐亞非三洲，不過亞拉伯大帝國的發展是由東向西，即向非歐兩洲推進，與我國少正面的衝突。而亞拉伯的文化，始盛於阿撥斯王朝（Abowl Abbas），西元七五〇年，即唐玄宗天寶九載，阿撥斯王朝奠都於報達（Bagdad）。」[1]（p66）

林先生在概述唐代的疆域版圖、唐與鄰國的政治關係以及唐文化的傳播後總結說：「唐代為當時亞洲之中心。」「唐時我國文化傳播四方，唐盛時藉天可汗而為亞洲盟主。」「唐之歷史不單是我國的斷代史，而是整部亞洲史。」

林先生的這一看法，從整體的世界觀出發，高屋建瓴地肯定了七至九世紀時期唐王朝在亞洲的地位，乃至在世界的地位。這一觀點符合歷史事實，也是唐王朝與中國歷史上的其他王朝相比而具有的一個重要的、突出的特點。

第二個特點，「民族的大融合」。與第一個特點的概括不同，如果說第一個特點是從世界的角度看隋唐史的話，那麼第二個特點的概括，林先生則把眼光從世界轉向國內，從國內政治、文化發展的角度，考察了隋唐時期多民族的政治、文化與社會關係。

林先生認為，漢與唐兩個王朝比較，漢武帝其武功可以比美於唐太宗、高宗父子。至於通西域，使我國文化遠播四方，漢唐兩代均能互相比美，但站在開國規模、立國精神兩者觀察，隋唐之恢弘氣度，生命之充沛，遠非漢代所能比擬。

那麼，隋唐王朝為什麼能夠取得如此輝煌的成就，林先生認為其原因就在於隋唐民族是在民族融合的基礎上所形成的一個「混血新種」。「正因為是混血，對外來文化，能充分吸收，對異族人才，能推心重用。」[1]（p71）

林先生指出，隋唐時期是我國歷史上民族融合的一個重要時期，亦是新漢族的形成時期，而民族的主要特徵是文化，不是血緣。他說：「我國正統民族向稱漢族，但所謂漢族，現在只在文化上區分而不能在血統上劃分，隋唐兩代均以塞外民族入主中原，結果，而受溶化於漢民族之中，但是『新漢族』氣質較為宏大，富於創造性，所以成就特大。」[1]（p73）

林先生在吸收前人研究的基礎上，細考了隋唐王室的血統源流，確認了其胡漢血緣，列舉了隋唐王朝中具有胡漢血緣結合身份的將領、功臣，提出：「隋唐年間，上自王族，下至民間，血統混合甚眾，故謂隋唐史為民族之混合史。」[1]（p76）

這一觀點，準確地概括了隋唐歷史的突出特徵。在中華民族的歷史發展中，隋唐時期無疑具有其鮮明的多民族融合的特點，正是這種國內多民族的融合，以及國內民族與遷徙、移居於隋唐王朝的國外所來民族的融合，形成了中國歷史上的「新漢族」，奠定了今日中華民族的歷史基礎。

第三個特點，「制度優美」。此一特點的概括，則深入至隋唐社會內部，考察了隋唐時期所實行的政治、經濟、軍事等五種制度。林先生認為，制度是社會得以有效治理的重要基礎，從人與制度的比較而言，制度是比較重要的。「有賢君賢相行良法，天下固治，即使無賢君賢相而有良法，天下亦不至於大亂。」他認為，隋唐 328 年歷史中，出現長期的盛世之年，其中主要原因，是其有優良之制度所維持。他說：「觀乎隋唐歷史，一方面政府人才濟濟，賢君賢相輩出，一方面有種種優良制度維繫。故三百二十八年歷史中，盛世之年竟佔七十年。」即使是在安史之亂後，唐王朝內有宦官、朋黨，外有藩鎮之患，仍然支撐 150 年之久，「全是由於幾種制度所維持」。[1]（p77）

他認為，隋唐時期優美的制度主要有：

一、政治上的三省制度。由此而使政府的權力互相牽制，「避免權力過於集中」。

二、軍事上的府兵制。「其優點在兵農合一，故軍隊素質較好。」

三、選舉方面之科舉制度。「此制打破高門大族控制政治的力量，在政府方面有一種新陳代謝的作用。」

四、經濟方面有均田制及庸調制度，「此制能壓抑大富，但無救濟貧民之效」。

五、外交方面有天可汗制度。

這五種制度，概括了隋唐政治、經濟、軍事、外交等四個方面的主要制度，確實是維繫隋唐王朝長期穩定、繁榮的重要保障。

制度的分析，同時反映了林先生治學的一個特點，他善于宏觀的議論與微觀的剖析相結合，由外至內，由宏觀到具體，用演繹法闡述與分析複雜和豐富的歷史現象。

三、立論高遠

從學術的角度看，林先生對隋唐史三個特點的概括，確實是高遠的立論。把握了這三個特點即把握了隋唐史的主要內容。把握了這三個特點，即把握了理解隋唐歷史的鎖鑰，把握了隋唐史在中國歷史上的重要地位。

此外，林先生還以六章的份量，分別論述了「隋唐時代對亞洲之影響」、「隋唐之民族戰爭與民族問題之處理」、「隋唐制度之檢討」、「安史之亂後五十年始亡之檢討」、「創造性的文化」、「隋唐之幾個轉折點」等問題。在這些問題的論述中，林先生表達了許多

頗具新意的觀點，表現了其高遠的見解。例如其「隋亡於國富民貧論」、關於「隋唐與阿拉伯海上交通與貿易問題」的研究等。

「隋亡於國富民貧論」，是林先生的一個重要見解。在中國古代歷史上，隋王朝與秦王朝有許多相似的地方。二者都興起於中國長期分裂、戰爭之後。秦之前是春秋戰國間的長期分裂與戰亂，隋之前是魏晉南北朝間的長期分裂與戰亂；都經歷了艱苦的戰爭，最後統一了全國；都在制度上有所建樹，建立起了中央集權的強大的統一國家；但都未能統治長久，皆二世而亡；皆亡於農民的暴動與戰爭。因此，學術界在探尋隋朝滅亡的原因時，也自然以隋與秦類比，認為秦亡於暴政，隋亦亡於暴政。隋的暴政主要是隋煬帝的暴政。例如隋煬帝的奢侈腐化、濫用民力、修大運河、伐高麗，總之，是隋煬帝的暴政，導致了社會矛盾的激化，導致了農民的暴動與戰爭，導致了隋王朝的滅亡。

林先生則在傳統的觀點之外，另闢一新論，提出「隋亡於國富民貧論」。

林先生認為，隋文帝統一全國之後所採取的一系列打擊豪強、分裂勢力，加強中央集權的政治、經濟政策，特別是賦稅、力役、重整戶籍等政策的推行，達到了兩個明顯的效果。一是「在大亂之後，確能徹底剷除南北朝以來，豪門巨族貪污枉法的不良風氣，而使人民得以休養生息」。二是使「國庫大增」。

林先生指出，「國庫大增」，是隋推行「藏富於國」政策的必然結果。這一政策使隋的國庫之富，達到了中國歷史上少有的程度。他引用馬端臨《文獻通考》評隋文帝的話：「按古今稱國計之富者，莫如隋。然考之史傳，則未見其有以為富國之術也……既非苛賦斂以取財且時有征役以糜財，而賞賜復不吝財，則宜用度之空匱也。而何以殷富如此……嗚呼！夫然後知大易所謂節以制度，不傷財，不害民。孟子所謂賢君必恭儉禮下，取於民有制者，信利國之良規，而非迂闊之談也。」[2]（卷23,《國用考》一）

這段話本來是馬端臨讚賞隋文帝的。馬端臨的意思是說，從歷史來看，隋文帝既沒有特別的富國之術，也沒有苛賦斂財。同時，支出也並沒有減少，例如時有征役以糜財，賞賜臣下不吝財。按道理講，應該是國庫匱乏才對，但隋文帝時的隋王朝卻是古往今來最富的王朝。之所以如此，是因為隋文帝是一個取民有制，不傷財、不害民的賢君。

但林先生卻從馬端臨的話中，看到了其背後所隱藏的秘密。隋雖然沒有特殊的生財之道，沒有苛賦斂財，但在「藏富于國」的政策指導下，隋王朝的財賦收入都被集中到了中央國庫。

史書記載，隋王朝僅是大型的糧倉就有京師的太倉、東京的含嘉倉、洛口倉、華州永豐倉、陝州太原倉，儲米多至數千萬石。直至20世紀70年代，河南洛陽所發現的含嘉倉遺址中，還有大量炭化的存糧。隋王朝確實是一個「國富」的王朝。但在國富的基

礎上，隋王朝却不注意民生，任由民貧，不懂藏富於民的道理。及至開皇年間大旱，人民飢困交加，隋文帝不許開倉賑濟，却令百姓「就食山東」，讓百姓到中原地區去乞討。因此，可以說，隋王朝是一個國富民貧的朝代。

至隋煬帝即位，恃富而驕，更加不恤民生，對外連年征戰，對內大興功作，濫役民力，終于導致天怒人怨，引發人民暴動，最終推翻了隋王朝。

林先生的「隋亡於國富民貧論」，爲深入研究隋唐史、尋求隋王朝滅亡的真正原因，提供了一種新的視角、一種新的思路。同時，林先生的研究也爲我們提供了深入思考的啓迪，國富的基礎在於民富，只有人民富裕的國家才是真正富強的國家。犧牲人民的利益，以民貧爲代價，追求所謂富強的國家，其實不會給國家帶來真正的富強。在封建統治時代，「國富」之後，享受國富所帶來好處的，是封建統治階層，集中了人民的財富而富起來的國家，可以給皇帝爲首的封建統治階層揮霍人民的財富，提供更多的資源。

關於「隋唐與阿拉伯海上交通與貿易問題」的研究，是林先生學術領域中的一個重點。林先生長期從事于中外交通與貿易史的研究，特別是廣州古代對外交通貿易史的研究。在這一領域成就卓然，學術界公認。他的代表作《宋代香藥貿易史稿》，洋洋二十餘萬言，是這一領域的開創之作，奠基之作。

在這一研究中，他考證了唐代廣州與阿拉伯交通的路線。認爲：「唐代通阿拉伯海航路線，以廣州爲出發，經今香港青山屯門，過海南島，至越南歸仁，越馬來半島，繞爪哇，經過錫蘭，抵波斯灣而至阿拉伯。」[1]（p149）簡單的連線圖示應該是：廣州—香港—海南島—越南歸仁—馬來半島—印尼爪哇—錫蘭（斯里蘭卡）—波斯灣—阿拉伯。

同時，他認爲另外一條路線應該是「也可經安南河內至廣州，更進而至泉州、揚州。」

他分析了隋唐與阿拉伯交通貿易的主要地區和城市概況，指出，唐代的廣州市對外貿易的中心。他認爲廣州之所以成爲唐代對外貿易的中心，主要原因是自古以來，廣州的對外交通貿易就比較發達，同時，地理條件優越，廣州本身是一天然優良海港；加上自魏晉南北朝以來三百餘年，北方多戰亂，而廣州却較爲安定，並得到了開發。

林先生的觀點是正確的，目前唐代廣州在對外貿易中的地位，已得到學術界的肯定。廣州在魏晉南北朝時期相對三百年的穩定發展，確實爲廣州唐代對外貿易中心的地位奠定了基礎。魏晉南北朝時期的廣州人，就已對自己所處的安定環境深表自豪，例如20世紀50年代在廣州考古所發現的晉代墓磚上就多次有：「永嘉世，天下荒，餘廣州，平且康。」以及「永嘉世，天下荒，餘廣州，皆平康」等銘刻。（見麥英豪、黎金：《廣州西郊晉墓清理報道》，《文物參考資料》1955年3期）反映當時的廣州人，對自己的和平穩定生活充滿高興的心情。

　　近三十年後，重讀林先生的這部作品，我們仍然爲先生當年所取得的學術成就而高興，爲先生當年的學術視野、學術高論所折服。我們在先生的學術基礎上向前邁進的時候，理所應當向先生表示深切懷念和崇高的敬意。

　　附記：林天蔚教授是國際知名的歷史學家。原籍廣東高州人氏。生前曾任教於中國的香港中文大學、香港大學、（台灣）政治大學、加拿大的英屬哥倫比亞大學、美國的楊伯翰大學。著作主要有：《宋代香藥貿易史稿》（哈佛燕京學社獎助，香港中國學社，1960年）、《隋唐史新編》（香港現代教育，1968 年）、《隋唐史新論》（台北東華書局，1978年）、《宋史試析》（台灣商務印書館，1978 年）、《宋代史實質疑》（台灣商務印書館，1988年）、《香港前代史論集》（蕭國健合作，台灣商務印書館，1985 年）、《方志學與地方史研究》（台灣大學用書，南天書局，1995 年）、《地方文獻論集》（南方出版社，2002 年）、《地方文獻研究與分論》（北京圖書館出版社，2006 年）等。2005 年 11 月病逝於加拿大寓所，終年 82 歲。先生生前還熱心學術交流，多次主辦國際學術會議，促成中外以及大陸與港台的學術合作，爲學術事業，爲海峽兩岸的學術文化交流，以及中美、中加學術文化交流做出了重要貢獻。謹以此文向林天蔚先生表達緬懷之情。

參考文獻：

[1]林天蔚. 隋唐史新論[M]. 台北：東華書局，1996.

[2]馬端臨. 文獻通考[M]. 四庫全書本.

收稿日期 2007-05-21

作者陳長崎，歷史學博士，華南師範大學歷史文化學院教授。

（原文載於《史學月刊》，河南大學，2008.4，頁 107-112）

Utah State Centennial History Project: A Report

Craig Fuller *

Utah was granted statehood by the United States Congress and President of the United States in 1896. A year later in 1897 and the five decades following the settlement of Utah by Mormon pioneers, the Utah State Historical Society was organized by group of leading civic leaders as well as state and city government officials. They were concerned that Utah's pioneer history was being lost and, therefore, action had to be taken to preserve it. The stated purpose of the Utah State Historical Society then was:

> The encouragement of historical research and inquiry, by the exploration and investigation of aboriginal monuments and remains; the collection of such material as may serve to illustrate the growth, development, and resources of Utah and the Inter-Mountain region; the preservation of manuscripts, papers, documents and tracts of value, especially, narratives of adventures of early explorers and pioneers, the establishment and maintenance of a public library and museum; the cultivation of science, literature and the liberal arts; the dissemination of information; and, the holding of meetings at stated intervals for the interchange of views and criticism."[1]

Over the past century the purpose of the Utah State Historical Society has been refined and additional responsibilities added through state government legislation.

The Utah State Historical Society when first organized was strictly a civic organization. It received no public funds from city or state governments. However, the Utah State Historical Society was given office space in the state capital.   In 1927 the Historical Society received its first state government appropriation of $1,500 for general operating expenses and to help publish a journal of Utah history.   That same year, the Utah Historical Society

---

* Dr. Craig Fuller holds the position of historian at the Utah State Historical Society.
1 Quoted in Glen Leonard, "Utah State Historical Society, 1897-1972", *Utah State Historical Quarterly*, Vol. 40 No. 4 (Fall 1972) .

launched the *Utah Historical Quarterly* and since 1927 it has been published continuously with the exception of several years in the 1930s when government and private funds were unavailable because of the Great Depression. The journal, the flagship of the Utah State Historical Society's programs, is available to anyone who becomes a member of the Utah State Historical Society for a nominal fee.

In 1937 state government funds were once again appropriated to the Historical Society. A few years later state government officials assigned the Utah State Historical Society to be the official archives for state and local government documents. With that added responsibility came an increased interest in gathering and collecting personal and families histories as well as histories of organizations and communities. The archival function for state government continued to be an important program of the Utah State Historical Society until 1967 when state government was reorganized administratively. The Utah State Archives was established as a separate administrative organization from the Utah State Historical Society. The Utah State Historical Society continues to collect, preserve and make available to researchers, genealogists and historians non-governmental records such as diaries, journals, newspapers, photographs, as well as business records and papers of civic organizations.

For much of the Historical Society's early years, the Historical Society was managed on a day-to-day basis by people who were not trained as historians, genealogists or archivists. In 1950 the first trained historian was hired to serve as the Historical Society's director. Other trained staffs of historians, librarians, editors, archivists and others have been hired as circumstances have warranted and funds made available.

In 1957 the Utah Historical Society moved into its own building which was previously the official residence of the governor of the state of Utah. The Kearns Mansion as it is better known was originally built for a wealthy mine owner, Thomas Kearns. Upon his death he gave his mansion to the state of Utah for a residence of the state's governor. The Utah Historical Society occupied the Kearns mansion for the next several decades. Early in the 1980s when the Utah Historical Society's increased library holdings, added history programs and responsibilities, and additional staff of trained historians, librarians and others outgrew the Kearns Mansion. The Utah Historical Society moved to a restored early 20th century built railroad station that had been purchased and renovated with state funds.

The Utah State Historical Society and its professionally trained staff have long associated with other local, regional and national organizations that are involved in various ways in promoting, studying, preserving history, prehistory, and the records of families, individuals, businesses, and civic organizations. One very important national organization the Utah State Historical Society associates with is the American Association for State and Local History. This organization was founded in the late 1940s to encourage the study of state and local history through the establishment of history libraries, museums and history associations across the United States and Canada. Its goal is also to promote professionalism within state and local history organizations.

Within Utah several specialized history organizations have been organized with the encouragement and support of the Utah State Historical Society. In the late 1970s the Utah Oral History Association was organized to encourage the gathering of personal histories using the technology of the tape recorder. A second state and regional history organization is the Conference of Inter-mountain Archivists, which was organized in 1974. Its purpose is to promote professionalism and cooperation among archivists who work for state and local government archives, universities and colleges in Utah as well as in the states of Arizona, Nevada, and Idaho. In the late 1950s the Utah Statewide Archaeology Society was organized to encourage amateurs to study and help preserve Utah's ancient history. A professional organization of archaeologists, the Utah Professional Archaeology Council, was formed in the early 1970s as a forum to exchange information among professional archaeologists.

There are a number of other statewide history organizations as well as county and community historical societies that have been organized over the years. The Daughters of Utah Pioneers, a women's organization, collects and preserves individuals' pioneer history, the period from 1847 to 1896-statehood for Utah. It also collects pioneer related artifacts and exhibits them in county and town museums owned and operated by the Daughters of Utah Pioneers as well as its own central museum located in Salt Lake City. Membership in this history organization of women numbers in the thousands.

Two male organizations, Sons of Utah Pioneers and the Mormon Battalion have been established to honor Mormon male pioneers. In addition, the Mormon Battalion honors the 500 men volunteer army that was organized by the United States to march to California from the mid-west during the Mexican War. Membership in these two organizations exceeds 3,500.

There are dozens of town and county historical societies in Utah. They are loosely affiliated with the Utah State Historical Society. They have their own leaders and have similar objectives as that of the Utah State Historical Society: to preserve and perpetuate community and county histories. Several of these local history organizations have taken on projects to establish regional museums and archives as well as restoring and preserving parts of small villages and mining camps. These local and county historical societies are primarily funded through annual membership fees, usually between $5 and $10 annually. Some town historical societies receive small budgets from town governments to operate town museums. Cumulative membership number in these town and local history organizations approaches a thousand people.

In 1990 Mr. Joseph Francis, a founding member of the Morgan County Historical Society, approached the director of the Utah State Historical Society with the idea for each of the twenty-nine counties in the state to write their own histories as part of the state's centennial celebration of gaining statehood in 1896. In 1991 following a year of lobbying of the Utah State Legislature for funds to hire individuals to research and write each of the histories of the twenty-nine counties, the state legislature appropriated $290,000 to the Utah State Historical Society to administer the project. Each county received $10,000 to hire people to write the histories of the counties. Additional funds were later appropriated to publish the twenty-nine county histories. Each of the county governments was asked to appropriate funds to share in the expense of printing their histories.

In each county the elected county commissions helped to select the author or authors for their respective county's history. They were involved in designing the dust jacket and some read drafts of the histories before the manuscripts went to press. Each county decided on the number of books to be printed, generally between 1,500 and 3,000 volumes. The first 1,000 copies were distributed at no cost to all private and public school libraries throughout the state as well as to all academic and public libraries. The balance of the print run was then sold to the public at a set price of $19.96.

Two historians at the Utah State Historical Society were assigned to oversee the project and to be the general editors for each county history. Copy editors were also contracted to help complete the editing. A primary function of the two general editors was to insure a high degree of historical scholarship was produced. Thirty-five historians-professional and amateur-in all were involved in writing or co-writing the twenty-nine county histories. Local volunteer readers were also asked to review and make suggestions on drafts of the various manuscripts submitted and to locate appropriate photographs to illustrate their county's history.

An important issue soon arose over the format for the Utah Centennial County History Series. Some of the authors writing on the more urbanized counties in the state wanted unlimited number of pages for their histories. Some of the authors of the smaller populated counties yet having more square miles than other counties argued they should have equal number of pages for their histories. Some authors wanted many photographs in their county histories. The general series editors decided that each volume should have approximately the same number of pages-350 to 400 pages.

The series editors made their decision regarding the number of pages and photographs (between 30 and 50) for each history on several factors: the intent of the Utah State legislature to treat each county history equitably, and equally important was the overall project budget. More pages and more photographs greatly increased the printing cost per history. Although the number of pages was set, some of the histories were shorter and others were longer.

All of the histories included an index, a table of contents, a bibliography, and the authors were required to footnote appropriate historical information. Heretofore, most county histories in Utah neglected these critical elements, all of which make the histories more useful and more creditable.

Maps of each county were included in each volume. Each map included important roadways, topographical features, cities and towns in each county, and significant waterways, both artificial and natural. The Automated Geographic Reference Center, an agency of Utah State government, was contracted to generate maps for each of the twenty-nine counties.

Each county in Utah varies in geographical area, make up of population, and each is diverse in other ways as well. Since the organization of each of the counties, some as early as 1850, the last in 1917, their economic structures have undergone changes, generally from a strict self-sufficient agricultural economy to more diversified economies based on tourism and retirement, film making, higher education, manufacturing, mining, and others. The economic changes and diversification also impacted the politics of the different counties. And, the demography of each county has changed, some have grown significantly, others have lost population. Each of the county historians was asked to examine and explain these and other changes and developments as well as the prehistory and geography of their respective counties.

The project officially ended eight years after the first state funds were appropriated in 1991 when the last county history was printed and distributed.

The Native American population also wanted their history to be recorded and celebrated as part of Utah's centennial celebration. Leaders of the Indian population of the state lobbied members of the state legislature for funds to assist in writing and publishing a history of the contributions of the Native American population to Utah. Writers representing the various Indian tribes were selected to write a chapter. In year 2000, the project directed by the Office of Indian Affairs, a state government agency, in cooperation with the Utah State Historical Society was completed with 4,000 books printed.

【中文摘要】

猶他州百年紀念歷史專案：一份報告

猶他州歷史學會是 1897 年，先驅者在猶他州定居了 50 年之後，所成立的一個民間機構。1927 年，學會得到州政府第一次的撥款，就開始出版《猶他歷史季刊》。1939 年，學會被任命為專門處理州和地方文件的官方檔案處。在 1967 年猶他州立檔案處設立之前，它一直擔任這個任務。學會到現在還不斷的收集保存和準備那些提供研究用的非官方紀錄，例如：日記，雜誌，報紙，照片，商業紀錄，和公文。

1991 年時，猶他州歷史學會從州議會獲得 29 萬美元的經費來辦一項替州內的 29 個縣寫縣史的專案以慶祝猶他州從 1896 年立州的百年紀念。每縣得款一萬美元來邀請作家。民選的縣委員幫助評選寫縣史的作家。由縣來決定要印行書冊的數量。大致上是 1500 到 2000 冊。

由學會指定的兩位史學家來監督這項專案，同時也擔任這些叢書的總編輯。一共有 35 位專業和業餘的史學家參與編寫這 29 縣縣史的工作。地方上的義務服務人員負責校閱初稿。所有的縣史包含索引、目次、書目和附註。還有每縣的地形圖和行政圖。每一

位史學家需要描述該縣史前的歷史地理環境，並且解釋歷史上經濟和人口的轉變。

這項專案在 1991 年全部完成。

另一項百年紀念的歷史專案是美國印地安人社會編寫及出版他們的歷史，由州出經費挑選各部落的代表來寫一章自己的部落史。在 2000 年時，印地安人事務處和猶他州歷史學會合作發行了這部歷史，出版了 4000 本。

（摘自林天蔚《地方文獻論集》下冊，

附錄：頁 895-903，海口南方出版社，2002 年，6 月）

Local History in the United States

Melvin P. Thatcher[*]

I. Introduction

This article provides a general introduction to local history writing in the United States, touching particularly on a few points that may be of interest to students and practitioners of local history in China. The meaning and usage of "local history" in the United States are problematic; so the first topic of concern is how "local history" has been defined in theory and in practice. In a brief overview of the history of local history writing in the United States, particular attention is paid to historical developments that motivated the writers of local history and to changes in format and content over time. With respect to format and content of state, county and town histories, Chinese readers will see some similarities with their own local histories. Publication statistics, especially for county histories, are explored in detail to show the geographic coverage, volume, and the ebb and flow of local history publishing. Local historical societies have been important contributors to the development of the field of local history; therefore, their rise and roles in the promotion, preservation, and publication of local history are briefly described. Finally attention is given to the ongoing tension between amateur and professional historians that characterized local history writing during the 20th century.

II. What is "local history"?

From the perspective of the personal background of authors, one can say that there have been two types of local histories in the United States, popular and academic.[1] "Popular local

---

* Melvin P. Thatcher is the area manager for Asia/Pacific/Africa at the Genealogical Society of Utah.

1 See Kathleen Neils Conzen, "Community Studies, Urban History, and American Local History," in *The Past*

history" refers to local historical works by authors who were either not trained in university or who worked outside of academia. Popular local history, which has been a distinguishing trait of American historiography since the 17th century, is often general in scope and stereotyped as being long on narrative and short on analysis. "Academic local history" refers to local historical works by history faculty and students. Academic local history, which is primarily a 20th century phenomenon, usually is narrowly focused, has a theoretical orientation, and tends to be long on analysis and short on narrative.[2] If "popular" and "academic" are primarily indicators of the background of the author, what is "local history"?

While commenting on the imperative of defining local history "in terms of place or position in space" in his presidential address to the American Association of State and Local History in 1964, James C. Olson quoted the *Oxford English Dictionary* definition of "local," namely "Belonging to a town or some comparatively small district as distinct from the state or country as a whole." He suggested, however, that the definition may be too narrow and noted the views of those who say that a county's history must be placed in the context of that of surrounding counties in every expanding circles. Thus, he argued that the "differences between local history and regional history......are primarily differences of degree."[3]

Despite a century long attempt by professional historians to expand the geographical or administrative scope and contexts of local history, David A. Gerber wrote in 1980,

"Today's practitioners of popular local and community history......wish to write a history that is emphatically local-one which focuses on the smaller units of settlement. Regional, national, and international influences are more excluded from this view of the locality than in the popular local history of the past."[4]

This type of thinking is not, however, limited to the authors of popular local history. For example, academic historian and French scholar Pierre Goubert has said, "We shall call local history that which concerns a village or a few villages, a small or middle-sized town (a large harbor or a capital is beyond the scope), or a geographical area not greater than the common

---

Before Us: Contemporary Historical Writing in the United States, ed. Michael Kammen, 270-291 (Ithaca: Cornell University Press, 1980). Richard Shyrock, "Changing Perspectives in Local History," *New York History* 30 (July 1950), 243-259 uses the rubric of "professional" and "non-professional" or "amateur."

2 For examples, see Shyrock, "Changing Perspectives," 246-247 and Conzen, "Community Studies," 270-271.

3 James C. Olson, *The Role of Local History* ([Nashville] : American Association for State and Local History, 1965), 2-3.

4 David A. Gerber, "Local and Community History: Some Cautionary Remarks on an Idea Whose Time Has Returned." *The History Teacher* 13 (November, 1979), 17.

provincial unit （such as an English county……）."[5] But historically, the concept and practice of local history in the United States have not been so narrowly defined.

A librarian from the United States remarked recently that after visiting local history collections in Europe, she had concluded that Americans do not have a well-defined concept of what constitutes "local history." This situation perhaps reflects the history of local history writing in the United States and the role of local historical societies that are discussed below. The original focus of local historical writing was on the colonies and their townships. Following independence in 1776, state, county and town histories appeared, but local historical societies also began publishing documentary collections, genealogies, biographies, personal diaries, private recollections, etc., thus enlarging the definition of "local history" in popular thinking. In the 20th century "local history" came to include ethnic group histories, institutional（e.g., churches, schools, and businesses）histories, and other topical local studies. Today the classification of publications as "local history" by historiographers and bibliographers in the United States takes into account all of this variety.[6] Consequently, "local history" does not have the precision of usage that is found in European countries or in China with their well-defined genres of local historical writing.

III. The History of Local History in the United States: An Overview

Colonial Period

Contrary to what one might expect, the antecedents of local history writing in the United States are not in found in the local historiographical traditions of England and France. Rather the precursors of local history writing are early 17th century travel accounts and promotional tracts by non-historians, who cast a wide net to gather and publish all of the information that they thought useful for encouraging settlement and investment in their colonies, defending colonial administration, and quenching the demand for information from the Old World.[7] *A Map of Virginia: With a Description of the Country, the Commodities, People, Government and Religion* written by Captain John Smith and published in 1612 is a good example of this

---

5 Pierre Goubert, "Local History," *Daedalus* 100（Winter 1971）, 113.
6 See for example the description of the local, county, and state histories collection of the American Antiquarian Society at〈http://www.americanantiquarian.org/localhist.htm〉（17 April 2001）.
7 David D. van Tassel, Recording America's Past: An Interpretation of the Development of Historical Studies in America, 1607-1884（Chicago: University of Chicago Press, 1960）, 1-3.

type of writing. The descriptive part of this work begins with lists of Indian words and numbers for the curious reader. The location, weather, topography, and local populations for Virginia are described. Observations about flora and fauna and their uses by the natives are offered. Separate sections on planted fruits and commodities produced by human labor are presented. The author concludes with descriptions of the social life and customs, religion, and government of "the natural inhabitants" of Virginia.[8] Tracts such as this were clearly intended to peak interest in and attract settlers to the local area. The breadth of their coverage set a precedent for a general, or inclusive, approach that has characterized much of the subsequent writing of popular local history in the United States.

From the 1630s to the end of the 17th century, Puritan ministers and apologists in the New England colonies, especially Massachusetts, dominated historical writing as they sought to reclaim straying adherents and solidify their religious community by documenting and proving that the Puritan settlers were carrying out the will and work of God in the colonies.[9] *Of Plymouth Plantation*, the journal written by Governor William Bradford between 1630 and 1646, is perhaps the best example of this type of local history.[10] Book 1 starts with a history of the Puritan reformation beginning in 1606, tracing its origins and vicissitudes in England and Holland. The author then recounts the decision of the pilgrims to relocate to the New World, their abortive first attempt to sail on the ship Speedwell, and their successful voyage on the Mayflower and the exploration of Cape Cod in 1620. Book 2 consists of an annalistic record of important events and developments in the colony such as changes of governors, Indian wars, internal intrigues, trade and commerce, etc. and related documents and correspondence from 1620-1646. Placing local history within the context of the religious movement that gave rise to the first settlers, in tone and content Bradford's journal is a religious history of the colony of Massachusetts that was intended to bolster the faith and resolve of those who would read it. During the century leading up to the Revolutionary War in and American independence from England in 1776, writers took a more secular approach to

---

8　Captain John Smith, *A Map of Virginia. With a Description of the Countrey, the Commodities, People, Government and Religion. Whereunto is annexed the proceedings of those Colonies, since their first departure from England, with the discourses, Orations, and relations of the Salvages, and the accidents that befell them in all their Journies and discoveries* (Oxford: Joseph Barnes, 612) .

9　van Tassel, *Recording America's Past,* 13; Carol Kammen, *On Doing Local History: Reflections on What Local Historians Do, Why, and What It Means* (Nashville, Tenn.: American Association for State and Local History, 1986; reprint, New York: Alta Mira Press, 1995) , 13.

10　William T. Davis, ed., *Bradford's History of Plymouth Plantation, 1606-1646* (New York: Charles Scribner's Sons, 1908; reprint, New York: Barnes & Noble, Inc., 1964) .

local history, focusing on the economic consequences of political acts by the Crown. Each of the colonies produced written histories supporting the supremacy of colonial rights in the face of tightening imperial controls.[11]

Post-Independence Period

In the first decades following independence, historical writing turned to the task of nation building through the publication of national histories that stressed a common heritage and political system. While these histories subordinated the colonies and the states to the nation, local historians wrote to secure the place of their localities in the nation's history.[12] For example, the introduction of *Gathered Sketches from the Early History of New Hampshire and Vermont* (1856) opens with the declaration that:

> No history is more interesting to a nation than the narrative of its own origins and progress. No events are more attractive to young and old than the incidents of varied suffering and prosperity, of romance and sturdy fact, which cluster around the beginning of their country's existence......There is no nation indeed which has more reason to be proud of its founders than our own, and there are no states, within the broad boundaries of our country, whose early history is fraught with incidents so interesting, or so full of exciting adventure, as is that of New Hampshire and Vermont.[13]

From 1815 onward a general reaction to the growth of nationalism arose and was reflected in local historical writing by a sharp increase in the number of state, county, and town histories.[14] This resurgence of localism is reflected in the preface to a *History of the Town of Medford* (1855) by Charles Brooks, who wrote:

> In writing this History, it has been my wish to secure Medford such territory in time as its acres are territory in space......When the history of New England shall be written, the true data will be drawn from the records of its towns. Now, therefore in humble imitation of those States in our Union which have contributed each its block of granite,

11 van Tassel, *Recording America's Past*, 28-30. See the author's discussion of the *History of Massachusetts Bay Colony* which was authored by Thomas Hutchinson and published in 1763.
12 van Tassel, *Recording America's Past,* 47.
13 Francis Chase, *Gathered Sketches from the Early History of New Hampshire and Vermont; containing Vivid and Interesting Accounts of a Great Variety of the Adventures of Our Forefathers, and Other Incidents of Olden Times* (Claremont, N.H.: Tracy, Kenney & Co, 1856) , 7-8.
14 van Tassel, *recording America's Past,* 54-55.

marble, or copper to the National Monument at Washington, I ask leave to offer Medford's historical contribution to the undecaying pyramidic monument which justice and genius will hereafter raise to the character and institutions of New England.[15]

With the westward migration and increasing wealth in western regions, histories of local communities in states outside the East began appearing in the 1840s. Many of these histories promoted the primacy of the locality and told stories about the sacrifices and successes of early settlers in an effort to persuade the younger generation that they could stay home and prosper.[16]

Post-Civil War

Following the Civil War of 1862-1865, local history writing took the form of regimental histories, memorializing the contributions of states, counties, and towns whose citizens served in infantry regiments that were drawn from particular localities.[17] The patriotic claim of the authors of regimental histories and their localities to service of the greater cause of national unity is evident in the preface to the *History of the First Regiment (Massachusetts Infantry)* (1866) by Warren H. Cudworth, who wrote:

> The author......volunteered his services as chaplain in the First Regiment......simply because, with all his heart, he believed in "Liberty and the Union," and wished to cast his lot with those brave patriotic men who were willing to fight for "Liberty and the Union."......this book has been written mostly from a sense of duty, and to supply members and friends of the First Regiment with a compact memorial of its glorious achievements.[18]

In subsequent decades regimental history became an integral component of local histories that were general in scope.

Cent   l Era

---

15 Charles Brooks, *History of the Town of Medford, Middlesex County, Massachusetts, from Its First Settlement, in 1630, to the Present Time, 1855* (Boston: H. James Usher, 1855), v.
16 C. Kammen, *On Doing Local History*, 14-16.
17 van Tassel, *Recording America's Past*, 149-154.
18 Warren H. Cudworth, *History of the First Regiment (Massachusetts Infantry), from the 25th of May, 1861, to the 25th of May, 1864; including Brief References to the Operations of the Army of the Potomac.* Boston: Walker, Fuller, and Company, 1866), 7-8.

President Ulysses S. Grant boosted local history writing when he issued the following proclamation in May 1876 on the eve of the centennial celebration of independence from England:

> Be it resolved by the Senate and House of Representatives of the United States of America in Congress assembled, that it be, and is hereby, recommended by the Senate and the House of Representatives to the people of the several States they assemble in their several counties or towns on the approaching centennial anniversary of our national independence, and that they cause to have delivered on such day an historical sketch of said county or town from its formation, and that a copy of said sketch may be filed, in print or manuscript, in the clerk's office of said county, and an additional copy, in print or manuscript, be field in the office of the Librarian of Congress, to the intent that the complete record may thus be obtained of the progress of our institutions during the first centennial of their existence.[19]

In the words of Michael Kammen, "The next quarter-century witnessed the most extraordinary and creative outbursts of local history writing that this country has ever known......In many communities the *only* full-scale history available dates back to the 1880s or 1890s."[20]

Perhaps spurred by the interest caused by the President's pronouncement, commercial publishers became one of the most important stimuli for writing local history at the end of the 19th century.[21] Some organized collaborative local history writing projects such as *A Memorial History of Boston,* which was edited by Justin Winthrop and published in 1880. This four-volume work in 73 chapters, each by a different author, is divided into six sections dealing with the history of Boston and its environment and social, political, economic, military, and religious institutions from prehistoric times to the last one hundred years and one section on special topics. The latter include education, libraries, philosophic thought, women, drama, fine arts, music, architecture, science, medicine, the legal profession, horticulture, and charities.[22]

---

19 Quoted in Kammen, Michael, "The American Revolution Bicentennial and The Writing of Local History." *History News* 30（August, 1975）: 187.

20 *Ibid.* See also P. William Filby, *A Bibliography of American County Histories*（Baltimore: Genealogical Publishing Company, Inc., 1985）, ix; Gerber, "Local and Community History,"13.

21 C. Kammen, On Doing Local History, 24.

22 Justin Winsor, ed., The Memorial History of Boston, including Suffolk County, Massachusetts, 1630-1880. 4

Other commercial publishers provided writers with the forms and formats for writing local histories and raised publication funds through selling local subscriptions and/or obtaining government subsidies for their projects.[23] An example of a common type of format provided by a commercial publisher is found in the *History of Posey County Indiana* which was compiled in 1885 and published in 1886 by the Goodspeed Publishing Co. of Chicago. This two part work begins with a general history of Indiana that treats its ethnic groups, national policies that affected the territory, Indian wars, political organization and economic institutions in the territorial period, early political history of the state, the roles of soldiers and regiments from Indiana in the Civil War, and the affairs of post-war political, economic, and educational institutions. Part 2 gives the history of Posey County including its geological attributes, the settling of the county, county government and other institutions, histories of towns and their socio-political and religious institutions and activities, and the legal and military histories of the county. It concludes with sections providing brief biographical sketches of prominent persons in the townships, maps, photos of key buildings, and portraits of individuals.[24]

Early to Mid-20th Century Period

The first half of the 20th century, was a period of development which saw continuation of the traditional content of local histories and an elaboration of existing formats, the emergence of a populist style of writing, and the sprouting of academic local histories. The format of many local histories commissioned or compiled by major commercial publishers during this period evolved from the common format of the late 19th century described above. This is clearly evident in the two-volume format of Goodspeed's *History of Dubuque County* which appears to have been published in 1911. The first volume treats the county's history. It contains chapters on geology, the settlement of the county and its Indian wars, an extensive history of the city of Dubuque, and the county's transportation and communications system,

---

vols. Boston: James R. Osgood and Company, 1880.

23 van Tassel, *Recording America's Past*, 165, 168)

24 History of Posey County Indiana: From the Earliest Time to the Present; with Biographical Sketcers, Reminiscences, Notes, Etc.; Together with an Extended History of the Northwest, the Indiana Territory, and the State Of Indiana (Chicago: The Goodspeed Publishing Company, 1886) . For another example of this format, see The History of Clark County, Ohio, conatining a History of the County, its Cities and Towns, etc.; General and Local Statistics; Portraits of Early Settlers and Prominent Men; History of the Northwest Territory; History of Ohio; Map of Clark County; Constitution of the United States, Miscellaneous Matters, etc. etc. (Chicago: W.H. Beers & Co., 1881) .

politics and government, medical, dental, and legal professions, religions, townships, and education. The second volume is devoted to biographies.[25]

A new type of local history writing arose in the 1930s and 1940s. Under the influence of populist thinking and leftist political ideology, some writers abandoned the former core values of popular local history, namely individualism, acquisitiveness, and materialism, and focused on the common man, cooperation, and shared values. The major contributor to this development was the Federal Writers' Project（FWP）, a relief project of the Works Progress Administration（WPA）that was designed to put unemployed writers back to work following the Great Depression.[26]

The FWP was launched in August 1935 with the allocation of US$6,288,000 by the US Congress. After running into major political opposition, five years later, in September 1939, the FWP was renamed the Writers' Project and passed by Congress from federal to state administration. By the time the project was terminated in February, 1943, $27,189,370 had been spent and over 10,000 local writers had been employed to produce more than 400 volumes of the American Guide Series. The series included guides for every state and many regions, cities, towns, and villages in the United States.[27] The central project office mandated the organization of the guides into three sections:（1）topical essays including local history and culture, geography and economics, etc.;（2）enumeration and descriptions of all cities and towns, and（3）detailed tours showing points of interest in the area covered by the guide.[28]

Despite the scale of this undertaking, in the view of one commentator, the impact of this populist approach to local history on the "popular historical consciousness" was short-lived in comparison to previous movements.[29] However, new forms of local history writing appeared in mid-century that have had a lasting impact to the present, namely the publication by professional historians of urban histories in the 1930s and new social histories, such as

---

25 Franklin T. Oldt and P.J. Quigley, ed., History of Dubuque County Iowa: Being a General Survey of Dubuque County History, including a History of the City of Dubuque and Special Account of Districts throughout the County, from the Earliest Settlement to the Present Time, 2 vols.（Chicago: Goodspeed Historical Association, [1911?]）. For another example of this format see John Elmer Reed, History of Erie County Pennsylvania, 2 vols.（Topeka: Historical Publishing Company, 1925）.
26 Gerber, "Local and Community History," 14-15.
27 Christine Bold, The WPA Guides: Mapping America（Jackson: University Press of Mississippi, 1999）, xvi. See also Jerre Mangione, The Dream and the Deal: The Federal Writer's Project, 1935-1943（Syracuse, NY: Syracuse University Press, 1996）for a look back at the project by one of the participants.
28 Ibid., 27.
29 Gerber, "Local and Community History," 27.

demographic studies, since the 1940s.[30]

Bicentennial Era

The American Revolution Bicentennial celebration produced a deluge of state, county, city, town, and neighborhood histories.[31] Commenting on this resurgence of interest in local history, David A. Gerber wrote in 1979, "Local and community history may well be one of the fastest growing popular intellectual pursuits in the United States today......[M]any Americans are engaged in separate searches into their "roots"-writing histories on their towns, families, ethnic communities, and parish churches."[32] From the point of view of academic historians, the chief factors contributing to this development were a convergence of academic and popular interest in local and community history that was brought about by a shift of interest among academicians from the study of power elite to non-elite groups and by the adaptation of social science concepts and methods to the study of the latter.[33] But just as important, perhaps, from the perspective of the writers of popular local history was the re-entry of commercial publishers into the field and the funding of the publication of histories for medium-sized and large cities by corporations and historical societies.[34]

III. Publication Statistics

Local History Publications in General

The total volume of local history monographs that have been published cannot be readily determined. Libraries have been able to acquire titles that were formally published and sold by publishing companies and booksellers. Privately published titles, which are numerous, have usually been produced in small quantities and have not been widely distributed; so they have been difficult to find and acquire. An indication of the quantity of publications can perhaps be found in the collection statistics of the American Antiquarian Society (AAS), which was organized in 1812, has been collecting on the national level and maintains one of the United

---

30 C. Kammen, On Doing Local History, 33-35.
31 Conzen, "Community Studies," 273.
32 Gerber, "Local and Community History," 7.
33 M. Kammen, "The American Revolution Bicentennial," 182; Gerber, "Local and Community History," 9-11. See Conzen, "Community Studies," 274ff for a bibliographic survey and critique of the published works of academic historians during this period. As to the latter, the author keenly observes that "the consequence thus far has been not so much a 'new local history' as a 'new urban history' and......a 'new rural history;......"
34 C. Kammen, On Doing Local History, NEED PAGE NO.

States' premier local history collections. The AAS holds 55,000 volumes of state, county, and town histories published between 1821 and 2000.[35] Unfortunately, there are no statistics available for its pre-1821 local history monographs.

Regional statistics for New England, which include books and articles written as local history or having local historical content, provide another view of the volume of local history publications in the United States. The *Bibliographies of New England Series*, published between 1976 and 1986, includes the following number of entries for the states, counties and towns in the region: Massachusetts, 13,520; Maine, 5,355; New Hampshire, 6,542; Vermont, 6,413; Rhode Island, 4,124; and Connecticut, 9,778.　Taking a closer look at the Connecticut bibliography, which was published in 1986, the distribution of entries by administrative levels is as follows: state, 1901; county（8 units）, 212; and city or town（169 units）, 7,566. As noted at the outset of this article, the concept of "local history" in the United States is not clearly defined; so deciding which types of publications to include in the New England bibliographies was the biggest challenge faced by the compilation committee.[36] Thus, depending on one's own view of what constitutes a local history publication, the figures here might be subject to a slight adjustment.

County Histories

With respect to county histories, national statistics can be extracted from P. William Filby's *A Bibliography of American County Histories*（1985）which encompasses single county history monographs and histories in publications that treat multiple counties.

Based on the decades of publication in the selected states shown in Table 1, the publication of county histories is mainly a post-Civil War phenomenon. Filby says "American county histories reached their high-water mark in the 1880s and 1890s" and notes that the second great period of county history publishing occurred during the first two decades of the 20th century. One has to disagree, however, with his assertion that "the number of county histories of note……has increased little since 1919,[37] for publication continued at relatively high rates through the 1930s and surged in the 1960s and 1970s.

---

35 American Antiquarian Society, "Local, County, and State Histories,"〈http://www.americanantiquarian.org/localhist. htm〉（17 April 2001）.
36 Roger Parks, ed., *Connecticut: A Bibliography of Its History*, prepared by the Committee for a New England Bibliography（Hanover, NH : University Press of New England, 1986）, xvii-xviii.
37 Filby, American County Histories ix and xi.

Table 1. County Histories for Selected States by Decade of Publication

Decade	CT	PA	GA	FL	AL	AR	OH	IN	IL	AZ	ID	CA	Totals
1800							1						1
1810	1												1
1830		1											1
1840		37					1						38
1850	1	2			1		3	2	4			2	15
1860		4	1				4	2	5			5	21
1870	1	25				1	19	20	44			30	140
1880	9	69	1	2	3	25	69	91	71	1	2	34	377
1890	2	32	2		1	40	21	15	3	1	2	25	144
1900	1	38		1		5	56	28	56		5	9	199
1910	2	18	6	1		11	28	56	35	1	1	35	194
1920	4	21	9	9	3	3	16	21	5	1		34	126
1930	4	27	28	4	6	7	16	7	4		8	18	129
1940		28	12	2	7	7	7	9	6		6	13	97
1950		13	19	4	10	10	12	11	11		2	5	97
1960		10	15	4	12	6	10	9	19	3	8	18	114
1970		21	75	7	29	17	14	13	13	12	5	9	215

Source: Extracted from Filby, *American County Histories, passim.*

Legend: CT Connecticut, PA Pennsylvania, GA, Georgia, FL Florida, AL Alabama, AR Arkansas, OH Ohio, IN Indiana, IL Illinois, AZ Arizona, ID Idaho, CA California

As shown in Table 2 below, more than seventy-nine percent, or 2,432 of America's 3,033 counties (excluding Hawaii and Alaska), had histories published prior to 1985. The best represented states are primarily in the northeastern and north central regions and on the West Coast, while the most poorly represented states are mainly in the southeastern and western regions.

Table 2. Distribution of County Histories by State

State	Number	Counties With History	Percent	State	Number	Counties With History	Percent
Arkansas	75	75	100.0	RhodeIsland	5	4	80.0
Connecticut	8	8	100.0	NorthDakota	53	42	79.2
Delaware	3	3	100.0	Kansas	105	83	79.0
Maryland	23	23	100.0	Texas	254	199	78.3
NewHampshire	10	10	100.0	Wisconsin	71	55	77.5
NewJersey	21	21	100.0	Georgia	159	123	77.4
NewYork	62	62	100.0	NorthCarolina	100	76	76.0
Vermont	14	14	100.0	Oregon	36	27	75.0
Indiana	91	90	98.9	SouthCarolina	46	34	73.9
California	58	57	98.3	Mississippi	82	60	73.2
Washington	39	38	97.4	Wyoming	23	16	69.6
Pennsylvania	67	65	97.0	Montana	56	38	67.9
Iowa	99	96	97.0	Oklahoma	77	52	67.5

State				State			
Ohio	88	85	96.6	Michigan	83	55	66.3
Illinois	102	97	95.1	Kentucky	120	73	60.8
Maine	16	15	93.8	Colorado	63	36	57.1
Utah	29	27	93.1	Idaho	44	25	56.8
Missouri	114	104	91.2	WestVirginia	55	30	54.5
Virginia	96	83	86.5	Louisiana	64	34	53.1
Arizona	14	12	85.7	NewMexico	32	17	53.1
Massachusetts	14	12	85.7	Alabama	67	35	52.2
Nebraska	93	79	84.9	Nevada	16	8	50.0
Minnesota	87	73	83.9	Florida	67	27	40.3
Tennessee	95	79	83.2				
SouthDakota	67	55	82.1	Totals	3063	2432	79.4

Sources: Number of counties from Kane, *American Counties*, 18; county history information tabulated from Filby, *American County Histories, passim.*

In terms of the quantity of county histories, Filby lists 5,573 histories published for 2,432 counties prior to 1984, or an average of 2.3 titles per county having a history. As shown in Table 3, the range of histories per county is from 1.0 to 5.2 titles.

Table 3. County history titles by state

State	Counties With Histories	Histories		State	Counties With Histories	Histories	
		Titles	Average			Titles	Average
Pennsylvania	65	341	5.2	Wyoming	16	30	1.9
NewYork	62	313	5.0	SouthDakota	55	103	1.9
NewJersey	21	99	4.7	NorthCarolina	76	141	1.9
WestVirginia	30	133	4.4	Arizona	12	22	1.8
Massachusetts	12	50	4.2	Maine	15	27	1.8
California	57	211	3.7	NewHampshire	10	18	1.8
Ohio	85	289	3.4	Kansas	83	148	1.8
Indiana	90	283	3.1	Arkansas	75	127	1.7
Connecticut	8	25	3.1	SouthCarolina	34	57	1.7
Wisconsin	55	171	3.1	Oregon	27	45	1.7
Vermont	14	37	2.6	Mississippi	60	99	1.7
Iowa	96	241	2.5	NewMexico	17	28	1.6
Illinois	97	231	2.4	Idaho	25	41	1.6
Delaware	3	7	2.3	NorthDakota	42	67	1.6
Maryland	23	53	2.3	Kentucky	73	116	1.6
Alabama	35	76	2.2	Louisiana	34	54	1.6
Michigan	55	118	2.1	Oklahoma	52	82	1.6
Washington	38	79	2.1	Colorado	36	56	1.6
Utah	27	56	2.1	Georgia	123	186	1.5
Minnesota	73	149	2.0	Florida	27	35	1.3
Nebraska	79	160	2.0	Montana	38	48	1.3
Virginia	83	166	2.0	Nevada	8	10	1.3
Missouri	104	204	2.0	RhodeIsland	4	4	1.0
Texas	199	388	1.9				
Tennessee	79	149	1.9	Totals/Averages	2432	5573	2.3

Source: Tabulated from Filby, *American County Histories, passim.*

IV. Local Historical Societies

Local historical societies have played significant roles in preserving and promoting local history since independence. The Massachusetts Historical Society, the first local historical society in the United States, was founded in 1794. Positioning itself as the center for local history for the New England region, this society set high standards for those that were to follow in collecting manuscript materials and other forms of local historical information as well as serving as the publisher for most town histories that were published prior to 1815.[38] Seeking to secure and protect a place for their respective states in the writing of national history, private local historical societies began appearing along the East Coast during the early decades of the 19th century, then spreading inland to the "western territories" by the 1830s, and to the American South prior to the onset of the Civil War.   Following the war, historical societies were established in the western states as the United States extended its territorial boundaries west of the Mississippi River.[39]

The number of local historical societies has grown at phenomenal rates since the end of the 18th century. One hundred three societies were founded between 1791 and 1859. By 1890 the number of societies had grown to 300.[40] During the 20th century, societies were founded at an even faster rate. The exact number of local historical societies extant today is difficult to determine. However, based on the Society Hill directory, there are at least 4,129 societies in the 50 states as shown in the following table:[41]

Table 4. Number of Local Historical Societies by State

State	Societies	State	Societies	State	Societies
Minnesota	293	North Carolina	72	South Carolina	42
Texas	281	Wisconsin	70	Wyoming	41
Michigan	269	Oklahoma	68	Connecticut	40
California	268	Pennsylvania	67	New Mexico	40
Indiana	232	Tennessee	66	Kentucky	39
Kansas	165	Georgia	65	Mississippi	39

38 van Tassel, Recording America's Past, 60-62.
39 van Tassel, Recording America's Past, 95-98).
40 See van Tassel, *Recording America's Past*, 181-190 for a list of historical societies that were founded from 1791-1890.
41 The growth of institutional support for local history in North America during the 20th century is even more impressive when local historical societies, libraries, and other agencies with local history collections and services are all taken into account. According to Mary Bray Wheeler, ed., *Directory of Historical Organizations in the United States and Canada*, 14th ed. (Nashville Tennessee: AASLH Press, 1990), ix the number of institutions listed in the directory has grown from 583 in 1935 to ca. 13,000 in 1990.

Ohio	164	Alabama	64	West Virginia	37
Illinois	149	Iowa	63	South Dakota	24
New York	142	Oregon	61	New Hampshire	23
Massachusetts	110	Colorado	60	Nevada	16
New Jersey	108	Nebraska	58	North Dakota	13
Maine	106	Maryland	54	Rhode Island	12
Arkansas	102	Virginia	51	Delaware	11
Missouri	89	Washington	50	Alaska	7
Vermont	89	Arizona	49	Utah	7
Florida	80	Montana	48	Hawaii	4
Louisiana	75	Idaho	46	Total	4129

Source: Extracted from Society Hill, "Local Societies: United States," 〈 http:daddezio. com/society/hill/index.html 〉（23 March 2001）.

This growth has resulted in part from state historical societies encouraging the formation of local historical societies, particularly in the last century. Within a particular county, there may be many smaller historical societies. For example, in 1962 of the 34 towns and cities in Essex County, Massachusetts, only 7 did not have historical societies. Nine of the town and city societies were founded in the 19th century and the remainder in the 20th century.[42]

State, county, city, and town historical societies have played important roles in the field of local history through their many activities and services. Traditionally local historical societies have been the catalysts for collecting and preserving local documentation and artifacts. They have been the focal points of research in local history and facilitated its dissemination through the publication of periodicals and monographs. Many societies have established and maintained local historical museums. Some have actively promoted historic preservation projects in their communities even to the extent of purchasing and restoring of historic homes and buildings. Societies are involved in community outreach through adult education and programs for school children. They also promote awareness of local history and heritage through providing volunteer staff for tourist information centers in their states and communities.[43]

V. Amateurs and Professionals

Focusing on the social and academic background of authors, Professor Higham has provided the following periodization of American historical writing in general:

---

42 Whitehill, Independent Historical Societies, 352-361.
43 Clement M. Silvestro, *Organizing a Local Historical Society* （Nashville: The American Association for State and Local History, 1959; Whitehill, *Independent Historical Societies, passim.*

Historical writing in America falls into three large periods. It began in the seventeenth century as a function of clergymen and of magistrates associated with them in executing the will of God; this was the period of Puritan history. From the early eighteenth to the late nineteenth century, the best history came from the pens of independent gentlemen......Theirs was the period of patrician history. Around the end of the nineteenth century, gentlemen historians yielded predominance to the growing host of university professors, for whom historical activity became a corporate task and specialized career. These men made history once more an institutional product, and such it remains in this century of professional history.[44]

Historiographers of local historical writing generally couch their classifications of authors in terms of amateur (or non-professional) and professional historians with the turn of the 20th century as the watershed between the two types.[45] Higham's Puritan and patrician historians are considered amateurs because they did not derive their livelihood from writing history, and they lacked formal, academic training in the discipline of history. Prior to the 20th century, "amateur" historians included clergymen, politicians, patrician gentlemen of means and leisure, lawyers, doctors, journalists, printers, novelists, archivists, editors, and collectors.[46] The return of history graduates from German universities and the creation of departments of history in universities in the closing decades of the 19th century marked the advent of professional history in the United States.[47]

A concomitant of the rise of professional history is the tension that developed between amateur and professional historians. The early practitioners of professional history, who were interested in the big pictures of world and national government and politics, looked with disdain upon the works of amateur historians as unscientific, antiquarian, and inconsequential.[48] They moved quickly to assert dominance through the formation of the American Historical Association (AHA) in 1884 which was later incorporated by an act of Congress in 1889. Its purposes then and now were "for the promotion of historical studies, the

---

44 John Higham, *The Reconstruction of American History*. London: Hutchinson University Library, 1962) , 10-11.
45 Refer above, Note 1; also see Goubert, "Local History,"133-127 and Alan Rogers, "The Study of Local History-Opinion and Practice. 3. New Horizons in Local History," *The Local Historian* 12.1 (June, 1976) , 67-73.
46 Calcott 1970, 80-82.
47 van Tassel 1960, 171-179.
48 Shyrock, "Changing Perspectives," 247.

collection and preservation of historical documents and artifacts, and the dissemination of historical research."[49] This had been precisely the domain of the amateur historians for more than two hundred years. The association, however, gave priority to the "new historical research" of professional historians through the paper sessions of its annual meetings and the publication of new historical research in its annual reports.[50] Commenting on the significance of the impact of this development, van Tassel concludes his seminal study on local historiography from the 17th to 19th century, saying with the formation of the AHA "the professional historians prepared to assume the task of recording the America's past. The long age of the amateur historian had ended."[51] Such, however, was not the case.

The AHA sought to further its agenda by bringing together amateurs and professional historians and giving direction to local historical societies. But, in early meetings, as one observer has noted:

The new professionals and the old amateurs tended to congregate in separate camps, which regarded each other with some degree of suspicion. Those in one group looked down their noses at anyone who was so bold as to write history without a Ph.D., preferably from a German university; those in the other regarded a Doctor of Philosophy as guilty until proved innocent.[52]

Seeking a better fit, the amateurs, who were interested mainly in local history, formed the Conference of State and Local History Societies in 1904 as an adjunct of the AHA. While the Conference continued to meet in conjunction with the latter, it organized programs and pursued agendas that addressed the needs of local historians.[53]

The American Association for State and Local History（AASLH）was formed by the Conference in 1940, "at a time when the major professional associations had little interest in the concerns of the non-academic historians," to facilitate communication and cooperation between amateurs and professionals who were engaged in writing local history.[54] The spirit and vision of the AASLH are manifest in the following statement from one of its technical

---

49 American Historical Association, "About the AHA,"〈 http://www.theaha.org/info/ 〉（ 27 September 2001 ）.

50 American Historical Association, "Brief History of the AHA,"〈 http://www.theaha.org/info/AHA_ History/ History.htm 〉（ 27 September 2001 ）.

51 van Tassel 1960, 179.

52 Whitehill 1962, 323.

53 C. Kammen, 1986/1995, 22-23.

54 Conzen, "Community Studies," 273-274; Larry E. Tise, "State and Local History: A Future from the Past,"*The Public Historian* 1.4（ Summer, 1979 ）, 15.

leaflets, "The Gift of History":

History is the account of things said and done in the past. In this sense, each of us has a history-an account of where we come from and how we got to be who we are. Communities, likewise, each have a history. So, too, do nations, families, and human organizations of every sort.

History serves us in many ways. It can inspire us with stories of exemplary lives or caution us with tales of human folly and wickedness. History can inform and educate us by providing the context and perspective that allows us to make thoughtful decisions about the future. And history has the power to delight and enrich us, enlarging and intensifying the experience of being alive!

With a current membership of more than 5,000 institutions and individuals, the AASLH aspires "to provide leadership and support for its members who preserve and interpret state and local history in order make the past more meaningful to all Americans." The association performs its role through publications, such as the quarterly *History News*, an annual meeting, and occasional workshops and seminars. In addition, it is the publisher of books and other media and serves as a clearinghouse for sharing ideas and information in the field of local history.[55]

Mutual respect and collaboration between amateur and professional historians developed slowly in the 20th century. During the first half of the century, professional historians left local history to the amateur historians.[56] However, with the rise of local studies in academia in the form of urban history in the 1920s and local demographic regimes in the 1940s, professionals began to appreciate the prior historical work of amateur historians. Finally in the 1960s professional historians in the United States entered the field of local history in significant numbers under the influence of the interdisciplinary approach of professional historians in France and England, who in mid-century adopted an interdisciplinary approach to local social and demographic history with particular emphasis on non-elite groups.[57] Since the late 1970s great strides have been made in establishing collaboration between professional historians,

---

55 American Association for State and Local History, "Who We Are," 〈http://www.aaslh.org/whoweare.htm〉(27 September 2001).
56 Shyrock, "Changing Perspectives," 243; Conzen, "Community Studies," 270-271.
57 M. Kammen, "The American Revolution Bicentennial," 182; Lawrence Stone, 1971. "English and United States Local History." *Daedalus* 100(Winter, 1971), 131-132; Goubert, "Local History," *passim.*; Rogers, "New Horizons in Local History," 67-73; Tise, "State and Local History,"17.

who bring analytical skills to the task, and amateur local historians, who know their sources.[58] Today many academic historians value the variety and richness of the coverage of local histories, the documentary heritage that had been preserved and transmitted in them, and the wide range of sources employed by amateur local historians.

Despite these advances, the condescension of professional historians is still manifest in their writings and in the activities of the AHA. For example, a professional historian observed in 1980 that:

> [T]he history of life at the local level emerged in the 1970s as one of the most lively and promising areas of historical inquiry in the United States......It may also promise to provide, for the first time, the basis for a true local history of the United States–a local history resting on a coherent interpretation of the changing nature of life at the local level and the changing role of the local community in American development.

Not that America has been without a local history tradition.　Until very recently, however, it has not been an academic one......[59]

The AHA still shows a weak commitment to improved relations between academic and non-academic historians in its website where, under the heading of "AHA: Who we serve," the hotlinks for history department chairs, history graduate students, K-12 history teachers, and part-time adjunct faculty are all active, while those for history researchers (i.e., amateurs) and public historians (professionals not working in academia) are not active.[60]

VI. Summary

Local history in the United States is a loosely defined field of study. It encompasses the works of amateur and professional historians dealing with the general history of localities that

---

58 Louis Bisceglia, "'Writers of Small Histories':Local Historians in the United States and Britain," *The Local Historian* 14.1 (February, 1980), 4-7. For an earlier expression of similar conclusions, see Shyrock, "Changing Perspectives," 249-250.

59 Conzen, "Community Studies," 270-271. Professional French and English historians manifest the same sort of attitude. For example, Goubert, "Local History," 121 comments on recent achievements in French local history saying, "It is quite certain, however, that without serious provincial monographs (written by professional historians and not by amateurs) a general revision of the kind suggested would not have been possible." And while discussing the latest trends in English local history, Rogers, "The Study of Local History," 71-72 raises the questions: "What place is there any longer for the amateur? What should he aim at?" To which he offers several suggestions: 1) "act as a source of labour for the academics, under their direction;" 2) produce "general views" because the "full-blown local history form A to Z is now a thing of the past"; and 3) (his recommendation) select one aspect of village or town history as building block to fuller local history-by a professional historian, implied) .

60 American Historical Association, "Who We Are," 〈 http://www.theaha.org/info/ 〉 (27 September 2001) .

range from state to county to town to neighborhoods. It includes genealogy and biography, institutional, military, and ethnic histories, as well as specialized community, demographic, and urban studies.

From its beginnings, the writing of local history in the United States has responded to political, social, and economic stimuli. Local histories were written to attract settlers to new colonies and to assert the rights of those colonies in the face of tightening imperial controls. After independence was won from England in 1776, local historians sought to memorialize the roles of their localities in the formation of the new nation. With the revival of localist sentiment after 1815, historians sought to reassert of the primacy of their localities within the federal system. In the wake of the Civil War, they wrote regimental histories to hail the contributions of local military conscripts in preserving the Union. The influx of new immigrants from Europe, westward expansion and development, and presidential encouragement during the centennial celebration of American independence, contributed to another upsurge of localism which was manifest in the proliferation of county histories in the 1870s and 1880s. These histories placed localities within their larger political context, while extolling local economic conditions, social and cultural amenities, and the contributions of pioneers and prominent residents. The 20th century witnessed the continuation of this trend, the appearance of a form of populist local history in the 1930s, and the rise of academic local histories focused on the study of non-elite groups thereafter. The bicentennial celebration of American independence in the 1970s gave a significant boost to the popularity of local history writing in the final quarter of the century.

The publication characteristics of local history is difficult to describe because of the lack of national level statistics that embrace all forms of local history writings. One can only observe that local history publications number in the tens of thousands nationally and in the thousands at state levels. With respect to county histories, for which statistical information is more readily available, statistics compiled through the 1970s show that the publication of county histories was primarily a post-Civil War phenomenon with the peak decades occurring in the 1880s, 1900s, 1930s, and 1970s. Seventy-nine percent of the counties in the United States had at least one history published prior to 1985. The number of titles per counties with published histories ranged from 1.0 to 5.2 titles.

Private and government subsidized local historical societies form an important part of the infrastructure supporting local history writing in the United States. Since the founding of the Massachusetts Historical Society in 1794, the number of local historical societies had grown to at least 4,129 by the year 2001. Local history societies exist at state, county, and town levels in every state where they have historically served as foci for collecting and preserving local documents and artifacts and for publishing and disseminating local history.

Since the advent of "professional history" in the closing decades of the 19th century, tension between amateur and professional historians has characterized the field of local history in the United States. This phenomenon has manifest itself institutionally in the formation of the American Historical Association by professional, academic historians in 1884 and the Conference of State and Local History Societies and its successor the American Association for State and Local History by the practitioners of local history, who were mainly amateur historians, in 1904 and 1940 respectively. Early professional historians, who generally paid little attention to local history, tended to hold the works of amateurs in low esteem as provincial in outlook, lacking theoretical basis, devoid of rigorous analysis, and insufficiently documented. Since the mid-20th century professional historians have become increasingly interested in pursuing studies in local history, often in collaboration with non-professionals, and in the process have gained an appreciation of the work of past and present amateur historians and their command of local historical sources. Nevertheless, entrenched attitudes are difficult to eradicate; so there is still a ways to go before parity is reached between amateur and professional local historians.

【中文摘要】

美國的地方史

地方史在美國是一門還沒有定論的學術研究，包含業餘和專業的史學家從事於州、縣、鎮、里間的一般性歷史研究，概括譜學、傳記、社會、軍事和種族的歷史，同時也專攻社區，人口和都市的研究。

從開始時，美國地方史的著作是受了政治、社會和經濟的刺激。寫地方史最初是爲

吸引移民到新殖民地。新英格蘭清教徒殖民地的十七世紀史學家，想要團結宗教社區，就記載證明早期的殖民是順從上天的旨意。十八世紀初，史學家寫地方史是要維護那些受皇室牽制的殖民地的權益。1776 年，美國獨立後，地方史學家從事寫作則是為了刻畫當地在建國工作上所擔任的角色。隨著 1815 年後的鄉土意識復甦，史學家又為維護地方在聯邦體制下的主要地位而提筆。在美國內戰的餘波下，他們寫軍團史來為保存聯邦有功的地方徵兵喝彩。歐洲新移民的加入，向西方的拓展，美國立國百年紀念時總統的號召，又一次激發了地方主義。這從 1870 年代和 1880 年代 縣史叢生的情形可以看出。這些地方史在歌頌地方上的經濟狀況，社交文化的建設以及先驅者名流輩的貢獻時，又將地方放在更大的政治圈內。二十世紀見證了這股潮持續。1930 年代出現平民化的地方史，隨後，又興起了致力於非名流團體研究的學地方史。1970 年代慶祝美國獨立兩百週年，更明顯的推助了二十世紀末期寫地方史的風氣。

很難描述地方史出版發行的特色，因為缺乏涵蓋各類型作品的全國性的統計。我們只 能看到全國 有上萬，全州有上千的地方史著作。至於縣史的統計資料還比較容易得到，編纂到 1970 年代的統計顯示出縣史的發行主要是內戰後的現象，尤其在 1880 年代、1900 年代、1930 年代、1970 年代是巔峰時期。在 1985 年之前，美國有百分之七十九的縣，至少出版過一本縣史。而每個縣所發行的縣史。以題名來計從 1.0 到 5.2 本。

私人和政府資助的地方歷史學會在美國構成一個支持地方史寫作的重要部份。自從 1794 年麻薩諸塞歷史學會成立後，到 2001 年，地方歷史學會的數目最少增加到 4129 個。在每個州裡，有州、縣、鎮級的地方歷史學會，它們曾經都是在歷史上收存地方文物，傳佈發行地方史的焦點。

從 19 世紀末「專業歷史」出現的幾十年以來，業餘及專業史學家之間的壓力成了美國地方史這一行的特色。這現象本身就顯示於 1884 年由專業及學術史學家所組成的美國歷史協會。1904 年由業餘史學家組成的州及地方學會研討會以及後來在 1940 年承襲它的美國州及地方歷史協會。一般來說，早期的專業史學家，很少注意地方史，他們輕視業餘史學家作品鄉氣，缺少理論上根據，缺乏嚴密分析以及引證不夠充份。自從二十世紀中期以來，專業史學家漸漸對研究地方史有了興趣，通常和業餘史學家合作，在這過程中，學到尊重以往的和現在的業餘史學家的工作，以及他們使用地方資料的方法。不過，戒備的態度一時不容易根除，業餘和專業史學家要達到同等的地位，還有一段距離。

（摘自林天蔚《地方文獻論集》下冊，

附錄：頁 860-893，海口南方出版社，2002 年，6 月）

History of Genealogy in America

Richard E. Turley Jr. and Craig L. Foster [*]

I. GENEALOGICAL AWARENESS IN EARLY AMERICAN CULTURE

Interest in genealogy and family history has been an integral part of American culture and history.[1] As the early immigrants stepped onto the shores of the New World, they brought with them a keen awareness of their ancestry. For those of noble lineage who settled Virginia, their genealogy was a mark of status. Most of the "ruling families" of this state were headed by younger sons of "eminent English families" who, having no hope of inheritance in the old world, set out to make their fortunes and create their own dynasties in the British colonies.[2]

New England settlers, on the other hand, viewed family and genealogy in religious terms. Much like the ancient Hebrews, Puritan settlers believed that they were God's chosen people, and their early ministers preached that the children of these believers would be blessed. Puritan minister William Stoughton, for example, proclaimed: "The Books that shall be opened at the last day will contain Genealogies among them. There shall then be brought forth a Register of the Genealogies of New-Englands sons and daughters."[3]

These intense Puritan interests in family and genealogy, with both moral and religious overtones, continued well into the nineteenth century. Harriet Beecher Stowe observed:

Among the peculiarly English ideas which the Colonists brought to Massachusetts, ...was that of family. Family feeling, family pride, family hope and fear and desire, were, ...strongly-marked traits. Genealogy was a thing at the tip of every person's tongue, and in every person's mind. ......"Of a very respectable family," was a sentence so often

---

[1] Lester J. Cappon, "Genealogy, Handmaid of History," Special Publications of the National Genealogical Society, no. 17（1957）.

[2] David Hackett Fischer, Albino's Seed: Four British Folkways in America（New York: Oxford University Press, 1989）, 212-15.

[3] William Stoughton, New England's True Interest, Not to Lie（Cambridge, 1670）, 33.

repeated at the old fireside that its influence went in part to make up my character.[4]

Varying influences of spiritual and social standing prompted prominent families and people like George Washington and Benjamin Franklin to maintain an interest in genealogy. Moreover, organizations such as the American Antiquarian Society, founded in 1812, collected and studied genealogical records.[5]

During the 1820s and 1830s "a growing number of the prominent inhabitants of the old communities along the Atlantic coast devoted considerable time to genealogical investigation. Persons of local eminence turned to family history as a source of status and for evidence of ancestral heroism."[6] New Hampshire printer and genealogist John Farmer wrote in 1829 that it was a "curiosity among many of the present generation to trace their progenitors, in an uninterrupted series, to those who first landed on the bleak and inhospitable shores of New England."[7]

With the significant increase of Irish and German immigrants in the early 1800s, native-born Americans of English extraction sought forms of Anglo-Saxon exclusiveness. These individuals relied on their genealogy to distinguish themselves from these "foreigners."[8]

Notwithstanding the notion among common eighteenth-and nineteenth-century Americans that genealogy carried the "aura of an aristocratic pastime" for people trying to separate themselves from newly arrived immigrants and the common people, genealogy continued to be an important part of life for a broad range of Americans. In 1771 the twenty-four pages Stebbins genealogy became America's first published genealogy. During much of the seventeenth, eighteenth, and nineteenth centuries, young American women "spent months documenting family members by producing samplers, painting mourning pictures, or creating needlepoint."[9]

---

4 Harriet Beecher Stowe, Uncle Tom's Cabin or, Life among the Lowly; The Minister's Wooing; Oldtown Folks (New York: Library of America, 1982) , 1102.

5 James B. Allen, Jessie L. Embry, and Kahlile B. Mehr, Hearts Turned to the Fathers: A History of the Genealogical Society of Utah, 1894-1994 (Provo, Utah : BYU studies, Brigham Young University, 1995) , 24

6 David J. Russo, Keepers of Our Past: Local Historical Writing in the United States, 1820s-1930s (New York: Greenwood Press, 1988) , 13.

7 John Farmer, A Genealogical Register of the First Settlers of New England (1829;Baltimore: Genealogical Publishing Company, 1969) , iii

8 Russo, 13.

9 Ibid.; Robert M. Taylor Jr. and Ralph J. Crandall, eds., Generations and Change: Genealogical Perspectives in Social History (Macon, Georgia: Mercer University Press, 1986) , 4; Sandra Schoiock Roff, "Protectors of the Past: Women and Genealogy," Genealogical Journal 16(fall/winter 1987): 181-82. While The Genealogy of the

Women in early America often assumed the role of passing on traditions, values, and mores, including preserving the "network of family ties, linking the past to the present." Such preservation efforts frequently entailed keeping family records in a Bible. Special events, names, and other information were often recorded in a Bible, which was then passed down, often to the eldest daughter, form one generation to another.[10]

II. PATRIOTIC AND HEREDITARY SOCIETIES

During the first few decades of the nineteenth century, America witnessed the "social , economic, and demographic changes associated with the shift from a largely rural, agricultural society to an urban industrial one." This change dramatically altered the work structure of a family. No longer did family members labor together to provide for themselves; instead the father worked outside of the home, and the mother and children were left to take care of the household duties.[11]

The real and perceived challenges posed by the Industrial Revolution prompted popular and religious writers to portray the home as a refuge from the problems and corruption of the outside world. The new emphasis on home and family, as well as distinction of gender roles, was in response to "anxieties generated in a period of chaotic change." The "sense of political and social crisis" prompted "a fear that the structure of social hierarchy and political order were in danger."[12]

The "tightly bound family culture of the Victorians was part of a quest for stability" in American life. This renewed emphasis on the family unit was often described in nostalgic and romantic terms. What is more, the efforts by an emerging middle class, with newly gained wealth and more leisure time, to reinforce accepted ideas of respectability, gentility, and family unity extended into the pursuit of genealogical activity through patriotic and

Family of Mr. Samuel Stebbins and Hannah His Wife from the Year 1701 and 1771(Boston, 1771)was the first book dedicated completely to a personal genealogy, a book published forty years before contained a genealogical appendix. That publication was James Black, Jr.'s Memoirs of Roger Clap (Boston, 1731) .

10 Roff, 182. For more information on the role of women during the nineteenth century, see Barbara Welter, "The Cult of True Womanhood, 1820-1860," American Quarterly 18 (1966) : 151-74.

11 Arlene Skolnick, Embattled Paradise" The American Family in an Age of Uncertainty (New York: Basic Books, 1991) , 30.

12 Ibid., 31, and Lawrence Stone, The Family, Sex, and Marriage in England 1500-1800 (New York: Harper & Row, 1977) , 677. Stone suggests that the Industrial Revolution in England encouraged a revival of patriarchy and Puritanism for the same reasons that the original Puritan movement was created: the social and political crises that were changing the world as they knew it. These ideals of patriarchy and Puritanism then spread to America during their struggle with social changes caused by the Industrial Revolution.

hereditary societies.[13]

In 1844 the New England Historic Genealogical Society was founded by a group of Bostonians concerned about the destruction of public and family documents. The Massachusetts legislature "approved the society's incorporation and granted it a charter [in March 1845] 'for the purpose of collecting, preserving and occasionally publishing genealogical and historic matter relating to New England." Among the society's early members were former United States President John Quincy Adams and noted historian George Bancroft.[14]

In 1847 the New England Historic Genealogical Society began publishing the New England Historical and Genealogical Register, the first quarterly periodical featuring genealogical studies. This society collected and published information concerning some of the original New England families. In 1862 the society published A Handbook of American Genealogy , being a Catalogue of Family Histories and Publications containing Genealogical Information, the first bibliography devoted to genealogy. In 1870 the society finally acquired its own building and moved its ever-growing collection.[15]

The latter half of the nineteenth century witnessed the proliferation of genealogical, hereditary, and patriotic societies. Americans have long been complex and, quite often, contradictory in their apparent attitudes toward class and rank distinctions. On the one hand, they have expressed pride in their democratic roots and the so-called equality of the American frontier. On the other hand, they have been fascinated with the prestige and trappings of royalty and nobility.

One genealogist reflected on the absurdities of some Americans' paradoxical approach to genealogy:

> Had the Mayflower really carried all the passengers that have been claimed as ancestors, it would of course have sunk within sight of England, and had as many colonial Americans possessed royal blood as has been claimed, surely we would not have fought the Revolution. Furthermore, if the claims of genealogists of the early

---

13 Skolnick, 31, 129; Roff, 186.
14 Allen, Embry, and Mehr, 25.
15 Taylor and Crandall, 5-7; Alexander J. Wall, American Genealogical Research, Its Beginning and Growth（n.p.: The Bibliographical Society of America, 1942）, 2-3;John A Schutz Noble Pursuit: The Sesquicentennial History of the New England Historic Genealogical Society, 1845-1995（Boston: New England Historic Genealogical Society, 1995）, 228.

1900s could be believed, the officers considerably outnumbered the privates in the war for our independence.[16]

Contradictory attitudes and pronouncements notwithstanding, Americans experienced a phase in which a number of organizations were created to commemorate their heritage.

Some of the hereditary societies formed in the United States reflected the "basic American penchant for proclaiming equality while practicing exclusiveness." These societies included the Order of the Crown in America（1898）, consisting of descendants of royalty; the Baronical Order of Magna Carta（1898）; and the National Society of Americans of Royal Descent（1908）. As late as 1952, yet another hereditary society with connections to royalty was created-the inglorious Descendants of Royal Bastards.[17]

Some less "noble," but certainly just as hereditary and lineage-oriented, societies founded in the late nineteenth century were the Sons of the American Revolution（1889）, National Society of Daughters of the American Revolution（1890）, Sons of Union Veterans of the Civil War（1881）, Daughters of Union Veterans of the Civil War（1885）, Colonial Dames of America（1890）, United Daughters of the Confederacy（1894）, and General Society of the Mayflower Descendants（1897）.[18]

The period between 1870 and 1900 has been referred to as the era of "the American joiner" as large numbers of Americans turned their interests to civic, religious, and other organizations. Joining organizations gave people feelings of belonging and purpose and provided a means of recapturing and retaining a part of an America that had disappeared or was in the process of doing so. Such was the case with the Daughters of the American Revolution, the Sons of Union Veterans of the Civil War, and both the Daughters of the Confederacy and the Daughters of Union Veterans, organizations created to remember fathers and grandfathers.

A number of people in the rising middle class were affected by this movement. In the process of capturing and honoring the past, enjoying more leisure time, and enhancing their respectability, these individuals proved to be helpful for genealogical research during this "joiner" phase of American history. Their renewed interest stimulated the publication of

---

16 Ressell E. Bidlack, "Librarians and Genealogical Research," in Ethnic Genealogy: A Research Guide, ed. Jessie Carney Smith（Westport, Connecticut: Greenwood Press, 1983）, 10-11.
17 Taylor and Crandall, 4-5; Allen, Embry, and Mehr, 25.
18 Allen, Embry, and Mehr, 26; Roff, 187; Russo, 86.

family and local histories, together with the collection and preservation of church, as well as government, records.[19]

The appreciation of the importance of government records and local histories was heightened during the re-emergence of nationalism occasioned by the observance of America's centennial. Prior to the centennial, published local histories had been virtually nonexistent. After the nation's centennial celebration, however, a renewed awareness of the country's founders prompted the preparing of a number of local and state histories. This was certainly true in New England and the southern states. Significantly, federal officials, recognizing the individuality of the country's various regions, encouraged state and local societies to celebrate the centennial by preparing local histories.[20]

Of special note were the writing activities of Massachusetts communities. Beginning as early as the 1820s in some communities and continuing throughout the period of the nation's renewed interest in its history, Massachusetts communities began the tedious task of recording and documenting their histories. By the 1930s "publications had appeared town-by-town, approaching a continuous basis across the state, with some communities the subject of a second or even a third book-length history."[21]

Although the centennial in 1876 was the catalyst for renewed interest in local and personal history, several factors during the next fifty-plus years added to the momentum of local history writing.

The first factor was the late nineteenth century perception of the death of the old life and the birth of modern times. This perception was enhanced by the fast-paced introduction of modern technology, as well as the turning of the century. New numbers appearing on the calendar combined with electricity and the combustion engine to help sound the death knell of a bygone era. Such momentous changes were causes of deep introspection about the past, as well as the future, and naturally resulted in the generation of local and personal histories.

Finally, the potentially devastating Great Depression proved to be a boon for the preservation of genealogically valuable records and the writing of local history. In the midst of the economic lethargy and social distress of the Depression, President Franklin D. Roosevelt

19 Allen, Embry, and Mehr, 26.
20 Gilbert H. Doane and James B. Bell, Searching for Your Ancestors: The How and Why of Genealogy, 6th ed. (Minneapolis: University of Minnesota Press, 1992) ix; Russo, 80, 91.
21 Russo, 91.

introduced a number of programs to help put people back into jobs, allow them to regain their self-esteem, and revitalize a sagging economy. One of the programs he introduced was the Works Progress Administration（WPA）.

One of the activities of the WPA was the Historical Records Survey. This project employed over three thousand persons who went to state archives, county courthouses, historical societies, and other records repositories to survey, evaluate, and list records. The impact of this project was substantial and long lasting.

Unfortunately, a number of counties had done little to take care of their vital documents, court files, and other records. These researchers found collections in various conditions and were able to transcribe records that were deteriorating. In some cases, original documents were later destroyed, and the only known copy of some records today is the transcription made during the time of the Historical Records Survey. By the time the survey work had been completed, ninety percent of the nation's counties had been visited, and over 682 volumes of inventories had been issued.[22] As vital record-keeping became more important to state and local governments, state and local historical societies entered an era of substantial collection growth and publication of genealogically oriented materials.

> Perhaps the most significant contribution to government-sponsored record-keeping and protection of genealogical materials was the establishment of the National Archives of the United States in 1934. Often referred to as the "nation's memory," the National Archives collects and preserves federal government records. Admittedly, the National Archives serves the needs of the federal government, and the greater part of the vast collection consists of materials not specifically oriented toward genealogy. Among the more than one million cubic feet of records, however, exist documents of incredible genealogical worth, including the various national censuses, as well as military, homestead, ad other records.[23]

One of the first projects commenced by the National Archives was the microfilming of records. Microfilming was introduced in the 1930s as a means of preserving records that had

---

22 H.G. Jones, Local Government Records: An Introduction to Their Management, Preservation, and Use （Nashville, Tennessee: American Association for State and Local History, 1980）, 14; Loretta L. Hefner, The WPA Historical Records Survey: A Guide to the Unpublished Inventories, Indexes, and Transcripts（Chicago: Society of American Archivists, 1980）.

23 Loretto Dennis Szucs and Sandra Hargreaves Luebking, The Archives: A Guide to the National Archives Field Branches（Salt Lake City, Utah: Ancestry Publishing, 1988）, 1-2; Guide to the National Archives of the United States （Washington, D.C.: National Archives and Records Administration, 1987）, 191-335, 371-75, 465-69.

been created on acidic paper. Numerous documents were literally self-destructing, thus losing important information. By 1941 the National Archives had recognized the preservation potential of what basically was a cost-and space-effective way for long-term storage of the voluminous records.[24]

III. ORGANIZATION OF GENEALOGICAL SOCIETY OF UTAH

Another organization that took microfilming to heart and has used the process extensively since the late 1930s is the Genealogical Society of Utah. Genealogical work is extremely important to members of The Church of Jesus Christ of Latter-day Saints (the Church) because of their theology, which teaches that the family unit can be together for eternity. Because the Church placed such emphasis on genealogical work, its members have naturally sought ways to meet their family history needs. The Church's emphasis on family history in the period surrounding the dedication of the Salt Lake Temple led to the creation of the Genealogical Society of Utah, officially organized on 13 November 1894. The first meeting of the society included seven Church members and was held in the Historian's Office of the Church. The society's articles of association announced three purposes of the organization: benevolent, educational, and religious.[25]

The benevolent goal of the society was to establish and maintain a genealogical library. The first library was located in the upstairs of the Church Historian's Office. Shortly after the library's establishment, three hundred volumes from the personal collection of the society's president were purchased by the Church for the new library. Despite the rather inauspicious beginning of the Family History Library's collection, the library has continued to grow to its current status as the world's largest genealogical library, with approximately three hundred thousand volumes and over two million rolls of microfilm presently in the library's collection.[26]

Although microfilming began in the 1930s for both the National Archives and the

---

24 Jones,65; Donald R. McCoy, The National Archives: America's Ministry of Documents, 1934-1968 (Chapel Hill: University of North Carolina Press, 1978), 90-91; National Archives Microfilm Resources for Research: A Comprehensive Catalog (Washington, D.C.: National Archives and Records Administration, 1986), xi.
25 Allen, Embry and Mehr, 45-56.
26 Ibid., 45-57; Family History Library Fact Sheet (Salt Lake City: Family History Library, May 2000). The Family History Library is a modern, five-story building located west of Temple Square in downtown Salt Lake City, Utah. The original educational goal of the Genealogical Society of Utah was to disseminate genealogical information to members of the Church and other interested people. The religious goal was to collect the names of deceased people in order to perform proxy saving ordinances (religious ceremonies), such as baptisms.

Genealogical Society of Utah, extensive microfilming of records did not commence until after World War II. This increased activity came about partly because developments in microfilm technology led to a shift from unstable and dangerous nitrate-based film to a safer type of microfilm. Also, state and local governments began to realize the potential benefits of microfilming records.[27]

In fact during the post-war period, the Genealogical Society of Utah commenced a popular and mutually beneficial policy of providing governments and record repositories with complimentary copies of microfilmed records. Within the first couple of decades following World War II, the Genealogical Society of Utah had filmed in states such as Kentucky, Georgia, and Virginia. Forming strategic partnerships for acquiring filmed copies of records, the society was able to obtain access to a number of record repositories in the United States and other parts of the world.[28]

In 1938 the Genealogical Society of Utah had only twelve rolls of microfilm in its collection. At the end of 1945 the microfilm collection had grown to 2,076, and within one decade, that number increased to 128,270. This significant increase was the result of the society's continuing efforts to film not only within the United States but also worldwide. In 1945 the society expanded its filming operations beyond the borders of the United States to England. From there, filming operations spread to Denmark, Wales, the Netherlands, Norway, Italy, Ireland, Scotland, Iceland, Mexico, Canada, Belgium, France, and other parts of the world. The Genealogical Society of Utah has become a major provider of microfilmed records with genealogical value.[29]

IV. THE ROOTS EFFECT

In 1977 the Genealogical Society of Utah and its library, like other genealogical societies and repositories across the nation, felt the effects of a renewed and intense interest in family history. This renewed interest spread like wildfire, fueled by the publication of Alex Haley's book Roots and the subsequent eight-part television miniseries based on his work.[30]

---

27 Jones, 65.
28 Walter Rundell Jr., In Pursuit of American History: Research and Training in the United States（Norman: University of Oklahoma Press, 1970）, 137.
29 Allen, Embry, and Mehr, 347, 351.
30 "White Roots: Looking for Great-Grandpa," Time, 28 March 1977, 43-44. Haley published Roots in 1975, and the mini-series, filmed and edited in 1976, aired in 1977.

Audiences throughout the United States watched transfixed as Haley's family history was reenacted on television. Shortly after the airing of Roots, thousands of people began searching their own "roots." The number of visitors to the Heritage Library in Glendale, California, increased 75%. The Family History Library in Salt Lake City had an average of 3,500 visitors a day during the airing of the series, and the National Archives registered almost 2,000 more genealogical mail requests the week after the series. Mr. Haley himself received "thousands upon thousands of letters" from individuals asking him to help them with their own genealogy.[31]

The renewed interest in genealogy was quite different from that expressed before Roots. This "plain-folks genealogy" appealed to the common people. No longer just for the rich and noble, genealogy was considered to be for everyone. What is more, genealogy was viewed as something possible, even reachable, for the common people. Michael Tepper, editor of Genealogical Publishing Company, explained, "Roots has shown that what seemed remote and mysterious is in fast knowable and within our grasp. It has awakened a smoldering awareness of facts we only thought were unknowable."[32]

Alex Haley's Roots not only attracted common people to genealogy but also encouraged ethnic genealogy. Irish, Welsh, Polish, Chinese, Cajun, Jewish, and Hispanic researchers created genealogical societies specifically to search their origins. In a country growing ever more ethnically and culturally diverse, genealogy helped build and reinforce cultural understanding and pride.

Ethnic groups that often felt excluded in an Anglo-Saxon-dominated society began to develop understanding and appreciation for their heritage. Before the 1960s, an emphasis on the "melting pot" theory of American culture demanded that various ethnic groups bend to the customs and language of the dominant culture. As a result of the tumultuous decade of the 1960s, however, a new awareness of racial and ethnic diversity was awakened.

V. ETHNIC-ORIENTED GENEALOGY

Genealogists sometimes say, "The grandson often wants to remember what the grandfather wants to forget." While the early immigrant ancestors turned away from their past

---

31 Ibid.; Allen, Embry, and Mehr, 291; Alex Haley, "What Roots Means to Me," Reader's Digest, May 1977, 74.
32 Time, 28 March 1977, 43.

as they embraced their new country and culture, their descendants have begun to turn back toward the native land of their fathers as a way of discovering an identity and pride in their uniqueness and individuality. In regard to ethnic-oriented genealogy, for years "too little attention has been given to their heritage and the search for their ancestors in published literature, in conferences, and in training sessions." That, however, is quickly changing.[33]

About a quarter of the three hundred thousand genealogists who visit the Denver Public Library each year are Hispanics. Julia Fong, a genealogist in Berkeley, California, after doing her genealogy and even visiting her family's ancestral villages in China, stated, "It makes me glad that I am Chinese." Lloyd Washington, a member of the Afro-American Historical and Genealogical Society, said, "Genealogy is important-for black history in particular. It's important to know that we've been in the country making great strides for 200 to 300 years."[34]

VI. COMPUTER TECHNOLOGY

The continuing development of computer technology has proven to be beneficial for genealogists searching their ancestors. Beginning in the late 1960s, a few genealogical organizations began working on ways to create name databases that would be helpful to people doing genealogical research. Naturally, the results of these early attempts proved to be time-consuming and somewhat cumbersome to use in comparison to the latest products now available. Over a period of three decades, however, significant technological contributions created an atmosphere that encouraged the development of genealogically oriented computer programs.

International Genealogical Index

Among the leaders in developing genealogical programs and name databases was the

---

33 Bidlack, 4; Ethnic Genealogy, xvii, xxvii. An example of Americans who have focused attention on the land of their ancestors are members of the numerous Bygdelags in the United States that have been formed by Norwegian-Americans who, according to the brochure Explore Your Norwegian Roots, seek to "preserve and strengthen bonds with [their] home district or community-of-origin in Norway." Members of Bygdelags seek not only genealogical information but also strive to understand their heritage through cultural and educational activities such as art, music, dancing, tasting ethnic foods, learning the folklore, and other activities.

34 Margot Hornblower, "Roots Mania: Spurred by New Resources on the Internet, the Ranks of Amateur Genealogists are Growing, and Millions of Family Trees are Flourishing," Time, 19 April 1999, 66; Farai Chideya, "Climbing the Family Tree: In an Age of Ethnic Strife, Genealogy is Booming," Newsweek, 28 December 1992, 65. Among the numerous ethnic-oriented genealogical societies in America are the Society of Acadian Descendants, the American Historical Society of Germans from Russia, the Hispanic Genealogical Society, the Society of Hispanic Historical and Ancestral Research, the Polish Genealogical Society of America, the Jewish Genealogical Society, and the Association of Jewish Genealogical Societies.

Genealogical Society of Utah. As early as 1969, a program was designed to organize names being researched. This program eventually developed into the International Genealogical Index (IGI) . The IGI contained 81 million names at the time of its introduction. When it was produced on compact disks in 1988, this expansive index contained 147 million names. The ever-increasing database presently contains over 600 million names, making it perhaps the largest name database in existence.[35]

Ancestral File

Consistent with its goal to collect and make available as many names of individuals and family groups as possible, the Genealogical Society of Utah in 1981 announced work on the automated database called Ancestral File, which consisted of family groups and linkages from one generation to another. An innovative and gargantuan undertaking for its time, the Ancestral File benefited from the numerous technological achievements in the computer industry. In 1988 the eagerly anticipated Ancestral File was made available for the first time, and the file presently contains over 35.6 million lineage-linked names.[36]

Personal Ancestral File

In the 1980s the personal computer revolutionized data entry and processing. For the first time, people were able to perform computer-related tasks in their own homes. What is more, they were able to prepare charts, manuscripts, and other materials with an ease and air of professionalism never before realized on such a wide scale. In response to the personal computer revolution, the Genealogical Society of Utah produced the Personal Ancestral File program which, much like its parent of a similar name, was used to record the names and relationships of ancestors. By 1986, Personal Ancestral File was available in a workable format. Even more importantly, the program "introduced a genealogical communications format known as GEnealogical Data COMmunications (GEDCOM) , the purpose of which was to establish a standard for sharing data between programs or computers or both. GEDCOM eventually became a standard for data communication of genealogical information

---

35 Allen, Embry, and Mehr, 304-5, 308-11, 318-19; Family History Library Fact Sheet.
36 Allen, Embry, and Mehr, 321-22.

in the genealogical community at large."[37]

GEDCOM

While Personal Ancestral File was created to serve the genealogical needs of members of the Church, several other computer genealogy programs were created by independent companies. These programs were created to serve the ever-increasing needs of the genealogical community. Various options, such as graphics capabilities（including the ability to download and manipulate photographs, as well as video and audio clips）and the capability to print numerous charts and forms, were included in these new programs. Within a few short years, a plethora of new programs emerged, such as Family Tree Maker, Family Origins, Ancestral Quest, legacy, and The Master Genealogist. The proliferation of such computer programs allowed genealogists to more freely share information, as they were able to send and receive information in GEDCOM format, making it possible for recipients to download information easily into their own databases.

Family Search

In the same spirit of sharing information, an important goal of the Genealogical Society of Utah was to combine the International Genealogical index, the Ancestral File, the automated Family History Library Catalog, and other databases into one system called Family Search. Introduced in 1989, this system has proven to be of great importance to the Genealogical Society of Utah as it has continued to find ways to disseminate the information it has collected and reproduced in database form.[38]

The Internet

These great strides in computer technology prepared the Genealogical Society of Utah for perhaps the most revolutionary computer-related invention-the Internet. With the advent of Internet communication, genealogy has quickly spread as a popular pastime. For some, searching the Internet for genealogical information is almost an addiction, as fifth and sixth cousins stumble upon each other in genealogy chat rooms and Internet sites like GenForum

---

37 Ibid., 324-25; LDS Church's genealogical CD-ROMs were years in the making," Deseret News, 5 April 1998, A13.
38 Allen, Embry, and Mehr, 329-30.

and Ancestry.com. Stephen Kyner, editor of The Computer Genealogist magazine, observed that "the Internet has helped democratize genealogy."[39]

In March 1999 alone, over 160 million messages flowed through RootsWed, and approximately 1.3 million individuals logged into the three most popular genealogy web sites. A poll taken in the fall of 2000 showed that 60% of Americans are interested in genealogy, up from 45% only five years previous. The Internet offers thousands upon thousands of individual web sites dedicated to family names, genealogical documents, and other pertinent information. People who previously did not know how to make their research and family information available now create their own web sites.[40]

Probably one of the most influential individuals involved with Internet genealogy is Cyndi Howells. As a housewife in Washington State who was interested in her own genealogy, she participated in a local genealogical society and in 1996 decided to create her own web page. As an afterthought, she added links to 1,025 of her favorite Internet sites. This list was so popular that she decided to add to it and treat the site as an electronic care catalog to assist researchers to access the numerous sites on the Internet. Thus began Cyndislist.com, which currently has over 90,000 links to genealogy-related sites.[41]

Among the thousands of genealogical sites on the Internet, many provide vital information. Ancestry.com offers free searchable databases like the Ancestry World Tree （which follows the same format as Ancestral File）, the Social Security Death Index, and surname message boards. Genforum-genealogy.com allows people to search and leave message queries by surname or by locality. This site also offers tutorials on how to do genealogical research and contains links to over 72,000 other genealogical web site.

Like Ancestry.com and Genforum, Familytreemaker.com offers searchable databases, an Internet store where books and materials may be purchased on-line, and how-to articles and tutorials. Like Ancestry.com, Familytreemaker.com and other sites offer access to some databases for free but charge for others. FamilySearch.org, however, is completely free at present.

---

39 Hornblower, 55. Jefferson Graham describes his research experience, as well as his experience creating a web site, in his article "Family trees blossom on Net's branches," USA Today, 12 August 1998, 5D.
40 Hornblower, 55; Mary Kathleen Flynn, "CNNdotCOM Tools: Tracing your family cyber-tree," CNN.com （8 September 2000）. In 1995, Jennifer Fulkerson wrote in her article "Climbing the Family Tree," American Demographics 17 （December 1995）: 45, that sixty-four million Americans were involved with family history. That number has risen markedly since the publication of that article.
41 Information obtained on Cyndislist.com.

FamilySearch.org

In 1999 the Genealogical Society of Utah and The Church of Jesus Christ of Latter-day Saints introduced their web site, FamilySearch.org, to great publicity and an astounding number of hits per day.　When the web site was first opened, it received on average seven million to eleven million hits per day and peaked at twenty million hits per day.[42]

FamilySearch.org offers free searchable name databases, such as the Ancestral File and the International Genealogical Index. Users are able to load their genealogical information on to the web site to share with other researchers. Collaboration lists allow researchers to coordinate research efforts with other genealogists. The Family History Library's catalog is a searchable option. The web site also offers research guidance, as well as links to other genealogical sites.

USGenWeb

Another completely free web site is USGenWeb.com. This web site is the result of a very ambitious undertaking by numerous volunteers across the country. The project began in 1996 as the KYGenWeb Project. The goal of the original volunteers was to create web sites and links for all of Kentucky's counties. Near the end of that project, volunteers were recruited to create web sites and links for all of the states at the county level. Although the success rate has varied from state to state and county to country, volunteers across the country have downloaded cemetery, probate, census, and other records, as well as additional important information, truly an outstanding accomplishment.[43]

The potential of these and other Internet web sites is almost unfathomable, particularly in light of the technological advancements that allow for original records to be scanned and uploaded on-line. Cyndi Howells believes that posting official records online is "the next great frontier of genealogy." The National Archives alone has more than 120,000 digitized documents available online. Ancestry.com has recently introduced Images Online, which is a site containing "images of everything from Civil War pension cards to U.S. Census

---

42 Steve Fidel, "Genealogy site is a hit-7 million times a day," Deseret News, 22 May 1999, E1-E8; Steve Fidel, 'LDS Web site draws tidal wave of hits: New system gets about 400 to 500 visitors a second," Deseret News, 25 May 1999, B1-B2. When the web site formally launched, there were so many visitors to the site that it had to be taken down for a couple of hours to allow programmers to reconfigure the site to handle so many hits.
43 Information obtained from USGenWeb.org.

schedules."[44]

VII. PUBLICATION OF FAMILY HISTORIES

The advent of the personal computer and the Internet has produced amazing results I n the area of personal publishing. Obviously, family histories were published before the introduction of personal computing. As noted previously in this article, the first family history was published in America in 1771, and at the turn of the nineteenth century as people became reflective, a number of family histories were published. But the introduction of the personal computer and the Internet has brought a veritable explosion of family histories.

An example helps illustrate the growth in the number of family histories published as a result of the introduction of personal computers. In the 1980s and early 1990s, the Family History Library received donations of ten to twenty family histories a month. By the late 1990s, that number had increased to over two hundred donations a month. Desktop publishing has, in a very real sense, completely changed the genealogical publishing industry. Moreover, with improved and less expensive computer programs available, publishing family histories on CD-ROM has increased significantly. In 1994 the Family History Library received twelve CDs containing family histories and genealogical information. In 2000 the library received over three hundred CDs.[45]

An interesting and constructive result of the Internet and its thousands of genealogically oriented web sites has been increased communication and a developing network of researchers willing to do limited searches and provide information on behalf of other genealogists. Because of the Internet and modern technology, records are more accessible and people are more willing to share their knowledge and time. David A. Fryxell, editorial director of Family Tree magazine, explained, "The Internet has fueled an explosion of volunteering because it makes sharing a wealth of information possible." He continued by stating that volunteering is "a powerful grass-roots [phenomenon], sort of an underground guerrilla effort."[46]

Brain Leverich, founder of the Internet web site RootsWeb, agreed that genealogical volunteering "is easily the largest collective project [he has]ever seen on the Net." Volunteers,

---

44 Douglas McDaniel, "Gateway to Generations Past: Searching for your roots becomes easier as more historical records appear online," Access Internet Magazine, 3 September 2000, 10.
45 Based on interviews with Family History Library staff, 5 January 2001.
46 Leah K. Glasheen, "Internet Volunteers: Genealogy needs you, regular folks become family-record sleuths," AARP Bulletin 42（January 2001）: 4.

usually working on their own computers a few hours a week, have researched and input information from census, birth, marriage, death, and other records. Moreover, numerous people have volunteered to travel to nearby cemeteries, courthouses, and archival repositories on behalf of other genealogists who live too far away to visit on their own. Ginny Crawford, a Carmel Valley, California, genealogy enthusiast, wrote about help she had received from fellow genealogists in Connecticut: "The genealogical community is a marvel, ...embracing ......folks who so willingly share their knowledge and expertise,"[47]

Increased interest in genealogy and a willingness to reach out and help fellow enthusiasts is the result of more than just new technology and the Internet. It is not happenstance that genealogy has become what some believe to be the third most popular hobby in America and the second most popular subject found on the Internet. Very much as the generation living at the time of the American Industrial Revolution, people in the present have responded to "anxieties generated in a period of chaotic change."[48]

The 1960s and 1970s experienced a phase of turmoil brought on by "counter cultural challenge and rapid demographic change." These tumultuous decades introduced changing attitudes concerning the traditional family. By the mid-1970s, "the annual number of divorces exceeded one million for the first time." The climbing divorce rate, juxtaposed with the declining marriage and fertility rate of the late 1970s, encouraged a conservative backlash. Echoing the accusations and arguments of their nineteenth-century forbears, people decried real and perceived attacks on the traditional family. "Public discourse about the family came to be dominated by nostalgia and laments about narcissism and moral decay."[49]

In the closing decades of the twentieth century, the breakdown of the traditional family continued to be an issue of concern. Furthermore, social and cultural challenges continued to plague the country and the world. These various issues combined caused many people to seek firmer foundations. Noted anthropologist David M. Schneider has written that "the most

---

47 Ibid., 4, 7.

48 Chideya, 65; Skolnick, 31. The two hobbies that are more popular than genealogy are stamp and coin collecting.

49 Skolnick, 128-29. The social-cultural fabric of the 1970s, 1980s, and 1990s has been complex. Sociologists have identified a definite reaction to the perceived openness created by the tumult of the 1960s and earl 1970s. Even the television shows of the mid-1970s reflected this nostalgic look at what was believed to have been a simpler, purer time. Happy Days, The Waltons, and even Roots (which portrayed several generations of a black family) depicted times of stronger, more united families. The Reagan era of the 1980s has been described as a reaction to the problematic decade of the 1970s. One political analyst (quoted in Skolnick, 137) described Reagan as "a Norman Rockwell figure from the front cover of the Saturday Evening Post." However, the nineties appear to have seesawed back and forth between conservative and liberal social agendas.

rootless yearn for roots; the most mobile bemoan their placeless fate; the most isolated yearn for kin and community, for these represent the basic things that for many Americans make life worth living."[50]

Significantly affected by, and very much a catalyst to, the changing mores and concept of the modern family are the Baby Boomers. Born in the heady years immediately following World War II, members of the Baby Boom generation grew up in the conservative fifties and experienced the radical changes and upheaval of the sixties. In fact, many of these people instigated and participated in the tumult that greatly affected America's culture and their worldview.

As the graying of the Baby Boom generation has begun and its members have quickly approached retirement age, many of them have started to recognize their own mortality. This has caused a number of them to "look back and [attempt to] understand where they've come from." Recognizing the instability and changing definitions of the family, many Baby Boomers have turned to genealogy, as Ralph Crandall, director of the New England Historic Genealogical Society explained, in "an attempt to reconstitute the family, at least symbolically."[51]

Baby Boomers have also realized that many of their own children and grandchildren, members of Generation X and now Generation Y, need a sense of place and purpose in an ever-changing, turbulent world. One newcomer to the world of genealogy explained why she was bringing her teenage daughter along to family history fairs and other genealogically oriented activities. "Her generation is confused," she said. "They need to know about their history."[52]

Perhaps as a reaction to the early excesses of the Baby Boomer generation and the restlessness of Generation Xers, those of Generation Y tend to be more conservative and family-oriented. This philosophy on life has spilled over into a pursuit of genealogy and family history to one degree or another. Much like today's maturing Baby Boomers and

---

50 David M. Schneider, "Kinship, Community, and Locality in American Culture," in Allan J. Lichtman and Joan R. Challinor, eds., Kin and Communities: Families in America (Washington, D.C.,: Smithsonian Institution Press, 1979), 165.
51 Emily Mitchell, "Growing Your Family Tree," Time.com, 13 July 1998.
52 Chideya, 65. The Baby Boomer generation has been defined by sociologists to be people born between 1945 and 1964. Members of Generation X are those born between 1964 and 1977, while Generation Y are those born between 1978 and the mid-1980s. People in Generation Y are also called Echo Boomers and the Millennium Generation.

Generation Xers, members of Generation Y want stability and purpose in an ever more complex world. In other words, they seek their own raison d'être.[53]

This same search for place and meaning has encouraged adopted children to search out their natural parents and schools to create genealogy programs. Virgil Klunder wrote that people adopted as children who search for their heritage "will unlock the door to [their] past-and ultimately [their] future."[54] While that is not always the case, more people adopted as children are searching for their natural parents. Search options have been enhanced by the Internet. For example, Cyndislist alone has 137 links to adoption research-related web sites.

In a number of elementary and secondary schools across the country, the school curriculum includes aspects of genealogy and family history. School children are receiving assignments ranging from questioning parents and grandparents about their childhood and war experiences to filling out four-generation pedigree charts and performing primary research. School history fairs quite often encourage school children to perform and display genealogical research.

For pleasure, because of ethnic pride, out of curiosity, or to find comfort and stability in an ever complex and turbulent world, people have, since the beginnings of European settlement in America, searched out their heritage. From the pastime of the wealthy and would-be elite to the pursuit of the common people, genealogy has grown in popularity and importance in American culture. In the year 2000, pollsters announced that sixty percent of Americans were interested in their genealogy, and the number is steadily growing.[55]

Alex Haley aptly explained the reasons for genealogy's popularity: "In all of us there is a hunger, marrow deep, to know out heritage-to know who we are and where we have come from. Without this enriching knowledge, there is a hollow yearning. No matter what our attainments in life, there is still a vacuum, an emptiness, and the most disquieting loneliness."[56] This yearning has prompted an increasing number of people to search for their ancestors and will continue to do so in the foreseeable future.

---

53 Helene Stapinski, "Y Not Lover?" American Demographics（February 1999）: 62-68.
54 Virgil L. Klunder, Lifeline: The Action Guide to Adoption Search（Cape Coral, Florida" Caradium Publishing, 1991）, xi.
55 "Sixty Percent of Americans Intrigued by their Family Root," Maritz Poll, www.maritz.com, May 2000.
56 Haley, "What Roots Means to Me," 73-74.

【中文摘要】

美國家譜工作的歷史

　　熱愛譜學和家庭歷史一直是美國歷史文化的主要部份，對那些殖民到維琴尼亞州的貴族，譜系是高貴身份的標誌。早期在新英格蘭區的居民認為家庭和譜系是和宗教有關。1880 年代，當德國和愛爾蘭的移民開始來到美國時，英裔美人寫家譜來區別自己和那些「外國人」。

　　1880 年代，工業革命造成社會、經濟和人口的改變，產生了中產階級。同時提高了對家庭傳統的重視。在此環境下，有許多基於愛國和世襲性質的學會就組成了。1844 年，新英格蘭歷史家譜學會成立。於 1847 年開始發行美國第一本家譜期刊，《新英格蘭歷史家譜評論》，1862 年出版了第一本的家譜目錄。從 1870 年到 1900 年的時期，學會的興起到了高潮，中產階級的興趣，加上 1876 年美國慶祝百年紀念，激勵了歷史文獻的收藏保存，而更明顯地增加家譜和地方史的發行。

　　1930 年代的經濟蕭條，對保存家譜和地方歷史資料有益。由工作發展行政部門主持的歷史紀錄考察　替美國百分之九十的縣出版了紀錄和文件的目錄。1934 年成立的國家檔案處提供家譜研究者珍貴的政府紀錄。並且採用縮微攝影的技術來保存紀錄。

　　猶他家譜學會，是 1894 年由耶穌基督後期聖徒教會的領袖成立的一個私立的、非營利機構，很快地就建立了一個現已發展為世界上最大的家譜圖書館。猶他家譜學會在1938 年開始用縮微攝影來收集保存及提供有家譜價值的歷史紀錄。

　　1977 年出版，後來並拍攝成電視短劇放映的「根」（美國作家 ── 阿立克斯黑里），造成了大眾對家譜的狂熱。一般人開始覺得做家譜是每個人都可以做的事。一些不同種族的團體開始對尋根問祖有了興趣。

　　自從 1960 年代電腦技術的發展，革新也平民化了美國的家譜活動。使大型的電腦數據庫得以創立，例如：猶他家譜學會發行的 International Genealogical Index 國際家譜索引（六億個別的名字），以及 Ancestral File 祖先檔案（三千五百六十萬世系相連的名字）。1980 年代個人電腦問世，家用的家譜電腦軟件成為事實，例如：猶他家譜學會在1986 年發行的 Personal Ancestral File 個人祖先檔案，並設立一種傳送家譜資訊的標準，就是 GEDCOM 家譜資訊檔，讓程式和電腦之間能容易的分享家譜資料。

電腦對家譜工作最具革命性的影響是互連網的發明。2000 年秋季的一次普查，美國有百分之六十的人對家譜有興趣，比五年前統計的百分之四十五要多。*Cyndislist.com* 提供九萬個連接線來接互連網上的家譜網站。主要的有：*Ancestry.com*，*Genforum. genealogy. com, FamilySearch.org, USGenWeb.com*。經由這些網站的聊天室、討論場、合作表，便利了研究者互相交換意見，同時也能提供大眾使用姓名數據庫，圖書館目錄，文件正本的影像。

使用個人電腦和互連網上的資料造成很大的影響，不論是以紙張或是電子方式。它激增了家譜的出版發行，也促使了研究網和大的合作專案成立。這些專案用義務服務人員在家中替出生、結婚、死亡，和其他對家譜有價值的紀錄做索引。

當年長的和年輕的一代都轉向自己的根源，想在這動盪多變的世界尋得一份歸屬感時，家譜研究工作的前途必定光明。

（摘自林天蔚《地方文獻論集》下冊，

附錄：頁 829-859，海口南方出版社 2002 年 6 月）

六、序、跋

《宋代香藥貿易史稿》 序

羅 香 林

治史以通古今之變，以中外之郵爲極軌。各大學史學系，其課程以通史、專史、斷代史、國別史外，每有歷史哲學，及中西交通史等，所由揚搉定至理，擴張史實，意至善也。余自抗日勝利之年，出長廣東省立文理學院，仍兼國立中山大學史學系教授，即主張於二校加重中西交通史，及南洋史地等課程。而於所授隋唐五代史，及史學方法等，亦每舉中外交通與文化交流諸關係，爲學子探討參稽。會遭時難，故土重淪，余避居香港，仍以教學爲業。而舊籍散佚，研究幾輟，思之良自愧怍。

惟幸往日交游，至港者衆，得慰岑寂。新結朋侶，亦多治史，興趣漸復。而門人林君天蔚，遂於各校講授史地之餘，撰作《宋代香藥貿易史稿》一書，都二十餘萬言。凡分三論：一序論，畧述宋代與阿拉伯等國往來貿易，所由發達究竟。二總論，於香藥之種類，與其產地及運輸，以至香藥貿易與市舶司之關係等，皆博稽廣證，探悉靡遺。三分論，於各國香藥之入貢，與香藥專賣，香藥儲銷，香藥用途，及香藥貿易之影響等，尤悉心究求，闡發特多。而宋代與阿拉伯等國之經濟與文化交流關係，亦藉是得所考見。信夫其爲今日史學瓌寶矣。

夫香藥，種類至繁，作用至夥，可爲防腐避垢，去疾治瘟，寓有聖潔之意，非第芬芳馥郁，足爲適性怡情而已。在昔化學香品未興時代，天然香藥與民生日用，不可分離。而中土所產者少，必常取給於外。是故海舶往來，每多香藥。而宋代對外貿易，亦緣是發達。《宋史・食貨志》，謂宋代經費，茶鹽礬外，惟香藥利得博。則其關係於對外與對國家計者之鉅，蓋可知矣。而自來治宋史者，未有以香藥貿易爲探本窮源，撰作專書，以表白之者。獨林君勵志於流離之際，不以世事危疑爲阻，爬羅放佚，以成此篇。學風寖起，余能不爲之歡忻鼓舞乎。

抑林君治學甚勤，而更嗜宋史，及中西交通史等。余嘗與之論述治史理則，則見其大涵細入，言必有據。而其所已鳩集資料，研究已深，並將另撰專書，以與碩學鴻儒相是正者，更視此篇爲富。假之歲月，終必躋於極軌。則今茲史稿，又適足爲其史學大成之先兆矣。是爲序。中華民國四十九年一月二十日羅香林撰於香港大學。

《宋代香藥貿易史稿》 序

王 韶 生

　　吾粵高涼一郡，自民國建元以來，綰虎符，腰金紫者，幾於後先皆望；而篤志潛修，耽悅道藝者，尙寡其儔。豈不以聰明特達之士，莫不欲奮志功名，置身通顯，以爲宗族交遊光寵，毋爲是埋首故紙推中，窮年矻矻，致身名寂寞也。晚乃獲睹林子天蔚，蓋能顓精史學，屏棄百務，庶幾有志於專門名家之業者，不其可貴也歟！丁抗戰後期，余與黃君徽五講學於桂頭廣東省立文理學院。林子負笈來遊，以劬學稱。嘗深入傜山，採風問俗。閱二載，同播遷於西江督濮，流離顚沛之餘，林子仍孳孳矻矻，寢饋於乙部。北風雨雪，燈火熒熒，共學於荒江之濱。及今思之，情景恍如昨日。迨抗戰勝利，名史學家羅元一教授奉命接長文理學院。林子獲遊其門，治史方法，日漸邃密，師友咸深器之。夫治史者，明於種姓，且不以險夷貳節。己丑而後，林子與師友相率來港，講學授徒，益恢張前業。松柏後凋於歲寒，雞鳴不已於風雨，嗚呼！何其壯也。比年林子於硏治宋史之餘，稽考群籍，撰述《宋代香藥貿易史稿》一巨冊，凡二十萬言。元一教授爲之游揚，獲「燕京哈佛學社」獎助出版，林子索序於余。世之欲考求有宋一代海外貿易史蹟者，是書固燦然大備矣，曷待余一言爲重耶？余獨樂夫林子志事之足尙，與元一教授宏獎人才之美意，足以爲來者勸焉。故略發其微旨如此。

　　中華民國四十八年十二月三十日　　　　　　　　　　　　王韶生序於香港

《宋代香藥貿易史稿》 序

黃 福 鑾

一

　　吾華先民務實際，重史事；在昔中西未通時，道一風向，前賢胥致力於此，勒成專門名家之名業，林林總總，無不悉備。時至今日，交通大啓，學科紛繁，奮志史學者，雖欲續前賢軌範；然體大思深，已不逮遠矣。

　　雖然，歷史可資研究之範圍，至爲深廣。若能以專題爲研究對象，旁搜遠紹；雖不逮前賢之廣聞博識，要亦不失專精深邃，實事求是也。

　　昔人述史，典章制度較晚出。而典章制度之專書，向爲學者所重；其中《會要》一類，近代學人，尤視爲瓌寶焉。今請略言《會要》成書之種類與沿革。

二

　　世之言典章制度勒成專書者，始於唐杜佑《通典》。杜氏之前，肅宗時劉秩有《政典》35 篇，杜氏以爲未盡。因補其闕漏，斟酌新禮，成《八典》二百卷。又《通典》成書之前二十年許，蘇冕撰《會要》，起自高祖，止於德宗，凡九朝事，總爲四十卷，亦專記典章制度。惟《政典》，《通典》，偏重於制度源流之敘述，《會要》則採集政府各種記錄，編集而成；尤以實錄、日曆及政府檔案爲主。若以《政典》，《通典》爲制度史，則《會要》爲制度史之史料。史料最易窺察歷史眞相，故應用《會要》爲研究之材料，饒有價值也。

三

　　蘇冕之《會要》既成。宣宗時，詔楊紹復次德宗以來事，爲《續會要》四十卷。宋初，王溥續至唐末；合前所輯爲《唐會要》一百卷。尋又撰《五代會要》三十卷。由是《會要》之書，至宋遂大盛，舉其要者：

《三朝國朝會要》：章得象撰；錄太祖太宗真宗三朝事，共一百五十卷。

《六朝國朝會要》：王珪撰；起自太祖建隆至神宗熙寧十年，凡三百卷。

《政和會要》：王覿等撰；錄徽宗朝事，凡一百一十卷。

此外《續會要》三百卷（神宗至靖康末）。《中興會要》二百卷（高宗朝）。《淳熙會要》三百六十八卷（孝宗朝），《嘉泰會要》二百卷（寧宗朝）。《慶元光宗會要》一百卷（寧宗朝）。

此外，有《南宋會要》。淳祐十一年二月鄭清之及寶祐二年八月謝方叔皆上《會要》。大概有宋一代之帝王，《會要》皆備。南宋徐天麟撰《西漢會要》七十卷。《東漢會要》四十卷。清孫楷撰《秦會要》二十卷。楊晨撰《三國會要》二十二卷。皆沿《宋會要》之史體而成，而尤以宋為最發達。

四

宋代《會要》號最發達，然流傳未廣。《宋史·藝文志》所收之書最龐雜，獨未及《會要》。惟《元史·禮志》，其中多引自《宋會要》。明代文淵閣書目，宙字號第二櫥，有《宋會要》一部。以知《宋會要》在元明之際，雖未佚，但非流行；故《宋史·藝文志》未收錄也。

明宣德間，文淵閣藏書被焚；至萬曆時重修，已無其目。清嘉慶十四年，徐松修《全唐文》，從《永樂大典》中輯出《宋會要》五六百卷；徐氏整理未竣而卒。其稿流落於北平琉璃廠書肆；先後曾歸繆荃孫、及廣雅書局與王秉恩、劉翰怡等。民國四年，劉翰怡曾延劉富曾、費有容重加釐訂；並以《宋史》，《通考》，《玉海》等書刪繁補闕；初編三百六十四卷（僅刪併原稿），後增改為四百六十卷。

民國二十年，商務印書館購得劉翰怡之徐氏原稿及劉富曾氏改編本，復加整理，得二百冊；由大東書局影印出版，即為現今坊間所流行之《宋會要輯稿》。

五

近人研究《宋史》，每感着手為難。蓋《宋史》篇幅最廣，而內容亦最蕪雜。若能以《宋會要》為主要資料，重加釐訂，庶幾可臻完善。且《宋會要》於往昔流傳不廣，可資利用之資料固甚豐也。清梁延枏修《粵海關志》，取《宋會要》而作前代記事；亦祇用其中《職官》四十四之《市舶條例》。日人籐田豐八著《宋代之市舶司及市舶條例》，所引之材料，由劉翰怡商借；亦僅用《市舶》一部份而已。昔年余與友人戴裔煊君同治史學於粵北，戴君著《宋代鈔鹽制度研究》（今已出版），其材料亦以《宋會要》為主。

由是足證以《宋會要》爲材料主要來源之專著，皆能蜚聲於時，詎非文獻足徵乎。

六

　　門人林天蔚君，好學深思，與余同違離居港；又重與遊於羅師香林之門。發奮力學，近著《宋代香藥貿易史稿》，凡二十餘萬言。其材料亦以《宋會要》爲主。觀其所述，條理清晰，豐穎多采。不勝喜慰。蓋不僅宋代香藥貿易之專史，躍然紙上；而有宋一代社會史、經濟史、交通史，莫不因其所著而獲覩涯略，彌足稱也。余又烏得不爲一言耶。是爲序。

黃福鑾序於香港崇基學院史地系　民國 49 年 1 月

《宋代香藥貿易史稿》 自序

林 天 蔚

　　我國爲世界四大文明古國之一。今日環繞四境之鄰邦，在昔若非爲我之領土，即爲我之藩屬。且自漢唐以還，中國以威信遠播。此等鄰邦，凜于「天朝」治化之盛，貢使往還，不絕于途。而我國自昔陶醉于「自大」思想，目彼邦爲邊裔；漠視其來貢所引起之交通影響，與中外文化交流景況。歷代史書，對於他邦使臣，祇書其何時來貢，貢何物品而已。其他則畧而不述。即如法顯之《佛國記》，玄奘之《大唐西域記》，賈耽之《皇華四達記》，趙汝适之《諸蕃志》，周達觀之《真臘風土記》等，彼等或梯山航海，遠適異域，或博訪賈胡，記其風土。然所言事蹟，有若今日「探險記」等，且處處流露「上國」思想；而于彼此國情之比較及影響，則鮮所深究。故海禁一開，我國昧于世界形勢，故步自封，乃造成近百年來外患頻仍之局。治史之士，鑒于前因，始從事於雜亂無章諸史料中，鉤尋我國與他國之關涉，及其相互影響等諸問題，于是而中西交通史，始爲國人所注意。而余之《宋代香藥貿易史稿》，亦即基此因素而完成者。

　　己丑之歲，余避兵來港。時世局雲擾，幾於戰禍即發。而囘顧海內，愁雲籠罩，讀《宋史》，觀現勢，頓生親切之感。壬辰秋，因所悵觸，撰作《紹興和戰評論》一文；于《宋史》始作較深探究。時吾師　羅元一先生，于香港大學講授中國歷史，發現亞拉伯人之香藥貿易對我國中古史影響甚巨，鼓勵余作專題研究。又以余有志于宋史，遂定題爲「宋代與南海各國之香藥貿易及其影響」，原擬以《宋史》及《宋會要》爲主要資料，旁及于宋人筆記。惟筆記爲書，量多而殊蕪雜，往往翻閱一二十種，而未得可用資料。而香港大學馮平山圖書館所藏《宋會要》（北平圖書館影印），又以路遠，未能充分利用，故於資料搜集，倍覺艱難。幸蒙羅元一師、與黃徽五、王懷冰二師，多方鼓勵，不敢自逸，繼續撰作。至戊戌春，商務影印本《宋會要輯稿》出版，即爲購稽有關資料。凡四易寒暑，始幸脫稿。爲求書名簡明，遂乃改爲《宋代香藥貿易史稿》。

　　夫以四年時間，而研治如此重要專題，其掛一漏萬，自屬意料中事。香港雖稱「東方之珠」，然公私藏籍，實多未備。本書引用書目，雖達百數十種，然仍自嫌不足，如白

壽彝之《宋代之香藥貿易》一文（載《禹貢》三卷五期）森克己之《日宋貿易研究》等，余曾分函海外多方找尋，驟不可得。自覺內容尚疏，未敢貿然付梓。惟　羅師以此書雖容有未盡，而香藥貿易、其史蹟自具相當價值，並承不棄，與　錢賓四先生、於己亥之春，提出于東亞學術研究計劃委員會、推薦于哈佛燕京學社，獲該年度獎金，資助出版。基此原因，乃不能不爲付印，以求就正于中外賢達。其所由命名「史稿」者，蓋期之異日得爲補充與修訂也。

　　本書之成，始終蒙　羅元一師、與黃徽五、王懷冰二師，多方指示。又蒙　王懷冰與饒固菴師、供給香藥在文學上之種種資料。熊振宗教授供給囘教史部分資料，同事劉茂華先生供給「藥用」部分資料。而關存英先生之相與切磋解惑，與摯友林均田先生之代爲校對作跋，余石林、譚華南二君代爲繪圖，皆與本書刊行，助力至鉅，謹致謝忱，並誌銘感云爾。

林天蔚庚子春序于香港

《宋代香藥貿易史稿》 跋

林 均 田

　　摯友茂名天蔚宗先生，淡泊明志，性耽墳典，素爲師友所器重。向治史學，於歷代典章制度嬗變之跡，早已燦然於胸。近數年來，更潛心攻習宋史，且就香藥貿易問題，抉微發隱，鉤玄提要，著成專論，都廿餘萬言，名曰《宋代香藥貿易史稿》，殺青付梓，予親任校讎，頗以先讀爲快。

　　香藥貿易問題，吾國學者鮮有作專題研究者，有之，亦僅一鱗半爪，甚少有系統之著述也。蓋吾國士大夫向認此問題爲微不足道，故極少闡發。今吾友別具慧眼，條舉史實，指出紹興晚年香藥貿易之歲收竟達二百餘萬貫，佔國家歲入十分之一，對國計民生之影響至爲重大。（原書分論第五章第一節）由此可見此問題實有研究之價值，絕不應等閒視之。天蔚遍覽宋代史籍，更旁搜中外有關此問題之資料，作深入之研究，其史識之卓越，可以想見。

　　《宋代香藥貿易史稿》全書分序論總論與分論三部。序論泛述宋代立國時之中外形勢，總論部分，詳論香藥名稱產地諸問題，材料贍博，足見搜羅之勤。分論五章，每章均屬專門問題，而此等問題，又未爲前人闡述者。著者於討論此等問題之時，其參考資料，均以宋人作品及有關宋史之典籍爲主，其他史料，或未盡列。蓋著者原意，仍本以宋人著述考訂宋代史事，其義例至爲謹嚴，讀是書者，幸善爲體會。

　　此書材料豐贍，舉凡有關此問題之宋人著作，殆已網羅賅備。至其取精用宏，融會組織，則可見著者之心力。此書曾附《元典章》之「廿二市舶條例」，乃從《粵海關志》錄出者；又丁謂之《天香傳》，乃從《香譜》錄出者；此等資料，乃坊間所不易覯，著者不辭艱辛，搜羅附載，亦足珍貴。

　　此書對若干問題之闡述，見解頗多新穎。其論香藥貿易對安南之影響與香藥之東傳，見解更屬卓絕。惜引述材料尚寡，倘假以時日，多搜集別國有關典籍印證，則此種見地，更爲寶貴，殆無疑問。雖然如此，亦不至影響於是書列入香藥問題重要著作之林也。予確乎信之！

　　歲次庚子正月台山林均田敬跋。

《隋唐史新編》 序

羅 香 林

　　治史以考信爲根基，述史以精實爲首要，論史以明理爲準繩。而良史則以具備才學識三長爲極則。蓋考信必由於力學，精實全基於高才，而真理之闡發，則更非閎識沉思不能至焉。

　　考信之道，雖諸家所論，不能盡述，然大要則以蒐集資料，辨僞去訛，博考羣言，以闡明真相爲依歸；而文之精實，則雖不限於某一體裁，然皆必須其文適如分際，以傳實符實；世有以修飾辭藻或舖陳蕪詞，以爲撰史之方者，是皆誤以文藝爲史，非史家之正軌也。

　　門人林君天蔚，邃於史學。任教大學，亦已有年。曩歲撰著《宋代香藥貿易史稿》，深爲中外歷史學家所稱許。近復撰著《隋唐史新編》，余觀其全稿，分載〈序論〉〈分論〉二編；而〈序論〉首述參攷資料，自正史政書，以至新發現資料，及時賢論著等，靡不條分縷繫，以備覆覈，深合考信之旨；其〈分論〉八章，自隋唐之建國始末及其規模，與唐代由開國至極盛時代，以至隋唐時代之社會經濟轉變，與隋唐之學藝等，皆爲提要鈎玄，以次載述，語皆有本，文無虛飾，亦寓精實之意焉。若極林君之所至，則將躋於良史之域矣。余誠不勝其翹企之望也。是爲序。

　　　　　　　　　　　　　　　1968 年 10 月 27 日　　羅香林序於香港

《隋唐史新編》　自序

林　天　蔚

　　本書爲著者在香港中文大學崇基學院講授「隋唐史」時之講義，因授課時數所限，並須顧及實際需要，故只能畧言其要，掛一漏萬，在所難免。

　　本書之編寫分三部份，完全以隋唐史之三特點（第二章）爲中心：在民族上：隋唐因民族協和而成一新統，故是書首先鈎尋出隋唐胡族宰相、功臣之事蹟以明其對事功上之貢獻，繼敍隋唐皇室之胡俗：如太子權位之不穩定，以致影響當時之政治革命；又如婚姻制度之紊亂，並不能以「道學」眼光加以解釋；又如女權之提高，如武氏稱制，韋后干政乃其實例，公主府之設立，尤對唐之政治、外交影響甚大；全部論述載于第一編「序論」之中。

　　其次，隋唐有優良之制度，早爲學者公認，本書第二編「分論」中，便以此爲分期之標準：由隋文帝至唐高宗時，爲各制度之完成期，而此時期乃隋唐之極盛時代，由武韋亂政至開元天寶間，三省制、府兵制、租庸調開始動搖，科舉制亦開始變質，于是唐帝國遂萌衰象，而晚唐諸禍，更多導源于此，是爲第二期；安史之亂後，各制度先後破壞，唐由是衰落，雖經憲宗、宣宗二度掙扎，然無補于事，以致于亡國，此是隋唐史之第三期，至於五代十國，不外是唐藩鎮禍亂底延長而已，故合併述之。

　　再其次，隋唐之武功鼎盛，在天可汗制度下，儼爲亞洲之領導國，影響極大，故本書第三部專敍隋唐武功及其影響：如四都護府之設立及玄宗時之兩塲國際性戰爭，更爲隋唐史之重點，在第六章中作較詳細之解釋。

　　本書重點在上述三部份，比以同學之請求，付之排印，後感只此三部未能概括隋唐兩代全部歷史，且隋唐之社會經濟：如漕運、專賣、對外貿易等，可以補充晚唐各種制度破壞後而唐仍不致立刻崩潰之主要原因；而隋唐之學藝，更照耀千古，故倉卒增加二章，撫拾近日發現之資料畧加介紹而已。至于唐之文學、佛學等影響雖大，究屬專門史範圍，故缺而不論。

　　本書大部爲著者親自編寫，一部爲崇基同學筆記，爲求前後行文統一，畧加潤色而

已。又本書編寫時，蒙羅元一（香林）、王懷冰（韶生）、黃徽五（福鑾）三位老師之詳
細指導，朱竹友（希文）老師之鼓勵及協助出版，排印時更承摯友林均田兄細心代校，
均藉此表示感謝。

　　戊申年秋林天蔚序于香港大學中文系。

《隋唐史新論》　自序

林　天　蔚

　　通史與斷代史之分別爲何?除時間觀念有所不同外,疇昔學者專家,著述或講授斷代史時,多以通史爲綱,而詳其細目,或敍事較詳,資料較豐富而已。筆者初膺香港中文大學崇基學院史席時,亦沿襲此法,然未爲學子們所欣賞。後再三思,始悟通史範圍太廣,應重系統性,使其脈絡貫通。斷代史則應著重其特點,講授時能使學子分別秦漢之與魏晉不同,隋唐之與宋元有別。民國五十七年拙著《隋唐史新編》(香港現代教育出版社本),即首標隋唐史三大特點:規模宏遠,民族協和,制度優美,作爲本論,然後在分論中按制度之破壞程度而劃分爲五個時期(即分五章敍述),另外輔以武功、經濟、學藝三章,每一章均與三大特點有直接間接之關係。

　　《隋唐史新編》出版後至今剛巧十載,十年來自愧學無增長,講授隋唐史時,仍本此三特點而無所變更,惟與諸生討論之際,及進讀時賢著作時,深感可從另一角度蒐集資料,以作此三特點之旁證,且《隋唐史新編》排印時,校對未如理想,以致錯誤甚多,加上多年來各長輩及友好對此書之指正(尤其是王壽南兄之寶貴意見),爲糾正自己之錯誤,以及表達近年來讀隋唐史之管見,遂有重刊及增訂《隋唐史新編》之意,香港若干印刷商亦頻與洽商,後諸友好認爲:「與其改編舊作,不若另著新書」;事實上,「觀點」雖未變更,而資料及取捨之方法已不同,于兩年前遂開始撰寫,後得李國祈、陳三井兩兄之推薦予東華書局,此書始得面世,爲避免與前書混淆,遂易「新編」爲「新論」。

　　《隋唐史新論》與《隋唐史新編》有一相同之點:即強調隋唐史三特點,惟本書已將「規模宏遠」易爲「亞洲盟主」,範圍縮小,可能更加貼切,餘外兩點則相同。其異點則有三:《隋唐史新編》之「分論」著重根據特點而分期,而《隋唐史新論》則著重三特點之影響,此其一。《隋唐史新編》著重于史料之敍述,述多於論,《隋唐史新論》則尚有多少個人議論,雖未必正確,猶可代表個人之管見,論多於述(對外戰爭則以述爲主),此其二。《隋唐史新論》增「各國之隋唐史研究」,雖然掛一漏萬,尚祈讀者對國外之研究狀況,有一粗略概念,至於「隋唐史之幾個轉捩點」,亦是著重於由隋唐轉變至宋元之

關鍵，此亦與《隋唐史新編》不同之點三。

　　本書爲筆者於香港大學講授隋唐史之講稿，按：香港大學之課程，每一學科每週授課祇一小時（全年不足三十小時），講授時祇能簡述而已，幸而另有導修課，可就該課程中抽出若干專題作討論，故本書有部份是筆者在討論時之意見，而由同學們加以補充及解釋，其中如鄧寶輝、叢蔣漢、鍾偉鴻、梁餘生諸同學及曾一民先生等，對本書均曾幫助整理，陳巧音同學代爲繪圖，而校對幾全是曾一民、梁天錫兩兄之功，故本書之得以完成，實應感謝諸位。

　　教科書之撰寫與專題論文不同，後者旨在發表個人之研究成果，前者雖亦有個人之心得，但因範圍較廣，若能表達若干新意見、新分析，亦勉合要求。其實本書之「論」並不「新」，其中多有前賢之見解，筆者將其揉合，鉤尋出若干特點，略加發揮，使讀者對隋唐史有一較具體之認識而已，其錯誤、簡陋之處，尚祈海內外通人正文，是爲序。

　　　　　　　　　　　　　　　　　高涼　林天蔚　序于香港大學中文系

　　　　　　　　　　　　　　　　　　　　　　　民國六十七年秋

《宋代香藥貿易史》　序

宋　晞

　　林天蔚先生大著《宋代香藥貿易史稿》於 26 年前出版，出版後不久就得到這本書，詳讀之後，有感該書內容豐富，且多新意，表示欽佩。但我認識林先生是後來的事，幾次國際性的學術會議，得緣把晤。如 1973 年 7 月中旬在巴黎舉行的第 29 屆國際東方學者會議，我們在同一組宣讀論文。他的論文是〈北宋四位皇后對政治的影響〉，我宣讀的是〈宋代戶等考〉。由於是研究宋史的同道，相互交換心得的機會就多了。譬如我主持的宋史座談會，每學期至少要舉行兩次，他自香港來臺北，就邀他參加或者作專題報告。

　　我於民國六十九年夏應香港珠海大學的邀請，擔任客座教授兼中國文史研究所所長，他在香港大學執教，因此與他見面的機會更多。無論是學術討論會或者專題演講會，總有聚晤的時間。去年他應國立政治大學的邀請，擔任客座教授一年，則在臺北經常見面。

　　《宋代香藥貿易史稿》初版祇印五百冊，早已售罄。前年中國文化大學出版部有意予以再版，他也欣然同意。我不過是從旁促成此事。他對該史稿趁再版之際作若干處的修正與增補，並將書名的「稿」字刪去。詳見他的再版自序。

　　最近我翻閱再版本的清樣時，對於此書又有兩點感想：第一，他對宋代市舶司的設置、職權與市舶使的人選等，有深入的探討；尤其是擔任過市舶使的人員在地方志中有所發現，予以補充，殊爲難得。第二，香藥的產地是在印度的東、西洋諸國，經各國朝貢或大食商人的運銷我國。宋朝的政策對香藥是實施專賣（禁榷）的，除了中央政府因各種用途而消耗一部分，也准許商人銷行各地外，一部分則轉銷到東北亞各國。每自海上運銷到日本、高麗等國；自陸上經過榷場銷售到遼、西夏、金等國。在第十至十三世紀間，藉香藥的轉銷貿易，促進宋代對上述諸國的交往，也是值得注意的。

　　天蔚兄於本年七月底來臺北，出席八月初在中央圖書館新館舉行的敦煌學國際研討會後，堅邀爲此書再版作序，忝爲同道，故樂爲之。

　　　　中華民國 75 年 8 月 15 日　　　　　　　麗水宋晞撰於陽明山華岡大典館

《宋代香藥貿易史》　再版自序

林　天　蔚

　　本書為作者年輕時之作品，搜集資料始於民國四十七年，四易寒暑始完稿，斯時香港文風未盛，藏書不多，若干重要參考書籍無法尋找，故命名為「史稿」，以待他日補充與修正。是書刊行後數月，法國 Prof. F. Aubin 即撰文介紹於 *Historie Et Sciences Sociales*（1960），而日本香藥史權威山田憲太郎教授（Prof. Kentario Yamada，曾以東亞香藥史一書獲日本學士院賞），即來信聯絡，並贈其著作數種參考。翌年，和田久德教授（Prof. Wada Hisamori）即發表對本書最詳盡之評於《東洋學報》（*The Toyo Gokuho*）四十四卷一期（9-1961）（朱竹友教授曾譯成中文發表於民國五十三【五十一】年之《大陸雜誌》）。此外短篇的文摘及書評，散見於日本及美國的期刊約有數篇，而山田教授十多年間的來往書札，對於本書提出之意見，亦頗有價值。惜二十多年來，筆者於上庠講學，課程範圍較廣，為適應教學的需求，轉而從事於中古史研究（隋唐至宋），所發表的論文及刊行的書籍，均以經濟史、制度史、民族史為主。近年，更以中古時代之直接史料，如敦煌寫卷、族譜與方志等，探討中古史及地方史諸問題。因此，未有進一步研究香藥史。去年春來臺參加學術會議，晤及前中國文化大學出版部主任朱重聖教授，始知此書在臺灣罕有流傳，建議再版。事實上該書雖獲哈佛燕京學社獎助出版，惟金額甚少，筆者動用當年全部儲蓄，始能刊印五百本，多數運銷海外，故在臺灣流傳不多。宋旭軒（晞）教授更以二十多年之《史稿》，未能修正與補充，不無遺憾。長者之責，為之汗顏，遂檢錄二十多年來各專家學者之意見及自己所補充之資料，發現增訂者不多。此因：

一、初版時未曾搜集到的書刊，如日本學者森克己及大陸的學者白壽彝、關履權等人著作，似乎無助於本書之修正。

二、關於亞拉伯諸國及來往印度洋各交通樞紐之地名，和田教授認為應補充日本及外國學者若干著作。但筆者認為各家意見均不同，且未有定論，本書以「貿易史」為主題，地名的考證，屬中西交通史範圍，除若干關鍵性的考證外，多未有增改。

三、本書敘述香藥，未能效法山田教授著重藥性之分析，故對香藥之種類，多據文
　　獻。因筆者未有充分的生物化學知識，不能不有所偏。至用洪芻之《香譜》，
　　以其能代表私人著作；用《太平御覽》，以其代表官修書籍，且均是宋朝人。
　　至於後代的本草，非必要時不用。

　　因此，本書再版時，仍保留二十多年前的觀點與內容，當然仍有少量的補充，主要
是在財經方面。又用方志及筆記類增補市舶使若干人名及更正若干書名、地名的錯誤而
已。同時，筆者坦白承認空疏，此「稿」已無法大為修改，故正名為《宋代香藥貿易史》。
又此書再版時清樣，陸偉釗君代為校對，謹此致謝。

　　　　中華民國 75 年秋　　　　　　　　　　　　　　　　　林天蔚序於香江

《方志學與地方史研究》 序

王　爾　敏

　　學界同道知友林天蔚先生，生平研治唐宋史著聲士林。且長期主講香港大學及政治大學。惟林先生亦深研香港史、方志學及族譜學，皆具卓識，著作等身。

　　余與天蔚訂交二十餘載，經常拜讀其方志、族譜及香港史等論著，用增廣識見，備獲良益。抑且余在香港中文大學亦教方志學一課，與港大相對，學養不能匹稱，多承天蔚垂愛，鼓勵示教有加，幸得勉強附驥。回台之後，天蔚在政大講授方志學，余又在師大講授方志學。饗宮連衡，與天蔚更時相親接。所學相近，固乃針芥契合。天蔚愛人以德，交游多碩學宏儒。余在港承其多方護持，回台又相與呴濡，可謂氣味相投，患難相共，道義可相託也。

　　近二十年來，大陸上輿地方志學相當興盛，決不下於民國二十年代《禹貢半月刊》創刊時代之輿地學研究。有三個範圍重大開拓，各自具有獨立領域規模。其一，歷史地理學，是禹貢學社一個沿承與開拓。大陸學者專家甚多，著作遠超過禹貢半月刊。其二，方志學，也是承禹貢半月刊風氣一個次要脈流而獨闢一系。近二十年大陸方志學尤著作鼎盛，遠邁前代。其三，地理遺址實察。此乃上承斯文海定（Seven Anders Hedin, 1865-1952）與斯坦因（Mark Aurel Stein, 1862-1943）之路徑，而由中國人繼續開拓之新學問。為成績輝煌受人尊重之一大門類。大抵有絲道之重建，長城遺址之復原，綠洲之考察，運河之探索。乃至長安、洛陽、平城、邯鄲、臨淄等古都之考古重建。俱有重大成績，大抵為大陸學人努力之重大貢獻。相形之下，海外台灣老輩張其昀、王益崖、沙學浚、鄭資約、王華隆已凋落殆盡，新秀尚未起來。余在執教崗位，深覺有愧職守。同代同輩有成績者，則有嚴耕望、盛清沂、宋晞、程光裕以及天蔚為此中前驅。余只可謂附驥，差可維持研究局面。

　　今日學界於歷史地理、方志學，視為冷門學科，甚至連史學亦不重視，以為並無實用。只有少數學校講授歷史地理及方志學，今日學界不重學術，浮誇時尚，追逐新奇，務期驚世駭俗，一日突破前人，天下披靡，則可博取高名，領導學界，表率群倫。惟此

類大聖大哲，須待海清河晏，十日並出。如今尚未降世。徒有群醜跳樑，瓦釜雷鳴，有何學問可言？令人齒冷。天蔚當此濁世，不甘同流，退而著書，欲以其生平所長，匯諸篇章，藏之名山，傳之其人。因乃有新著《方志學與地方史研究》一書問世。海嶠一隅，海外五洲，尚有方志學著作與大陸二三十種方志學著作爭一日之短長者，則只有天蔚一人。當今海外輿地史巨擘嚴耕望、章生道、宋晞、程光裕之外，不能不肯定天蔚一人之卓卓貢獻。且與諸先進並駕齊驅，有何愧色可言？若有人認爲此話不公，即請其提出史地學著作來，俾使學界共觀，可以一見高下。

　　林著方志學分三個重點進行探討。第一部分可謂是中國地學史及方志學發展史之研究。所見仍以方志學爲全部重心，史地學上之發展，則配合方志有關者而順便論及。天蔚定爲全書第一篇。內容豐富，涉論廣闊，網羅周至，充分具全程地學學術史規模。自上古通論至清代，層次分明，重點突出，使人易於洞觀全局。抑且各代資材，取用精當，具代表性，正見出作者功力深厚。

　　惟按中國地學史爲一重大學術門類，歷代累積著作廣博而精深，多量且多樣。天蔚雖胸羅古今，目營四海，廣收並蓄，鉤深抉微。終亦不免使我搗瑕抵隙，攻伐其中一些破綻。但非辯論事實之是非，實表達所見之不同。

　　天蔚探討方志淵源，提出史地兩元論，並以《周禮》表史源，以《禹貢》表地源。自是一種高明指引。惟余之講授此課，並不分別史源地源。而認方志淵源有三：一即《禹貢》，表九州方物，屬貢賦之知識。二即《職方》，亦同天蔚書中之《周禮》，表土地之領屬。三即《世本》居篇，表族群之聚落，亦即都邑之史志。天蔚非不知《世本》，或以其書已亡，因不具論。但願以此質之天蔚。

　　本書第二個重點，是第二篇，介紹方志學理論與方志學家。自章學誠論起，直迄現代。章學誠自是創制大家，一代宗師，天蔚立專章論之，精覈深入，辨析畢盡，實所欽服。抑且並時大家，如顧炎武、顧祖禹、戴震、洪亮吉。以至近時之李泰棻、黎錦熙、唐祖培、張其昀等，亦俱詳加舉論。此中實包括方志學，及歷史地理名家，並不限於方志學，然其考論主軸，仍全部置於方志理論，自是切合本書宗旨。天蔚在此方面貢獻甚大，蓋前人除介紹章學誠外，很少再提及其他；尤少論當代，而當代本有眾多名家以及新論層出，世人甚難獲致清楚概念，天蔚此書當可彌補此一缺憾。

　　在我講授方志學時，亦重方志學家。但只提當世名學者，且與天蔚不同。然實不及此書之詳密宏肆。天蔚此作，理既醇正，且具特長，實所敬佩。天蔚網羅章氏以來方志理論，無不備集，幾無從補充。惟勉強一提，相信必須敘入最重要前輩朱士嘉，蓋當代學者之中，朱氏畢生專業作方志學研究，自三〇年代直至九〇年代，志節不渝，無人能

望其項背，足爲方志家典範。我輩後學應知尊敬予以表暴。此外，傅振倫自弱冠撰著方志，亦終身鑽研，至於耄耋。朱、傅二氏俱當特予標出，表率後學。

本書第三重點，乃專就廣東方志作研析論述。天蔚粵人，就地域之便，殊多所見聞，專精亦復深入。即以《廣東通志》而言，我只閱讀阮元所編之一種，而天蔚則於戴璟、黃佐、郭棐、金光祖、郝玉麟，以至於阮元無不廣加論述，實稱淵博。其他府州縣志，人物風俗，甚至香港地志，無不有所搜討。無論站在廣東地方史志以及香港史乘，天蔚自是專門名家，余少有探索，不敢置辭。甚望治方志同道有所資取。

近二十年來大陸方志學家輩出，專書甚多，不下二十餘種，期刊論文尤夥。港台兩地亦有論文可觀，而專書寥寥無幾。天蔚此書，正可彌此缺憾，當爲學界所慶賀。余忝列知己，學且同好，冒昧申敘，聊抒數言。不足以當天蔚浩瀚之學養，更不能盡本書之聲價。而敢於永負此言責者，則深信此書之完備，宗旨之醇正，取材之豐博，論斷之切當，與層次之分明。謹貢拙識，以博高明之雅賞；妄陳讕言，猶祈天蔚之原宥。

中華民國 84 年 1 月 21 日

（甲戌歲除夕前 10 日）

淮陽　**王爾敏**[1]

草於台北之揮泥揮雨軒

---

1 台灣國立中央研究院近代史所退休研究員及國立師範大學歷史系教授。

林天蔚教授新著《方志學與地方史研究》書後

王 德 毅

　　民國以來，中外學者研究中國歷史，不僅視野開闊，而且利用史料的範圍也日漸加廣。新史料的不斷發現，對舊史記載之證誤與補缺，貢獻最大。今日史家研究國史之成就，遠邁前人，除了善於利用新方法外，亦當要歸功於大家都能知道廣泛搜輯各種新材料了。

　　我國是廣土眾民的國家，人民族姓眾多，全國行政區劃亦繁，一個家族或宗族，代代相繼，子孫繁衍，人才蔚起，撰有家譜或族譜，傳於後世，使奕葉子孫珍之寶之。國家因朝代遷革，舉凡戰亂時期的破壞，和平年代的建設，任何一個方域，歷數十或數百年，人文方面的變動很大，鄉之仕紳以愛鄉之心，請於現任的地方首長，設局修志；或地方長吏欲留善政美俗於後世，謀於鄉之賢者，合力纂修志書；以宏揚聲教，垂範將來。家族譜修於私家，頌揚先德，有其難以盡信之處。惟地方志，據諸官府案牘及本鄉前賢之撰著，轉較信實。明代名臣王珣於弘治十二年（1499）巡撫寧夏時，及禮聘郡人戶部郎中胡汝礪修志，並召諸生面諭說：「地郡之有志，猶家之有譜系也，猶公曹之有案牘也。考興亡，辨是非，求隱賾，即小可以占大，據政可以知德，由紀載之遠近可以知窺性道之本根，是宜以易易視之哉！」苟能以誠敬之心修之，庶幾真切信實，以供史氏之採擇。

　　清代史學大家章學誠曾指出：行狀碑傳為一人之史，家乘族譜為一家之史，州縣志為一國之史，斷代史為天下之史。只要州縣志纂修的內容詳實，為史館所徵，藉以修天下史，便沒有遺憾了。他感嘆當時所修地方志多出文吏之手，不是清言叢說，就是隨俗應酬，國史館修史，不得已而下取於家譜狀誌或文集中之記述。然而私家傳記恐有失實，如無方志以為之佐證，則難以考信，所以方志有缺，國史便要受病了。

　　早在民國十年，梁啟超在天津南開大學講述中國歷史研究法，在說史料一章中強調；別史雜記之屬，其價值與正史無異，而有時還過之。例如陳壽《三國志》諸葛亮傳記亮南征南蠻之事僅有 20 字，然在常璩的《華陽國志》卷四南中志中則用七百餘字敘述其經過。這足以說明地方志的史料價值並不次於正史。三十三年前，張國淦撰《中國古

方志考》，將一地的人物志、先賢傳贊、物產志、風土志、古跡志、山川志等，皆予以列入，並謂：「方志之書，至趙宋而體例始備。舉凡輿圖、疆域、山川、名勝、建置、職官、賦稅、物產、鄉里、風俗、人物、方伎、金石、藝文、災異，無不彙於一編。隋唐以前則多分別單行，各自爲書，其門類亦不過地圖、山川、風土、人物、物產而已！」同時朱士嘉編《宋元方志傳記索引》，其自序也說：「宋代方志的體例比較完備，內容比較充實，這是與當時社會經濟的進一步發展，史學地理學的突飛猛進，有密切關聯的。在體例方面，宋志上承史、漢餘緒，下爲後代方志編纂學打了良好的基礎。如果說漢以來修史者無不奉史、漢爲圭臬，那末，宋以來修志者幾乎莫不以宋志爲楷式了。」宋代的地方志偏重人文，記載到人物的，除專立的傳記一門外，職官、科第、學校等門中亦述及之，用以占地方吏治的良否。如周應合纂《景定建康志》，人物志分十目，又有官守志、儒學志及歷代年表，所記載的都是本府的歷史。所以地方志就是地方史，爲研究歷史的學者所必須考求的。

　　爲了便於中外學者能廣泛利用中國各省的地方志，方志目錄的編輯與出版是最迫切的。朱士嘉最先編成《中國地方志綜錄》問世，政學商工各界人士都可查考。民國七十四年，德毅承漢學研究中心之邀，重編《中華民國臺灣地區公藏方志目錄》，以鉛字排印，也受到學者的歡迎。同年，漢學研究中心舉辦「方志學國際研討會」，會後刊行論文集兩冊，開創地方志研究的新風氣。然十年來，能孜孜鑽研撰成專著者則不多見，惟我至友茂名林天蔚教授於去年撰成《方志學與地方史研究》，即將於今春出版，大可彌補此一缺憾。

　　林教授是研究唐宋史的專家，三十五年前撰成《宋代香藥貿易史稿》，後又出版《隋唐史新編》，早已享譽史學界，在香港大學執教二十多年。近十餘年來，倡導研究地方史及家族譜，策劃舉辦學術會議，主編《地方史資料研究論文集》，於 1985 年由香港大學亞洲研究中心出版。去年十二月，在香港及廣州舉行「嶺南文化新探究國際學術研討會」，林教授的貢獻是有目共睹的。這部新著《方志學與地方史研究》共分三編，第一編縱論方志的源流與發展，首述方志的功用，除補史、證史外，特提出科技、地方史事、藝文、宗教，以及中外交通、文化交流等項，並各舉數例以證明之，皆言之鑿鑿，讀之足以啓迪新知。在述及方志的發展一節中，也以宋代爲關鍵，指出南方志書大量出現，與社會進步、經濟繁榮有其密切的關係。其第三編爲廣東方志研究，爲本書的一大特點，介紹了明清人所修的六部《廣東通志》，爲其他專著所沒有的。末附徵引書目，計古籍 69 種，方志 33 種，族譜 5 種，近人專著 76 種，期刊論文 32 種，可謂浩博，足以見林教授功力之深厚了。

　　林教授在本書的自序中稱讚大陸學者對方志研究的貢獻，並臚列近二十年內出版的專著十多種以爲佐證，當然是值得肯定的。不過這些著作是否精審？尚沒有答案。就我所參閱的黃葦著《方志論集》一書而言，就頗有問題。如其「論宋元地方志書」一文，將鄭興裔修、鄭少魏纂的《廣陵志》列入北宋時修的方志，則大錯特錯。據陳振孫《書錄解題》卷八載：「廣陵志十二卷，教授三山鄭少魏、江都尉會稽姚一謙撰，紹熙元年，太守鄭興裔也。」乃是南宋光宗時所修者。按：少魏字良臣，福州長溪人，乾道八年（1172）進士，見之於梁克家《淳熙三山志》卷三十，足證其未查原始記載，可能誤用《中國古方志考》。經查該書之頁 235，將纂者鄭少魏誤作「字明舉，成都人，元祐進士。」不知此乃鄭少薇之字貫。似乎亦未查考《書錄解題》。可見不徵引第一手史料，而直接參用他人著作，很可能產生同樣的錯誤。

　　我與林教授交遊三十餘年，蒙其不棄，常在宋史及方志之研究上互相切磋，獲益良多。今年春節過後，他囑我爲他的新著撰一序文，愧不敢當，謹就閱讀心得綴述如上，姑稱「書後」，不知有當老友之意否？

中國民國 84 年 2 月

豐縣　**王德毅**[1]　謹識

---

1 國立台灣大學歷史系退休教授。

林著《方志學與地方史研究》 序

宋　晞

　　我國歷史悠久，疆域廣闊，歷代行政區劃的演變，初由秦漢時代的郡、縣二級制到魏晉南北朝時代的州、郡、縣三級制，次由隋和唐前期的州、縣二級制到唐開元至五代時的道、州、縣三級制，再由兩宋時（包括金）的路、州、縣三級到元以後以省領道、路、府、州、縣多級制或省、府、縣三級制。演變的規律是政區越劃越多，越劃越小；最常用的是三級制，有時用實三級，有時用虛三級。因此地方志的纂修越後越多，以地區言，靠沿海且工商業比較發達的城市，資源富且人才多，所修地方志在質和量都比較佔優勢。處於以農業生產為主的社會發展地區則次之；以畜牧為主的西北地區又次之。

　　雖然清代學者章學誠認為「志乃史裁」、「志乃史體」，但是地方志與地方史是並行不悖而不能互相替代的。史以記敘過去為主，涵蓋時間為長，重在史料；志則以記敘現況為主，涵蓋時間為短，重在調查採訪。地方志每保存一些不見於其他記載如正史、政書等的原始史料，因此其不但對地方史的研究有十分重要的參考價值，就是對斷代的專史研究也應列為史料來源之一。

　　林教授天蔚兄大著《方志學與地方史研究》，內容分為三編，即「方志的源流與發展」、「方志理論與方志理論家」與「廣東方志研究」。就地方志與地方史的關係言，研究地方史，必須要利用地方志的資料，至對地方志的資料之取捨與考證那是另一問題。我們不僅是研究宋史的同行，也是對方志學研究的同道。索序於我，樂而為之，特申述淺見如文。

宋　晞[1]
民國八十四年三月三十日
於台北市陽明山華岡
中國文化大學文學院

1　台灣文化大學文學院退休院長及歷史研究所長。

《方志學與地方史研究》 序

沙 其 敏

Preface

Professor T.W. Lin is a distinguished practitioner of Chinese local history, particularly of the Lingnan Region, who is uniquely qualified to introduce the reader to local historiography. In this three part work, he systematically shares his extensive knowledge of the compilation of local gazetteers and their application in the study of local history.

Part One, "The Origins and Development of Local Gazetteers," begins with a discussion of how local gazetteers can be used to supplement and correct standard dynastic histories and to provide information about science and technology, individuals and the arts, and religion and cultural exchange between East and West. It continues by tracing the evolution of local historical writing and geographical treatises beginning from pre-Han times through their confluence in works about historical geography during the T'ang dynasty, the subsequent emergence of the local gazetteer genre in the Sung dynasty, and its maturation during the Yuan, Ming and Ch'ing dynasties. Particular attention is paid to the contributions of influential works and the theoretical orientations of different schools of writers.

Part Two, "Local Gazetteer Theories and Theoreticians," reviews theoretical developments from the Ch'ing dynasty to our day. Professor Lin gives an overview of the ideas and works of great scholars of the Ch'ing dynasties including Chang Hsueh-ch'eng, Ku Yuan-wu, Ku Tsu-yu, Tai Chen, and Hung Liang-chi. He then presents new approaches to the compilation of local gazetteers which have arisen during the twentieth century, giving special attention to the theoretical views of researchers and compilers on both sides of the Taiwan Straits in recent years and concluding with his own ideas about compiling modern local gazetteers.

Part Three, "A Study of Kwangtung Local Gazetteers," starts with an evaluation of three

Ming and three Ch'ing editions of the *Kwangtung Provincial Gazetteer*. It concludes with discourses on many topics in the local history of Kwangtung including biographical issues, problematic events, ethnic groups in Kwangtung and Hong Kong, and an example of what can be accomplished by using a local gazetteer in tandem with a lineage genealogy.

Professor T.W. Lin provides the reader with a comprehensive overview of the evolution and development of the contents and theory of a most important genre of historical writing in China. He also skillfully demonstrates how the local gazetteers can be used to enrich and deepen our understanding of local historical events, personalities, and populations. All students of Chinese history will profit by reading his book.

Melvin P. Thatcher[1]

---

1 美國猶他州家譜學會遠東區負責人。

《方志學與地方史研究》 自序

林 天 蔚

1966 年，筆者擔任哈佛燕京學社訪問學者，首先利用廣東方志資料，研究廣東少數民族（主要是傜族）的歷史與發展。因傜人本身無文字，在方志資料中可尋得漢傜的衝突，結果，將傜區開闢為郡縣，而傜族隨至遷徙（流竄），由此可窺知傜族之興衰及漢文化之南遷與擴展。七○年代，筆者在香港大學中文系講授「方志研究」，始探索方志的理論，斯時之參考之書甚少，僅李泰芬、傅振倫、毛一波、黎錦熙等專書，及梁啟超、瞿宣穎《禹貢》內若干論文而已，八○年代，大陸提倡「方志研究」，專書甚多，如：

1983：黃葦的《方志論集》浙江人民出版社，至 1993 年，擴為《方志學》，復旦大學出版。

來新夏的《方志學概論》，福建人民出版社。

林衍經的《方志史話》，華東師範大學。

1984：薛虹的《中國方志學概論》，黑龍江人民出版社。

1986：倉修良的《方志學通論》，齊魯書社，1990 年有增訂版。

史念海、曹爾琴的《方志當議》，浙江人民出版社。

1989：張仲犖的《當代方志學探論》，巴蜀出版社。

至於方志學論文輯成專集及論修志之專書有

1984：《中國地方志論叢》，中國地方志協會編，中華書局出版。

1985：《新編方志十二講》，歐陽發、丁釗編，黃山書店出版。

1986：《新方志編纂問答》，林如雨編，海天出版社。

《修志須知》，浙江人民出版社。

《新地方史志學簡編》，王春瑜編，四川省社會科學院出版。

《方志學常識》，唐唯目編，重慶出版社。

《修志業務參考資料七種》，黃勛拔編，廣東地方志辦出版。

1987：《中國方志研究》，浙江人民出版社。

《修志文件匯編》，黃勛拔編，廣東地方志辦出版。

1988：《方志學八講》，黃勛拔編，廣東地方志辦出版。

辭典方面

1986：《中國地方志辭典》，黃葦主編，黃山書社出版。

1988：《中國方志大辭典》，浙江人民出版社。

以上不過舉其犖犖大者，專書論文出版者如雨後春筍，蔚爲風氣。相反，1986（7）年筆者轉執教於臺灣政治大學歷史研究所，主講「地方文獻研究」（以方志、族譜、金石碑刻、古文書爲主），是時臺灣方志研究主要是臺灣史，雖然亦有部份纂修鄉鎮志甚至縣志、省志，但對理論之研究風氣未盛。各大學間有設立「地方文獻」一科，至於獨立開設方志學者，似祇有宋晞（文化大學），曾一民（東海大學），王爾敏（師範大學）等。可參考之專書除李泰芬、傅振倫、毛一波、黎錦熙等外，祇有唐祖培在五十年代出版之《新方志學》（原在華國出版社出版，坊間已難尋到）；張其昀、杜學知等書，亦僅部份有理論而已。至於大陸之書籍，在戒嚴令下根本無法輸入，筆者憑政治大學國際關係研究中心幫忙，將大部大陸的方志學書籍，以「研究」理由，申請攜入，聲明「限閱」，不准外借，在課程上既有大量資料，遂將課程分爲「方志學」與「族譜學」兩門。同時，深感大陸專家雖多創見，但「主見甚深」，且自章學誠創立「方志學」理論至今已逾二百年，時代不同，社會變遷更大，需要更正與增補，以適應社會與潮流，是爲撰此書之動機。

本書共分三編：

第一編：方志源流與發展

首敘方志的功用，雖不出前賢之理論，然舉例多以廣東方志資料或補以大陸最新的資料，鮮有雷同。至於「源流與發展」，筆者強調「方志二源」：即史地兩源。昔賢將方志分爲「史地」獨立二源，其實兩者不同，筆者提出「史源」始於《周禮》、「地源」始於《禹貢》，在發展過程中，史之源有（一）《越絕書》、《吳越春秋》、《華陽國志》，（二）「耆舊傳」、「人物傳」。在地之源則有（一）圖經、山海經、水經注，（二）「地志」（記）、「風俗志」、「地理志」等，大概由兩漢至魏晉南北朝，仍是史、地分途發展，至《隋書》立地理目，加上隋唐初著重邊疆地理，資料增多，唐初「官修地理書」開始，於是發展成「歷史地理」的新型式，其中《括地志》、《元和郡縣圖志》，更是「一統志」的最早型式，爲昔賢所未提及，謹就正於海內外諸君子。

方志之源流是（一）史地兩源 ── 漢，（二）史地分途（越絕華陽）── 魏晉南北朝，（三）歷史地理（史地合一）── 隋唐，（四）創新的體裁而成方志 ── 宋。至清代始有

方志的理論，大陸學者提出方志三派：體例派、地理考據派、史法派：筆者認爲祇有二派；史法與地理考證：至於體例派不外條列綱目，兩派均酌有採取。而在時間上言，地理考證派起源較早，始於江蘇兩顧（炎武、祖禹），戴震繼之，至洪亮吉始發揚光大，至於史法派始於章學誠，但能真正傳其學者似不多見，筆者管窺之見，未知能取信於海內外諸賢者？

第二編：方志學的理論與方志理論家

此編主要是敘史法派之章學誠與地理考證派之戴震及其他學者；章學誠之方志理論，文史學者言之甚眾，各有不同的觀點，筆者按「史法」歸納爲六點：（一）述志之例（方志十議），（二）撰志之要（二便三長五難八忌），（三）論志之體（三書四體），（四）論文與史之關係（六經皆史，文人不可修志），（五）論史與志不同（國史與方志，地方史與地方志的異同），（六）其他（立志科）、志官傳、及史德與史識之別），理論雖與前賢有若干類似，但筆者自有申述且自成一系統，絕非抄襲。

方志理論自章學誠提出，至今已逾二百年，梁啓超提出「方志學」一詞，至今亦幾達百年，潮流在變、社會在變，於是有「新方志學」的提出，所謂「新方志學」，應有「內容」、「機構」、「方法」三方面的不同。筆者列舉海峽兩岸學者的不同意見，最後嘗試提出「新方志擬目芻議」，企圖溶合傳統與現代而適應潮流的構想，以求就正於海內外諸君子。

第三編：廣東方志研究

內分二章：（一）《廣東通志》評介，列舉自明以來成書之六套《廣東通志》（其中如戴璟、郭棐、金光祖、郝玉麟諸書，坊間流傳不廣）分別評介，（二）廣東地方史專題研究，按：方志學研究的目標有三：（甲）理論之探討，（乙）志書之修纂，（丙）地方史事之研究；如黎錦熙之《方志今議》，除理論外兼以修陝西城固縣志爲目的。張其昀的《方志學舉隅》，便純粹是新編的貴州《遵義縣志》。杜學知的《方志學管窺》內附《秦州僑置考》、《天水疆域沿革考》，便是地方史事之研究。筆者粵人，遂以志書中的資料，作「地方史研究專題」，內分「人物」、「史事」、「民族」、「方志與族譜聯合研究之例」共十二篇，雖多舊作，然理論與實用合而一起，亦可彰方志的功用之一。

本書原附：（一）海內外所藏廣東方志目錄，比之朱士嘉的《中國地方志聯合目錄》及李默之《廣東方志要錄》，體例不同而書目更多。（二）清代方志學者目錄，以彰清代修志之盛；然國立編譯館認爲不合「大學用書」的規例，均被省去。

本書撰寫時，適在政治大學歷史研究所主講方志學，多位同學均加以寶貴的意見，而其中廖德修、陳鴻圖、陳祥雲及大學部同學劉信華、張泰明等幫忙整理，陳祥雲同學

更全部負責校對，謹此致謝。而宋晞教授、王爾敏教授、王德毅教授、沙其敏先生等，
除提供寶貴意見外，並賜序言，亦感謝不已。

高涼　林天蔚

歲次乙亥春撰

於台北玫瑰中國城明園寓所

《地方文獻論集》 序

邱 樹 森

　　吾師天蔚教授積三十年之功，撰成《方志學與地方史研究》（臺灣國立編譯館，1995年），又用七年之力，撰成《地方文獻論集》。先生囑余寫序，余以豈有學生爲老師大作寫序，屢屢推辭，先生執意不改，遂不揣譾陋，以完成先生交待之任務。

　　文獻是人類社會進入文明時代的產物，並隨著人類文明的進步而不斷發展。從商代甲骨文算起，中國歷史文獻已有三千多年的歷史；文獻的整理工作，從孔子纂輯《六經》算起，已有二千四五百年歷史。地方文獻，顧名思義即闡述、研究地方文化歷史的文獻，天蔚先生說：「研究地方歷史都以族譜、方志、金石碑刻等項爲主。」故《地方文獻論集》分方志篇、譜學篇、金石碑刻篇三篇，又有專題研究篇和附錄篇二篇。《方志篇》是在《方志學與地方史研究》基礎上增寫的；《譜學篇》多爲先生之新著；《金石碑刻篇》利用敦煌碑刻文獻作專題研究；《專題研究篇》爲先生應用方志、族譜、金石碑刻之史料所作廣東史事專題研究；《附錄》爲西方學者介紹美國地方文獻之著述和海峽兩岸學者對先生《方志學與地方史研究》之評介。

　　我國歷代所編纂的地方志，是中華民族優秀文化遺產的重要組成部分。我國志書浩如煙海，源流久長，史料豐富，並形成了有自己特色的中國方志學。現存的全國八千多種方志，爲我們研究各地區的自然面貌、自然資源以及政治、社會、經濟、文化、科學技術、軍事活動等方面的歷史狀況提供了重要依據，是極爲珍貴的歷史文獻。清代以前的學者，把方志歸入地理類，在史學上地位並不重要，也不爲史家所重視。直到清代史學家章學誠提出「志屬信史」、「志乘爲一縣之書，即古者一國之史也」的見解後，方志的重要性逐漸爲史家所認同。近半個世紀以來，海峽兩岸的學者對方志的研究取得了豐碩的成果，依余之孤陋寡聞，大陸學者如傅衣凌、朱士嘉、洪煥椿、來新夏等，臺灣學者如陳捷先、林天蔚等，皆有佳作問世，而天蔚先生之兩書 ──《方志學與地方史研究》、《地方文獻論集》爲當今海內外學者方志學研究最新最系統之成果。

　　譜學也是我國文化遺產中極其寶貴的組成部分，它的文獻價值不可忽視。誠如章學

誠所說：「且有天下之史，有一國之史，有一家之史，有一人之史。傳狀志述，一人之史也；家乘譜牒，一家之史也；部府縣志，一國之史也；綜紀一朝，天下之史也。比人而後有家，比家而後有國，比國而後有天下。惟分者極其詳，然後合者能擇善而無憾也。」可見，他把家譜、方志、國史都看作同樣的歷史文獻。譜學對于我們研究歷史上重要人物的生卒年、履歷、事件，對于歷代人口遷徙、民族分佈、民俗、地名，對于研究古代中國社會、封建宗族制度等，均有重大價值。天蔚先生在《譜學篇》中探討了譜學起源、發展之後，提出了建立「新譜學」的見解，他說：「譜系學新目標，不光是敘述祖先來源，慎終追遠而已，主要是培養『認同』的思想。凡是同宗、同族、同文化系統的，都應加深聯繫與瞭解，我們需要將舊的文化加以批判，融匯新的潮流，始能生存與發展。近百餘年來，我國人不少崇洋、媚洋，失却民族自信心，認為家庭是束縛，那麼，新的譜系應從過去家（宗族）活動的史蹟中，加深瞭解我國的文化，去蕪存菁，一方面吸收西方家庭的獨立精神，一方保存我國傳統的倫理思想。」這是天蔚先生在海外生活多年後產生的真知灼見，他的新譜系學論對維繫海外華人將起到重大作用。

天蔚先生說，他的《金石與中國歷史文化》是「老生常談」，其實不然，此文對於海內外史學工作者來說，無疑是一種呼喚：史學研究必須重視金石碑刻資料。近半個世紀以來，大陸發現和出土的金石碑刻資料十分豐富，以馬長壽所著《碑銘所見前秦至隋初的關中部族》所引 25 種碑記為例，其中 13 種為前人所著錄，但有兩種著錄不全；不見前人著錄者 12 種。這些碑記對研究關中部族分佈與相互關係新添了重要史料。又如甘肅漳縣出土的汪古部首領汪氏家族的十餘種墓碑，對研究汪氏家族的族源與活動至關重要。泉州、揚州是古代中西交通的重要港口，出土了大量伊斯蘭教、基督教碑刻，對于研究古代阿拉伯、波斯、歐洲人來華，外來宗教在華傳播，彌足珍貴。大陸學者利用這些新史料雖然十分便利，但未必普遍重視；海外學者利用這些新史料有較困難，因而需要溝通信息，盡快掌握，以利于學術水平的提高。

余就讀于大陸高校，無緣在課堂上聆聽天蔚先生教誨。上世紀八〇年代始有機會讀到先生所著《宋代香藥貿易史稿》，為書中徵引史料之豐富、論證之嚴密所傾倒。以後為研究生開設中西交通史，余必介紹此書。先生知余授課時常引用此書，遂從香港寄來數十冊，分贈暨大中國文化史籍研究所諸同仁和研究生。諸人莫不感激。其後先生每有新著即寄贈于余及所內同仁。八〇年代以來，先生不辭勞苦，頻繁往來於粵港澳臺地區之間，為溝通海峽兩岸四地學術交流作出了巨大貢獻。1995 年先生退休後移居加拿大，繼續為海內外學者學術交流不懈努力。同時筆耕不輟，《地方文獻論集》就是先生退休後完成的新著。余讀先生大作，一學先生在學術上精益求精、學無止境之堅強毅力；二學先

生提携後人無此疆彼界之分的寬闊胸懷；三學先生在世界華人中弘揚傳統文化之「中華魂」精神。所謂「道德文章」是也。

姑蘇　邱樹森

于廣州暨南大學

2002 年 7 月

《地方文獻論集》 自序

林 天 蔚

　　國史與地方史不同，地方史與方志又不同（本書第一篇第一章有分析）。國史與地方史起源甚早，但地方志至宋代始具典型。大概在宋之前，志書之修纂多撮取自國史之資料；宋以後，國史之編纂又多採自地方志書之史料，而地方志之資料多來自地方文獻，如族譜、方志、金石碑刻、文書契約、個人著作（如文集）等。文書契約及個人文集雜而無章，大致而言，研究地方史卻以族譜、方志、金石碑刻等項為主。而此等史料可修纂而成地方志，或彙集而作專題研究。筆者積三十年之興趣，於 1995 年出版《方志學與地方史研究》（台灣國立編譯館出版之大學叢書），但付梓時，因心臟病發，故疏於校勘，以致錯誤百出，友好如王德毅、黃秀政、侯月祥、韋慶遠、張仲熒諸教授均已盡力校讀與更正，感激莫名。加上七年來補充及更正不少資料，深感「更正不如重寫」，且此書於台北已難購買，在海外亦無代銷，故撰寫《地方文獻論集》交由「南方出版社」刻版面世。

　　本書共分五篇：

　　（一）方志篇：基本理論與《方志學與地方史研究》大致相同，因每人思想即使受時代影響，只能「漸變」不會「突變」，如〈方志之源流與功用〉、〈方志之體例及新方志之擬目〉及〈海峽兩岸之修志機構〉等，雖略有增刪，但多沿舊文，尤其是若干觀點如「方志二元論」、「方志之發展」等重複申論，目的在引起廣泛之批判，以啓茅塞。另增〈清代方志學名著知見錄〉凡數千項，表示清代修志之盛，然目錄繁雜，只宜檢查參考，不宜閱讀，故製成電腦光碟，以資參考，另作「分析」，附於本篇第六章內。又增新作，評介來新夏教授及日本學者齊藤博所撰《中日地方史志之比較研究》（1996 年南開大學出版社），強調此乃「中日兩國方志學者之彙編」而已。筆者將每篇加以「摘錄」並予評論，藉此可了解兩國方志學之概況與比較。

　　本篇雖多舊文，然新增文字約八萬言，約佔舊文 50%。

　　（二）譜學篇：世人往往將「姓名學」與「族譜學」合而為一，事實上兩者確關係

密切。漢代之《世本》、《帝繫》今雖失傳，但無可否認，此乃「族譜」之最初型式。按：《世本》《帝繫》只敍「姓名」「世代」，內容較爲簡單，唐時之《元和姓纂》，明代之《萬姓統譜》等屬此類。但「族譜學」則詳記一族內之人物事蹟、官位、婚姻，及該族在國家、社會之地位、貢獻與影響。現雖難以找出該時代的代表「族譜」，按《楊雄家譜》今佚，但是只敍世系，未能稱族譜。但魏晉時代之「圖譜局」爲「九品中正」制評審之根據，亦即士族升降之標準而構成「門第制度」。當時世家大族之譜牒，正是「族譜學」完成之階段。其發展：「姓名學」主要是辨「姓源」：言得姓之由來；「族譜學」則重「族源」：言族之人物與興衰。隋唐以後，戰亂相尋，人民遷徙流離不定，譜牒或散失或不存，欲「追源」「尋根」不易。於是撰譜者多附麗前賢，以示「系出名門」，以「誇大門楣」「光宗耀祖」而已。故宋以後之纂「譜」者，補其弊病，採「小宗之法」，追述祖先以「五代」內爲可靠而成族源，五代以上則列作「姓源」，以資參考。近代之族譜學更主張以「始遷祖」作可信之祖，而不重視更遠之祖先。

譜學篇有六章共七篇論文，其中屬譜學理論者達五篇，全是新增。如〈論新舊譜之界別與譜學之二派三家〉，標榜合方志與族譜爲一之〈盧氏族譜〉，均屬「一己之見」，深知未必能爲士林所認同，除敝帚自珍外，更企能獲各界斧正，以匡不逮。

另一篇〈湛江博立村許國仁愛周公家譜之凡例與撮要〉，由於該譜乃應其家屬所代撰，爲「非賣品」，坊間未能流傳。當時未撰凡例，未能表達撰作之「準則」，故增添「凡例與撮要」一文，以表達本人試圖將譜學理論施諸著述之意耳。

（三）金石碑刻篇：共四章，其中「金石與中國歷史文化」，乃屬老生常談，以此述金石碑刻之起源與功用。另外三篇則是利用此等文獻作專題研究，且全與敦煌文獻有關。按古今之「金石錄」流傳甚多，除非如「索勳碑」可用之比較不同碑文，及與歷史事實有關外，若全用碑刻考證歷史、文物，殊非容易。筆者自退休後，所有藏書均已捐獻予美國楊伯翰大學（Harold B. Lee Library, Brigham Young University），手上無書參考，且屆衰耄之年，精力不足，未能再深入研究。幸本書名「地方文獻」，金石碑刻之內容雖較薄弱，然尚可納於一系統而已。

（四）專題研究：此爲廣東史事專題，新增四篇，全是應用方志、族譜、金石碑刻之史料而作研究。筆者曾強調以客觀史實考證真相，如〈唐宋時代廣東少數民族的分類及分家〉，認爲是時廣東仍是蠻區。〈宋代的廣州爲轉運港口與貿易港口有別〉，指出當時廣州所謂繁榮，乃是史書「誇大及溢美之詞」；筆者雖爲粵人，亦不敢「自我陶醉」、「夜郎自大」。至於〈浪白滘再考〉一文，實地考證「浪白滘」之所在地，均與時論不同，管窺之見，仍企博學之士有以正之。至於〈論少數族群中的母權問題〉，乃探討漢文化下某

些蠻俗之遺跡，屬於大膽假設而已。

（五）附錄：由十一篇特約稿集成。共分兩部：前三篇為英文稿，由西方學者介紹美國有關地方文獻之著作；後八篇執筆者為兩岸學者，為對拙著《方志學與地方史研究》之評介。

英文稿包括：

1. Melvin P. Thatcher（沙其敏）著 Local History in the United States（美國的地方史）。

2. Richard E. Turley（杜爾卓）與 Craig Foster（霍士達）合著 History of Genealogy in America（美國家譜工作的歷史）。

3. Craig Fuller（傅爾樂）著 Utah States Centennial History Project: A Report（猶他州百年紀念歷史專案：一份報告）。

筆者此書為研究中國地方文獻之著作，而以上三位西方學者則分別介紹美國之地方史、家譜及地方文獻，再配合本書第一篇第五章評介中日兩國之方志學與方志學家，不僅融匯中外學術，擴大中國讀者視野，亦為本書生色不少。上述三位均為美國漢學家，如沙其敏先生曾在美國馳名漢學中心柏克萊大學及華盛頓大學攻讀中國文史，成績卓著，後因教會之呼召，回教會服務幾三十年，專負責蒐集遠東地方文獻資料而成專家，其論文〈美國的地方史〉指出：「早期的專業史學家，很少注意地方史，他們輕視業餘史學家作品鄉氣，……自從二十世紀中期以來，專業史學家漸漸……和業餘史學家合作，在這過程中，學到尊重以往的和現在的業餘史學家的工作，以及他們使用地方資料的方法。」此點與我國正史與方志之發展，不無類似之處，惟我國方志修纂之政治因素較重。杜爾卓教授為傑出譜學專家，現任猶他州家譜學會主席——該會乃全球地方文獻（包括族譜方志）之大寶藏，其與霍士達先生合著的論文〈美國家譜工作的歷史〉更介紹該會創立之大型數據庫：《國際家譜索引》（International Genealogical Index）內有六億個別的名字，以及《祖先檔案》（Ancestral File）內有三千五百六十萬世系相連的名字。並舉出多個家譜網站，如 Ancestry.com, Genforum.genealogy.com, FamilySearch.org, USGenWeb.com 等，對全球電腦互聯網（internet）用者，提供珍貴的資料。霍士達先生在研究摩門教及社會歷史有卓越成就，但其強調在工業革命後，西方產生中產階級，家庭傳統觀念提高，於是產生家譜之撰寫。這與我國之族譜源於貴族階級，標榜其特殊地位與平民有異，又有所不同。傅爾樂先生則對歐美史地有高深之造詣，其論文〈猶他州百年紀念歷史專案：一份報告〉介紹該專案撰寫的方法與經過，對我國地方文獻的編修，頗有參考價值。猶他州歷史學會乃民間學術團體，負責纂修猶他州地方史，此與我國方志由政府（省、州、

縣）或半官方（文獻委員會、地方志辦）負責，略有不同。尤其是義務工作人員的參與（杜爾卓教授與霍士達先生於其論文中亦提及義務工作人員在家中替出生、結婚、死亡和其他對家譜有價值的紀錄做索引），更加值得國人效法。今輯錄三篇英文原稿，並加中文「摘要」，以供讀者參考。

　　其他八篇特約稿中，荷蒙友好學者對本人作品提出善意而富有建設性之批評，謹回應如下：

1. 筆者承認忽略對若干方志名家之介紹。如王爾敏兄謂：朱士嘉「自三○年代直至九○年代，志節不渝，無人能望其項背。」故與黃秀政兄均認爲應專章介紹朱士嘉與傅振倫兩人。筆者所以重視李泰棻、黎錦熙、唐祖培，忽略朱士嘉者，以前者在「方志理論」有其「創見」，而後者則以編著「方志目錄」貢獻較大。至於傅振倫，筆者重視其在「方志的源流與功用」之意見，並屢加引用，且於〈《中日地方史志比較研究》評介〉一文中，對其著作已略有介紹，雖未有專章介紹其生平，但中國已有「中國方志學家」專書刊行，自問未能「超越」，故缺而不述耳。

2. 王爾敏兄提出方志起源有三：《周禮》《禹貢》外，應加上《世本》。筆者認爲《世本》乃「譜牒」之雛型（姓名學），雖然方志與族譜亦是地方文獻之一，惟筆者強調「方志二源論」，故未言《世本》。然本書〈譜學篇〉亦承認《世本》在譜學之傳承價值，且此書已亡，資料缺乏，故未能具體介紹而已。

3. 黃秀政兄除指出大量校對錯誤外，並列舉史實方面如：「唐室擒吳元濟……係在元和十二年（817），而非元和八年；且擒吳元濟者爲宰相裴度，而非李吉甫。」此乃筆者治學粗疏所致，除更正外，謹此致謝及致歉。

4. 侯月祥兄輕描淡寫：「林先生長期居住在港台地區及美加等國，所以，他對大陸修志的一些看法還可以商榷」，而張仲熒兄提出「在一定程度上局限了作者對大陸方志學研究的全面掌握」「近年又有學者主張方志起源於人類社會初始之口耳相傳，刻劃圖繪之時」「現代大陸學者意見中，不少較有代表性的學者及其觀點未涉及」「台灣當代學者對新編方志的意見，特別是文獻委員會諸專家的觀點與實踐，書中比較薄弱，似可補充」等等。筆者承認《方志學與地方史研究》雖在 1995 年出版，但原稿卻於六○年代後期已開始撰寫，是時海峽兩岸對立，文化交流斷絕，欲遍讀大陸著作實不可能；掛一漏萬，在所難免。至於「口耳相傳，刻劃圖繪」，或如台灣學者提出甲骨文所載之族系，乃譜學之起源，筆者認爲此類說法有待確認，故缺而不述。況且世間著述汗牛充棟，任何人難以遍讀

天下之書。筆者但求表達「一己之見」，對於「價值」如何，實不敢奢求。

本書之出版，首先感謝侯月祥、曾一民兄之鼓勵，暨南大學邱樹森教授之安排與推薦至南方出版社付印，籌備期間，譚松壽、侯月祥、黃可立諸兄悉心校對，譚蕙清女士代為謄錄及輸入電腦，而譚松壽兄對文句之潤飾，提出對若干章節不同觀點，反覆辯難而加修正，以及香港大學亞洲研究中心資助若干費用等，均感激不已，謹此致謝。

高涼　**林天蔚**

序於加國溫哥華華木舍

時維辛巳年深秋

《地方文獻研究與分論》　序

來 新 夏

　　1993 年，我和林天蔚教授相識於臺北。那一年的 11 月上旬，我應臺灣淡江大學之邀，赴臺參加第一屆「二十一世紀海峽兩岸高等教育學術研討會」。會後，又到臺北的幾所大學作學術報告。中旬的某一天，我應政治大學歷史系的邀請，向該系師生作有關北洋軍閥史的學術報告。在報告結束後，有一位學生來邀我到某教室和一位教授晤面。到教室門口時，只見一位身材不高，但精神矍鑠的老教授，從講臺上下來迎候。他就是林天蔚教授。當時他正在爲歷史系學生講授有關方志學方面的課程。他向我解釋，因爲時間安排有困難，所以他讓出一課時，請我爲學生談談方志學中的史志關係問題。我深感林教授的真誠，也就不揣冒昧地講了講自己的觀點，向林教授請教，與同學們商榷。從這次締交以後，我們多次在國際性學術會議上見過面。彼此交流溝通，瞭解日深，特別是 1997 年底和 1998 年底，分別在天津和臺北召開的「中國海峽兩岸地方史志學術討論會」，是由我和林教授代表雙方主辦單位具體運作促成的。通過這兩次具體合作，我對林教授有了更進一步的認識。林教授在學術上有深厚的舊學根底與學術造詣；在爲人上非常熱心坦率，樂於助人；在處事上又非常幹練通達，的確是一位值得信賴的益友。

　　林天蔚教授涉及的學術領域很廣博，從他的著述考察，他涉及到歷史學、方志學和譜牒學，都有很豐富的論述。他治學謹嚴，所著無不遵循學術規範，一絲不苟。他勇於發表個人新見，善於與同道商榷而不相忤。天蔚教授好學深思，勤於筆耕，曾積 30 年之功力，於 1995 年匯其所著，成《方志學與地方史研究》一書，於臺北問世，對推動史志研究有所貢獻，頗得同道重視。而是時林教授方爲二豎所擾，自以爲尚未能臻於完美，頗引以爲憾，乃又以七年之功，訂正補益，終於 2002 年成《地方文獻論集》巨著，次年即在大陸海南出版，影響更爲廣泛。我辱承不棄，幸獲贈書，並囑撰寫書評。惟以當時先室正重病在床，心焦神疲，難以執筆，遷延多年，未能報命，深感愧疚。而林教授一本精益求精之旨，不僅對《地方文獻論集》續有修訂，復增入新作數篇，即於 2004 年 10 月間，在北京國家圖書館召開「地方文獻國際研討會」之際，將《地方文獻論集》 增

訂本（書名改爲《地方文獻研究與分論》）交由北京圖書館出版社重新出版，並面約我爲之撰序。我敬承雅命，謀補前愆，欣然允諾，乃盡月餘之力，讀竟全書（2002 年南方出版社刊本），頗有所獲，爰就所得，略陳臆說。

　　《地方文獻論集》之命名，即已揭示林教授學術之本源，乃在於地方文獻。至其所致力之歷史學、方志學與譜牒學，無不源出於地方文獻之範疇，而各自成流。此於林教授自序中已闡明其義云：

> 「大概在宋之前，志書之修纂多撮取自國史之資料；宋以後，國史之編纂又多採
> 自地方志書之史料，而地方志之資料多來自地方文獻，如族譜、方志、金石碑刻、
> 文書契約、個人著作（如文集）等。文書契約與個人文集，雜而無章。大致而言，
> 研究地方史卻以族譜、方志、金石碑刻等項為主，而此等史料可修纂而成地方志，
> 或匯集而作專題研究。」

這一段論述，不止明示林教授之學術源流，亦且爲地方文獻之內涵、地位以及與史志間關係等，出一論斷。循此源流脈絡，順藤摸瓜，則讀《地方文獻論集》，若剝蘀見筍，易得其窾要矣。

　　《地方文獻論集》共有五篇。分裝上下冊。上冊爲《方志篇》與《譜學篇》。《方志篇》對方志之源流發展與功用，方志理論與方志理論家，新方志興起與新方志擬目，海峽兩岸之修志機構等，皆分別列章，有較詳之敘述，使讀者對中國方志事業得一完整認識，不啻爲一部中國方志史。此數章原刊於《方志學與地方史研究》一書，收入《地方文獻論集》時，略有增刪，並增入新作二篇。一篇名《清代方志學名著知見錄》，爲應同道建議而作，用以示有清一代方志學研究之盛況。另一篇則爲評介拙編《中日地方史志比較研究》。《中日地方史志比較研究》是 1991-1992 年間我與日本獨協大學齊藤博教授有關方志學的國際合作學術研究項目，分別組識、匯集中日學者有關史志研究成果。歷經兩年，彼此交換審定修改，至 1995 年，中文本由南開大學出版社出版。我曾奉贈林教授，請其評正。林教授非常認真地對待我的請求，他沒有只寫點感想和簡評，而是對全書作了極爲詳盡的評說。他介紹了這本書的主要內容，又逐篇甚至逐段，加以按評，他更以專篇形式置入其《方志篇》中，作爲主要章節，其真情令人感動。林教授認爲《中日地方史志比較研究》雖然只是一部「兩國學者研究成果的匯編」，但「亦可窺知兩國學者在史志方面的成果及聯合研究的開端」。他對每篇論文都能實事求是地做出按評，如對拙作《略論地方志的研究狀況與趨勢》一文中所論辛亥革命後方志研究的四個方面即評稱：「此四項分類，十分具體而簡明，惟舉例方面……似乎詳北略南，尚可補充，但對拙文中所提到的今後地方志研究工作的淺見」，則肯定爲「這是作者多年經驗提出的意見，

十分寶貴」，體現出一種實事求是的精神。對其他中日學者所著，亦多有中肯的按評，值得參考。

　　《譜學篇》是本書的另一重點，充分表明林教授在這方面的研究成就。他除了剖析源流，嚴加界說外，有若干獨抒己見之處，如對海峽兩岸之新舊譜學的剖析源流，總括了兩岸研究者與研究成果，均爲他書所未及。而最值得注意者，乃是作者經多年研究所提出的論題，即「方志與族譜之關係及其聯合研究之價值」（已編作本篇第四章）。作者在文中對方志與族譜二者之間提出六條相比較的內容，並得出結論說：「方志與族譜，均是地方性之資料，各有其價值。方志之研究，重點在『地』；族譜之研究，重點在『人』。當然兩者亦兼及其他各方面之活動，故若聯合研究，所得更大。」作者更以此方法親撰專文以實踐之，即《宋代徭亂紀事編年》、《譙國夫人事跡質疑及其嚮化與影響》和《十六世紀葡萄牙在香港事跡考》等三篇，並再次「強調聯合方志與族譜是研究地方史志主要途徑」。大陸志事之興，已逾半個世紀，而言及與族譜聯合研究者，尚乏其人，亦足以見林教授之好學深思也。

　　下冊爲《金石碑刻篇》、《專題研究篇》和《附錄篇》。

　　《金石碑刻篇》在本書中雖篇幅較小，但金石碑刻卻爲地方文獻屬下之一大部類。林教授以敦煌索勳碑考證張義潮在敦煌與當地望族索氏共建歸義軍政權之史事，爲唐代西北歷史增一重要史料。嚴格說，敦煌寫卷本非金石史料，林教授或以其出於石室，遂將利用敦煌寫卷所作考證二文入於此篇，其中《敦煌寫卷之校勘問題》一文係林教授精心之作。他以半年時間檢閱瓜州資料（約爲全部寫卷之百分之五），便「感覺到寫卷中間題不少」，於是做出敦煌資料「固然是最寶貴的原始資料，卻未必是絕對可靠的資料」的結論，從而大聲疾呼要校勘敦煌寫卷。這不僅有益於敦煌學之研究，亦爲校勘學增一新內容。其最引人注目的是《金石與中國歷史文化》一文，其中甲、乙兩部，附入金石圖片，做實物說明，而丙部雖文不滿千，但述搜集、利用金石之歷史，以及有關學者、著述，頗簡要可讀。他總括金石之重要性稱：「金石學是研究地方文獻的『頭手』資料，價值甚大」。其言可謂得乾嘉諸老「金石證史」之餘緒矣。

　　《專題研究篇》係作者多年研究成果之結集，除對多種《廣東通志》有所評介外，對若干人物與史事，亦多有研究，資料豐富，論述精當，甚有裨於歷史研究；尤其是對南方民族史的研究，更爲時人所難涉及。《附錄篇》爲本書之結尾，收入作者特約稿十一篇，前三篇爲西方學者介紹美國有關地方文獻之著作，後八篇爲兩岸學者對《方志學與地方史研究》之評介。此附錄並非點綴全書之閑文，而是對作者原始著作《方志學與地方史研究》之拾遺補闕。作者對這些意見亦非全部包攬或不置可否，而是在本書自序中

有所回應：有自承不足與錯訛者，有相與商榷者，令人感到作者虛懷若谷，又獨有見地的良好學風。

　　林天蔚教授在重新出版《地方文獻論集》增訂本時，又增入論文數篇，它們是《廣東文化之『危言』與改革之『微言』》、《香港文化與歷史 —— 新的剖析》、《論錢賓四（穆）羅元一（香林）兩位史學大師對香港之貢獻》，以及在「地方文獻國際學術研討會」上的主題演講論文《地方文獻之新觀念與新分析》等，基本上以香港問題及地方文獻之研究、運用與整理之建議爲中心，頗具與時俱進之感。另收臺中中興大學黃秀政教授評林天蔚教授新著《地方文獻論集》之譜學與金石碑刻研究的創新一文。黃教授爲臺灣資探教授，於地方史志研究，素爲兩岸學人所推重，所論林著中譜學與金石碑刻研究的三特點，即「比較研究，內容創新；資料豐富，引證詳實；立論平允，見解精闢」，實爲中肯之論。

　　讀《地方文獻論集》竟，深感於地方文獻研究方面，獲益良多，而若干創新之論，又甚受啓迪。從而粗窺林教授學術堂奧，不禁令人嘆服。不意耄耋之年，神昏目眈，猶獲進益，得不欣然！爰就隨手札錄之心得體會，整理成文，以作愚者一得之貢！是爲之序。

2005 年春節寫於南開大學邃谷

《地方文獻研究與分論》　跋

陳　長　琦

　　《地方文獻研究與分論》是林天蔚先生有關方志學與地方文獻研究的結集。正值本書編輯過程之中，先生在加拿大溫哥華的健康中心裡，不慎滑倒受傷，醫治乏效，竟致不治。噩耗傳來，令人十分悲痛！作為後學及先生的友好，承蒙林太的囑託及出版社張愛芳博士的相約，為先生著作的出版，完成未竟之事，乃義不容辭。

　　林先生是廣東高州人氏，是國際知名的歷史學家。先生早年畢業於華南師範大學的前身 —— 廣東文理學院，生前先後任教於中國的香港中文大學、香港大學、（台灣）政治大學；加拿大的英屬哥倫比亞大學；美國的楊伯翰大學。晚年又受聘於母校 —— 華南師範大學，擔任歷史系的客座教授。

　　我與先生相識於十年前，在一次學術會議上，經人介紹與林先生相識。先生知我任教於其早年畢業的母校，異常興奮，與我講起考入母校的經歷、學習與生活，眼中閃爍著光芒，深切懷念之情，溢於言表。彼此一見如故，相談甚歡，遂為忘年之交。

　　先生非常關心母校的發展，他雖已年逾古稀，但卻有一顆同年輕人一樣火熱的心。他忘卻自己年邁、體弱，甚至還帶著心臟起搏器，多次回母校講學、參加學術會議、為母校的國際學術交流，牽線搭橋。2003 年秋，受我之邀，先生從加拿大回到母校，專門給我的研究生們開了一個學期的課。先生講課深入淺出，語言詼諧幽默、妙語連珠，深受學生的愛戴，與學生結下了深厚的感情。

　　先生為人寬厚仁慈、樂善好施，有一顆美好的心。在一次交談中，我給林先生介紹研究生們的情況，提起有位研究生家境貧寒。先生遂為之動容，當即表示要資助這位學生，他馬上拿出 6000 元人民幣，要我轉交給那位學生。我推辭不過，只好收下，轉交給那位學生，學生們非常感動。

　　2001 年，先生主動與我相商，想拿出 20 萬元港幣，設立獎教獎學金，以獎助華南師範大學歷史系的教師與學生。我知先生已退休，平時積蓄，皆為薪酬所得，不忍用其養老之金。我婉言謝絕，但先生執意不肯。其後，遂商定先由先生拿出 10 萬元港幣，設

立「林天蔚獎教獎學金」，主要資助歷史系教師的科研項目與品學兼優的學生。先生要求每年用 2 萬元港幣，用完之後，再捐 10 萬港幣。但我沒有按照先生的要求去做，我堅持每年用 1 萬元港幣，希望這筆錢用的時間長一些，資助的人多一些。因爲先生不是企業家，也不是商人，先生是學者，他是在用自己晚年的養老金來資助母校的學術事業、資助母校的教育事業！去年春天，先生又從香港打電話給我，說他知道華南師範大學歷史文化學院還有許多貧困學生，想捐 5 萬元人民幣資助他們。我們之間又是一番爭執。先生說，他的兒女們都已學有所成，都有自己的事業，不需要花他的錢。因此，他要把自己的積蓄，捐給母校需要的師生們。其後，我離開廣州，到外地出差。先生又與華南師範大學的老校長管林教授聯繫，執意要捐這筆錢。隨後，先生自香港回廣州，親自將 5 萬元人民幣交到了管林教授手中。

我與先生的最後一面，是去年的夏天，先生的《地方文獻研究與分論》一書，由北京圖書館出版社排出清樣之後，需要校對。先生給我電話，說想讓我請幾個研究生幫一幫忙。由於先生的個別史料是靠記憶引證的，我考慮學生們對文獻不熟，怕誤事。就答應由我來幫他看一遍。先生非常高興。在回加拿大之前，他與林太特意由香港來廣州，邀我話別。沒有想到，這一別，竟是永別！先生的音容笑貌還歷歷在目，先生的偉大人格仍悠悠我心。

本書的內容結構主要由四部分組成，第一部分爲方志篇。這是本書的重要內容，它探討了中國古代方志的起源及發展的歷史，總結了中國古代的方志學理論，並提出了新方志的編撰構想，是林先生畢生研究中國方志學的心血凝結。第二部分爲譜學篇。記述了林先生對譜學研究的心得。既有對譜學理論的探討，亦包含了對譜學資料的個案研究。第三部分爲金石碑刻篇。收錄了先生對中國古代金石碑刻資料的研究成果，同時還有先生對敦煌文獻的研究成果。第四部分爲專題研究篇。這是本書內容最重的一個部分。收錄了先生對明清六部《廣東通志》的研究，對廣東的重要歷史人物、廣東及香港的歷史與文化、民族史研究的主要成果約四十萬字。字字留存著先生學術心血的凝結。本書的第五部分爲附錄。收錄了國際、國內學術界友好對先生學術成就、學術思想的介紹和評價。從這些評價中我們可以瞭解先生的學術貢獻及學術影響。

張愛芳博士邀我爲本書寫篇前言。作爲才疏學淺的晚輩，實不敢當。另外，林先生有舊序一篇，可以代替前言。我想在先生的書後寫下這些文字，以記述對先生的緬懷之情，願先生的學術與慈愛精神隨本書的刊布而永久留傳。

同時，我想也應該在此代林先生向北京圖書館出版社的領導、向本書的責任編輯張愛芳、廖生訓致敬，感謝他們爲本書出版所付出的辛勞。

是為跋。

2006 年 3 月於廣州華南師範大學

（原文刊載《地方文獻研究與分論》，北京圖書館

出版，2006 年 12 月，頁 581-582。）

曾　跋

曾　一　民

　　我認識林天蔚教授始於上世紀七〇年代初，當時我從遊於羅香林師門下，就讀香港珠海書院文史研究所，習唐史。因一篇學期報告：〈唐慈恩寺塔院之建築與文化習尚〉乙文，介紹給在香港大學中文系任教的林教授，並蒙推薦參加 1976 年 5 月在台北中國歷史學會舉辦的「中國歷史學術會議」。從此得與交遊論學。

　　1970 年，林教授應美國猶他州家譜學會之聘，繼羅老師擔任港澳區地方文獻（包括族譜、方志、金石碑刻等），搜集工作。不久，又與香港大學亞洲研究中心合作，推廣地方文獻的蒐集。當時本人及蕭國健兄等，承蒙聘爲研究助理，協助蒐集整理族譜、方志、金石碑刻等地方文獻資料工作。故論關係，是先後同門，論資輩則是長輩，可以說亦師亦友。

　　從七〇年代中開始，林教授治學的方向，正由隋唐史、宋史研究轉入民族學、族譜學、香港史、廣東史、方志學研究時期。1966 年秋，他獲美國哈佛大學燕京學社的聘請，往哈佛大學訪問研究，利用課餘時間，至美國各大圖書館，蒐集有關粤、桂、湘等省方志的史料。發現地方志中除了有許多少數民族 —— 傜族活動史的史料之外，還有很多研究地方史的寶貴材料。他認爲族譜與方志均是研究地方史的主要資源，而地方志中亦有大量族譜的資料，兩者互補，與正史政書互證，不但可補史之不足，而且還可以拓展史學研究的視野。

　　經此之後，他就地之宜，先從研究香港史、廣東史開始，也在港大中文系開「方志研究」課程，配合教學相長鑽研。林教授治學嚴謹，首重史料的蒐集。正當他要研究廣東史和香港史之時，需要網羅廣東古代地方志書及族譜等史料，才可從事研究。當時中國大陸尚在「文化大革命」時期，林教授只好往台灣、日本、歐美各大圖書館搜尋廣東古代地方志書，每有所得，即向港大圖書館建議，透過港大馮平山圖書館的關係，和他個人的努力搜尋，或複印或購買微粒膠卷等，既可以充實港大圖書館的庋藏，又可方便史學界的研究。那時明清修撰的六套廣東通志已備，如明代「戴璟嘉靖廣東通志初稿」、

「黃佐嘉靖廣東通志」、「郭棐萬曆廣東通志」，以及清代修的「金光祖康熙廣東通志」、「郝玉麟雍正廣東通志」、「阮元道光廣東通志」等。

　　有關林教授蒐集研究香港史、廣東史及方志學的史料，有一種「網羅天下散佚之舊聞」，「上窮碧落下黃泉」的精神。在那個年代，明清六套廣東通志，前五種最難求，均散落在各國大圖書館。林教授知道日本東洋文庫、東京內閣文庫藏有，如黃佐嘉靖《廣東通志》、郭棐萬曆《廣東通志》、《粵大記》、靳文謨康熙《新安縣志》等，即透過港大圖書館購買微粒膠卷回來。又在台北國家圖書館（中央圖書館）覓得郭棐萬曆《嶺海名勝記》，以及故宮圖書館盧祥天順《東莞縣志》殘卷。其後又從倫敦大英博物館，複製道光陳刺史《廣東水道圖》及 1866 年意大利教士繪之《新安縣圖》，又搜購應檟萬曆《蒼梧總督軍門志》。甚至在文化大革命末期，他居然有辦法托友人複印庋藏在廣東省中山圖書館的兩部明清時修的《廣東通志》等。這些都是研究古代香港史、廣東史最重要的參考資料。

　　有些志書是由微粒膠卷影照的，閱讀時比較慢，且又影響視力，於是林教授特向港大圖書館申請從微粒膠卷複印，以作研究之用。我和蕭國健兄也以研究助理之名，得以複印，至今還保有郭棐萬曆《廣東通志》、《粵大記》、《嶺海名勝記》複印本志書，此乃林教授之賜。在七〇年代中期，香港出版方志書未盛，僅大東圖書公司 1977 年影印黃佐修的《廣東通志》，以及殷商黃承業等於 1979 年排版印王崇熙嘉慶《新安縣志》，（非賣品），以廣流傳。

　　八〇年代初，中國大陸改革開放，開始編修各省縣市地方志。因此方志書的出版如雨後春筍，重要的著作有二、三十種，時林教授一面親至中國大陸購買各種志書，另一方面拜訪廣東省地方志辦公室討論志書發展、體例及方志學術研討會等問題，以促進兩岸三地方志研究與交流。

　　1987 年 8 月，林教授應台北國立政治大學研究所之聘，乃赴台任教席，為教學課程和研究的需要，於是攜帶二、三十種大陸出版志書入台，幾經多次的交涉，由政治大學國際關係研究中心幫忙，將大陸出版的志書，以「研究」理由，申請攜入，聲明「限閱」，不准外借。有了這些千辛萬苦網羅不易的地方志資料，故林教授歷三十年來不斷的努力，終在政大任教期間撰成《方志學與地方史研究》巨著。

　　林教授晚年退休定居加拿大溫哥華市，仍努力耕耘不絕，撰成《地方文獻論集》及《地方文獻研究與分論》，兩巨著，均受兩岸三地的學者的佳評。這是他平日無論教學、研究均重視史料搜集鑽研的成果。

※　　　　　※　　　　　※

2006 年 1 月 15 日下午，香港培正同學會假香港九龍尖沙咀浸信會教堂，特爲林教授舉行追思禮拜。中興大學黃秀政教授與愚夫婦由台灣往港參加追思會。晚上，林教授哲嗣嘉榆兄、嘉玉小姐宴客，席間黃秀政教授建議：冀望將來籌備一個「林天蔚教授學術研討會」，以彰先賢之德。並點名本人寫一篇：〈林天蔚教授對學術的貢獻〉的文章，謂本人與林教授交遊關係較深云云。本人才疏學淺，實在愧不敢當。但黃秀政教授的美意，我只好把這件事牢記在心裏。是年秋，我 e-mail 給居溫哥華市譚松壽兄聯絡，商談合撰林教授〈年譜〉（其後因文獻資料不足，改爲生平大事紀要，簡稱紀要），彼此認爲很有意義，將來或參加學術會議或在學術雜誌發表，亦可表揚先賢的事蹟。2007 年春，最難得林師母戴燕桃女士，不但提供許多林教授生前的珍貴資料（含圖片等），同時也獲悉林教授生前在培正中學和香港大學任教時的高足梁崇榆先生和劉詠聰教授等，曾撰文述及他在培正及港大任教時，在教學、治學及身教言教方面的往事，深受學生的愛戴。經林師母向他們徵詢同意，擇錄部份的資料補充〈紀要〉之不足，於是〈紀要〉的資料增加不少了。

2008 年，農曆年春節，愚夫婦返香港探親，時林師母、譚松壽兄伉儷也回港與家人渡歲，於是有機會相聚。某日晚上，林教授哲嗣嘉榆、嘉玉兄妹宴客歡聚，席間談及到〈紀要〉的進度，若與拙文合併，加上黃秀政與譚松壽合撰的〈林天蔚先生傳〉（已刊載在台北國史館民國人物傳記），這樣可以出一本小冊子。如果增加一些綱目，可變成一本紀念文集，以表揚先賢的事蹟。想不到談《紀念文集》時，嘉榆、嘉玉兄妹立即很重視的說：若出先父的紀念文集，我們樂意出資，林師母也鼎力支持。由此可見嘉榆、嘉玉兄妹的孝心。太史公云：「先人之業不可不述，祖宗之德不敢不彰。」蓋 2009 年暮冬爲林教授逝世四週年，現在做這件事很有意義。是夜我們不單相聚甚歡，而且收穫甚大，林師母遂即委託我和松壽兄籌辦此事。

其後我與松壽兄商議，先組織一個籌備編輯委員會，委員包括：陳強、侯月祥、胡春惠、蕭國健、黃秀政、曾一民、譚松壽等七位。分在兩岸三地及海外，共同推動這事，幾經商討，議定名稱爲《林天蔚教授紀念文集》，綱目分爲：首爲序、林天蔚先生傳、永遠的懷念；一、歲月留痕（圖片）；二、紀念文；三、紀念論文；四、生平大事紀要；伍、時人評論；陸、序跋；末爲跋等項。承蒙推本人爲聯絡人，遂於三月底發出邀請函，請林教授生前好友及弟子等撰寫紀念文或紀念論文，以彰先賢之德。

意料不到，發出邀請函一個月之後，紛紛接到林教授生前好友及弟子的迴響，撰寫鴻文。每當我收到他們寄來的紀念文或紀念論文題目時，便向林師母報告，她均很高興

地向作者致謝。關於紀念文集的〈序〉，她又親自請王爾敏教授撰寫等，可見她對紀念文集的關心和重視，以及與林教授之鶼鰈情深。

　　林教授晚年最後巨著《地方文獻研究與分論》的目錄中，五、附錄篇，共收序文四篇，評論九篇（含 3 篇英文稿），共 13 篇。我把它分開，評論九篇，編入紀念文集伍、時人評論裡，新增日本和田久德著、朱竹友譯：《宋代香藥貿易史稿》評述、梁庚堯評介林天蔚著《宋史試析》、陳長琦〈林天蔚與隋唐史研究〉等 3 篇，共 12 篇。其他 4 篇序文，編在紀念文集陸、序跋，並增林教授著作中的自序，和名家在書中撰寫的序跋 16 篇，合共 20 篇。

　　當紀念文集即將付梓，首先要感謝林師母、嘉榆、嘉玉兄妹的鼎力支持，與國際知名學者的熱情撰寫紀念文和紀念論文，共襄盛舉，使紀念文集增光彩色，謹致萬分謝忱。各位編輯委員雖身在不同地方，但透過 e-mail 和電話的聯絡，互相討論，合作愉快。最難得，去年底，我右腿受傷，行動諸多不便，幸得松壽兄和林師母的幫助，把「歲月留痕」圖片及「紀要」部份補充整理，並燒製成光碟，正式付梓，其後又為紀念文集仔細校對，謹致萬分感謝。

　　林教授在《宋代香藥貿易史》〈再版自序〉云及「法國學者 Prof. F. Aubin 曾撰文於 Historie Et Seiences Sociales（1960）……及散見於日本及美國的期刊約有數篇。」由於本人學識淺陋，未及網羅。當林教授謝世後，其生前好友及弟子在報章雜誌和網路上刊載的紀念文和紀念論文，由於篇幅關係，未能一一摘錄編入紀念文集裡，有些則記在〈生平大事紀要〉中，未及登錄的請見諒。同時，本文集在出版期間，蒙台北文史哲出版社彭雅雲小姐的熱心協助，及譚松壽兄、小兒竹節夫婦在百忙中幫忙打字整理、燒製光碟等，一併致謝。本人愚魯，錯漏之處，請方家指正。是為跋。

廣東雲浮曾一民敬跋

己丑年（2009）春於台灣台中市寓所